1. 邱吉爾認爲許多他的肖像畫中，由威廉・奧本爵士（Sir William Orpen）所繪製的這一幅最像。這幅肖像繪於一九一六年，當時他因達達尼爾海峽失利丟掉公職。

2. 牛津郡布倫海姆宮正面。馬爾博羅公爵的宅邸，一八七四年邱吉爾於此誕生。英王喬治三世造訪時說：「我們沒有能夠與之相比的事物。」

3. 倫道夫・邱吉爾勛爵——邱吉爾冷漠又疏遠，且經常斥責兒子的父親。邱吉爾花了一輩子的時間想得到他的認同。

4. 珍妮・邱吉爾——邱吉爾美麗又任性，且經常不在身邊的美國名媛母親。

5. 伊莉莎白・埃佛勒斯——邱吉爾鍾愛的保母。

6. 七歲的姿勢顯出貴族身分。

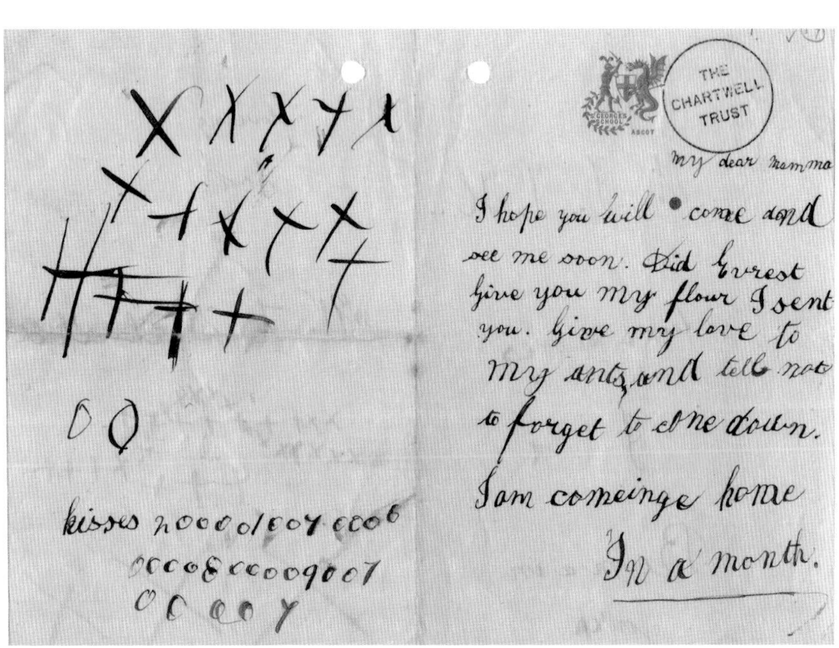

THE CHARTWELL TRUST

My dear Mamma

I hope you will come and see me soon. Did Everest give you my flour I sent you. Give my love to my ants and tell not to forget to come down.

I am comeinge home In a month.

kisses

7. 備受忽略的邱吉爾在信中請求母親來學校探望他，時年八歲。

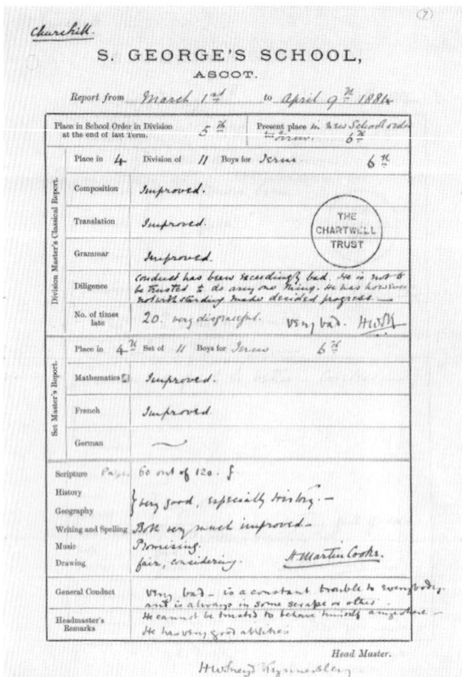
Churchill.

S. GEORGE'S SCHOOL,
ASCOT.

Report from March 1st to April 9th 1884

Place in School Order in Division at the end of last Term. 5th	Present place in new School order this Term. 6th	
Division Master's Classical Report.	Place in 4 Division of 11 Boys for Term	6th
	Composition	Improved.
	Translation	Improved.
	Grammar	Improved.
	Diligence	Conduct has been exceedingly bad. He is not to be trusted to do any one thing. He has however notwithstanding made decided progress.
	No. of times late	20. very disgraceful. Very bad. HWSK
Set Master's Report.	Place in 4th Set of 11 Boys for Term	6th
	Mathematics	Improved.
	French	Improved.
	German	~

Scripture Pages 60 out of 120. f
History / Geography — Very good, especially History.
Writing and Spelling — Both very much improved.
Music — Promising.
Drawing — fair, considering. A Martin Cooke.

General Conduct — Very bad — is a constant trouble to everybody and is always in some scrape or other.
Headmaster's Remarks — He cannot be trusted to behave himself anywhere. He has very good abilities.

Head Master.
H W Sneyd Kynnersley

8.「操行成績：極差，所有人眼中的麻煩人物，總是與人摩擦爭執。導師評語：無法放心他在任何地方會守規矩。能力出色。」邱吉爾的成績單顯示他不是自傳中敘述的蠢蛋，雖然他在每一所學校都是最頑皮的學生。

9. 一八九二年哈羅公學威爾頓學院團體照。邱吉爾靠在欄杆上。他的後面是喬治・霍爾，一九一五年因傷而逝。一次大戰結束時，這張照片中的男孩有十一個過世。

10. 邱吉爾的弟弟傑克（右）是醫療船緬因號接收的第一位受傷軍官。這艘船的配備是他們的母親珍妮（左）張羅而來，並在波耳戰爭服務。

11. 一八九九年，邱吉爾在南非。他違反規定佩帶表揚一級軍事功績的西班牙紅十字獎章。他沒多久後就剃掉鬍子，因爲顏色太淡。

12. 一八九九年十一月，邱吉爾逃出普里托利亞的戰俘監獄，以英雄之姿回到德爾班。

13. 一九〇六年，邱吉爾與德皇威廉二世觀看德意志帝國陸軍演習。

14. 在東非，坐在火車排障器上。左起：艾迪・馬許、邱吉爾的姑丈上校戈登・威爾森、詹姆士・黑斯・賽德勒爵士（駐烏干達專員）、邱吉爾。

15. 克萊門汀・奧齊耶，與邱吉爾結婚不久前。

16. 一九〇八年九月十二日，婚禮之後，這對新人步出西敏的聖瑪格麗特教堂。

17. 一九〇八年五月，邱吉爾在丹地補選演講，愛爾蘭的女性參政運動者瑪麗・馬隆尼搖起大鈴想蓋過邱吉爾的聲音。

18. 一九一二年英國海軍部遊艇女巫號於地中海，左起：赫伯特・阿斯奎斯、薇奧蕾・阿斯奎斯（婚後爲薇奧蕾・博納姆・卡特）、邱吉爾、邱吉爾的祕書詹姆斯・馬斯特頓・史密斯與艾迪・馬許。

19. 海軍上將約翰・費雪（綽號「傑奇」），邱吉爾反覆無常的同僚、朋友、剋星。

20. 大衛・勞合喬治，他與邱吉爾種下福利國家的種子，但之後他們的關係時而友好、時而暴躁，直到一九四五年勞合喬治去世。

21. 友人華特・席格於一九二七年幫邱吉爾畫的肖像，當時他擔任財政大臣。

22. 阿瑟·貝爾福，一九一二年。他被邱吉爾嘲諷了五年，但是後來兩人成爲朋友。

23. 陸軍元帥基奇納勛爵，一九一五年所攝。比起陸軍大臣，他更適合放在海報上。

24. 寇松勛爵，一九二一年。因爲他的優越感，邱吉爾的家人暱稱他爲「高人」。

25. 保守黨政治家暨律師F·E·史密斯。邱吉爾最好的朋友，也是少數應答比他更犀利的人。

26-7. 邱吉爾在達達尼爾的災難後陷入人生最低潮，也在此時開始畫畫。他和克萊門汀在赫特福德郡哈斯伯恩莊園，這裡是美國女演員梅欣・埃利奧特的家。

28. 邱吉爾要家人搜遍查特維爾莊園尋找作畫素材。〈瓶景〉，一九二六年。

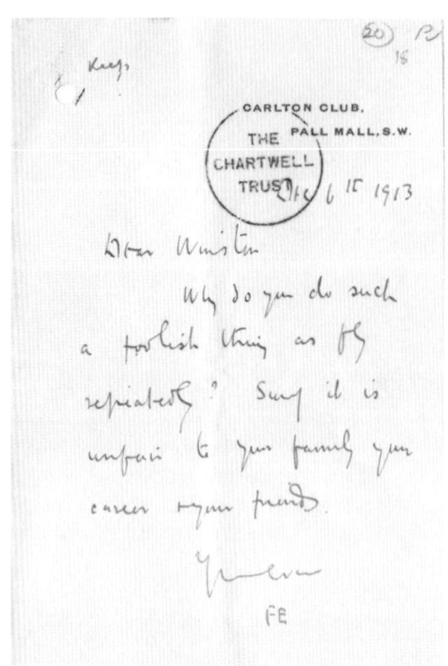

CARLTON CLUB,
PALL MALL, S.W.

THE CHARTWELL TRUST

1913

Dear Winston

Why do you do such a foolish thing as fly repeatedly? Surely it is unfair to your family your career & your friends.

Yours ever

FE

29. 一九一三年十二月，F・E・史密斯勸告邱吉爾，開飛機是在冒生命危險。

30. 一九一五年，邱吉爾與飛行員少校吉拉德駕駛飛機抵達漢普夏郡希爾西。

31. 皇家蘇格蘭燧發槍團第六營中校邱吉爾，在比利時普洛斯迪爾次戰線後方。左邊是他的副指揮官，也是他的朋友、未來的自由黨黨魁少校阿契伯德・辛克萊。

32. 邱吉爾在壕溝頭戴法國步兵頭盔。約翰・拉沃里爵士繪於一九一六年。

33. 一九二一年三月二十日開羅會議期間邱吉爾參訪金字塔。前五個騎著駱駝的人是（左起）：克萊門汀・邱吉爾、邱吉爾、戈楚・貝爾、阿拉伯的勞倫斯、警探沃爾特・湯普森。

34. 一九二一年五月，在羅漢普頓馬球俱樂部和表弟倫敦德里勛爵打馬球。倫敦德里勛爵後來是主要的綏靖主義者。

35. 邱吉爾於一九二二年購入肯特郡的查特維爾莊園，鍾愛此地一生。

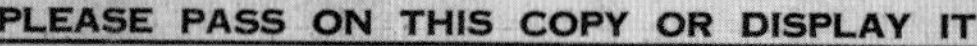

PLEASE PASS ON THIS COPY OR DISPLAY IT

The British Gazette

Published by His Majesty's Stationery Office.

No. 8 LONDON, THURSDAY, MAY 13, 1926 ONE PENNY.

GENERAL STRIKE OFF

UNCONDITIONAL WITHDRAWAL OF NOTICES BY T.U.C.

Men To Return Forthwith.

SURRENDER RECEIVED BY PREMIER IN DOWNING STREET.

Negotiations To Be Resumed In The Coal Dispute.

The General Strike, which began at midnight on Monday, May 3, ended yesterday in an unconditional withdrawal of the strike notices by the General Council of the Trades Union Congress. The news of the settlement was conveyed to the public in the following official communiqué :—

WHITEHALL, May 12.

It was intimated to the Prime Minister that the Trades Union Council desired to come and see him at Downing-street, and they arrived soon after 12 noon. Mr. Pugh made a statement, in which he stated that the Trades Union Council had decided to call off the strike notices forthwith.

The Prime Minister then spoke briefly. He stated that he was very glad to hear what Mr. Pugh had said, and he would report it to his colleagues in the Cabinet.

As regards the coal industry, the Prime Minister said that negotiations would be resumed, and the Government would consider as to what steps should be taken.

The whole proceedings lasted a very few minutes.

THE DECISION OF THE T.U.C.

NO RESUMPTION BY MINERS.

Mr. Cook And End Of The General Strike.

"Nothing To Do With Us."

THE KING TO THE NATION.

Appeal For Lasting Peace.

DIFFICULTIES STILL AHEAD.

"Let Us Forget Elements of Bitterness."

The King last night issued the following message from Buckingham Palace :—

TO MY PEOPLE.

The Nation has just passed through a period of extreme anxiety. It was to-day announced that the General Strike had been brought to an end.

At such a moment it is supremely important to bring together all my people to confront the difficult situation which still remains. This task requires the co-operation of all able and well-disposed men in the country. Even with such help it will be difficult, but it will not be impossible.

Let us forget whatever elements of bitterness the events of the past few days may have created, only remembering how steady and how orderly the country has remained, though severely tested, and forthwith address ourselves to the task of bringing into being a peace which will be lasting because, forgetting the past, it looks only to the future with the hopefulness of a united people.—GEORGE R.I.

REINSTATEMENT.

No Obligations Incurred.

CIVIC SERVICE.

Home Secretary And Volunteer Labour.

POSTAL SERVICES.

Delivery Of Parcels To Be Resumed.

VOLUNTARY SERVICES.

APRIL TRADE RESULTS.

MR. BALDWIN ON THE FINISH.

Victory Of Common Sense.

STATEMENT IN PARLIAMENT.

NATURE OF THE PEACE.

THE NEWS IN PARIS.

Profound Relief In British Circles.

RESUMPTION OF RACING.

"British Gazette" Circulation.

May 5	232,000
May 6	507,000
May 7	655,000
May 8	836,000
May 10	1,127,600
May 11	1,801,400
May 12	2,209,000

THE BIRTH AND LIFE OF THE "BRITISH GAZETTE"

An Unexampled Achievement In Journalism.

HOW AN IMPROVISED NEWSPAPER REACHED A CIRCULATION OF 2,209,000.

THE GOVERNMENT ARRIVES.

A FAMOUS LETTER.

A CRUCIAL TEST.

(Continued on Page 2.)

36. 邱吉爾於一九二六年大罷工期間編的報紙《英國公報》。這是第八回，也是最後一回。

37. 一九二七年八月於查特維爾用茶，左起：德蘭・席格、戴安娜・米特福德（後姓莫斯利）、艾迪・馬許、邱吉爾、教授費德里克・林德曼、倫道夫・邱吉爾、戴安娜・邱吉爾、克萊門汀、華特・席格。

38. 邱吉爾身穿阿斯特拉罕大衣，於一九二九年大選演講。

39. 一九二九年，邱吉爾被選爲布里斯托大學名譽校長，就職典禮上穿著父親的財政大臣長袍。

40. 一九一一年起，邱吉爾和F・E・史密斯成立另一俱樂部，從此在薩伏伊飯店皮納弗廳晚餐，至今仍是。

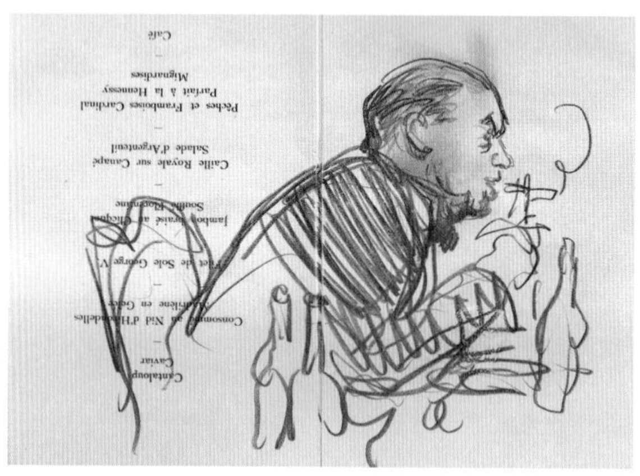

41–2. 另一俱樂部的會員阿弗雷德・芒寧斯分別在一九二九年七月、一九三四年聖誕節畫這些素描。

圖片來源

本書所有出自邱吉爾檔案中心之材料，皆經劍橋大學邱吉爾學院專家學者及成員們慷慨同意而重現。

1 〈溫斯頓・邱吉爾〉，威廉・奧本爵士繪於一九一六年。*©National Portrait Gallery, London. Lent by the Churchill Chattels Trust*

2 布倫海姆宮，牛津郡。*DeAgostini/Getty Images*

3 倫道夫・邱吉爾勛爵。*Alamy*

4 珍妮・邱吉爾。*Alamy*

5 伊莉莎白・埃佛勒斯。私人收藏。*Bridgeman Images*

6 邱吉爾，七歲。*Churchill Archives Centre, Broadwater Collection, BRDW I Photo 2/6. Reproduced by permission of Curtis Brown, London, on behalf of the Broadwater Collection.©Broadwater Collection.*

7 八歲的邱吉爾寫給母親的信，一八八三年。*Churchill Archives Centre, Broadwater Collection, CHAR 28/13/17.©Winston S. Churchill. Reproduced with permission of Curtis Brown, London on behalf of The Estate of Winston S. Churchill and The Sir Winston Churchill Archive Trust. Copyright in the text© The Estate of Winston S. Churchill. Copyright in the reproduction©The Sir Winston Churchill Archive Trust*

8 邱吉爾的成績單，阿斯科特聖喬治學校，一八八四年。*Churchill Archives Centre, Churchill Papers, CHAR 28/44/7*

9 哈羅公學威爾頓學院團體照，一八九二年。*Harrow School Archives*

10 珍妮與傑克・邱吉爾於醫療船緬因號，一八九九年於南非。*Churchill Archives Centre, Broadwater Collection, BRDW I Photo 2/25. Reproduced by permission of Curtis Brown, London, on behalf of the Broadwater Collection.©Broadwater Collection.*

11 身穿軍服的邱吉爾，一八九九年。*Churchill Archives Centre, Broadwater Collection, BRDW I Photo 2/22. Reproduced by permission of Curtis Brown, London, on behalf of the Broadwater Collection.©Broadwater Collection.*

12 邱吉爾回到德爾班，一八九九年。*Churchill Archives Centre, Broadwater Collection, BRDW I Photo 2/18. Reproduced by permission of Curtis Brown, London, on behalf of the Broadwater Collection.©Broadwater Collection.*

13 邱吉爾與德皇，一九〇六年於德國。*Ullstein-bild/Getty Images*

14 邱吉爾與隨行人員於東非，坐在火車排障器上，出自一九〇八年，《我的非洲旅程》，溫斯頓・S・邱吉爾著。*Churchill Archives Centre.©Winston S. Churchill. Reproduced with permission of Curtis Brown, London on behalf of the Estate of Sir Winston Churchill and the Master, Fellows and Scholars of Churchill College, Cambridge*

15 克萊門汀・奧齊耶，一九〇八年。*Hulton Archive/Getty Images*

16 溫斯頓與克萊門汀・邱吉爾結婚當日步出西敏的聖瑪格麗特教堂，一九〇八年。*Chronicle/Alamy*

17 婦女參政運動者打斷邱吉爾的競選活動，一九〇八年於丹地。*Mirrorpix*

18 登上英國海軍部遊艇女巫號，一九一二年於地中海。*Fremantle/Alamy*

19 海軍上將費雪，約於一九一〇年。*Getty Images*

20 大衛・勞合喬治，約於一九一四年。*Alamy*

21 〈邱吉爾〉，華特・席格繪於一九二七年。*©National Portrait Gallery, London*

22 阿瑟・貝爾福，一九一二年。*Getty Images*

23 基奇納勛爵，一九一五年。*Alamy*

24 寇松勛爵，一九二一年。*Alamy*

25 F・E・史密斯，約於一九二二年。*Granger/Alamy*

26 邱吉爾在赫特福德郡哈斯伯恩莊園繪畫。作者收藏

27 溫斯頓與克萊門汀於哈斯伯恩莊園。作者收藏

28 〈瓶景〉，溫斯頓・S・邱吉爾繪於一九二六年。*National Trust, Chartwell. Reproduced with permission of Anthea Morton-Saner on behalf of Churchill Heritage Ltd. Copyright©Churchill Heritage Ltd*

29 F・E・史密斯寫給溫斯頓・S・邱吉爾的信，一九一三年。*Churchill Archives Centre, Churchill Papers, CHAR 1/107/20*

30 邱吉爾搭機抵達漢普夏郡希爾西，約於一九一三年。*Hulton Archive/ Getty Images*

31 邱吉爾與皇家蘇格蘭燧發槍團第六營於比利時普洛斯迪爾次。*Fremantle/Alamy*

32 溫斯頓・邱吉爾頭戴法國步兵頭盔。約翰・拉沃里爵士繪於一九一六年。*National Trust, Chartwell.©National Trust*

33 於開羅會議參訪金字塔，一九二一年。*Churchill Archives Centre, Broadwater Collection, BRDW I Photo 2/83. Reproduced by permission of Curtis Brown, London, on behalf of the Broadwater Collection.©Broadwater Collection.*

34 邱吉爾與倫敦德里勛爵於羅漢普頓打馬球，一九二一年。*TopFoto*

35 查特維爾莊園，位於肯特郡，韋斯特勒姆。*AP/TopFoto*

36 《英國公報》頭版，一九二六年五月十三日。*Alamy*

37 邱吉爾與朋友於查特維爾用茶。唐納德・佛格森（Donald Ferguson）拍攝，約於一九二八年。©National Trust Images

38 德文－格洛斯特選舉致詞封面，一九二九年保守黨出版。*©Bodleian Library, University of Oxford, Conservative Party Archive [CPA PUB 229/5/10 fo73]. Reproduced with permission of the Conservative Party*

39 邱吉爾正式就職布里斯托大學名譽校長，一九二九年。*Hulton Archive/Getty Images*

40 薩伏伊飯店皮納弗廳。*Courtesy The Savoy Archive*

41 另一俱樂部晚餐菜單上的邱吉爾，鉛筆素描，阿弗雷德・芒寧斯繪於一九二九年。*Courtesy The Savoy Archive. Photo: Neville Mountford-Hoare.©DACS, London, 2018*

42 邱吉爾穿得像嬰兒，鉛筆素描，阿弗雷德・芒寧斯繪於一九三六年。*Courtesy The Savoy Archive. Photo: Neville Mountford-Hoare.©DACS, London, 2018*

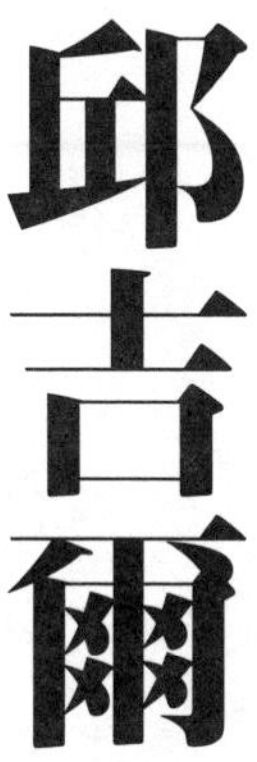

CHURCHILL

WALKING WITH DESTINY

與命運同行

|第一部|

準備

安德魯·羅伯茨 著 胡訢諄 譯

ANDREW ROBERTS

目次

PART 1 準備

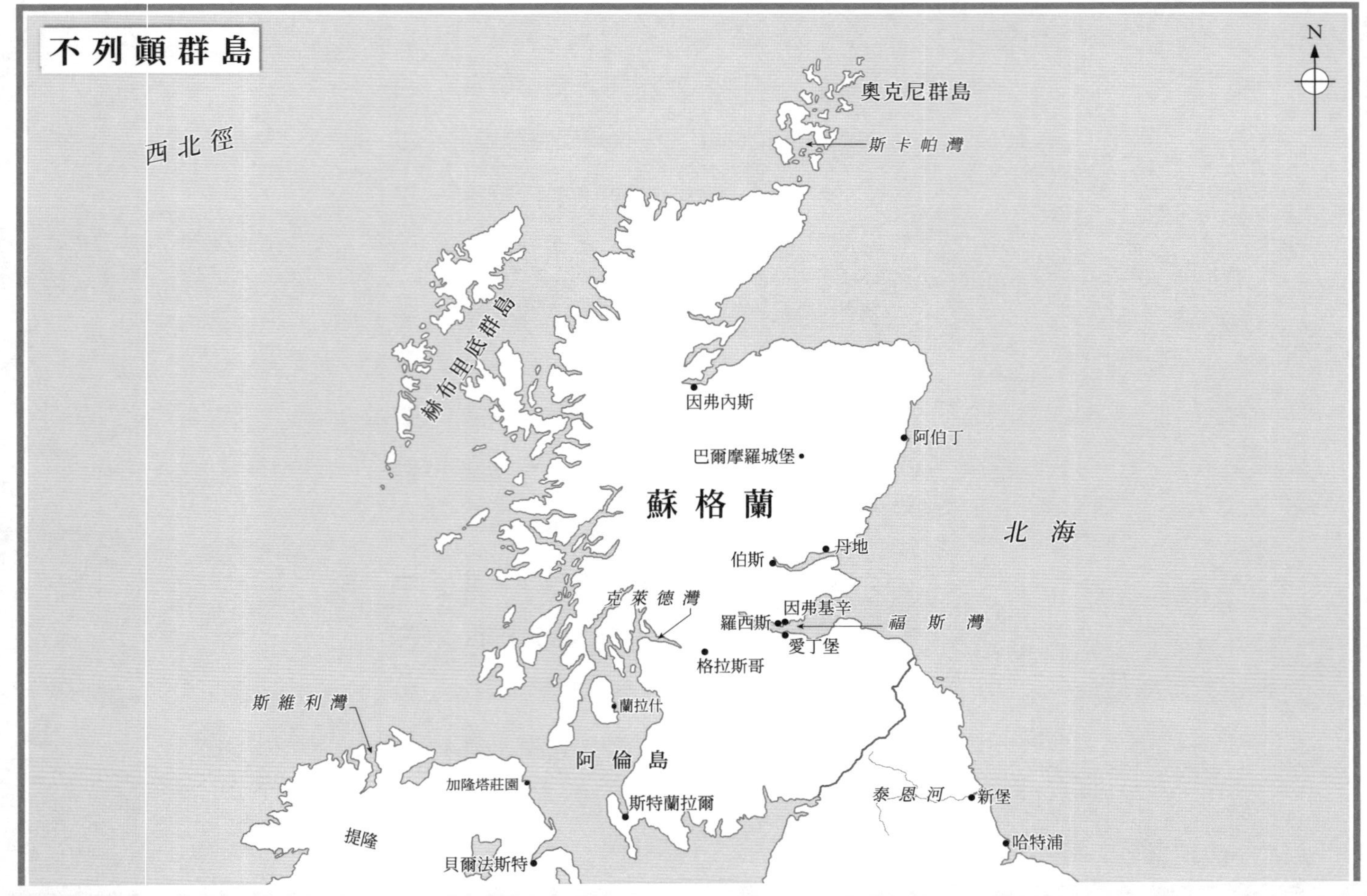
不列顛群島
奧克尼群島
西北徑
斯卡帕灣
赫布里底群島
因弗內斯
阿伯丁
巴爾摩羅城堡
蘇格蘭
北海
丹地
伯斯
克萊德灣
因弗基辛
羅西斯
福斯灣
愛丁堡
格拉斯哥
斯維利灣
蘭拉什
阿倫島
加隆塔莊園
斯特蘭拉爾
泰恩河
新堡
提隆
哈特浦
貝爾法斯特
N

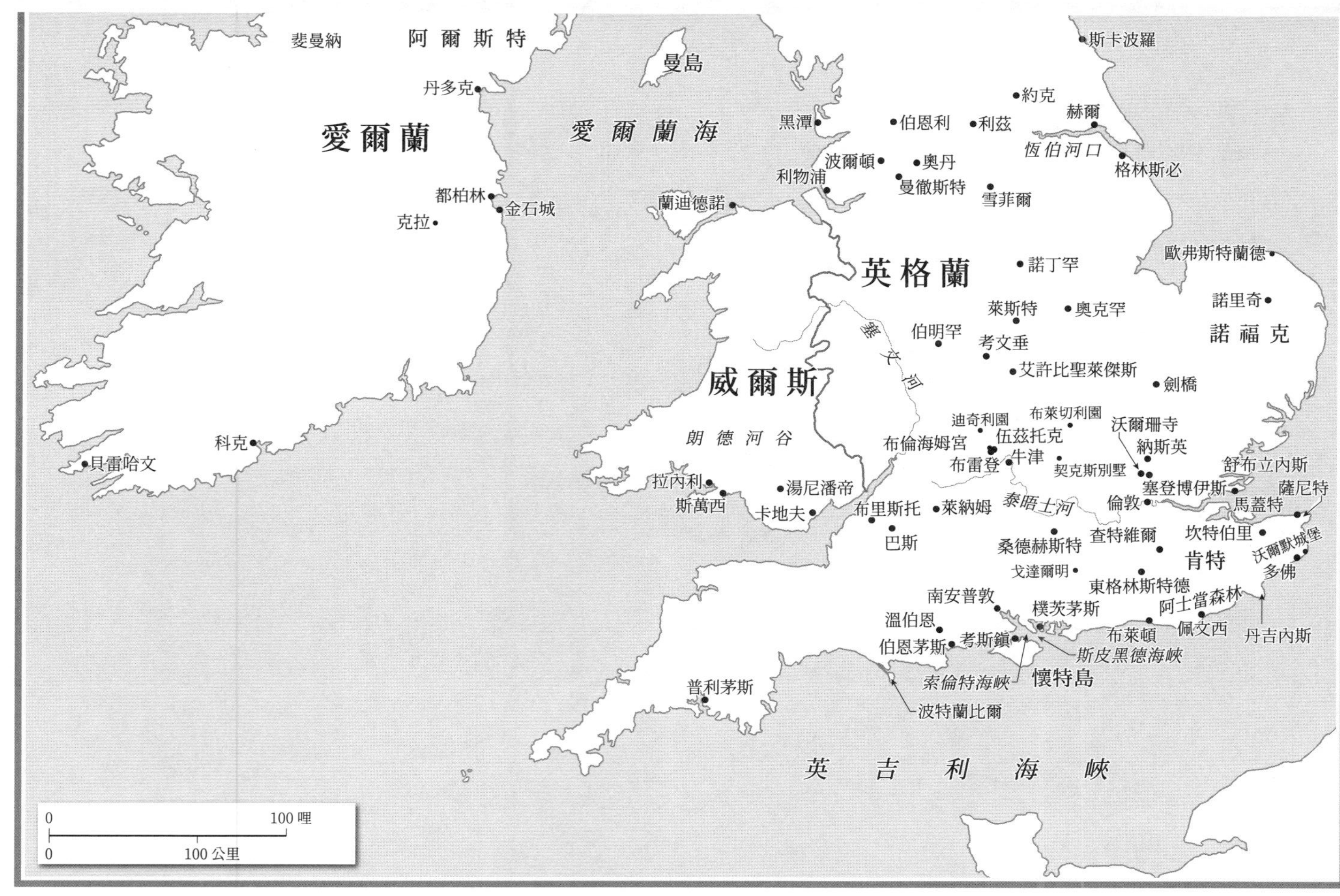

斐曼納
阿爾斯特
曼島
斯卡波羅
丹多克
約克
愛爾蘭
愛爾蘭海
黑潭
伯恩利
利茲
赫爾
恆伯河口
波爾頓
奧丹
格林斯必
利物浦
曼徹斯特
雪菲爾
都柏林
金石城
蘭迪德諾
克拉
英格蘭
諾丁罕
歐弗斯特蘭德
萊斯特
奧克罕
諾里奇
伯明罕
考文垂
諾福克
塞文河
威爾斯
艾許比聖萊傑斯
劍橋
迪奇利園
布萊切利園
沃爾珊寺
伍茲托克
朗德河谷
布倫海姆宮
納斯英
科克
牛津
貝雷哈文
布雷登
契克斯別墅
舒布立內斯
拉內利
湯尼潘帝
塞登博伊斯
薩尼特
斯萬西
倫敦
馬蓋特
泰晤士河
卡地夫
布里斯托
萊納姆
巴斯
查特維爾
坎特伯里
桑德赫斯特
肯特
沃爾默城堡
戈達爾明
多佛
東格林斯特德
南安普敦
樸茨茅斯
阿士當森林
溫伯恩
布萊頓
佩文西
伯恩茅斯
考斯鎮
丹吉內斯
斯皮黑德海峽
索倫特海峽
懷特島
普利茅斯
波特蘭比爾
英吉利海峽
0
100 哩
0
100 公里

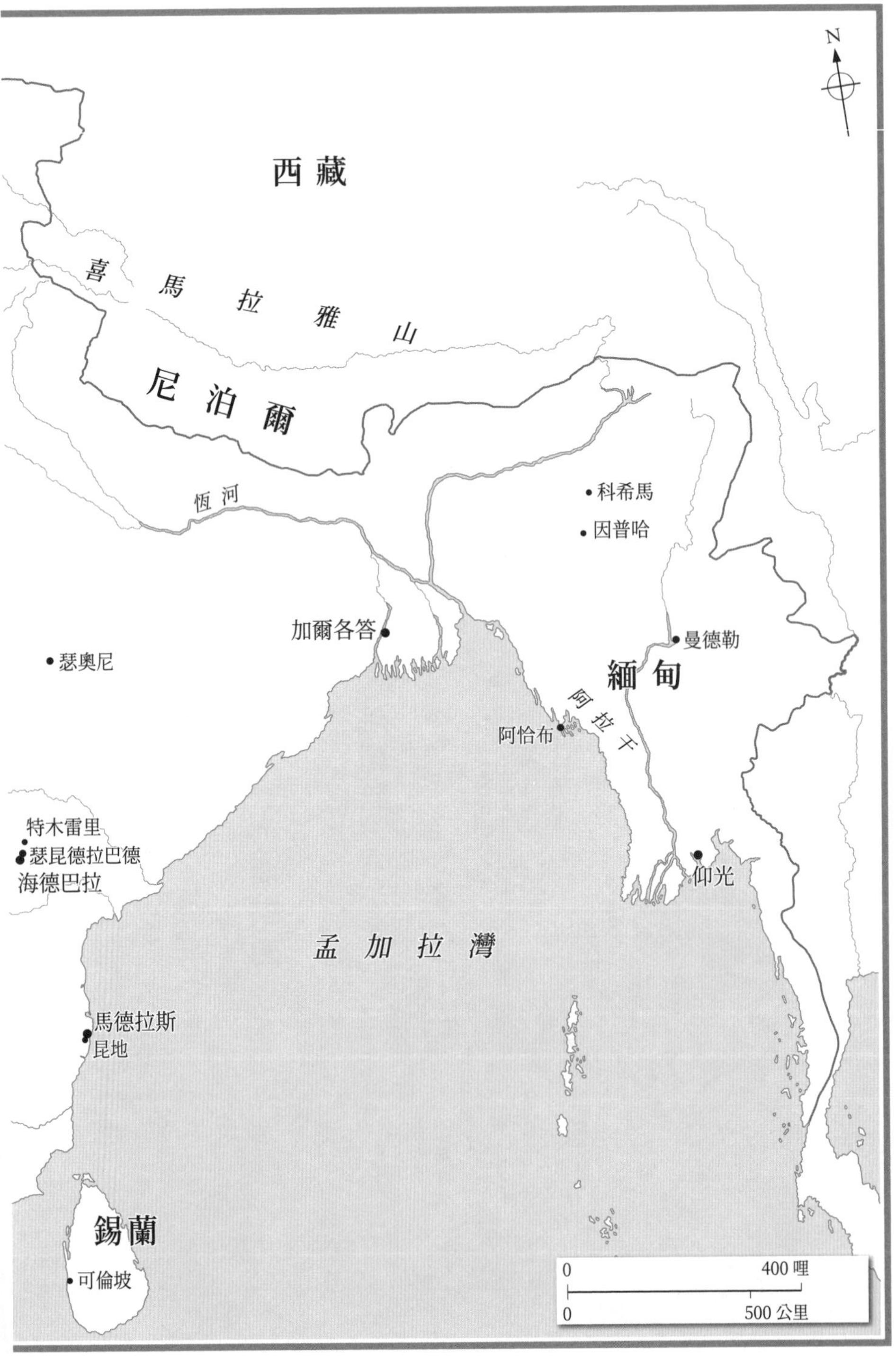
N
西藏
喜馬拉雅山
尼泊爾
恆河
科希馬
因普哈
加爾各答
瑟奧尼
曼德勒
緬甸
阿拉干
阿恰布
特木雷里
瑟昆德拉巴德
海德巴拉
仰光
孟加拉灣
馬德拉斯
昆地
錫蘭
可倫坡
0
400 哩
0
500 公里

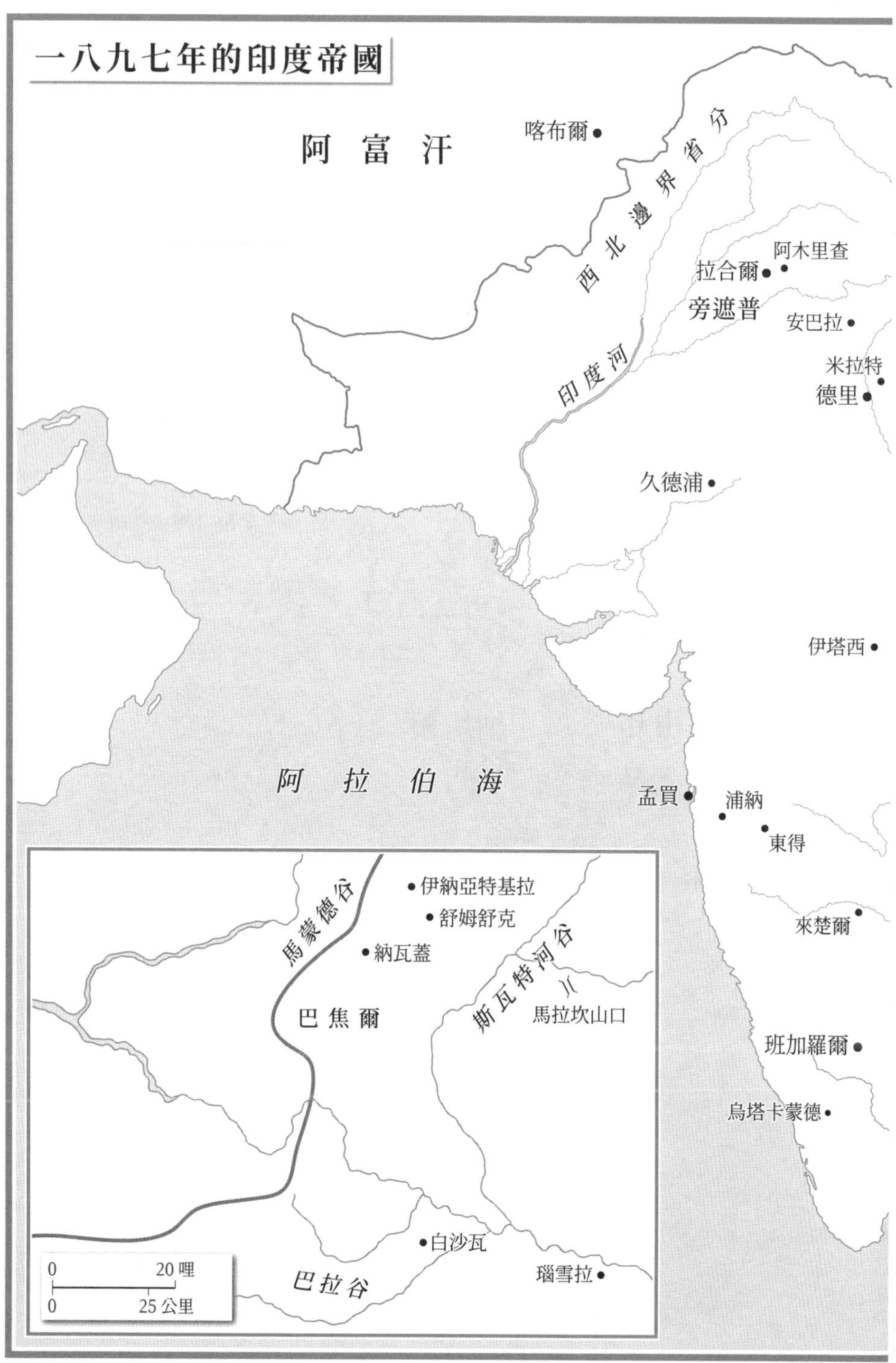
一八九七年的印度帝國
阿富汗
喀布爾
西北邊界省分
阿木里查
拉合爾
旁遮普
安巴拉
印度河
米拉特
德里
久德浦
伊塔西
阿拉伯海
孟買
浦納
東得
來楚爾
班加羅爾
烏塔卡蒙德
伊納亞特基拉
舒姆舒克
納瓦蓋
馬蒙德谷
巴焦爾
斯瓦特河谷
馬拉坎山口
白沙瓦
瑙雪拉
巴拉谷
0 20 哩
0 25 公里

羅德西亞
N
葡屬東非
川斯瓦
普里托利亞
馬菲京
鑽石丘
德拉戈灣
洛倫索馬奎斯
約翰尼斯堡
史瓦濟蘭
奧蘭治自由邦
納塔爾
斯匹恩山
拉迪史密斯
契夫利
圖蓋拉河
布隆泉
艾斯科特
圖蓋拉高地
巴蘇托蘭
德爾班
印度洋
東倫敦
0
200 哩
0
250 公里

一八九九年的南非
貝專納
德屬西南非
奧蘭治河
大西洋
開普殖民地
開普敦
伊莉莎白港

一九一五年的達達尼爾海峽
N
馬爾馬拉海
加里波利
愛琴海
加里波利半島
彎刀山
蘇弗拉灣
昌那坡
安札克灣
小亞細亞
恰納克
加巴坦培海灘
阿奇丘
克里希亞
最狹窄處
科佩茲點
海麗絲岬
賽塞迪爾巴希爾堡
庫姆卡萊
保加利亞
黑 海
博斯普魯斯海峽
葉尼取
印布洛斯島
利姆諾斯島
土耳其
列斯伏斯島
斯基羅斯島
希臘
士麥納
雅典
艾丁
特內多斯
0
10 哩
0
20 公里
0
100 哩
0
200 公里

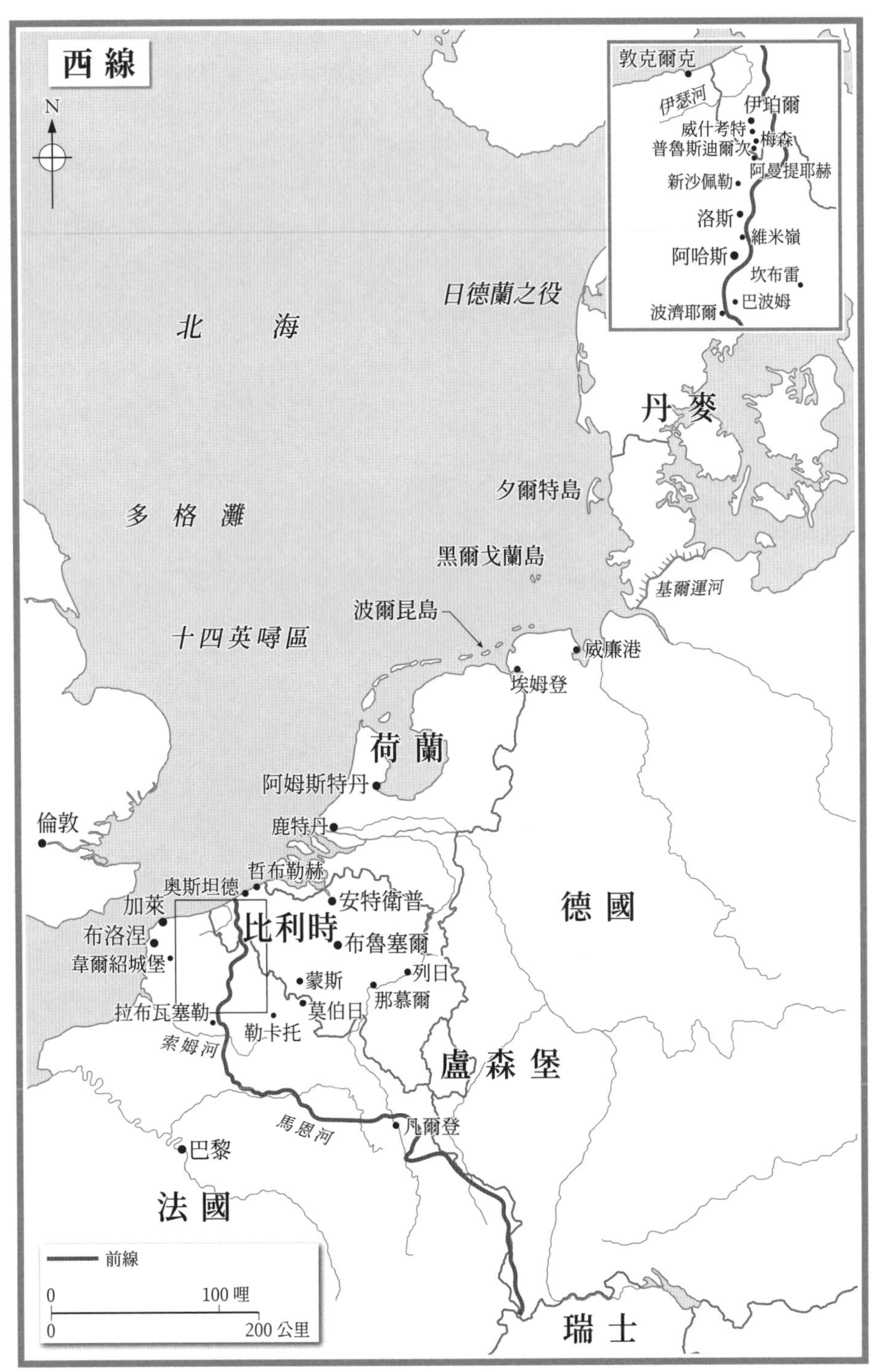
西線
N
敦克爾克
伊瑟河
伊珀爾
威什考特
梅森
普魯斯迪爾次
阿曼提耶赫
新沙佩勒
洛斯
維米嶺
阿哈斯
坎布雷
巴波姆
波濟耶爾
日德蘭之役
北　海
丹　麥
夕爾特島
多　格　灘
黑爾戈蘭島
基爾運河
波爾昆島
十四英哷區
威廉港
埃姆登
荷　蘭
阿姆斯特丹
倫敦
鹿特丹
哲布勒赫
奧斯坦德
安特衛普
加萊
德　國
比利時
布洛涅
布魯塞爾
韋爾紹城堡
列日
蒙斯
那慕爾
莫伯日
拉布瓦塞勒
勒卡托
索姆河
盧　森　堡
馬恩河
凡爾登
巴黎
法　國
前線
0
100 哩
0
200 公里
瑞　士

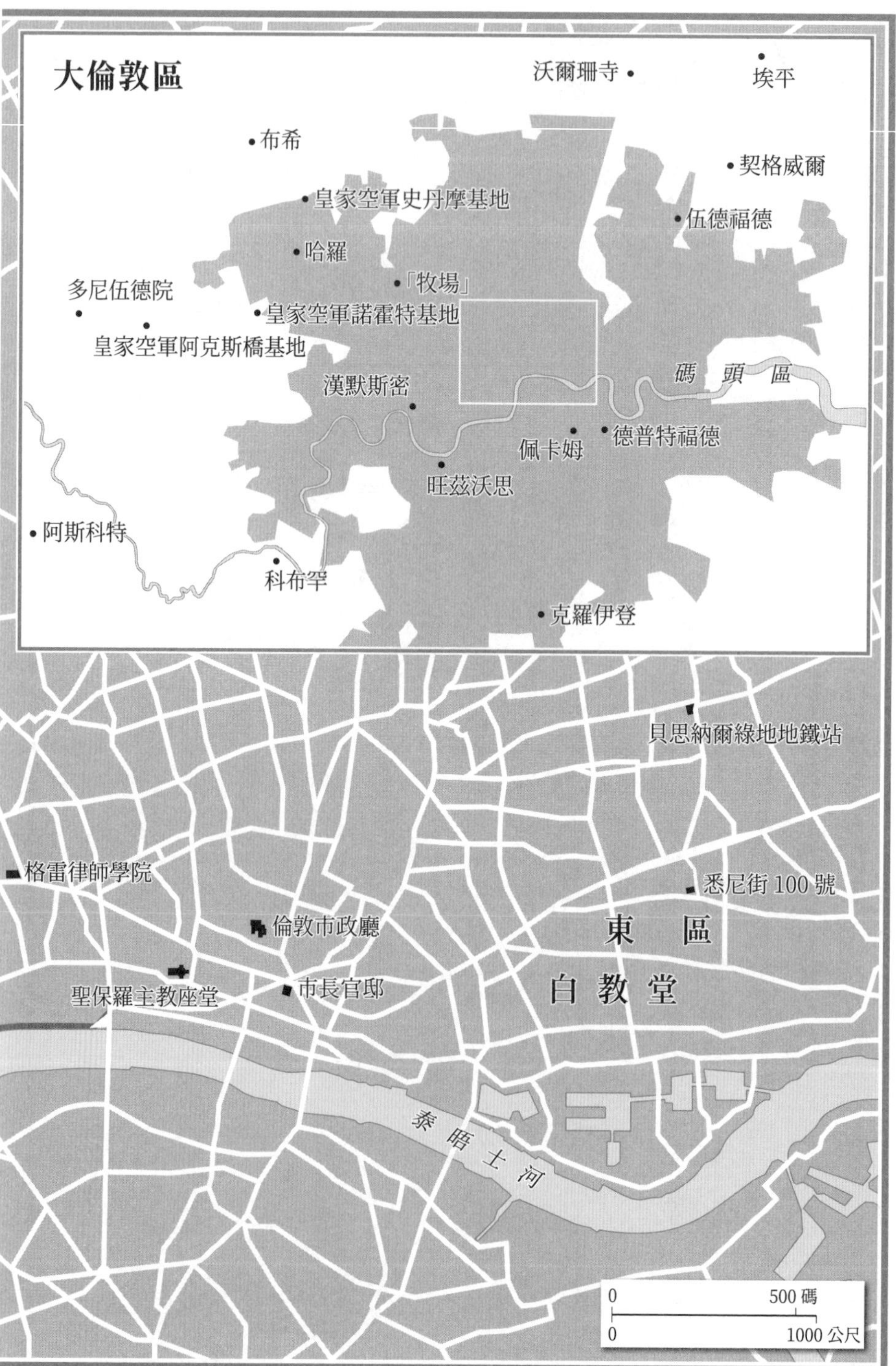
大倫敦區
沃爾珊寺
埃平
布希
契格威爾
皇家空軍史丹摩基地
伍德福德
哈羅
「牧場」
多尼伍德院
皇家空軍諾霍特基地
皇家空軍阿克斯橋基地
碼 頭 區
漢默斯密
德普特福德
佩卡姆
旺茲沃思
阿斯科特
科布罕
克羅伊登
貝思納爾綠地地鐵站
格雷律師學院
悉尼街 100 號
倫敦市政廳
東 區
聖保羅主教座堂
市長官邸
白 教 堂
泰 晤 士 河
0
500 碼
0
1000 公尺

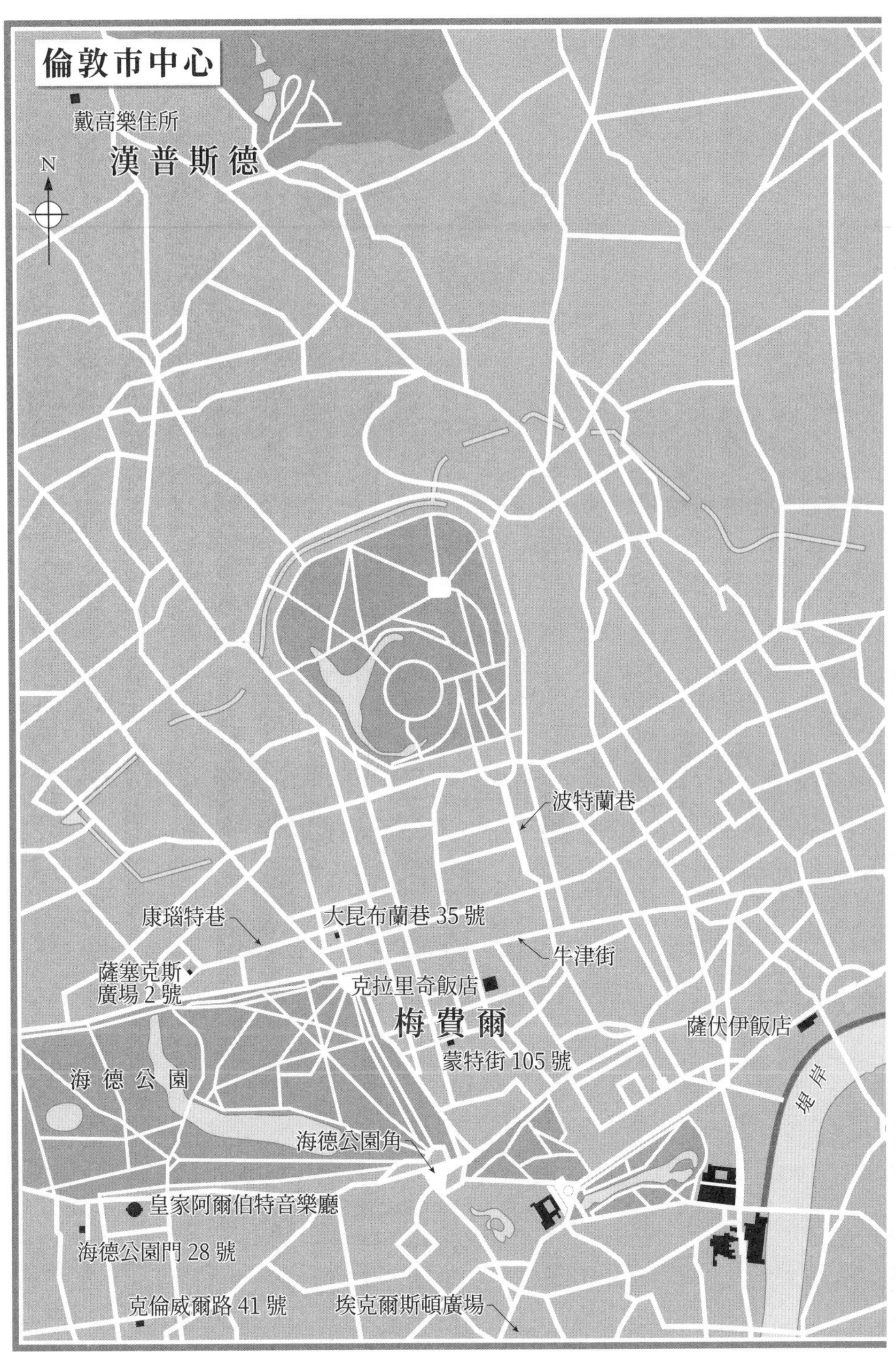
倫敦市中心
戴高樂住所
漢普斯德
N
波特蘭巷
康瑙特巷
大昆布蘭巷 35 號
牛津街
薩塞克斯
廣場 2 號
克拉里奇飯店
梅費爾
薩伏伊飯店
蒙特街 105 號
海德公園
堤岸
海德公園角
皇家阿爾伯特音樂廳
海德公園門 28 號
克倫威爾路 41 號
埃克爾斯頓廣場

N
特拉法加廣場
納爾遜紀念柱
卡爾頓俱飯店
諾森伯蘭大道
海軍部拱門
卡爾頓俱樂部
軍需部
全國自由黨俱樂部
海軍部
白廳
陸軍部
海軍部官邸
林蔭路
騎兵衛隊閱兵場
空軍部
11號
10號
唐寧街
國會街
聖詹姆斯公園
查爾斯國王街
臨時首相府
泰晤士河
斯托利門
國會廣場
女王門
安妮
聖瑪格麗特教堂
中央堂
國會大廈
卡克斯頓廳
西敏寺
聖公會總部
諾斯勛爵街
馬宣街
霍斯菲里路
1 外交部
2 殖民地部
3 內政部
4 印度部
5 財政部
6 中央作戰指揮室
7 衛生部

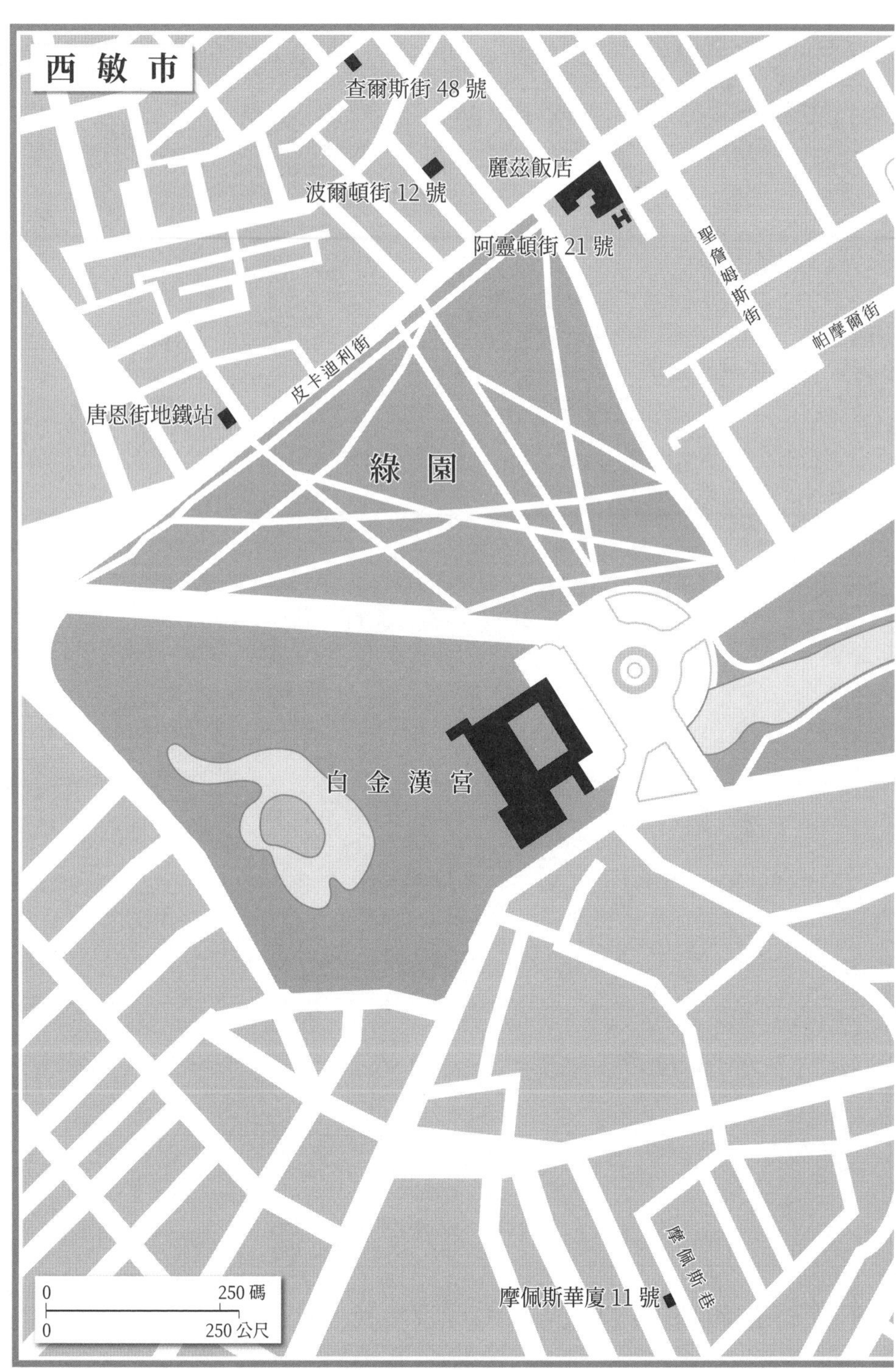
西敏市
查爾斯街 48 號
麗茲飯店
波爾頓街 12 號
阿靈頓街 21 號
聖詹姆斯街
帕摩爾街
皮卡迪利街
唐恩街地鐵站
綠園
白金漢宮
摩佩斯巷
摩佩斯華廈 11 號
0
250 碼
0
250 公尺

格陵蘭
冰島
丹麥海峽
雷克雅維克
沙恩霍斯號沉船處
（1943年12月26日）
鐵必制號沉船處
（1944年11月12日）
斯卡帕灣
奧克尼群島
昔德蘭群島
格拉斯哥
愛丁堡
利物浦
倫敦
布里斯托
佩斯特
歐洲
加拿大
紐芬蘭
空防空隙
西徑
「俾斯麥號」
沉船處（1941
年5月27日）
雪梨
哈利法克斯
紐約
美國
亞速群島
馬德拉島
直布羅陀
大西洋
非洲
維德角群島
達卡
南美洲
南大西洋
開普敦
船隊約略路線
同盟國空軍範圍約略邊界
1943年春季前的空防空隙
0 1000哩
0 1000公里
大西洋戰役

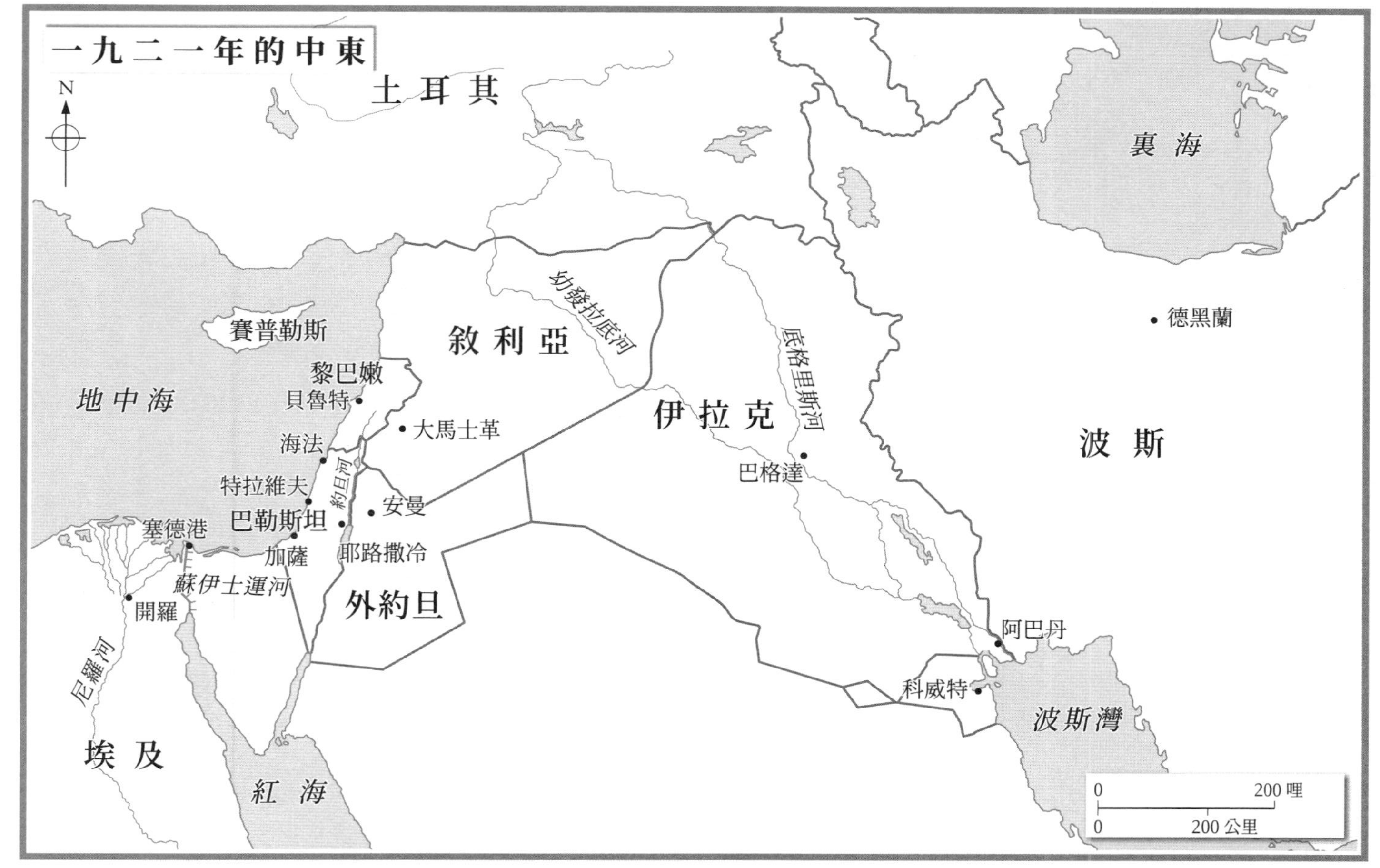
一九二一年的中東
N
土耳其
裏海
德黑蘭
賽普勒斯
敘利亞
幼發拉底河
底格里斯河
地中海
黎巴嫩
貝魯特
大馬士革
伊拉克
波斯
海法
約旦河
巴格達
特拉維夫
安曼
巴勒斯坦
塞德港
加薩
耶路撒冷
蘇伊士運河
開羅
外約旦
阿巴丹
尼羅河
科威特
波斯灣
埃及
紅海
0 200 哩
0 200 公里

寇松線
巴庫—巴統鐵路
哥德防線
0
500 哩
0
500 公里
莫曼斯克
白海
阿干折
蘇維埃社會主義共和國聯邦
列寧格勒
莫斯科
窩瓦河
卡廷
奧廖爾
明斯克
白俄羅斯
史達林格勒
聶伯河
基輔
聶斯特河
烏克蘭
裏海
敖德薩
克里米亞
巴拉克拉瓦
羅馬尼亞
瑟瓦斯托波爾
雅爾達
喬治亞
巴庫
巴統
亞塞拜然
布加勒斯特
黑海
保加利亞
索非亞
伊斯坦堡
土耳其
薩洛尼卡
愛琴海
雅典
列羅斯島
蘇尼翁角
馬塔潘角
羅得島
尼科西亞
賽普勒斯
克里特島
馬勒美

二次大戰期間的歐洲
1938年1月之國界
N
大西洋
那維克
芬蘭
瑞典
特隆赫姆
翁達爾斯內斯
挪威
卑爾根
奧斯陸
尤坎
斯德哥爾摩
塔林
斯塔凡格
愛沙尼亞
戈斯興灣
卡格拉克海峽
里加
蘇格蘭
北愛爾蘭
拉脫維亞
北海
丹麥
美麥
大不列顛
哥本哈根
波羅地海
立陶宛
愛爾蘭
夕爾特島
但澤
狼穴
都柏林
東普魯士
漢堡
呂貝克
威爾斯
英格蘭
什切青
貝爾根－貝爾森
萊克河
阿姆斯特丹
波茨坦
柏林
波蘭
華沙
倫敦
托爾高
奈梅亨
布雷斯勞
盧布林
比利時
德國
布亨瓦德
萊茵河
克拉科夫
易北河
奧斯維辛－比克瑙
巴黎
捷克斯洛伐克
盧森堡
多瑙河
維也納
布達佩斯
法國
瑞士
奧地利
卡恩坦
匈牙利
盧布爾雅那間隙
盧布爾雅那
波河
第里雅斯特
貝爾格勒
佛羅倫斯
南斯拉夫
梅陶羅河
亞德里亞海
葡萄牙
科西嘉島
義大利
馬德里
阿雅克肖
拉吉歐
羅馬
伊瑟尼亞
安濟奧
卡西諾山
巴利
阿爾巴尼亞
西班牙
那不勒斯
薩萊諾
薩丁尼亞
希臘
科孚島
地中海
直布羅陀
潘泰萊里亞島
馬爾他

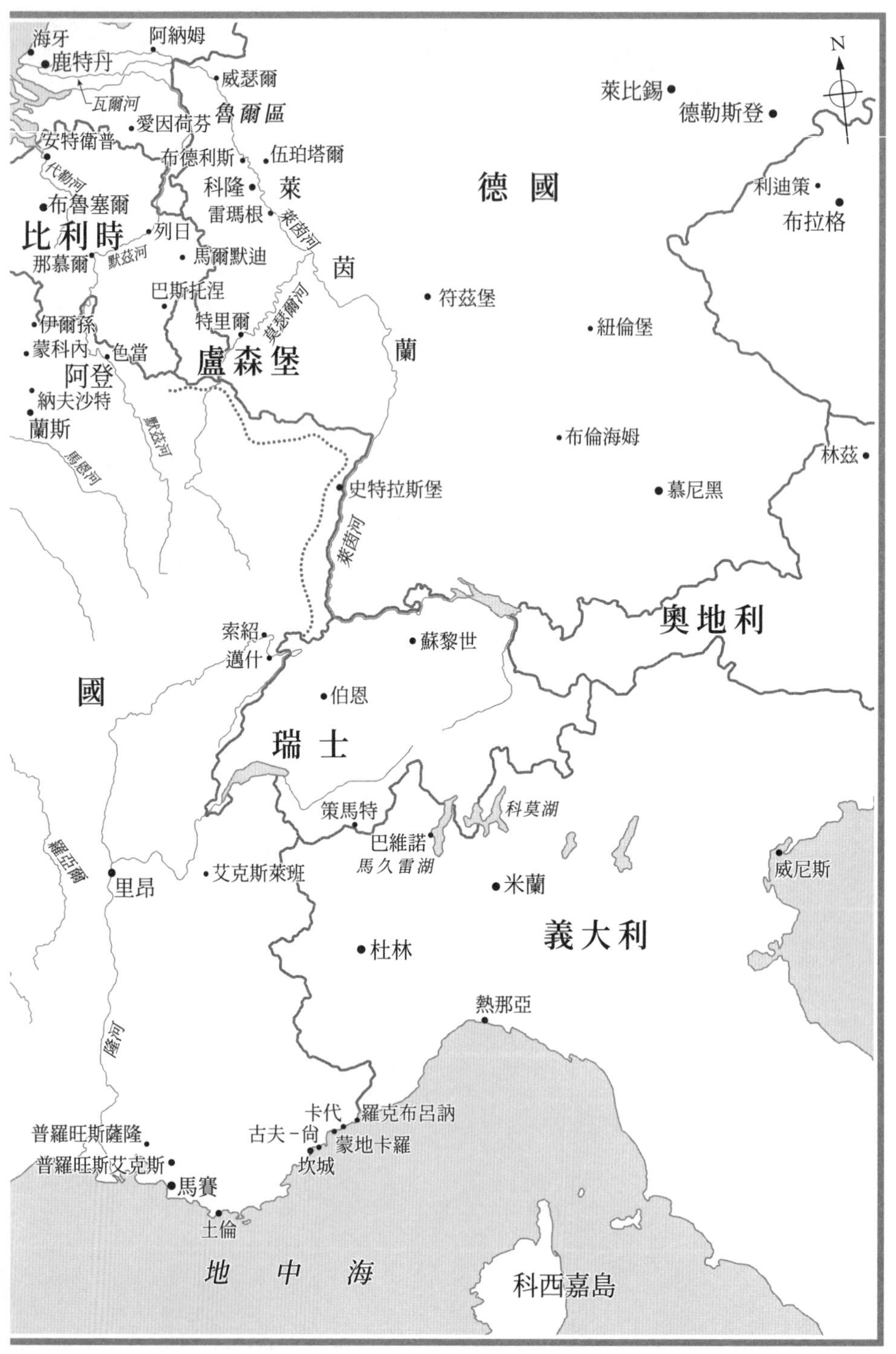
海牙
阿納姆
鹿特丹
威瑟爾
瓦爾河
魯爾區
愛因荷芬
安特衛普
布德利斯
伍珀塔爾
代勒河
科隆
萊
布魯塞爾
雷瑪根
萊茵河
比利時
列日
那慕爾
默茲河
馬爾默迪
茵
巴斯托涅
伊爾孫
特里爾
莫瑟爾河
蒙科內
色當
盧森堡
蘭
阿登
納夫沙特
蘭斯
默茲河
馬恩河
德國
萊比錫
德勒斯登
利迪策
布拉格
符茲堡
紐倫堡
布倫海姆
林茲
史特拉斯堡
慕尼黑
萊茵河
奧地利
索紹
邁什
蘇黎世
國
伯恩
瑞士
科莫湖
策馬特
巴維諾
馬久雷湖
羅亞爾
里昂
艾克斯萊班
米蘭
威尼斯
義大利
杜林
熱那亞
隆河
卡代
羅克布呂訥
普羅旺斯薩隆
古夫-尚
蒙地卡羅
普羅旺斯艾克斯
坎城
馬賽
土倫
地中海
科西嘉島
N

二次大戰期間的法國
倫敦
惠斯塔布
奧德肯特
多佛
奧斯坦德
敦克爾克
樸茨茅斯
加萊
伊瑟河
布洛涅
聖奧梅爾
阿曼提耶赫
埃塔普勒
蒙特勒伊
英吉利海峽
阿布維爾
勒卡托
索姆河
迪耶普
亞眠
佩羅納
瑟堡
布魯恩瓦爾
莫勒伊
阿荷芒希
古赫瑟勒
盧昂
克赫利
卡昂
法萊茲
奧恩河
巴黎
佩斯特
塞納河
諾曼第
勒芒
奧爾良
布希亞赫
土爾
羅亞爾河
法
維琪
比斯開灣
多爾多涅河
波爾多
加龍河
昂代
馬奇諾防線
0
100 哩
0
100 公里

地中海
賽普勒斯
黎巴嫩
敘利亞
德黑蘭
伊拉克
波斯
巴勒斯坦
亞歷山卓港
馬特魯港
耶路撒冷
阿萊曼
開羅
蘇伊士
外約旦
蓋塔拉窪地
法尤姆綠洲
蘇伊士運河
科威特
波斯灣
昔蘭尼加
埃及
路克索
亞斯旺
阿拉伯半島
卡達
阿曼
紅海
麥加
瓦迪哈勒法
尼羅河
馬斯喀特
查德
恩圖曼
喀土穆
阿特巴拉河
馬索沃
葉門
亞丁保護國
厄利垂亞
蘇丹
亞丁
吉布地
英屬索馬利蘭
義屬東非
剛果
衣索比亞
烏干達
肯亞
默奇森瀑布
亞厘畢湖
里蓬瀑布
剛果河
肯亞山
坎帕拉
恩德培
奈瓦夏湖
維多利亞湖
奈洛比
比利時
剛果
英屬東非
蒙巴薩
尚吉巴
坦干伊加
印度洋
尼亞薩蘭
葡屬東非
北羅德西亞
南羅德西亞
馬達加斯加

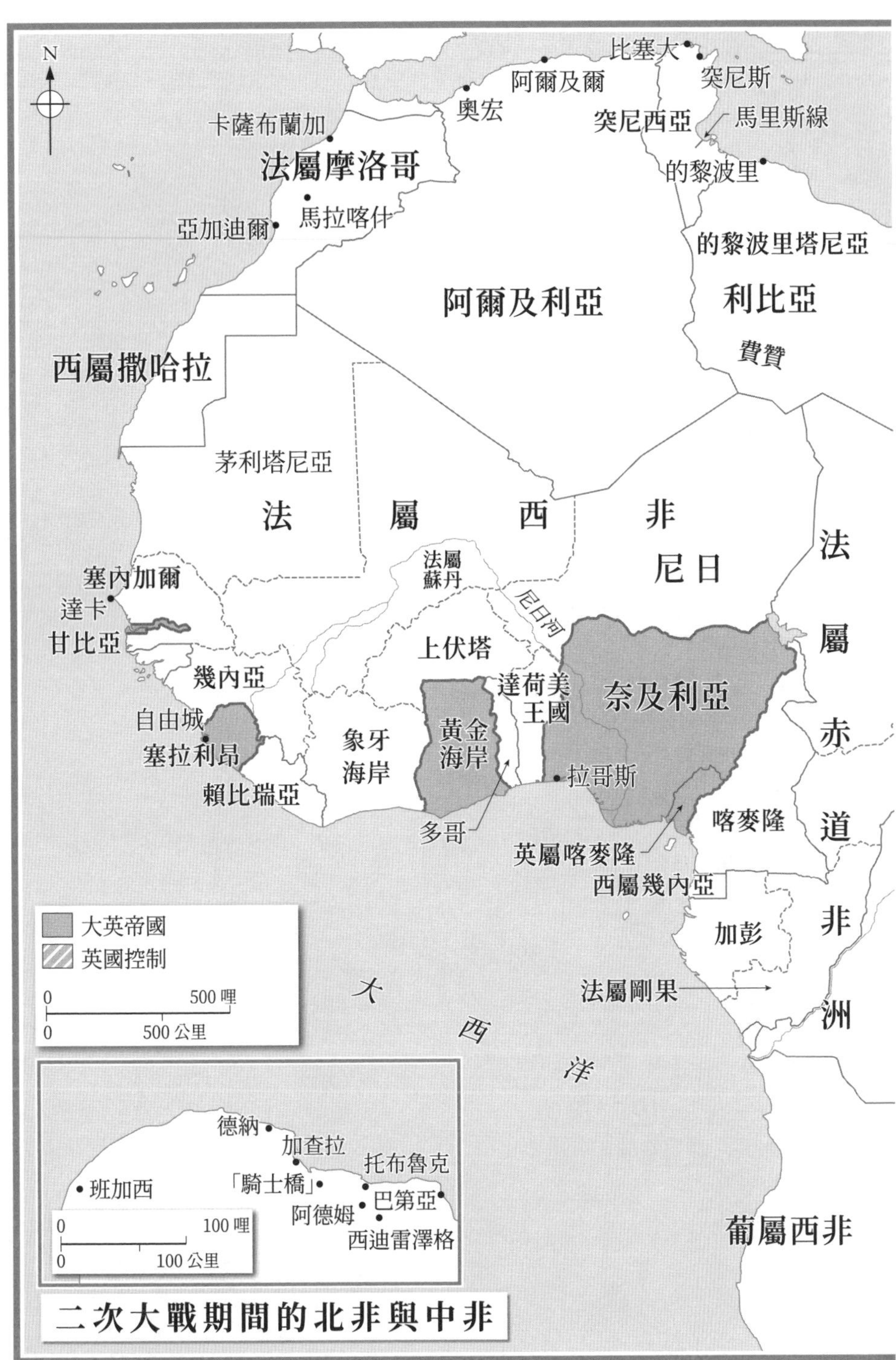

二次大戰期間的北非與中非

哈德遜灣
紐芬蘭
雪湖
巴特塢
阿眞舍海軍基地指揮部
普拉森提亞灣
魁北克市
蒙特婁
新斯科舍
渥太華
多倫多
哈德遜河
哈利法克斯
尼加拉瀑布
安納保
哈佛
海德帕克
波士頓
芝加哥
香格里拉
紐約
印第安納波利斯
巴爾的摩
費城
維農山莊
華盛頓特區
俄亥俄河
里奇蒙
漢普頓錨地
大西洋
諾福克機場
傑克森堡
漢密爾頓
百慕達
龐帕諾灘
邁阿密
拿索
巴哈馬
哈瓦那
阿羅悠布蘭科
聖斯皮里圖斯
古巴

北美洲
N
加拿大
亞伯達
埃德蒙頓
路易斯湖
卡加利
班夫
雷吉納
溫尼伯
溫哥華
斯內克河
密蘇里河
普拉特河
美國
福頓
傑佛遜城
密西西比河
紅河
聖西蒙
好萊塢
聖莫尼卡
紐奧良
太平洋
墨西哥
0
1000 哩
0
1000 公里

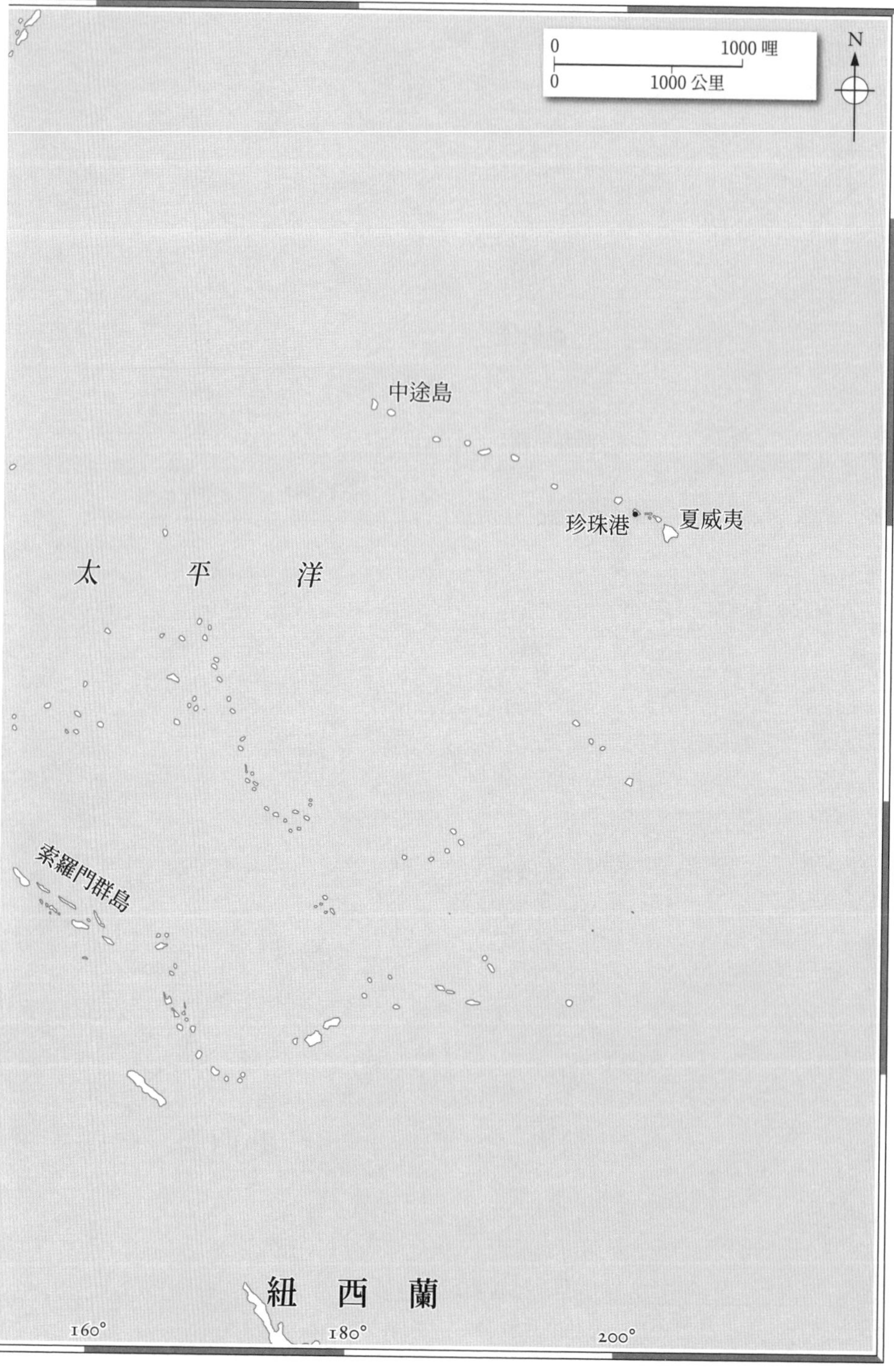
0
1000 哩
0
1000 公里
N
中途島
珍珠港
夏威夷
太　平　洋
索羅門群島
紐　西　蘭
160°
180°
200°

太平洋戰場
蘇聯
蒙古
滿州
40°
北京
威海衛
韓國
日本
京都
廣島
東京
中國
上海
長崎
長江
滇緬公路
科希馬
因普哈
伊洛瓦底江
曼德勒
河內
香港
20°
阿恰布
緬甸
仰光
泰國
法屬中南半島
呂宋島
菲律賓
巴丹
關島
曼谷
麻六甲海峽
威爾斯親王號與反擊號沉船處(1941年12月10日)
馬來亞
新加坡
0°
蘇門答臘島
婆羅洲
荷屬東印度
拉包爾
爪哇島
達爾文港
20°
印度洋
澳大利亞
布里斯本
伯斯
雪梨
坎培拉
100°
120°
140°

推薦序

前行政院院長、國立陽明交通大學終身榮譽教授　毛治國

「受任於敗軍之際、奉命於危難之間」，邱吉爾晚年得志六十五歲當上首相，這時他的命運就正式與大英帝國連結在一起。

古人說「大事難事看擔當、順境逆境看襟度、臨喜臨怒看涵養、群行群止看識見」，邱吉爾的擔當、襟度與識見，質疑的人不會多；但他的涵養則極具爭議性——他以脾氣壞出名，甚至還有憂鬱症傾向；但他卻每每都能從高壓的負面事件中，找到正向反應的支撐點，使他擺脫情緒的綁架，扮演好國家領導人的角色。這是邱吉爾之所以令人佩服的人格特質與心理素質。

俗話說「當局者迷、旁觀者清」；但現實世界許多複雜的決策，旁觀者看到的通常都只是浮現在表面，想當然耳的熱鬧；至於隱藏在混沌表象背後的事理脈絡與因緣成果的眞相，除非操盤者本人「誠實」地現身說法，否則往往難被揭露。面對這種「當局者清、旁觀者迷」的可能困境，本書作者幸運的地方是：有關邱吉爾的各種第一人稱、第三人稱的資訊非常豐富，所以只要當事人具備充分的專業訓練以及鍥而不捨的努力，要「復盤」還原一幕幕歷史場景是有可能做到的；而有這樣的作者爲自己寫出這種品質的傳記，如果邱吉爾地下有知，也應該爲自己感到幸運。

曾國藩說「本事是逼出來的」，意思是：再有才能的人，如果不將他投入到無所逃避的艱困問題情境當中，那些經傳頌而成爲經典或傳奇的精彩決策是做不出來的。邱吉爾在一九四〇年五月十日被英皇告知要其出任首相；但就在同一天德軍閃擊比利時，發動侵法戰役；於是上任的頭一個半月，邱吉爾面對的就是一個兵荒馬亂、骨牌連倒、四面楚歌、手忙腳亂的空前危機狀態。在這段關鍵時刻，籠罩著邱吉爾的是幾個攸關國家存亡的大難題：如何聯合三大政黨組成戰時內閣，並凝聚行動共識？如何進行英倫的防禦部署，以抵抗希特勒箭在弦上的跨海攻擊？如何確認法國能否頂住希特勒攻勢而挺下去，以便決定該用什麼力度去回應法國對支援空中戰力的不斷需索？如何爲被圍困在比利時海灘的四十萬英軍，想方設法予以撤離？如何讓美國羅斯福總統相信他所組的新內閣可以挺過危機，因而願意作他對抗希特勒的後盾？如何回應抱持失敗主義的主和派政敵，在國會（下議院）公開質疑英國獨立作戰能力，並不斷逼宮要求與希特勒和談的主張？如何面對英國國庫黃金儲備，乃至英國皇室等應該及早撤退居到加拿大的提議？兵臨城下之際，才接掌帥印、披掛上陣的邱吉爾，面對這些撲面而來的連串問題，不容他有任何猶豫的時間，他必須立即理清它們的頭緒、籌謀對策、採取行動。

邱吉爾孤傲的個性，加上曾經遊走三黨的不良紀錄，使他在國會中人緣不佳，甚至受到鄙視，完全不屬於衆望所歸型的人物；而提倡姑息主義的英相張伯倫倒臺後，向英皇推薦邱吉爾繼任首相，也沒安什麼好心，未嘗沒有讓他先墊個檔，只當一個必要時可予犧牲的棄子；因爲當時其他虎視眈眈的政敵，也沒有任何人看好他可以撐過橫亙在前的諸多難關；甚至許多派系領袖從開始就在盤算，一旦邱吉爾垮臺，由自己來接手組閣的可能性。

「時代考驗青年、青年創造時代」曾經是鼓舞臺灣一九七〇至一九八〇年代年輕人的勵志口號；這一口號其實在「究竟是時勢造英雄，還是英雄造時勢」這個問題上選了邊，站上「時勢造英雄」的隊。邱吉爾的故事也爲「時勢造英雄」提供了最好的佐證：時勢給了邱吉爾試煉的機會，而邱吉爾也把握了這個機會，成功創造了他那個時代的歷史。不過，邱吉爾之所以能夠成爲「在對的時間，做出對的事的那個對的人」，我們還可用「英雄要有用武之地」與「機會只留給準備好的人」這兩句俗話來理解，因爲這兩句話連結起來的意思就是「要成爲能夠創造時勢的英雄，就必須在時勢到來前就把自己先準備好」。羅伯茨所寫的這本邱吉爾傳記，以「準備」與「試煉」爲名，分爲上下兩部，恰好反映出與上述完全相同的觀點。

邱吉爾出身著名的老牌貴族世家，從小就自帶主角光環，自我感覺良好；又因爲成長於大英帝國國力的顚峰時代，所以繼承帝國輝煌的光榮，就成爲他自然萌生的一種使命感；甚至他從小就宣稱自己有朝一日會出來拯救英國。事實上，後來在首相任上，每當邱吉爾遭遇近乎絕望的困境時，使他重新站穩腳步、恢復鬥志的心理支撐，就是大英帝國的光榮歷史絕不可終結在自己手上的使命感。

邱吉爾在六十五歲高齡，終於因緣際會，在英國最危疑震撼的時刻，等來了他盼望了一輩子的首相寶座；而在沒有任何人看好，都認爲他只會是一個短命內閣的情形下，他不止挺過了備極艱辛、孤軍奮鬥的英倫保衛戰，最後還聯合衆多同盟國迎來了歐洲戰場的全面勝利，完成了他拯救大英帝國命運的歷史使命。

邱吉爾領導戰時內閣的初期是一段極爲驚心動魄與動心忍性的歷程。在這一過程中，他顯現了愈挫愈勇的領導者人格特質，以及支撐這一人格特質所需具備的強韌心理素質。所謂人格特質是一個人面對環境，在思想、情感、行爲上的特有反應方式；而心理素質則是面對挫折與痛苦時，紓解精神壓力、恢復心理平衡的堅韌性。談到心理素質，南非的曼德拉是佼佼者，他用威廉・亨利〈勇者無敵〉(Invictus)的詩句：「我永不屈服的靈魂……無懼命運之門有多狹窄、不顧生命之路還有多少罪罰；我是我命運的主人、我是我靈魂的統領。」作爲心理療癒劑，使他在無止無盡、看不到希望的牢獄生活中，維持了絕不放棄的生存意志。邱吉爾與曼德拉兩人生涯經歷的內涵不盡相同，但心理素質試煉的本質則相同。

一九四〇年五月十三日，邱吉爾接任首相的第三天，就到國會去發表第一次演說。當時他正開始籌組內閣，國會內人心浮動，有人在盼入閣，有人在等著看好戲；而他則必須以新首相的身分，針對「三天前希特勒剛發動勢如破竹的新戰事，英國憑什麼去抵抗」的問題，向焦慮的英國民眾發表他的看法。由於內閣系統還處於「剛開機狀態」，所以邱吉爾在那一刻也確實拿不出任何具體的因應對策，於是他就用「大英帝國會是世界霸主的底氣」作爲槓桿，發表了慷慨激昂的「血、淚、汗」演說：他誠實告知民眾未來將會是一場非常漫長的苦難與鬥爭；他坦承「除了鮮血、苦幹、眼淚、汗水，我無可奉獻。」；他也堅定宣示「我們的政策就是戰鬥、我們的目標就是勝利！」他用這樣的宣告來與主和派劃清界線，鼓舞群眾與他一起來捍衛大英帝國的獨立與自由，並讓每一個人都知道自己「爲何而戰」！

一個多月後的六月十八日，當法國向德國提出等同投降的議和時，這代表德軍已可能隨時發動進犯英倫的戰役，邱吉爾又適時發表了「我們將在海灘上戰鬥」的演說，聲嘶力竭地向民眾心戰喊話：「我們將在法國奮戰……在海洋奮戰……在空中奮戰，我們將保衛我們的島嶼，不計一切代價！我們將在海灘上奮戰……在原野和大街上奮戰……在山丘奮戰；我們永不投降！」

領導者要化危機爲轉機，竅門就在：爲徬徨、茫然、失志的群衆，指引一個明確的方向，並帶領他們克服困難、達成目標。邱吉爾在這個關鍵時刻，就把「如果大英帝國再存續一千年，那麼目前將會是它歷史上最光輝一刻」的自我期許，轉化成爲一個用來鼓舞英國民衆的共同奮鬥目標。這種爲帝國光榮歷史的繼往開來而戰的訴求，呼喚的是爲自己的價值信念而戰的決心。

邱吉爾年輕時所刻意自我培養的修辭功夫與口條訓練，這時就派上用場，使他成爲一個遣詞用字、精準鏗鏘，引經據典、得心應手，雄辯滔滔、深具群衆魅力的演說家。值得注意的是他所使用具煽動性華麗辭藻，除了用來喚醒民衆集體潛意識中，大英帝國不屈不撓精神終將獲勝的自信心外；更重要的是他要讓整個國家跟他一樣，還要更進一步下定奮戰到底、絕不投降的決心。他在上任初期就曾多次提出「這座島嶼即便淪陷，我們廣大的海外帝國臣民，在皇家艦隊護衛下，仍將繼續戰鬥」的說法，用來反擊逼迫自己攤牌的主和派，表達出他斬釘截鐵、絕不動搖的「永不屈服決心」！凡是處理過困難問題的人都知道信心與決心之間的區別：信心往往來自不穩定的浪漫情懷，在緊要關頭可能動搖；但決心必然以死生相許。

邱吉爾領導戰時內閣期間是他人生的高峰期，也讓他實現了拯救英國的自我預言。他在希特勒以泰山壓頂之勢席捲法國戰場的同時，即時站穩了新內閣的腳步，並也初步穩定了英國的軍心與民氣，這使他得以面對隨即展開的大不列顚保衛戰。攸關大英帝國命運的英法海峽制空權爭奪戰，始於一九四〇年七月；德英兩國空軍你來我往鏖戰兩個多月後，九月中旬展開大決戰，結果英軍勝出，使不可一世的德軍嘗到了開啟二戰戰端以來的首場敗績。而這個敗績也使希特勒決定先放掉英國這個目標，將兵鋒轉向東方的蘇聯。換句話說，大不列顛防衛戰的勝利，使跌到谷底的大英帝國命運開始逆轉，也使邱吉爾「用戰鬥求勝利」的目標出現希望；所以對於在這場空戰中獻出寶貴生命的英國青年，邱吉爾感性地說出了以下的名言：「人類衝突的戰場上，從未有這麼多的功績屬於這麼少的一群人。」

英倫保衛戰的勝利，爲盟軍未來的歐陸反攻保留了重要的前進基地。不過，邱吉爾「苦撐待變」的基本情勢，並未因此而立即改變；一直要等到美國羅斯福總統伸出明確的援手，乃至美國正式對德義等軸心國宣戰，以及希特勒東線的攻蘇戰事受挫顯露疲態後，他要「戰勝納粹德國、挽救大英帝國命運」的目標，才算有了踏實的著落。

若要用一句話評論邱吉爾，我會說他並非完人，但他是個當之無愧的英國偉人。

二〇二三年八月十三日

獻給亨利和卡西亞

來自他們自豪的父親

倘若功名成敗，於你眼中皆渺如片片浮雲。

——魯德亞德・吉卜林（Rudyard Kipling），〈如果〉（If）

去讀歷史，去讀歷史。所有治國之道的竅門盡在歷史裡頭。

——邱吉爾致一位美國學生，一九五三年五月二十七日
於西敏廳，加冕典禮午宴前

致謝

本人謹向女王陛下伊莉莎白二世表達謝意，女王陛下仁慈地同意我利用溫莎城堡的皇家檔案庫，尤其允許我不受限制地取得國王喬治六世戰爭時期的日記。這樣的邱吉爾傳記作者，我是第一位。

本書使用許多非公共領域的資料，因此特別謝謝 David Cameron 允許我研究一九四〇年至一九四五年與一九五一年至一九五五年契克斯別墅（Chequers）的訪客簿；George Osborn 與 Frances Osborne 允許我閱讀訪客簿，並讓我看多尼伍德院科林斯式九袋桌球的金書玉字；Nicholas Soames 爵士允許我成爲繼馬汀・吉爾伯特爵士（Sir Martin Gilbert）後研究另一俱樂部（The Other Club）紀錄的作者；Petronella Wyatt 允許我參考伍卓・懷亞特（Woodrow Wyatt）的日記；Walker 家族讓我看瑪麗安・霍姆斯（Marian Holmes）的戰時日記；John Townsend 讓我閱讀第二代伯肯赫德伯爵（Earl of Birkenhead）的文件；謝謝索茲伯里侯爵（Marquess of Salisbury）對邱吉爾的回憶，並允許我引用位於哈特菲爾德宅邸加斯科因－塞西爾（Gascoyne-Cecil）的文件，而且在那裡承蒙 Robin Harcourt Williams 諸多協助。Hugo Vickers 慷慨地允許我使用他的祖父西賽爾・維克斯（即證券交易公司維克斯・德・哥斯大的創辦人）的大批分類帳，讓我調查邱吉爾的股票交易；Judge Richard Parkes 允許我引用他的祖父未出版的安特衛普與加里波利回憶錄，

Ben Strickland 提供史密斯隊長（Captain Smyth）對恩圖曼戰役（Battle of Omdurman）的紀錄，Nick Thorne 提供海軍上尉魏維安・考克斯（Vivian Cox）的日記。謝謝華盛頓特區全國邱吉爾圖書館中心（National Churchill Library and Center，簡稱ＮＣＬＣ）的 Michael F. Bishop（也是國際邱吉爾協會〔International Churchill Society〕主席），以及喬治華盛頓大學吉爾曼圖書館（Gelman Library）的 Elisabeth Kaplan，讓我在ＮＣＬＣ開幕之前研究邱吉爾戰時每月的日程卡。

我也要感謝 Lady Williams of Elvel 回憶爲邱吉爾工作的經驗；我們去古巴中部看邱吉爾首次聽見憤怒的槍響的舊址，來回五百哩的旅程承蒙 Jerry del Missier 協助；Joy Hunter 在戰時內閣聯合祕書處工作的回憶；Mervyn King 協助確認關於邱吉爾決定重回金本位的段落內容；國際邱吉爾協會的 Laurence Geller 與 David Freeman；公學擊劍競賽的 Rodney Francis；Bill and Alex Roedy 讓我看邱吉爾位於摩佩斯華廈十一號的公寓；Simon Ekins 關於邱吉爾律師弗雷蓋特（Fladgate）的事；赫林罕俱樂部（Hurlingham Club）的 Carrie Starren；布倫海姆宮（Blenheim Palace）的 John Forster、Lady Henrietta Spencer-Churchill、Karen Wiseman 和 Michael Dey；牛津大學博德利圖書館（Bodleian Library）威斯頓館的 Jeremy McIlwaine；皇家檔案庫的 Bill Stockting 和 Allison Derrett；史丹佛大學胡佛研究所的 Jean Cannon；帝國戰爭博物館的 Jane Fish；Hal Kleepak 和 Ricardo Guardaramo Roman 在古巴的協助；Susan Scott、Corinne Conrath、Lady Williams of Elvel 對另一俱樂部紀錄的協助；密西根州希爾斯代爾學院（Hillsdale College）的 Larry Arnn、Soren Geiger，以及所有邱吉爾資料團隊編列所有邱吉爾的文字遺產資料；Clare Kavanagh 與牛津大學奈菲爾學院（Nuffield College）的職員；上議院紀錄辦公室的 Claire Batley 協助資訊自由的事宜；Mark Foster-

Brown 提供他的祖父 Roy Foster-Brown 少將關於邱吉爾一九四四年十二月訪問雅典的回憶；哈羅公學檔案庫的 Tace Fox；Imam Ahmed Abdel-Rahman al Mahdi 提供他對祖父馬赫迪（Mahdi）的回憶；英國國家學術院（British Academy）的 P. W. H. Brown；朗利特宅邸（Longleat）檔案庫的 Dr. Kate Harris；喬治・C・馬歇爾基金會（George C. Marshall Foundation）的 Dr. Rob Havers；倫敦國王學院（King's College London）戰爭研究系李德・哈特檔案庫的 Diana Manipud；我研讀契克斯別墅訪客簿那天 Rodney Melville 和 Francesca McCoy 的協助；蘇黎世大學的 Janina Gruhner 帶我去看一九四六年邱吉爾演講的講臺；John Lee 帶我去看一九四五年三月邱吉爾跨越萊茵河的地點，以及在普洛斯迪爾次（Ploegsteer）戰役之旅中導引邱吉爾壕溝的位置；Rafael Serrano 帶我去看舊海軍部大樓；Lady Avon 允許我研究安東尼・伊登（Anthony Eden）的文件；格雷律師學院的 Timothy Shuttleworth——邱吉爾和富蘭克林・羅斯福第一次見面的地方；國立海軍博物館的 Heather Johnson；查特維爾莊園（Chartwell Manor）的 Zoë Colbeck 與 Katherine Barnett；美國船艦溫斯頓・邱吉爾號（USS *Winston Churchill*）的船長與組員；Dr. John Mather 與我一起討論邱吉爾的健康情況；Christopher Clement-Davies 提供他祖父和邱吉爾關係的洞見；Barnaby Lennon 邀請我在哈羅公學邱吉爾之歌的日子演講；桑德赫斯的 Gregory Fremont-Barnes 與 Dr. Anthony Morton；Geoffrey Partington 的回憶。Donatella Flick 非常友善地帶我去看海德公園門二十八號，也就是邱吉爾過世的地方。

我也和許多同行歷史學家討論邱吉爾，並獲益良多。我要特別向他們致謝 Jonathan Aitken、Larry Arnn、Wilfred Attenborough、Christopher M. Bell、John Bew、Paul Bew、Conrad Black、Jeremy Black、Jonathan Black、Robin Brodhurst、Stefan Buczacki、Michael Burleigh、Dr. Peter Caddick-Adams、David

Cannadine、Ronald I. Cohen、Paul Courtenay、Rodney Croft、Barry De Morgan、David Dilks、Warren Dockter、Lady Antonia Fraser、Marcus Frost、Soren Geiger、Richard Griffiths、Rafe Heydel-Mankoo、James Holland、Sir Michael Howard、John Hughes-Wilson、Sir Ian Kershaw、Warren Kimball、Albert Knapp、Jim Lancaster、Celia Lee、John Lee、Lewis E. Lehrman、Michael McMenamin、Allan Mallinson、John H. Maurer、William Morrissey、James Muller、Philip Reed、Kenneth Rendell、Larry Robinson、Kevin Ruane、Douglas Russell、Celia Sandys、Peter Saville、Richard W. Smith、Gillian Somerscales、Nicholas Stargardt、Cita Stelzer、Ben Strickland、Bradley P. Tolppanen 及 Curt Zoller。傑出的邱吉爾歷史學家 Paul Addison 閱讀本書的校樣，我非常謝謝他的意見。

我也非常感謝古巴阿羅約布蘭蔻博物館（Museo de Arroyo Blanco）的員工；基尤（Kew）國家檔案庫；吉百利研究圖書館（Cadbury Research Library）、伯明罕大學；劍橋大學圖書館；紐約公共圖書館畢爾格館藏（Berg Collection）；達克斯福德（Duxford）帝國戰爭博物館；邱吉爾博物館；哈瓦那的 Inglaterra and Nacional Hotels，讓我看到一八九五年與一九四六年邱吉爾住宿的地方；馬拉喀什的馬穆尼亞飯店；比利時普洛斯迪爾次的普洛街體驗中心；倫敦國王學院李德・哈特中心的員工。

我要謝謝以下人士在出版前閱讀原稿，並提供修改建議：Paul Addison、Gregg Berman、Michael F. Bishop、Robin Brodhurst、Rudy Carmenaty、Richard Cohen、Paul Courtenay、我的連襟 Paul Daly、Marc Feigen、Alan Hobson、Richard Langworth、John Lee、Jerry del Missier、Richard Munro、Stephen Parker、Lee Pollock、Professor Elihu Rose、Peter Saville、Max Schapiro、Gilles Vauclair、Moshe Wander 與 Peter Wyllie。我

也感謝 Merlin Armstrong、Richard Cohen、小犬 Henry Roberts、Matthew Sadler 與 Gabriel Whitwam 諸多協助。

我特別感謝 Allen Packwood 與劍橋大學邱吉爾學院邱吉爾檔案中心的全體員工，包括 Katharine Thomson、Heidi Egginton、Sarah Lewery、Natasha Swainston 與 Andrew Riley。他們都是優秀的檔案管理員，容忍著攝影組所帶來的困擾，翻譯邱吉爾式的象形文字，提供照片，並和我一起共進午餐多年，而且總是非常友善、慷慨、熱心又有效率。

邱吉爾的家人給我極大的支持與鼓勵，尤其是 Randolph Churchill、Edwina Sandys、Celia Sandys、Minnie Churchill、Emma Soames 與 Nicholas Soames 爵士，以及已故的瑪麗・索姆斯女士。同樣地，Michael F. Bishop 像巨石一般支持著我。

我對龐大的希爾斯代爾邱吉爾計畫（Hillsdale Churchill Project）的 Richard Langworth 感謝永遠不嫌多，沒有他，本書永遠不可能寫出來。所有想得到的邱吉爾事情，我們兩人及 Paul Courtenay 之間多年的電子郵件往來高達四位數，而且他們的知識和智慧充斥每一頁，雖然無疑還有許多事情是他們不會同意的。我和他們的互動是寫作本書其中一項莫大的樂趣。「寫作一本長篇又重要的書，就像有個朋友和伙伴在你身邊，」邱吉爾在《英語民族史》中寫道，「對他們，你永遠可以得到安慰與娛樂，並隨著新且寬廣的興趣領域在心中點燃，他們的世界也變得更有吸引力。」謝謝編輯 Stuart Proffitt 和 Joy de Menil、我的經紀人 Georgina Capel、有雙鷹眼的文字編輯 Peter James，以及我在企鵝出版社（Penguin Books）的圖像編輯 Cecilia Mackay、Richard Duguid、Ben Sinyor，他們超級專業，而且勤勞、友善、幽默。Stephen Ryan 是最優秀的校對。

我對妻子蘇珊的感謝無盡，她陪伴我造訪加里波利、古巴、廣島，和本書一起生活超過四年，一路以來給我始終可靠的幫助、支持、鼓勵，如同邱吉爾在《我的早年生活》最後一句話：「我結婚了，而且從此幸福快樂。」

安德魯・羅伯茨　二〇一八年七月

貨幣價值換算：

今日的一英鎊，在邱吉爾出生的一八七四年大約相當八十英鎊，一九〇〇年一百零一英鎊；一九一四年九十一英鎊；一九二〇年四十一英鎊；一九三〇年五十英鎊；一九四〇年五十二英鎊；一九四五年三十五英鎊；一九五〇年二十八英鎊；他去世的一九六五年相當於十六英鎊。

英鎊直到一九一四年兌換美元是四・八六美元；一九二〇年兌三・六六美元；一九三〇年兌四・八美元；一九四〇年兌四・〇三美元；一九四五年兌四美元；一九五〇年至一九六五年兌二・八美元。

體例說明：

本書有三種註解，第一種 1 **是參考書目**，注釋位於第二部頁尾；第二種 (1) **是作者注**，第三種 ① **是譯者注**，第二、三種注釋位於每篇章節末。

序

一九四五年十二月二十日星期四，《週日派遣報》(*Sunday Dispatch*) 的編輯查爾斯・伊德 (Charles Eade) 在溫斯頓・邱吉爾 (Winston Churchill) 與夫人克萊門汀・邱吉爾 (Clementine Churchill) 位於倫敦騎士橋 (Knightsbridge) 的新居，和他們共進午餐。伊德準備出版這位前任首相的戰時演講，正在進行編輯，而他們預定討論最後一卷。

午餐開始前，伊德在書房等待。後來他形容，那是一間「美輪美奐的房間，精裝的英、法叢書填滿內嵌入牆的書櫃」。邱吉爾說，這是他「裝腔作勢的圖書館」。牆上裝飾兩幅畫，一幅是邱吉爾偉大的祖先第一代馬爾博羅公爵 (Duke of Marlborough)，另一幅是邱吉爾的肖像，由約翰・拉沃里爵士 (Sir John Lavery) 於一戰期間所繪。

午餐反映英國戰後的配給制度：一份雞蛋料理、冷火雞肉與沙拉、聖誕布丁和咖啡。他們喝了一瓶波爾多 (Bordeaux) 市長不久前送來的紅酒。伊德是邱吉爾信任的記者，戰爭期間，兩人曾經多次共進午餐。邱吉爾告訴他，昨天晚上法國大使館的晚宴，自己醉得一塌糊塗，還呵呵大笑，說「比平常還醉」。

幾杯白蘭地和一根雪茄後（伊德還把雪茄的環標當作紀念品帶走），邱吉爾開始討論出版戰時演講的最佳方式，他指的是下議院祕密會議那些演講。長達一個小時的談話中，邱吉爾讓伊德看他在一九四〇年至一九四五年間致多位內閣大臣與參謀長的備忘錄、訊息、便函，總計六十八卷，並允許伊德隨意翻閱。

邱吉爾於首相任期經手的業務，數量之龐大，伊德自然表示讚嘆，此時「他向我解釋，他之所以能夠主導這些工作，因爲他整個人生接受的訓練，都是爲了在戰爭期間擔任那個高位」。兩年前，邱吉爾在一九四三年八月魁北克會議（Quebec Conference），也對加拿大總理威廉・麥肯齊・金（William Mackenzie King）表達這樣的感想。當金對邱吉爾說，沒有其他人能在一九四〇年拯救大英帝國時，他回答「他受過非常特別的訓練，經歷之前的大戰，在政府內歷練豐富。」金附和道：「確實，這點幾乎就是天意或命中注定，那種舊時長老會的想法——他是上天爲這項任務欽點的人。」曾任邱吉爾戰時次級部長的保守黨政治人物黑爾什姆勛爵（Lord Hailsham）重申這個想法，他說：「在當代歷史中，有那麼一次我看見上帝的手指，就是一九四〇年邱吉爾當上首相。」

三年後，邱吉爾在他的著作《風雲緊急》（*The Gathering Storm*）最後，即戰爭回憶錄的第一卷，用了更有詩意的話回應金和伊德。回憶一九四〇年五月十日星期五那天晚上，希特勒對西方發動閃電戰不過幾個小時，邱吉爾成爲首相，他寫下：「我感覺自己彷彿與命運同行，過去的人生只爲這個時刻、這個試煉準備……不能責備我開戰或企圖準備開戰。我認爲我非常懂得戰爭，而且確信我不會失敗。」

十六歲的時候，他告訴一位朋友，他會拯救英國免於他國入侵。至少從那個時候開始，他就相信自己的命運。他畢生景仰拿破崙與祖先第一代馬爾博羅公爵約翰・邱吉爾（John Churchill），因此堅信他也是擁有天命之人。他身兼斯賓塞與邱吉爾兩大望族之名，貴族出身賦予他極大自信，批評傷不了他。對抗法西斯主義與共產主義兩大極權的雙重威脅，他的立場儘管勇敢，但也孤單。他在乎一戰殞落的同志可能會擁護什麼觀點，勝過下議院活著坐在長椅上的同僚發表什麼言論。

朋友因戰爭和意外被殺（如阿拉伯的勞倫斯〔Lawrence of Arabia〕），或因酒癮過世（如F・E・史密斯〔F. E. Smith〕），此外，還有許多本書將會提及的事情，回想起來經常惹得邱吉爾落淚。熱情與感情經常左右邱吉爾，而且即使身為首相，又在一個崇尚不苟言笑的時代，他從不介意當眾哭泣。這只是令他遠遠與眾不同的諸多性格之一。

本書探索一九四〇年到來之前，邱吉爾過去的人生如何為了領導二戰準備。他成為首相之前的六十五年曾經學到什麼五花八門的教訓——那段錯誤與悲劇、奮發與激勵的歲月；當文明承受極大煎熬與試煉時，他又如何運用那些教訓。雖然一九四〇年五月，他確實與命運同行，然而那也是他窮盡一生，自覺塑造的命運。

第一部
Part One

準備
The Preparation

1 出身名門 1874／11—1895／1

據說名人往往有個不快樂的童年。為了培養專注的志向與深厚的才智，需要環境嚴峻的壓迫、災禍的苦痛，而且從小飽受冷漠與奚落刺激，若非如此，難以成就偉大事業。——第一代馬爾博羅公爵邱吉爾[1]

半個英格蘭貴族，半個美國賭徒。——哈洛德．麥克米倫（Harold Macmillan）論邱吉爾[2]

一八七四年十一月三十日星期一，凌晨一點三十分，溫斯頓．李奧納德．斯賓塞—邱吉爾（Winston Leonard Spencer-Churchill）出生於牛津郡布倫海姆宮一樓最靠近大門的斗室。此次生產令人擔憂，因爲嬰兒提前六週出生，而且男孩的母親，美麗的美國社交名媛珍妮．傑洛姆（Jennie Jerome）幾日前失足摔倒，生產前一天又搭了顛簸的馬車，之後便開始陣痛。所幸新生兒並無異常，而且寶寶的父親，卽第七代馬爾博羅公爵的三子倫道夫．邱吉爾勛爵（Lord Randolph Churchill），隨卽描述這個孩子「英俊清秀」、「眼眸深邃、頭髮深色，非常健康」。[3]（頭髮很快就會變成微紅的金色，而且五歲之前蓄的長髮，今日還可在布倫海姆宮生產的房間見到；從此以後，邱吉爾卽爲紅髮。）

「溫斯頓」這個名字，一方面紀念孩子的祖先溫斯頓．邱吉爾爵士（Sir Winston Churchill），他曾於英國內戰期間捍衛英王查理一世；另一方面紀念倫道夫勛爵四歲就過逝的哥哥。「李奧納德」則是紀念孩子的外祖父——不畏風險的美國金融家與鐵路大亨，他曾在華爾街大賺大賠兩次。「斯賓塞」則從一八一七年起和「邱吉爾」以連字符號相接，這是與北安普敦郡奧爾索普（Althorp）望族斯賓塞聯姻的結果。當時斯賓塞家族持有桑德蘭（Sunderland）的伯爵領地，後來也成爲斯賓塞伯爵。邱吉爾以身爲斯賓塞後裔自豪，簽名時會簽「溫斯頓・S・邱吉爾」，而且在一九四二年告訴一位美國工會成員：「他的眞名當然是斯賓塞—邱吉爾，別人也是如此稱呼他，例如他去覲見國王的時候，《宮廷公報》（*Court Circulars*）就是這樣寫。」[4] ①

這個孩子的祖父是約翰・溫斯頓・斯賓塞—邱吉爾（John Winston Spencer-Churchill），也是布倫海姆宮的主人。這座宮殿不僅被人稱作英格蘭的凡爾賽宮，也是「最偉大的戰爭紀念館」。[5] 布倫海姆宮的名稱來自第一代馬爾博羅公爵約翰・邱吉爾最光榮的戰役——一七〇四年西班牙王位繼承戰爭。雄偉的建築、宮中的織錦、半身雕像、繪畫、家具，無不訴說那場拯救英國免於歐洲強權統治的勝利之役。所謂歐洲強權，這裡指的是法王路易十四，而溫斯頓從小就把這個含意銘記在心。一七八六年，英王喬治三世造訪布倫海姆宮時承認，「我們沒有能夠與之相比的事物」。

邱吉爾後來曾說：「我們塑造建築，之後建築塑造我們。」[6] 雖然他從未定居在布倫海姆宮，卻深受宮殿的光輝影響。正面五百呎寬，房間七英畝，總面積兩千七百英畝。跟堂兄弟待在那裡的假日和週末，他領會宮殿的氣派。那位偉大的軍人暨政治家——第一代公爵，他的精神至今依然瀰漫宮殿。如同邱吉爾日後爲祖先作傳時所記述，這位公爵生活在「公爵就是公爵的年代」。[7]

對維多利亞時代後期的人而言，幼年的溫斯頓・邱吉爾，這個姓名當然令人聯想第一代公爵的功勛與宮殿，除此之外，還有這個孩子的父親倫道夫勛爵大膽的事業。邱吉爾出生九個月前，倫道夫勛爵當選國會議員，而且從這個孩子六歲起，一直是保守黨的要角。他備受爭議、變化多端、投機取巧、政治手腕冷酷，無論在公開場合或下議院皆辯才無礙，而且被指爲未來首相——只要他別被天生魯莽的傾向牽著走。政治上，他遵循保守黨領袖班傑明・迪斯雷利（Benjamin Disraeli）的方針，即結合海外的帝國主義與國內的進步社會改革計畫。倫道夫勛爵會稱自己的版本爲「托利民主」（Tory Democracy）②，而溫斯頓也將完全吸收這個理念。倫道夫勛爵的口號「相信人民」，他的兒子在職涯中也會多次利用。

倫道夫勛爵雖貴爲公爵之子，卻不富裕，至少相對這個階級的其他人而言。在長子繼承的年代，既然不是長子，也就無法期待從父親那裡得到很多財產；而且雖然美籍妻子珍妮・傑洛姆的父親不久前還是富豪，甚至擁有「紐約之王」的稱號，然而一八七三年美國股市崩盤，財富一夕之間反轉。儘管如此，李奧納德・傑洛姆（Leonard Jerome）的住處仍然占據第二十六街和麥迪遜大道整個街區，坐擁廣闊的馬廄與正常大小的戲院，還曾擁有現今傑洛姆公園水庫的土地，創立美國賽馬總會，而且共有《紐約時報》（*New York Times*）。

珍妮在股市崩盤次年結婚時，傑洛姆一年只能提供兩千英鎊給美麗的女兒，而馬爾博羅公爵每年則給兒子一千兩百英鎊。但是，傑洛姆也幫他們在梅費爾（Mayfair）的查爾斯街四十八號租了房子，照理來說，這對夫妻若不揮金如土，應當足夠過得舒服。「我們並不富裕。」他們的兒子在二戰期間回憶，「我想我們每年大約有三千英鎊，但是花掉六千。」[8]

一八七三年八月，倫道夫勛爵在懷特島（Isle of Wight）考斯鎮（Cowes）的划船賽會認識珍妮。僅過三天，他就求婚且獲得首肯。訂婚七個月後，一八七四年四月十五日，他們在巴黎的英國大使館結婚。馬爾博羅雖有正式祝福兩人結合，卻未出席婚禮，因爲公爵派人前往紐約與華盛頓調查傑洛姆眞正的身價，認爲**這樁婚姻是自貶身價**，並非門當戶對，而傑洛姆是來自「投機商人的階級」且「品行不佳」的「粗人」。[9]

邱吉爾相當自豪父母爲愛結婚。一九三七年，他寫信給朋友，提到控告某書誹謗的事，該書描述他是「首椿大名鼎鼎、攀附美元的婚姻，所產出的第一顆果實」。他告訴朋友：

> 那樣稱呼我雙親的婚姻，不僅對我本人造成莫大傷害，且如你所知，全屬子虛烏有。若有所謂的為愛結合，他們倆就是，而且兩人都沒什麼錢。事實上，在倫敦社交圈，他們的生活極為簡樸。如果這樁婚姻後來變得有名，那是因為我的父親從一個貴族階級的無名小卒成為名人，還因為我的母親是當時公認的美女，她的照片就是證據。[10]

（最後該出版商因誹謗需賠償他五百英鎊，加上兩百五十英鎊訴訟費用，但這並非他所期盼的道歉。）

邱吉爾出生於當時世界上最大的帝國裡，掌握極大政經權力的階級中，而且那個階級尚未陷入不安與自我懷疑的愁雲慘霧。邱吉爾自然而然感受到身分與家世，賦予他某種信心，養成高尚的自信與自恃。他爲堂哥「桑尼」（Sunny）[(1)]寫的訃文，即第九代馬爾博羅公爵，提到他出生在「三、四百個影響國家興盛三、四百年的家族」。[11]他知道自己來自社會金字塔的頂端，當時那個階級主要的特質，就是不過度在意底下階級的人怎麼看待他們。如同他最好的朋友，保守黨議員暨律師F・E・史密斯，即後來的伯肯赫德勛爵（Lord Birkenhead），如是描述他：「他的內心自動排除自我懷疑。」[12]後來證實，在似乎沒人相信他的時候，而且這種時候並不少，這項特質彌足珍貴。

維多利亞與愛德華時代上層階級的社交生活，部分就是待在朋友和認識的人的鄉村宅邸，度過「週五到週一」的長週末。接下來幾年，邱吉爾會和利頓（Lytton）一家待在內博沃斯（Knebworth），和表兄弟倫敦德里（Londonderry）一家待在斯圖瓦特莊園（Mount Stewart），和羅斯柴爾德（Rothschild）一家待在特陵（Tring），和格蘭菲（Grenfell）一家待在塔普婁（Taplow）和潘尙格（Panshanger），和羅斯伯里（Rosebery）一家待在達美尼（Dalmeny），和西賽爾（Cecil）一家待在哈特菲爾德（Hatfield），和西敏公爵（Duke of Westminster）待在伊頓莊園（Eaton Hall）與公爵的遊艇飛雲號（*Flying Cloud*），跟表哥溫伯恩勛爵夫婦（Lord and Lady Wimborne）待在肯福德莊園（Canford Manor），跟約翰・阿斯特（John Astor）一家待在赫弗（Hever），和沃爾道夫・阿斯特（Waldorf Astor）一家待在克萊弗頓院（Cliveden）。他也常去布倫海姆宮和其他宅邸。雖然由於後來的政治立場，偶爾亦被社交圈排斥，但他總有廣泛又重要的社交網絡可以隨時回歸。貴族階級的友誼與親屬關係交織成碩大的網，在往後困難的日子將會支持他。

維多利亞英格蘭的貴族是獨特的集團，擁有自己的階級、腔調、俱樂部、學校、大學、職涯管道、遣詞用句、榮譽標準、求愛儀式、忠誠、傳統、運動、幽默感。有些極爲複雜，外人幾乎無法看透。年輕的陸軍中尉邱吉爾首次見到印度種姓制度，立刻就明瞭那個體系。他的政治立場源自迪斯雷利在一八四〇年代的「青年英格蘭」運動（Young England）。迪斯雷利的主張帶有**貴族義務**精神，認爲貴族不僅外在優越，他們天生也清楚，權貴人士對於底層人民負有義務。邱吉爾對於貴族義務的詮釋，即是他和他的階級對於國家肩負重責大任，國家有權利期待他終身效力。

十九世紀最後二十五年的英國上層階級，有時似乎跟社會其他部分脫節。例如，德文郡公爵領地的繼承人哈廷頓勛爵（Lord Hartington）從未聽過餐巾環，③因爲他以爲餐巾每餐都會換洗；政治家寇松勛爵（Lord Curzon）的著名事蹟就是一輩子只搭過一次公車，結果司機拒絕載他到指定的地方，他爲此大發雷霆。同樣地，邱吉爾直到七十三歲才頭一回親自打電話。[13]（他撥的是報時臺，也客氣地道謝。）他不相信自己其實深深依賴家僕。「我應該煮飯給自己吃。」一九五〇年代，他曾驕傲地告訴妻子，「我可以煮一顆雞蛋。我看過別人煮。」（最後他沒煮）。[14] 十五歲時，他的信件附注其中一句是：「這封信是米爾班克寫的，因爲我在洗澡。」[15](2) 兩年後，他氣憤地抱怨不得已搭二等艙的事，寫道：「老天！我再也不要搭二等艙。」[16] 長大後，他到哪裡都要帶著隨從，波耳戰爭和二戰亦同，而在南非的監獄裡，還有理髮師進去幫他刮鬍子。他會在薩伏伊飯店（Savoy Hotel）點菜單上沒有的食物；身爲首相，如果他想拍一隻蒼蠅，就會告訴祕書找他的隨從來「扭斷牠可惡的脖子」。[17] 邱吉爾顯然不是接下來「平民時代」的代表。

就像眞正的貴族，他不是勢利的人。他想問阿道夫・希特勒（Adolf Hitler）爲何反對猶太人，「只因一個人的身世就反對他，意義何在？」。[18] 他親近的朋友來自廣泛的社交圈；確實，如果要說的話，他喜歡出身平凡但成就不凡的人，例如友人布蘭登・布瑞肯（Brendan Bracken）和梅欣・埃利奧特（Maxine Elliott）。④一位親近的朋友寫道：「他體內充滿古老的傳統思維，卻不墨守成規。」[19] 這點從他自我中心的穿著品味可見一斑，例如警報裝（siren suits）⑤與拉鍊鞋，以及極不規律的作息時間。他喜歡無視階級規則，經常激怒別人。「我很無禮，」某段相當敏銳的自我分析中，他這麼形容自己，「但不自大。」[20]

在現代世界，貴族特權這種想法時常受到譴責，但是邱吉爾的腦袋充滿這種想法，而且影響他對所有事情的態度，例如，他總是毫無顧忌花費自己沒有的錢。即使負擔不起，他也過著貴族的生活，但這本身就是貴族作風。他要求提高信用額度，在賭場豪賭，而且一旦有了足夠的償付能力（要等到他七十幾歲），就買了賽馬。

許多人的回憶錄譴責邱吉爾對於他人與他人的觀感渾然不覺，但他們忽略，對於一個像他那樣到處引發爭議的人，那是必要的犀牛皮。一九三八年十二月，在人生的最低點，他寫信給曾經參與波耳戰爭、時任北愛爾蘭首相⑥的克雷加文勳爵（Lord Craigavon），「你是少數幾個能夠做出令我尊敬判斷的人。」[21]就像一戰期間促進與德國和談的蘭斯當侯爵（Marquess of Lansdowne），或者二戰期間，提倡同樣的政策但備受責難的塔維斯托克侯爵（Marquess of Tavistock），邱吉爾體內的貴族精神鼓勵他，無論後果，完整確切地說出心中所想。

邱吉爾小時候在都柏林生活幾年，父母住在鳳凰公園靠近總督府[3]的小屋，當時倫道夫勳爵的工作是其父親的機要祕書。一八七七年一月，首相迪斯雷利指派第七代公爵擔任愛爾蘭總督。倫道夫勳爵拿幾件事情恐嚇威爾斯親王（Prince of Wales），包括關於長兄布蘭德福侯爵（Marquess of Blandford）的醜聞、幾封難堪的情書和親王已婚的前情婦。然而威脅未果，反被親王逐出社交圈，必須離開倫敦。這是倫道夫勳爵短暫、不穩定但無疑刺激的生命中，許多不光彩的窘境之一。體型似象的親王也有大象般驚人的記性——倫道夫勳爵三年不得返回倫敦。⑦

邱吉爾最早的記憶與戰爭有關，他談到祖父在一八七八年於鳳凰公園揭開英格蘭—愛爾蘭的帝國英雄，臥烏古勛爵（Lord Gough）的雕像。當時公爵致詞說了一句話——「憑藉強大的火力掃射，他粉碎敵軍陣線」，邱吉爾表示年僅三歲的他已經懂得這句話的意思。[22]看著祖父代表維多利亞女王在愛爾蘭主持各種儀式，邱吉爾自然而然尊崇皇室，而且這樣的情懷終身不褪。他接著的記憶是在翌年三月，一八七九年，他在公園騎驢子時遇到一群人，他的女教師害怕是愛爾蘭共和主義者示威，但事實上可能只是步槍旅在行軍。「我摔下驢子，而且腦震盪。」他後來回憶，「那是我跟愛爾蘭政治學的初次邂逅！」[23]後來是一八八二年，曾經送玩具鼓給邱吉爾的愛爾蘭政務次長托馬斯・伯克（Thomas Burke）在鳳凰公園遭到愛爾蘭共和主義恐怖分子刺殺身亡，同時遇刺的還有新任愛爾蘭大臣費德里克・卡文迪西勛爵（Lord Frederick Cavendish），這件事情震驚邱吉爾全家。

邱吉爾的弟弟傑克・邱吉爾（Jack Churchill）於一八八〇年二月出生，同樣早產，此時一家人還在愛爾蘭，但是到了四月，倫道夫勛爵的社交放逐結束，舉家遷回倫敦，住在聖詹姆斯巷二十九號。邱吉爾的下一個政治記憶是一八八一年四月迪斯雷利去世，當時他六歲。「我每天緊追著他生病的消息，極爲焦慮。」他回憶道，「因爲每個人都說這是國家莫大的損失，還說再也沒人可以阻擋格萊斯頓將他邪惡的意志加諸在我們全體。」[24]自由黨的威廉・格萊斯頓（William Gladstone）在邱吉爾舉家遷回倫敦那個月贏得大選，二次當上首相。一八八三年，倫道夫勛爵成立櫻草花聯盟（Primrose League），這是一個草根的保守黨組織，據說櫻草花是迪斯雷利最喜愛的花。這個組織的主要目的是，提高他父親的職業與托利民主的政治計畫，溫斯頓在十二歲時加入布萊頓（Brighton）分會。

「我親愛的媽媽，希望您過得很好。」這是他現存最早的書信，日期是一八八二年一月，從布倫海姆宮寄出，他的父母在其他地方度過聖誕節。「非常謝謝您送的禮物，那些士兵、旗幟、城堡眞棒。您和親愛的爸爸眞是太好了。獻上我的愛和吻，愛您的溫斯頓。」[25]許多男孩都有玩具兵，但邱吉爾的一位親戚後來回憶：「他的遊戲房裡，從一端到另一端，有塊放在凳子上的木板，上面擺放著上千個鉛製的玩具兵，用來作戰。他在模擬戰爭。鉛製的軍隊呈現行動狀態，青豆和圓石代表死傷。要塞被攻破，騎兵衝刺，橋梁被摧毀。」[26]這些戰爭「投入的程度不像一般小孩的遊戲」。從鉛製士兵龐大的數量可見這個男孩的父母對他非常慷慨，當時男孩的祖母描述他是「頑皮、金髮的小鬥牛犬」。[27]但是父母不陪他一起過聖誕節，這個事實也指出物理與心理的長期疏遠，今日幾乎可能視爲虐待。弟弟傑克的兒子佩勒格林・邱吉爾（Peregrine Churchill）可能是對的，他認爲他的伯父在維多利亞時代受到父母忽略的程度，不遜於其他上層階級的小孩，但他敏感的天性對此反抗最大。

倫道夫勛爵的政治事業和珍妮活躍的社交生活，意味他們陪伴兒子的時間相對短少。某次，倫道夫勛爵到布萊頓演講，卻懶得前往不到兩哩的霍夫（Hove）探望在學校的溫斯頓。一九三〇年代末，某次晚餐後，溫斯頓對自己的兒子說：「今晚我們持續對話的時間，比我跟我父親在他一輩子裡說過的還長。」[28]珍妮在日記記錄一八八二年前面七個月和兒子相見十三次，例如「孩子過得不錯」或「去看孩子」。[29]這段期間她也購物十一次、繪畫二十五次、與友人布蘭琪・奧齊耶夫人（Lady Blanche Hozier）午餐或午茶二十六次，和保守黨議員阿瑟・貝爾福（Arthur Balfour）午茶十次。夜晚外出的頻率之高，以致她會特別提及，非常偶爾會有「太想睡覺而沒去任何派對」的時候；否則她就去打獵，週末時光都耗在鄉間宅邸的派對，或跟有名的情郎，棕髮的騎師貝・密德頓（Bay Middleton）隊長共進午茶、「大肆笑鬧」。此外，和朋友共進午餐時，「幾乎都在胡鬧」，又或是彈琴、在「皇家咖啡」(Café Royal) 用餐、打撞球、在聖詹姆斯宮吃飯、看莎拉・伯恩哈特 (Sarah Bernhardt) 和莉莉・蘭里 (Lilly Langtry) 演舞臺劇、「在床上躺到下午兩點」、打網球。大致而言，她的生活就是衆人簇擁的社交美人。[30]「去了索茲伯里 (Salisbury) 家的派對。」珍妮的日記典型的開頭，「然後去了科妮莉亞 (Cornelia) 的舞會。親王和公主在那裡，不是非常好玩。」[31] 七歲的「溫兒」難以讓她覺得非常好玩，而且身爲維多利亞時代貴族與政治人物的妻子，儘管她的生活可能有點空虛，但是社交活動頻繁。某次，她和馬爾博羅公爵夫人康蘇薇若 (Consuelo)「發送毛毯等物品給窮人」，而且兩天前才「購物一整個早上」。[32] 溫兒要得到她的關注與情感，也就需要在長長的隊伍中等待。對於母親，溫斯頓寫了一段著名的描述，「她像夜晚的星辰閃閃發亮。我愛她，但是距離遙遠。」[33]

邱吉爾上過的學校都詳細記載他的頑皮事蹟，許多似乎源自想要得到關注的渴望，不像典型維多利亞時代的小孩，他決心要被看到、聽到。很少人會說自己不如實際聰明，但邱吉爾一九三〇年的自傳《我的早年生活》(*My Early Life*) 便是如此描述，然而若要理解這件事情，不能從嚴格精確的歷史來看，必須檢視他將自己神話化這個生動的脈絡。他稱自己是學業蠢才，但學校報告完全不然。一八八二年，邱吉爾在八歲生日前進入阿斯科特 (Ascot) 的聖喬治預備學校 (St George's Preparatory School)，該校記錄他的學業成績連續六個學期爲班上前半，通常名列前三分之一。[34]

邱吉爾在聖喬治時候老是挨打，但不是因爲他的功課，他的歷史成績總是「佳」、「優等」、「極優」，而是因爲校長H・W・斯尼德—金納斯利 (H. W. Sneyd-Kinnersley) 有性虐待傾向。一位校友曾經描述「他不知道自己是同性戀」，喜歡打小男孩的光屁股，打到流血。[35] 表面上，邱吉爾每兩週就挨打的理由是行爲不當，紀錄表示「非常頑皮」、「依然愛惹麻煩」、「壞透了」、「非常差勁」等。[36] 斯尼德—金納斯利在一八八四年四月寫了「無法相信他在任何地方會守規矩」，但下一句話是「他的能力很好」。[37]

「學校流傳溫斯頓・邱吉爾可怕的傳說。」差不多同一時間也在聖喬治的作家莫里斯・巴靈（Maurice Baring）回憶，「他的頑皮事蹟似乎無人可及。他因爲從備餐室拿糖而被鞭打，而且完全不悔過，還從門上拿下校長神聖的草帽踩個粉碎。他在學校停留的時間短暫，跟權威結下的仇恨卻是長遠。其他男孩似乎不同情他，他們的觀念相當傳統、自負。」[38]（傳統又自負的同儕拒絕給予友善的支持，將是邱吉爾生命的寫照。）

這段往事距今已遠，難以判斷邱吉爾的不當行爲是否應該受罰，或者更應責備的是斯尼德—金納斯利對孩童的傷害。但是不滿十歲的邱吉爾經常遭到毆打，甚至影響健康，父母於是將他帶離聖喬治，送到霍夫一所仁慈許多的學校，由兩姊妹經營，都叫湯森小姐。

在《我的早年生活》中，邱吉爾稱聖喬治爲「聖詹姆斯」，也許是基於圓融，但更可能是因爲，經過了半個世紀，他早已明智地將那個地方拋諸腦後。[39] 首先發現斯尼德—金納斯利鞭打痕跡的人，是邱吉爾五十二歲未婚的保母伊莉莎白・埃佛勒斯（Elizabeth Everest）。「奶媽是我的知己。」邱吉爾後來回憶，「我對她傾訴了許多煩惱。」[40] 一個尋找母親替代品的孩子暱稱保母爲「吾姆」（Woom）和「吾姆妮」（Woomany），不用信奉佛洛伊德，聽了也會鼻酸。此時他眞正的母親正在威爾斯親王的馬爾博羅宅邸圈（Marlborough House Set）[(4)]，散發美貌、活力及性感魅力。除了保母外，也有其他母親的角色穿插：祖母經常讓他留宿布倫海姆宮；姑姑溫伯恩夫人（Lady Wimborne），也就是倫道夫勛爵的姊姊，學校放假時會在伯恩茅斯（Bournemouth）接待他，但和他最親的女人還是埃佛勒斯女士。兩人分開時，她會寫信給「我親愛的溫兒」，署名「愛你的吾姆，致上許多愛與吻」。[41] 當邱吉爾家突然辭退她，邱吉爾十九歲，傑克十三歲，這讓他的心情很差。不久後她罹患腹膜炎，他幫她支付照護費用，而且在埃佛勒斯女士六十二歲臨終前，他也趕到她的病榻前。「她畢生爲人服務，純潔慈祥，信仰虔誠。」後來他寫到過世的事，「她毫不畏懼，而且似乎不擔心。她是我那二十年來最親愛與親密的朋友。」[42] 後來他也持續支付墓地的維護費用，直到自己過世。(5) 這輩子的好友都先他一步離世，但幾乎沒有人比埃佛勒斯女士與他更親近。

除了屁股的傷痕外，邱吉爾還從聖喬治帶走圖像與聲音的記憶，也許將他不太理解的事情牢牢記著，可以避免挨打。他在自傳中表示，因爲他搞不清楚拉丁文的第一變格，「我能做的，就是記起來。」[43] 記憶散文和詩句的能力一輩子都會跟著他，而且直到他老了，還是會讓同一時代的人驚豔。許多場合都可見他信手拈來半個世紀前背的詩歌、演講。他內心的耳朵決定留存的材料無奇不有，包括莎士比亞漫長的獨白，也包括許多藝人在歌廳秀表演的曲目，例如瑪麗・洛伊德（Marie Lloyd）、喬治・羅比（George Robey）、「小提曲」（Little Tich）、喬治・其爾根（George Chirgwin，「白眼黑人」〔White-Eyed Kaffir〕）。[44]

在霍夫，邱吉爾如饑似渴地閱讀，尤其是英雄的史詩故事，往往關於帝國與冒險，例如《金銀島》（*Treasure Island*）、《所羅門王的寶藏》（*Kind Solomon's Mines*）、G・A・亨第（G. A. Henty）的著作。[45] 一八八五年，他的古典學名列第一、法文第三、英文第四，再次不符後來他所言自己功課欠佳，但他在全校的操行成績，若不是幾乎墊底，就是直接墊底。[46] 愛遲到將會成爲一輩子的習慣；即使當上首相，舉凡內閣會議、覲見君主、議會辯論，也老是遲到或在幾分鐘前趕到。如同他惱火的妻子會說：「溫斯頓總會製造讓火車開走的風險。」[47]

邱吉爾從小就知道父親是名人，並且會向父親索取簽名賣給同學。[48]某次他被帶去布萊頓觀賞默劇，飾演倫道夫勛爵的演員被觀衆報以噓聲，他大哭，憤而轉向後面的人大吼道：「閉嘴，你這個塌鼻子的激進分子！」[49]一八八三年夏天，邱吉爾八歲，父親帶他去巴黎。兩人一起開車經過協和廣場時，邱吉爾發現其中一座紀念碑覆蓋著黑色薄布，他問父親何以如此。「這些是法國各省的紀念碑，」倫道夫勛爵回答，但是「亞爾薩斯（Alsace）和洛林（Lorraine）兩個省分在上次戰爭被德國奪走（即一八七〇年至一八七一年普法戰爭）。法國人很不高興，希望某天可以收復。」邱吉爾記得，「內心認眞想著『我希望他們會收復』。」[50]這是他初次見識後來他所謂「條頓人和高盧人的世仇」。他對法國的喜愛，在一九一九年《凡爾賽和約》（Versailles Treaty）法國收復亞爾薩斯和洛林後，依然長久存在。

霍夫的學校比聖喬治仁慈，但在那裡發生兩件危險的事：第一件發生在一八八四年十二月，邱吉爾拉扯一個男孩的耳朵，那個男孩拿起小刀刺向他的胸口，結果只是皮肉傷；第二件是在一八八六年三月，他感染肺炎，體溫高達四〇・二度，並且出現譫妄現象。他病得之重，連父母都來探望。[51]部分治療是透過口服與灌腸，定時給予大量白蘭地。[52]「我兒在布萊頓的學校，上週差點因爲兩肺⑹感染喪命。」他的父親如此告知保守黨領袖，即第三代索茲伯里侯爵（Marquess of Salisbury）。[53]儘管如此，整體來說，邱吉爾在霍夫過得快樂，他在那裡能夠追求喜愛的事物，主要包括法文、歷史、馬術、游泳，而且背誦大量的詩。[54]

一八八五年六月，索茲伯里勛爵指派倫道夫・邱吉爾爲印度大臣（Secretary of State for India），此舉倒不是因爲他的任何忠誠表現，而是肯定他製造麻煩的天分和能力。保守黨議員中有個人數稀少的第四黨（Fourth Party），倫道夫勛爵作爲領頭，經常在下議院反抗保守黨的領導階層，開玩笑損自己人，索茲伯里勛爵希望藉由重要的內閣職位管教他。

一八八六年二月，倫道夫勛爵併吞上緬甸，將這個有英格蘭五倍大的國家納入大英帝國版圖（當時大英帝國的面積已相當羅馬帝國顛峰時期的三倍）。[55] 一八八二年，他才反對格萊斯頓轟炸埃及亞歷山卓港（Alexandria），認爲那是過度「向前」的帝國主義政策，然而才過了四年，他就兼併緬甸。同樣地，一八八五年，他向愛爾蘭民族主義領袖查爾斯・史都華・帕奈爾（Charles Stewart Parnell）保證，會支持愛爾蘭自治，但到了一八八六年，卻完全食言，宣布北方的新教徒在愛爾蘭統一之前會先發動內戰。「阿爾斯特（Ulster）將會奮戰，」一八八六年五月七日，他在一封公開信中煽動，「而且阿爾斯特將是對的。」⑧倫道夫勛爵公開提倡自由貿易之前，也私下表示支持「公平貿易」——當時那是帝國保護主義的代號。他的原則可能經常視情況改變，但是因爲他有激動人心的本領，聽他演說的觀眾多得不得了，有時高達數萬。然而，他的野心與投機主義顯而易見，導致索茲伯里勛爵與保守黨的建制派並不信任他。

一八八六年夏天，溫斯頓十一歲時，倫道夫勛爵與珍妮變得疏遠，並且傳言他們正式分居。[56] 她花費更多時間和馬爾博羅宅邸圈的人相處；跟帥氣的奧地利駐倫敦大使卡爾・金斯基親王（Prince Karl Kinsky）大談婚外情，至少直到一八九二年；接著又跟英俊的弗萊迪（Freddy），也就是沃爾弗頓勛爵（Lord Wolverton）開始另一段戀情。[57] 至於倫道夫勛爵，當他不在下議院或卡爾頓俱樂部（Carlton Club）⑨

時，就會在巴黎待很久，人們認爲他沉迷那裡的女色。「告訴瑪麗，她不原諒比利就太傻了。」他有次寫信給珍妮，提到兩人共同的朋友，「隨便一個廚師或女僕又怎樣？」[58]儘管信裡可見他的態度，但在寫給妻子的信中這樣表達，仍教人訝異。

一八八六年七月的大選，見證保守黨和他們的盟友大勝，即反對愛爾蘭自治的自由統一黨（從此兩者齊稱「統一黨」）。爲肯定倫道夫勛爵鼓舞全國大量民衆，並以機智與辯才打擊格萊斯頓，首相索茲伯里勛爵指派他爲財政大臣與下議院領袖（Leader of the House of Commons）⑩。由於索茲伯里年長近二十歲，又來自上議院而非下議院，因此倫道夫勛爵此時似乎等同首相的繼承人。倫道夫也採納迪斯雷利的托利民主作爲自己的政治哲學，不遺餘力推動。一八八五年，一個朋友問他那是什麼意思，他半開玩笑地說：「我想主要就是投機取巧。」[59]三年後，當他被迫公開定義這個概念時，他含糊其詞：「就是一個政府……受到崇高且自由的概念激勵。」

財政大臣才當了五個月，倫道夫勛爵就威脅辭去內閣，因爲他認爲軍事預算（預估額度〔Estimates〕）太高，儘管他又相對支持更高的國防開銷。這個舉動背後的用意是要奪取首相在內閣中的權力。索茲伯里勛爵一改過去多次屈服的作風，反而直接接受辭職。從此倫道夫勛爵再也沒有擔任政府職位，加上多年來，他像個首席女角，穿著釘鞋踐踏他的同僚，因此不見任何內閣大臣支持。

後來邱吉爾爲父親作傳，將辭職與某個十年內令倫道夫喪命的神祕疾病連結：「那孱弱的身軀，受到緊張的能量驅使，在最後五年承受至極的壓力。好運支撐著他；但災難、辱罵、停滯，挾帶摧毀的力道降臨，帶來致命傷害。」[60]這個男孩深深受到父親完全自行招致的災難影響，並從中學到許多教訓。最重要的，不是除非打算隱遁，否則不要威脅辭職；而是如果還沒準備好，就威脅要跟其他幾個能夠拉下政府的人一起辭職。

奪權行動徹底失敗後，倫道夫勛爵確實開始衰退，無論政治、心理、個人方面。儘管邱吉爾夫婦非正式地分手，但兩人還是住在同一屋簷下，還是會共同出席某些場合，雖然這樣的場合愈來愈少。一八八七年八月八日，威爾斯親王喬治（未來的國王喬治五世）的日記記錄維多利亞女王加冕五十週年紀念時，「倫道夫・邱吉爾夫婦與溫兒、傑克」在斯皮黑德海峽登上皇家遊艇奧斯本號（*Osborne*）。[61]十二歲的邱吉爾異常興奮，能夠搭乘皇家遊艇航行經過十二艘由海軍中將威廉・赫衛特爵士（Sir William Hewett VC）指揮的軍艦。許多軍艦的名字令人聯想英國歷史，例如：阿金庫爾號（HMS *Agincourt*）、黑王子號（HMS *Black Prince*）、鐵公爵號（HMS *Iron Duke*）。那晚他們搭乘的是新啟航的裝甲旗艦——皇家海軍艦艇科林武號（HMS *Collingwood*）。⑪

「您就讀哈羅，還是伊頓（Eton）？」一八八七年十月，邱吉爾詢問父親。[62]他竟不知道父親就讀的是伊頓公學。不過，他要去讀哈羅（Harrow）公學，主要是因爲哈羅公學向陽的山丘比起伊頓多霧的低地更有益健康。哈羅公學成立於一五七二年，是英格蘭的知名公學。歷史悠久的校舍之間提供菁英教育（多半是古典學），加上古老的傳統薰陶，培養未來治理國家與帝國的紳士。一八八八年三月，讀了維吉爾（Virgil）的《埃涅阿斯紀》（*Aeneid*）第二卷後，邱吉爾通過入學考試。[63]一九四一年九月，他和他的機要祕書，也是哈羅校友約翰・科爾維（John 'Jock' Colville，綽號「喬克」）聊到哈羅，「那是他人生最不快樂的時候。」[64]在哈羅的第二年，他寫信給父母，提到「別想像我很快樂」。儘管如此，一九三八年和一九六二年之間，他還是經常回訪哈羅。

在《我的早年生活》，邱吉爾誇大他入學考試表現得多糟，而跟他同時在校的傑拉德・伍德・沃拉史頓爵士（Sir Gerald Woods Wollaston，即後來的嘉德紋章官〔Garter King of Arms〕）回憶，讓他入學的原因部分可能來自「拒絕倫道夫勛爵的兒子入校，未來會不太方便」。[65]邱吉爾表示，「我在學校十二年，沒有人成功讓我用拉丁文寫下一首詩，或學會任何希臘文，除了字母。」[66]根據他的學校報告，這並非事實。儘管如此，他回憶在學校的日子是「我的旅程當中陰暗的一段」，以及「不快、限制、沒有目的、單調乏味的時光」。[67]一八八八年四月十七日，他進入哈羅那天，學生名單中，排在他前面第三個是阿奇博德・坎貝爾－科爾奎霍（Archibald Campbell-Colquhoun），他當時住的地方，就是肯特郡（Kent）韋斯特勒姆（Westerham）的查特維爾莊園。[68]⑫

儘管邱吉爾後來否認，但其實他在哈羅表現得不錯。十四歲時，他背誦托馬斯・巴賓頓・麥考利（Thomas Babington Macaulay）的《羅馬歌謠集》（*Lays of Ancient Rome*），一字無誤地背了至少一千兩百行，因此獲得獎勵。一位同學回憶，「他可以引述莎士比亞整幕戲劇，而且如果老師引述錯誤，他也會毫不猶豫地加以糾正。」[69]他很喜歡麥考利著作的古代世界英雄傳說。「如果在文學方面，我要感謝誰的話，」一九四六年，他告訴一位認識的人，「我會說，我對麥考利的感謝大於任何英格蘭作家。」[70]在哈羅公學，教導邱吉爾英文文法的是博學多聞的教師羅伯特・索莫威爾（Robert Somervell）。「因此我將英式英語一般語句的主要結構深深刻在骨裡，那相當高尚。」邱吉爾寫道。[71] 較不高尚的是他唯一一次嘗試寫詩，是一首名爲〈流感〉(Influenza) 的頌歌。十二段中的第四段如下：

在莫斯科出色出名的城市，
掉落的皇冠屬於拿破崙一世，
猛然落下令人害怕；
富者、窮者、貴者、賤者，
如同各種已知症狀，
如同尚未倒塌。[72]

邱吉爾忙著參與各種活動。他所屬的學院游泳隊經常獲勝；他是校刊《哈羅人》(*Harrovian*) 的寫手；他蒐集郵票、鳥蛋、簽名；他做了一個劇院模型；下棋；養蠶；寫生；拉大提琴。一八九二年四月，他以鈍劍贏得在奧德肖特 (Aldershot) 舉辦的公學劍術錦標賽。儘管他比其他參賽者嬌小瘦弱，但根據《哈羅人》描述，他勝利的主要原因是「攻擊快速大膽，令對手驚慌失措」。[73]

邱吉爾還磨亮一項對未來格外重要的本領，就是厚臉皮的機智應答。當哈羅公學的教師梅歐 (Mayo) 先生義正言辭地教訓全班：「你們這些男孩，讓我不知道該做什麼！」十四歲的邱吉爾回答：「老師，教我們！」[74] 後來，令人畏懼的校長威爾頓博士 (Dr. Welldon) 說：「邱吉爾，我有極大的理由對你不滿。」邱吉爾的回答較不俏皮，但一樣勇敢：「校長，我也有極大的理由對您不滿！」[75] 邱吉爾也以同樣的勇敢，帶著保母埃佛勒斯女士遊覽哈羅。如同沃拉史頓回憶：「保母非常高興，但他還不滿意，跟她手拉著手走到主街，給那些想看的人看。」[76] 邱吉爾和保母的故事，「像野火蔓延整個學校，而我很抱歉地說，這對他身為一個學生的名譽沒有半點好處。」他的表弟尚恩・萊斯利（Shane Leslie）記得，「當他和她閒逛，幾個不懷好意的朋友跟著他到車站，他勇敢地在那裡親她。」[77] 邱吉爾不會因為幾個勢利的同校生譏笑，就妨礙他和這位全心愛著他的女人享受幸福。如同萊斯利提到，「他的安康，甚至他的性命，都要歸功她的奉獻。」

邱吉爾喜歡的課程包括滑鐵盧之役和色當會戰（一八七〇年色當會戰中，德國大敗法國，而且一九四〇年還會再次擊敗他們）、知名的英國登山員艾德華・惠珀（Edward Whymper）攀登阿爾卑斯山，以及蝴蝶的天擇，也許還因此激發終身對於蝴蝶的喜愛。當被問到未來想從事什麼時，他回答：「當然是從軍，只要還有仗可打。如果沒有，我應該試試從政。」[78] 哈羅公學的檔案庫存有邱吉爾十四歲寫下的文章，文長一千五百字，內容奇特，想像未來英國入侵俄羅斯，還包含六頁的作戰計畫。這份完整的軍事調度，以第一人稱「西摩爾上校」的口吻敘述，日期設定在一九一四年七月七日，「閃亮的刺刀」、「哥薩克人洶湧如黑雲」，副官勇敢橫越屍首遍野的戰場，傳送指揮官重要的命令。「今天早上的戰場原本是綠色，」邱吉爾寫道，「現在染上一萬七千人的血紅。」[79] 距離一戰尚有四分之一個世紀，他已經明白，隨著軍事科技進步，「前線現在已經容不下騎兵」。儘管如此，如同邱吉爾的英雄拿破崙，「西摩爾上校」還是騎著馬兒忙碌。「隨著我策馬服從命令，」他寫道，「我提心吊膽，望向C將軍站的地方，同時有一枚九磅炮彈就在他三步內的距離爆炸，正好是半個小時前我站的地方。『僥倖』，你說，但需要的可不只是僥倖。」[80]

第十七槍騎兵和第十、十一驃騎兵勇敢衝向敖德薩與聶伯河軍團（Odessa and Dnieper regiments），英軍因此損失三分之一的士兵，尤其當「火槍的上膛聲伴隨炮擊」。[81]他從哈羅公學步槍義勇團（Rifle Volunteer Corps）學到許多軍事命令，例如「一百碼處霰彈，發射」、「向前放列下架」、「獨立射擊」。西摩爾被抓了，但是在戰爭一片混亂中，「我抓住機會，跳上無人的馬，拚命逃走。」[82]作戰其餘的部分，「起初敵軍緩慢小心撤退，但在窩瓦河，他們開始分散，而我們的騎兵，無論輕重，精彩出擊，分出勝負」，證明「約翰牛優於俄羅斯熊」。[83]⑬因此這個故事的英雄「能夠喝下勝利這帖世上最佳的安眠藥，在今晚入睡」。最後，邱吉爾寫下，一九一四年九月二十一日，「西摩爾上校」在「沃倫佐夫高地，奮力防守一個要塞時」英勇陣亡。[84]

邱吉爾年少著作的文章可能不值得記錄，然而後來他參與第二十一槍騎兵（後來與故事中的第十七槍騎兵合併）進攻、被敵軍俘虜但又脫逃、看著英國遠征軍（British Expeditionary Force）前往俄羅斯的命運、炮彈在他幾分鐘前站立的地方爆炸——這些事情都在他二十五年前假想日期的一個月內發生。一九四三年，德國入侵俄羅斯失敗的地點史達林格勒（Stalingrad）就在窩瓦河上。「僥倖，你說……」

這不是他唯一一次驚人地預知。一八九一年七月某個星期日晚上，教堂晚禱之後，他在威爾頓博士家中的地下室，跟朋友莫蘭・埃文斯（Murland Evans）討論他的人生計畫。「我可以看見巨大的變化朝著此時和平的世界而來，」邱吉爾告訴埃文斯，

> 巨大的動盪、激烈的鬥爭；無法想像的戰爭；而且我告訴你，倫敦將會陷入危險——倫敦會被攻擊，而且亟需由我保衛倫敦。我比你看得更遠。我看見未來。不知什麼緣故，這個國家會受到重

大的侵略，我不知道是什麼方式，但我告訴你，我會發號施令保衛倫敦，而且我將從災難之中拯救倫敦和英格蘭……未來的夢想模糊，但主要的目標清楚。我複述——倫敦會陷入危險，而且我應當上高位，將由我來拯救首都與帝國。[85]

埃文斯後來在英國陸軍部 (War Office) 工作，而且他的回憶能力足以信賴。

「我總是準備學習，」一九五二年，邱吉爾曾說，「雖然我不總是喜歡受教。」[86]他在哈羅公學持續挨揍，因爲如同一位同期的學生回憶，「他堅持打破幾乎每個老師或學生訂下的規則，不服管教，而且頂嘴的詞彙層出不窮。」[87]例如，一八九一年五月二十五日，因爲「入侵並破壞」哈羅一家廢棄工廠，他被用木杖打了七下屁股。這也不是什麼不得了的事；根據哈羅公學的懲罰紀錄，那個月有十四名男孩被打七下屁股。邱吉爾繼續像鬥牛犬般違反校規，還跟鎮上居民閒晃。他幫帶頭的學生紐金特・希克斯 (Nugent Hicks) 做一些奇怪的差事，沒做好的話，會被他「痛毆」。某次被揍時，邱吉爾在這個糟糕的時間點對他說：「以後我會比你更偉大。」後來成爲林肯郡 (Lincoln) 主教的希克斯回答：「就憑這句話再揍兩下。」[88]

幾乎沒有什麼事情能吸引他的父母到學校看他。「請一定、一定、一定、一定、一定要來看我。」一八九一年二月，他如此拜託，「請一定要來，我已經期待落空好幾次了。」[89]他們沒來。「最親愛的孩子，別這麼懶惰，怠忽寫信。」珍妮千篇一律地回覆，「你好像只在想要什麼的時候才寫——而且這時候你就文思泉湧！」[90]她的虛僞可以量化成精確數字：一八八五年至一八九二年這七年間，邱吉爾寫給父母計有七十六封信，他們只寫給他六封。除了字裡行間渴望愛與關心外，邱吉爾去信的內容絕大部分未提要求。另一方面，他們的來信永遠都是規勸。「我想去看你，但我忙著準備下週阿斯科特的派對，所以無法。」珍妮在一八九〇年六月如此寫道，「我有很多話要告訴你，但恐怕不是什麼好話……你的父親很氣你（因爲你用打字機）。」[91]關於他的課業，「你的父親和我都失望得說不出話……我料想你有一千個藉口……你讓我很不開心……你的表現簡直侮辱你的聰明……你的輕率就是你最大的敵人……我必須說你沒有報答他的仁慈。」[92]

一八九一年聖誕節，邱吉爾的父母打算把十七歲的他送往法國，跟一個法國家庭學習法文，他想拒絕這件事情。珍妮寫道：「你的來信，我只讀了一頁就退回，因爲我不滿意信中行文。」[93]「我親愛的媽媽，」他回覆，「我永遠無法相信您會如此冷酷。我傷心至極……我無法表達您讓我感到多麼不幸……噢，我的媽媽！……我想您太忙於您的派對，以及爲聖誕節準備。我這麼安慰自己。」[94]他在附注又說，「我無法形容我有多不快樂……您親愛的兒子，溫兒。」[95]

這樣的信還有許多。十二月十八日，他寫道：「我好悲慘，此刻甚至流下眼淚。請求我親愛的媽媽，對您親愛的兒子仁慈。別讓我愚蠢的信函惹您不悅。至少讓我認爲您愛我——親愛的媽媽，我求您。我好悲慘。我不知道該怎麼辦。請別因爲我這麼悲慘而生氣。」[96]「我該怎麼說溫斯頓給我惹的煩惱。」珍妮寫信給丈夫，甚至不願回信給兒子，「當然，不能在家過聖誕節，他很失望，但他小題大作，好像要去澳大利亞兩年一樣……我認爲我已經妥善安排一切。」[97]珍妮不希望兒子待在倫敦，因爲這不利她和金斯基伯爵戀愛。唯一安慰溫斯頓，而且支持他爭取跟家人共度聖誕的人是埃佛勒斯女士，然而她對這件事情當然沒有任何立場置喙。

哈羅公學的校歌每學期由學院演唱，每年又由全校合唱。導師群編寫這些歌曲，鼓勵學童認同學校、知名校友、英國的光榮歷史。其中一首〈守護校運昌隆〉(Stet Fortuna Domus)，首次演唱是在一八九一年，當時邱吉爾仍在學，歌詞節錄如下：

今晚，讓我們齊唱愛國的歌曲頌揚歷史，
讚嘆在我們之前踏上山丘的聖人及偉人；
謝里丹（Sheridan）與皮爾（Peel）足下，⑭
在輝格與托利時代，
阿什利（Ashley）發誓效忠群眾之處，
拜倫（Byron）崛起之地。

另一首歌〈當拉利崛起〉(When Raleigh Rose)，將這所創立於伊莉莎白一世的學校與擊敗西班牙艦隊的英雄連結。〈巨人〉(Giants) 一曲命令哈羅人記得：「英雄民族也許消長，但不會眞正滅亡！……因爲我們全體／無論我們是誰／媲美古代巨人／拭目以待。」最知名的歌曲〈四十年之後〉(Forty Years On) 著於一八七二年，歌詞節錄如下：

崩潰與挫敗，迅速再重整，
瞄準球門，射門勝利，
沒有憤怒的衝突，沒有惡意的藝術——
你看來如何，四十年之後？

於是，你會說，不是短暫的狂熱，
虛弱的心臟與彎曲的膝蓋再加把勁，
比賽從不激烈火爆，但是比賽之中，
我們不是最後，也不是最弱！[98]⑮

「聽著那些男孩唱著那些印象深刻的歌曲，」一九四〇年倫敦空襲期間，邱吉爾拜訪母校之後，告訴他的兒子，「我可以看見五十年前的自己隨他們一起歌頌那些聖人和善行，而且熱切地想著，我要如何爲國家做出偉大的貢獻。」[99]他的兒子相信「這些歌詞激起澎湃的愛國主義，永遠跟隨著他，也是他從政的主要推力」。[100]學校和這些歌曲傳達強烈清楚的訊息：成爲偉人是哈羅人的責任。邱吉爾把一個矮小的學生利奧波德・埃莫里（Leopold Amery）推下學校的游泳池，他不知道埃莫里事實上是高年級生，於是說了這句話道歉：「我父親很偉大，但他同樣也很矮。」[101]

就讀哈羅期間，邱吉爾經常生病或發生意外，包括牙痛、膽病（後來靠伊諾鹽〔Eno's Salts〕治癒）、從腳踏車摔下後腦震盪、「高燒」、麻疹、腹股溝初期疝氣。[102]一八九三年一月，十八歲的他和表兄弟在溫伯恩追逐嬉戲時，他跳下一座陸橋，以爲底下的樹枝會接住他，結果沒有。他從近三十呎高的地方摔落硬地，昏迷三天，還因腎臟破裂臥床三個月。那次摔傷也造成背部骨折，但要到一九六二年照了X光才會發現。「整整一年我都命在旦夕。」他寫道。[103]

康復後，邱吉爾參觀議會。他在議會旁聽，而且在偶然的機會下，透過父親介紹，與維多利亞晚期的政治要角會面，包括阿瑟・貝爾福、約瑟夫・張伯倫（Joseph Chamberlain）、羅斯伯里勛爵（Lord

Rosebery）、赫伯特・阿斯奎斯（Herbert Asquith）、約翰・莫萊（John Morley）。他回憶：「那時候，政治在我眼裡似乎非常重要，而且鮮活。」[104] 一八九三年四月二十一日，他在觀眾席見證也許是那個時代議會辯論的最高潮——威廉・格萊斯頓向下議院提出第二次愛爾蘭自治法案。這樣重大的議會場合，激烈程度直到半個世紀後才被超越，而且是由邱吉爾自己。邱吉爾的計畫是先去從軍，接著進入下議院繼承父親托利民主的衣缽。

當倫道夫勛爵同意兒子在哈羅公學畢業後加入英國陸軍，溫斯頓相信「我父親憑著經驗與慧眼，發現我的軍事天賦」。[105] 他抱持這個錯覺好幾年，直到有人告訴他，其實他的父親只是覺得他沒有當律師的能耐，對他的政治事業也不會有所幫助。「如果我開始展現一丁點同志情誼，」邱吉爾回憶，「他馬上就覺得反感。而且某次我提議，也許我可以協助他的機要祕書幫他寫幾封信，他看著我的眼神令我背脊發寒。」他在一八九二年秋天記錄：「我和他促膝長談三、四次，我相當自豪。」他發現父親很有魅力，雖然倫道夫勛爵總是以典型的自我中心結尾，「切記我並非一帆風順。我的每個舉動都被誤會，每句話都被扭曲……所以務必體諒。」[106] 他的兒子後來後悔沒有及早離開哈羅公學。「我應該要認識我的父親，」他寫道，「那原本會是我的一大樂事。」[107] 但其實不會。

一八九三年六月，邱吉爾參加位於桑德赫斯特（Sandhurst）的皇家軍事學院考試；因爲他的高等數學實在很差，考前還惡補一番。考了三次終於通過，但是在三百八十九人中排行第九十五，意味他必須進入騎兵，而非步兵。「親愛的溫斯頓，」八月九日，他的父親寫信給十八歲的兒子：

> 通過考試的方式有兩種：一種值得稱讚；另一種則否。你不幸地選擇後者，而且對於你的成功

顯得相當得意。首先讓你失去信譽的失敗，就是沒有錄取步兵，因為那樣的失敗代表你無法反駁的懶散、隨遇而安、魯莽、輕率，就如你一直以來在不同學校的表現一樣。我從未收到來自任何導師或教師傳來操行良好的報告……在班級中總是落後，從未超前，持續不斷抱怨你欠缺勤勉……憑著你擁有的所有優勢，憑著你愚蠢地以為自己擁有的能力……次級與三級就是你所得的結果，只能分發到騎兵團……因此每年我要為你增加兩百英鎊支出。切莫認為在你犯下任何愚行或經歷任何失敗之後，我會願意費力提筆寫信給你……因為我再也不會重視你的成就或成績。牢牢記住這一點，如果你的行為舉止一如既往……那麼……我對你的責任即已完結。我應任你自力更生，僅給你過上端正生活需要的協助。因為我很確定，倘若你不能阻止自己如同在學期間與後來數月那種懶惰、無用、無益的生活，你只會成為社會的累贅、公學的敗類，而且你將淪為低劣、不幸、無用的人。倘真如此，你將必須自行承擔所有責難。

你親愛的父親，倫道夫・S・C・[108]

那個時候，倫道夫的判斷力嚴重受到心智衰退影響，[109]由於一種尚無法診斷的疾病，他的語言、聽力、平衡感、專注力無一不出現問題，導致憂鬱及暴怒。[110]然而三十七年後，他的兒子仍能憑著記憶引述那封信的內容，表示他崇拜的那個男人，口中的懷疑與輕視已經烙印在他身上。那不是氣話，因爲倫道夫勳爵在四天前寫信給自己的母親，即公爵夫人，也用了類似的詞語：「我常告訴您，但您就是不信，他欠缺智慧、知識或任何做事的能力。他天大的本領是誇大和假裝……我不會對您掩飾，我失望透頂。」[111]珍妮也寫信告訴溫斯頓：「爸爸不是非常滿意你僥倖入學，而且差了十八分沒有錄取步兵。他對於你的成就不如你自以爲的那麼滿意。」[112]幾年後，邱吉爾親近的朋友就會發現，倫道夫勳爵「未能發覺這個傑出又獨特的男孩潛藏的才能」。[113]

那年夏天，溫斯頓進入軍事學院之前，他和弟弟傑克及一位家教到瑞士健行。他們從策馬特（Zermatt）出發，十六小時內爬上一萬五千呎的羅沙峰與威特峰。他們旅行各地，直到溫斯頓在日內瓦湖又差點死亡。他和口中的「同伴」從湖中央跳下船游泳，然而一陣微風吹來，把船吹離他們。「我從未看見死神與我如此接近。」他在《我的早年生活》裡如此寫道：「祂在我們這邊的水裡游泳，不時低語，而揚起的風持續把船吹離我們，差不多就和我們游泳的速度一樣。四下無援。孑然一身的我們永遠不可能抵達岸邊……我拚命游泳……我往前划水，又回頭尋找我的同伴，他雖然很累，但顯然沒有發現忽然出現的死神，正以冷酷陰森的眼神凝視我們。」[114]年紀較小的同伴其實就是傑克，但邱吉爾應該不希望讀者知道他讓弟弟陷入如此的生死險境。

一八九三年九月一日，邱吉爾進入桑德赫斯特皇家軍事學院。他當時的身高是五呎六・五吋（約一六九公分），胸圍只有三十一吋（約七十九公分）。他的皮膚嬌嫩，淺藍色的眼珠略爲突出，相貌英俊。他在英國最優秀的軍事學院如魚得水，尤其是戰略與防禦課程，而且經常騎馬。他精通馬術，參加障礙賽、馬球賽，有時也參加業餘賽馬。[115]他與父母的通信依然流露渴望關懷而不得的悲傷。「我眞的很抱歉，爸爸不認同我的信。」九月十七日，他告訴母親，「我費心盡力寫那些信，而且時常整頁重寫。如果我描述在這裡的生活，我感覺您們會認爲我的行文過於冗長生硬。另一方面，如果我寫得淺白與過度簡單，又會被貶爲草率。我永遠做不好任何事。」[116]當他意外將父親給的懷錶掉入溪裡，嚇得不敢坦承過失，急忙發起搜索行動，動員二十三個步兵連的人尋找懷錶，又雇用一輛消防車挖耙溪流，在他準備將水源改道前，終於找到懷錶。當倫道夫勛爵從鐘錶師傅那裡發現此事時，果不其然地暴怒又鄙視。[117]

到了一八九四年，由於某種今日醫界認爲罕見且無法治癒的大腦疾病，倫道夫勛爵的大去之期不遠矣。而那種疾病的某些症狀與梅毒相似，因此醫生如此診斷。六月，倫道夫與珍妮出發環遊世界。邱吉爾後來回憶，「我再也沒有看過他，除了瞬間黯淡的影子。」[118] 他跟父親的醫生洛布森・路斯（Robson Roose）與托馬斯・巴薩德（Thomas Buzzard）談過，兩人都給了那個可能的診斷。他在一八九四年寫了一封信警告母親，當時她人在新加坡：「我問過路斯醫生，他全都告訴我，並且讓我看醫學報告。我沒有告訴任何人……我不需要告訴您，我有多焦慮。我從不知道爸爸已經病入膏肓，直到現在我才相信這件事情非常嚴重……我親愛的媽媽，當您來信時，請務必讓我知道您**眞正**的想法。」[119]

對於父親可能的病因，可以理解邱吉爾沒說也沒寫，他只在一個場合提過此事。一九五一或一九五二年，他告訴機要祕書安東尼・蒙塔格・布朗（Anthony Montague Browne），「你知道我父親死於運動失調，那是梅毒造成的。」[120] 事實上運動失調是神經障礙的概括描述，而且絕不專屬梅毒。有可能邱吉爾終身承受父親死亡的恥辱，但事實上父親並沒有得到那種病。然而，這件事情從未影響他如英雄般崇拜這個驕傲、冷淡、輕蔑的男人。邱吉爾描述他：「他散發的力量、任性、魅力，常在天才身上見到。」[121] 如同邱吉爾的好友薇奧蕾・博納姆・卡特（Violet Bonham Carter，原姓阿斯奎斯〔Asquith〕）說的：「他將他陌生的父親供奉在神殿崇拜。」[122]

當他的父母在世界的另一端時，邱吉爾在誰也想不到的舞臺發表首次公開演說。那年夏天，倫敦郡議會的議員奧密士頓・尚特（Ormiston Chant）女士針對萊斯特廣場帝國戲院的走廊發起社會純潔運動。那個走廊位於二樓前排後方的酒吧區域，年輕男人在那裡飲酒，結交無人監護的年輕女性，而某些女性容易得手。⑯氣憤的尚特女士設法弄到木頭與帆布將男女分開，然而在一八九四年十一月三日，失序的群衆，包括邱吉爾在內，破壞那個隔間。目擊者回憶，邱吉爾和朋友「把將他們與城裡女性分開的柵欄推倒，並對暴動的人群演講。他和一位未來的上將揮舞著戰利品，乘著一輛雙座馬車（當時的計程車）走了」。[123]他在倒塌的柵欄上發表演說，可惜無人記錄，但他以雙關語開頭：「帝國的女士們，我代表自由！」[124]其他在場的人回憶「他在大廳到處閃躲」，拍女人的屁股；保全人員使盡全力追逐。[125]對於下個世紀偉大的演說家而言，這不像是一個好的開頭。

一八九四年十二月，邱吉爾從桑德赫斯特皇家軍事學校畢業，在一百三十位軍校學生中排名第二十[(7)]，而在困難的馬術競賽排名第二。那時倫道夫勛爵已經病得無法注意，更不用說恭喜他的兒子。「我父親於一月二十四日清晨去世。」三十五年後，邱吉爾回憶，「我住在附近的房屋，睡夢中被喚醒，我狂奔穿越漆黑的格羅夫納廣場，積雪高過膝蓋。他走得無痛，事實上他已經昏迷很久。我希望成爲他的戰友，進入國會，在他身邊，得到他的支持，這樣的夢想就此結束。剩下的只有追求他的目標，證明他是對的。」[126]半個世紀後，他告訴女兒，父親過世的悲傷令他整日整夜俯臥在地。[127]

儘管多數時候分開，但珍妮在倫道夫勛爵最後的日子裡忠實地照顧重病的他，或許荒謬，但她堅決將倫道夫的死，歸咎保守黨的領袖索茲伯里勛爵。「絕對就是擔憂和過勞引發這種疾病，」她告訴朋友，「而且我知道你會同意，S勛爵要負很多責任。幾年前，一度有隻慷慨的手，本來可以拯救一切，而且

R現在也會像過去一樣陪著我們。但S勛爵和其他人太過嫉妒他，我深深這麼覺得，而且希望未來某天會公諸於世。」[128]邱吉爾很幸運，他父親死的時候仍是議員。如果他活得夠久，六個月的大選後從下議院退休，幾乎可以確定他會被授予貴族爵位，而且不久後就會轉移給他的長子。這就意謂邱吉爾無法如同後來進入下議院，相對地，一九四〇年成為首相的機會也就非常渺茫。⑰

葬禮在布倫海姆宮的教區教堂舉行，位於鄰近的城鎮布雷登（Bladon）。教堂的會眾齊唱〈世紀之岩〉（Rock of Ages）與〈勞動者的任務結束〉（Now the Labourer's Task is O'er），並聽講「人為婦人所生，日子短少，多有患難」。[129]一八九四年三月當上首相的第五代羅斯伯里伯爵獻上悼詞。之後，邱吉爾、珍妮、傑克站在布滿白雪的墳墓，在棺木撒上鈴蘭。後來他回憶，「陽光普照大地，白雪為棺木覆蓋閃亮的墓布。」[130]

父母的疏忽與殘忍可能擊倒較軟弱的人，卻賦予邱吉爾無厭的成功欲望，不只普遍而言，對於他的父親選擇的政治職業更是如此。由於崇拜父親，他牢記父親有名的演講；為了聆聽關於父親的故事，他拜訪父親的朋友，如羅斯伯里勛爵與大法官傑拉德・費茲吉本（Gerald FitzGibbon）；他模仿父親演講的特殊姿勢，雙手朝下放在臀部。如我們之後所見，他也會以兒子的身分寫下兩冊傳記；他經常在演講提到父親；當上財政大臣時，他會穿著父親擔任該職穿的長袍；他將獨子命名為倫道夫；半個世紀後，他寫下某次做了白日夢，在夢裡遇見父親。

邱吉爾告訴國會大廳記者A・G・嘉甸拿（A. G. Gardiner），他模仿父親講話的時候停頓，為了集中聽眾的注意力，甚至故意在口袋摸索不需要或不想要的筆記。[131]可以理解他曾經反抗嚴厲又疏遠的父親，但他部分了不起的性格，反而是他認爲自己畢生的工作就是，基於**帝國與自由**（Imperium et Libertas）推動父親的迪斯雷利理念與托利民主。他在一九三一年寫道：「我的政治理念無疑繼承自他。」雖然他的父親生死都是忠誠的保守黨人，「他不認爲，教會與權貴、國王與國家等古老的榮耀，不能與現代民主和平共存；或者爲何廣大的工人，只要社會自由進步，不能保護這些古老的制度。」[132]如果可能的話，邱吉爾想要大肆報復某些保守黨建制派的陰謀團體，他認爲擊垮父親的就是那些人。

有人說，皇帝拿破崙三世背負的名號同時代表上臺與垮臺。溫斯頓・李奧納德・斯賓塞－邱吉爾同樣背負一個使他別於同輩的姓名，而且創造只有卓越非凡的人能夠達成的期待。「勛章發亮，」他曾經寫道，「但也投射陰影。」對他的姓名而言亦爲眞。名人父母的孩子難爲，然而這也是邱吉爾締造的諸多成就之一。

邱吉爾相信自己的壽命不長，而且經常提到父親死於四十五歲，用以解釋自己急躁的個性。他的同輩認爲他咄咄逼人，而他確實也是如此，但這背後有一個經過精算的理由。他父親的三名手足分別死於十個月、兩歲、四歲，他父親的姊妹死於四十五歲與五十一歲，而他們的哥哥第八代馬爾博羅公爵死於四十八歲。邱吉爾無時無刻擔心早逝，表示他相信殺死父親的運動失調可能不是源於性病。無論是什麼，他覺得自己沒有太多時間成就功名。

如果創造未來的帝國英雄有什麼理想條件，一八九五年一月，邱吉爾已經完全具備。出身望族；自私冷淡的父母；零星但愛國的學校教育，教導他偉人如何以豐功偉業改變歷史；一流的軍事教育；學校男孩拯救帝國的野心；家境不足以成爲紈袴子弟；欣賞英國散文；感覺英國歷史貫穿自己的貴族血脈。最重要的，他深深崇拜，三十六歲併吞緬甸，四十五歲過世，出名但冷漠的父親。此時二十歲，不受父親阻礙的邱吉爾，即將締造自己的盛名。沒有人的初衷會和他一樣冷血——先成爲英雄，後成爲偉人。

作者注

(1) 這個綽號來自他最早的爵號「桑德蘭伯爵」(Earl of Sunderland)，而非因為他的個性陽光。
(2) 約翰・米爾班克爵士（Sir John 'Jack' Milbanke，綽號「傑克」），後來在波耳戰爭獲得維多利亞勛章。
(3) 愛爾蘭語 Áras an Uachtaráin，今日的總統府。
(4) 這麼稱呼是因為這群人在親王倫敦的住處——馬爾博羅宅邸聚會。
(5) 今日邱吉爾家族墓地信託接手這項工作。
(6) 事實上只有右肺。
(7) 並非如他在《我的早年生活》中表示，一百五十名得到「優異成績」的學生中排名第八。

譯者注

① 《宮廷公報》為英國皇室活動的官方公告，行文正式，指涉人物時會寫上完整的頭銜與姓名。
② 「托利」是英國保守黨的別稱。
③ 維多利亞時代，由於大戶人家洗滌物品繁多，無法餐餐換洗餐巾，故出現餐巾環。家庭成員用完餐巾後套上餐巾環，作為辨識記號，以便換新之前重複使用。
④ 在第十三章和第十六章會分別談到這兩人。
⑤ 單件式的連身褲裝，便於空襲警報響起時能體面地走入防空洞。
⑥ 北愛爾蘭首相為一九二一年設置的職位，為北愛爾蘭國會之首，直到一九七二年倫敦政府終止北愛爾蘭國會運作，接管北愛爾蘭政府。

⑦ 威爾斯親王原為威爾斯王國國家元首的頭銜，一三〇一年英格蘭吞併威爾斯之後，英王將此頭銜賜予王儲，之後便用來指涉當時的王儲，這裡是指阿爾伯特・愛德華（Albert Edward），即後來的愛德華七世。倫道夫勛爵的長兄布蘭德福侯爵與第七代艾爾斯福德伯爵（Earl of Aylesford）的妻子有一非婚生兒子，為了逼迫伯爵夫人放棄離婚訴訟，以傳喚威爾斯親王為證人威脅她。

⑧ 阿爾斯特是愛爾蘭的歷史省份之一，此區位於愛爾蘭島北部，居民多為親英的新教教徒。後愛爾蘭共和國獨立後，阿爾斯特省下六郡組成北愛爾蘭、三郡歸屬愛爾蘭共和國。在此是以阿爾斯特代指不支持獨立的北愛爾蘭地區。

⑨ 倫敦市中心的會員制男士俱樂部，早期為保守黨成員聚會之處。

⑩ 財政大臣，地位僅次於首相的內閣重臣，又稱為財相。下議院領袖，主掌院內行政工作，組織安排執政黨議事事務的內閣官員，在執政黨中擁有廣大的權力基礎。

⑪ 軍艦命名典故依序為：一四一五年英法之戰地點；黑王子愛德華，一三三〇年至一三七六年，英法百年戰爭主要領袖；英國軍事家威靈頓公爵，一七六九年至一八五二年；英國海軍中將庫斯伯特・科林武（Cuthbert Collingwood），一七四八年至一八一〇年。HMS 是軍艦的船舶前綴，Her or His Majesty's Ship（陛下之艦）的縮寫。

⑫ 後來這裡成為邱吉爾夫婦主要的住所，本書也會一再提到。

⑬ 「約翰牛」是英國的綽號，意思為標準的英國人、英國民族。

⑭ 理查・布林斯利・巴特雷・謝里丹（Richard Brinsley Butler Sheridan），一七五一年至一八一六年，哈羅公學校友，劇作家；羅伯特・皮爾（Robert Peel），一七八八年至一八五〇年，被認為是英國保守黨創建人；安東尼・阿什利・庫柏（Anthony Ashley Cooper），一八〇一年至一八八五年，第七代沙夫茨伯里伯爵（Earl of Shaftesbury），政治家、社會改革家。

⑮ 這首校歌內容描述畢業四十年後的校友回憶公學生活點滴，而這段歌詞描述的是哈羅公學特有的運動「哈羅足球」，這項運動有規則但沒有罰則，以君子精神著稱。

⑯ 當時的習俗，未婚女性出席公開社交場合，需由一名已婚年長女性陪伴並監督行為。

⑰ 當時受封或繼承貴族爵位的世襲貴族即有權出席上議院，故上議院又稱作貴族院。照慣例，上議院議員無法作為首相競選者，英國在二十世紀中唯一一位來自上議院的首相是索茲伯里。貴族問題反映在與邱吉爾競爭首相之位的哈利法克斯身上。詳請參見第二十章。

2 戰火下的野心 1895／1—1898／7

孤獨的樹，若能成長，便會強壯；缺乏父愛的男孩，若能逃過年少的險關，往往獨立自主、思想活躍，能在後來的歲月修補早年的損失。——邱吉爾，《河上之戰：克復蘇丹歷史紀實》（*The River War: An Historical Account of the Soudan*）[1]

他的中學是營房；他的大學是戰場。——嘉甸拿於《先知、祭司與國王》（*Prophets, Priests and Kings*）論邱吉爾[2]

拿破崙曾經說過：「要瞭解一個男人，瞧瞧他二十歲時的世界。」邱吉爾二十歲時，大英帝國涵蓋地球陸地面積超過五分之一，其海軍理所當然是世界最大，稱霸地球的海洋。倫敦是偉大的海港與金融首都，英國憲法在國內不可動搖，而且雖然即將發生國際糾紛，主要是與美國的貿易，以及與法、俄於遙遠的殖民邊界，但並不威脅國祚。對邱吉爾而言，只要人們像他一樣，將自己奉獻給帝國，維多利亞後期的帝國世界似乎就會穩固、長久、良善。他受到一種思維框架影響——史上前所未見、如此偉大的地位，需以終身責任為代價。

「現在我主宰自己的命運。」父親去世不久後，邱吉爾寫道。在《我的早年生活》中，他表示父親的財產「幾乎等於他的債務」，然而並非如此。清償所有債務後，這個家庭還剩五萬四千兩百三十七英鎊放在信託（約爲今日五百五十萬英鎊），還有珍妮終身的收入與屬於溫斯頓和傑克的資產。如果珍妮再婚，受託人具有轉移一半財產給她兒子的裁量權。[3]因此短時間內，溫斯頓由母親扶養。現在他不再是個惹人厭煩的小孩，兩人之間的距離迅速縮短，而且彼此的關係如他所言，「不像母子，更像姊弟。」[4]金錢是個問題：陸軍的薪資每年只有一百二十英鎊，根本不夠負擔他龐大的帳單；每年至少還要五百英鎊才能支付必要的軍人行頭，例如華麗的制服、第二匹軍馬、馬具與馬球比賽用馬。

「過去大約六週，我感到很難過，」一八九五年二月初，他寫信給桑德赫斯特的一位朋友，「但是現在那些日子都結束了，可以重回生活，並將悲傷留在腦後。」[5]四月一日，少尉邱吉爾正式名列第四女王驃騎兵團，當時的指揮官是他母親的朋友，魅力十足的陸軍上校約翰·布拉巴贊（John Brabazon）。女王驃騎兵團成立於一六八五年，經歷半島戰爭（Peninsular War）與一八五四年輕騎旅衝鋒。接下來兩年，他會到處請人協助升遷。這麼做對邱吉爾並無壞處，自從父親過世，他就成爲馬爾博羅公爵爵位的直接繼承人，直到一八九七年九月未來的第十代公爵出生爲止。

加入後不久，邱吉爾過度使用已經拉傷的縫匠肌，也就是從大腿往下、騎士穩坐馬背需要的肌肉。「結果我飽受折磨。」他後來回憶，「只能繼續撕裂受傷的肌肉，如果乞求休息，哪怕只是一天，就要接受被當成蠢蛋這種可怕的懲罰。」[6]在另一次意外中，邱吉爾越野賽馬時被甩出去，幾乎斷了腿，迫使他臥床休息三天。他向母親保證不再賽馬，但五天後「斯賓塞先生」騎著同校中尉的馬，獲得桑德赫斯特挑戰盃第三名。[7]邱吉爾熱愛騎兵軍官的生活，甚至表面乏味的部分。「馬兒的躁動，裝備發出的鏗鏘聲響，行進的震顫，一臺活生生機器中的團結精神，優雅莊嚴的制服，」他寫道，「結合起來，騎兵操練本身因此成爲美事。」他參加兩萬五千人的奧德肖特閱兵，踏步經過敬禮點，向坐在馬車裡的維多利亞女王舉手致敬。有一次他還接受道格拉斯・黑格（Douglas Haig）操練。①

雖然邱吉爾享受陸軍生活，但那永遠只是達成目標的工具：成爲偉大的政治家前，他希望在軍隊留名，他認爲父親就是那樣。索茲伯里勛爵贏得一八九五年的大選後，他告訴母親，「政治是一種有趣而精細的遊戲，眞正投入之前，一手好牌値得等待。」因此他給自己「四年健康快樂的生活……我愈瞭解軍旅生活，就愈喜歡，但也愈堅信那不是我的志業。」[8]當然，在寄出這封信的四年後，他當上國會代表，但是此時他的騎兵團駐紮在奧德肖特，那裡不是行動中的軍事地點，他要做什麼，才能獲得勛章與表揚？

一八九五年夏天，十週後的退伍日期逼近，加上沒有足夠資金購買英格蘭獵狐季必要的駿馬，邱吉爾開始尋找能夠參戰的地方。他徹底搜尋世界地圖，尋找盡可能以高調冒險的戰場。當時古巴人正和他們的西班牙殖民母國大打游擊戰，於是他說服團上一位軍官兄弟，少尉雷金納德・巴恩斯（Reginald 'Reggie' Barnes，綽號「雷金」）和他同行，又從他父親的朋友，時任駐馬德里大使亨利・德朗蒙－沃爾夫爵士（Sir Henry Drummond-Wolff）那裡弄到跟隨西班牙軍隊需要的證明。他們出發前，軍情處處長，上校愛德華・查普曼（Edward Chapman）要求邱吉爾與巴恩斯打探西班牙陸軍新式子彈的穿透力和威力。這是邱吉爾首次接觸祕密情報的世界。

珍妮支付橫越大西洋的船票，但爲了補足冒險其他經費，邱吉爾說服五年前父親撰文的報社《每日畫報》（*Daily Graphic*），以每篇文章五畿尼的酬勞雇用他爲記者。只要個人的指揮官同意，也不影響軍隊職責，軍官可以幫報紙報導戰役，雖然也不主動鼓勵此舉。

相對一貧如洗的情況下，邱吉爾已經在學習這項歷史悠久的貴族作風，向債權人要錢，或要他們坐等還款。雖然布倫海姆宮的所有權與爵位近在咫尺，他需要其他收入形式取代母親的慷慨。新聞報導提供這個形式，恰好珍妮也開始大肆整修香榭麗舍大道的新公寓。另外，她也在靠近倫敦大理石拱門（Marble Arch），大昆布蘭巷三十五號租來的七層樓房裝上隱密的升降機，以便將她的情人——肥胖的威爾斯親王，從地面接到閨房。

邱吉爾非常清楚母親的揮霍行徑，也非常清楚盡快獨立自主的重要性。「除了我的名字外，其餘的部分都要靠自己爭取。」幾年後他回想，「二十二歲時，我就明白單薄的軍餉不足負擔開銷，無法過上我想要的生活。我想要學習，而且我需要資金。我想要自由。我瞭解沒有資金就沒有自由，我必須賺錢才能獨立；唯有獨立，才能盡情揮灑你的生命。被他人的例行公事限制，從事不喜歡的事情，那不是生命，不是我的……所以我開始工作。我讀書，我寫作。我講課……我想不起來有哪天閒著沒事。」[9]

關鍵在於「貴族」的英文語句。一旦邱吉爾發現他有能力在緊迫的截稿時間內，以適當的長度撰寫逼真的戰區報導，便要求更高的稿費；不到五年，他已是世界上稿酬最高的戰地記者。因爲這筆收入，加上他的書籍與相關講座，到了一九〇一年，他已累積相當今日一百萬英鎊的財富，足夠讓他跨入政界。新聞報導教他使用簡潔的言語，抓住讀者的注意力。這種清晰生動的風格，明顯可見於他的政治演說，以及容易理解的文章。但在他大半輩子中，金錢一直是問題，而他也例行爲媒體撰稿，直到一九三九年。

一八九五年十一月初，邱吉爾搭船前往古巴，途中停留母親的出生地紐約，這是他未來六十七年間十四度訪美之旅的第一次。他下船與四十一歲的國會議員伯爾克・卡克蘭（Bourke Cockran）見面。卡克蘭也是珍妮的愛慕者，他安排邱吉爾和雷金下榻在自己位於第五大道的豪華住處。接下來十年，卡克蘭將在邱吉爾的生命扮演重要角色；他像一位父親，也是一位政治楷模，但更重要的是，他深深影響邱吉爾交談與演說的風格。「我從未見過像他這樣的人，」一九三〇年代初期，邱吉爾這麼寫道，「或在某些方面與他媲美的人……他是反戰主義者、個人主義者、民主黨員、資本主義者，也是『金蟲』(Gold-Bug，提倡金本位制)。」最重要的是，他是自由貿易者，如同邱吉爾又說：「因此他也同樣反對社會主義、通貨膨脹主義、保護主義，無論什麼場合都抵制。因此他的人生不缺爭執。」[10] 邱吉爾從來不是反戰主義者，但他的政治生涯會採納卡克蘭其餘所有的立場。卡克蘭換過四次政黨，政治上的從屬關係比邱吉爾本人更矛盾。

一八八七年起，直到一九二三年去世，卡克蘭五次代表紐約出任國會議員（非連續），面對來勢洶洶的質問，總能機警銳利地答辯，並且因此出名。爲卡克蘭作傳的人描述他的演講相當於「技藝高超的文學工匠」（有時他會在麥迪遜花園廣場面對兩萬以上的觀衆演講）。[11] 雖然邱吉爾從未在公開場合聽過卡克蘭演說，但讀過他所有的講稿，學會他的雄辯技巧。「他教我使用人類聲音所有的音符，彷彿演奏風琴。」邱吉爾寫道，「他能演出每種情緒；他演說時，能在大型的政治集會牢牢抓住上千人的注意。」[12] 而且卡克蘭私下的談話，「觀點、要旨、完整性、對比、理解程度，無不超越我曾聽過的任何演說。」[13] 年輕的邱吉爾吸收卡克蘭的演說技巧，包括善用古典與歷史隱喻、豐沛詞彙、臉部表情與偶爾戲劇性的手勢，數十年後還會引用他的語句。兩年前，卡克蘭談及《愛爾蘭自治法案》(Irish Home Rule Bill) 時曾說：「英語民族的歷史，從未出現格萊斯頓達成的偉大勝利。」[14] 諸如此類的節奏與語句，已經歸檔納入邱吉爾早已非常龐大的記憶庫中。一九五五年，美國政治人物阿德萊・史蒂文森（Adlai Stevenson）聽見邱吉爾引用一大段六十年前卡克蘭的演講，非常訝異，並且告訴他：「他是我的榜樣。」[15]

「美國人眞是奇特的民族！」十一月十日，邱吉爾寫信給母親，「他們的款待出乎我意料。他們讓你感覺如同在家，非常輕鬆，我從未有過這樣的經驗。」[16]他和巴恩斯在沃爾道夫・阿斯特飯店用餐、參觀西點軍校（West Point）、旁聽謀殺審判、觀看紐約消防局特別爲他們舉辦的火災演習、參加紐約馬匹展覽會開幕。「親愛的傑克，這是個非常偉大的國家。」邱吉爾告訴弟弟，「不是美麗或浪漫，而是偉大且功利。似乎沒有如同威嚴或傳統的東西，一切都是極其實用，因此也從事實的立場判斷。」[17]

「你就將美國人想像成一個偉大、強壯的青年，」邱吉爾繼續，「這個青年踐踏你所有的感情，做出各種恐怖的無禮行徑──他並不崇敬年齡或僅僅傳統，但是對待他的事務，立意良善，活力充沛，這點或許也是地球較老國家羨慕的地方。」[18]這段話也可以用來描述這個人生階段的邱吉爾。

十一月十七日，邱吉爾和巴恩斯搭乘火車離開紐約，前往佛羅里達州坦帕（Tampa），隔天搭船前往哈瓦那（Havana）。「這個地方一定會發生什麼。」邱吉爾後來寫到古巴，「我可能會在這裡留下骨頭。」[19]他們見了西班牙軍隊總指揮官馬汀涅斯・坎波斯（Martínez Campos），獲准前往前線，於是搭火車到聖斯皮里圖斯（Sancti Spíritus），接著跟隨一支軍隊，在二十八日抵達前哨要塞阿羅悠布蘭科（Arroyo Blanco）。邱吉爾後來批評西班牙軍隊「行動像是拿破崙在半島的護衛艦隊」，意思就是非常緩慢。拿破崙和坎波斯打的都是游擊戰，而在阿羅悠布蘭科之外的地方，也是同樣幾近叢林的狀態，直至今日仍是。

「你可以稱爲愚蠢。」邱吉爾後來寫到那次冒險，「花費我難以負擔的錢，走了上千哩，而且早上四點醒來，以爲能和一幫陌生人一起冒險犯難——完全說不上是理智之舉。」[20]儘管如此，他們參與的是真槍實彈的行動，而家鄉的軍官兄弟還在獵狐。邱吉爾在古巴得到他三十七枚獎章的第一枚，以及表揚一級軍事功績的西班牙紅十字獎，這是一枚禮遇的獎章，後來他毫不在乎違反英國陸軍部的規定，逕自佩帶在身上。[21]

邱吉爾同情古巴叛軍，雖然看在西班牙是他的東道主的份上，不能公開表達，但他用了生動的明喻，表示古巴對西班牙而言「就像握在手上的啞鈴」。[22]他表示自己在二十一歲生日當天首次聽見憤怒的槍響，其實並非實情，但是隔天十二月一日，從阿羅悠布蘭科前往雷法爾瑪（La Reforma）途中，他確實聽見了。[23]「從森林邊緣傳來一陣凌亂的子彈掃射聲，」他後來寫道，「我身邊那匹馬——不是我的，跳了起來。」[24]那匹馬的肋骨中槍，而「我忍不住想，剛才那顆射中栗色馬的子彈，距離我的頭不到一呎。總之，我當時『身處槍林彈雨』。不得了！雖然如此，這一刻起，我更加謹慎看待我們的冒險事業。」[25]他經歷超過十分鐘的猛烈槍擊，接著一天半又遭遇斷斷續續的炮火。「某些聲音飄浮在我們之間，有時像是嘆氣，有時像是口哨，有時又像被侵犯的虎頭蜂，嗡嗡低鳴。」但是當時無法採取有效的因應措施，因爲叢林根本突破不了。[26]

正是在這場戰役（如果十八天的軍事旅遊配得上這個詞彙），邱吉爾顯露素描長才，一段時間後，更發展爲繪畫這個興趣。蒙巴頓勛爵（Lord Mountbatten）後來宣稱：「他帶著三項一輩子的嗜好離開古巴——衝鋒陷陣、午睡、雪茄」，其實不是，[27]邱吉爾早就開始抽雪茄[(1)]，而且直到一九一四年才開始規律地睡午覺。然而，這趟旅行確實包括他第一次走出歐洲、第一次體驗間諜活動、第一次發表全國文章（署名「W. S. C.」），以及第一次經歷戰火洗禮。十二月十四日，再次穿越大西洋前，在紐約碼頭邊的訪問中，他對記者開玩笑，說叛軍「不是優秀的軍人，但作爲跑者，眞的很難擊倒。」[28]

在第四驃騎兵團於一八九六年九月派駐印度之前，邱吉爾過了一段他後來所謂「人生唯一遊手好閒的短暫時光」——打馬球、和母親住在一起、與資深政治人物交際，而且最近遠征印度西北邊界馬拉坎山口的指揮官，上將賓登・布勒德爵士（Sir Bindon Blood）向他承諾，如果還有機會帶隊，就會讓他參加。[29]除此之外，他做的就是一個出身名門的英格蘭上層階級青年理當從事的社交活動。「我發現自己必須行爲謹慎，」他後來這麼說，「準時、順從、含蓄；簡而言之，展現所有我天生最缺乏的特質。」[30]

邱吉爾在一八九六年八月四日寫給母親的信，明顯看出他衝勁十足。當時他在倫敦西部的豪恩斯洛（Hounslow）陸軍基地，準備前往他口中「乏味的印度土地」、「無用且無益的放逐」。[31]他不想浪費生命在班加羅爾的駐軍勤務，而且他發現第九槍騎兵可能會被派到非洲南部馬塔貝萊蘭（Matabeleland）鎮壓暴動，於是他申請以編外中尉（也就是未支薪）的身分參加；否則，「我會爲這種一輩子都會後悔的懶散感到罪惡。在南非待幾個月，我就可以獲得南非勳章，而且極有可能獲得（不列顚南非）公司的獎章。[(2)]從南非，我將快馬加鞭趕往埃及，一、兩年內再帶兩枚獎章回來，接著就會把我的劍打成鐵的公文箱②……對我宣說耐心的福音已經無用。其他青年都在加快步伐，我還有什麼機會可以趕上來。」[32]

想不到馬塔貝萊蘭很快就投降，打壞了邱吉爾的如意算盤，於是改爲隨他的團於九月十一日從南安普敦出發，開始爲期二十三天的航行，前往孟買。正當他的汽艇來到那裡的沙遜碼頭（Sassoon Dock），他伸手去抓石牆上的鐵環，此時一道五呎高的浪打下汽艇，他的右肩當場嚴重脫臼。「我立刻爬起來，」他回憶，「出於人之常情發出幾個評論，多半是英文字母開頭那幾個，抱著我的肩膀，接著馬上就不去想了。」[33]結果這次脫臼成爲一輩子的傷，意謂他打馬球時必須將上手臂固定在身上。他還是能夠擊中球，但是手臂無法往前或往後伸到最高。「犯下重大的錯誤，」他領悟到人生的哲學，「或許比做出明智的決定更有益。命與運是一個整體，沒有任何一部分能與之分離。」[34]結果這句話正中他在孟買的意外。

一八九六年十月三日，抵達位於馬德拉斯（Madras，今清奈）的軍事總部班加羅爾後，邱吉爾、巴恩斯和同袍軍官雨果・巴靈（Hugo Baring），聚集三人的資源，在一間有男僕、馬夫、管家的平房住下。這是邱吉爾第一次身處帝國，而他立刻無可救藥地愛上，內心充滿餘生都會抱持的崇敬，而且一再深刻影響他的職業。他後來稱之「英格蘭在印度從事的偉大工作，以及英格蘭的崇高任務——統治這些原始但友善的種族，增進他們與我們的福祉」，而且讚嘆不已。[35]他告訴一位朋友，雖然帝國主義有時是英國的負擔，但是「如果秉持利他主義的精神，以裨益臣民種族爲目的，則是合理。」他當然正是如此認爲。[36]在印度，約十五萬的英國人，若要維持他們的 Raj（字面意義爲「統治」③），無法不與超過三億的眾多印度人合作，而邱吉爾知道，唯有維持統治者的聲望和權力才有可能做到。「英國軍官之於當地士兵的優越地位眞是了不起。」一年後，他這麼寫道，「黑皮膚的 **sowars**（騎兵）莫名忠誠，聽從指揮他們的年輕英格蘭士兵……爲了拯救他的生命，甚至不惜犧牲自己。」[37]

當然，今日我們認識的帝國主義與殖民主義，是邪惡、剝削的概念，但根據邱吉爾的第一手經驗，他並不那麼看待英國的統治。英國人帶來印度史上首次內部和平，此外，還有鐵路、大型灌溉計畫、大眾教育、報紙、廣泛的國際貿易、標準化的換算單位、橋梁、道路、溝渠、碼頭、大學、清廉的法律制度、醫療進步、饑荒緩解調度、全國第一個通用語言——英語、電報通信；對外方面，防禦俄羅斯、法國、阿富汗、阿弗里迪（Afridi）部落與其他外來威脅；同時廢除 suttee（火葬時一併焚燒寡婦的習俗）、thugee（以宗教理由謀殺旅人）與其他惡習。對邱吉爾而言，這不是我們現在認知的邪惡、家長主義式的壓迫。相反地，他堅定並始終奉獻自己的人生，抵擋大英帝國所有敵人，無論自家或國外。貫透他的政治生涯，他將一再效忠自己的帝國理想，勝於個人的最佳利益。

「在印度，身為一位年輕中尉，」邱吉爾的一位祕書回憶他在一九四四年說過的話，「他發現自己經常不懂對話中的指涉，決定增長知識，開始把午睡後的時間用來躺在他的 charpoy（床）上閱讀。」[38] 哈羅公學畢業的他，在教育上落後一大截；因此在一八九六年冬天，他啟動極有野心的閱讀計畫，兩年內就趕上那些牛津或劍橋畢業的同輩。「我為大學生感到可惜，」他後來寫道，「當我看到他們之中許多人過著漫不經心的生活，讓珍貴的機會稍縱即逝。畢竟，一個人的人生，必須專注在思想或者專注在行動。」[39] 他自己的生命則證明，有人可以全面涵蓋兩者。

邱吉爾的閱讀計畫從愛德華・吉朋（Edward Gibbon）四千頁的《羅馬帝國衰亡史》（*The Decline and Fall of the Roman Empire*）開始。之後他還會重讀兩次，而且能夠背出某些段落。之後他又讀了吉朋的自傳，接著閱讀麥考利所著六卷《英國史》（*History of England*）及《羅馬歌謠集》。他很喜歡《英國史》，除了其中對第一代馬爾博羅公爵的批評外。[40] 然後他會閱讀班傑明・喬威特（Benjamin Jowett）翻譯的柏拉圖《理想國》（*Republic*），以及叔本華、馬爾薩斯、達爾文、亞當・斯密、亨利・哈拉姆（Henry Hallam）、薩繆爾・萊恩（Samuel Laing）、威廉・勒其（William Lecky）、侯旭弗侯爵（Marquis de Rochefort）等衆多作者的作品，唯獨不讀小說。他閱讀的材料廣泛得令人驚訝，增添許多方面以外，極大的知識自信。一個朋友回憶曾經借給他威爾頓博士翻譯的亞里斯多德《倫理學》（*Ethics*）。「那是一本好書，」他說，「但裡面很多部分，我已經自己想出來了，眞了不起。」[41] 邱吉爾告訴母親，希望閱讀能夠爲他建立「合乎邏輯、連貫的觀點」。[42] 她則是回覆，他的銀行有張十一英鎊的支票跳票，儘管如此，她會付錢。邱吉爾的自主學習意謂他的知識難免會有缺口。晚至一九〇六年，他都沒聽過濟慈的〈夜鶯頌〉（Ode to a Nightingale），而且他將詩人威廉・布雷克（William Blake）和海軍上將羅伯特・布雷克（Robert Blake）搞混。但一旦有人提醒他，誠如一位朋友記錄，「下次我遇見他，他不只已經知道這首，還把濟慈所有的頌詩牢記，並且從頭到尾背給我聽，我連插入一個音節的機會都沒有！」[43]

邱吉爾也在班加羅爾花費大把時間學習政治學。他請母親盡可能寄很多政治年鑑《年度大事記》（*The Annual Register*）④給他，這些年鑑現今收藏在劍橋大學的檔案庫，包含他廣泛的注釋，顯示他如何自學政治學。他挑選了迪斯雷利在一八七四年至一八八〇年間首相任期的年鑑，仔細閱讀，在空白處注解，偶爾標記帝國主義、外交政策、保守黨社會改革時程等重點。一八七四年、一八七五年、一八七六年這三卷，涵蓋他出生與嬰兒時期國會所有立法辯論，他甚至想像，如果自己已從政會如何演說，並將講稿寫下貼進書裡。[44]《蘇格蘭教會任命權法案》、《捐資學校修正法案》、《司法組織法修正法案》：邱吉爾深思熟慮的回應全都非常清晰。以一八七三年至一八七四年的印度饑荒爲例，他想像自己支持當時的印度總督諾斯布魯克勛爵（Lord Northbrook），不停止穀物出口：「我很驚訝竟然會出現這樣的禁止建議。我早該想到，因饑荒造成的穀物高價，不需任何法律，就會立刻吸引穀物。我反對政府干預任何私人貿易。」[45]邱吉爾甚至批評《年度大事記》的語言。《年度大事記》將一則格萊斯頓的論述比作「平靜的天堂降下雷電」，他在頁邊寫著：「何不用晴天霹靂？」[46]一八七四年的《年度大事記》可見鉛筆強調的記號，有時重要段落的記號多達五劃，例如迪斯雷利攻擊索茲伯里是「嘲弄、藐視、輕蔑的絕頂高手」，以及關於他祖父馬爾博羅公爵的部分。[47]

一八七五年的《年度大事記》中，提倡社會改革的內政大臣（Home Secretary）R・A・克羅斯（R. A. Cross）的演講出現注記，提倡船身應該畫上夏季載重線的議員薩繆爾・普利姆索（Samuel Plimsoll）的演講也是。普利姆索告訴議長「我會揭露那些將勇敢的男人送去赴死的惡棍」，以及「我永遠不會退縮；我會揭發他們全體」。[48]邱吉爾的意見是：「我無法想像比『普利姆索線』更好或更光榮的儀式，能夠紀念致力於人類種族福祉的高貴生命。」[49]透過戲劇性的國會活動，政治的魅力在他自己勤勉閱讀時，反覆輸入他的腦袋。

對於外交政策，邱吉爾在一篇題爲〈緩衝國家的概念〉（the Buffer State idea）的文章加注，該篇文章主張英國與俄羅斯兩大帝國之間以數個國家分隔。[50]迪斯雷利表達「堅決維護我們的大英帝國」的野心，而邱吉爾在旁邊注記贊同，同時，自由黨的羅伯特・洛（Robert Lowe）質問英國有什麼權利統治印度，這段被畫叉，並直接在頁面寫上「最邪惡的演說，W. S. C.」。

身爲政治思考的新手，從他貼在這幾卷的筆記可以看出敏銳的洞見。「進步是人類種族的原則。」他在一八七七年那卷，關於擴大特許權到工人階級的提案上寫道。[51]關於《工匠居住法》，根據這項法令，貧民窟將由政府強制收購重建，邱吉爾問：「誰不會幫忙鄰居滅火？慈善機構或同情都不會刺激政府有所作爲，必定是由社區的整體利益引導。」[52]他支持死刑，因爲「在這個不完美的世界，必須從事許多困難且野蠻的事」。他相信死刑的嚇阻作用。「因爲希望的門徹底關上。」儘管如此，他還是承認，「用機器裝置冷血殺人，對人類種族而言實爲恐怖。」[53]

在一八八〇年那卷，他注意到父親針對愛爾蘭土地問題，被描述爲「極端的獨立行動者」，以「諷刺的話語」，加入「激烈的討論」，並以「切中要害的演說」，表達對某項法案「不甚情願地支持」。[54]在一八八二年那卷，他在一八八一年第一次波耳戰爭之前波耳人抱怨英國的頁面到處注記，而且在約瑟夫・張伯倫演說的空白處劃上許多標記；而在一八八五年那卷，他注意到，保守黨的《工人階級住房法案》與《醫療救濟法案》已經「出現新托利主義（new Toryism）對國家社會主義的偏見」。[55]

邱吉爾在父親過世不久後就發現，社會改革不是自由黨的專利，而是可以藉由他所謂「托利民主」挪用。[56]爲了達到目的，他支持大幅提高所得稅，窮者免稅，非勞動收入的稅率高於勞動收入。他的信念並非完全承襲自父親，部分還來自研讀近代政治歷史。

未來典型的邱吉爾式幽默，在這裡也偶爾可見。提議讓維多利亞女王成爲印度女皇的《皇室頭銜法案》在一八七五年遭到抨擊，理由是只有「愛好新奇與誇張頭銜的人」才會喜歡。邱吉爾讀了之後，寫下「我必須和那些『愛好誇張頭銜』的人站在同一邊，畢竟不誇張的頭銜也不值得擁有……如果被稱爲『無足輕重的您』或『極其骯髒的您』，聽了也不會滿意。」[57]關於女性投票的議題，年輕的邱吉爾是個十足的沙文主義者，主張「只有最沒有人要的女人才會渴望投票的權利」，以及「履行國家義務的女人，也就是結婚生子，她們的丈夫適切地代表她們，」因此「我堅持反對這場荒謬的運動。」部分是因為「如果你讓女人投票，最後你必須允許女人當上國會議員，之後不可避免「將所有權力交到她們手上」。[58]他後來的觀點不是這樣，而且眾所皆知他娶了一個支持女性參政的女人。但是，在女性投票權成為政治議題的十年前，一個維多利亞時代的貴族軍官如果抱持不同的觀點，將會非常驚人。

那幾卷《年度大事記》已經告訴我們，他心目中的英雄，是作家與道德主義者吉朋、政治家與演說家迪斯雷利，以及演講內容極多標記的倫道夫勛爵。另外一位對邱吉爾產生強大影響的人，好壞皆有，是查爾斯・達爾文。如同許多與邱吉爾同時代的人，他也把達爾文思想的言外之意擴大到人類範疇，繼而相信不同種族的進化速度不同，如同一千年來的動物與植物。他與社會達爾文主義者的根本差異是，他相信較強及較「進步」的種族（他將盎格魯－撒克遜人與猶太人納入其中），對於他認為較弱及較不進步的種族，在比例上要負擔更多的道德責任，這點符合他強烈的貴族義務意識與他的托利民主原則。

邱吉爾與當時其他帝國主義者不同，所謂統治者對於被統治者的道德責任，他的想法跟基督宗教幾乎沒有關係。雖然他老的時候，偶爾確實暗示自己相信上帝存在（上帝主要的義務似乎一直是保護邱吉爾），但是他不承認耶穌基督的神性。他說過的五百萬字演講中，從未出現「耶穌」（Jesus），只說過一次「基督」（Christ），而且脈絡不是承認他為救世主。他的宗教觀點受到吉朋的著作，以及溫伍德・瑞亞德（Winwood Reade）在一八七二年出版的《人類的殉道》（*Martyrdom of Man*）影響，其中主張本質上所有宗教相同。

邱吉爾確實有一套信念體系，習得的地點令人意外，是在班加羅爾第四驃騎兵的軍官食堂。「在軍團裡，我們有時會辯論『此生結束之後，我們是否應該再次活在另一個世界？』以及『我們從前是否曾經活過？』……」他在《我的早年生活》當中回憶，「大家普遍同意，如果你盡力過著正直的人生，善盡義務，對朋友忠誠，不欺壓窮者與弱者，你相信什麼或不相信什麼便不重要。我想現在這個叫做『健康心態的宗教』。」[59] 這種想法被視爲吉朋式自然神論的一種形式，而且當然不是基督宗教。[60]

雖然邱吉爾並不信仰任何已知的宗教，但是如同那個時代幾乎所有的保守黨政治人物，他一輩子都是名義上的英國聖公會教徒，而且他在二戰的演說經常提及上帝。[61] 但是就像他在一九五〇年代告訴私人祕書，「我不是教會的支柱，而是扶壁。我支持教會——從外面。」[62] 他當然不反對別人信仰基督宗教（或任何宗教），而且他完全承認耶穌基督是史上最佳的道德家，但他自己的核心信仰是不同的一種。一位敏銳的傳記家寫道：「邱吉爾極力強調英國與大英帝國的教化任務，取代歷史進程中的世俗信仰。」[63] 他的人生中，許多重要決定都憑藉這個信念：英國與大英帝國不只是政治實體，也是精神實體；帝國主義實際上就是宗教的替代品。絕大部分透過廣泛閱讀麥考利與輝格黨的歷史學家，他吸收歷史進程的理論，將採用《大憲章》、《權利法案》、《美國憲法》、國會組織的英語民族置於文明發展的頂端。這些優勢緩慢且謹慎地散布到他們在世界上統治的其他地區。因此，基督宗教信仰缺席的情況下，大英帝國某方面成爲邱吉爾的信仰。

邱吉爾在班加羅爾的生活除了自學、閱讀政治、探索精神層面之外，也常打馬球。第四驃騎兵抵達後不到兩個月，他們就在海德拉巴（Hyderabad）贏得有名的戈康達盃，他們的目標是贏得團際盃，這是過去從來沒有南印的騎兵團成功辦到的事。他也蒐集蝴蝶，「我的花園到處都是紫閃蛺蝶、白蛺蝶、燕尾蝶，以及許多美麗罕見的昆蟲。」他這麼告訴傑克，但之後他的蒐集就被老鼠吃了。

一八九六年十一月三日，邱吉爾在瑟昆德拉巴德（Secunderabad）遇見二十二歲的帕蜜拉・普洛登（Pamela Plowden），她是前國會議員暨資深印度文官崔佛・奇切萊・普洛登爵士（Sir Trevor Chichele Plowden）的女兒。「我必須說她是我見過最美的女孩。」邱吉爾隔天寫信告訴母親，「我們打算騎著大象一起去逛海德拉巴的市區。」[64]這段戀情持續至一八九九年八月，儘管還有其他貴族也在追求她，但邱吉爾覺得能夠告訴母親「她愛我」。[65]然而，他沒錢結婚，而且雖然和普洛登私下說好訂婚，傑克發現至少還有其他三個男人認爲自己也是。[66]

一九三〇年代辯論印度自治時，常有人說邱吉爾並未真正認識印度。雖然那時候他已經三十年沒去印度，但在那裡時，確實四處遊歷。他寄信的地方包括班加羅爾、上斯瓦特河谷（Upper Swat Valley）、浦納（Poona）、德干高原的特木雷里（Trimulgherry）、馬蒙德谷（Mamund Valley）、瑟奧尼（Seoni）、昆地（Guindy）、東得（Dhond）、伊塔西（Itarsi）、納瓦蓋（Nawagai）、安巴拉（Umbala）、伊納亞特基拉（Inayat Kila）、巴焦爾（Bajaur）、海德拉巴、來楚爾（Raichur）、米拉特（Meerut）、白沙瓦（Peshawar）、巴拉谷（Bara Valley）、孟買、烏塔卡蒙德（Ootacamund）、馬德拉斯、久德浦（Jodhpur）、加爾各答。「你可以雙手提起炎熱，」他寫到印度炎熱的季節，「就像背包坐在你的肩膀，就像惡夢躺在你的頭上。」[67]

邱吉爾也在印度學會喝酒（多半是威士忌，加入很多氣泡水），特別學會如何不酒醉。整個人生中他都樂於表示自己酗酒，但更值得注意的是很少有人看過他喝醉。（整個二戰期間只有一次，戰爭的壓力與折磨太大。）「我的成長過程和教育要自己極度鄙視醉酒的人，除了非常例外的場合與週年紀念。」[68]儘管後來的納粹政治宣傳與他對自己飲酒開的玩笑，但邱吉爾的酒量極佳，甚少影響他的判斷。「一杯香檳帶來幸福的感覺。」他後來寫道，「神經受激勵；想像力被愉悅地撩起；心智變得靈活。一瓶產生的效果則相反。過多導致知覺昏沉。戰爭也是，而兩者的品質最好透過啜飲探索。」[69]最有力的證據就是邱吉爾愛酒，不斷啜飲，然而身體強壯，幾乎不受酒精影響。

意外繼續降臨在他身上。三月，他從馬上跌落硬地，傷到左肩，但是他把手腕固定在腰際，繼續打馬球。下一個月，一枚啞彈在他的手上留下碎片。到了五月，他累積三個月的假，搭船回去英格蘭。他很想離開，描述印度是「勢利鬼與討厭鬼待的無神之地」。[70]搭船回家途中，除了一陣陣「恐怖」的暈船以外，他結識上校伊恩・漢密爾頓（Ian Hamilton）。漢密爾頓當時在印度負責訓練步槍射擊，曾經去過龐貝和羅馬（幸運的是，一九四四年他不贊成轟炸羅馬）。[71]

一八九七年七月二十六日，邱吉爾在巴斯（Bath）附近的克拉弗頓宕（Claverton Down），對著約一百名櫻草花聯盟成員首次公開演講。簡短提及上個月維多利亞女王即位六十週年紀念後，他說起《工人賠償法案》。「比起乾涸的激進主義，英國工人更能將希望寄託在崛起的托利民主。」他充滿魅力地說。[72]眾人報以笑聲與喝采，接著他開了幾個激進派與自由派的玩笑，以帝國作爲演講總結：

有些人說，在六十週年這一年，我們的帝國已經到達光榮與權力的顛峰，而現在我們開始衰退，如同巴比倫、迦太基、羅馬。莫相信那些呱呱叫的人，但要以我們的行動證明那些人鄙視的牢騷純屬胡言，我們民族的精力與活力未受損害，我們決心捍衛我們作為英國人自父輩那裡繼承的帝國，我們的旗幟將在海上飄揚，我們的聲音將在歐洲各國鳴放，我們的主權受到臣民愛戴，因此我們應該繼續追求全知的手為我們指出的道路，實現我們承擔和平、文明與良善治理，直至地球盡頭的任務。[73]

這是維多利亞晚期典型的好戰帝國主義宣言。邱吉爾在《我的早年生活》回憶，「我故意停下來等待觀眾，此時他們全都如我預期熱烈地歡呼，其他我沒預料的地方甚至也是。最後他們大聲拍手，持續很久。所以我成功了！」[74] 保守黨支持的《早報》(*Morning Post*) 也派了一位記者，並發表一篇短文，宣布政治舞臺迎來一位新人，雖然《東部晨間新聞》(*Eastern Morning News*) 不以爲然地說「政治天賦並未世襲」。事實上，邱吉爾反而比父親更具政治天賦。克拉弗頓宕的演說賦予他信心，只要練習，就能精於公衆演說。

一八九五年八月，索茲伯里勛爵再次當選，爲了保護帝國，他採取「向前」政策，一旦邊界受到威脅，就主動防衛。邱吉爾很快就位居在「地球盡頭」爲帝國執行任務的職位。一八九七年八月，他聽說帕坦人 (Panthan) 在西北邊界暴動，賓登・布勒德爵士奉命指揮由三個旅組成的馬拉坎野戰軍 (Malakand Field Force，簡稱ＭＦＦ)。雖然第四驃騎兵並不在內，他立刻要求布勒德給他一個位置，但得到的回答只是：「非常困難，沒有空位，以記者的身分過來，我試著安插你進去。」[75] 所以邱吉爾向他的團請了六週假，五天內搭著火車，在酷暑之中旅行兩千哩，從班加羅爾到ＭＭＦ的鐵路分發站瑙雪拉 (Nowshera) 報到。他買了一匹灰馬（其實就是白色的馬），這是有意識的自我宣傳，也可能是自殺之舉。「我想得到體魄勇猛的名聲，這個野心大過世上一切。」他告訴母親。她幫他和《每日電訊報》(*Daily Telegraph*) 要到一份合約，每篇專文給他五英鎊。[76]儘管如此，他首先還是一名軍人，穿著第四驃騎兵的制服，而後才是新聞記者。

一八九七年九月十六日，一萬兩千名馬拉坎野戰軍進入馬蒙德谷。那是一次懲罰性遠征，他們燒掉敵人的作物、砍倒樹木、塡井、摧毀水庫、剷平村莊，爲英國控制的地區反覆遭到襲擊而報復。「當然，那是殘酷又野蠻的，」邱吉爾寫道，「如同戰爭的其他一切，但是只有非哲學的思想會認爲取走人的性命合理，摧毀他的財產不合理。」[77]部落的人偶爾也會發動致命的突襲，而且被俘意謂被虐待至死。邱吉爾個人反對那次遠征，但不是基於人道立場。他喜歡也崇拜布勒德，但是他把這件事情怪到索茲伯里勛爵的帝國「向前」政策。「財政上是災難，道德上是邪惡。」他告訴母親，「軍事上無解，而政治上是愚蠢的錯誤，但我們現在無法停下。」[78]

邱吉爾英勇奮戰，在報導中被描述爲懷抱「勇氣與決心」，並且「在關鍵時刻派上用場」，但他並沒有得到想要的英勇勳章。[79]「我沿著散兵線騎著我的灰馬，那裡的人都趴在掩護底下。」他對母親吹噓，「也許很笨，但我孤注一擲，這並非出自於膽量或高尚。若沒有觀衆，事情就會不同。」[80]幾年後，他對那次遠征有了更宿命論的看法。「他們想對我們開槍，我們想對他們開槍。所以很多人被殺了，而我們這邊，帝國政府必須給他們的遺孀養老金，其他人傷得很重，下半輩子都只能單腳跳，對那些沒有被殺或受傷的人，則眞是刺激極了，再快活不過。」[81]當時對他而言較不快活的是，他的朋友，皇家西肯特團上尉威廉・布朗－克雷頓（William Browne-Clayton）死了，「眞的就是支離破碎在擔架上」——他告訴母親。「我必須要說，這是我少數哭出來的時候。」他寫道。[82]事實上，晚年的邱吉爾很容易就落淚。

十月回到班加羅爾後，邱吉爾開始寫作第一本書——《馬拉坎野戰軍的故事：邊界戰爭》（*The Story of*

the Malakand Field Force: An Episode of Frontier War），但是他發現，在《每日電訊報》的文章刊登的不是他的姓名，而是「一位年輕軍官」。他爲此盛怒，氣急敗壞地向母親抱怨，那些文章寫作的意圖是「在選民面前呈現我的性格。我原本希望能夠增加某些政治優勢」。[83]他的母親回覆，陸軍軍官寫新聞文章「非常不尋常，而且可能會讓你惹上麻煩」。[84]「如果我避開去做『不尋常』的事，很難看出還有什麼能夠脫穎而出的機會。」他回信道，「我以那些文章爲傲，迫不及待要把我的聲譽標記在上面。」對年輕的邱吉爾而言，害怕成爲一般人的心情幾乎變成恐懼，如果他打算得到國會選區選民支持，就急需被視爲卓越的人。當時的政治團體擁有自主權，能夠決定誰來代表他們，而且有錢的保守黨候選人若承諾貢獻資金，就會比他多出一項優勢。

一八九七年十一月，二十三歲的邱吉爾寫了一篇文章，題爲〈修辭的鷹架〉（The Scaffolding of Rhetoric）。雖然目前爲止，他只發表過兩次演講，其中一次還是在戲院後面對著半暴動的好色之徒和娼妓，仍然可以看出他已完全掌握公眾演說的理論，只差實際演練。此時年輕寫的許多東西，在他的人生將一再證明爲眞。

所有賦予人類的才華中，沒有如同演說的天賦如此珍貴。享受這個天賦的人擁有比偉大國王更長久的威力，他是世上獨立的力量。儘管被政黨拋棄、被朋友背叛、被剝奪職位，任何控制這股力量的人依然令人生畏……槁木死灰的公民，即使受到單調生活中的犬儒主義保護，亦無法抵抗其強大的影響。從毫無反應的沉默，他們逐漸表達肯定，接著完全同意演說者。歡呼愈來愈大聲、愈來愈頻繁；熱忱瞬間增加；直到他們受到情緒拉扯而無法自已，受到熱情撼動而順從指示……看來所有優秀的英語演說都有共同特徵……修辭的威力不完全來自贈與，也不完全來自學習，而是來自培養。演說者特異的性情與才華必須與生俱來，藉由練習推進他們成長。演說者是真實的。修辭部分是人造的……演說者是大量熱情的化身……在他能感動他人的淚水前，必須先流下自己的。為了說服他們，他自己必須相信。他可能時常矛盾。他永遠不會刻意虛偽。[85]

沒有人比邱吉爾更適合這段話。

「有時候，稍微但不至於反感的結巴或停頓，可以幫助集中聽眾的注意力。」邱吉爾在文章這麼寫，「但通常清楚響亮的聲音能夠表達思想。」從小他就把「s」發成「sh」。他曾接受皇室醫師菲利斯・瑟蒙爵士 (Sir Felix Semon) 治療。瑟蒙告訴他，他的嘴巴或舌頭並無器官上的缺失，因此唯有努力練習才能痊癒，因此他不斷重複「我看 (see) 不見西班牙 (Spanish) 的船 (ships)，因爲他們不在視線 (sight) 內」。[86] 一九〇五年，他要瑟蒙剪掉一條他認爲無用的舌頭韌帶，幸好醫生拒絕。[87] 之後多年，他發出「s」時的齒擦音相當明顯；晚至一九一三年，一位國會大廳記者寫道：「光是那個發音的問題就會拖累多數人，但是邱吉爾的心智與舉止散發強大能量，讓你忘記那件事。」[88] 如同他的文章表示，邱吉爾知道那個問題，但不認爲那會阻礙政治生涯。

邱吉爾相信偉大的演說有五項「要素」。首先是「準確評估單詞」，即「連續使用最佳的可能單詞」。他舉例，以「陰沉」(dour) 描述蘇格蘭人。他相信應該使用「簡短、家常的單詞，針對一般用法」。雖然單詞應該簡短，但語句只要內在具備韻律，就不需簡短。演說的第二項要素是聲音。他寫道，「聲音對人類大腦的影響衆所皆知。」「當演說者訴諸技巧時，他的語句就會拉長、高低起伏、鏗鏘洪亮。片語特殊的平衡產生一種節奏，反而比較像無韻詩，而非散文。」[89]他提到無韻詩，反映出他對莎士比亞終身的熱愛。莎翁作品深深影響他的演說、寫作風格與英國優越主義的意識，也影響他後來以無韻詩形式書寫演說筆記。（他也戲謔地寫出仿莎士比亞的語句，常常愚弄那些比他不熟莎翁戲劇的人。）

演說的第三項要素是逐漸堆砌論證。「連續代入數起事實，全都指向一個共同方向。」他寫道，「觀衆預期結論，而最後幾個單詞就會落在如雷般的贊同聲中。」[90]第四項是使用類比，可以「將確立的眞理翻譯成簡單語言」。關於這點，他以索茲伯里勛爵和麥考利的演說爲例，以及父親曾在致詞時說，「我們在印度的治理，可以說是一張攤開的油紙，將風雨阻絕在深遠的仁慈之海之外。」[91]邱吉爾在演說中不斷使用類比，看似自然，但卻如同他的文章所示，全部都是深思熟慮的藝術技巧。

「語言無限的鋪張傾向，多半在結尾部分明顯可見——張狂的鋪張程度，理性也爲之畏縮。」邱吉爾寫到第五項也是最後的要素。「講者和聽者的情緒都被撩起，而且必定要有某些語句代表他們全體的感受。通常是他們支持的原則，化爲某種極端形式……如此的鋪張，效果在政治鬥爭非常巨大，經常變成政黨的口號與民族團體的信念。」[92]他引用老威廉・皮特（William Pitt the Elder）與偉大的美國演說家威廉・詹寧斯・布萊恩（William Jennings Bryan），主張演說家「無法抗拒以極端形式表達意見，或將他的論證帶向高峰的欲望」。[93]

放眼他的政治生涯，邱吉爾常被批評演講用詞極端誇大。幾乎無人知道這完全是刻意，是他演說技巧的重要部分。這些「鋪張」——他用的術語——的設計，用意在於爲他贏得名聲與關注，並讓他持續處在辯論的焦點，但這也導致他惹上爭議，招來懷疑。等到二戰逼近，希特勒完全崛起時，他採用的誇大方式終獲證實有用，但數十年來，他都用在不同、次要的議題。

他也喜歡刻意使用過時的單詞。一八九八年，他寫給母親的信件結尾是「在我引您勞累之前（ere）止筆……拜別（Adieu）」，這樣的文字連在維多利亞時代晚期都算古文。時代錯亂的字彙在他戰爭時期的演講往往效果卓越，例如敵人一詞，他用「foe」而不用「enemy」，以及像「伊昔」（as in the olden time）這樣的片語。

幸好〈修辭的鷹架〉一文從未發表，否則將有損他未來的演說。令人訝異的是，他最了不起的二戰演說紛紛符合這篇論文的五項要素，而且這是四十年前的論文。選擇適當單詞、悉心組織語句、逐漸累積論證、利用類比、安排鋪張時機——這是他的年代最偉大演說者的五個修辭鷹架。邱吉爾以吉朋式句子結束文章：「修辭的學生也許會執著於一種希望，天性最終會敗給觀察和毅力，這才是通往人心的關鍵。」[94]

這時候邱吉爾寫給母親與其他人的信常常出現一種意識，他已經開始爲後代書寫。「我親愛的媽媽，子彈對一位哲學家而言不値得考慮。」一八九七年聖誕節前夕，他從班加羅爾寫信告訴她，「而且我極爲自負，我不相信諸神會爲了這麼平淡的結尾，創造像我這麼有影響力的人類。總而言之，那不要緊……名聲——被嘲笑也好，被誇大也好，被不齒也好——依舊是地球上最好的東西。」[95] 如同邱吉爾信件常見風格，重要的是記得他至少一半在開玩笑；詆毀他的人經常忽視一個事實，許多他說的話，用意是引人注目和逗人開心，不是眞的意謂表面的意思。然而他的虛榮總會帶點自我調侃，才會顯得有趣。如同他在另一封給母親的信上寫道：「當然，我對自己有信心——您早就知道了。」[96]

「我應終身致力保存這個偉大的帝國，努力維持英格蘭民族之進步。」在一八九七年十二月同一封信中，他寫道，「任何人都不能說，個人安全那種膚淺的考量會經影響我。我相當瞭解自己，不會忽視我的性格當中庸俗與悲傷的面向，但若有一種情況，我對自己不感到慚愧，就是在這個方面。」[97]這邊的「膚淺」指得是戰爭中的膽怯。

一八九八年一月，邱吉爾在加爾各答休十天的聖誕假期，他住在印度總督額爾金伯爵（Earl of Elgin）那裡，並利用時間遊說取得一項職位，加入西北邊界第拉谷（Tirah Valley）的新遠征。他想方設法，甚至拉攏總指揮官。伊恩・漢密爾頓和遠征指揮官的副官艾爾默・哈爾達（Aylmer Haldane）幫了他大忙，然而令邱吉爾失望的是，遠征最終以與部落和談告終，於是也沒有《第拉越野戰的故事》。「這是一個競爭激烈的時代，而我們必須盡全力推擠。」[98]同時代的人開始認爲他是盛氣淩人的自我宣傳者，也是獎章獵人，或許不令人意外。「我常看見一個第四驃騎兵的陸軍中尉，面帶稚氣，一頭金髮，大放厥詞。」上尉休伯特・高福（Hubert Gough）回憶：

> 是溫斯頓・邱吉爾。他才剛從白沙瓦北邊的戰鬥歸來……他時常在戰火前發表評論，而且他會信心滿滿，為了作戰行動教訓所有人……出身第十六槍騎兵的我，完全不贊成這種多少自以為是的態度。這種風格在我們的食堂絕不可能會被容忍，但在白沙瓦槍炮射手的食堂，很多聚集在那裡的上將或任何人都不打算阻止他。我曾想過那些上將怎麼能夠忍受，但就連那個時候，我也隱約感覺，他們挺怕他和他的筆。[99]

高福和其他軍隊裡面貶低邱吉爾的人，不欣賞他總是衝進有致命危險的地方，而非離得遠遠的。

一月下旬，邱吉爾因爲麻煩的金錢問題回到班加羅爾。珍妮爲了重整資金，想要貸款一萬七千英鎊（約今日一百七十萬英鎊），而這件事情需要邱吉爾同意（傑克尚未成年），因爲倫道夫勛爵的信託不會擔保。「老實說這件事情，」邱吉爾告訴她，「我們，我和您，都一樣欠缺考慮——揮霍無度、奢侈浪費。我們兩人都善於鑑賞，而且都喜歡擁有它們。付錢的事以後再說……這件事情的問題是，我們窮得要命。」[100]儘管如此他還是在文件上簽字，並寫了一封心灰意冷的信給傑克，說：「我這輩子唯一擔心的事就是錢。」[101]

三月十五日，《馬拉坎野戰軍的故事》出版，大獲好評，也爲作者賺到相當兩年薪水的錢。邱吉爾的姨丈莫爾頓・弗勒溫（Moreton Frewen）幫這本書校勘，想不到校得一塌糊塗，之後邱吉爾幫他取了「莫毀人」（Mortal Ruin）的綽號，但儘管如此，該書的奧古斯都風格包含許多邱吉爾式的機智格言與推論，例如「勇氣不止普遍，而且四海皆是」、「引發人與人之間相殺的每個影響、每個動機，驅動這些山地人背叛並做出暴行」、「最好製造新聞，而非接收新聞；當個演員，不當評論」、「人生之中沒有比被槍瞄準但沒射中更刺激的事」。[102]

該書不僅涵蓋馬拉坎戰役的戰術，邱吉爾還論述更廣大的策略，以及大英帝國在今日阿富汗與巴基斯坦邊界的敵人特性。他批評英國將領的指揮能力，雖然不是批評賓登・布勒德。「逃避所有『衝撞』的將領，」他寫道，「從未早上就開始尋求交戰，也沒有任何明確意圖的將領，不想要英雄成就的將領，老是看著手錶的將領，不會有死傷，也不會有光榮。」[103]他也強烈批評塔利人（Talibs），現代的塔利班（Taliban）就是來自這個部落。他寫道，他們「就和任何人道邊緣的種族一樣墮落：像老虎一樣凶猛，但是較不俐落；一樣危險，但沒那麼高雅」。[104]他相信，由於他們堅持嚴格形式的伊斯蘭教義，阿富汗人民

「身陷悲慘的迷信」。[105]他認爲，「最重要的是，他們以刀劍創立並宣傳自己的宗教……因而激發野蠻與殘忍的狂熱主義。」[106]他進一步表示，伊斯蘭教——

> 增加不容異議導致的憤怒，而非減少。起初藉由刀劍宣傳，而且從此之後，其信徒就一直受制於這種瘋狂的形式，勝過其他宗教的人民。耐心的苦工、物質的繁榮、死亡的畏懼，立刻就被扔到一邊。情緒更激動的帕坦人無法抵抗。所有理性考量都忘了。他們抓住武器，變成加齊（Ghazis，反異教徒的狂熱分子），和瘋狗一樣危險敏感：如此對待他們只是剛好。

「文明與好鬥的穆罕默德教對立。」他總結道，「進步的力量與保守衝撞。血與戰爭的宗教與和平的宗教面對面。幸運的是和平的宗教武器更好。」[107]在西北邊界，而且很快又在蘇丹，邱吉爾近距離看見伊斯蘭基本教義派。這種狂熱的形式有許多主要特色：完全不饒人、藐視基督宗教、反對自由的西方價值、沉迷暴力、要求全然忠誠等，和他在四十年後遇到的政治狂熱主義不是沒有相似之處。一九三〇年代三位英國首相——拉姆齊・麥克唐納（Ramsay MacDonald）、斯坦利・鮑德溫（Stanley Baldwin）、內維爾・張伯倫（Neville Chamberlain）——個人的人生從未接觸這樣的極端主義，因此不幸地很晚才辨識出納粹意識形態的本質。邱吉爾年輕時就對抗過狂熱主義，因此比其他人更早發現其顯著的特徵。

距離印度遙遠的地方，大英帝國與伊斯蘭勢力的衝突正在醞釀，而且無法透過談判平息。阿卜杜拉・奧塔什（Abdullah al-Taashi），即哈里發，統治的馬赫迪帝國（Mahdist Empire），一八九八年巔峰期間涵蓋蘇丹與南蘇丹，以及部分衣索比亞與厄利垂亞。前任統治者穆罕默德・艾哈邁德（Muhammad Ahmad，「馬赫迪」〔Mahdi〕）占領喀土穆並殺了英國名將查理・戈登（Charles Gordon）。整整十三年後，索茲伯里勛爵的政府終於準備派遣英埃遠征隊，由陸軍少將赫伯特・基奇納（Herbert Kitchener）指揮，展開報復，並且保護英國控制的埃及南部。

邱吉爾非常渴望參加即將發生的蘇丹之戰。「往這方面加倍努力，」他指示母親，「這件事情將深深影響我未來的計畫。」[108]他對母親可能有些嚴苛，他的母親花費很多力氣拉拔他的職業，交涉他的合約，但她死後，他承認「爲了我的利益，她沒有哪條線不拉、哪顆石頭不翻、哪塊肉不煮」。[109]他的才華與野心終於獲得她的青睞，激發她的母親本能。他們的問題就是基奇納與基奇納的副官道格拉斯・黑格，他們完全反對遠征帶著新聞記者，尤其是邱吉爾這樣囂張又高調的人，而且以用筆批評將領聞名。[110]邱吉爾後來寫道：「這種情況是還沒見面就討厭。」[111]然而，這個決定不完全是基於私人理由。基奇納告訴《泰晤士報》（*The Times*）的記者，邱吉爾完全沒有待在軍隊的意圖，「只是想討便宜」，意謂他不應該去「攸關別人前途的地方」。[112]

邱吉爾休假回到英國，收到索茲伯里勛爵的機要祕書來信，要他赴外交部的首相辦公室拜訪首相。「他在門口接見我，」邱吉爾後來回憶，「然後親切地歡迎我，向我致意，引導我坐在大房間中央的一座小沙發。」[113]索茲伯里曾經一夕之間摧毀倫道夫勛爵的政治生涯，但他說想幫助他的兒子。這可能只是客套話，但邱吉爾立刻和他商洽。[114]索茲伯里寫信給在埃及的高級專員克羅默勛爵（Lord Cromer），要他代邱吉爾寫信給基奇納，但基奇納還是不願意。最終透過一位家族朋友的妻子哲內夫人（Lady Jeune），她剛好是副官長義弗林・伍德（Evelyn Wood）的朋友，邱吉爾終於得到第二十一槍騎兵編外中尉的職位，而且因爲有位

P·查普曼（P. Chapman）中尉去世，所以才有空缺。基奇納的英埃軍隊中，這是唯一的英國騎兵團。

邱吉爾奉命儘速前往開羅的團司令部。「請注意，你將自費前往，」陸軍部的信件表示，「過程當中，若在即將發生的行動裡，或因任何理由，遭到殺害或受傷，英國陸軍不負任何賠償責任。」[115] 邱吉爾透過他的朋友──《早報》的少東奧利佛·博斯維克（Oliver Borthwick）安排，得到每篇專文十五英鎊的合約，是馬拉坎時期的三倍。六天之內他就抵達開羅，半途從馬賽搭上不定期船，以免遇到印度軍隊，因為他跟印度軍隊多請了幾天假。抵達埃及之後，他馬上判斷，自己可不能輕易就被召回。

作者注

(1) 他認為香菸是「糟糕透頂的東西」，雖然偶爾為土耳其香菸破例。（Murray, *Bodyguard* p. 87）

(2) 他得到南非勳章，但沒得到公司獎章。

譯者注

① 黑格曾任一次大戰英國遠征軍的指揮官、本土部隊總指揮官，官拜陸軍元帥。

② 在此公文箱（dispatch box）特指下議院議事廳桌上的公文箱，鄰近重要的前座議員，因此暗示邱吉爾從政的計畫。

③ Raj 在印地語和烏爾都語中，是「王國」意涵。英國在印度次大陸建立起的殖民統治區，稱為英屬印度，英文寫作 British India 或 British Raj。

④ 從一七五八年迄今，由埃德蒙·伯克（Edmund Burke）開始編輯，每年蒐集世界各地重大事件的完整紀錄。

3 從恩圖曼，經普里托利亞到奧丹 1898／8—1900／10

你要在世界嶄露頭角？……其他人找樂子時，你必須工作。你渴望勇敢之名？必須賭上你的性命。——邱吉爾，《薩伏羅拉》(*Savrola*)[1]

壯觀的場景。我因此流淚，心臟狂跳。粗糙骯髒的軍隊曬得黝黑，硬如鋼鐵；制服體面的防守方臉色蒼白。——邱吉爾致喬治・利代爾爵士（Sir George Riddell）論英國軍隊進入拉迪史密斯（Ladysmith）[2]

一八九八年八月二日，邱吉爾已經穿著他的卡其制服、綁腿、斜肩皮帶，佩帶左輪手槍、望遠鏡，在開羅的阿巴西亞（Abbassia）營區行軍。他從那裡搭乘特意為作戰興建的鐵路，橫越四百哩沙漠，沿途經過路克索（Luxor）、亞斯旺（Aswan）、菲萊神廟（Temple of Philae）、瓦迪哈勒法（Wadi Halfa），前往基奇納位於喀土穆（Khartoum）的司令部。兩週後，他已經在喀土穆，也就是「浩瀚的阿特巴拉河與浩瀚的尼羅河匯流之處」。[3] 這趟旅程並非沒有危險：在他之前，才有軍官從開羅帶著一隊槍騎兵，意外中了埋伏，全隊陣亡。[4] 邱吉爾在八月中旬不慎與車隊分開，在沙漠中沒水也沒食物，度過悲慘的一日一夜。他遊蕩七十哩才利用「閃亮的獵戶星座」找到車隊。他後來寫道：「那個巨人從未如此耀眼。」獵戶星座指引他往尼羅河，而且可能救了他一命。[5]

八月二十八日，英埃軍隊開始前進。「可以感覺太陽斜照在身上，灼熱的光芒刺穿人的身體。」邱吉爾回憶。[6] 才過四天，團指揮官上校羅蘭・馬汀 (Rowland Martin) 就派他去向基奇納報告，哈里發的軍隊有略多於五千人的德爾維希武士 (Dervish)，正以四、五哩長的縱隊向他們快速前進。

邱吉爾四十分鐘內在沙漠裡跑了六哩，找到正以戰鬥陣列前進的基奇納軍隊。基奇納問他認爲兩軍相遇之前有多少時間。「你至少有一小時，」邱吉爾估計，「也許一個半小時，長官，即使他們以現在的速度過來。」[7] 德爾維希軍反而停下來，在喀土穆邊陲的恩圖曼 (Omdurman) 等到天亮，此時基奇納兩萬五千八百人的軍隊已經背對尼羅河就位。

邱吉爾回到他的團，在河上指揮炮艇的中尉大衛・比提 (David Beatty) 向他致意，還丟了一瓶香檳給他。「香檳掉進尼羅河裡，」邱吉爾回憶，「但開心的是，仁慈的上天命令河水低淺，河底柔軟。我步入水高至膝的河裡，伸出雙手探尋，找到那珍貴的禮物，然後得意洋洋帶回食堂。」[8] 隔年他告訴一位美國來的人，那天晚上年輕的軍官唱著兒歌自娛，而邱吉爾自己「記得很多兒歌，需要的時候就能腦筋一轉，想到適合的歌曲」。[9]

「太陽似乎不再炎熱，日子似乎不再漫長。」隔年邱吉爾寫道，「畢竟，他們（德爾維希軍）在那裡。我們沒有爲了不會有成果的任務白費力氣。行軍的疲勞、炎熱、昆蟲、不適，都忘卻了。我們『就在附近』，而那就是件光榮的事，生命的所有樣貌都流露明亮生動的激情，打獵、藝術、智慧、愛的愉悅永遠不可能超越，也難以匹敵。」[10] 三十年後，他會寫道：「說到好玩，沒有什麼能贏過這個！黎明時分騎在馬背上，在進攻的軍隊的射程距離內，眼觀四面，然後跟司令部報告。」[11] 寫出這樣的句子，難怪邱吉爾後來會得到熱愛戰爭的名聲，即使他總是極力強調，他描述的打仗和工業化的恐怖一戰有著天壤之別。關於那個行動不久之前的時期，另一個唯一已知的第一手敘述出自羅伯特・史密斯（Robert Smyth）隊長，他稱邱吉爾爲「隨軍記者」，而且責怪他在某次偵察任務中，其他人都下馬了，他卻高高在上暴露自己。「中央的步槍兵見狀，開了兩槍。」史密斯記錄，「子彈呼嘯，打在非常近的岩石上。」[12] 幸運的是他們立刻接到命令撤退，而且當團副官斥責史密斯不必要時暴露自己，他相當正確的指出「那是隨軍記者的錯」。

一八九八年九月二日星期五，第二十一槍騎兵在恩圖曼戰役進攻。繼四十五年前克里米亞戰爭後，這是英國騎兵最大的進攻。雖然後來波耳戰爭和一次大戰也有幾次，但恩圖曼戰役是英國史上最後一次重大的騎兵進攻。邱吉爾騎著「機動、腳步穩健的灰色阿拉伯馬球馬」，指揮二十五人的槍騎兵軍隊。該團出動時，許多他們攻擊的德爾維希軍都躲在乾涸的水道，而且直到開始進攻，才發覺他們的人數落後，約是十比一。[13]「我們策馬急馳，但速度穩定。」邱吉爾後來寫道，「太多馬蹄聲與來福槍鳴，聽不到任何子彈。我左看右看，看了一眼我的軍隊，再次看著敵軍。場景似乎完全變了，黑藍色的人依然在開槍，但他們身後出現一幅陰鬱的景象，彷彿一條略微下沉的道路。道路擠滿人，從躲藏的地上起來。明亮的旗幟彷彿魔法一般出現。」

隨著邱吉爾靠得更近，他立刻明白該做什麼。

> 德爾維希軍的隊形似乎有十或最多十二人寬，灰色大軍填滿乾涸的水道，刀劍閃爍銀白的光芒。眨眼的同一瞬間，我看見我們的右側和他們的左側重疊，我的軍隊可以擊中他們隊伍的邊緣，而我

右邊的軍隊可以往空地衝刺。我右邊的中尉同袍，第七驃騎兵的沃爾默（Wormald）也發覺這個局勢，於是我們兩人都將馬匹催促到最快速度，往內呈現月彎。沒有時間害怕或另作他想，心中只有必要的行動……完全占據我們的心思與感官。[14]

當他騎下水道，由於必要的改道，他失去衝刺態勢，於是遇到個人最大的危機。「我發現自己被似乎數十個人包圍。」他回憶：

我的正前方有個男人跳到地上……他往後高舉彎劍，準備往後腿砍（邱吉爾的馬），我看見他的彎劍發光。我抓緊時間乘隙將馬掉頭閃躲，而且彎腰越位，在相距三碼的地方朝他開了兩槍。當我從馬背上坐直，又看見前方另一道人影高舉著劍。我提起手槍發射。我們的距離之近，手槍本身也撞上他。人和劍都消失在我的後方底下。我的左邊十碼處有個阿拉伯的騎士，穿戴顏色鮮明的罩袍與鋼盔，身披鎖甲。我對他開槍，他轉向旁邊。[15]

邱吉爾看到這個大隊的另外三支分隊逐漸靠近。「軍隊中央突然冒出一名德爾維希軍人……我在距他不到一碼的地方開槍。」[16]在近距離混戰中，他開了十槍，設殺四個男人。幸好因爲肩膀在孟買受傷，他手持毛瑟（Mauser）自動手槍，而不是用他的劍。[17]不久之後哈里發的軍隊就散開了。「現在，」邱吉爾回憶，「敵軍的方向出現接連不斷的恐怖幽靈。馬兒鮮血汩汩，拖著三條腿；步伐蹣跚的人、重傷流血的人；彎刀刺穿他們，將手臂和臉切成數塊，內臟裸露；人們嘶吼、哭嚎、倒下、斷氣。」[18]之後當他希望提醒人們戰爭的可怕時，就會提起這個景象。

「我從來沒有感覺這麼放鬆，也從來沒有像現在這麼冷靜。」進攻兩天後，他寫信給母親。[19]他從恩圖曼寄出的家書生動描述，面對激烈的衝突，重要的是保持冷靜並維持旺盛的鬥志。進攻之後，他發現超過二十名槍騎兵「徹底遭到踐踏與殘害，幾乎認不出來」。[20]行動兩、三分鐘內，軍團就損失五名軍官與六十五名士兵，不是被殺就是受傷，幾乎占進攻人數四分之一，還損失一百二十匹馬。「德爾維希軍死掉的事，也沒什麼 dulce et decorum[(1)]。」邱吉爾後來寫道，「沒有不可征服的男人尊嚴；全是骯髒的腐敗。但是這些是極爲勇敢的男人……被器械擊敗，卻未被征服。」[21]

恩圖曼戰役中，哈里發的軍隊被英埃軍隊訓練有素的現代武器剷平，包括至少五十二把馬克沁機關槍對抗德爾維希軍的匕首與長劍。關於這場戰役，邱吉爾在他的著作《河上之戰》初版，指責基奇納在交戰之後褻瀆馬赫迪的墳墓，先將屍骨（除了頭骨）丟進尼羅河，再把墳墓炸毀。一九〇九年，邱吉爾對詩人威弗里德・斯科恩・布朗特（Wilfrid Scawen Blunt）坦承他的懷疑，表示：「那件事情，基奇納的行爲像個流氓。他假裝把（馬赫迪的）頭裝在煤油罐裡送回蘇丹，但罐裡裝的可能是任何東西，火腿三明治之類。他留著那顆頭顱，現在還是……我一直厭惡基奇納，雖然我不認識他這個人……他炸掉身體，留著頭。」[22]當他發現基奇納命令手下不准提供任何資料幫助他寫作，邱吉爾以少見的傲慢口吻對母親描述，這位上將是個「庸俗的凡夫」。[23]

恩圖曼戰役後，不僅上千名敵軍死在冷血之中，殘忍對待敵軍的記憶將會跟隨邱吉爾很久，雖然他並未參與其中。三年後，他告訴一位朋友，曾看過第二十一槍騎兵「進攻之後，將槍尖穿過躺在地上受傷的德爾維希士兵，以全身的重量壓在長槍上。長槍穿過他們身上厚實的服裝，德爾維希士兵會瞬間抽動雙手雙腳。一個騎兵吹噓他很仁慈，只是把槍插入四吋。『他該覺得感謝，』那個騎兵說，『發現自己落在像我這樣善良的人手上』。」[24(2)]

九月五日，第二十一槍騎兵開始行軍回家。在開羅，邱吉爾發現瑟夫頓伯爵（Earl of Sefton）的兒子理查・莫利紐茲（Richard Molyneux）手腕嚴重被劍砍傷，亟需皮膚移植。邱吉爾自願提供皮膚拯救他的軍官兄弟。「你曾聽過一個人被活生生打到皮開肉綻嗎？」邱吉爾回憶那個愛爾蘭醫生用濃重的口音對他說，「唔，感覺就像這樣。」[25]他沒有麻醉，直接從邱吉爾左手前臂取下大約今日十分硬幣大小的皮膚，移植到莫利紐茲的傷口，而且癒合了。他後來回想，「他拿著剃刀來回割，當時我的感覺證實他的描述。」莫利紐茲一九五四年去世時，邱吉爾致詞道：「他會帶著我的皮膚，作為某種守護，到另一個世界。」[26]

他回到倫敦，繼續向帕蜜拉・普洛登示愛，要求重返在印度的團之前見她一面。「妳為什麼說我對感情無能？」十一月二十八日，他在母親位於大昆布蘭巷的宅邸寫信問她，「埋葬那個想法。眾人之中我只愛一個，而且至情不渝。我不是一時喜歡，之後馬上變心的薄情公子。我的愛深厚堅強，永遠不會改變。」[27]如同他在同一封信的前面寫道：「某天我遇見一位年輕女性，而且我想，完全出自理性立場，她幾乎和妳一樣聰明睿智。」他想讓她吃醋。但是沒用。[28]「我這輩子都在看著倫敦出產的美女。」一八九九年三月，邱吉爾寫道，「然後我遇見妳……如果我是作夢的夢想家，我會說……『嫁給我，而且我會征服世界，帶來妳的腳下』。」然而，婚姻需要符合兩項條件：金錢和雙方首肯。這兩項條件的其中一項當然沒有，也可能兩項都缺。[29]雖然他正式向她求婚的日期有所爭議，但普遍同意他們當時人在沃里克城堡（Warwick Castle），地點在一艘小船上，而且她拒絕了。[30]她在一九〇二年四月嫁給第二代利頓伯爵（Earl of Lytton），之後和邱吉爾維持友好。

蘇丹的戰爭一結束，邱吉爾馬上開始撰寫《河上之戰》，在埃及、倫敦，也在返回印度的船上寫作。他回去印度的主要目的，是在四月離開軍隊前參加團際盃馬球賽。十二月中，在孟買與班加羅爾之間的火車旅程中，他寫信給上尉哈爾達，擔心他的印度勛章及上面「一八九七年至一八九八年旁遮普邊界」的飾條還沒送到。「我當然想要在還有制服可穿時戴上勛章。」他抱怨，「他們已經送來埃及的，我不懂爲何邊界的還沒送到……請盡快幫我取得。否則永遠都不會戴上……請幫忙張羅寄勛章給我的事——只是一般飾條——應該不會太困難。」信的最後，他寫上：「寄信到班加羅爾給我，勛章的事盡你所能。」[31]

二月八日，邱吉爾抵達印度。沒過多久，就在即將離開久德浦，前往米拉特參加比賽的前一晚，他跌下好幾階石階，右肩再次脫臼，而且扭傷雙腳腳踝。「我相信我的不幸會安慰諸神，」他告訴母親，「祂們因爲我在其他地方的成功和好運不悅。」[32]之後某次打獵意外，他三度右肩脫臼，在下議院左右揮手時又幾乎重演。[33]二月二十四日，他把右手上臂綁在身上參加比賽，而在比賽六十二年的歷史中，第四驃騎兵首次拿下團際盃冠軍。儘管受傷，但邱吉爾得了四分中的三分，以四比三獲得勝利。

四月底，邱吉爾辭去軍隊回到倫敦，準備開始邁向政治之路。登上汽船迦太基號（*Carthage*）時，他遇見一位美麗的美國女士克麗絲汀・康諾弗（Christine Conover），康諾弗回憶：

> 步橋正要升起時，一位臉上帶著雀斑、紅髮、西裝起皺的年輕人，手拿一個極大的蛋糕盒跑來。雖然他差點沒搭上船，但似乎非常淡定……午餐的時候，或當時的說法是 tiffin，我們發現我們就坐在

邱吉爾先生正對面。他都還沒坐下，就往桌子前面傾身，並說：「你們是美國人，對吧？」我們表示他說得沒錯，於是他大呼：「我愛美國人。我的母親是美國人。」

很久以後回憶那個場面，她寫道：「雖然說不上英俊，但是他的笑容迷人，說話些微斷續。」[34] 那個蛋糕盒裝的是《河上之戰》的手稿，他在那趟旅途中繼續書寫。「也許此時他的缺點就是有些不可一世，」康諾弗小姐認為，「這點其他年輕人未必欣賞。」[35]

七個月後，《河上之戰：克復蘇丹歷史紀實》於十一月六日由朗文出版社（Longmans）分成兩卷出版，全書共九百五十頁。該書也向索茲伯里勛爵致謝，而且對方沒有要求他刪除任何關於基奇納的負評。[36] 邱吉爾從索茲伯里關於前線戰爭的演講，選出一句作為該書引言──「這些戰爭，只是文明浪潮之中，標示優勢與進步的浪花」；他也選擇這個類比闡述〈修辭的鷹架〉當中演講藝術的第四項要素。

從《河上之戰》的格言與歸納，到處可見吉朋對邱吉爾寫作的影響。「既懶散又寵老婆，」他寫到蘇丹的軍人，「他真心討厭操練，就和愛老婆一樣誠摯。」[37] 或者這段關於哈里發駕崩時，他的諸多妻子多麼高興：「既然她們從今以後注定被迫守著不可侵犯的貞操，那麼她們感到滿足的原因，就像她們所表現出來的不自然舉動一樣晦澀不明。」[38] 也有一些充滿詩意的時候，例如他對非洲夜晚的描述：「在黑暗中，我們悲傷憂愁，直到星辰點燃，提醒我們天外有天。」[39] 邱吉爾寫到在蘇丹的學校，「教學樸素，但學生充滿渴望；在棕櫚樹下學習的成長速度也許快過文明國家宏偉的學校。」[40] 有時候，用十八世紀的語言形容二十世紀前夕的事情顯得稍許可笑，例如描寫汽船引擎的濃煙「惡臭的文明薰香獻給受驚的埃及諸神」。[41] 邱吉爾經常在文章中指涉文明，強調他相信這些帝國的前線戰爭裡，穆斯林部落代表野蠻，而大英帝國直接繼承偉大的希臘、羅馬、基督教界文明。

在本書的初版，邱吉爾譴責基奇納時出現一絲讚美，說「論摧毀德爾維希帝國的英國人中，他當然值得排上第三、或第二在索茲伯里和克羅默勛爵之後」。在一九〇二年集結成一卷的第二版，基奇納被提升到第二名，而整本書刪減三分之一，包括「遵照赫伯特・基奇納爵士的命令，玷汙（馬赫迪的）墳墓，夷爲平地」。初版普遍獲得好評，雖然《週六評論》（*Saturday Review*）表示「本書討厭的地方在於作者壓抑不住的自負」。在軍中，該書被稱爲「一名中尉給多位上將的暗示」。[42]

邱吉爾讚美德爾維希軍爲他們的生活方式勇敢奮戰。「我希望，如果不幸的日子落在我們自己的國家，」他寫道，「而即將崩潰的帝國，在倫敦與入侵者之間，能夠調度的最後一支軍隊也正在瓦解潰散……會有某些人——即使在現代的時代——他們不願意接受事物新的秩序，而是溫順地在災難之中生存下去。」[43] 一九四〇年五月二十八日，邱吉爾與部會首長談到納粹可能入侵時，表達出一模一樣的心情。他還從一九〇二年的濃縮版移除另一段，因爲當時希望在一個有上千萬穆斯林的帝國任職，那一段的內容如下：

穆罕默德教對信徒的詛咒真是恐怖！除了極端的狂熱，對人的危險就像狂犬病之於犬隻，還有臣服宿命的冷漠，令人萬分懼怕。在許多國家都可以見到明顯的影響。揮霍的習慣、混亂的農業制度、懶散的貿易模式，只要是先知的信徒統治或居住的地方，財產就不穩固。耽於聲色的墮落習慣剝奪生命的高雅與細緻；接著就是尊嚴和神聖。穆罕默德的法律規定每個女人必須屬於某個男人，是他絕對的財產，不是女兒、妻子，就是情婦；這個事實將延續到奴隸制的終結，直到伊斯蘭的信仰不再是男人偉大的權力。穆斯林個人可能展現優秀的特質……但是這個宗教的影響癱瘓信徒的社會發展。世界上沒有更強大的倒退力量。穆罕默德教不僅離滅絕很遠，更是好戰、勸人改宗的宗教。這個宗教已經散布整個中非，到處扶植無畏的武士；而且若非基督宗教在科學強大的臂膀下求得庇護——這個宗教曾徒勞抵抗過科學——現代歐洲的文明也許會崩塌，就像古羅馬的文明崩塌一樣。[44]

回到倫敦，邱吉爾一心想著他的未來。五月三日，他寫信給溫坡街常幫上流社會看手相的羅賓森太太，同時寄給她一張兩畿尼的支票，讚美她：「特異的手相術」。她之前告訴他：「他將經歷巨大困難，但會抵達職業的顛峰。」以致三天後他告訴她：「我寧願不向世界公開我的手，雖然我相信妳的預測可能是對的。」[45] 兩天後，蘇格蘭的保守黨議員伊恩・馬爾康（Ian Malcolm），也是馬爾康氏族的首領與第十七代波塔雷克的領主（Laird of Poltalloch），安排午餐，讓一八九五年的一些議員認識邱吉爾。參與其中的大衛・林賽（David Lindsay），即後來的第二十七代克羅福伯爵（Earl of Crawford），在日記寫著：「來了一個前途光明的人——好鬥、頑固、緊張——他不能安靜坐著。他的聲音穿插某種奇怪的停頓，觀眾必定聽得吃力……他身上有一種很快就會逐漸消失的自負……如果他願意謙虛無名幾年，沒有理由不在這片土地掌權。某些方面他跟他的父親極爲相像。」[46] 他當然不會願意謙虛或無名一時半刻，更不用說幾年，但那位議員的預測還是和手相預言一樣準確。

邱吉爾回到英國後，發現當時的政治情況相當複雜。索茲伯里勛爵領導的保守黨，長期與約瑟夫・張伯倫與德文伯爵領導的自由統一黨聯盟。自由統一黨由於反對格萊斯頓的《愛爾蘭自治法案》，於一八八六年與自由黨分家，另組政黨。一八九八年，格萊斯頓去世，而自由黨私下分裂爲前首相羅斯伯里勛爵領導的自由帝國派（Liberal Imperialists）與激進派（Radicals）。

到了六月二十日，邱吉爾已經同意在蘭開夏的奧丹（Oldham）保守黨協會代表統一黨競爭國會議員補選。這塊選區之前在國會有兩個保守黨席次，一位去世，另一位退休。儘管必須在左邊扁桃腺噴上路斯醫生寄去的特調藥方，才能一個晚上發表三、四場演說，但邱吉爾仍在該選區力拚選戰。他非常清楚自己正在追隨父親的腳步，並在數場演講提及。「現在的政府虧欠的比他們記得的多，」某次他提到父親留下的豐功偉業，「或無論如何比他們承認的多。」[47]「難怪激進派會說我在利用父親的名聲。」他在奧丹的合作堂承認，「但是，爲何我不應該？你不覺得這個名字值得利用嗎？」[48]

在奧丹，迫切的議題是《神職人員什一稅法案》，這項法案對英國聖公會的神職人員有利，卻有損組成選區多數選民的非聖公會與衛理公會教徒。民調三天前，邱吉爾表示如果他在下議院，就會投反對票。這完全是投機之舉，卻沒有說服非聖公會教徒將票投給他。索茲伯里勛爵的外甥與珍妮的老友阿瑟・貝爾福忍不住譏諷：「我以爲他是有前途的年輕人，現在看來是一個空有承諾的年輕人。」[49]邱吉爾發現他犯了錯。「捍衛政府或政黨一點用處都沒有，」他後來說，「除非你爲他們抵擋被攻擊得最慘的事。」[50]

七月六日，邱吉爾得到一萬一千四百七十七票，以微小的差距輸給兩個自由黨激進派的代表艾福雷德・埃莫特（Alfred Emmott）與華特・朗瑟曼（Walter Runciman），兩人分別得到一萬兩千九百七十六票與一萬兩千七百七十票。「每個人都怪到我身上。」他後來無奈地寫道，「我發現他們幾乎總是這樣。我想那是因爲他們認爲我最有能力承受。」[51]他回到倫敦，如同他後來在回憶錄所述：「洩氣的感覺就像一瓶香櫝，甚至蘇打水，倒出一半但沒蓋蓋子放了一晚。」[52] 和他還保持聯絡幾個月的克麗絲汀・康諾弗在她的日記透露：「雖然他極爲失望，但他告訴我，他會再次努力，希望某天甚至可以當上英格蘭的首相。」[53]

「他可能吃了敗仗，」《曼徹斯特信差》(*Manchester Courier*) 報導，「但他非常清楚，在這場戰役，他沒有蒙羞。」邱吉爾完全同意，感謝報社老闆北巖勛爵 (Lord Northcliffe) 在《每日郵報》(*Daily Mail*) 支持他，並說他認爲他的職業不會因爲這次失敗「重創」。[54] 他向貝爾福請求諒解，貝爾福勉勵他，「這點小挫折對你的政治事業不會留下永久的負面影響。」[55] 當時他才二十四歲。

其實邱吉爾的人生經常如此，當下看似挫折，回過頭想反而變成好事。如果他在一八九九年就高調進入下議院，就不會去南非，不會有機會在不僅是限定地區與國家內締造自己的名聲，而是去獲得眞正的國際聲譽。

當時索茲伯里勛爵在非洲的「向前」政策瀰漫一種未竟之業的懸念。一八八〇年至一八八一年南非的第一次波耳戰爭，英國敗在荷蘭後裔阿非利卡人 (Afrikaner) 手下，他們控制獨立的川斯瓦 (Transvaal) 與奧蘭治自由邦 (Orange Free State)，這兩個地方位於英國控制的開普殖民地 (Cape Colony) 與納塔爾 (Natal) 北部。時任英國殖民地大臣 (Colonial Secretary) 約瑟夫・張伯倫與開普殖民地的高級專員密爾納勛爵 (Lord Milner)，到了一八九九年十月，經常入侵阿非利卡人的共和政體，以致他們的領袖保羅・克魯格 (Paul Kruger) 突襲開普殖民地與納塔爾，想在大英帝國來得及回應前奪取這兩個地方。

「他一向以高傲自大聞名。」某次在殖民地部和邱吉爾會面後，張伯倫警告密爾納，「把他放在對的位置。」[56]如果邱吉爾想要負擔四年內的第四次戰爭，就需要錢。他從《早報》獲得戰爭前四個月一千英鎊的高薪，之後每個月兩百英鎊，開銷另計。然後，他幫自己買了皇家郵輪鄧諾塔城堡號（*Dunottar Castle*）前往開普敦的票，那艘船也載著英國的總指揮官上將瑞德弗斯・巴勒（Redvers Buller）。就像多數其他的評論，邱吉爾不相信二十五萬個波耳人可以抵抗有三億五千萬人的大英帝國，所以他還想著五月底能回來參加德比（Derby）的賽馬。

十月十四日，宣戰三天後，邱吉爾搭船出發，帶著六箱紅酒、香檳、烈酒。（不全是爲了個人飲用，酒在戰區是好用的貨幣。）同在船上的還有《曼徹斯特衛報》（*Manchester Guardian*）記者約翰・阿特金斯（John Atkins），他描述邱吉爾「清瘦、髮色略紅、皮膚白皙、活潑，經常『伸長脖子』在甲板踱步，如同白朗寧（Browning）崇拜拿破崙……有份職業，前途就像他父親倫道夫勛爵那樣，這點令他興奮，轉變中的他自然散發光芒。我從來沒有遇過這種野心——不害臊，自大得老實，流露激動，而且要求他人理解。」[57]「不是說他缺乏自我批評的能力。」阿特金斯補充，「他可以嘲笑自己的光榮大夢，而且他有種淘氣的趣味。」[58]這種不害臊的野心可能可以從阿特金斯那裡勒索到同理心，但是在一個崇尚清雅高潔、拘謹節制的社會，往往會引來厭惡。

十月二十九日，鄧諾塔城堡號經過一艘三天前剛離開開普敦的不定期貨船，那艘船上的長黑板用粉筆寫著「波耳人戰敗——三戰——潘・西蒙陣亡」。[59]儘管上將威廉・潘・西蒙（William Penn Symons）在塔拉納山之役（Battle of Talana Hill）重傷不治，但他的軍隊撤退到納塔爾的拉迪史密斯。邱吉爾和同行乘客主要的焦慮反而是，兩天後他們上岸，那場戰爭可能已經結束了。邱吉爾登陸後不浪費任何時間，立刻設法抵達德爾班西北一百四十哩的拉迪史密斯。那時波耳人已經切斷圖蓋拉河（Tugela River）上的鐵路連線，而且在十一月二日圍攻那座城市。邱吉爾再次因禍得福：如果他成功抵達拉迪史密斯，會被困在那裡，解放之前，將有四個月無法發出新聞報導。邱吉爾決定前往納塔爾的埃斯科特（Estcourt），等待機會進入拉迪史密斯，也就是上將喬治・懷特和他的朋友伊恩・漢密爾頓被包圍的地方。他和阿特金斯在埃斯科特鐵路車場住在同一頂帳棚。他讓阿特金斯看他在《早報》的文章，並問：「文章有趣是因為我的才華，或者單純因為我是倫道夫的兒子？」阿特金斯回答，如果由他來寫，可能不會這麼有趣。「還算公道。」邱吉爾回答，「但是父親的名聲會幫助我多久？」[60] 阿特金斯認為可以再持續兩、三年，此時邱吉爾說：「我父親死得太早。我必須在四十歲前盡可能成就一些什麼。」[61]

在那次談話中，邱吉爾主張軍方的策略和戰術「只是常識」。「把問題的所有元素擺在能力與想像力一流的平民面前，他就會得到正確的結論，而且之後任何軍人也能用軍事用語呈現那個結論。」[62] 這份信念，加上他親眼目睹英國將領在波耳戰爭犯下顯著的錯誤，將會深深影響他在未來二十世紀更大的戰爭當中對文武關係的想法。

一八九九年十一月十五日星期三，一個極為愚蠢的軍事決定即將改變邱吉爾的人生。天剛破曉，埃斯科特駐地的英國指揮官上校查爾斯・隆恩（Charles Long）派遣上尉艾爾默・哈爾達搭乘巡邏的裝甲列車外出，列車上有一連都柏林燧發槍團（Dublin Fusiliers）與達蘭輕裝步兵（Durham Light Infantry），分別坐在三節車廂，並帶著七磅艦炮。他們沒有與騎兵同行，後來巴勒表示這個決定是「不可思議的愚行」。[63] 邱吉爾不需要去遠征，但是如同他後來承認，他渴望「麻煩」，並告訴阿特金斯，「我有種感覺，一種直覺，如果我去，就會發生什麼。不合邏輯，但我知道。」[64] 阿特金斯錯失這個機會，《泰晤士報》的南非戰爭主筆利奧波德・埃莫里，也就是邱吉爾在哈羅公學的同期學生，也錯失這個機會。

對波耳突擊隊員的領袖路易斯・博塔（Louis Botha）來說，那輛列車簡直是囊中之物。他讓列車往北開到契夫利（Chieveley），列車回程接近布勞坎次河（Blauuw Krantz River）的彎處時，在鐵軌放置大石。[65] 雖然他們去契夫利的路上已經看見博塔的人，邱吉爾說服哈爾達不要回頭，所以波耳人有足夠時間埋伏，他也要負部分責任。[66] 後來他告訴陸軍少將H・J・T・希爾德亞德（H.J.T.Hildyard）一個故事，強調他和哈爾達當天的傲慢，承認「他們信心滿滿闖進波耳人的地盤，不僅沒有意識他們身上帶著槍，還想教訓他們」。[67] 當列車撞上大石，不知怎麼，火車頭還在軌道上，三節車廂卻出軌，而且最前面的車廂完全脫離軌道。波耳的炮兵和狙擊手朝著翻覆的車廂發射大炮與子彈，過沒多久，艦炮便沉默下來。

邱吉爾展現極大勇氣，帶頭指揮部分生還者走到鐵軌，接著花了半個鐘頭推開兩節翻覆的車廂，清空軌道，以便讓嚴重損壞的火車頭帶著五十名身受重傷的生還者逃回埃斯科特。同時他留下，集結剩下受困的人，重整與對方相比數量懸殊的軍隊。[68] 他置身連續不斷的戰火，前後大約九十分鐘。波耳的狙擊手以準確出名，他能活著實爲幸運。回到埃斯科特，阿特金斯見到十幾名逃出的生還者，拼湊發生的事件。「我們聽見邱吉爾在殘骸之間四處走動，子彈不斷打在鐵壁上，他徵求志願的人解開火車頭；他說『大家冷靜』，然後又說『我的報導將會非常有趣！』當火車的駕駛擦破頭，準備逃走時，他跳進去幫忙，對他說『沒有人會同一天被擊中兩次』。」[69]（十一年後，邱吉爾推薦這名駕駛和他的鍋爐工獲頒阿爾伯特獎章。）那些搭著火車頭成功逃出的人，都將他們的獲救，歸功給仍和多數軍隊待在原地的邱吉爾。

火車頭走了以後死了六個人，剩下的一百二十人中有三十五個受傷（超過三分之一的死傷人數，甚至比恩圖曼進攻更高），剩下的人除了投降外別無他法。邱吉爾後來告訴阿特金斯，波耳人把戰俘綁起來，「就像牲畜！我生命中極大的羞辱！」[70(3)] 後來邱吉爾說他被路易斯・博塔俘虜，但當時博塔在別的地方。相較極為值得稱讚的表現，那只是小小的口誤。幸運的是，他被抓的時候沒有攜帶任何武器，因為他在移動車廂時把毛瑟槍放在火車頭。即使如此，波耳人還是爭論著，應該把他當成間諜處死，還是如同他告訴波耳人的戰爭部長路易斯・德・索薩（Louis de Souza），應該把身為記者的他釋放。

審問他的阿非利卡國家律師，是在劍橋受過教育的律師揚・克里斯汀・史末資（Jan Christian Smuts），一開始他反對釋放邱吉爾。「我記得我們見過。」半個世紀後，邱吉爾說，「我又溼又髒。他正檢視我當時扮演的角色……難以決定。」[71] 既然邱吉爾直覺表現像是戰鬥的陸軍軍官，而非不參戰的戰爭記者，他被關進牢裡。

十一月十六日，邱吉爾從戰場寄出的六十六封電報與三十五封信刊登在《早報》，但是短期內不會再有新的文章，因為他正前往普里托利亞（Pretoria），住進由學校倉促改裝的國家模範學校監獄。十一月十八日，他抵達那裡時，在一封寫給母親的信的附注寫上：「考克斯（Cox's，銀行）應該兌現任何我開的支票。」[72] 他不認為入獄就該中斷物質享受。

正是入獄這段期間，邱吉爾開始瞭解為何波耳人這麼痛恨英國統治，他歸因於「要求當地人與白人平等的運動引發恐懼和仇恨」。[73] 邱吉爾完全不同情阿非利卡人激進的白人至上主義，那與他自己的家長主義直覺完全不同。他寫到一個未來的南非社會，其中「黑人和白人相同……法律之前平等，擁有政治權利」，這個前景激怒阿非利卡人的程度不下於「幼崽被奪走的母老虎」。

對於一個迫切在生命中締造最多可能成就的人來說，鐵條後方的時間簡直要把邱吉爾逼瘋。「我今天滿二十五歲。」他在十一月三十日寫信給卡克蘭，「想到時間所剩無幾就很可怕。」[74] 他後來寫道：「時間爬行有如癱瘓的蜈蚣。沒有什麼可以消遣。閱讀很困難，寫作，更不可能。比起生命任何一段時間，我絕對更加痛恨被俘虜的每一分鐘。」[75] 他在院子運動，沉浸在對於蝴蝶迅速發展的興趣上。(4) 他也獲准寫信，而且他從權貴寫起。

「我大膽認爲，殿下對於收到我來信，而且是從這個地址，將會感到有趣。」邱吉爾在非常薄的監獄紙張上寫信給威爾斯親王，「雖然審查當然不允許我自由書寫……我認爲自己在行動這麼早期就被俘虜感到不幸，而我願意書寫一些戰爭的綜合報告。儘管如此，當我看見這麼多的士兵與義勇軍，活生生在我眼前受到這麼恐怖的傷害，我忍不住感激自己還活著，即使成爲囚犯。」[76] 他說清空鐵路線「非常危險又刺激」，以及「炮彈在鐵製的車廂之間爆炸碎裂，發出的巨響眞是嚇人」。

一八九九年十二月十二日，星期二晚上，邱吉爾趁著守衛背對的空檔，爬過監獄廁所後方的鐵格圍籬。「我得到結論，我們會浪費整晚猶豫，除非問題可以一次徹底解決。」他後來寫到一起逃跑的同伴哈爾達和中士布羅基，兩人一直猶豫逃跑的時機，「當哨兵轉身點菸斗，我跳上牆壁的壁架，幾秒內又跳下另一邊的花園。我蹲低等待其他人，我以爲他們隨時會下來。我在花園的姿勢相當侷促，因爲只能躲在幾枝沒有什麼樹葉的灌木後面。不斷有人來往經過，而且屋內亮著燈火。我在花園等了超過一個半小時，等待其他人加入。有一個人兩度從屋裡出來，走在離我七、八碼內的小徑。」[77] 三十年後，他告訴利奧波德・埃莫里，「他已經給其他人很多的機會，但他們不接受，還叫他回去（他們透過窗格跟他說話）。他不要回去，所以他們……祝福他。」[78]

已經盡可能等待的邱吉爾，夜裡穿越波耳人的首都，想要走到中立的葡屬東非（今莫三比克）。他必須橫越敵人的土地三百哩，但他沒有地圖、羅盤、食物、錢、武器，也不會說阿非利卡人的語言。他似乎不太擔心沒有羅盤，因爲可以依靠星星指路，尤其是一個星座。「獵戶座特別明亮。」他後來回憶，「不到一年前，我在尼羅河岸的沙漠迷路時，它曾經引導我。當時它給我水，現在它應該引導我走向自由。」[79] 人們多多少少相信他們的星座；邱吉爾明確指出是哪一個。

大言不慚的邱吉爾在牢房留下一封信給索薩，告訴他，因爲不認爲普里托利亞政府擁有任何拘留他的權利，「我決定從你的羈押當中逃脫」。但是，他樂於同意，波耳人對待囚犯還算「正確與人道」，他也保證「當我回去英國的領域，我會公開聲明這一點」。他也謝謝索薩個人對他相當客氣，表示希望「我們很快會在普里托利亞再次見面，而且是不同的情況」。[80]

一年後，他在紐約的沃爾道夫・阿斯特飯店總結當時的逃跑路線。「我走過數條普里托利亞的大街，沒有人發現我，而且我成功搭上一輛載煤的火車，躲在一袋一袋的煤後面。當我發現火車不是朝著要去的方向時跳車。」[81] 跳上又跳下火車的邱吉爾此時餓了。他走進深谷旁的一片小果園，希望等到天黑。「有件事情令我感到安慰，」他後來寫道，「世界上沒人知道我在哪裡——我自己也不知道……我唯一的同伴是一隻巨大的禿鷹，牠對我虎視眈眈，不時發出恐怖又不祥的咕嚕聲。」[82] 六年後，他在曼徹斯特告訴中央堂的觀衆，引來大聲鼓掌與笑聲，「煤車載著我走了一段路，然後我半夜跳車，翻了個跟斗，躲在灌木叢中。我就在這個灌木叢裡遇到禿鷹。沒有人會相信我遇到禿鷹。我不在乎有沒有人相信，就是有禿鷹。」[83] 後來他告訴他的姪兒，那次逃跑是他人生之中「極爲誠心禱告的時候」。[84]「我漫無目的走了好久，受到饑餓折磨，」他回憶，「終於我決定冒險尋求協助。我去敲一扇牛欄的門，本來以爲會遇到波耳人，驚喜萬分的是，住在裡面的竟是一個叫做赫伯特・霍華（Herbert Howard）的英格蘭人，最後他幫助我抵達英國的陣線。」[85]

約翰・霍華（John Howard）是英國採礦工程師，邱吉爾稍微改了名字以保護自己。他把邱吉爾藏在礦坑底下三天，裡頭還有老鼠，蠟燭吹滅就會在他的臉上亂跑。那裡還有一位勇敢的英國人丟斯內普先生（Mr. Dewsnap），他和霍華一起把邱吉爾藏在一輛鐵路煤礦拖車，帶他前往葡屬東非的首都洛倫索馬奎斯（Lourenço Marques，今日馬布多〔Maputo〕）。如果邱吉爾事先取消和理髮師的預約，理髮師就不會在隔天早上要來剪髮剃鬍時發現他不在獄中，而拉下警報；他從監獄失蹤的事也不會這麼早就被發現。[86] 他似乎沒想過在監獄裡自己打理自己。波耳人在方圓數百哩內搜索，甚至挨家挨戶尋找，但是未果。(5)

當他在十二月二十二日抵達洛倫索馬奎斯的英國領事館時，武裝的英國人過來保護他，以免再度被當地的波耳人抓走。英國領事讓他洗個熱水澡，並把他的髒衣服燒了。「眞是可惜！」邱吉爾發現時這麼說，「我還想捐給杜莎夫人蠟像館。」[87] 他搭船前往德爾班，十二月二十三日以衆人歡迎的英雄之姿抵達。他自己並不知曉，其實當時的帝國災禍橫生，他驚險刺激的逃亡是唯一亮點。英國軍隊至少打了三場敗仗，分別是斯特龍伯格（Stromberg）、馬格斯豐坦（Magersfontein）之役，以及科倫索（Colenso）之役——其中十二月十日至十七日，惡名昭彰的「黑色週」（Black Week），有兩千七百名士兵傷亡或被俘。

熱情興奮的群衆在碼頭歡迎邱吉爾，他立刻爬上人力車，即興演講。「我們正在激烈對抗巨大的軍事力量，」他說，「那股力量決心不計代價，把英國人打出南非，滿足其狂妄的野心。」群衆高聲：「絕不！」接著又有一個聲音大喊：「絕不，我們有你這樣的漢子！」邱吉爾繼續：

南非的人民、開普殖民地的人民、納塔爾的人民，決定是否要在這個國家降下英國的旗幟。當我看見周圍像這樣的群眾，如此的決心與如此的熱情，我很滿意，無論困難，無論危險，無論蠻力，我們最後一定會成功。

歡呼的聲音更大，一個老人大喊：「上帝保佑你，孩子。」[88]

接下來幾年，對於邱吉爾英勇的逃獄出現許多質疑。一九一二年有一件誹謗訴訟，宣稱他刻意把哈爾達和布羅基留在監獄。布羅基在邱吉爾走了之後，確實指責他丟下同伴。但是一九三一年四月，在邱吉爾出版《我的早年生活》並提到這段逃獄後，哈爾達指出，軍人的法令有一條規定（用哈爾達的話），「如果任何軍官淪爲囚犯，看見逃跑的機會而不把握，可以因此懲處他。」[89] 邱吉爾看見他的機會並牢牢把握，但是其他人沒有。如同他會在《我的早年生活》承認，逃跑及隨之而來在英國與世界的盛名「將爲我後來的人生奠基」。[90]

一九四一年一月六日上午，儘管心裡掛記許多更爲迫切的事，但邱吉爾告訴機要祕書，他永遠記得一九〇〇年的今天，上將巴勒在七百人之多的南非輕騎兵前(6)任命他爲中尉，而不要求他放棄戰爭記者的工作。[91]巴勒已經告訴他，他無法拿到軍餉，但沒有關係，因爲他領有《早報》的薪水。

許多戰爭記者在那場戰爭沒有進一步冒險，有些人會在那次逃獄後歸鄉。邱吉爾則立刻回到前線，這下又是正式的軍人了。四天後，他志願奔走十八哩，傳送他的指揮官朱利安・賓恩（Julian 'Bungo' Byng，綽號「邦哥」）的訊息給上將法蘭西斯・克萊利（Francis Clery）。賓恩「認爲他的提議非常勇敢，因爲賓恩或我都不知道附近藏著什麼波耳人」。[92]邱吉爾告訴賓恩，他想得到傑出服務勳章，「戴在財政大臣的長袍上會非常好看。」[93]賓恩告訴他，「他得先進去國會，看看哪個選區的選民要他！」到了那時候，邱吉爾可以合理猜測，等他回國將可選擇他的選區。

「啊，可怕的戰爭，」一九〇〇年一月二十二日，邱吉爾在《早報》的文章如此寫著，「光榮與骯髒、偉大與可鄙，交織成驚人的雜曲，如果現代知識分子或領導人需要近距離才能看到戰爭的眞實面貌，單純的人民幾乎永遠看不見。」[94]接下來兩天，邱吉爾作爲通訊官，看見戰爭許多偉大與可鄙。他往返波耳戰爭數一數二糟糕的上將查爾斯・沃倫（Charles Warren），以及上校亞歷山大・索尼克羅夫（Alexander Thorneycroft）之間。索尼克羅夫在錯誤的山頭發動攻擊，導致處置徹底失當的斯匹恩山之役（Battle of Spion Kop），造成英國另一場軍事災難。(7)邱吉爾的軍階太低，無法歸咎他，但他藉此就近看到無能的軍事行動如何害慘軍隊。對戰之中，有幾次他差點中彈，其中一次帽上長尾寡婦鳥的羽毛還被打得開岔。[95]「殘忍的子彈不會歧視，在子彈之前，英雄的腦袋和四分之一的馬身中彈面積機率相同。」[96]二月十二日，他和也志願從軍的弟弟傑克在胡薩丘（Hussar Hill）探勘，結果傑克的腿中彈。(8)「那是他的戰火受洗禮。」邱吉爾事後寫道，「而且從那之後，我常常有個奇想，爲何有人會在第一次小規模戰鬥時就被擊倒，而另一人卻不斷俸免。但我想所有投手最終都會受挫。表面上我同情弟弟的不幸遭遇……但是我心裡默默坦承，我很高興這個年輕人可以正大光明遠離傷害一個月。」[97]阿特金斯認爲，「彷彿（傑克）幫他哥哥還了債。」[98]

拉迪史密斯經歷一百一十八天精疲力盡的圍攻，抵抗的英軍只剩不到半週的補給，終於在一九〇〇年二月二十八日解除困境。邱吉爾在現場，而且對他而言這是戰爭最大的獨家新聞。在《我的早年生活》，他描述自己和兩個南非輕騎兵分隊，「快馬加鞭穿越遍布灌木的平原」，進入拉迪史密斯。「我們繼續向前，沿著一條破舊的街道，兩旁的房屋蓋著錫做的屋頂，直到盡頭，在那裡遇見衣冠楚楚的喬治・懷特爵士（Sir George White）。接著我們全體一起騎進長久受困、幾乎荒涼的拉迪史密斯。那是令人激動的時刻。那天晚上，我和司令部的人員一起用餐。」[99(9)]

拉迪史密斯之後，邱吉爾的波耳戰爭冒險絲毫沒有減弱：四月底，他乘坐的馬匹就在座下中彈；五月底，他身穿平民衣服穿越波耳人控制的約翰尼斯堡；他在開普敦遇見密爾納，並在桌山（Table Mountain）和他的副官西敏公爵一起獵豺。[100]五月十六日，他將這些冒險付梓，名爲《從倫敦，經普里托利亞到拉迪史密斯》（*London to Ladysmith via Pretoria*），初版一萬冊立刻售罄。一九〇〇年六月五日，他和南非輕騎兵一起進入普里托利亞，解放他曾被拘留的監獄。他用牙齒咬著旗杆，撕下波耳的旗幟，讓之前的獄友少校西賽爾・格林蕭（Cecil Grimshaw）換上米字旗。

六天後，邱吉爾在鑽石丘之役（Battle of Diamond Hill）作戰，英國指揮官伊恩・漢密爾頓描述爲「顯著地英勇」。[101]作戰之間，一片偌大的炮彈碎片落在他和堂哥桑尼（即馬爾博羅公爵）之間。他留著這片碎片，後來送給公爵，上面刻著「這片三十磅炮彈的碎片曾經落在你我之間，原本可能永遠分隔你我，現在成為團圓的紀念」(今日展示在布倫海姆宮)。漢密爾頓想為邱吉爾的戰場表現爭取英勇的獎勵，卻遭到阻撓；很可能是基奇納，基於邱吉爾首先是新聞記者，接著才是軍人。[102] 從邱吉爾在這個時期穿著制服的一張照片，可見他蓄著纖細的鬍鬚，佩帶西班牙獎章，但他很快就會剃掉鬍鬚，因為顏色太淺。[103] 邱吉爾的女王南非獎章至少一共獲得六件飾條：鑽石丘、約翰尼斯堡、解救拉迪史密斯、奧蘭治自由邦、圖蓋拉高地、開普殖民地。邱吉爾在波耳戰爭的經歷為他贏得盛名，賦予他許多機會展現巨大勇氣，記者的工作也為他賺了許多錢，還讓他結交許多終身的朋友，例如漢密爾頓和將在一九三〇年擔任他伴郎的西敏公爵。

一九〇〇年二月，七萬字的小說《薩伏羅拉》在波士頓與倫敦出版。三年前，邱吉爾在印度寫了四分之一，然而必須暫停，先出版其他兩本書。這是他的唯一一本小說，向第四驃騎兵的軍官同袍致敬。雖然後來他開玩笑，「我一直叫朋友不要讀。」《薩伏羅拉》的內容值得好好研讀。許多年後，小說家康普頓・麥肯錫爵士(Sir Compton Mackenzie)說：「窺探這位年輕命運之子的夢境，不只關於他自己的未來，也關於獨裁者與共產主義者的政治未來。」[104] 有人說，第一本小說部分即是自傳，《薩伏羅拉》也不例外，雖然書中的英雄不只像邱吉爾，也像邱吉爾的父親。(埃佛勒斯女士也化身為這位英雄忠心耿耿的管家，名為貝提娜。)

這部小說設定在一個巴爾幹半島的虛構國家勞拉尼亞(Laurania)，殘忍的內戰結束五年後，獨裁者安東尼歐・莫勒拉(Antonio Molara)統治這個國家。相貌英俊、出身名門、三十二歲的薩伏羅拉，領導支持民主的國家黨，他是一個思想家，也是一位行動家。故事敘述莫勒拉打算剝奪半數的選舉權，確保即將來臨的大選勝利。飽讀詩書的薩伏羅拉——「麥考利的《文集》（*Essays*）就放在寫字檯上」——則是反對黨實際的領導人。書中寫著「野心是驅動的力量，而他毫無招架之力」。[105]某天四十位抗議者被殺，隔天薩伏羅拉抵達總統官邸抗議，此時莫勒拉美麗的妻子露西正好要出門，兩人之間深深互相吸引。莫勒拉討人厭的祕書米圭爾就像伊阿古（Iago）①，他建議莫勒拉，在薩伏羅拉選上參議員前，應該「遇上意外」，但莫勒拉害怕這樣會引發革命，反而叫露西揭穿薩伏羅拉的計畫。

露西偷偷去看薩伏羅拉對著七千人發表激動人心的演講。他及時發現她，從推擠的群眾之間將她解救出來。接著發生叛亂、入侵，以及英國戰艦干預。薩伏羅拉和露西的親吻也因莫勒拉與米圭爾遭到阻礙。左輪手槍瞄準，許多灑狗血的劇情隨之而來，包括莫勒拉反手掌摑他的「婊子！」妻子。[106]最後一幕，莫勒拉死了，米圭爾兩次改變立場，而薩伏羅拉被迫與露西流亡，但是「動亂平息之後，人民的心再度轉向受到敬愛的流亡者，他幫他們爭取自由，勝利時又被他們拋棄」。[107]

《薩伏羅拉》一鳴驚人，爲邱吉爾賺進七百英鎊，相當從軍六年的薪水。裡頭有幾句令人印象深刻的話，例如「激動的民主有幾個奇怪的特色，但不包括騎士精神」，以及「就算不是不可能，也難以冷落美麗的女人；她們保持美麗，使人相形見絀」。然而，他再也沒有寫出另一本小說。

勝利之後寬宏大量——這是邱吉爾整個職涯經常採取的政策。一九〇〇年三月，此時在一封寫給《納塔爾目擊報》（*Natal Witness*）的信中，邱吉爾呼籲寬容對待波耳人，主張復仇的心態不可取，「首先，那是道德的邪惡，第二，因爲那根本就是愚蠢。復仇也許痛快，但也極爲昂貴……我們也必須讓敵人順利接受戰敗。我們必須軟硬兼施。」[108]他這時候還不知道，大英帝國兼併川斯瓦與奧蘭治自由邦的工作，最後會落在他的頭上。

一九〇〇年七月二十日，邱吉爾以英雄之姿回到英國。至少十一個保守黨的選區協會要邱吉爾在九月底的大選代表他們，索茲伯里勛爵也希望在這次大選大肆利用對波耳戰爭的支持。邱吉爾選擇再戰奧丹選區兩席，他告訴阿瑟・貝爾福，他相信自己的聲望不只爲他贏得國會席次，也幫助他的保守黨競選伙伴勝選。「我也許可以選擇其他較安全的席次，但我特別在乎爲黨贏回這兩個席次，而且我確實認爲相當有機會成功。」[109]

在他的競選演說中，邱吉爾當然援用在〈修辭的鷹架〉中主張的鋪張和笑容，稱自由黨「假正經、過度拘謹、盲從」，而且指控他們「對大衆隱藏他們的意識形態，像洞裡的蟾蜍，但是當蟾蜍從洞裡出來，暴露所有醜陋的面貌，保守黨就必須驅逐一切骯髒的部位」。[110]他在這次大選中第一次面對毀謗。「有人說我經常喝醉，」某次奧丹的集會他這麼說，「還說我被逐出軍隊；我和（奧丹保守黨的）同僚克里斯先生吵架，說我曾攻擊過他的臉，雖然我從不記得做過這件事。爲了在這個謊言加油添醋，有一個無賴還朝著克里斯先生的臉丟了磚頭，弄傷他。」[111]

某次大選集會，在奧丹的皇家劇院（Theatre Royal），邱吉爾稱讚一位奧丹居民丹・丟斯內普，在邱吉爾逃獄時救了他一命。有個觀衆大喊，「他的妻子就在觀衆席！」這個事實引發「群衆歡騰」。[112]這是錢也買不到的政治宣傳。幸運的是，他眞正的選舉開銷多數都由馬爾博羅公爵處理。[113]邱吉爾對貝爾福吹噓他的名聲可以幫保守黨把兩席都拿下，這件事他錯了。十月一日，他以一萬兩千九百三十一票當選，緊跟在一萬兩千九百四十七票的艾福雷德・埃莫特後面，因此拿下華特・朗瑟曼的席次（一萬兩千七百零九票），最後一名則是查爾斯・克里斯（Charles Crisp），得到一萬兩千五百五十五票。令人訝異的是，超過五萬張選票中，最高票與最低票的差距只有三百九十二票。

「從數據來看，我非常清楚，剛結束的南非戰爭僅提升我個人受歡迎的程度。」他向索茲伯里勛爵報告，「沒有那個個人的部分——也許是非政治的投票——我可能還會輸給朗瑟曼先生。」[114]不久後，《浮華世界》（*Vanity Fair*）雜誌一則名爲〈間諜〉的漫畫，就會完美分析這個局勢：「他野心勃勃；他勇往直前，而且他愛他的國家。但是他幾乎不能成爲任何政黨的奴隸。」索茲伯里勛爵領導的統一黨聯盟獲得壓倒性勝利，而邱吉爾差距極小的險勝只一部分——四百零二位保守黨與自由統一黨支持政府的議員勝選，相對一百八十四位自由黨、兩位新成立之工黨（當年二月成立），與八十二位愛爾蘭民族黨議員。

在這位新科議員取得席次前，他已經打過四場戰爭，出版五本書（最近的一本《伊恩・漢密爾頓的三月》〔*Ian Hamilton's March*〕是《從倫敦，經普里托利亞到拉迪史密斯》的續集，在選舉十二天後問世），寫過兩百一十五篇報紙與雜誌文章，參加半個世紀以來最大的騎兵進攻，並且不可思議地逃出監獄。「以二十五歲的年齡，他征戰過的大陸已經多於史上任何一位士兵，除了拿破崙外。」當時對他的描寫表示，「而且見過的戰役和任何在世的上將相當。」[115]

邱吉爾無疑咄咄逼人。他取捷徑，刻意援用「鋪張」與誇大以達政治效果，而且被批評盛氣凌人。他也已經學會如何演講與寫作，具備無遠弗屆的自信，對於批評長出大象般的厚皮，在公開場合能言善道，展現無比的道德勇氣與外在體魄。他的逃獄經歷，表示他會抓住任何迎面而來的機會。總之，他已經準備踏上政治之路。

作者注

(1) 出自霍拉斯（Horace）的《歌集》（*Odes*）「Dulce et decorum est pro patria mori」，翻譯為「為個人的國家而死是甜蜜高尚的事」。

(2) 為平衡此事，一九四一年，邱吉爾在督伯汀勛爵（Lord Tullibardine）主持的晚會中表示，他也看過二十七歲的勛爵，即阿索爾（Atholl）公爵領地的繼承人，「利用一根鈕釦勾」從一名德爾維希軍的大腿取出一顆子彈。（*CS* II p. 2221）

(3) 一九〇二年十二月，他為波士頓的刊物《青年讀物》（*Youth's Companion*）寫了一篇短篇故事〈在軍隊的側翼〉（On the Flank of the Army）。那是一篇虛構的故事，描述一位上層階級的老哈羅槍騎兵中尉亨利・摩蘭德（Henry Morelande）遭波耳突擊隊俘虜，但由於他曾饒了一個波耳人的兒子一命，因此在那個波耳人幫助下逃跑。摩蘭德／邱吉爾被捕時震驚不已。「羞恥、厭惡、憤怒將中尉沖進深淵……接著失去所有對戰的機會，成為可悲的囚犯！他大聲哀嚎。」（*Windsor Magazine*, March 1903）

(4) 蝴蝶專家修・紐曼（Hugh Newman）後來描述邱吉爾，「如果不是羽翼飽滿的鱗翅學家，至少也是該領域的門徒」。（*FH* no. 89 p. 35）

(5) 可惜的是，有名的「二十五英鎊懸賞邱吉爾，死活不拘」海報是偽造的，沒有這種獎金，也不是波耳警察公告的；表面上在文件簽名的人當時不在那個職位，而且某些版本的印刷字體在一九二八年之前並不存在。邱吉爾並不知道偽造的事，晚年還因為那張海報挺得意的。

(6) 綽號是「公雞呦哩鳥」（Cockyolibirds），因為他們的帽子上有像雞冠的羽毛。

(7) 同一場戰役，莫罕達斯・甘地（Mohandas Gandhi）正在某處抬擔架。

(8) 傑克必須待在醫療船上，解除職務一個月。他們的母親也搭乘這艘船到開普敦，而且在來之前發揮熱忱和愛國精神，找到許多捐贈者，備齊所有船上的必需品。

(9) 這段敘述表示懷特下午六點被解救時，邱吉爾在場，而且在解救當晚和他一起共進晚餐，然而和上將休伯特・高福爵士在一九五四年的說法完全相反。高福在他的自傳《軍旅生活》(*Soldiering On*) 寫到，邱吉爾和他的指揮官丹多納德伯爵 (Earl of Dundonald) 晚上八點後才在拉迪史密斯出現，當時天色已黑，而帝國輕騎兵和納塔爾卡拉賓騎兵已經解救城鎮。高福又說，他說的話「可能無法讓他成為討人喜歡又受歡迎的年輕男子，但是可以從中發現他的活力、激動情緒的能力，這一點深深觸動他，而且是他領導才能的基礎」。(Gough, *Soldiering On* p. 81) 邱吉爾算不上敘述真相的一流戰爭記者，但另外兩位見證者丹多納德和陸軍元帥伯爾烏勛爵 (Lord Birdwood)，他們的回憶錄分別在一九三四年與一九四一年發行，比高福要早，兩人完全支持邱吉爾的說法。

譯者注

① 莎士比亞戲劇《奧賽羅》中的反派人物。

4 跨過地板 1900／10—1905／12

下議院……是某種學院或劇院，在此，才華洋溢的人不只有機會展現國會與公共事務的天賦，還有他們的性格與特色。——邱吉爾於遊說午餐中演說，一九四〇年二月[1]

適當照顧個人的利益，既非公共也非私人惡習。歷史讚譽的政治家或軍人對自己的提升漠不關心，對傷害無法表達厭惡，或僅以利他主義指引公共行為，俱是矯揉造作。——邱吉爾，《馬爾博羅：他的人生與時代》(*Marlborough: His Life and Times*)[2]

一九〇〇年七月二十八日，珍妮・邱吉爾和帥氣的軍官喬治・康沃利斯—衛斯特（George Cornwallis-West）結婚。他比她的長子年長兩週，幾乎沒有金錢援助。邱吉爾在前一年就警告她「愛情不等於麵包」，而這對夫妻當然很快就沒錢了。[3]那是一樁轟轟烈烈的婚姻，最後康沃利斯—衛斯特公開拋棄珍妮，而且在一九一三年離婚。但是顯然邱吉爾現在無法對他的信託基金抱持太多期望，而且既然在一九一一年之前國會議員都是無給職，他就必須賺錢。

國會休會直到一九〇一年二月中，而邱吉爾利用選後在英國和北美演講，藉此大賺一筆，內容多半是關於他在南非的歷險，並從一臺「神奇燈籠」投射出的幻燈片展示圖片。他小心不要太過自負。某次晚餐，他開玩笑道：「我正在讀一本書，叫做《被抓兩次》，書名非常特別，因爲被抓眞的很容易。把書取名爲『破產兩次』也可以。」[4] 英國的二十九場巡演幫邱吉爾賺進三千七百八十二英鎊。伊恩・漢密爾頓常去梅費爾的蒙特街一〇五號拜訪邱吉爾（桑尼・馬爾博羅租給邱吉爾的公寓，但不收租金），他記得邱吉爾「興高采烈地告訴我，他可以像小鳥跳出樹枝，不照準備稿，隨時即興演出，然後在任何人抓住他前又跳回去」。[5] 一九〇〇年十一月，邱吉爾成爲卡爾頓俱樂部的會員，那幾乎可說是保守黨政治人物的先決條件，同天湊巧還有另一位新科議員入會，就是加拿大出生的商人安德魯・博納・勞（Andrew Bonar Law）。

一九〇〇年十二月八日，邱吉爾搭乘冠達（Cunard）郵輪的汽船盧卡尼亞號（*Lucania*）抵達紐約。「我這次到美國，是來賺錢，不是玩樂。」他告訴伯爾克・卡克蘭，承認「對於登上美國思想與言論的驚濤駭浪毫不畏懼」。[6]「我不是來這裡和任何人結婚。」他告訴在碼頭等待的記者，「我不會結婚，而我也希望明說。」[7] 當被問到，幫助他從監獄脫逃的是阿非利卡的少女，還是天意，他的回答耐人尋味——「有時兩者就是同一件事。」[8] 那晚在記者俱樂部（Press Club），享受餐後白蘭地和雪茄時，他說：「看過許多國家，行遍歐洲，又在波耳戰爭淪爲囚犯，我逐漸明白，追根究底，相較其他白種人，英語民族最主要的特徵就是，他們會洗澡，而且固定時間。英格蘭和美國被汪洋海水分開，卻由一缸永恆充滿水和肥皂的浴缸連結。」[9] 未來某天他將親自論述的英語民族「兄弟關係」，然而這樣的開頭實在稱不上高尚。

十二月十日，邱吉爾在紐約州首府奧巴尼（Albany）和當選副總統的西奧多・羅斯福（Theodore Roosevelt，即是老羅斯福）見面，但他們處得不好。老羅斯福寫信給朋友：「我在這裡遇見英格蘭人[(1)]溫斯頓・邱吉爾，雖然他不太討喜，但我對他說的一些事情頗感興趣。」[10] 老羅斯福的女兒後來敏銳地總結，兩人沒有一拍即合，因爲他們太像了。同樣知名的人物馬克・吐溫（Mark Twain），六天後在紐約的第一門課介紹邱吉爾，他說：「邱吉爾依他的父親是英格蘭人，依他的母親是美國人，這樣的結合無疑創造完美的人。」[11]

許多美國人跟馬克・吐溫一樣反對波耳戰爭，而且在安納保（Ann Arbor）的密西根大學巡迴時，邱吉爾的噓聲不斷。某天他對芝加哥愛爾蘭裔的美國人演講，有個心懷怨恨的觀眾抵達現場，「帶著威士忌」，大聲對他喝倒采。幸虧他想到一招聰明的方法轉移敵意。邱吉爾一改嚴格的歷史敘述，將這場戰役中的英國人置於兵敗潰散邊緣，此時，「絕望之際，都柏林燧發槍團抵達！號角響起，全力衝刺，敵軍從戰場上節節敗退。」[12] 一時之間，觀眾在恐英情結與血緣關係之間拉扯，之後跟隨他們的內心，爲這場像是愛爾蘭勝利的戰役歡呼。

「我很驕傲，百萬人中無一人像我一樣，在這個年紀，又沒有資本，不到兩年就賺了一萬英鎊（約今日一百萬英鎊）。」邱吉爾在新世紀的第一天向母親炫耀，「但有時這是很不愉快的工作。例如上週我到一個美國小鎮演講，發現（主辦人市長詹姆斯・B）邦德沒有安排任何公開演講，我是被以四十英鎊受雇到一幢私人宅邸的晚宴表演，像個魔術師。」[13] 邱吉爾賺來的錢，由父親的金融家朋友歐內斯特・卡塞爾（Ernest Cassel）幫忙投資而獲利。

一九〇一年一月二十二日，維多利亞女王逝世，當時邱吉爾在加拿大溫尼伯（Winnipeg）演講。「我很好奇國王的情況。」邱吉爾諷刺地向母親問起新即位的國王愛德華七世，也是母親之前的情人，「這件事情會徹底改變他的生活方式嗎？他會不會賣他的馬，疏遠他的猶太人（他還是威爾斯親王時，向猶太金融家借了很多錢），或者勞本・沙遜（Reuben Sassoon）會不會被供奉在皇冠上的珠寶和王權象徵物品之間？他會不會變得非常嚴肅？他還會繼續對妳友好嗎？科佩爾（Keppel）(2) 會被指定爲首席寢室女官嗎？」[14] ① 隔天他下注一百英鎊和美國明尼亞波利斯（Minneapolis）的實業家詹姆斯・C・揚（James C. Young）打賭，揚認爲大英帝國接下來十年會「逐漸走下坡」。[15] 邱吉爾當然贏了，只是不知道他有沒有去拿錢。

他在二月二日登陸英格蘭，而這次回來，雖然他還不能開車，但買了一輛汽車，是法國車摩爾斯（Mors，他唯一一輛非英國車）。幾年後，他告訴一位朋友，「他從未想過找人教學，直接開車上路。」他承認「在海德公園角（Hyde Park Corner）和一輛公車發生一點問題，導致一些損壞」，但是「我們修理好了」，而且隔年他一天內從倫敦開到約克。[16] 邱吉爾習慣開快車，經常闖紅燈，有時候遇到塞車，還會開上人行道。[17] 他開車急躁，而且無視道路規則，這兩點似乎完全符合他的人生態度。

一九〇一年二月十四日，邱吉爾在下議院就任。「能在這座知名的殿堂參與法律制訂，是莫大的光榮。」他後來寫道，「世紀以來，這個地方指引英格蘭度過無數險境，步上帝國之路。」[18] 對他來說，驚訝的是，在那裡的第一句話不是他主動說的。在他之前的發言人是自由黨的火把大衛・勞合喬治（David Lloyd George），勞合喬治對於正在辯論的法案提出適度措辭修正案，但他的演講尖酸刻薄，衝著保守黨而來。[19] 因此，在保守黨議員托馬斯・包爾斯（Thomas Bowles）促使下，邱吉爾於二月十八日首次在下議院演講：「總的來說，這位尊敬的議員演說但不提出修正案，如果他能提出修正案而省去演說，這樣會更好。」[20] 保守黨被這句俏皮話惹得發笑，而下議院也注意到，聽邱吉爾講話可能不單有趣，而且有益。他們對於邱吉爾首次演講的其他部分就不覺得那麼有趣，他主張既然已經打敗波耳人，應該寬容以對，還說「如果我是在戰場上打仗的波耳人——而且如果我是波耳人，我會希望上戰場打仗……」[21] 據聞坐在前座②的約瑟夫・張伯倫聽到那句話後說：「想丟掉席次就是這樣。」[22] 邱吉爾繼續說：「從我的戰爭經驗，而且有時我會從中有所領悟，我相信比起其他戰爭，尤其那些平民百姓參與的，這場在南非的戰爭，整體而言，過程包括難得的人性與寬容。」（將波耳平民居留在集中營，一開始是為了保護丈夫和兄弟不在的人；直到後來爆發疾病，造成一萬六千人死亡。）

邱吉爾說，他希望英國勝利後的波耳人，「那些在戰場上奮戰、勇敢又不快樂的波耳人」，能夠得到「完全保證的財產與信仰、平等權利、代議機構，而且一樣重要地，英國軍隊也會相當樂意表揚勇敢堅忍的敵人」。[23] 他的結語稱讚戰爭更加鞏固帝國團結。「無論在開普殖民地失去多少懷疑我們的朋友，」他說，「在加拿大、澳大利亞，那裡的人民，甚至最遙遠省分裡最樸實的農夫，透過他們實際參與戰爭，我們得到十倍，也許二十倍的朋友。就算他們過去並不理解，現在也已經知道，他們屬於帝國，而且帝國屬於他們。」[24] 演講結束前，他提到父親，令人感動：「我在坐下之前必須要說，非常感謝下議院秉持仁慈並給予耐心，聆聽我的發言。我很清楚，並非我個人之故，而是因為許多尊敬的議員依舊保留某些輝煌的記憶。」[25] 因為邱吉爾事先發出講稿，所以新聞廣為報導此次演講，但是這種作法在當時被視為不敬，幾乎就是狡猾的作為。

倫道夫・邱吉爾勛爵一八七四年進入下議院時，加入一個叛逆團體，因為他們經常反抗保守黨的領導，後來以第四黨爲人所知。他的兒子在國會的頭一年也做了類似的事，加入一個貴族的叛逆團體，以索茲伯里侯爵的兒子修・西賽爾（Hugh 'Linky' Cecil，綽號「林奇」）爲首，這個團體的人被稱爲「阿修」（Hughligans）③。雖然西賽爾是保守派，而邱吉爾是托利民主派，但阿修們經常一起吃飯、一起投票，一般被視爲一群聰明的年輕人，爲了吸引注意而叛逆，希望因此得到職位。毫無意外地，對於那群出身較低、忠誠於黨的後座議員來說，他們也是眼中釘。

邱吉爾不需等待太久，就出現叛逆的機會。一九〇一年三月，陸軍大臣聖約翰・布羅德里克（St John Brodrick）宣布增軍五十%，邱吉爾發現機會洗刷父親的名聲。他找一位財政部的朋友法蘭西斯・莫瓦特爵士（Sir Francis Mowatt）惡補正統經濟學，接著提倡減少所得稅；當時五・八%的稅率被認爲高得危險。減稅需要減少軍事花費，而非增加，才能彌補缺口。邱吉爾花費六週的時間準備攻擊布羅德里克的軍事預估額度。五月十三日，他在下議院第二次發言，和第一次相距將近三個月。「我徹底記在腦子裡，」他告訴一位記者，「無論我從哪裡開始，或怎麼表達，都不會影響。」[26] 他發言的整個小時，完全沒有參考筆記。(2)

布羅德里克野心勃勃地打算設置六個英國陸軍團，其中三個戰時將派往歐洲大陸。邱吉爾說，六個團「足以激怒，不足以嚇唬」。[27] 他相信海軍保護英國，而陸軍僅需作爲帝國警察，不需參與英國在歐洲大陸的軍事行動。他引用父親辭職前寫給索茲伯里勛爵的信：「我拒絕加入一個鼓勵陸軍部與海軍部的激進政黨，捲進其他國家不得已涉入的巨大風險中。」結束之前，他說：「我很高興下議院允許我，過了十五年後，再次舉起緊縮政策與經濟這支破爛的旗幟。」[28] 他描述自己爲「傳統的保守黨人，前途與保守黨難分難解」，儘管如此，他還是希望爲不受歡迎的國防預算刪減辯護，「因爲這是我繼承的事業，也是已故的倫道夫・邱吉爾勛爵，爲了追求而比現代任何部長犧牲更多的事業。」[29]

「歐洲的戰爭只會是殘忍、痛心的鬥爭，」邱吉爾預言，「如果我們未來將在其中承受戰爭勝利的苦果，這樣的戰爭將會需要整個國家的人力，而且和平的產業完全停擺，社會所有精力只爲了單一目標而動員，也許長達數年。」他主張戰爭的本質已經不如過去，不再是職業軍人組成的小型常規軍隊，執行有限的行動。相反地，在一九一六年總徵兵與總體戰的十五年前，他便極具洞察力，表示「只有在被征服的一方成爲廢墟，而征服一方的商業斷層並消耗殆盡，到了幾乎致命的程度，歐洲的戰爭才會結束。民主比內閣更想復仇。民族之間的戰爭比國王之間的戰爭還要可怕。」[30]

邱吉爾至少六次寫下這段極有先見之明的演講，然後背起來。一位政治記者描述這篇演講「正中國防問題，刺激下議院」。只有十七名保守黨員投票反對邱吉爾所謂「考慮不周、荒謬的想法」，儘管如此，布羅德里克還是撤回計畫。邱吉爾很快就在下議院聲名大噪——雖然是攻擊自己人。

一九〇三年初，布羅德里克提出新的英國陸軍擴張計畫時，邱吉爾進一步攻擊，適時展現嘲諷與幽默。「某天我走路經過白廳（Whitehall），」④一月時他告訴奧丹的觀眾，「我注意到新的陸軍部大樓即將搬到之前難民委員會和瘋人委員會的舊址。」[31] 邱吉爾認爲強壯的海軍有所助益，但是長期設置龐大的陸軍則無。他說，他「不贊成毫無準備，但是擁有頂級的海軍可以抵銷毫無準備；缺乏頂級的海軍，所有準備，無論多麼悉心、費盡心力，可能都沒用」。[32] 四月，針對該議題，他將演講出版成冊，書名爲《布羅德里克先生的陸軍》（*Mr. Brodrick's Army*），他整個職涯都會針對不同主題固定出版這樣的書籍。

同時，邱吉爾寫信給殖民地大臣約瑟夫・張伯倫，問起針對那次火車埋伏事件，能否爲他的英勇表現「提供某些軍事紀錄或獎章」。「我懷疑當局認爲整個事件只是記者在胡說八道，」他寫道，「但不是。當然我和所有其他國會議員一樣，不會**爲我自己**在乎那些亮晶晶的裝飾，但我就和其他人一樣，如你所知，『想著我的選民』，而且也許我也該考量未來妻子的感受。」[33] 除了再添一筆盛氣凌人的印象，他什麼也沒得到。還有一則四處流傳的故事：《早報》的編輯寄給邱吉爾一篇他的演講校對稿，其中在他說完某句話後，接著括注起來的「歡呼」，然而寄回給編輯時，他把「歡呼」修訂爲「響亮且持久的掌聲」。[34]

邱吉爾在全國演講，聽衆逐日增長。每次成功演出後，他的自信也愈高。[35] 對於那些摧毀父親政治事業的資深托利政客，至少當時他也設法抑制恨意。畢竟，他將《河上之戰》一書獻給索茲伯里勛爵，而且他加入的阿修派是對方的兒子帶頭。保守黨的下議院首席阿瑟・貝爾福是索茲伯里的外甥與指定繼承人（因此，才會有「鮑伯是你舅舅」這句話）。⑤ 貝爾福是倫道夫勛爵的朋友。兩人在一八七〇年代後期與一八八〇年代初期偶爾結盟，但到了倫道夫辭職的關鍵時刻，也由於索茲伯里的緣故毅然中斷。

到了一九〇一年十二月，邱吉爾內心湧起強大的社會責任感，主要由於閱讀班傑明・西博姆・朗特里（Benjamin Seebohm Rowntree）的著作《貧窮：城市生活研究》(*Poverty: A Study of Town Life*)。「一個可以駕馭海浪，卻無法疏通水管的帝國，在我看來並不光榮。」他寫信給父親的朋友J・摩爾・貝禮（J. Moore Bayley）。「需要平衡得當的政策……能夠發展並擴張，同時兼顧社會舒適與健康的進步。」[36] 朗特里四百頁的書，兩年內出了五版，鉅細靡遺地調查約克貧民窟驚人的貧窮骯髒。「在這片財富豐裕的土地，」書中總結，「在空前繁榮的時代，大約超過四分之一的人口生活在貧窮之中。」[37] 這句話的含意完全符合邱吉爾繼承自他的父親，而他的父親繼承自迪斯雷利，托利民主的社會改革面向。

邱吉爾對朗特里的書作寫下長長的書評，但是沒有發表。談完貧窮的諸多定義、窮人膳食營養不良、臨時工人的悲慘生活、住宅供給與房租問題，他指出個人認爲的核心問題：貧窮「嚴重阻礙」陸軍與海軍招募，而且「假設平民的體格都矮小歪曲，不夠資格塡補陸軍軍團可能的職缺，大英帝國的未來豈不可悲可嘆。因此——儘管聽來古怪，幾乎不可置信——我們的帝國名聲其實不離他們的健康」。[38] 邱吉爾總結，「如果英國國家人力大幅衰退，以致無法正常招募與殖民地兄弟實力相當的士兵，政治家某種程度必須負起責任。」[39] 他對社會改革的興趣，不僅沒有和他的帝國信仰分開，事實上反而緊密相連。

邱吉爾對社會改革與對抗貧窮的興趣，帶領他接觸原本可能不會相遇的左翼知識分子。一九〇三年七月八日，重要的社會主義思想家碧翠絲・韋伯（Beatrice Webb）在日記中寫著「和溫斯頓・邱吉爾晚餐」，「第一印象：焦躁，幾乎到了難耐的地步，無法長期從事單調工作、自大、傲慢、心胸狹窄、保守，但是有些個人魅力，膽識過人、獨樹一格——倒不是才智，而是個性。美國來的投機者，多於英格蘭的貴族。完全只談自己和他的競選計畫……『我絕對不做別人可以代替我的腦力工作』。」[40]（那當然是在說笑，但沒有幽默感的社會主義者當眞。）「但我敢說他有更好的一面，只是跟一個不熟的人共進晚餐，自然會被他的立場和職涯那些普通低俗的犬儒主義所掩蓋。」她繼續寫道，「沒有科學研究、哲學、文學或藝術的概念，宗教更少。但是憑著他的膽識、勇氣、謀略和家世，也許可以走得長遠，只要別像他的父親那樣自我毀滅。」[41]

韋伯的判斷在幾個方面有錯——邱吉爾當然有宗教的概念，他單純就是不相信宗教，但她頗具慧眼，點出他的個人魅力與獨特之處。對於邱吉爾工作能力的部分，她完全說錯；如果他認爲那是重要的事，可以全心全意，而且將他對於事實、引言、統計等龐大的記憶能力用在精通那件事，因此記者、質問者、國會對手都贏不過他。

隨著邱吉爾發展社會思想，他也開始對於中心政黨的概念產生興趣，這樣的政黨將會結合保守黨與自由黨最佳和最穩健的元素，並刪除兩者的極端派系。想像合理、寬容、中立的政治人物組成聯盟，恆久治理國家，這樣的夢想會持續跟著他，直到一九五〇年代初期。當前首相羅斯伯里勛爵於一九〇一年十二月在切斯特菲爾德（Chesterfield）發表演講，內容大略沿著這些想法，此時修・西賽爾必須提醒邱吉爾，「關於加入中間政黨，如果有中間政黨可以加入，可能是非常適當的路線。但是現在沒有……例如，如果羅斯伯里的政府給你職位，不維明確表達支持就一定是瘋了。」[42] 邱吉爾仍繼續渴望一個能排除社會主義者，並占據英國政治中心地位的多黨聯合政府。而困難在於任何這種英國政治重組的想法一定會被人發現，他也理所當然會被視爲密謀者或黨的背叛者。

一九〇二年，爲了撰寫父親的傳記，邱吉爾開始進行研究，這些研究再次提醒邱吉爾，保守黨的官僚如何惡意對待倫道夫勛爵，因而重啟他從前的敵意。一九〇二年七月，索茲伯里辭職，貝爾福接任首相，但是邱吉爾認爲，在不同情況下，這個位置可能是他父親的。貝爾福死後，他出版《傑出的同代人》（*Great Contemporaries*），書中稱讚貝爾福的聰明與魅力，接著又說：「除此之外，談到公共事務的部分就是冷酷無情。他鮮少允許政治對立阻撓私生活；……也幾乎不讓私人友誼，無論多麼牢固，妨礙他解決國家問題。」[43]

爲父親作傳的研究期間，邱吉爾借來父親的朋友與倫道夫勛爵來往的信件，但最痛苦的信其實在母親那裡。「托利民主這個眞誠的信念結束了。」他在一八九一年告訴她，「世界上再也沒有力量能讓我爲托利人舉起一隻手或一隻腳或發聲。」「我想自己犯下極大的錯誤；但是沒有體貼、沒有寬容、沒有記憶或感激，除了惡意、怨恨、虐待外，什麼都沒有。我很累，而且極度厭煩一切，不會再繼續我的政治生涯。」[44] 像這樣自怨自艾的信——既然他打算拉下黨魁，爲何還會期待寬容或感激？——導致他的兒子和貝爾福等保守黨高層之間關係生疏，卽使同坐一張長椅。保守黨議員同僚溫特頓勛爵（Lord Winterton）回憶，早期時，邱吉爾「似乎享受惹人討厭。表面上看來，用現代的說法，他就像『隨時等人來戰』。」[45]

「傑出的人經常問我，爲何我老是引用我的父親。」一九〇二年一月，邱吉爾告訴黑潭（Blackpool）的保守黨協會，「而我回答，我相當樂意引用任何人，只要我發現在道德與心理認同他們發表的意見。但是現在急需有人領導這個國家。當然有老人，但你不能期待他們什麼都非常注意，而年輕人，你也不能期待別人非常注意他們。」[46] 這句話惹得觀眾笑了，就像他的許多笑話。

一九〇二年，在一次訪問中，邱吉爾被問到政治人物需要的特質，他回答：「預言明天、下禮拜、下個月、明年將會發生什麼——還有……解釋爲什麼沒有發生。」[47] 他也會拿國會議員的工作來開玩笑：「他被要求站著，他想坐下，卻又被人們預期他會躺下（lie）⑥。」[48] 幽默對邱吉爾而言格外重要，而且在他的政治兵工廠，他把幽默化爲有效的武器，無論是轉移批評、嘲笑對手、緩和緊張的場面。他瞭解，冗長的維多利亞政治演講中，如果他需要指導、說服、激勵別人，就需要娛樂他們。有人拿他跟同時代的幽默作家比較，例如希萊爾・貝洛克（Hilaire Belloc）、諾爾・寇威爾（Noël Coward）、P・G・伍德豪斯（P. G. Wodehouse），也說他開玩笑的時機跟格魯喬・馬克思（Groucho Marx）相似。國會議院暨幽默作家A・P・赫伯特（A. P. Herbert）指出，紙張上的文字不能眞正呈現邱吉爾，還需要「知道現場場景、周圍環境、獨特的響亮聲音、停頓、笑聲、頑皮天眞的眨眼表情」。[49] 即使在二戰的谷底，邱吉爾仍然不忘在演說中注入幽默。相反地，其他首相，例如斯坦利・鮑德溫、拉姆齊・麥克唐納、內維爾・張伯倫很少在議事廳表現機鋒妙語，有些是因爲他們沒有能力，其他則是覺得不得體。倒是邱吉爾經常援用幽默，是貶低自己，也是挫挫敵人銳氣的方式。每次他站起來說話，整個議事廳總是期待聽見可以引用的妙語。

邱吉爾對保守黨極爲矛盾的情感，意味他在下議院的政治活動，圍繞著對正式的統一黨只有一半認同的阿修派。保存在上議院檔案庫的阿修派用餐紀錄，就是愛德華時代統一黨實際的名人錄。每週四俱樂部都會舉辦晚會，向大臣與重要的國會議員致意，邱吉爾幾乎全數參加。他們會爲「純潔、吝嗇、波斯灣」或「浪費、品格、報刊」舉杯。次於西賽爾和邱吉爾的重要人物是蘇格蘭貴族伊恩・馬爾康、第十六代德比伯爵（Earl of Derby）的兒子阿瑟・史丹利（Arthur Stanley）、第七代諾森伯蘭公爵（Duke of Northumberland）的長子珀西伯爵（Earl Percy）。阿修派作爲國會壓力團體，短暫但有影響力的存在時間中，稱讚的人物包括聖約翰・布羅德里克（儘管邱吉爾與他針鋒相對）、約瑟夫・張伯倫的兒子奧斯汀・張伯倫（Austen Chamberlain）⑦、阿瑟・貝爾福、自由黨的議員愛德華・格雷（Edward Grey）、羅斯伯里勛爵、自由黨的演說家約翰・莫萊。

他們有時聚在布倫海姆宮，但阿修派從頭到尾最重要的聚會，是一九〇二年四月二十五日的下議院。

那次是爲了向約瑟夫・張伯倫致敬，他正準備爲了關稅改革分裂統一黨，如同一八八六年他爲了愛爾蘭自治分裂自由黨。這位十九世紀的政治巨人離開前，在門口停下腳步，轉過身，意味深遠地說：「諸位年輕閣下莊重地接待我，作爲回報，我將給你們一個無價的祕密。關稅！這是未來的政治，而且是不遠的未來。」[50] 那次聚會確立邱吉爾反對關稅改革的立場（又稱帝國特惠關稅制〔Imperial Preference〕），最終驅使他離開統一黨。張伯倫打算提出的改革包括對帝國以外國家的進口產品課徵高額的保護主義關稅，此舉將會鼓勵帝國內部貿易，但也不可避免導致食物價格提高。對自由派的保守黨人而言，例如邱吉爾，要窮人花更多錢在食物上是非常可惡的事。他寫信給羅斯伯里，提到「中心聯盟的機會」，如果張伯倫是認眞的，他覺得「『托利—自由』這個名稱比『托利—民主』或『托利—帝國主義』好多了……我必須面臨的眞正困難，是別人懷疑我單純受到野心強烈驅使：而且如果像關稅那樣的議題發生，那個困難就會消失。」[51] 他的父親對於那項議題絲毫沒有原則，在世時幾乎同時提倡自由貿易與帝國特惠。他爲父親作傳而研究的信件可以明顯看出，但他沒有引用。

張伯倫說到做到，開始宣傳全面的關稅改革方案，而邱吉爾看見他的機會。五月二十五日，他寫信警告貝爾福，張伯倫最近的演講都在提倡殖民地特惠關稅，「清楚暴露保護主義意圖」。「我完全反對任何改變這個國家自由貿易的事。」他警告，「而我認爲這件事情比我們眼前任何議題都還重要。特惠關稅……危險且不適宜……一旦這項政策開始，必定導致完全的保護制度，脫離不了商業災難與英國政策美國化。」[52] 邱吉爾經常援用滑坡論證，而這是特別誇張的例子，因爲完全的自由貿易與完全的保護主義之間，當然有許多停損點。有位歷史學家描述當時的美國關稅制度爲「互助、私通、賄賂」，他可能就會認同邱吉爾舉美國為例代表的貶義。[53]儘管邱吉爾大致崇拜美國，認同美國在世界舞臺漸增的重要性，但他還是這麼說。一個月後，六月二十二日，他在預算辯論中說：「他總是覺得，經過這麼多年，英格蘭的治國目標應該是和美國培養良好關係。」[54]五月，波耳人投降並簽訂《弗里尼欣和約》（Peace of Vereeniging），之後這點又變得更容易。

「我親愛的溫斯頓，」貝爾福冷酷地回信，「我從不知道張伯倫主張保護，雖然他毫無疑問已經準備，而且確實急著要在食物上課稅，這點可能剛好帶有保護意味⋯⋯但是這件事情絕對極度困難，且須謹慎進行。」[55]貝爾福打算走中間路線，但這將打擊他的首相職位，而且惹怒邱吉爾，然而事後回想，考量他的政黨從下到上分裂的嚴重程度，他還能怎麼做？幾年後，邱吉爾承認，由於保守黨欺壓戰敗的波耳人、軍隊改革、不當利用近期的勝選，他早就充滿反感，「保護議題出現時，我已經傾向用最批判的眼光看待他們全部的行動」。[56]換句話說，他迫不及待開戰。

一九〇三年五月二十八日，衝突浮上檯面。殖民地大臣張伯倫在下議院正式提倡出關稅改革，邱吉爾緊接在後發言。在莫瓦特帶路下，他已經密集讀過貿易政策，而且保守黨大約六十名反對關稅改革的叛軍之中，即所謂自由糧食者（Free Fooders），邱吉爾又將自己擺在領袖位置。「長久下來，這些問題將會成為我們國家史上最大的爭議，因此必須處理。」他開口，而且刻意誇大。他預言，在保護主義下，「舊的保守黨，將帶著它的宗教信仰與憲法原則消失，而新的政黨將如美國的共和黨般興起——富有、物質、世俗——他們的輿論會啟動關稅，會令大廳充滿保護產業的情報販子。」[57]

統一黨內部的關稅改革鬥爭將會持續三十個月，雙方的內閣都會辭職。邱吉爾告訴查爾斯・伊德，他父親晉升到高位的原因之一是，「他攻擊格萊斯頓比誰都要無禮。」[58]那是眞的，而且邱吉爾自己攻擊阿瑟．貝爾福對於關稅改革的騎牆態度也意欲達到相同程度。一九〇三年七月二十九日，《糖業慣例法案》的辯論中，邱吉爾描述他的前座：「都是好人，都是老實人，準備爲自己的主張犧牲，但是他們沒有主張。他們準備爲眞理赴死，如果他們知道什麼是眞理。他們的意見只在『初校樣張階段』，眞正公諸於世前，會由首相仔細修正校訂。」[59]這樣的俏皮話開始引起坐在身旁的保守黨人回應。上校克勞德．勞瑟（Claude Lowther）說，他擔憂邱吉爾可能是在南非染上腳氣病，「因爲我曾聽說，那種疾病最大的特徵就是頭會超大。」[60]

到了一九〇三年八月，邱吉爾深信下次大選就會一面倒向自由黨。「自以爲是又自得意滿的政府很快就會大吃一驚。」他寫信給《泰晤士報》的老闆北巖勛爵，「小心一點，我們可能就能建立一個偉大的中央政府，既不是支持保護主義，也不是親波耳派，而是激進的自由派，這將解決普遍存在令人震驚的行政效率低下問題。」[61]同年秋天，他將這個想法發表在《每月評論》（*Monthly Review*），主張：「今日許多溫和理智的人所持的這個立場，是非常困難的立場，他們夾在政黨組織之間。」提到索茲伯里和張伯倫施加在波耳人身上的殘酷條款，邱吉爾說，節制的人「發展與鞏固帝國時，會眞心驕傲與快樂，但他們並不打算看見帝國主義僅僅作爲選舉詭計而進行剝削……重要的問題是——政治組織因人而生，還是人因政治組織而生？」[62]

十月二十四日，邱吉爾寫信給在政界最親近的朋友修．西賽爾。同爲保守黨人，西賽爾決心從內部改革保守黨主導的統一黨。「我是英格蘭的自由派。」邱吉爾寫道，「我恨保守黨，恨他們的人、他們的話、他們的方法。我完全不同情他們，除了我在奧丹的人民外。我想採取一個明白實際的立場，廣大人民可以理解的立場。」[63] 邱吉爾沒有寄出那封信；如同許多他未寄出的信，那封信也許應該視為發洩，而非針對他的信念所做的理性分析，但是不難從中窺出他準備移動的政治方向。

「他的個子不高、方臉、外貌平凡，但是幽默、聰明、獨樹一格。」十月三十一日，威弗里德·布朗特提到，「無論內在和外在，他都是他父親奇特的複製品，和他父親一樣不可預測、自信，但我應該說，能力優於他父親。**頑童作風**、厭惡傳統則是相同，迷人的直言不諱和願意理解也相同。」[64]

十一月十一日，邱吉爾前往張伯倫的大本營，在伯明罕的市政廳演講，完全展現他的外在體魄。地區警察局長必須在大樓四周豎立特殊柵欄，並且出動消防車，驅散外頭怒吼的群眾。「忽然間，一輛馬車駛進不友善的群眾之間。」一位新聞記者記錄，「裡頭只坐著邱吉爾先生；坦蕩蕩、伸手可及、公開面對挑戰；若有人不服，可能就會爆發私刑。時間突然暫停，接著群眾受到現場的精神感染，爆發出歡呼聲。」[65]

進入市政廳後，不時有人大喊：「把他丟出去！」打斷他的演說。邱吉爾說：「我請聚集在此眾多的英格蘭人，在這帶動進步與啟蒙的偉大城市，給予我和修·西賽爾勛爵公平的機會，聽我們說話。」[66] 他們給了，而他演講的過程中，邱吉爾至少贏得屋裡部分的人心。「由於政府任意又了無新意的作為，請你們記得，政府什麼都不創造，而且除了他們一開始拿走的，也什麼都不給——你可能放錢進入一群英格蘭人的口袋，但是另一群英格蘭人就從那個口袋拿錢，而且很大部分會掉在半路。」[67] 他總結：「高度保護的關稅，雖然可能增加資本的利潤，但是對窮人及窮人中的窮人，是搶奪與壓迫的邪惡機器。」

十二月，貝爾福建議組成委員會調查關稅改革——標準的政府拖延手法。邱吉爾問哈利法克斯(Halifax)的群衆：「是首相指定的嗎？有任何首相嗎？」[68] 當笑聲漸弱，那時已經精通笑話時機的邱吉爾又問：「貝爾福在哪裡？他從哪裡進來？這一切奇怪的表演，他扮演的是什麼角色？」[69] 如此攻擊自己的政黨領袖必定會招來某些影響，兩天後，奧丹的保守黨協會寫信表示對他沒有信心。邱吉爾提議辭職，乾脆補選，但他們擔心敗選，於是同意他繼續代表他們直到下次選舉。一九〇四年一月，邱吉爾不再收到黨鞭來信。

「他們說保護主義的製造業支持張伯倫的提案，因爲他們很愛那個做工的人。」邱吉爾二月在曼徹斯特說，「他們很愛那個做工的人，而且他們很愛看他做工。」[70] 他在那次演講後來說，「試想，你可以靠課一個人的稅讓他變得更有錢，就像有人認爲他可以站在籃子裡，把自己提起來。」[71] 三月二十九日，邱吉爾在下議院一站起來發言，貝爾福就走出議事廳。當邱吉爾抗議這麼做「缺乏尊重」時，大臣座席全體起立走了出去，接著後座議員也是，全部超過兩百人。有些人在議事廳的欄線嘲弄邱吉爾，倫道夫勛爵第四黨的同僚約翰・戈斯特爵士(Sir John Gorst)描述爲「我所見過最明顯的無禮之舉」。[72] 只有一小群統一黨的自由貿易者留在邱吉爾旁邊的座位。[73]「這是有史以來對演說者的最高敬意。」一位政治記者後來寫道，「有如敵人一見他就跑了。」[74]

邱吉爾說，人民想要知道「首相對於這個煩惱全國的議題，眞正的想法是什麼？而且他不認爲他們問這個問題不合理，因爲畢竟當一項政策被一位公衆人物憑著信心和榮譽提出，跟當作便宜的政治伎倆公然提出，兩者並不相同」。[75] 大約過了兩週，一九〇四年四月十五日，在奧丹的自由貿易聯盟開幕會議，他宣布：「直到這個偉大的保護主義紛擾再次入土爲安前，而且是永遠，我的政見只有自由貿易。我會和任何自由貿易者合作，無論他的政見、政黨，而且我會反對任何保護主義者，無論他的政見、政黨。」[76]

邱吉爾總是把演講背起來，即使動輒長達一小時。四月二十二日，辯論《貿易爭議法案》時，說了四十五分鐘後，他完全忘記要講什麼，於是直接坐下。國會官方的議會議事錄（Hansard）寫著：「此時尊敬的議員在演講的結論部分支吾其詞，在同情的喝采聲中表示謝謝議院聆聽，接著回到座位。」[77] 翌日頭條寫著「邱吉爾先生崩潰」與「下議院的動人事件」。[78] 動人的原因是他父親病發時也發生過類似的事。邱吉爾告訴卡克蘭，「那個失誤完全是不由自主」，但是從此之後，他會確保每個句子的關鍵字都寫在便條上，他稱爲「詩篇形式」。某位朋友回想那起事件，邱吉爾不因那次丟臉而氣餒，反而從中學習。[79]

邱吉爾不想對抗在奧丹的老戰友。因此一週之後，他宣布下次大選將以自由貿易候選人的身分代表曼徹斯特西北，並且獲得自由黨支持。那裡有個十歲的男孩，名叫萊斯里・霍爾－貝利沙（Leslie Hore-Belisha）。⑧ 他記得自己去拜訪叔叔，那位叔叔是當地重要的自由黨人。邱吉爾是個「善於控制局勢，有點駝背的人。粉紅色的臉上蓋著略紅的柔順頭髮……他穿著雙排扣的長禮服，絲質鑲邊，下巴底下有個大燕領和黑色蝴蝶結，他帶著明顯的咬舌音（lisp），大步走進房間。」但是，接受邱吉爾的不是霍爾－貝利沙的叔叔，而是邱吉爾自己的姑丈，前自由黨內閣大臣特維德茅斯勛爵（Lord Tweedmouth），即倫道夫勛爵的妹妹芬妮（Fanny）的丈夫。邱吉爾的名聲必定可以讓他在某處得到席次，但特維德茅斯勛爵保證他在自由貿易的家鄉會有一席。

五月十三日，邱吉爾在曼徹斯特的自由貿易廳（Free Trade Hall）發表一場威力強大的演講，描述統一黨是「擁有極多既得利益的政黨，組成一個可怕的聯盟；以對外的侵略掩蓋在國內的貪腐；靠著關稅花招詐欺，利用政黨機器實行暴政；感情氾濫；以帝國的品脫爲度量的愛國主義；大方伸向公共財庫的手、敞開的酒吧大門；百萬人的昂貴食物、百萬富翁的廉價勞工」。他對大聲喝采的觀眾宣布：「那是伯明罕的政策，我們要高舉曼徹斯特的政策，對抗伯明罕。」[80] 接著在全國的演講廳與戲院重複他的訊息，這些演講當中有很多的戲謔，但也有很多合乎邏輯的論證。邱吉爾對於自由貿易的信念部分基於普遍相信那能促進世界和平。「威脅現代世界寧靜的，不是那些互相依賴、以貿易與其他國家往來的列強，」一九〇五年三月，他說，「威脅來自那些較疏遠的列強，對於人類一般來往或多或少態度冷淡，而且相對獨立與自給自足。」[81] 可惜這番論證只是表面正確，因爲一九一四年英國最大的貿易伙伴是德意志帝國。

五月十六日，邱吉爾在執政黨長椅上最後的演講，攻擊張伯倫與他所謂的「新帝國主義」，斬釘截鐵區分英國陸軍高尚的帝國主義與政治「黨團」的帝國主義。(4) 雖然他的父親畢生都是保守黨員，二十九歲的邱吉爾心中其他兩位最偉大的英雄都在職涯早期改變立場，震驚旁人（而且非常成功）。第一代馬爾博羅公爵於三十八歲背叛國王詹姆斯二世，投向奧蘭治的威廉；而拿破崙在三十歲推翻督政府，建立自己的執政府。邱吉爾準備做的事情已有好的先例。

一九〇四年五月三十一日星期二，《曼徹斯特衛報》所謂「多雨的午後薄暮之中」，邱吉爾進入下議院的議事廳，往前走幾步，對著議長座席鞠躬。但是當時他沒有左轉坐上保守黨的長椅，而是「突然轉向右邊」，走向自由黨人，在大衛・勞合喬治旁邊坐下。勞合喬治是威爾斯喀納芬（Caernarvon）的議員，三年多前邱吉爾還非常輕視他的議會首次演講。[82]

勞合喬治是自由黨激進翼的主要人物，也是自由黨最傑出的演說家之一。邱吉爾一開始不喜歡他，描述他是「粗魯、囉唆的小無賴」。[83]到了一九〇三年七月，邱吉爾和他熟到邀請對方到布倫海姆宮作客；隔年十月，他們的友情變得穩固，至少邱吉爾如此認爲。勞合喬治當時向弟弟描述邱吉爾「企圖心旺盛、非常聰明」。[84]說到勞合喬治在選區喀納芬的「活力與勇氣」，邱吉爾說他是「自由黨軍隊中最會打仗的將軍」。[85]他們相處愉快，但未曾料到某天可能會成爲對手。

邱吉爾在反對黨通道底下的角落位置就座，這是他夢寐以求的位置，他的父親就是從那個位置大肆奚落格萊斯頓和保守黨人數年。[86]不久之後，他的表兄弟艾佛・傑斯特（Ivor Guest）與弗萊迪・傑斯特（Freddie Guest），以及他的朋友傑克・西利（Jack Seeley）也跟進。雖然統一黨中的自由派近二十年前曾爲《愛爾蘭自治法案》集體「跨過地板」（Crossing the Floor）⑨，但個人這麼做的情況極爲少見，比起政黨較不固定的攝政或維多利亞時代，在愛德華時代這是危險的作法。保守黨痛恨他的程度立刻高於勞合喬治，反正他們本來就討厭激進且非聖公會的勞合喬治。原本被認爲大聲、自負、固執——當時常說他「盛氣凌人」，現在邱吉爾被當成黨的叛徒，而且很快也會變成階級的叛徒。

後來一位副官說他「沉浸在自己的事情中。對許多人而言，他似乎相當粗魯、自大、心胸狹窄、專橫霸道」。[87]常見的批評就是，他缺乏「某些直覺，不知道別人的想法和感受（後者尤甚）」。[88]但是一九〇四年夏天，他幾乎不需要這種直覺，畢竟統一黨毫不客氣對這位新的議員表達對他的想法和感受。很多人都說，他爲個人利益而「背叛」。約瑟夫・張伯倫的兒子奧斯汀，也是當時的財政大臣，說邱吉爾

「改信激進主義，與他的個人利益不謀而合」。另一位內閣大臣阿弗雷德・利特頓（Alfred Lyttelton）則認爲，「他隨著每道吹過的風改變船帆」。《國家評論》（*National Review*）的編輯利奧・馬克賽（Leo Maxse）寫道，他是「半個外國人，完全不受歡迎」，而未來的首相安德魯・博納・勞（議會首次演講的風采被同天晚上的邱吉爾蓋過），喚他「叛徒」。[89] 這些意見不只是在他的背後說，一年後，他說跨過地板的事「動輒就招致討厭的批評」。[90]

那件事情也可能招來他政治生涯的終點。畢竟，邱吉爾之前攻擊自由黨也不手軟，不保證他們會接受他。所有人眼裡，包括他自己，都覺得他不可能回去那個黨，就是後來所謂他從小成長的黨，幾乎所有家人和朋友都在裡頭的黨。[91] 此外，他的好友，議員F・E・史密斯後來主張，如果他沒跨過地板，到了一九一四年，「依我判斷，他無疑會成爲統一黨的領袖。」[92] 邱吉爾爲了自由貿易原則付出高昂代價。前首相的兒子，即第四代索茲伯里侯爵，切斷與邱吉爾的社交往來，他寫信解釋：「在我心中，我認爲不是你的行爲，而是你這種行爲的態度，導致我的無禮之舉。」[93] 邱吉爾回覆：

> 我欣然接受自己的作為遭受批評，然而感謝上天，不是批評作為的真誠，而是出自觀點喜好。我必須在奮戰與旁觀之間抉擇，後者無疑較為得體，但我想要奮戰——我感覺能以全部的心與靈魂奮戰——於是就是這樣……當然，政治是一種比賽，其中抹黑和抨擊被當作武器。但是參與如此醜陋的爭吵，在我心中並不妨礙個人關係。[94]

這裡的最後一句話，是邱吉爾畢生秉持的態度。他有某種特殊能力，能夠區分政治與個人友誼，即使他公開譴責某人，或被某人公開譴責，也能繼續維持私交。這點常被人誤解爲他於政治或友誼都很虛僞，事實上他於政治或友誼都不虛僞。

邱吉爾脫黨同日，他在《泰晤士報》、《曼徹斯特衛報》、《猶太紀事》(*Jewish Chronicle*)上發表一封信，譴責統一黨政府的《外國人法案》，該法案意欲限制從俄羅斯沙皇大屠殺中逃出的猶太人移入英國。「法案將引發對外國人狹隘的偏見，」他寫到該法案，「以及反猶太人的種族歧視，並營造反競爭的偏見。」[95]當時英國人口約爲三千兩百五十萬人。他指出，每一百四十人中只有一人不是在英國出生。猶太移民一年只有約七千人。[96]這封信的目的是爲選舉布局。他新選區的選民有三分之一是猶太人，全國選舉人口則是〇・七%。但是這封信也反映一件怪事——他終身都是親猶人士，這點在維多利亞時代上層階級相當反常。

如同許多他早期的觀點，邱吉爾對猶太民族的好感來自他的父親。第一代羅斯柴爾德男爵內森・邁耶(Nathaniel Meyer)、菲利斯・瑟蒙爵士、歐內斯特・卡塞爾爵士和他的父親都是好友。「倫道夫勛爵，你爲何沒有帶上你的猶太朋友？」某個週末在鄉村宅邸，他父親的朋友故意問他。「不，」他反駁，「我不覺得這裡的人會讓他們愉快。」[97]這對父子都非常崇拜迪斯雷利。⑩邱吉爾年輕時曾與莫里斯・德・赫希男爵(Baron Maurice de Hirsch)一起住在巴黎，而一九〇六年夏天，他和卡塞爾、萊昂內爾・羅斯柴爾德(Lionel Rothschild)、赫希男爵的養子佛瑞斯男爵(Baron de Forest)一起去歐洲度假。德雷福斯事件(Dreyfus Affair)發生⑪時，邱吉爾在恩圖曼戰役六天後寫信給母親。[98]「幹得好！我很高興見到這個野蠻的陰謀徹底瓦解。」[99]

所以當他反對《外國人法案》，動機不單純是政治投機主義。他開始捐錢給選區內的猶太施食處、猶太仕女俱樂部、猶太網球與板球俱樂部，也造訪猶太醫院、猶太宗教學堂；他也去了猶太工人俱樂部，並在那裡讚揚俱樂部強調社區自助。[100]「他對猶太復國主義絕非從不批評，」邱吉爾的官方傳記作者馬汀・吉爾伯特爵士（Sir Martin Gilbert）寫道，「但他是最長久的朋友與擁護者。」在一個猶太人經常受到蔑視、排斥、懷疑與敵意的世界，邱吉爾極為看重他們，而且希望他們在世界上得到正當的處所。[101]這點幫助邱吉爾在一九三〇年代清楚並及早認清希特勒是什麼樣的人，許多政治光譜上反猶太的人士反而沒有這種能力。希特勒成為德國總理之前四分之一個世紀，以邱吉爾的階級與背景，他是極為少數支持猶太人的人，而且代表猶太人比重高的選區，因此他的天線比起國會同僚更加敏銳精準。(5)

一九〇四年六月八日，邱吉爾從反對黨的長椅發表演說，反對《外國人法案》。（《太陽報》〔*The Sun*〕聲稱，此舉是出於羅斯柴爾德勛爵的示意。這是第一次缺乏根據而指控他收受猶太人賄賂，未來還會持續發生。）[102]邱吉爾和其他三個自由黨人在法案的委員會階段（committee stage）⑫立場非常堅定，因此執黨政先是放棄，翌年才又重提並通過。一九〇五年十二月，邱吉爾和俄羅斯出生的化學家哈伊姆・魏茨曼博士（Dr. Chaim Weizmann）共同反對沙皇的反猶太迫害，邱吉爾後來的猶太復國主義思想也受魏茨曼影響。

一九〇四年七月，由於邱吉爾與艾佛・傑斯特對波耳人採取寬容立場，保守黨議員上校威廉・肯揚－史蘭尼（William Kenyon-Slaney），控告他們「變節與叛國」。邱吉爾於是得到機會表現尖酸的機智對答。「我經常注意到，當政治論戰變得興奮時，」他說，「性情易怒而且聰明有限的人傾向變得無禮。當這位勇敢、好戰的上校在舒適安全的英格蘭，心滿意足地用嘴巴殺掉克魯格時，我則有幸在戰場爲我們的國家效力。」[103] 邱吉爾是在暗指吉卜林的詩〈心不在焉的乞丐〉（The Absent-Minded Beggar）第二句——「當你用你的嘴巴殺了克魯格」，他的觀衆馬上就聽出來。這對肯揚－史蘭尼來說很刻薄，他在一八八二年的泰勒凱比爾之役（Battle of Tel-el-Kebir）獲得勛章，十年後從陸軍退伍。但是這提醒人們，如果他們攻擊邱吉爾，就要準備收到令人難堪的回應。

次月，邱吉爾輕蔑地指出，貝爾福「領導下議院的能力備受那些他封爲貴族或拔擢的編輯讚譽」。[104] 不久，欺負首相似乎變成他最喜歡的休閒活動。「我的建議是，」一九〇五年一月，他在曼徹斯特談到關稅改革，「於政治，當你不能肯定要做什麼，就什麼都別做。於政治，當你不能肯定要說什麼，就說你心裡眞正想的。如果首相在這個爭論開始就依照這些原則行動，對我們的國家會好得多，對他的名聲也會好得多，對他重視得不得了的政黨組織也會好得多。」[105] 那個月稍後，邱吉爾說了衆人都覺得他越界的話：「歷史發生數次遜位，但是如果觀察歷史，會發現遜位的是男性君主而非女性。曾有國王遜位，但未曾有女王遜位，而貝爾福先生有一個吸引人的特點，就是天生流露女性特質。」[106] 諸如此類的攻擊讓他出盡風頭，而且惹人討厭。

一九〇五年，新聞記者亞歷山大・馬卡倫・斯科特（Alexander MacCallum Scott）出版邱吉爾的第一本傳記。「崇拜他的人常說這位三十歲的年輕人是未來的首相，」斯科特將邱吉爾對張伯倫的攻擊比喻爲少年大衛與歌利亞的戰鬥⑬，而且注意到，「他一來，首相就逃走。」[107] 邱吉爾屬於「巨人的種族」這種看法，在一九〇五年似乎誇大，而且不是每個人都認同。一九〇五年五月，倫敦的赫林罕俱樂部

(Hurlingham Club) 拒絕讓邱吉爾入會，他告訴自由黨黨鞭伊利班克地主 (Master of Elibank)，[(6)] 這件事情「在俱樂部的歷史上幾乎沒有前例，而且馬球選手總是受到歡迎。我不認爲你和你的自由黨朋友明白，另一邊的人加諸在我身上的政治批評有多麼強烈」。[108] 之前一個月，他才退出卡爾頓俱樂部，並告訴表弟倫敦德里勛爵，「以前的友誼都忽然切斷，另一方面新的義務正式開始。」[109]

七月底，貝爾福以兩百票對一百九十六票在下議院表決失敗，依照歷史悠久的傳統，他應該辭職，但卻拒絕。憤怒的邱吉爾大批：「賦予索茲伯里勛爵的權力已被另一個人奪取；由於這個人，國家至今沒有任何直接進展，而且下議院最近才逐漸發現這個人的品格。」[110] 邱吉爾針對貝爾福「惡劣、不可原諒的無知」與他「處理事情草率、粗心、胡亂的方式」開玩笑：「首相的尊嚴，就像女士的美德，無法接受絲毫偏差。」[111]「繼續任職幾週或幾個月，這個政府沒有什麼不可違背的原則，」他又說，「而且沒有什麼他們吃不下的泥巴與穢物。」[112] 邱吉爾不是眞的相信哲學家暨英國國家學術院士貝爾福眞的無知，或有那麼一點無知；對他而言，這些鋪張都是政治這場大型競賽中交鋒切磋的一部分。他也充分準備接受任何統一黨即將丟向他的「泥巴與穢物」。然而，對許多古板的愛德華時代紳士而言，包括國王愛德華七世本人，完全無法接受。

「有人告訴我，溫斯頓在國會發表有史以來最無禮的演說。」宮廷侍臣伊歇爾勛爵 (Lord Esher) 在寫給兒子的信裡這麼說。[113] 克羅福勛爵在日記上也寫道：「邱吉爾攻擊貝爾福的事，國王極度生氣，而且公然表示他認爲邱吉爾天生就是無賴。」[114] 雖然歷史知識豐富的人知道，這樣的攻擊其實幾百年以來都是常態，但是這段政治抨擊似乎預示國會辯論的惡毒程度將會更上一層樓。

邱吉爾繼續發表誇張的言論。印度總督寇松與總指揮官基奇納針對軍隊重組發生劇烈衝突，導致寇松在一九〇五年八月辭職。邱吉爾因而得到報復基奇納的機會。十月的一次辯論，他說到寇松，「將他逐出國內那種輕蔑的態度，已經爲該指揮官樹立軍隊獨裁者的形象；總督的權力和文官的聲望，若沒有導致永恆的影響，也嚴重受到損。」[115] 他再次爲求效果刻意誇大，而且第一次用貶義的方式使用「獨裁者」一詞。

貝爾福終於在一九〇五年十二月四日辭職，因此國王請在野的自由黨領袖亨利・坎貝爾－班納曼（Henry Campbell-Bannerman）籌組看守政府，唯一目標就是舉行大選，而他也在一九〇六年一月十二日照做。愛德華・格雷爵士被任命爲外交大臣（Foreign Secretary），阿斯奎斯爲財政大臣，勞合喬治爲貿易局主席（Board of Trade）。坎貝爾－班納曼要讓邱吉爾擔任財政部金融祕書，這是內閣層級下的最高職位，但他客氣地拒絕，希望能夠擔任名義上更低階的殖民地政務次長。這是精明的舉動，讓邱吉爾得以在下議院代表重要部門。因爲殖民地大臣額爾金伯爵，即前印度總督（也是帕德嫩神廟大理石石雕買主的孫子），是上議院議員。⑭

邱吉爾找來殖民地部西非處的辦事員艾迪・馬許（Eddie Marsh），他也是邱吉爾前女友帕蜜拉・普洛登（現在是利頓伯爵夫人）的朋友，要他擔任私人祕書。(7) 這項職務他當了超過三十年，經歷八個政府部門。「我比未來的老闆大兩歲，」馬許回憶，「而且我有點怕他……雖然我認爲他是我遇過最聰明的人，但他給我的感覺其實是凶狠跋扈。」[116] 接下這份工作之前，馬許請教利頓伯爵夫人的意見。「你剛認識溫斯頓的時候只會看到他的缺點，」她告訴他，「但接下來的人生，你就會發現他的優點。」[117]

作者注

(1) 為了將他和一個同名的知名美國小說家區別而強調。

(2) 愛麗斯・科佩爾（Alice Keppel）是眾多佳麗之中，新國王最喜歡的情婦。

(3) 邱吉爾在下議院的前十一個月只發表九次演講，但在鄉村有三十次，城市有二十次，清楚顯示他希望保持全國知名度。在那段時間，他也花了十二天打馬球，十四天打獵，兩天射擊，十八天出國度假。（OB II p. 29）

(4) 這是他經常用的輕蔑詞語，後來也稱希特勒是「骯髒的黨團老闆和屠夫」。

(5) 同為猶太人的吉爾伯特訪問邱吉爾的同僚上將路易斯・斯皮爾斯（Louis Spears），聽到他說「溫斯頓也有缺點」。他靠上前去想知道什麼是他英雄的阿基里斯之腱，卻只聽到「他太喜歡猶太人了」。（Gilbert, *Churchill and the Jews* p. xv）斯皮爾斯自己也是猶太人，雖然他把自己的姓氏寫法從 Speirs 改成 Spears 以掩飾這個事實。

(6) 這是對蘇格蘭伊利班克領地繼承人的尊稱。

(7) 馬許是同性戀者，而邱吉爾對此毫無成見。他的朋友包括同性戀者、雙性戀者、無性戀者，例如魯珀特・布魯克（Rupert Brooke）、諾爾・寇威爾、哈洛德・尼科爾森（Harold Nicolson）、菲利普・沙遜（Philip Sassoon）、艾弗・諾韋洛（Ivor Novello）、羅伯特・布思比（Bob Boothby）、T・E・勞倫斯（T. E. Lawrence）。

譯者注

① 勞本・沙遜是赫赫有名的猶太富商家族成員；寢室女官是為國王與王妃等人打理寢室內務的女官。

② 英國議會有分前座議員（Frontbencher）與後座議員（Backbencher），前座議員指的是執政黨的內閣閣員，和在野黨的領袖以及影子內閣。坐在靠中心的位子，故稱之為前座。後座議員則是其他一般議員。影子內閣指的是在野黨的預備內閣成員。

③ 與阿飛、不良少年的英文 hooligans 諧音。

④ 白廳皇宮前面的一條路，英國政府中樞部門所在地。

⑤ 「鮑伯是你舅舅」（Bob's your uncle）這句話的典故，來自羅伯特・索茲伯里勛爵與貝爾福的裙帶關係，鮑伯（Bob）是羅伯特（Robert）的簡稱。引申為「想當然耳」、「輕而易舉」之意。

⑥ 這邊有躺下及說謊（lie）的雙關。

⑦ 本書會提到張伯倫父子三人。約瑟夫．張伯倫是自由統一黨的領袖。他的兩個兒子也都是英國著名政治人物。奧斯汀．張伯倫、內維爾．張伯倫是同父異母的兄弟。內維爾．張伯倫是邱吉爾上一任的首相。

⑧ 之後在二戰會成為邱吉爾內閣中的陸軍大臣。

⑨ 「跨過地板」的說法，對應的是下議院議事廳的配置。執政黨與反對黨的座席隔著中央通道面對面，分別位於議長右方與左方，故「跨過地板」也就代指轉換政黨。

⑩ 迪斯雷利的父親原本是猶太教，但後來與會堂不合而離開。

⑪ 德雷福斯事件為十九世紀末法國猶太裔軍官被誤判為叛國，最終得到平反。

⑫ 審查法案的二讀與三讀之間。

⑬ 《舊約聖經》中記載，以色列王國的牧童大衛，以石頭投石器擊敗非利士的巨人戰士歌利亞。大衛即是後來的大衛王。

⑭ 英國政府中央部會設立於不同歷史時期，名稱不一，例如 Office、Ministry、Board，官銜亦不一致，例如 Secretary of State、Minister、President。這些差異只是反映部會成立時間，同屬於中央政府部會與首相之下的部會首長，並無級別差異。

5 自由派的帝國主義者 1906／1—1908／4

他擁有娛樂家的技巧，無論說什麼或做什麼，都能吸引觀衆注意。——邱吉爾論他的父親，一九〇六年[1]

讓我們只用一項方式對待統治的人民，就是正義。——邱吉爾論川斯瓦，一九〇六年七月[2]

一九〇六年元旦，邱吉爾對著曼徹斯特西北的選民發表選舉宣言，用頭韻法譴責：「七年的推託 (dodge)、救濟 (dole)、閒混 (dawdle)！七年的拙劣 (tinker)、課稅 (tax)、無作爲 (trifle)！七年的搪塞 (shuffle)、叫囂 (shout)、騙局 (sham)！不要再次上當。」[3]翌日他就出版父親的傳記，並爲此預收八千英鎊。如同他的所有著作，即使是歷史著作，這本書也有意或無意包含強烈的自傳元素。「在他面前沒有平順的通道贍恩徇私。」他寫道，「他的旅途沒有輝煌的皇室馬車前來幫助或加速。無論他獲得什麼權力，總是不情願被承認，迅速被人奪走。如同迪斯雷利，他前進的每一哩路，都必須奮力拚搏。」[4]

這可能是邱吉爾對自己的感覺，但是倫道夫勛爵出生於貝爾格萊維亞 (Belgravia)①，貴爲公爵之子，在伊頓公學與牛津接受教育，而且二十五歲時，幾乎就是直接繼承布倫海姆宮附近的伍茲托克

(Woodstock)國會席次。對他而言，那些描述其實不是眞的。如果他不去恐嚇威爾斯親王，就可以輕易搭乘輝煌的皇室馬車。關於他父親惹人討厭或不受信任的事，或是他父親對那些事毫無自覺，雖然邱吉爾這個兒子和父親的共同點遠不止這樣，他在書裡完全沒有談到。

現代倫道夫勛爵傳記的作者羅伊・佛斯特（Roy Foster）敏銳指出，《倫道夫・邱吉爾勛爵》（*Lord Randolph Churchill*）一書，「至少部分旨在解釋作者寫作當時翻的政治跟斗。」[5] 那本書寫得很好，但是作爲史書並未通過時間考驗，除了因爲缺乏客觀性外，還因爲作者刻意，甚至積極忽略任何破壞內容的證據。「我經常忍不住改編事實，以配合我的文字。」一八九七年十二月，他對母親談起他的新聞工作，這點在他的書中也是。[6] 倫道夫勛爵對已故前同僚的無禮舉動都被刪除；他投機的證據都被忽視；到處都是刻意選過的引言，而且對於他併吞緬甸，所有當時與後來的批評一概略過，也沒提到他父親祕密同情一八八五年《愛爾蘭自治法案》。可以理解他選擇不談父母的婚姻問題和梅毒傳聞，但是重要的人物也沒有提及，例如倫道夫勛爵在財政部的心腹萊昂內爾・羅斯柴爾德。[7] 此外，他也無視倫道夫勛爵給予羅斯柴爾德銀行的政府生意，而且死時積欠那家銀行一萬兩千七百五十八英鎊。[8]

邱吉爾在書中沒有使用刪節號表示他省略句子，甚至直接更改引言，所以「我要從（約瑟夫・張伯倫）那裡得到更多」變成「學習更多」，「我應該不計一切組織政府」變成「我願意組織政府」。倫道夫勛爵爲了政治自肥，更惡劣的行爲被呈現爲偉大的利他主義，而且被描繪得比實際更爲中立，他不斷嘗試阻撓索茲伯里的外交政策，並試圖呈現爲彼此共議，但事實並非如此。[9] 不只如此，倫道夫勛爵引誘記者並洩漏消息，這一點也被忽視，而且應該是未經深思熟慮的辭職，也和邱吉爾知道的相反。

後來幾年，邱吉爾不允許其他人得到否定他的檔案資源。佛斯特相信，「那些文件公開可得之前，經過審慎的刪除」，所以最後出現的形象，「不僅是邱吉爾發現他的父親，他以自己的形象重新塑造他。」[10] 邱吉爾希望死後的父親成爲自己的導師，於是那樣建立父親的形象，任何不愉快的事實都不准前來擋路。迷思與事實之間的距離並非沒人發現。艾佛・傑斯特指出，「沒有父親爲兒子做得這麼少；也沒有兒子爲父親做得這麼多。」[11] 因爲這本一夕之間暢銷的書，邱吉爾終於逼迫父親爲他做些有用的事。

「他擁有奇怪的天賦，不自覺施展，也絕不可能模仿，就能網羅注意，而且讓自己侃侃而談。」邱吉爾寫道。[12] 他必定早已知道，父親誇張的翼領、大片的鬍鬚，說話時雙手貼在臀部，刻意攻擊自己的政黨，而且在保守黨內創造第四黨，都不是不自覺的。邱吉爾認爲這些爲了網羅注意的作爲，是廣大選民完全可以接受的技巧，也將這一課銘記在心。「英格蘭有一群明智的人，誠實凝視兩黨的缺陷和愚笨，」該書的結論如是，「有一群勇敢眞誠的人，發現兩黨內部都未善盡適當努力……倫道夫勛爵要求的就是那樣的英格蘭；他差點成就的是那樣的英格蘭，能公正評斷他的正是那樣的英格蘭。」[13] 該書的書評一片叫好，雖然《每日電訊報》某篇不具名的書評並不完全相信如此理想的形象：「他經常惡劣對待朋友，有時候甚至不太光彩；他不注重事實。」[14]

邱吉爾先公布競選宣言，隔天發行傳記，兩者並非巧合。他正在進行困難的競選活動，必須證明自己脫黨合理，並且說服曼徹斯特的選民，他會對他們更忠誠。一九〇六年一月十一日，在民調前夕的演講，他告訴曼徹斯特的民眾：

我承認我換了政黨，我不否認。我對此感到驕傲。當我想起倫道夫　邱吉爾勛爵曾經為了保守黨的昌榮全力以赴，但是他們獲得少了他便不可能的政權後，又是如何忘恩負義。我很高興，在我依然年輕，依然擁有初生之犢的活力，能為大眾奉獻的時候，局勢已經允許我和他們分道揚鑣。[15]

父親的魂魄永遠縈繞他的內心，但發芽的社會良心也促使他走出自己的道路。上個禮拜和艾迪・馬許步行穿越曼徹斯特貧民窟時，他說：「你想住在這裡其中一條街嗎？從未看過美好的事物，從未吃過可口的食物，**從未說過聰明的話！**」[16](1) 有人認爲這句話太過勢利且傲慢，而且某個程度確實是，但那也表示他認爲社會立法需要改善教育與生活條件，而非徵收會使貧民窟居民更窮的食物稅。

雖然一九〇四年三月邱吉爾在下議院投票贊成女性參政的早期措施，但是一九〇六年的大選，女性參政陣營的激進派已經開始採取破壞戰術，而且因爲邱吉爾高調的形象，將他當成特別目標。在曼徹斯特的選舉集會，一名在觀眾席的女性打斷他的演講，於是他答應在演講結束後給那名女性五分鐘，並承諾回答任何她對女性參政的疑問。她拒絕，中斷半個鐘頭後，邱吉爾指出，公開集會是人民擁有的民主特權，而且非常珍貴。「爲了承認某項個人權利而將之化爲烏有，會非常荒謬。」[17] 集會的最後，邱吉爾邀請另一位抗議者，也是女性參政權協會（Women's Suffrage Association）發言人芙洛拉・德朗蒙（Flora Drummond），上臺表達意見，她欣然接受。

接著，邱吉爾被問到他的看法。他小心措辭。「我在倒數第二次會期投票支持女性選舉權。」他說，「雖然我認爲這個問題很困難，但我逐漸朝向支持的立場。然而，過去幾個月的事又令我遲疑。」他不希望別人認爲他「對於阻撓我的集會的暴力行爲讓步」。[18] 他總是希望在勝利中展現寬宏大量，但當他感覺自己遭到攻擊，又會本能地反抗。一九〇六年一月五日，他在奇塔姆丘（Cheetham Hill）的集會被艾德拉・潘克斯特（Adela Pankhurst）打斷，也就是女性參政運動領袖艾米琳・潘克斯特（Emmeline Pankhurst）的女兒。邱吉爾同樣讓她上臺演說，告訴眾人：

> 這位年輕女子的姓氏在曼徹斯特得到極大尊重，並且當之無愧。我認可她懷抱熱忱，盡心盡力從事這些事情，但是她們真的完全不民主，而且對於那些希望證明女性適合獲得選舉權的人來說，我無法想像比這更愚蠢的方式。我並不仇視這個提議，因為我認為剛才說的是對的，但是對於如此重大的公共議題，我不會被女人吃得死死的。[19]

四天後，另一場集會又被打斷，他堅持應該以「禮節與騎士精神」對待那名參與的女性，但他真的明顯被女性參政運動的作法惹怒。現在對於女性參政的議題，他只能說：「看在這次選舉不斷的干擾，我完全無法承諾。」[20]

一九〇六年一月十三日，邱吉爾當選曼徹斯特西北的議員，以五千六百三十九票勝過保守黨對手威廉・喬因森—希克斯（William Joynson-Hicks）的四千三百九十八票。投票率大約八十九%。一九〇〇年的選舉，九個曼徹斯特席次中，統一黨占據八席（包括阿瑟・貝爾福），自由黨一席；但是一九〇六年自由黨贏得七席，而工黨贏得另外兩席。貝爾福在反對他的年代中遭遇最嚴重的大選崩盤，而且喪失自己的席次，可想而知邱吉爾幸災樂禍。爲期數週的投票期間，邱吉爾又到其他幾個選區演講，最後的結果直到二月七日才出爐。下屆國會將由四百名自由黨、一百五十七名統一黨、八十三名愛爾蘭民族黨與三十名工黨議員組成。「這次選舉洗刷我父親人生的汙名，」邱吉爾告訴一位家族朋友，「而且正中我書中的寓意。令他惶恐、巨大又不可挽救的災難，現今已經降臨在那個古老的幫派，以及他們不當治理的偉大政黨。」[21]邱吉爾選擇時機不總是成功，但是選擇在保守黨卽將成爲反對黨逾十年前離開，無疑是精彩之舉。如同溫特頓勳爵後來回憶，雖然是短暫的時間，但這件事情令他「不再是下議院最不受歡迎的人物」。[22]當保守黨終於奪回政權時，就會對他展開嚴重的報復，但在那之前還有很長一段路要走。

去年十二月，邱吉爾進入殖民地部的第一件事，就是在桌上擺一尊小小的拿破崙半身銅像，但他的帝國政策比這尊銅像代表的意義來得和平許多。一九〇五年的最後一天，奈及利亞的蒙奇族（Munshi）燒毀皇家尼日公司（Niger Company）位於阿賓西（Abinsi）的駐站，高階專員費德里克・盧吉爵士（Sir Frederick Lugard）提議懲罰性遠征。邱吉爾在印度曾經參加這種遠征，覺得那麼做傷財又無益。「長期血染西非的四季，將令人憎惡且不安。」他寫信給額爾金勳爵，「此外，整個事業可能由不熟悉帝國術語的人負責，將使帝國等同於殺害當地人與偸竊當地土地。」[23]額爾金同意，但是到了那時候，遠征已經進行到無法阻止的地步。四月，邱吉爾採取相同立場，指責南非的納塔爾政府以戒嚴令審判十二名祖魯（Zulu）叛亂者。（他使用他在演講要素建議的明喩：「所有戒嚴令當然都不合法，戒嚴令不是軍法，試圖將不合法的行爲引進戒嚴令，就像想在大海裡加入鹽巴。」）[24]他的殖民政策往往同情帝國的當地原住民，雖然身爲一個次級部長，他的理想不總是能夠伸張。

大選之後，坎貝爾－班納曼回到唐寧街，邱吉爾也恢復在殖民地部的職位。上級派給他一個棘手的問題，就是處置一九〇二年投降、被擊敗的波耳共和國，而且到了一九〇六年，他們似乎準備接受負責的自治。那是個複雜的問題，接下來兩年，他在下議院要回答五百個不滿南非的問題。一九〇六年一月十九日，他與揚・史末資會面，也就是一八九九年波耳人逮捕時審問他的人。史末資離開法律界，成爲成功的突擊隊將軍，但他支持一九〇二年結束衝突的《弗里尼欣和約》。「官員都很緊張，一個年輕又沒經驗的次長卽將對上這個恐怖又邪惡的男人。」半個世紀後，邱吉爾好笑地回憶那次在殖民地部的會面，「因此房間角落豎立一大片屛風，艾迪・馬許站在後面，用意在於，如果我說了什麼不利國家的話，艾迪可以否認我說過。」[25]

邱吉爾和史末資同意，英國人和波耳人之間應該基於公正原則重新開始。內閣支持這項提議，因此一年內兩共和國實施自治。這件事情後續導致一九一〇年自治的南非聯邦成立，地位等同加拿大、澳大利亞、紐西蘭，也是帝國的自治領。關於非洲原住民人口的待遇，邱吉爾的雙手完全被《弗里尼欣和約》綁住。「如果特許權首先擴展到任何非白人的人，波耳人無疑會視爲違反條約。」他告訴下議院，「我們可能會後悔那個決定。我們可能會後悔，在川斯瓦和奧蘭治河殖民地（Orange River Colony），沒有意願做出像開普殖民地那樣整體而言不會造成傷害的安排，但我們受制於這個條約。」[26] 儘管如此，邱吉爾保證英國繼續控制大片部落地區，例如巴蘇托蘭（Basutoland，今賴索托）、貝專納（Bechuanaland，卽波札那）、史瓦濟蘭（卽史瓦帝尼），當地的原住民在英國治理下的待遇較波耳人治理時仁慈。[27]

儘管保守黨大肆批評邱吉爾對英國的舊敵暴露弱點，但這回和解不如一九〇二年那麼痛苦。南非在兩次大戰接連與英國並肩作戰的事實，就是向邱吉爾、史末資及兩人之間的友誼致敬。[28] 一九四二年十月，史末資對著國王喬治六世回憶，「溫斯頓不能理解，爲何從前的敵人，被打敗才過了四年，卻跑來要求要回他們的國家控制權，而且他問史末資以前有沒有聽過這種事，史末資回答『我想沒有』。」[29]

邱吉爾擔任次長期間，被交辦數個有爭議的問題，最糟糕的就是超過五萬名中國工人在南非礦場遭到業主剝削，嚴重到幾家自由黨的報紙和政治人物到處都用「中國奴隸」這個詞彙。邱吉爾於二月告訴國會，「在國王陛下的政府看來，極難接受該情況屬於奴隸之範疇，唯恐犯上術語失準的風險。」[30(2)]儘管邱吉爾堅持不該稱他們爲奴隸，但他明確譴責中國工人在南非所受待遇，稱其爲「如同這個文明與基督宗教的國家在現代應負起的責任，有辱人格、極其醜陋、可悲」。[31]中國工人的雇主相信他們偷懶，或者參與「非自然的罪惡」（卽雞姦），時任高級專員密爾納勛爵批准對他們施予肉體處罰。[32]密爾納主張處罰符合當地勞動法規，但激進派的自由黨議員不同意，並要他下臺。一九〇六年三月二十一日，邱吉爾提出政府修正案，「本議院，儘管譴責鞭打中國苦力爲違法行爲，爲求南非之和平與和解之利益，希望克制針對個人性的責難。」

邱吉爾提出修正案的演講，將成爲職涯中見怪不怪的爭議。一九〇五年四月退休的阿弗雷德・密爾納（Alfred Milner），在波耳戰爭期間與前後，專心推動英國在南非的利益。許多統一黨議員視他爲英雄，而且希望政府直接爲他辯護，抵擋激進派的攻擊。邱吉爾想要維護密爾納，同時又批評他的政策。「曾經行使這麼大的權威，如今他沒有權威。」他說，「曾經雇用這麼多員工，如今他沒有員工。曾經處理形塑歷史的事件，如今他絲毫無法影響今日的政策……還值得繼續追隨嗎？……（他）看著他一直苦幹的理想、原則、政策完全遭人懷疑……密爾納勛爵不再是影響公共議題的要素。」[33]修正案表決三百五十五票對一百三十五票通過，密爾納安全下莊。

艾迪・馬許表示，邱吉爾事先在辦公室練習那次演說時，他（馬許）「常被其豐沛的精神感動！……

但在議院的效果卻完全不同——演說某個地方出了錯……他顯得像在奚落喪失名譽的政治家，而且是在他們時運不濟的時候。」[34]很難將馬許的藉口和邱吉爾眞正說的話對上。統一黨的怒火如脫韁野馬。「他在保守黨的許多敵人興高采烈地說他完了。」溫特頓勛爵回憶。[35]內政大臣說話尖酸的妻子瑪歌・阿斯奎斯（Margot Asquith）認爲，那次演講「心胸狹窄、自大傲慢、不得體」。[36]《國家評論》寫到邱吉爾，「他總是想迎合最吵鬧的觀眾。他是大西洋對岸那種煽動民心的政客。」[37]國王描述他的行爲「簡直可恥」。[38]約瑟夫・張伯倫的女兒希爾妲（Hilda）當時在觀眾席，她告訴哥哥內維爾，「邱吉爾的態度甚至比他說的話更粗魯無禮」，還說，「他坐下的時候，只有一點點敷衍的歡呼。」[39]邱吉爾想要獲得跨黨派支持，卻在七月承認南非共和國自治，這種情況下，難怪結果會一敗塗地。「由於我們是多數，可以把那當成黨的禮物。」他說，「他們（統一黨）可以把那當成英格蘭的禮物。」[40]但統一黨並不領情。

到了一九〇六年，邱吉爾已經發現一個之後會變本加厲的問題：統一黨控制的上議院愈來愈常對自由黨的立法行使否決權。「我是愛好和平的人。」八月，他在姑姑的宅邸肯福德園（Canford Park）對著觀眾說，引來眾人大笑。「沒有什麼比我們必須和那些貴族人士爭吵，讓我覺得更痛苦。」[41]他那句「我是愛好和平的人」換來觀眾的笑聲，表示邱吉爾早有激進或至少好鬥的名聲。「對我而言，我一直覺得，檢驗政治人物，必須看他在對手之間激起的敵意。」十一月，他在新聞記者協會的晚會這麼說，「我一直要求自己，不只享受，也要完全值得他們的審查。」[42]他已經開始喜歡站在公文箱旁邊表演，儘管密爾納事件是糟糕的起頭。「我希望你們欣賞我在發布殖民地公告時的官腔。」他告訴《西敏公報》（*Westminster Gazette*）的編輯J・A・斯賓德（J. A. Spender），「空虛、晦澀、歧異、浮誇，練習這些可不比練習它們的相反面來得容易。」[43]

邱吉爾是後備軍官，一九〇二年起，都隸屬國防義勇軍（Territorial Army）的女王牛津驃騎兵（Queen's Own Oxfordshire Hussars）。一九〇六年九月，他應德國皇帝威廉二世之邀，赴布雷斯勞（Breslau）參觀德國陸軍演習。威廉二世會說英文，邱吉爾和他交談二十分鐘。「他極爲友善，而且個性絕對非常迷人。」他告訴額爾金勳爵。[44] 邱吉爾對於德國陸軍的「人數、素質、紀律、組織」印象極佳。他告訴阿姨里歐妮·萊斯利（Leonie Leslie），他「很感激英格蘭和那支軍隊之間隔著大海」。[45] 一九〇六年與威廉二世見面，以及一九〇九年再次見面，防止他犯下許多英國政治人物會犯的錯，以爲希特勒只是另一個脾氣暴躁的皇帝。

一九〇六年十月，在格拉斯哥（Glasgow）的演講，邱吉爾談到他的政治哲學，說他畢生反對社會主義，但認爲「國家應該逐漸承擔勞工後備雇主的職位。」[46] 他也支持「全面建立生活與勞動水準的最低標準，並且隨著生產力逐漸增加，持續提升這些標準」。[47] 當時其他重要的自由黨人，包括勞合喬治、查爾斯·馬斯特曼（Charles Masterman）也採用這個「最低標準」的概念，這個概念後來也演化爲現代的福利國家。邱吉爾想要安撫那些因爲工黨而煩惱的自由黨議員，並將工黨比擬爲氣球——「很容易上升到某個高度，但是之後就不再上升，因爲空氣太稀薄，撐不起氣球。」[48] 邱吉爾的職業生涯還會說出許多大錯特錯的預言，這是其中之一。

邱吉爾仍然非常重視托利民主對自由市場與競爭的支持。「我們不想拆毀科學與文明的建築，」他告訴在格拉斯哥的觀眾：

> 但我們想在無底洞上面鋪張網子；而且我確定，鼓舞人心、激發想像、公平的烏托邦願景，如果能夠實現，則需要藉由發展、修正、改善社會既有的競爭組織……你會在這個競爭組織發現國營企業的效率可能不彰，於是利用私人企業，而且不要嫉妒它們的利潤。[49]

受到伯爾克・卡克蘭、勞合喬治、碧翠絲・韋伯（Beatrice Webb）的影響，甚至某個程度受到一輩子都是自由黨的克萊門汀影響，邱吉爾的政治立場經常變動。然而他必要的托利民主，核心植基於自由企業的概念，這點從未改變。

邱吉爾最重要的兩段友誼在一九〇六年成形，一個是保守黨議員，也是同輩之中最傑出的訴訟律師F・E・史密斯（後來的伯肯赫德勛爵），以及薇奧蕾・阿斯奎斯（Violet Asquith），後來的薇奧蕾・博納姆・卡特），即赫伯特・阿斯奎斯的女兒。這兩段都是深厚、衷心的終身友誼，但也有其實際的面向。以「F・E」爲人熟知的史密斯，是進入保守黨的有用管道，而薇奧蕾的父親是財政大臣，也是自由黨黨魁繼承人。一九〇六年過了數月後，在一次重要投票之前，即將進入下議院的議事廳時，邱吉爾經人介紹認識年長他兩歲的史密斯。[50] 史密斯嚴重酗酒，但是如同邱吉爾未來的妻子之後所說，「溫斯頓身邊總是有些缺陷重大的人。」[51] 一九〇七年夏天，他們一起度假，而且那年十二月，史密斯的長子弗雷迪・史密斯（Freddie Smith）出生，邱吉爾還是教父。兩顆機智的腦袋經常互相激盪火花，而且邱吉爾後來會說，史密斯是他這輩子最好的朋友。[52]

邱吉爾在一九〇六年初夏的某次晚宴認識薇奧蕾・阿斯奎斯。當時其他名人也在場，例如貝爾福、喬治・溫德姆（George Wyndham）、希萊爾・貝洛克，但是當時她只看著邱吉爾。她後來描述，因爲「他不害臊的自信、堅不可摧的韌性、走捷徑的衝勁與天分，而且他討厭唯唯諾諾」。[53] 她被安排坐在他的隔壁，而且「他似乎和我認識的其他年輕男子相當不同」。他問她幾歲，她回答十九，然後他說他三十二，[(3)]「比任何**重要**的人年輕。」接著又說：「無情的時間眞是可惡！有限的生命眞是可惡！我們必須將如此衆多的事情塞進這短暫的時間，這是多麼殘酷啊！」[54] 邱吉爾的兩位姑姑辭世——一九〇四年，芬妮・特維德茅斯享年五十一歲；一九〇六年，喬琪娜・霍爾（Georgiana Howe）享年四十五歲——更令邱吉爾相信他沒有多長的時間可活。「我們都是蟲子，」他直接告訴薇奧蕾結論，「但我相信我是閃閃發亮的蟲子。」[55]

薇奧蕾對邱吉爾萌生愛意，無論是理智或情感上，一輩子都是。「當我把自己的發現告訴別人，」她後來回憶：

> 我發現……我對溫斯頓・邱吉爾的看法完全沒有人感同身受。事實上，我還被很多人嘲笑。當時大眾對他的態度，說得好聽，可能覺得有趣、奇特，是可以容忍的娛樂；說得難聽，則是懷疑和尖酸的斥責。在托利黨和社交圈，過去幾年，他一直都是一塊紅色的破布，把最溫馴的母牛變成憤怒的鬥牛。他是個局外人，咄咄逼人、盛氣凌人又自吹自擂。此外，他跨過議事廳的地板後，就是一隻老鼠、變節者、**野心勃勃的人**，而且最嚴重的罪過，就是這個人真的出名了。[56]

身爲年輕的次長，邱吉爾磨練不少直搗問題核心的能力，這種能力在後來的人生證實相當珍貴。一九〇七年一月，他在殖民地部的一張備忘錄寫著，是否應該邀請澳大利亞總理出席倫敦的殖民地會議，開頭的句子是這樣：「邀請澳大利亞總理出席殖民地會議的主要理由是，他們想來。」[57]他興高采烈地承認「這次會議不太可能有什麼重大實際的結果」，因爲新的政府反對帝國特惠關稅制，而殖民地政府已經表示沒有興趣貢獻帝國的艦隊和軍隊。

儘管他的職務鼓勵他往海外看，但邱吉爾明白自由黨的國內政策終究會決定其大選命運。隨著統一黨掌控的上議院開始阻撓現任政府立法，邱吉爾展現出他可以多麼重視自己的新政黨，大於自己的階級擁有的古老立法權利。「今晚我沒有時間處理世襲議事廳裡顯而易見的荒謬。」一九〇七年二月，他告訴曼徹斯特的觀眾：

> 那裡的人只因出生就擁有立法職能；那裡的議員絕大多數一年到頭都不會接近那個地方；那裡的人，即使他們瘋了，或犯罪，或心智無能管理他們的產業，或結識一個手持毒藥有害健康的人，他們還是具有完美的資格，行使最高的立法功能。我視若無睹，悶不吭聲。我若開口，可能會遭人檢舉語言不敬，而我確定你們會因此感到非常遺憾。[58]

邱吉爾繼續指出，儘管貝爾福輸了選舉，但當時代表完全不同選區而回到國會的他，「把手伸向節流閥的開關，阻撓水流」，因爲「他有能力寫下半張便條，交給信差，送到走廊兩百碼外的上議院。而且靠著寫下那張便條，他可以中斷或拒絕或通過任何下議院可能已經費時數週討論的法案。」[59]

六月，邱吉爾攻擊上議院「偏頗、世襲、良莠不齊、不具代表性、不負責、不出席」。[60]他問上議院過去是否做對任何事，並引用幾起他們一致採取保守立場的案例，例如天主教解放、猶太人擔任議員的權利、選舉權擴大、不記名投票、購買軍階等。「我倒要看看對面的政黨能否舉出一個沒有爭議的例子，代表上議院做對的事。」[61]雖然這種譏諷惹怒保守黨，卻能讓依然不信任邱吉爾的自由黨喜歡他，畢竟他在他們勝選不久前才加入。「議院的掌聲就是他鼻孔的氣息。」勞合喬治在七月告訴弟弟威廉・勞合喬治（William Lloyd george），「他就像個演員，喜歡聚光燈和前排觀衆的認可。」[62]那是眞的，雖然這麼說他的勞合喬治有點虛僞，因爲他批評的那些特點，他自己也不遑多讓。

那年夏天，邱吉爾參加法國軍隊演習，然後愛上法國陸軍。「當我看到龐大的法國步兵席捲那處陣地，同時樂隊演奏〈馬賽曲〉，我感覺藉由那些英勇的刺刀，已經得到人權，而且歐洲的權利與自由，同樣會被忠實守護。」[63]他是對的，但沒有徹底料想到，守護這些權利和自由的結果很快就會影響法國陸軍與國家。

一九〇七年十月底到一九〇八年一月初的秋季休會期間，邱吉爾造訪大英帝國的東非屬地，走遍埃及、蘇丹、英屬東非（今肯亞與坦尙尼亞）、烏干達。他從蒙巴薩（Mombasa）登上英國軍艦，在亞歷山卓港結束旅程，途中經過奈洛比、肯亞山、奈瓦夏湖、恩德培、坎帕拉、默奇森瀑布（他貼在地上看著底下湧出泡沫的地獄）、維多利亞湖、里蓬瀑布，以及喀土穆與開羅，令他更加愛上帝國，並且更加瞭解帝國及其機會和問題。[64]他確保金錢、教育、意識形態上，這趟旅行都會大豐收，並跟《海岸雜誌》（*Strand Magazine*）簽約五篇文章，每篇一百五十英鎊，以及一本著作《我的非洲旅程》（*My African Journey*）五百英鎊。邱吉爾帶著姑丈，即倫道夫勳爵的妹夫上校戈登・威爾森（Gordon Wilson）、男僕喬治・斯克利文斯（George Scrivings）、艾迪・馬許。他也打包一大疊社會主義的書，告訴一位朋友：「我打算看看社會主義到底是什麼。」[65]（讀完後更堅定反對。）

一九〇七年十月抵達蒙巴薩，邱吉爾一行人搭上他口中「世界上最浪漫又最美妙的鐵路」，在那裡看到成群的羚羊及目眩神迷的五百匹斑馬、長長的黑色牛羚縱列、大批東非狷羚及野生鴕鳥、十幾隻閒晃的長頸鹿、六頭獅子「大白天悠哉地穿越鐵路」，[66]他在其他地方還看見「像人一樣大」的狒狒大軍。

除了發現事實外，運動也是旅程的重要面向，雖然邱吉爾射殺的動物在那時候都不是瀕臨絕種的動物，但是數量相當可觀。他射殺了鱷魚（他似乎一輩子都不喜歡這種動物）、一頭河馬（慘叫後沉了下去）、非洲大羚羊、兩頭山葦羚、「幾頭」羚羊、兩頭馬羚（「從我們埋伏的地方經過，慢慢走下水」）。[67]他也用雙管點四五〇步槍射殺一頭白犀牛。[68]「在曠野射殺白犀牛簡單極了……」邱吉爾寫道：「除了迎風面外，從任何方向盡可能走向牠，然後瞄準頭或心臟……我開槍。子彈帶著一又四分之一噸的衝擊力道，無煙火藥可怕的威力穿透獸皮、肌肉、骨頭，砰的一聲，響徹雲霄。」[69]他並非一槍就擊斃犀牛，犀牛「反而朝我們飛奔而來，幾乎就像馬兒一樣快，在我們面前倒下，這麼巨大的野獸，靈敏程度驚人，本能目標明確。敵人進攻的精神可嘉。所有人都開了槍。」[70]

邱吉爾對獅子的敬意甚至大於犀牛。「破碎的四肢、破碎的下巴、從頭到腳傾斜的身體、被刺穿多下的肺臟、被撕裂且外露的內臟——這些都不算什麼。」他寫道，「一定得讓獅子死，立即且徹底地殺死，否則倒下的就會是那個人，被膿毒的爪子和惡臭的牙齒傷害、粉碎、摧毀。之後再下毒確保。」[71]另一個不同的運動——刺殺疣豬，比馬球更危險，因為「馬兒必須全力衝刺，才能趕上豬隻並刺殺」，而且如果人摔倒了，「疣豬必定會攻擊不在馬上的騎士」。[72]某次一列他「忍不住打斷」的行軍蟻，追著他「好長一段距離」。[73]相反地，邱吉爾熱愛見到的許多蝴蝶，而且發現他可以「完全不需要網子，輕輕用手指抓住牠們」。[74]

這些人以各種可能的方式旅行；火車、馬匹、人力車、獨木舟、鋼鐵帆船。他們有時還會坐在挑夫肩膀上的轎，邱吉爾描述「跟聽起來一樣不舒服」，雖然對挑夫而言應該更是如此。[75]勘查連接阿爾伯特湖與維多利亞湖之間的鐵路時，出動近四百名挑夫，每人平均負重六十五磅（約三十公斤），步行十至十二哩。[76]前往維多利亞湖的火車上，他在火車前方的排障器裝了一把扶手椅，所以能夠盡收經過的風景，而且明顯不太擔心可能會撞到母牛。

「邱吉爾昨天抵達這裡。」烏干達保護國總督亨利・赫斯凱斯・貝爾（Henry Hesketh Bell）在十一月十九日提到，「他穿著一身白色制服，佩帶的勛章如銀河。」[77]三天後，在三小時的人力車上，由三個烏干達人又推又拉時，邱吉爾問貝爾的年紀。聽到他回答四十三歲，三十二歲的邱吉爾說，「不知道到了你這個年紀，我會在哪裡。」「你覺得你會是什麼？」貝爾問。「首相。」邱吉爾說，貝爾記得他的「語調充滿銳利的決心」。[78]當他們抵達目的地，見到烏干達的酋長穿著他們華麗的慶典服飾，邱吉爾「非常討人厭，不斷拿著相機左右拍照」。翻譯人員試著向酋長解釋邱吉爾是國王－皇帝的殖民地部政務次長，告訴他們他是toto，意思就是「衣衫髒亂的黑人小孩」，在桌邊幫忙，拿殘羹剩飯當酬勞。[79]「他是個麻煩人物，但我忍不住喜歡他。」貝爾在日記裡記錄，「他的眼光宏大，欣賞潛藏在這個偉大國家底下巨大的可能性。」[80]

回去之後，殖民地部是否會採納邱吉爾的建議又是另一回事。那裡的高階文官法蘭西斯・霍普伍德爵士（Sir Francis Hopwood）在十二月寫信給額爾金：「他真的很難對付，而且我怕他會惹出麻煩——就像他的父親——無論他被派去什麼職位。那種永不安寧的活力、無法控制追求惡名的欲望，以及缺乏道德知覺，眞的讓他變成焦慮來源！」[81] 然而到頭來，霍普伍德還是尊敬他。

艾迪．馬許一路上享受著邱吉爾的雙關語和笑話。當一位行政人員談到原住民之間散播令人遺憾的性傳染病，邱吉爾取名爲「不列顛之死」(Pox Britannica)。② 有趣的是他隨時都會調侃自己多話。論文明與叢林之間的掙扎時，他說，「當我們爬過斷枝殘幹，跨過橫生藤蔓，在翡翠般的曙光中，追逐一束又一束穿透的日光，我們會談論這個話題——或者說至少我有在談論。」[82] 另一次，「我非常討厭發表『簡短與適當』的演講，我一直在聽的同伴也很討厭。」[83]

如同當時科學發展的歷史與階段，邱吉爾的白人優越假說也在他的文章與後來《我的非洲旅程》書中顯而易見，這點並不奇怪。「東非黑人應該發展文明衣著的品味，這無疑是優勢。」他在書中寫道，「他的人生將會逐漸較爲複雜，較爲多變，較少殘忍的野性，而他自己也會具備較高的經濟效用。」某次他又寫道：「當政府侵犯習俗的領域時，會冒上風險，然而當知識與科學的深淵將統治者與被統治者分離，當政府治理的原生種族仍然處於原始貧困，缺乏宗教、衣服、道德，但願意上進且有能力上進，這樣的風險就能接受。」[84] 他似乎沒想到，當地民族有自己的宗教、部落服飾、道德與法律制度。在肯亞，他寫道：「他們部落之間的戰鬥現在已被制止。白人軍官騎著馬，自在地來回他們的村莊，甚至沒有佩帶手槍。」幾個英國人就能平定遼闊的地區，這樣的能力讓他非常驚訝，「兩名白人軍官從這個政府中央指揮，不用電報，卽維護大小如同英格蘭一個郡縣的和平與秩序，管理大約七萬五千個原住民的行爲與繁榮，而這些原住民過去從來不懂任何法律，只知暴力與恐怖。」[85]

對於大英帝國的原住民，邱吉爾眞心且深深感受家長主義的義務。在他的心中，政府的責任就是保護原住民對抗他所謂「心胸狹窄的白人社群，他們惡劣自私，嫉妒其他種族並剝削弱者」。[86] 因此，他很高興當地的英籍官員「視自己爲當地利益與原住民權利的守護者，對抗那些一心只想剝削那個國家與人民的人」。[87]「只要在基庫猶（Kikuyu）部落之間旅行，馬上就會喜歡這些雖然有點粗魯，但是開心溫順的孩子，也會馬上感覺，他們能夠受教，並從低下的身分步步高陞。」他寫道，「對這些當地種族而言，當他們的未來不再受到公正且莊嚴的皇室庇佑，而是落入一小群凶猛自利的白人手中，將是苦難來臨。」[88]

今日就算以最寬鬆的政治正確標準來看，他使用的語言還是非常駭人，但是邱吉爾相信邁向文明的進步與潛力。「我問自己，整個地球有沒有另一個地方，在那裡，支持黑人的人，儘管常被結果與難以改變的事實嘲笑，他們的夢想與希望會經快樂地實現。」他寫道。[89] 他描述烏干達王國如同「童話故事」，那裡「高尙的舉止，源自充斥所有階級的純樸」。[90]

國王要求邱吉爾寫信報告他的東非屬地，而邱吉爾寄去的長信多半都是關於螺旋蜱蟲和「恐怖的采采蠅」。[91]「烏干達的昆蟲保衛這個王國。」他後來寫道。[92] 采采蠅攜帶的疾病令人昏睡，而且當時無法治癒，整個地區人口因而減少。有隻采采蠅停在邱吉爾赤裸的肩膀好一會兒才被彈開，也許又爲邱吉爾衆多死裡逃生的經驗增添一筆。

在喀土穆，邱吉爾親眼目睹恩圖曼戰役後，近十年來的巨大變化：奴隸制度已經廢除；鐵路可達藍尼羅河；寬廣的大街設有電燈；教育、技藝、農業已經轉型；有歐式商店、蒸汽電車、渡輪；有訓練小學教師的戈登紀念學院（Gordon Memorial College）——總而言之，都是大英帝國治理的好處。[93] 然而，悲劇也在喀土穆來襲。斯克利文斯忽然死於嚴重的腸胃炎——霍亂。邱吉爾爲他舉辦軍葬，馬許認爲整個儀式「非常感人」，而且埋葬恩圖曼的同袍九年後，邱吉爾記錄：「我又發現自己站在敞開的墳墓，落日餘暉殘留在沙漠，喪禮整齊的槍響打破沉默。」[94]

一九〇八年一月十七日，他回到英格蘭，不久後就在全國自由黨俱樂部（National Liberal Club）③推廣一百三十五哩長的烏干達鐵路構想（從未建設）。他主張當地人口絕不應該「離開謹慎、公正的英國官員控制，落入某小群自利的團體手中」。[95]他也激動主張，如果要繼續維持帝國，就有必要實施社會改革。「如果英國的人民將擁有偉大的帝國，」他告訴觀眾，「如果眞正的榮耀之光要照射在其之上，他們就需要一個帝國的種族來支撐這個重擔。而這樣的偉大結構，永遠無法建立在城市的貧民窟，或在陰暗的街道汙泥中，駢肩雜遝、遭人踐踏的數百萬人的肩上。不列顚民族的未來不應是那樣。」[96]

邱吉爾繼續在全國演講，有時批評「那個聚集在《每日郵報》和《每日快報》（*Daily Express*）淫威之下強大的媒體幫派」。他瞄準社會主義，用尖銳的語句，例如「基督宗教年代的社會主義，是基於『我的都是你的』這種概念，但是格雷森的社會主義（獨立工黨〔Independent Labour Party〕的維克多・格雷森〔Victor Grayson〕）是基於『你的都是我的』」。[97]

他爲非洲之旅寫的文章於三月登上《海岸雜誌》。《我的非洲旅程》一書接著在十二月出版。二月，他出版另一本演講集，這次是論自由貿易，而且同月他也在作家俱樂部（Authors' Club）演講。「讓你的工作成爲你的樂趣，是世上值得努力追求的特殊階級。」[98]談到在寫作時獲得的喜悅，他說，「在陽光普照的早晨坐在案前，擁有整整四個鐘頭不受打擾的時間，還有許多優質的白紙，以及一枝壓塞筆（Squeezer pen）[4]——那是眞正的幸福。」熱切地說到他多麼崇拜英語語言的威力和表達能力：

如果一位英語作家無法以英語說出他必須說的事，而且無法憑藉英語，以簡單的英語說出，那件事情大概就不值得說……某人[5]——我忘了是誰——說過：「文字是唯一流傳千古的東西。」對我來說，那永遠是個美妙的想法。人力舉起石頭搭建最耐久的建築，同時紀念這個人最偉大的力量，但是建築終究會化為塵土，然而短暫氣息說出的文字，表達這個人心中多變的奇想，持續時間不如過去的回音，不如考古奇物或脆弱的遺骸，但是夾帶新生又強壯的力量與生命，有時比剛說出口時更為強壯，而且飛越三千年的海灣，為今日的我們點亮世界。[99]

藉由這樣充滿莎士比亞風格回響的演講，邱吉爾將自己跟那些完全想著政治的政治人物區別開來。這樣的演講讓民衆覺得他更有意思，並容許他跨越政治的分界。然而更重要的是，由此可見在他內心有個偏遠的角落，當政治路途不順時提供安慰，而且既然他不只願意，甚至渴望突破政黨傳統，不順利根本就是家常便飯。

三月七日，邱吉爾寫了一封長信給中間偏左的雜誌《國家》（*Nation*），出版的標題爲〈沒人走過的政治領域〉（The Untrodden Field in Politics）。他以個人名義宣布「最低標準」，描繪出他希望見到國家干預的範圍，包括人力仲介、《售酒法案》（爲因應「飲酒過度問題」）、工資委員會（尤其一些「惡名昭彰的血汗產業」）、技術學院、鐵路國有化、對抗失業的公共工程（「爲敦促社會前進」），預計全由股息稅支付，[100]這些多數都是托利民主的想法（鐵路國有化除外）。他樂意採納德式社會改革，出發點接近奧托・馮・俾斯麥（Otto von Bismarck）的社會主義或平等主義，而且刻意以德國爲模範。這件事情的用意，部分是爲取社會主義中最受歡迎的政策，將其編入自己的觀點，部分是爲提倡他終身主張的托利民主。「我支持民有與民享的政府，但不支持民治的政府。」[101]他和自由黨議員查爾斯・馬斯特曼開玩笑，而家長主義式的托利民主與自由主義或社會主義之間的差異就在那裡。

「溫斯頓一心想著他才剛發現的窮人，」馬斯特曼這時寫信告訴妻子露西，「他覺得老天要他爲他們做些什麼。」他引用邱吉爾對社會改革誇張的請求，「爲何我命懸一線卻安然無事，不就是要我來做這件事？我不會活很久。」[102]馬斯特曼總結，「他是個天賦異稟的孩子，擁有才能又有驚人的活力。」[103]當他揶揄邱吉爾享受在一大群人面前說話的感覺時，邱吉爾回答：「當然！牛在場上踹穀時，不可籠住牠的嘴。[(6)]那當是我在審判日時的請求……有時候我感覺好像可以一肩扛起整個世界。」[104]

一九〇八年三月，三十三歲的邱吉爾參加母親的朋友聖赫利爾夫人（Lady St Helier）舉辦的晚宴，在那裡遇見美麗、聰明、固執的二十三歲克萊門汀・奧齊耶（Clementine Hozier）。他們之前見過一次，是在克魯侯爵（Marquess of Crewe）與侯爵夫人於一九〇四年夏天舉辦的舞會。雖然那次他曾請母親引見，因爲克萊門汀的母親布蘭琪・奧齊耶夫人（Lady Banche Hozier）是珍妮多年的好友，但就那麼一次，當時他完全不知道該說什麼。另一個男人帶克萊門汀去跳舞，而且就在聽得見的距離說，他很驚訝她竟然和「那個可怕的溫斯頓・邱吉爾說話」。[105]

中間相隔的那幾年，克萊門汀曾經兩次訂婚，先和皮爾子爵的三子悉德尼・皮爾（Sidney Peel），後來又和一位歲數是她兩倍的文官萊昂內爾・厄爾（Lionel Earle）。當她發現對方不是對的人時就毀婚，其中一次還是在結婚禮物陸續送到之後。[106]（她的母親還希望她嫁給貝斯波羅勛爵〔Lord Bessborough〕，而且她「還曾與他被留在一座迷宮裡整個下午」。）[107] 同時邱吉爾非正式地與帕蜜拉．普洛登訂過婚，此外，經過一段他對母親描述爲「安靜平庸」的交往過程後，他在一九〇六年向赫爾（Hull）一位富裕船東的女兒莫莉．威爾森（Muriel Wilson）求婚，但以太窮爲理由遭到拒絕。他也曾向美國演員艾瑟爾．巴利摩（Ethel Barrymore）求婚，但她覺得自己「無法應付政治這個大圈子」。[108] 這些都是以愛德華時代正式禮儀來往的逢場作戲，全都不像這次對他招手、這場偉大的終身愛情。

因此邱吉爾和克萊門汀在聖赫利爾夫人家中再次相遇時，兩人皆是單身。爲了不讓餐桌人數變成十三，克萊門汀直到最後一刻才被邀請，而且她一度想拒絕，因爲她感覺疲累，又沒有乾淨的白手套。邱吉爾那日整天都在殖民地部工作，同樣也不想赴約，但是艾迪．馬許告訴他，最後一刻才退出會很沒禮貌。他遲到了，但是立刻被克萊門汀吸引，完全忽視坐在旁邊的女士。[109] 幾年之後，克萊門汀回憶，邱吉爾開口的第一句話有點突然——「你讀過我的書嗎？」她承認自己沒有，於是他說隔天會派雙輪馬車送去。[110]

晚餐後，男女自由交談，克萊門汀被倫道夫勛爵的妹夫特維德茅斯勛爵，卽當時的英國第一海軍大臣（first lord of the Admiralty）纏住，邱吉爾要他去看走廊上霍雷肖．納爾遜（Horatio Nelson）④的肖像，接著「立刻占用」克萊門汀旁邊的椅子。他們聊了整晚，兩人是最後離開的客人，而他送她回家。他從未送《倫道夫．邱吉爾勛爵》的書過去，但他已經愛上她了。他邀請克萊門汀和她的母親前往珍妮的鄉村宅邸，距離聖奧爾本斯（St Albans）不遠的索茲伯里府（Salisbury Hall），度過一九〇八年四月十一日至十二日的週末。

然而，一次又一次，政治來攪局。

作者注

(1) 馬許寫道，粗體字的部分是邱吉爾所說，而非他說的，因為「口語中很難找到替代粗體字的表達方式」。(Marsh, *Number* p. 150)

(2) 邱吉爾利用「術語失準」(terminological inexactitude) 這個片語，表示他知道要如何在國會禮節中表達「說謊」這個詞。例如，稱呼某人的對手「愚昧人」(fool) 不符國會的語言，但是某次被嘲諷的笑聲打斷時，他說：「鍋下燒荊棘的爆聲不會妨礙我。」他引用的是《傳道書》第七章第六節——「愚昧人的笑聲，好似鍋下燒荊棘的爆聲。」

(3) 事實上，他當時三十一歲，薇奧蕾記錯了。

(4) 使用橡膠吸收墨水的筆。

(5) 威廉．黑茲利特 (William Hazlitt)。

(6) 《申命記》第二十五章第四節。

譯者注

① 倫敦市中心以西的昂貴住宅區。

② 這裡的雙關語是「不列顛治世」(Pax Britannica)。

③ 位於倫敦的私人俱樂部，創立於一八八二年，專為自由黨人集會的場所。

④ 一七五八年至一八〇五年，英國海軍中將，英國海上霸權象徵人物。

6 愛與自由主義 1908／4—1910／2

我已將人生幸福繫於這份愛戀，除此之外，沒有其他。——邱吉爾致克萊門汀，一九〇九年十一月[1]

我對天發誓，我們正在邁向更好的日子。——邱吉爾，一九〇八年十月[2]

一九〇八年四月八日，亨利·坎貝爾—班納曼爵士由於心臟病發辭去首相一職。十四天後，他在唐寧街十號去世。繼任首相赫伯特·阿斯奎斯指派邱吉爾爲貿易局主席，負責產業關係。在這個職位，他將能夠執行數個在〈沒人走過的政治領域〉一文當中提出的想法。（他說很高興沒有被派到地方政府部，因爲「我拒絕和韋伯太太（碧翠絲·韋伯）①一起被關在慈善食堂」。）[3]以三十三歲的年紀，邱吉爾成爲超過四十年來最年輕的內閣大臣。由於經濟衰退導致工資大幅下降，他必須處理幾場重大罷工：一月的造船木工；二月的工程師；五月在泰恩（Tyne）、克萊德（Clyde）、默西賽德（Merseyside）的造船業；夏季的服裝業。愛德華時代常被描述爲國內和平無憂無慮的時代，但在工廠和造船廠卻是波濤洶湧，而邱吉爾爲了公平化解糾紛，經常深深介入其中。

但是在他能夠做任何事情之前，需要重新當選，因爲古老的憲法規定，新的內閣大臣必須重新選舉進入下議院。反對黨通常會放棄這個機會，避免投入競爭，但因邱吉爾的情況，保守黨宣布威廉・喬因森－希克斯會於曼徹斯特西北再戰。邱吉爾盼望與克萊門汀共度的長週末，因此縮短成無數個選舉集會。

他在曼徹斯特的演講極其詳盡；四月在格蘭戲院的演講長達七千六百字。另一次他一走出戲院，就在大街站上汽車車頂，一字不差再講一遍。回應鬧場的人偶爾也有好笑的時候。「如果自由主義和自由貿易輸了這個席次，會有什麼後果？」他振振有詞地問著觀眾，接著有人大喊：「啤酒！」邱吉爾立刻回答：「那可能是原因，而我問的是後果。」[4] 另一個鬧場的人在他說到一半大喊：「廢話！」邱吉爾反駁，「當我在觀眾席的朋友說『廢話』時，他無疑完全描述心中所想。」[5] 諸如此類的機智回答是人們來的目的，而「大笑」一詞在某篇集會的報紙報導出現超過四十次。

「我抓住這短短一個鐘頭的空檔，寫信告訴妳，我多麼喜歡我們週日的長談。」四月十六日，邱吉爾寫信給克萊門汀，「而且能夠與一位聰慧高貴的女子相遇，多麼令人欣慰與愉悅……但願妳我埋下眞摯與澄澈的友誼基礎，我當秉持隆重的敬意珍視與珍惜。」[6] 這封信今日讀來也許不算浪漫，但對愛德華時代而言足以，而在溫斯頓和克萊門汀兩人一輩子中超過一千七百封互相的信件、情書、電報，這是第一封。「如果不是每天閱讀過期的報紙捎來曼徹斯特的精彩消息，」克萊門汀回覆，「我感覺我們一起在索茲伯里府的愉快日子，彷彿那是另一個世界。」[7] 她說正在讀他爲他父親作的傳記（總之，她自己買了一本），而且信末如同他那樣署名「眞摯敬上」。

四月二十三日，令邱吉爾大失所望的是，喬因森－希克斯以五千四百一十七票對上四千九百八十八票——四百二十九票、六・四%的差距，勝過邱吉爾，拿下曼徹斯特西北的席次。邱吉爾對外將敗選歸因保守黨媒體「低級且公然的影響」，但私底下認爲，「因爲教士施壓，那些不高興的愛爾蘭天主教徒在最後一刻改變立場」。[8]（自由黨的《教育法案》似乎威脅天主教的民辦學校。）邱吉爾的政治對手痛快地幸災樂禍：愛爾蘭出生的統一黨議員愛德華・卡森爵士（Sir Edward Carson）告訴嫁給邱吉爾表兄弟的倫敦德里夫人（Lady Londonderry）：「我想W・邱吉爾眞的比政壇任何職位的任何人還要丟臉，我懷疑他未來有可能成熟，變成多數人民信賴、嚴肅可靠的政治人物。」[9]威爾斯親王（後來的喬治五世）在日記寫道，「我們聽到溫斯頓・邱吉爾被打敗的消息，全都非常興奮。」[10]國王最近才告訴兒子，「邱吉爾執政時比在野更無賴。」[11]

「竭心盡力、慷慨激昂拚完選戰後，週六我籠罩在愁雲慘霧中。」四月二十七日，邱吉爾寫信給克萊門汀。然而，他在自由黨的人氣之高，有八或九個安全席次提議由他代表他們。「那場選舉也許是因禍得福。」他告訴克萊門汀，「如果這次我贏了曼徹斯特，在大選恐怕會輸。現在輸了，我應該能夠獲得長久安穩的席次。」「我多麼希望當時妳在那裡。」他在信件結尾寫著，「請再次來信——我是孤獨的人，在群眾之間。請善待我。」[12]只想要眞摯澄澈友誼的人幾乎不會這樣作結。

邱吉爾接受丹地（Dundee）的自由黨協會席次，這是一個穩固的蘇格蘭工人階級選區，長遠來看，威脅較可能來自工黨而非保守黨。時任議員埃德蒙・羅伯遜（Edmund Robertson）是健康狀況欠安的次級部長，他被封爲拉奇勛爵（Lord Lochee），以便製造空缺，進一步可見邱吉爾對黨的重要性。五月初，他在丹地競選的第二天，邱吉爾被問到蘇格蘭自治。「我不會否認蘇格蘭任何賦予愛爾蘭的自由，」他回答，

「但我並不全然肯定，蘇格蘭急於放棄對英格蘭政府重大的影響。」[13]此話暗示愛爾蘭並沒有「自由」，是他踏出父親影響的第一步。「《泰晤士報》啞口無言，而且花了三個欄位表達他們的啞口無言，」他正式宣布自由黨支持《愛爾蘭自治法案》，「而且成千上萬從前根本沒有投票給自由黨的人都在說，他們無論如何不會再投票給自由黨。」[14]

整個丹地的競選活動，有位名叫瑪麗・馬隆尼（Mary Maloney）的愛爾蘭女性參政運動者一直跟著邱吉爾，只要他上臺講話，她就搖起大鈴趕他下臺。他僅僅對她舉起帽子致意，然後驅車離去，希望在她抵達之前結束下個場次。[15]當他終於可以說話時，提到上議院：「老態龍鍾的貴族在那裡，機靈的金融大亨在那裡，聰明的幕後黑手在那裡，圓鼻子的大釀酒商在那裡。體弱多病者，花言巧語、自以爲是、安逸舒適、自私自利者——所有進步的敵人都在那裡。」[16]他對上層階級「自以爲是、安逸舒適」的攻擊有點虛偽：邱吉爾每年至少花費八十英鎊（約今日八千英鎊）在海陸軍百貨（Army & Navy Stores）②購買絲質內衣褲。[17]（薇奧蕾・阿斯奎斯爲此消遣他時，他說「這攸關我的存在。我的角質層（外皮）非常敏感，需要最好的包覆」。[18]）他只光顧聖詹姆斯和牛津街最好的鞋匠（Lobb's）、便鞋修理師傅（Hook, Knowles & Co.；他喜歡灰羚皮）、書店（Hatchard's）、菸草商（Robert Lewis）、帽商（Scott's和Chapman & Moore）、制服裁縫（E. Tautz & Sons）、酒商（Berry Bros. 和Randolph Payne & Sons）、文具商（Smythson's）。[19]「邱吉爾先生相當容易滿足於最好的事物。」F・E・史密斯說。[20]一九〇八年五月九日，邱吉爾以七千零七十九票贏得丹地的席次，遙遙領先統一黨候選人兩千七百零九票。最後一名的候選人是蘇格蘭禁酒黨（Prohibitionist）的愛德溫・斯克林格（Edwin Scrymgeour），他只獲得六百五十五票，但並不因此氣餒，我們之後會再見到他。邱吉爾告訴母親，他覺得丹地是個「終身席」，但也不是沒有詆毀他的人。[21]他六月再去時，至少有六名女性參政運動者，因爲他所稱的「滑稽啞劇」，遭到集會的金納德堂（Kinnaird Hall）逐出，雖然如同他的堅持，而且一直都是如此，需以最低限度的強制力執行。[22]

邱吉爾與克萊門汀六月和七月時在社交場合見過數次面，並有年長女性監護，八月中旬，兩人又偕同各自的母親在索茲伯里府見面。[23]其餘時間，他忙著內閣的軍事預算問題，儘管完全超出他的職權範圍。此外，他也演講支持禁酒運動立法——雖然沒有任何事比完全禁酒更不像邱吉爾的作風——並且加入古德魯伊教團（Ancient Order of Druids）的阿爾比恩集會所（Albion Lodge）③。

八月四日，他的弟弟傑克迎娶第七代亞平敦伯爵（Earl of Abingdon）的千金葛雯德琳・巴地女士(1)（Lady Gwendeline Bertie）。婚禮結束後，邱吉爾和幾位朋友前往拉特蘭（Rutland），表哥弗萊迪・傑斯特租下奧克罕（Oakham）附近的伯利府（Burley Hall）——「英格蘭數一數二的豪宅」，他們在那裡住下。八月六日凌晨一點，當所有人就寢時，一名女僕發現新的暖氣系統引發火災。火勢延燒到大梁，將豪宅一邊的廂房夷爲平地。房客「衣衫不整」，急忙逃出臥房；邱吉爾保住他的次長文件，但F・E・史密斯整個衣櫥的衣服都沒了。「溫斯頓抓了一頂消防員的頭盔，指揮衆人行動。」艾迪・馬許回憶，但他們未能救出無價的伊莉莎白時代手抄本。[24]「邱吉爾抱著兩座大理石半身像，」《泰晤士報》報導，「著火的天花板在他身後塌下。」[25]幸運的是，唯一失去生命的是一隻金絲雀。

有個杜德利・沃德（Dudley Ward）家的人不知好歹，告訴克萊門汀，邱吉爾死在那場大火中，接著跟她到郵局打聽更多消息，幸虧她收到馬爾博羅公爵的電報，表示邱吉爾安然無恙。[26]她回覆電報表示鬆了一口氣，寫道：「親愛的，我心依舊恐懼。」她署名，「你的，克萊門汀・H」。[27]他回信時，雙眼仍因熱氣疼痛。「火災相當有趣，我們極爲開心，可惜的是這麼快活的娛樂花費甚鉅。」[28]他建議他們那個週末住在布倫海姆宮，然後再去索茲伯里府。「我們應該會有很多地方可以談天說地……寫信告訴我……妳是否絲毫想起我。如果報紙尚未喚起妳的記憶！妳知道我想要的答案。」[29]他結尾道，「永遠是妳的。」

一九〇八年八月十一日星期二，在布倫海姆宮公園的黛安娜神殿，浪漫得不可思議的場景中，邱吉爾向克萊門汀求婚。那天早上，他打算早餐之後帶她到花園散步，然後求婚，但他睡過頭了。失望之下，克萊門汀認眞考慮回去倫敦，但桑尼・馬爾博羅駕著輕便馬車帶她遊覽宮殿，並派一位僕人去警告失禮的邱吉爾。他們回來時，邱吉爾已經在花園，接著帶她到黛安娜神殿。[30]他向她保證，在她告訴她的母親前會對求婚的事保密，但是穿越草原才幾分鐘，他就忍不住脫口而出，告訴桑尼和其他客人這個消息。[31]「我不富裕，也沒有穩固的權力，」他寫信給布蘭琪・奧齊耶女士，「但是您的女兒愛我，而且憑藉那份愛，我有強烈信心，能夠承擔這份偉大神聖的責任；我認爲能帶給她幸福，提供與她的才貌匹配的身分與職業。」[32]

儘管克萊門汀的表哥是埃爾利伯爵（Earl of Airlie），但奧齊耶家其實相當窮困。克萊門汀必須當法文家教，賺取每小時兩先令又六便士的零用錢。[33]（父母在她六歲時分開，後來母親因爲財務因素搬到迪耶普〔Dieppe〕，因此她的法文流利。）如同瑪麗・索姆斯（Mary Soames）④後來回想，她父親求婚時，克萊門汀「穿著她最後一件洗乾淨且上漿的洋裝，而且由於沒有貼身女僕，這個計畫外的拜訪，全程都穿著這件衣服」。[34]這對夫妻知道他們結婚時沒什麼錢，而且前六個月必須住在波爾頓街十二號邱吉爾的單身宿舍，之後才搬到較便宜的皮姆利科（Pimlico）埃克爾斯頓廣場（Eccleston Square）三十三號。

「Je t'aime passionnément.」[⑤]訂婚後兩天，克萊門汀寫道，「寫法文我比較不害羞。」[35]邱吉爾回覆，「沒有文字可以向妳表達占據我內心的愛與喜悅。」[36]同一個月，她又寫了：「我是多麼渴望你。我不知道自己是如何度過二十三年沒有你的日子。」[37]邱吉爾找來修・西賽爾當伴郎，而索茲伯里勛爵寫信恭喜他，他從貿易局回信，「廣義來說，這樁喜事將我與你的家族連結：在政治領域中，邱吉爾家與西賽爾家兩代都未能成功結合，現在於私人方面也許更有希望。」[38]即使在那快樂的時刻，邱吉爾還是忍不住提到父親的政治事業毀在索茲伯里的父親手上。

婚禮於一九〇八年九月十二日星期六，在西敏的聖瑪格麗特教堂（St Margaret's Westminster）舉辦。簽署結婚證書時，邱吉爾在教堂的聖具室和勞合喬治討論他的工作內容，因此勞合喬治告訴一位兩人的朋友，「他從未見過有人對政治這麼熱衷。」[39]教堂滿座，外頭也有大批熱情民眾。邱吉爾在哈羅公學時的校長威爾頓博士後來曾短暫擔任加爾各答的主教，他在婚禮當天致詞；一千三百名賓客之後參加在聖赫利爾夫人宅邸舉辦的宴會。《裁縫》（*Tailor & Cutter*）雜誌描述邱吉爾結婚穿的服裝是「我們見過最失敗的結婚禮服，穿的人美其名就像馬車夫」。[40]國王送給邱吉爾一根金蓋的手杖，內閣則獻上同僚簽名的銀盤。[⑵]同天，杜莎夫人蠟像館將邱吉爾的蠟像列入常設展，因此實現近十年前他在洛倫索馬奎斯對英國領事的預言。

兩人的蜜月旅行先在布倫海姆宮，接著去了馬久雷湖的巴維諾，然後又到威尼斯，最後回到布倫海姆宮。但他心中永遠掛念著政治，就連在巴維諾，邱吉爾也寫信給馬斯特曼，他是地方政府部（Local

Government Board，簡稱LGB）的國會祕書。邱吉爾問他：

請私下告訴我，LGB真正在做什麼或沒做什麼。關於產業現況，我已經通知內閣一次，而且警告他們冬天會讓窮人痛苦，但阿斯奎斯只說，伯恩斯（Burns）⑶的想法不同……務必讓我知道，官員信心十足的笑容，背後的事實是什麼……但你最好寫「密件」到貿易局給我。[41]

這是典型的邱吉爾：請另一個部門的朋友幫他暗中調查白廳正在進行的眞相，而且就連度蜜月時也在煩惱。「我們只是閒逛和恩愛，」邱吉爾從威尼斯寫信給母親，「衆多歷史先例表示這是美妙又正經的消遣。」[42]

雖然兩人的結合是眞摯的愛情，但是蜜月之後，邱吉爾和克萊門汀一輩子都傾向各自度假。他們之間有那麼多信件、情書、電報的原因之一，就是兩人經常分隔兩地，這對他們的婚姻也許有益，畢竟待在邱吉爾身邊很累。他知道，而且不在意克萊門汀有時必須和他分開。他們很快就幫對方取了寵物般的小名。「可憐的巴哥狗悲傷地嗚咽。」他寫信給她，「甜貓，我明天六點十五分以前回來。」他是「琥珀狗」、「巴哥哇」、「小巴哥」，然後是「巴哥」，又變成「豬」；她是「貓」或另一種拼法的「貓」（Kat），有時候是「鳥」、「克萊米貓」、「嗚貓」，或甚至「克萊喵鳥」。他會在寫給她的信上畫豬、巴哥狗、貓，而且後來她懷孕時，他畫的貓也是。[43]

結婚早期，某次邱吉爾說晚餐想吃烤鴨，克萊門汀想打消他的念頭，於是告訴他，因爲不是當季，所以鴨肉很貴。但他在報紙上讀到，動物園的短吻鱷都吃鴨子，於是他說如果短吻鱷能吃，他沒理由不能吃。[44]老了之後，克萊門汀向弗雷迪・伯肯赫德（Freddie Birkenhead）⑥承認，他們的財務狀況「不可能

眞的很糟，因爲他們有五個僕人，但是又說那個時代，那（有五個僕人）是理所當然」。[45]訂婚後一個月，碧翠絲・韋伯和他們共進午餐，她記錄，「她的新娘是迷人、教養良好、美麗且眞誠的女士，但是不富裕，並非門當戶對，這方面要稱讚溫斯頓。」[46]

克萊門汀在一九〇九年七月十一日生下第一個孩子黛安娜（Diana）。邱吉爾暱稱她「奶油金小貓」、「狗貓仔」（puppy kitten）、「PK」。據說勞合喬治告訴馬斯特曼，他問邱吉爾，黛安娜是不是漂亮的孩子。「雙眼見過最漂亮的孩子。」溫斯頓容光煥發地說。「我想，像她母親囉？」「不」眉開眼笑的溫斯頓說，「她長得跟我一模一樣。」[47](4)

「很快地，非常快，我們短暫的生命就會結束。」十月，他告訴丹地的觀眾：

> 數不清的世代會不加注意地踏過我們的墳墓。如果不為高尚的目標奮鬥，不為我們死後活在這個世界的人，而把這個混亂的世界變成更好的地方，那麼活著有什麼用？還有什麼方法，能讓我們與偉大的真理與永恆的慰藉形成和諧關係？……人性不會被丟下。我們繼續前進——沿著寬闊高升的道路跌跌撞撞——而且遠方的山巒背後，必定是太陽。[48]

他在二戰期間激動、振奮人心的演說，早在三十年前就有預兆。

一九〇八年這一年，邱吉爾演講超過九十六場，旅行將近五千四百哩，主要經由鐵路，行遍全國的演講場地。一八九九年，他演講十四場（旅行超過七百哩），而一九〇〇年十場（一千五百哩），一九〇一年二十一場（一千六百哩），一九〇二年十三場（超過八百哩）。這些較早的數字和距離，對一位至少偶爾拜訪選區的議員而言算是正常。但是一九〇三年後，哩程數暴增，不只表示他的野心與演講能力的信心逐漸增長，還表示他是一個有趣、激動人心的講者，而且這個消息已經傳開，以致他從全國各地收到源源不絕的邀請。這些演講能與地方議員建立友好關係，未來某天當他角逐領袖時，可能需要這些支持。因此一九〇三年，他發表二十九場演講（旅行超過兩千兩百哩），一九〇四年三十八場（五千五百哩），一九〇五年四十四場（超過三千七百哩），一九〇六年五十九場（三千八百哩），而在一九〇七年四十二場（儘管他還有東非之旅）。這些演講經常超過五千字，每篇都需要專心寫作（他幾乎不會重複），以及持續練習。即使過了一九〇八年的顛峰，他還是維持如此高度的活力，一九〇九年六十九場，一九一〇年七十七場，一九一一年六十五場，為了演講旅行總共大約一萬哩。到了二戰爆發，邱吉爾已經演講一千七百場左右，旅行約八萬兩千哩——超過地球圓周三倍長。那樣的精力非同小可，遠比一般政治人物充沛，甚至勝過名列前茅的政治人物。他已經是非常有經驗也非常有信心的公眾講者，有能力在短時間內虜獲任何觀眾。

他對統一黨的攻擊，尤其是統一黨領袖，並不妨礙他在丹地補選勝利。「貝爾福針對這項議題使用非常強烈的語言。」邱吉爾說到《售酒法案》，他希望藉由限制酒吧數量，抑制酗酒問題。「現在軟弱的人經常使用強烈的語言，而且軟弱的案件使用的語言更是強烈。」[49]自從加入自由黨，就算不像，邱吉爾已經成為戒酒運動的倡議人士，如同他也支持愛爾蘭自治與其他在保守黨時完全不感興趣的自由黨主張。飲酒產業數十年來都與保守黨緊密相聯，基於這點，非常喜愛喝酒（雖然幾乎從不過量）的邱吉爾攻擊飲酒產業，著實諷刺。現在上議院威脅否決該法案，他控訴保守黨「瘋狂擁護財產權，不惜代價擁護私人權利」。[50]

邱吉爾持續攻擊上議院，看在自由黨眼裡，至少都是值得讚賞的行爲，因爲許多他的家人都在裡頭，有他的堂哥和表弟——馬爾博羅公爵與羅克斯堡公爵（Duke of Roxburghe，倫道夫勛爵的妹妹安〔Anne〕的兒子），其他親戚包括姑丈特維德茅斯勛爵與溫伯恩勛爵、表弟倫敦德里侯爵、姑丈霍爾伯爵（Earl Howe），克萊門汀的表哥埃爾利伯爵和傑克的岳父亞平敦伯爵。毫不意外，許多人不欣賞他反上議院的立場，甚至導致堂哥兼朋友，也是波耳戰爭的同袍桑尼・馬爾博羅與他疏遠。上議院於十一月否決《售酒法案》，馬斯特曼記載邱吉爾「直接拿刀戳進他的麵包，說不出話」，接著宣布道：「我們應在六月送出預算給他們，嚇嚇他們；他們已經啟動階級戰爭，他們最好小心。」[51]他似乎不受一個事實影響——他威脅要攻擊的就是自己的階級。

一九〇九年一月三十日在諾丁罕的集會，邱吉爾說了一些將來會一再帶來麻煩的話。他描述保守黨，這個政黨是「富人欺壓窮人；階級和眷屬欺壓大眾；幸福、有錢、快樂、強壯的人，欺壓被冷落、怒吼的上百萬又窮又弱的人」。[52]即使晚至一九四四年，左翼的新聞記者還會引用這些文字攻擊他。[53]

由於德意志帝國更加激進的傾向，尤其他們的海軍建造計畫顯然就是想要威脅皇家海軍，一九〇四年，英國與法蘭西簽訂《英法協約》（實際成爲聯盟）。儘管如此，邱吉爾依然維持他不受歡迎的信念，認爲防禦花費應該盡可能少。第一海務大臣（First Sea Lord）⑦約翰・費雪（John 'Jacky' Fisher，綽號「傑奇」）堅持，爲了與德國新的海軍建造計畫並駕齊驅，必須建造六艘新的無畏級戰艦，這種結合重型火炮與蒸汽渦輪推進的裝甲戰鬥艦遠遠勝過其他軍艦。二月九日，他和勞合喬治、愛德華・格雷爵士（Sir Edward Grey）、反戰的印度大臣約翰・莫萊，共同威脅阿斯奎斯，如果第一海軍大臣雷金納德・麥肯納（Reginald

McKenna）同意費雪，他們就會辭職。邱吉爾從父親的經驗學到，要爲國防預算威脅辭職，必須集體行動，切勿單打獨鬥。「我不會崇拜那種政治人物，爲了贏得廉價的喝采，提倡把錢花在軍事裝備那種華而不實的政策。」他告訴曼徹斯特的觀眾，「我一直都反對，如同我父親在我之前反對的那樣。」[54]然而其他內閣成員反對這四位大臣，而且如同白廳流傳的笑話，麥肯納想要六艘無畏級戰艦，勞合喬治和邱吉爾覺得四艘足以，所以政府妥協爲八艘。

部分爲了省錢，但也因爲他天生停不下來的腦袋，邱吉爾不斷追求軍事領域的科技突破。早在一九〇九年二月，航空學的歷史尚早，他就開始思考航空的軍事運用。他告訴帝國防禦委員會（Committee for Imperial Defence）的航空次委員會，「使用飛機的問題是最重要的問題，而且我們應該與萊特（Wright）先生本人聯絡，利用他的知識。」[55]邱吉爾將會持續提倡空中武力，一旦他的職位許可，就會建立皇家海軍航空部隊（Royal Naval Air Service），而且爲皇家飛行隊（Royal Flying Corps）與後繼的皇家空軍（Royal Air Force）爭取適當經費。[56]

三月二十四日，邱吉爾提出《行業委員會法案》，這是他首件重大的法律制訂案，用意是建立「血汗勞力」產業的薪資規定與工作條件，尤其製衣業。那是非常托利民主的措施，賦予政府權力處罰虐待勞工的雇主，並首度引進最低薪資。邱吉爾學會如何將法案化爲法律。他不僅下足苦工，並且精通各種枯燥但必要的細節。委員會與專責委員會，議案一讀、二讀、三讀，修正，辯論程序，截斷發言（停止討論），以及其他國會立法程序，在接下來數年辛苦的立法工作中，全都成爲他的第二天性。

邱吉爾與此時擔任財政大臣的勞合喬治，在一九〇八年與一九一一年間密切共事，建立兩人當時一流社會改革者的名聲。由於一九〇七年至一九〇八年經濟衰退，失業率開始不斷攀升，致使邱吉爾引進人力仲介，媒合失業的工人與可能的雇主。他找來威廉・貝佛里奇（William Beveridge）建立仲介場所，而到了一九一〇年三月，已有兩百一十四處。他爲商店店員爭取到半天假期。《一九〇八年老人津貼法》首次爲六十萬老人引進每週五先令津貼（約今日二十三英鎊），每年花費四百萬英鎊。「那並不多，」邱吉爾之後說到這個適量的津貼，「除非你還沒拿到。」[57] 勞合喬治與邱吉爾於一九一一年實施全國首次強制失業保險，到了一九一三年十月，已有一千四百七十萬人透過兩百三十六個地方保險委員會與兩萬三千五百個協會及分會參加保險。兩人共同成立倫敦港務局，通過《一九〇八年採礦（八小時）法》，縮短礦工能被強制工作的時數，還有改善採礦安全的《一九一一年採礦法》（而且意外減少採礦馬匹的生命威脅）。他們也計劃讓養育子女的父母減免所得稅，很快就被暱稱爲「頑童」（Brat）計畫。

邱吉爾用軍事行動譬喻幫助窮人的過程：「回去把殿後的部隊帶來。」他把這些措施視爲進化的托利民主，將會強健英國，面對未來的危機，尤其遇上戰爭時。用馬斯特曼尖銳但基本上正確的話來描述，邱吉爾的家長主義想要「仁慈的上層階級救濟勤勞、**正直**、感激的勞工階級」。[58]

這些改革與其他準備推出的計畫都非常昂貴，加上八艘無畏級戰艦，必須找到大量新的收入挹注國庫才能資助這些計畫。一九〇九年四月，勞合喬治提出財務法案，自由黨馬上將之暱稱爲「人民預算」（People's Budget），公然展開這場邱吉爾在五個月前就已預料的階級戰爭。爲了籌措額外的一千六百萬英鎊，所得稅必須從一英鎊中一先令，提高到一先令二便士（即從五%提高到五・八三%）。高收入者還必須繳交附加所得稅，並對菸草、酒精飲料、汽車、汽油課稅；未開發土地價值每英鎊徵收半便士，財產價值超過一百萬英鎊徵收二十五%遺產稅、二十%土地資本增值稅。這些代表近期英國歷史上前所未見的財富重新分配，而且上議院統一黨必定反對。[5]如果不能緩和他們的反對，而且上議院拒絕通過預算，將會出現嚴重的憲政危機。

「明天就是天譴的日子！」四月二十八日，在重要的財務法案投票前，邱吉爾告訴克萊門汀，「我感覺這個預算不是成功，就是失敗：不是我們得到大筆資金，明年大肆進行改革，就是九月上議院強迫解散國會。」[59]邱吉爾相信，如同他在六月告訴城市自由黨俱樂部（City Liberal Club），「所有的稅都不好」，但是他認爲這些都有必要。[60]國王對這個危機的回應，倒是說了一則幼稚的笑話，邱吉爾「姓名的縮寫——W.C.——取得眞好！」[61]

「預算將會通過。」邱吉爾在五月對著曼徹斯特的觀眾保證，觀眾熱烈歡呼。「預算會證實下議院的權力。」[62]他將預算描述爲因應國內外危機的保險，而且還說：

> 可以的話，我要把「保險」一詞寫在每間農舍的門上，以及每個政治人物的筆記本上，因為我深信藉由極小的，受雇窮人能力所及的犧牲，家家戶戶都能在災難中得到保護，否則家庭會被永遠拆散……凡遇到死亡、疾病或是養家的人傷殘，承載家庭這艘孱弱的船就會沉沒，女人和小孩就會在漆黑與孤苦之中無望掙扎。[63]

一週後，參加完女王牛津驃騎兵、國防義勇軍及其他七個團的田野演習後，邱吉爾告訴克萊門汀一件她大概已經猜到的事，就是如果當時能夠成爲上將，他會相當樂意。「我對自己的判斷能力相當有信心，」他告訴她，「我看得很清楚，這點對於戰術編列尤其爲眞。這麼說顯得自負、愚蠢，但妳不會笑我。

我相信那件事在我體內扎下了根，但我害怕這輩子沒有機會綻放成豔麗的花朵。」[64]

幾年後，克萊門汀告訴弗雷迪・伯肯赫德，這段期間「溫斯頓『完全被勞合喬治控制』，他完全被他吸引。」[65]但是財政大臣本人，相反地，卻嫉妒邱吉爾頻繁且大受歡迎的演講，而且從他提的預算法案偷走知名度。勞合喬治和馬斯特曼夫婦開車去布萊頓時，表示「有人說溫斯頓・邱吉爾是人民預算的發起人，他聽了非常不屑」。他說，「溫斯頓反對人民預算裡幾乎每個項目，除了『頑童』外，而且那是因為他自己就快當爸爸了。」[66]那不是真的，其實勞合喬治才剛寫信給弟弟，提到邱吉爾對人民預算的支持，但是由此可以看出勞合喬治擔心出現對手，即使這個對手在立法成就上遠不及他。[67]

九月四日，邱吉爾在萊斯特（Leicester）的皇宮戲院（Palace Theatre）進一步以煽動性言論譴責上議院。他在全程近七千字的演講說：「富有的人，不僅完全無法自立，還需依賴很多人，有時甚至雇用上百個人，無時無刻照料他們的需求。」[68]他顯然已經忘記那四百個在東非幫他提行李的挑夫。）那時候，人民預算已經在下議院委員會花了六百個小時，儘管情緒火腦，政府也做出部分讓步。他在萊斯特的演講接著說：

問題將是，在一九〇九年，英國人民是否要……讓自己受到少數擁有頭銜的可悲之人支配與統治。這些人不代表任何人，不向任何人負責，只會急忙跑來倫敦為他們的政黨利益、階級利益、自身利益投票。[69]

現在他希望推翻上議院與下議院平等的地位，讓上議院不再擁有能力否決民主選舉組成的下議院所提的法案。邱吉爾對上議院的批評，並未得到他想要的一院制議會或第二個選舉組成的議院。十八世紀的輝格黨人，例如查爾斯・詹姆斯・法克斯（Charles James Fox）和墨爾本勛爵（Lord Melbourne），會立刻看出他的立場。

邱吉爾的演說震驚許多保守黨人，導致國王與首相雙雙抗議。國王的機要祕書諾爾斯勛爵（Lord Knollys）寫一封信到《泰晤士報》抗議。[70]「他和國王一定是瘋了。」邱吉爾告訴克萊門汀，「在我眼裡，這反而就像極爲顯著的皇室干政，而且顯示這些圈子感受的怨恨。我應該置之不理。」[71]但是，阿斯奎斯甚至也認爲邱吉爾做得太過頭，而邱吉爾確實必須理會他的意見。

之後到了九月，邱吉爾和馬許造訪普法戰爭的戰場，尤其是決定性的色當，又在符茲堡（Würzburg）附近，以德皇賓客的身分觀賞德軍演習。馬許發現，邱吉爾解釋得「非常清楚，我在一瞬間以透澈的歷史之眼看清整個戰役，或至少整個地形」。[72]保守黨議員克羅福勛爵注意到一則傳聞，關於「邱吉爾的魯莽無禮」，表示邱吉爾要求法國軍官帶他逛逛色當。[73]這完全是子虛烏有。「如同戰爭壯闊的場面吸引我，令我深深著迷，」邱吉爾在符茲堡的王儲飯店（Kronprinz Hotel）寫信給克萊門汀，「每年我感受愈來愈深的是……這一切是多麼討厭、邪惡、愚蠢、野蠻。」[74][(6)]即使在這麼早的時候，邱吉爾已經開始擔心德國海軍的實力逐漸增長。「最好別在事實面前閉上眼睛。」九月初，他告訴德國大使保羅・馮・梅特涅伯爵（Count Paul von Metternich），「而且隨著德國的海軍政策持續擴大，無論政府與個人多麼努力，兩國之間的信任與信心也不會有任何進展。」[75]

由於即將到來的德國威脅，下一個月，儘管貿易局主席對於情報事務沒有立場過問，但邱吉爾密切參與祕密情報局創立，即後來的軍情五處（ＭＩ５）與軍情六處（ＭＩ６）。國會並不知道這件事，而且一九一一年八月出任內政大臣時，他也促使《官方保密法》幾乎不經辯論就迅速通過。這項法令在成文法典中保留七十八年。這些創舉不僅出自他終身對於間諜活動、信號情報、人工情報的愛好，同時意謂到了一九二〇年代，他研究間諜活動相關資料的時間，比起任何當時的政治人物更久、更多、更專注。

十月，國王召見貝爾福與上議院統一黨領袖蘭斯當勛爵（Lord Lansdowne）到白金漢宮，敦促他們通過人民預算，這樣才能保住他們的立法否決權，但他們告知國王那些「頑固派」黨員很難控制。「我把他當成我的敵人，」邱吉爾說到貝爾福，但他也是當時「在世最勇敢的人。我相信如果你拿著手槍當面指著他，他也不會畏懼。」[76] 自由黨確實就像拿著手槍當面指著上議院，但貝爾福不打算退讓。十月，邱吉爾又撥旺爐火，告訴丹地的觀眾，一萬人「擁有整個大不列顛的土地，而其他人入侵他們出生的土地」，眞是一件「不可思議的事」。[77]

前一天，他住在丹地的女王飯店（Queen's Hotel），醃魚吃到一半，「有一條大蛆爬出來，對我亮出牙齒！」他告訴克萊門汀。「這是偉大的男人爲國家效力時需忍耐的考驗！」[78] 他們的財務狀況則是另一個考驗。十月寄給克萊門汀六十英鎊家用後，他告訴她：「巴哥狗目前 décassé（沒錢）。」[79]（顯然他和她一樣，寫法文較不害羞。）他們只能在英格蘭度假，但等到他另一本演講集《自由主義與社會問題》（*Liberalism and the Social Problem*）在十一月出版時，就會收到五十英鎊。由此可見，這對新婚夫妻的財務狀況有時就是如此捉襟見肘。她回覆，他們可以待在埃克爾斯頓廣場就好，不去度假，因爲「我最開心的事就是在生活中幫助你，在你失望或被欺騙時給予安慰。」[80] 但是克萊門汀開始有點擔心邱吉爾是否不忠，儘管沒有證據。邱吉爾下一封信的附注寫著：「我沒有和任何一隻貓說過話，除了我母親！！！！！」

接著，過了一個禮拜，「我最親愛的，我非常擔心，妳似乎醞釀著這般完全瘋狂的懷疑念頭，那會侮辱我對妳的愛與忠誠，請上帝在我活著時容忍妳——妳我之間不值得那樣的懷疑。我們活的世界不是那些鬼祟的小事，而是嚴肅又重要的大事（不是最貼切的詞）。妳應該相信我沒有愛上，永遠也不會愛上這個世界的其他女人，除了妳……妳的甜蜜與美麗點亮我的生命。」[81]那是眞的，而且信上巴哥狗的圖畫底下寫著「傷心且無愧」。半個世紀後，克萊門汀重讀這封信，她甚至想不起來是在說什麼。

一九〇九年十一月四日，人民預算以三百九十七票對一百五十六票在下議院通過。即使經過讓步，法案保留更高的土地稅，並對所得超過三千英鎊（約今日三十萬英鎊）課徵附加所得稅。阿斯奎斯授權邱吉爾在辯論時表明，上議院拒絕的結果將是大選。[82]十天後，儘管邱吉爾身邊已經圍繞警探，一位名爲泰瑞莎・加內特（Theresa Garnett）的女性參政運動者在布里斯托神殿草原火車站（Bristol Temple Meads），拿著馬鞭攻擊邱吉爾。[83]「他眼看事態一觸卽發，和那個女人扭打起來。」《泰晤士報》記載，「掙扎半晌……那個女人發狂大叫『接招，你這個畜生！畜生！』，眾人都聽得見。邱吉爾先生從攻擊他的人手中抓下鞭子。」[84]他繼續前往科斯頓堂（Colston Hall）舉行集會，雖然集會已經被婦女參政運動者嚴重打斷，他們打算破壞所有自由黨重要政治人物的集會，不只是邱吉爾。加內特由於擾亂安寧，被判入獄一個月。

十一月二十六日《自由主義與社會問題》出版。同天，保守黨頑固派之一的密爾納勛爵談到人民預算，「我們有義務阻止預算，譴責後果。」[85]四天後，克萊門汀在埃克爾斯頓廣場爲邱吉爾舉辦三十五歲的生日派對。其中一位賓客伊歐爾勛爵告訴兒子：

> 他家二樓有一間美麗的雙人房，全都是書……他的生日蛋糕插了三十五根蠟燭，還有**拉炮**。他整

晚坐著，頭上戴著拉炮裡的紙帽。如果那好幾萬去過他的集會的人看到，會覺得這裡的景象真的很奇怪……他和她坐在同一張沙發，他握著她的手。我從未看過比他們更恩愛的人。如果他沒官可做，將一毛錢也沒有。他必須找工作，但他說只要和你愛的人在一起，那樣也值得。他一定會討厭，但他準備和她與那個嬰兒，去住只有兩房的公寓！[86]

派對早早結束，如此客人能去上議案看投票。人民預算以三百五十票對七十五票遭到否決。兩天後議會解散，召開選舉，開始進行一九一〇年一月十四日的選舉，這次自由黨會打著「貴族對上人民」的口號。

競選期間，邱吉爾萃取上議院改革、預算、自由貿易與賦稅等演講，迅速出版《人民的權利》(*The People's Rights*) 一書。他也卯足全力在競選活動嘲笑最喜歡的敵人。「貝爾福先生當然是個領導者，追隨者要他做什麼都照做，」他告訴觀眾，「唯獨當他知道追隨者是錯的，就興趣缺缺地做。」[87] 前印度總督寇松勳爵在奧丹爲貴族辯護，他反問邱吉爾難道沒有虧欠他的父親。「爲什麼？當然。我的一切都要歸功我的父親。」幾天後邱吉爾在伯恩利 (Burnley) 回答：

但對滿屋子世襲的立法議員，這是哪門子的辯護？因為我父親是伍茲托克的議員，但我不認為無論伍茲托克的人民怎麼看待我，我就該是伍茲托克永久的議員。確實可以舉出例子，某些人繼承成功的父親，而且達到相同或更了不起的成就。但相反的例子又有多少？子承父業的例子幾乎用手指就可以數出來。事實上，寇松勳爵舉出的例子還不如他手上的手指。但是想想默默無聞的相反案例是何許多。[88]

他很清楚有一個傑出的父親、人生又成功的人是多麼稀有。

寇松引用十九世紀法國哲學家歐內斯特・勒南（Ernest Renan）的話：「所有文明都是貴族的傑作。」「奧丹的人喜歡那一套。」邱吉爾說到之前工人階級為主的選區，「在奧丹，沒有公爵、伯爵、侯爵、子爵覺得讚美不是獻給他們……何以如此？倒不如說，所有文明的苦工就是餵養貴族。」[89]寇松抱怨邱吉爾的舉止就像「挖泥巴的工人」，牛頓勛爵（Lord Newton）說到「溫斯頓・邱吉爾討人厭的偽善」，波福公爵（Duke of Beaufort）則說想看到邱吉爾和勞合喬治「身在一群追獵的狗中」。邱吉爾後來很高興地將這些都告訴沃陵頓（Warrington）的觀眾。[90]衝突的消息蔓延，隔天《華盛頓郵報》（*Washington Post*）報導塔爾夫俱樂部（Turf Club）對邱吉爾愛理不理，裡面的侍者「極不情願」為他服務。[91]

競選期間，邱吉爾收到很多明信片，標題寫著「老鼠的報酬」，畫上一隻紅色小老鼠吃著一壺蜂蜜，旁邊寫著：「貿易局主席的薪水：每年兩千英鎊。」[92]各種關於邱吉爾家的惡意謠言到處流傳。(7)弗雷迪・伯肯赫德後來記下克萊門汀告訴他，「他們周遭的氣氛極不友善。很多人，例如倫敦德里夫人，和他們完全斷絕來往。佩姬・克魯（Peggy Crewe，克魯侯爵夫人）儘管是自由黨人，但舉止也很奇怪。她告訴克萊門汀，溫斯頓和勞合喬治聯盟讓她很丟臉，應該有人阻止。瑪歌・阿斯奎斯……充滿敵意，也不友善。」[93]然而，克萊門汀「把仇恨當成讚美」。某次她發生計程車意外，在人行道和埃克爾斯頓廣場的房子留下一些血跡，「這件事情馬上就變成溫斯頓毆打妻子成性的流言。」[94]邱吉爾不再閱讀關於自己的剪報。他去哈羅公學時噓聲一片。[95]

大選投票從一九一〇年一月十四日開始，持續到二月十日。一月二十二日，邱吉爾再次當選丹地議員，以一萬零七百四十七票對上一萬零三百六十五票的些微差距勝過工黨，保守黨得到四千五百五十二票、自由派統一黨得到四千三百三十九票，努力不懈的禁酒黨候選人愛德溫・斯克林格則得到一千五百一十二票。整個國家的大選結果也一樣接近，自由黨兩百七十五席、統一黨兩百七十三席、愛爾蘭民族黨八十二席、工黨四十席。自由黨得到兩百八十八萬票、工黨五十萬五千票、統一黨得到三百一十三萬票。原本七年的任期才過四年，自由黨輸掉一九〇六年一百零四席與多數選民，但依然是最大的政黨，阿斯奎斯繼續擔任首相；憑著愛爾蘭民族黨和工黨支持，他們有足夠選票通過人民預算。

選舉最終結果出爐，兩天後，阿斯奎斯要讓邱吉爾當愛爾蘭大臣。「我個人願意去海軍部，」他大膽回覆，「或去內政部。恕我直言，大臣在政府裡的職位，某個程度應該依據他們在國家的影響力。」[96]阿斯奎斯默許，而邱吉爾在三十五歲成爲繼一八二二年羅伯特・皮爾爵士後最年輕的內政大臣，也是唯一進過監獄的內政大臣（迄今仍是），更別說逃獄。

作者注

(1) 寫作 Bertie，但讀為 Barty；她的綽號是「古妮」(Goonie)。

(2) 兩者現今都在邱吉爾博物館（Churchill War Rooms）展出。

(3) 當時地方政府部長約翰・伯恩斯（John Burns）「擺明討厭勞合喬治與溫斯頓，說他們是『綁在一起的兄弟』」。(eds. Thorpe and Toye, *Parliament* p. 35)

(4) 在露西・馬斯特曼（Lucy Masterman）大量的日記中，幾乎每次只要勞合喬治提到邱吉爾，都是為了貶低他，所以這個故事可能也屬杜撰。

(5) 邱吉爾製作三分鐘的黑膠唱片，內容是為人民預算辯護，這張唱片廣為流通。這是他的聲音最早的錄音，雖然可以從中聽出和知名的二戰演講相同的節奏，然而音調較高、較圓滑，帶有較多可察覺的嘶聲與咬舌。當時他的發音和職涯後來不同，例如「pro–tective」、「systeem」。他的發音和聲音的音色在接下來三十年會漸趨成熟，而且帶有三十幾歲沒有的粗啞咆哮。

(6) 邱吉爾並不喜歡符茲堡宮階梯上方天花板提埃坡羅（Tiepolos）的畫作，他認為那是「發泡奶油與海綿蛋糕風格的繪畫」。（CV II Part 2 p. 911）

(7) 當阿修派的一員珀西伯爵於十二月三十日被人發現離奇死在巴黎——他死在巴黎北站的廉價旅館，以珀西先生的名義訂房——於是開始流傳他是克萊門汀的情夫，被傑克・邱吉爾殺害並送到巴黎，因為哥哥沒有膽子親手殺他。（Birkenhead Papers 65/A3）驗屍報告說他死於胸膜炎，但也有流言說他死於決鬥。

譯者注

① 英國社會學家、經濟學家，社會主義者，畢生致力於社會改革。費邊社、倫敦政經學院的創始人之一。

② 十九世紀的英國軍官合作社，一九三〇年代轉為有限公司，並逐漸擴大為連鎖百貨，一九七三年為知名英國百貨公司福來莎（House of Fraser）收購。

③ 創立於一七八一年的兄弟會團體，提倡公平、慈善、兄弟情誼。

④ 邱吉爾的么女。

⑤ 法語「我好愛你」之意。

⑥ 即F・E・史密斯。

⑦ 第一海軍大臣與第一海務大臣的差別在於，前者是文官、政務官，也是內閣官員；後者是武將、英國職業海軍的最高職位，兼任海軍參謀長，受第一海軍大臣節制。邱吉爾之後會兩度擔任第一海軍大臣。

7 內政大臣 1910／2—1911／9

如果你需要陳述重點，切忌模糊或高深。用打樁機，直擊重點，然後回頭再擊一次。然後再擊第三次。——邱吉爾建議威爾斯親王如何公開演說，一九一九年[1]

我的良心是個好女孩。我總是可以順服於她。——邱吉爾致戴高樂將軍，一九四二年八月[2]

一九一〇年二月二十一日星期一，任內政大臣一週後，邱吉爾簽下第一紙死刑執行令。既然被判死刑的人都有權利在伏法前最後上訴，他就必須審閱每宗案件。那天晚上，和伊恩・漢密爾頓的妻子珍談過後，顯然那個決定「令他相當沉重」。案件中的男人把一個小孩帶到小巷，殘忍地對孩子割喉。「『想想，』他說得義憤填膺，『一個社會逼得一個男人做出那種事情。』」她覺得當時「他的心情既敏感又激動」。[3]邱吉爾發現決定這些案件是「最痛苦的」。如同幾年後，他的兒子說，「他很清楚自己直接負責每個案件，所以總是再三考慮。」[4]邱吉爾審閱的四十三件死刑判決中，二十一件緩期，比起過去十年前任大臣四成緩期還高。[5]他告訴威弗里德・布朗特：「平均每兩週，就必須對一個判刑的罪犯行使生殺大權，這件事情對他而言根本是惡夢。幾乎所有謀殺案件都牽涉愛與酒。」[6]儘管如此，他支持死刑，告訴愛德華・格雷爵士：「對大多數人而言，包括最優秀的人，無期徒刑比死刑更糟。」[7]這一點反映他的個人信念，也是軍人常見的泰然態度。他也認爲某些情況，例如「不治之症或恥辱」，自殺是可接受的。[8]畢竟，他告訴珍・漢密爾頓：「我們十分重視死亡。」[9]

一九〇九年八月十七日，邱吉爾能夠凌駕他對英屬印度的熱愛，承認印度革命人士麥丹・拉爾・辛格拉（Madan Lal Dhingra）的勇氣。辛格拉由於暗殺前總督副官中校庫松・韋利（Curzon Wyllie），而在潘頓維勒監獄（Pentonville Prison）被判處死刑，這也是爲讓英國退出印度而出現的種種恐怖行動。「現下在印度，唯一需要的一課是學習怎麼死，」辛格拉在伏法前說，「而唯一的教授方法就是我們自己先死。所以我死，光榮殉難。」[10]邱吉爾告訴威弗里德・布朗特，辛格拉會被記得兩千年，「如同我們記得雷古魯斯（Regulus）、卡拉克塔庫斯（Caractacus）、普魯塔克（Plutarch）的英雄」，而且引用他的遺言，並說是「以愛國主義之名最優美的話」。[11]他相信「如果減刑，會是額外的折磨」。邱吉爾公開尊敬敵人的勇氣，例如帕坦人、德爾維希人、波耳人、印度革命人士，或者後來愛爾蘭共和國的麥克・柯林斯（Michael Collins）、德國陸軍上軍埃爾溫・隆美爾（Erwin Rommel），這也是他吸引人的特質。

幾年後，邱吉爾告訴助理，他當內政大臣時，「他的神經非常衰弱，總是被憂愁包圍。」[12]他發現最好的解藥就是「把各種煩人的事全都寫在紙上，就會發現有些僅是小事，有些無法補救，於是就只剩下一、兩件需要全神貫注的事」。數個世紀以來，內政部已經變成雜物部，裝著其他部門裝不下的東西，所以除了特赦與減刑，邱吉爾必須煩惱的清單，還包括巡察、監獄、保釋、工作條件規範、酒吧執照、工人傷害賠償。

三月三十一日，勞合喬治提出《國會法案》，想終結貴族任何與金錢相關的立法否決權力，同時阿斯奎斯半公開威脅，如果預算沒有通過，會在一夕之間創造五百名新的貴族，淹沒統一黨的反對勢力。面對如此局勢，以及統一黨連續兩次輸掉大選，人民預算在四月於上議院未經投票就通過。但是這樣還不能滿足自由黨政府，他們想要在根本上改變憲法，閹割貴族在英國政治的影響。上議院的頑固派並不打算讓出否決權，除非跟他們再打一仗，而阿斯奎斯、勞合喬治、邱吉爾樂意至極。儘管預算通過，但《國會法案》並未撤回。

身爲內政大臣的邱吉爾必須出席很多典禮，而一九一〇年五月六日國王愛德華七世驟逝，應該是個讓他跟國王喬治五世建立更好關係的機會，然而沒有。根據克羅福勛爵表示，新的國王對於自由黨高層，如邱吉爾，在預算與國會法案期間欺負他的父王，內心耿耿於懷，雖然這可能是事實，也沒有證據證明他父王的健康因此大受影響。「他深深受到傷害，」克羅福勛爵記載，「新國王甚至隱藏不住對那件事的態度。西賽爾・曼納斯（Cecil Manners）[(1)] 告訴我，國王即將逝世時，邱吉爾以內政大臣的身分被召到皇宮，就被落在**樓下**，甚至沒有被請進皇室住所的接待廳。」[13] 克羅福忍不住又說，「邱吉爾沒有良心或顧忌，沒有一丁點公開的拘謹與尊重，我們全都知道，而且所有人，連他最親密的朋友也承認。」其實他最親密的朋友並未如此承認。

在喪禮短暫的政治休兵期間，邱吉爾向F・E・史密斯建議自由－保守兩黨聯盟，如此可能可以爲許多議題找到共識，包括上議院改革、愛爾蘭自治聯邦、國家協助的強制國民保險、土地改革、徵兵。[14] 勞合喬治支持短暫聯盟的想法，而史密斯敦促貝爾福與安德魯・博納・勞跟進，而且國王的私人祕書諾爾斯勛爵也支持，但是沒有結果。幫助勞合喬治設計人民預算的查爾斯・馬斯特曼反對聯盟，而且相信邱吉爾對中立政府的「熱情」與長期渴望，透露「原始且不變的托利內在」，雖然事實上確切來說，透露的是不變的托利民主。[15]六月，邱吉爾在皇家咖啡和勞合喬治共進晚餐，他跟克萊門汀說，他們在那裡「再續另外七年的聯盟條約」。[16]

由於經濟普遍衰弱，而且工會實力漸增，導致許多長期頑固的罷工。邱吉爾部分的新工作就是維持公共秩序。五月，紐波特（Newport）碼頭爆發動亂。邱吉爾答應地方政府的要求，提供兩百五十名步行警察與五十名騎警維持秩序。[17]內政部常務次長愛德華・特魯普爵士（Sir Edward Troup）記錄，邱吉爾「非常擔憂」不願動員軍方。[18]「每週一次或更頻繁，」他回憶，「邱吉爾先生會帶著大膽又不可能的計畫進辦公室，但是討論半個小時後，就會產出某些依然大膽卻不是不可能的計畫。」[19]

七月，溫和的《國會選舉權（女性）法案》進到議會。春天，邱吉爾支持成立跨黨派的調解委員會，以他的朋友利頓勛爵爲主席，諾爾・布瑞斯福德（Noel Brailsford）爲祕書，想將這項議題脫離黨派政治。當時的投票資格是擁有房產的男性，約有六百萬至七百萬人，如果以同樣資格擴大到女性，大約有一百萬人符合，而對很多人而言，這似乎就是妥協的基礎。[20]下議院辯論這項法案前，邱吉爾寫下一篇備忘錄，詳細記載他針對女性投票議題所有的談話和會議，而且寫下結論，他不打算投反對票。然而，辯論前兩天，他改變心意。他說他認爲「這將深深傷害自由黨的目標」，而且決定在阿斯奎斯與勞合喬治都反對的情況下，他會膽小棄權。[21]布瑞斯福德因此用「背叛」描述邱吉爾的立場，利頓勛爵也指責他虛僞。邱吉爾回覆，任何之前可能主張支持的個人意見，都必須次於內政部公僕的觀點，但是這個藉口沒有什麼說服力，畢竟他過去從未躲在官員的專業建議後面。[22]

毫無疑問是政黨的政治考量在運作，要是有財產的女人投票給保守黨呢？(2)「我不相信女性大眾想要投票。」邱吉爾辯論時說，「我認爲她們幾乎沒有利用地方與市政府對她們開放的大量機會，雖然有幾個傑出的例外，但這些例外並不改變既定事實。」[23] 雙方對他的立場都沒有什麼好印象，而且雖然開放自由投票（free vote）①的結果以超過一百票的多數通過法案，但是僅止於此，因爲自由黨的政府終究會反對。

「溫斯頓對女性參政的態度不冷不熱（他的妻子格外積極），而他走進內政部時原本打算投下贊成。」露西・馬斯特曼寫著。她的丈夫查爾斯・馬斯特曼反對這項法案，當他對著邱吉爾說了幾句誇張臺詞，某些離婚的女人和「墮落的女人」（娼妓）在法案的條件下可以投票，因爲她們擁有房產，但是一個家庭裡清白的母親可能不行。「溫斯頓開始從這些話中發現演講的機會，於是他在房裡走來走去，開始把那幾句話發展成長篇大論。接近中午時，他開始相信自己一直都不喜歡那項法案，而且早就已經全都想過這些論點了。結果他發表非常粗魯又尖銳的演講，麥克連夫人（自由黨議員唐納・麥克連爵士〔Sir Donald Maclean〕的夫人）在觀眾席哭了，而利頓勛爵在公開場合和他切割。」[24] 即使他一定知道那只是少數案例，邱吉爾告訴下議院，「通過這項措施，會有源源不絕的荒唐怪事。賣淫的女人可能可以投票；如果她結婚了，變成老實的女人，她會失去投票權，但離婚後又能重新獲得。」[25] 經常有人批評邱吉爾，如同阿斯奎斯告訴好友薇內蒂亞・史丹利（Venetia Stanley）(3)：「溫斯頓用他的嘴巴思考」，意思就是他採用某些政策，因爲演講起來好聽。[26]（一戰期間，參謀長有時也這麼說他。）這麼說往往不公平，但就女性選舉權方面倒不失公允。這件事情之後，婦女參政運動者在邱吉爾的公開集會中加倍奉還，他應該也不驚訝。

完全相反的是，邱吉爾在七月十日對於監獄改革的演講反映深刻的自由主義。他非常短暫的監禁經驗讓自己留下對俘虜的恐懼。他告訴下議院：

任何國家的文明程度，最可靠的測試就是民眾對於犯罪與犯罪者之待遇所抱持的情緒和心態。冷靜公正地認同被控告者相對國家的權利，甚至被判有罪者相對國家的權利；被控告者接受刑罰並恆常反省；已經付出刑罰代價的人誠心希望重新融入社會百工，以不懈的努力尋找治療與再生過程；只要願意尋找，每個人的心中皆有寶藏。從犯罪與犯罪者的待遇當中，前述種種堅定的信念，象徵並度量國家的內在力量，同時透露並證明生動的美德。[27]

一九〇八年與一九〇九年，英國有超過十八萬人在監獄裡，約近半數無法及時付出罰款。[28] 邱吉爾主張應該給予更多時間付款，畢竟監獄制度最佳原則應該是「盡可能不讓人們進去那裡」。[29] 他提出動議，於是接下來十年，因爲付不出酒醉罰款而入獄的人，從六萬兩千人減少至一千六百人。[30]

邱吉爾認爲監獄是對待重大犯罪者最後的手段，因此想爲輕罪尋找替代懲罰，尤其事兒童。[31] 當他在十月前往潘頓維勒監獄，便釋放輕罪的青少年，而且雖然他在內政部待的時間不足以全面改革刑罰制度，但減少近四百人的刑罰。[32] 他也在監獄引進音樂和圖書館，希望改善因爲擾亂安寧而入獄的婦女參政運動者的處境，並將收容人單獨監禁的最長時間縮短到三十天。

有一個達特穆爾（Dartmoor）牧羊人名叫大衛・戴維斯（David Davies），他因竊盜入獄，獲得邱吉爾減刑，然而出獄後很快就再闖空門。[33] 邱吉爾爲此大受媒體與議會撻伐。幾年後，克萊門汀回憶，戴維斯

「照顧羊群的時候還好，但只要手頭緊，就去翻教堂的救濟箱。被問爲什麼要這麼做，他回答，因爲箱子寫著『救濟窮人』，而他就是窮人，那些錢顯然就是給他的。」[34]

一九一〇年夏天，邱吉爾登上佛瑞斯男爵的遊艇光榮號（*Honor*），展開爲期兩個月的地中海之旅。佛瑞斯也是自由黨議員，和他一樣從小喜歡航行，經常招待他。「告訴你一個好消息，我去了蒙地卡羅（Monte Carlo）的賭場四次，」他從那不勒斯（Naples）告訴馬許，「而且一共帶走高達一百六十英鎊。」[35]內政部的工作資助他去雅典和士麥納（Smyrna），而他就坐在列車的排障器，沿著英國建造的兩百六十哩鐵路，進入愛琴海土耳其範圍的艾丁（Aydin）。他告訴愛德華・格雷勛爵，「沒有比轉眼即瞬瀏覽一個國家更好的方式。」他們航行穿過達達尼爾海峽，進入君士坦丁堡，而且在那裡得知德國與土耳其的外交成功，而英國與土耳其的外交困難。[36]

「我在世界這個文明殘破與種族混亂的地區，看到的唯一景象就是，」他告訴外交大臣，「爲何英格蘭和德國不能聯手行動，共創普遍利益？」[37]然而，他懷疑有這種可能。十月中，某個參加射擊的週末，他告訴威弗里德・布朗特，「我們應該把握埃及，就像我們把握印度。不是因爲那樣帶給我們什麼好處，而是因爲我們做的事情已經無法回頭，帝國有其必要。接下來對德國的戰爭將會決定埃及的命運。」[38]

也許受到達爾文的著作影響，邱吉爾一度短暫相信優生學。一九一〇年十月，他提到在英國至少有十二萬「愚笨的人在我們之間」，而他認爲這些人應該「在適當的情況下隔離，如此一來，他們受到的詛咒就會隨他們一起逝去，不會傳遞給後代」。[39]他也對絕育頗有興趣，十二月時，他告訴阿斯奎斯，「（心理）不健康的人增殖」構成「巨大的種族危險」。[40]他認爲絕育是解放的方法，愚笨的人因此不需隔離，但是英國從未實施這個方法。

邱吉爾除了是一九一二年七月第一屆國際優生學會議的（缺席）會員外，也是《一九一三年智力缺陷法》的早期起草人，這項法令將所謂可能被隔離的「智力缺陷」定義爲四個等級，即「極重度」、「重度」、「中度」、「輕度」，但是反對絕育。那時候，這種想法在所有政黨都沒有爭議，法案只有三票反對即通過。如同他的種族觀點，邱吉爾對優生學的支持需要從當時的科學信念背景看待，許多左派思想家也抱持同樣信念，例如H・G・威爾斯（H. G. Wells）、西德尼・韋伯（Sydney Webb）、約翰・梅納德・凱恩斯（John Maynard Keynes）、威廉・貝佛里奇，以及傑出的法理學家如小奧利弗・溫德爾・霍姆斯（Oliver Wendell Holmes Jr.）。

十一月初，南威爾斯朗德河谷（Rhondda Valley）有兩萬五千名礦工爲了薪資問題發動罷工。格拉摩根（Glamorgan）的警察局長有一千四百名警力，但他要求更多，而且要求派遣軍隊。邱吉爾從倫敦警察廳派三百名警官，雖然由上將內維勒・麥克里迪爵士（Sir Nevil Macready）指揮的軍隊也被派遣過去，但是十一月七日與八日，朗德河谷的湯尼潘帝（Tonypandy）發生嚴重暴動，六十三家商店遭到破壞洗劫，之後並沒有部署軍隊。儘管警察使用捲起來的雨衣控制暴動，但仍有一名罷工者死亡。[41]《泰晤士報》批評邱吉爾不使用軍隊而暴露弱點，但《曼徹斯特衛報》稱讚邱吉爾「救了許多生命」。[42]然而在工黨的迷思中，數十年來都認爲邱吉爾該爲對湯尼潘帝無辜勞工實施殘忍的軍事鎮壓負起個人責任。

「現在回頭看那件事，很難看出一位果決的內政大臣有什麼其他方法。」當時的資深工會成員與後來的工會聯合會主席喬治・埃薩克斯（George Isaacs）承認，「後來可以說邱吉爾太急著派軍隊，但是他的影響其實似乎還算輕微。」[43]事實上，邱吉爾完全不如別人以爲的那樣反對勞動組織，當時他和許多工會關係良好，一九一一年三月，他告訴全國工會理事會的議會委員會，他非常「驚訝，工會組織從事的工作具有極大價值……對公務部門如內政部裨益良多，這些（產業關係）問題的研究應該加上諸位閣下長期的經驗……光是你們就能對那些問題產生影響。」[44]

一九一一年八月，南威爾斯拉內利（Llanelli）的罷工一發不可收拾，邱吉爾真的派出軍隊。兩名暴動者不僅攻擊軍隊保護的火車，而且拒絕離開，還將火車機師打到昏迷，於是軍隊擊斃他們。蒙默思郡（Monmouthshire）與格拉摩根東部的暴動更加黑暗恐怖。兩百五十名暴徒攻擊所有猶太人的商家，這次暴動甚至被稱爲「特雷迪加反猶屠殺」（Tredegar pogrom）。邱吉爾與陸軍大臣哈爾達勛爵馬上派遣軍隊過去保護猶太人。利物浦的暴動也會出動軍隊平定，包括奉命對著群眾上空開槍的騎兵隊（無人受傷）。

八月中，爲了處理首次全國鐵路罷工，邱吉爾派出上千人軍隊到全國的鐵路重鎮，每人配備二十發子彈，而且廣泛授權地區指揮官。[45]工黨領袖拉姆齊・麥克唐納稱這次行動「有如魔鬼」。「現在不是中世紀，而且這裡不是俄羅斯，」他說，「甚至不是德國。」就連馬斯特曼也說邱吉爾的態度彷彿打算「發射霰彈」，指的是一七九五年拿破崙鎮壓巴黎暴民的行爲。[46]

邱吉爾辯護自己破壞罷工的行動，理由是全國有許多食物需靠鐵路運送。「如果不阻止（罷工），就像把整個國家丟進深不見底的恐怖，沒有人敢想像。」他用一貫的誇張方式說。[47]儘管如此，他開除應爲失序負責的工會官員，並在下議院帶頭通過《一九一三年工會法》，允許工會爲政治目的運用資金。「議會中必須要有工會的代表。」他說，「我認爲每個工人都應加入工會……保障勞動權利與利益。」[48]七月底的倫敦碼頭罷工，在八月初和平解決。碼頭工人的領袖班・泰爾立特（Ben Tillett）寫到邱吉爾在調解方面的影響：

> 稍微駝背，說話結巴，似乎相當抱歉。動作像個小伙子，偶爾迸出孩子氣的玩笑、飽滿的前額隱約透露官員的關心，眼神散發幾乎溫柔的惆悵——這是現代的尼祿（Nero），他恐怖的權力威脅著我們。最終為在拉內利開槍負責的人，也為南威爾斯暴動與開槍負責。

泰爾立特認同「對於他人被殺而幸災樂禍的膽小工人，邱吉爾不理會他們的吵鬧」。[49]

十一月十八日，一百一十七個女人和一個男人在倫敦國會廣場（Parliament Square）與周圍大規模暴動被捕，婦女參政運動者稱爲「黑色星期五」。邱吉爾下令釋放他們，但是婦女參政運動的領袖將當時的警察暴行歸咎於他，包括例如布瑞斯福德告訴馬斯特曼，「從後面用膝蓋踢兩腿之間，不但危險、疼痛，還很噁心，而且推扭或碰觸胸部。當然還扭轉手臂，扳壓拇指。」[50]馬斯特曼在信中寫著「大臣所見」。這並不表示邱吉爾如同他人指控那般視而不見，更不表示他核准那些發生的事；其實他可能就和布瑞斯福德一樣厭惡。克麗絲塔貝・潘克斯特（Christabel Pankhurst）指責他下令警察施暴，他考慮告她文字誹謗，但副檢察總長約翰・賽門爵士（Sir John Simon）說服他不要，以免設下危險的先例。邱吉爾確實譴責倫敦警察廳廳長愛德華・亨利爵士（Sir Edward Henry），表示：「發生令人非常遺憾的場面。我寧願冒上風險避免這種事……未來我必定嚴格要求，以尊重與最少暴力的原則對待女性。」[51]然而，他並未下令調查。

四天後，愛爾蘭大臣奧古斯汀・比瑞爾（Augustine Birrell）被一群婦女參政運動者痛毆，導致跛行，並有可能失去膝蓋骨。同日，在後來所謂「唐寧街之役」（Battle of Downing Street）中，一群婦女參政運動者，包括邱吉爾在社交場合認識的安妮・科布登－山德森（Anne Cobden-Sanderson），在唐寧街十號外攻擊阿斯奎斯。邱吉爾恰巧在現場。「帶走那個女人，」他告訴警察，「帶頭的顯然是她。」[52]當時就讀劍橋大學加猶學院（Caius College）的大學生修・富蘭克林（Hugh Franklin）無意間聽到這句話，他是激進的婦女參政運動者，也曾參加黑色星期五的示威。十一月二十六日，結束在布瑞福（Bradford）的集會致詞後，邱吉爾搭上返家的火車，就在走向供餐車廂時，富蘭克林拿著馬鞭攻擊他，大喊：「接招，你這骯髒的野狗！」[53]富蘭克林遭到制伏，並因攻擊被判處六個月監禁。黑色星期五那天，富蘭克林在傳單上寫著，邱吉爾下令「他上千個訓練有素的僕人變成真正的暴民」，邱吉爾考慮控告富蘭克林文字誹謗，但是如同潘克斯特的誹謗，西蒙再次勸退他，這次的理由是那樣會免費幫他的對手宣傳。

一九一〇年十一月，爲了決定上議院否決權這項重大議題，國會解散，並將在十二月二日至十九日舉行第二次大選。國王已經答應阿斯奎斯，如果自由黨勝選，他會創造足夠的貴族，讓《國會法案》通過（邱吉爾推薦其中兩人應爲伊恩・漢密爾頓和威弗里德・布朗特）。競選期間，婦女參政運動者，無論男女，都從邱吉爾的集會被驅逐出去，分別是十一月二十二日、二十六日、二十八日、三十日及十二月九日。邱吉爾趁著選舉的機會說明，他反對女性參政的理由不是因爲女性的性別，如同一九一〇年十二月二日在丹地說過：「他支持賦予女性選舉權的原則。」但是他說：「若有任何法案，透過賦予多數有財產者（即保守黨人）投票權，因而不公地改變政黨平衡，他就不會支持；而且除非深信眞正多數選舉人支持某項法案，否則他也不會支持。」[54]

邱吉爾從頭到尾都保持對女性干擾者的風度，但是對於男性干擾者，不出所料地炮轟一頓，在蘭貝斯（Lambeth）的演講說，「有人告訴我，他們挑出特定人士予以惡劣攻擊。如果眞是如此，我只有兩個字要說：『來吧！』如果一個政治人物僅因受到個人暴力威脅就改變目標，他就不值得一丁點尊重或信任。」[55]同一場演講，他也攻擊最好的朋友，支持上議院的保守黨人史密斯。他說：「勞合喬治總是機智，F・E・史密斯先生總是粗俗。」[56]一如既往，友誼永遠不准政治來擋路，但反過來也一樣。

其他人也認同這個道理。十二月八日，某人向勞合喬治提到邱吉爾，查爾斯・馬斯特曼寫下這位財政大臣「有點不悅。很難說沒有一點點的嫉妒」。勞合喬治說到斷然拒絕對富人沒收性課稅的邱吉爾，他必須「提醒他，沒有人可以背叛兩次。噢，他會好好跟在後面，看見風向往哪裡轉，他就往哪裡跟。問題是他會跟多久，以及同時他會製造多少傷害。」[57]雖然邱吉爾沒有發現，但是勞合喬治和他的政治聯盟永遠只是那樣：僅止於政治。「如果我們在人民預算加入特別條款，讓桑尼免於繳稅，」勞合喬治說，「溫斯頓就會隨我們爲所欲爲。」[58]那完全不對，也完全不公平，卻是在他背後典型的閒話。對於勞合喬治私下的厭惡，邱吉爾完全不察，還接受他的款待。那年，邱吉爾去威爾斯，在勞合喬治位於克里基厄什（Criccieth）的宅邸外和他一起散步時，不愼跌入溪流。「他絲毫沒有生氣，」同行的客人回憶，「而且起來後，他高興地說，『既然我全身都溼了，不如藉機玩樂一番』，於是在溪裡翻滾半個小時，拿石頭築堤。這時候他的妻子坐在溪邊，把裙子拉高到膝上。（勞合）喬治站著看他。」[59]

大選最終結果，自由黨和統一黨各獲得兩百七十二席、愛爾蘭民族黨八十四席、工黨四十二席、統一黨贏得兩百四十二萬票、自由黨兩百三十萬票、工黨三十七萬兩千票。阿斯奎斯續任首相，但是依賴愛爾蘭民族黨的支持，代價就是自治。

一九一一年一月三日早上，邱吉爾從埃克爾斯頓廣場寫信給阿斯奎斯。他認為自由黨的多數立法計畫應該向統一黨妥協，但唯一的條件是他們同意徹底的憲政變更，包括將會終結上議院否決權的《國會法案》。「否決權受限後，」他寫道，「我希望我們能夠追求**綏靖政策**（une politique d'apaisement）。」[4]包括授予約瑟夫・張伯倫功績勛章、任命博納・勞與史密斯為樞密院委員、對重要的統一黨議員與報社業主「慷慨授予榮譽頭銜」、願意針對愛爾蘭「協商」、《濟貧法》、童工、國民保險、承諾貝爾福可以取得海軍部所有資訊。同時，二十五年內不應對土地財產徵收超過一次遺產稅。[60]他甚至願意對法國與葡萄牙的葡萄酒課徵少許稅額，完全改變之前演講表示的立場——「一粒黑胡椒都不給一點點的優惠。」[61]

邱吉爾寫下這封信時，內政部的信差傳來消息，那天上午稍早，三個俄羅斯無政府主義恐怖分子的珠寶竊盜未遂犯，帶著毛瑟槍，由一個里加（Riga）出生的神祕人物彼得・斯特勞姆（Peter Straume，又稱畫家彼得〔Peter the Painter〕）帶頭，在倫敦東區悉尼街的一間房屋被警察攔下。十二月十六日，他們殺了三名警察，又傷害兩名，之後警察在他們靠近戈德街（的住處發現一把手槍、七百五十發子彈、硝化甘油和硝酸。一月三日上午，雙方發生槍戰，一名巡官受傷。[62]邱吉爾前往悉尼街勘查情況，當地警察正在處理現場。[63]一位記者報導：「子彈不時從一百號的房屋發射出來，不像特別瞄準，較像全面反抗。」[64]

邱吉爾沒有下達任何命令，但他確實提出合理的建議，從伍利奇（Woolwich）軍械庫調來鋼板，讓狙擊手攜帶作爲掩護。[65]（邱吉爾是現場少數瞭解恐怖分子用的毛瑟機關槍械有什麼威力的人。）否則，他唯一的貢獻就是徵召一排正在倫敦塔看守御用珠寶的蘇格蘭衛隊，以及下午一點之後，那棟建築物意外起火時，他核准按兵不動。[66]後來他向阿斯奎斯解釋：「我想與其耗費好好的英國人去救那幾個凶猛的流氓，不如就讓那棟房子燒了。」[67]

邱吉爾被人拍到戴著高帽、身穿毛皮內裡與羔羊領的大衣，在一間倉庫門口尋求掩護，不時盯著面向一百號的轉角，同時在場的還有刑事調查部、倫敦警察廳、蘇格蘭場（Scotland Yard）②政治處處長。那次事件很快就被冠上悉尼街圍攻（Sidney Street Siege）、斯特普尼之役（Battle of Stepney）等名稱。後來警方在火災廢墟中找到兩具屍體，其中一具有一處槍傷，另一具則是窒息而死，畫家彼得從未遭到逮捕。

回到內政部後，馬斯特曼批評邱吉爾跑到悉尼街，邱吉爾口齒不清地說：「聽著，查理。不要生氣，那裡很好玩。」[68]③回到埃克爾斯頓廣場的路上，他繼續寫到一半的信，爲首相生動報導——「子彈從每個窗戶射出，打碎牆上的磚頭，警察和蘇格蘭衛隊配備裝滿子彈的武器，『吭唧』抬起炮彈等等。」[69]然而，因爲這起行動不需內政大臣親自到場，他的判斷立刻遭到質疑。這件事似乎符合外傳邱吉爾式的自我宣傳，露西・馬斯特曼在不同脈絡中也描述，「他獲得掌聲的欲望幾乎無法滿足……他無法抗拒任何形式的關注。」[70]就連通常支持他的記者A・G・嘉甸拿在翌年也寫道：「他總是無意識地扮演角色——英雄那個角色，而且他就是自己最驚訝的觀眾。」[71]

事件之後，百代（Pathé）電影公司在電影院播放的新聞短片出現邱吉爾的影像，觀眾喝了倒采。[72]圍攻也給了貝爾福一個等待已久的機會嘲笑邱吉爾；二月六日在下議院，他說：「我知道，以軍事用語來說，他人就在所謂的射擊範圍——他和攝影師都冒著寶貴的生命。我知道那個攝影師在做什麼，但是那位尊敬的閣下在做什麼？」[73]幾年後，邱吉爾承認他不該去，他的「責任感受到強烈的好奇支持，然而這番好奇當時最好能夠抑制」。[74]但是長遠來說，他親赴行動現場的意願將裨益他的國家。

除了參加皇室的生日與葬禮外，內政大臣其中一項殘留的職務就是定期寫信給國王，總結每日國會現況。愛德華七世喜歡邱吉爾信中的語氣，比起內政大臣的慣例，他的語調較爲詼諧。但是喬治五世並不欣賞。邱吉爾在二月十日寫下：「至於遊民和沒用的人，應該找一塊適合的勞動殖民地，把他們送去那裡。」「然而，千萬別忘記，社會光譜的兩端都有遊手好閒及無用之人。」[75]國王認爲這些觀點「非常社會主義」，而且引起邱吉爾和國王私人祕書諾爾斯兩人之間的信件往返。邱吉爾建議應該有其他人，比起忙碌的內政大臣更能承擔每日報導國會的工作，直到後來國王才軟化，並承認邱吉爾的信「總是非常有趣」。[76]完美代表建制思想，而且毫無意外陳腔濫調的諾爾斯，單純認爲邱吉爾「就像瓷器店裡的公牛」。[77]

三月九日辯論歲入法案時，邱吉爾的模樣顯然就是那樣。修・西賽爾控訴政府出爾反爾，如果個人在金錢問題也那樣，早就被關進牢裡。「高貴的勛爵總愛嘲弄和侮辱，這種爭議的方式，我習慣得不得了。」邱吉爾這樣說自己的伴郎。[78]克羅福隔天發現，「邱吉爾成功的讓朋友和敵人無差別的厭惡他。眞是個無賴。」[79]但是帶刺的話可能會擊垮較軟弱的人，卻不會嚴重傷害邱吉爾的甲殼。「我從不抱怨議事廳對面那頭的惡言，」一九一一年四月四日，他在《國會法案》辯論時說，「但我要求能以論辯，和那些已經造成的攻擊較量。」——他確實總是如此。[80]

這段期間，內閣面對一個問題，就是阿斯奎斯喝酒的量（他的其中一個綽號是「茫」〔Squiffy〕）。「星期四晚上，首相的狀況很糟。」邱吉爾告訴克萊門汀：

> 我尷尬得侷促不安。他幾乎說不出話，而且很多人都注意到了。晚餐後，他保持友善親切，將晚餐後的所有事情委託予我。直到那時候，他都撐著——之後卻不是！真是遺憾，而且希望下議院同病相憐的人能阻止醜聞。我喜歡那個老傢伙，也欣賞他的智慧與品格，但實在太冒險了。另一天晚上，我們在貝爾福開始協商（《國會法案》）之前讓他離開，本來應該由他談判，但換我去，否則後果不堪設想。隔天他又回復沉靜、有效率、不受影響。[81]

一九一一年八月十日，上議院終於通過《國會法案》。耗費兩年與兩次大選，現在選舉產生的下議院高於世襲與任命的上議院，最終結果出自邱吉爾多次交涉。保守黨的頑固派極其討厭他，也不信任他，跟他相同階級的許多人也是，但是英國因此更趨近運作完全的現代民主體制。

一九一一年五月十八日星期四，另一俱樂部（Other Club）第一次聚會。儘管人們不常真正發覺，但是這個俱樂部後來會變成邱吉爾社交生活與政治生涯的重要部分。有人說，另一俱樂部是因為邱吉爾和F・E・史密斯都被當時建制派主要的晚餐俱樂部——名稱就是「俱樂部」（The Club）——排擠，所以兩人創立另一俱樂部，但是這種說法不然。另一俱樂部的政治目標非常明確，就是促進跨黨派合作，而且甚至某天實現邱吉爾長久渴望的自由－保守兩黨聯盟，這個聯盟不需迎合愛爾蘭民族黨、社會主義者或極端的統一黨與自由黨，能讓明智的中立派治理。

另一俱樂部起初僅在國會開會期間，每逢隔週在薩伏伊飯店的皮納弗廳聚會。桌子只有二・五吋寬，希望藉此增進創立者期待的和諧氣氛，而且雖然那個房間曾在一九二五年整修，但是桌子一直保持原狀，[5]希望容納兩個主要政黨各十二位議員爲主要會員，加上幾位特別的非議員。爲了強調俱樂部非黨派的理想，第一次晚餐由諾爾斯勛爵主持，國王的機要祕書亞瑟・比其爵士（Sir Arthur Bigge，後來的斯坦福罕勛爵〔Lord Stamfordham〕）也在場。

根據俱樂部規定，共同的祕書波頓・埃爾－蒙賽爾（Bolton Eyres-Monsell）和弗萊迪・傑斯特需負責「預料之外的義務」，既然他們分別是兩黨黨鞭，因此國會的配對制度就能輕易安排，不受下議院分野影響。[4]早期自由黨的會員包括查爾斯・馬斯特曼、威廉・杜德利・沃德（他的妻子芙列妲〔Freda〕後來會成爲威爾斯親王在華莉絲・辛普森〔Wallis Simpson〕之前的情婦）、魯法斯・埃薩克斯（Rufus Isaacs）。保守黨包括凶狠批評邱吉爾的海軍上將查爾斯・貝雷斯福德（Charles Beresford）、沃爾道夫・阿斯特，以及幾位邱吉爾跨過地板前共同合作托利民主的社會改革議員。溫特頓勛爵也是會員，雖然他偶爾也會猛烈批評邱吉爾。此外，還有邱吉爾的朋友傑克・西利，他不僅是自由黨議員，也是波耳戰爭的英雄，隨邱吉爾一起離開保守黨，並接下他在殖民地部政務次長職位。激進的自由黨議員亞瑟・蓬森比（Arthur Ponsonby）也被催促加入，但他太不信任邱吉爾，所以無法這麼做。

會員需要具備相當強健的體魄：早期其中一次晚餐的「伙食清單」（bill of fare）（邱吉爾偏好以這個詞取代「菜單」〔menu〕）有六道菜——鴴鳥蛋、法式清湯、泰湖鮭魚、牛犢肉、艾爾斯伯里釀蔬菜、培根肝臟土司。俱樂部的規定包括「執行委員會的名單應完全保密」，以及「俱樂部的規定與談話內容完全不受政黨政治之怨恨和粗暴干擾」。[82]但這個俱樂部成立的目的正是為了緩和怨恨，作為平臺，提供自由黨與保守黨高層政治人物聚會，而且在製造分裂的《國會法案》通過前三個月成立。勞合喬治和博納・勞一開始經常出席，一九一一年五月和六月，兩人在那裡吃過三次飯。勞合喬治在一九一二年至一九一三年間也去過三次；一九一一年十一月之前，博納・勞又去過另外三次。在那之後，由於政黨嚴重不合，博納・勞直到一戰爆發才又回去；當時俱樂部只聚會一次，就在一九一四年八月五日宣戰隔天，之後要等到一九一六年三月。想要實現聯盟，博納・勞（和貝爾福）是重要角色，而當他不再出席時，邱吉爾對俱樂部的主要野心也實質死亡。

俱樂部直接的存在理由消失後，才開始反映邱吉爾和史密斯私下的友誼，雖然兩人的關係永遠不只是友誼。引述其中一位會員的話，「俱樂部從來不僅是邱吉爾的裙帶集會。它是提神劑，而不只是安逸的床。」[83]後來的會員則包括他的弟弟傑克、堂弟卡斯爾雷子爵（Viscount Castlereagh）、堂哥桑尼・馬爾博羅，以及報社大亨例如詹姆斯・路易・加文（J.L. Garvin）、喬治・利代爾爵士、北巖勛爵、畢佛布魯克勛爵（Lord Beaverbrook）、羅斯米爾勛爵（Lord Rothermere）。非政治的會員包括一群史密斯和邱吉爾多年來的朋友與熟人，包括演員經理赫爾特・畢爾邦・特里爵士（Sir Herbert Beerbohm Tree）、建築師埃德溫・盧琴斯爵士（Sir Edwin Lutyens）、實業家哈利・麥克高恩爵士（Sir Harry McGowan），以及很多作家，如H・G・威爾斯、P・G・伍德豪斯、約翰・布臣（John Buchan）、《曾達的囚徒》（*The Prisoner of Zenda*）作者安東尼・霍普（Anthony Hope）。還有幾名軍人，如約翰・弗倫奇（John French）、揚・史末資，還有一位從他跟邱吉爾過去的歷史來看會令人吃驚的人物——基奇納勛爵。許多會員對於中東議題頗有洞見：馬克・賽克斯爵士（Sir Mark Sykes）是《賽克斯—皮科協定》（Sykes–Picot Agreement）的共同起草人，這項協定在一戰後劃分中東地區的勢力範圍；空軍元帥約翰・薩爾蒙爵士（Sir John Salmond）在一九一九年從空中保衛伊拉克。愛爾蘭民族黨議員T・P・歐康納（T. P. O'Connor）也在內，雖然他被找來的原因應該是寫過一本拿破崙專論。俱樂部不免會有害群之馬——凱爾森特勛爵（Lord Kylsant）因爲詐欺入獄、奧斯瓦爾德・莫斯利爵士（Sir Oswald Mosley）則是因爲法西斯主義。

從俱樂部的賭注簿可以看出討論議題不拘一格，包括議會解散日期、法庭案件與網球比賽結果、在婦女參政運動者炸掉勞合喬治的鄉村宅邸後，他可能會面臨的暗殺命運、戰場的軍事進攻程度、誰比較擅長翻譯希臘韻文、一九二〇年十二月一日A與B的婚姻終於開花結果[6]、誰會是下任首相[7]、書籍的內容、大蕭條期間股價幅度、全國越野障礙賽馬大賽冠軍、賽艇、肯尼斯・克拉克爵士（Sir Kenneth Clark）[5]的年紀、下屆美國總統，還有一些可惜無法辨識的筆跡，可能是酒醉之後寫的議題。當餐桌坐了十三個人時，邱吉爾會把一尊兩呎高的木製黑貓，名叫卡斯帕爾（Kaspar），放在空椅上。[8]卡斯帕爾的脖子會綁著一條餐巾，侍者也會爲它送上整套晚餐，一道接著一道。

邱吉爾出席另一俱樂部晚餐的次數超過三百次，那是除了和自己的家人，他最常聚餐的場合。[84]克萊門汀不會嫉妒他去俱樂部，儘管他「很晚回家，但我不介意。他就該去找他的朋友」。[85]但是邱吉爾的友誼經常包含政治角度，一九四〇年遇到他的重大危機時，這一點就會非常顯著，當時非常多另一俱樂部的會員，來自四面八方，幫助他當上首相，而且在他的戰時政府輔佐。在一戰前，另一俱樂部對於全國的政治聯盟成立或許沒有貢獻，但是持續經營三十年後，邱吉爾創立的俱樂部在二戰，許多創始會員過世後，做出眞正貢獻。

一九一一年五月二十八日，倫道夫・邱吉爾（Randolp Churchill）在埃克爾斯頓廣場出生，暱稱爲「查姆寶利」（Chumbolly，波斯語，意思是圓胖健康的新生寶寶）。寶寶的名字基於孝心而取，中間名弗雷迪克與愛德華則是來自教父F・E・史密斯和愛德華・格雷。[86] 倫道夫在一九五九年一月所述的自傳裡，回想自己是個「非常頑皮」的孩子，把保母的手錶從頂樓窗戶丟出去。保母相繼離開，他就唱著：「保母走了，保母走了，萬歲！萬歲！」很少有人能做很久。「黛安娜比我溫順，」他承認，「我總是無法容忍權威和紀律。」[87] 倫道夫的不幸就是完全繼承父親的野心、離經叛道、自信，卻少了他的魅力、自律或靈敏。每次他和父親吵架，母親永遠站在父親那邊，所以他跟母親的關係特別不好。[88]

克萊門汀擔心她剛生下倫道夫，可能無法參加六月二十二日國王喬治五世的加冕典禮，於是國王在私人包廂爲她安排座位，並且派了一輛四輪馬車到埃克爾斯頓廣場接送她往返西敏寺。（珍妮聽到這個消息，馬上要了克萊門汀原本在西敏寺的座位，坐在溫斯頓旁邊。）[89] 身爲内政大臣，邱吉爾駕著皇室馬車，載著德文公爵夫人（Duchess of Devonshire）與明托伯爵夫人（Countess of Minto），沿路有人爲他喝采，也有人喝倒采。「我對這兩位保守黨的夫人頗不好意思。」他告訴克萊門汀，「歡呼聲響亮時，她們的心情很不好，但是快到市長官邸附近時，有很多惡意的示威，她們的心情又好一點……我不回應任何歡呼，也完全不去注意群眾。」[90] 身爲内政大臣，七月十四日在卡那封城堡冊封愛德華爲威爾斯親王的儀式（後來的國王愛德華八世，爾後又成爲溫莎公爵），邱吉爾也扮演要角。「他是很好的孩子，」他在皇家遊艇維多利亞與阿爾伯特號（*Victoria & Albert*）上寫著，「相當單純，而且很守規矩。」[91] 後來，這位親王的父親不在人世約束他時，他就不是很好的孩子，而邱吉爾和親王的友誼，幾年後也會讓邱吉爾惹上不少麻煩。

同月，德國派遣炮艦黑豹號（*Panther*）到摩洛哥的港口亞加迪爾（Agadir）示威，顯然是在對控制亞加迪爾的法國挑釁。⑥這起事件深深影響邱吉爾，他因此深信英法聯盟之必要，而且若要阻止德國支配歐洲大陸，他也希望納入俄羅斯。[92]勞合喬治警告德國切勿冒險，而且派遣英國艦隊到摩洛哥監視事件發展，邱吉爾支持他的作法。「我希望我們能對那些不忠的德國人強硬。」他告訴克萊門汀。[93]

亞加迪爾危機促使邱吉爾寫了一份報告給內閣，題名為〈歐陸問題的軍事面〉（Military Aspects of the Continental Problem）。這份了不起的報告中，他陳述對德戰爭開戰階段的想法。「經比利時進入巴黎的德軍將會相對軟弱。」他寫道：

> 到了第四十天，德國無論在內部或前線，承受的壓力應該都已滿載，而這個壓力會一日比一日嚴苛，最後壓倒他們，除非在法國贏得關鍵勝利才能解除。如果法軍不要因為輕率或絕望的行動而揮霍力氣，四十天後戰力應該就能占上風，而且會隨著時間進步。[94]

英國陸軍部的軍事行動指揮官准將亨利・威爾森（Henry Wilson）駁斥德國違反比利時中立的想法，並說那份報告「荒謬、不切實際」。三年後，一九一四年九月九日，德國動員四十天後，英國遠征軍正是在這天越過馬恩河反擊，幫助阻止德軍拿下巴黎。當時法軍已經蒙受二十一萬死傷，包括十%的軍官團。[95]

一九一一年八月二十三日，帝國防禦委員會開了整天的會議，由阿斯奎斯主持，討論若是德國入侵法國，陸軍部和海軍部打算怎麼因應。邱吉爾以內政大臣的身分，以及亞加迪爾報告作者的身分受邀，加上因為除了蘇格蘭大臣潘特蘭勛爵（Lord Pentland）外，他是內閣大臣中曾在軍隊服役的人。這場會議引起的危機之嚴重，以致邱吉爾只在內政部待了二十個月就必須離開，去解決英國的戰略問題。

站在一張超大地圖旁的陸軍准將威爾森表示，德國可能派出一百一十個師對抗法國西北方八十五個師，並解釋需要立刻派出六個師的英國遠征軍到法國最左的邊界，協助擊退德軍第一波進攻。皇家海軍最高的軍官——第一海務大臣暨海軍上將亞瑟・威爾森爵士（Sir Arthur Wilson），接著闡述封鎖敵軍港口的原則，一旦德國的公海艦隊被擊敗後，陸軍的任務即縮減為執行波羅的海襲擊。「陸軍部和海軍部之間深刻的觀點歧異立刻浮現。」邱吉爾回憶。[96]

海軍部認為，如果遠征隊不要派去法國，而是改在德國海岸反擊，將會從德國戰線削減比本身更多的敵人。海軍上將威爾森的觀點被陸軍准將威爾森「猛烈攻擊」，而會議落得「全無交集」。[97]（理所當然成為中眾人口中的威爾森之戰。）[98]海軍上將威爾森拒絕保證，若是開戰，海軍會運送六個師去法國，此時邱吉爾就發現，這位上將暨海軍的政治最高領袖，即第一海軍大臣雷金納德・麥肯納，需要盡快被撤換。八月三十一日，阿斯奎斯告訴陸軍大臣哈爾達，他會採納陸軍的計畫，因為認為海軍的計畫「天真且不切實際」。[99]邱吉爾贊同。「我忍不住覺得海軍奇怪，」他告訴勞合喬治，「他們如此自負、寡慮、冷淡……那天（海軍上將）威爾森說完後，我對他的判斷不是很有信心。」[100]

帝國防禦委員會的會議暴露英國的戰略根本就是一團亂。九月三十日，首相在蘇格蘭阿徹菲爾德（Archerfeld）的宅邸和邱吉爾打完一場高爾夫球後，問邱吉爾要不要當第一海軍大臣，跟麥肯納交換位置。「我願意。」他回答。

「妳父親剛才問我要不要去海軍。」他立刻告訴薇奧蕾，當時「夜晚將近，光線漸弱，遠方有兩艘戰艦，緩慢噴出蒸汽，開出福斯灣（Firth of Forth）。它們對我而言似乎有了新的意義……看看那些目前為止我必須處理的人——法官和罪犯！這是件大事，人生目前最大的事，我應該首先選擇的機會。我當竭盡心力。」——她後來寫道：「從前或以後，我從來沒看過，他像此刻一般，發自內心、從頭到腳的快樂。」[101]

作者注

(1) 西賽爾・曼納斯勛爵是前保守黨議員，與宮廷有交情。

(2) 一九五五年、一九五九年、一九七〇年的大選都有女性投票，只有男性投票的話，這三年原本會被工黨贏過。

(3) 阿斯奎斯寫給她極多情書，但他們的關係沒有修成正果。

(4) 這裡正好留下他使用「綏靖」一詞的紀錄，含意是正面的，而且是法文。

(5) 走廊盡頭的小便斗也和一九一一年一樣。

(6) 馬爾博羅公爵四十五歲的女兒諾拉・斯賓塞－邱吉爾（Norah Spencer-Churchill）與四十六歲的弗蘭西斯・布瑞德利－伯特（Francis Bradley-Birt）結婚；他們確實有些問題。

譯者注

(7) 伯肯赫德和西利打賭三百英鎊賠十英鎊，不會是他。

(8) 今日還是可以在薩伏伊飯店的大廳看到。

①立法者根據個人意見，非依政黨政策而投票。

②倫敦警察廳的刑事偵緝部。

③生氣「cross」，他發音為「croth」。

④配對制度即議會分邊表決中，請假人數必須配對正、反兩方相同，抵銷缺席對表決的影響。

⑤一九〇三年至一九八三年，英國藝術史學家。

⑥即第二次摩洛哥危機。

8 第一海軍大臣 1911／10—1914／8

災難邊緣的世界非常耀眼。王子與君主統治的國家與帝國從四面八方豪壯升起，坐擁長治久安累積的寶藏。——邱吉爾，《世界危機》（*The World Crisis*）[1]

德國朝著坑口頑固、魯莽、笨拙地前進，磕磕絆絆，而且把我們全都拖了過去。——邱吉爾，《世界危機》[2]

一九一一年十月至一九一五年五月，邱吉爾在英國海軍部的時間，是海軍部悠久的歷史當中，最多產且最動盪的時間。他馬上就會成爲最受爭議的第一海軍大臣。他奉命改變世界最強海軍的作戰策略，但他也一併改變許多其他的事。一九四〇年之前這段期間，他的優良名聲全都基於一個事實：爲一次大戰爆發「整備海軍」。然而在那段過程中，他也在這個和保守黨密不可分的組織樹立強敵，徹底影響體制權威。

海軍上將在後愛德華時期的英國是非常強大的階級，而且某些是當時數一數二的名流。然而一九一三年底某個時間，四位海務大臣全都考慮辭職。[3]邱吉爾有時異常蠻橫，他對海軍上將的尊重不比陸軍上將多。面對一個在邱吉爾兩歲就當上海軍上將的人，邱吉爾告訴對方，他的報告「只是隨手快速寫下之前的印象，不分順序地湊在一起」；還教導另一個比他年長二十二歲的海軍上將艦隊演習的重要性。[4]邱吉爾至今都是提倡刪減海軍預算的鴿派，現在他必須和鷹派、自由黨的帝國派連線，這個派系從前的領袖是羅斯伯里勛爵，現在是愛德華・格雷爵士。他自然被人說是投機，雖然亞加迪爾危機這個國際情勢之後，他的大轉彎完全合理。已經動作頻頻的德國（例如曾經支持奧匈帝國在巴爾幹半島醞釀反俄騷動；與土耳其形成策略友好；建立強大的海軍；增色已經令人可畏的陸軍；在耶路撒冷和亞加迪爾部署軍事威脅；祕密擬定施里芬計畫〔Schlieffen Plan〕，派軍隊假道中立的比利時取得巴黎），此時想以拿破崙、路易十四或菲利浦二世未曾見過的方式支配歐洲。①過去英國反對那三個皇室，理由皆是以維持歐洲大陸勢力平衡之名，並且不讓強大的敵人爲了稱霸歐陸的野心，利用海峽侵略不列顛群島。現在面對第四個，英國也在做同樣的事。

傳統上，第一海軍大臣的工作是在內閣保衛皇家海軍的利益，並對議會提出年度海軍預算。他應該接受海軍部對於戰略、任命、海軍建設、槍炮、技術事宜、訓練等方面的建議。邱吉爾將是完全不同的第一海軍大臣，他廣泛的組織能力休眠數十年，即將再次甦醒，而且持續發揮。

邱吉爾其中一位重要盟友是具有個人魅力的前第一海務大臣「傑奇」・費雪，他在一九〇六年至一九一〇年的任期極力提倡無畏級戰艦，這種蒸汽渦輪驅動、快速、重炮武裝配置的戰艦已經革新海軍建設。邱吉爾第一次見到費雪是一九〇七年在比亞希茲（Biarritz）的假期。費雪「無可救藥地愛上」邱吉爾（他的說法），發現邱吉爾「是我見過相當友善的人，反應靈敏，和他交談相當愉快」。[5]後來證實那是邱吉爾人生當中成效最好，而且隨後最不愉快的工作關係。「他告訴我許多海軍美妙的故事，還有他的計畫。」

邱吉爾在十六年後回憶，包括無畏級戰艦、潛水艇、新式海軍教育制度、霍雷肖・納爾遜、《聖經》，以及德國西北岸的波爾昆島（Borkum）——費雪非常希望取得那裡作爲英國的海軍基地。[6]

一九一二年六月，邱吉爾請費雪回到海軍部擔任他的最高顧問。「你要有犁才能耕田。」他善用譬喻告訴他，「你的螺旋槳在空轉。」[7] 費雪沒有正式回到海軍部，而是幫邱吉爾主持皇家專門委員會（Royal Commission），必要時獻策，建議所需的改變。[8] 一九一二年至一九一五年，暴風橫掃海軍部，反對海軍部所有作爲的激烈情緒排山倒海，其實正是邱吉爾－費雪的聯合現象。如同其他曾經在職業上幫助邱吉爾的人，例如約翰・布拉巴贊、賓登・布勒德、伯爾克・卡克蘭都比邱吉爾年長許多，而費雪較邱吉爾年長三十三歲。

邱吉爾的第一項改革是成立海軍作戰參謀部，下設行動、情報、動員三個部門。海軍上將威爾森反對這項改革，理由是海軍部行動上會因此遭到排擠，然而邱吉爾正好藉此機會，即使需要頒發給他功績勛章，仍逼迫對方在一九一一年十二月退休。第一海務大臣的職位由同意需要作戰參謀部的法蘭西斯・布里奇曼（Francis Bridgeman）取代。一九一二年一月八日會議結束後，作戰參謀部正式成立那天，陸軍部的軍事行動指揮准將威爾森寫到邱吉爾，「無論什麼情況，他總是注意到德國的威脅。」[9]

設立完成、人員就緒後，動員部門立刻擬定計畫，包括噸數、時程、搭載、登陸，準備在德國侵略法國時將英國遠征軍送到海峽對岸。早在一九一一年亞加迪爾危機之前，英國已經開始擔心德國的動作。動員部門與帝國防禦委員會脾氣暴躁但效率高超的祕書莫里斯・漢基（Maurice Hankey）合作，他也是費雪的徒弟。[10] 漢基對邱吉爾的第一印象是在一九一二年三月，「有點魯莽，但非常勤勞。」[11]

邱吉爾開始建造全新的伊莉莎白女王級戰艦，配備當時海上口徑最大的十五吋艦炮。[(1)] 炮口速率每秒兩千四百五十八呎，射程一萬九千碼（十・八哩），比任何德國海軍艦炮還遠。他設法爭取海軍支出從每年三千九百萬英鎊提升到五千萬英鎊；其他部會首長因爲必須刪減自己的部門支出，所以對他有所怨懟。[12] 他又敦促建造多過德國六十%的的軍艦。他在一九一二年二月寫信給費雪，「沒有什麼比實在的證明更令德國灰心，他們現在或未來的努力都太遲了，沒有希望。」[13]

爲了發動這些新的「超級無畏艦」，邱吉爾堅持海軍燃料必須從煤礦改爲石油。船艦更輕，因此更快，皇家海軍也能領先世界，而德國非常晚才改變。[14] 船隻不需往返煤礦站，現在能在海上待更久。然而，這項改變對英國在中東還有其他重大的策略意義。高品質燃油順利供應實爲必要，爲了確保這一點，邱吉爾和殼牌石油（Shell Oil）與英伊石油公司（Anglo-Persian Oil Company）協商大型長久契約，並在戰爭爆發幾週前，監督英國政府買下足以控制英伊石油公司五十一%的股份。[15] 勞合喬治不以爲然，對馬斯特曼抱怨邱吉爾「愈來愈沉迷在鍋爐」。[16] 他語帶鄙視地告訴報社業主喬治・利代爾爵士，邱吉爾的腦袋淨想著，如何在戰爭一爆發，就讓德國艦隊沉入海。

邱吉爾重大的戰略轉變是犧牲地中海至少六艘戰艦，加強北海艦隊。爲了成功，他需要法國同意承擔更多地中海的責任，回報就是英國承諾保護海峽港口，以及德軍若是侵略，將派遠征軍並封鎖德國。由於英、法之間沒有正式的防禦條約，因此需要相當程度的互相信任。「你的艦隊組織新計畫令人佩服。」一九一二年三月五日，費雪寫信給邱吉爾，「讓法國人看顧地中海。」[17] 五月他又補充說，「論戰爭，不在決定性舞臺取得壓倒性的至高地位，只在附屬的舞臺強壯，也是無益。」[18]

邱吉爾試著說服具有影響力的財政大臣暨前陸軍大臣哈爾達勛爵這個戰略，他在五月告知，德國在北海被擊敗前，英國不可能把持地中海，或確保英國在那裡的利益。「爲了保全埃及而丟失英格蘭，會非常愚蠢。當然如果內閣與下議院願意爲地中海再造一支無畏級艦隊，海軍部的態度將會有如貓咪看到一盤新鮮奶油，但我不期待這是務實的政治。」他引用克勞塞維茲（Clausewitz）②的話：「所有戰爭法則的第一條——關鍵時刻壓倒性的力量。」[19]

外交部、陸軍部、海軍部的重要單位，以及埃及總指揮官基奇納勛爵，通通反對新戰略，儘管如此政府還是採用了，而且後來證明是正確的戰略。邱吉爾隨時通知貝爾福帝國防禦委員會的決定，也寄給他最高機密的文件（經過阿斯奎斯許可），希望如果政府易主，他正在從事的工作不會就此反轉。[20] 博納・勞心存懷疑，將邱吉爾與貝爾福的和解詮釋爲希望再次推動跨黨聯盟，但這次不是。[21]

不過海軍戰略只是邱吉爾在海軍部推動的部分變革。他也想爲海軍的十三萬六千名船員加薪，雖然勞合喬治將可增加的經費從七十五萬英鎊刪減到三十五萬英鎊。有能力、有前途的船員也有更好的升遷機會。他更進一步提拔高層軍官，例如巴滕貝格的路易斯親王（Prince Louis of Battenberg）、大衛・比提、羅傑・奇斯（Roger Keyes）、約翰・傑利科爵士（Sir John Jellicoe），他們都比他解任或提前退休的許多人優秀。[22] 面對頑固派抱怨他違反海軍傳統，據說他回答：「海軍傳統？海軍傳統？駭人聽聞。不過就是古怪、雞姦、禱告，還有鞭笞。」[23]（這個有名的清單被引用時，有時會省略禱告。）

邱吉爾創立皇家海軍航空部隊，到了一九一四年已有五十架飛機，而且率先提出空中轟炸齊柏林飛船機場與德國通訊線路的想法。一九一二年一月，飛機從戰艦甲板首次成功起飛，而且某些軍事歷史學家視邱吉爾爲現代飛機運輸之父。[24]他創辦《海軍評論》(*Naval Review*)雜誌，任命新的驅逐艦司令與海軍軍械指揮。「他深信潛水艇是未來的武器，」一九一二年十月，威弗里德・布朗特寫道，「而且盡其所能推動那方面的業務。」[25]他認爲潛水艇只會用在對抗戰艦，並在一九一四年一月告訴費雪，他不相信「文明的國家……會用潛水艇擊沉商船」。[26]

邱吉爾也成立第一個海軍信號情報局，成立之初是在海軍總部裡的一間房間，由此取名爲四十號房(Room 40)。他親自擬定四十號房的章程，特別規定譯碼僅限六個最高階的海軍參謀之間流通。他多半親自取得原始情報資料，接著再付交委員會。

凡事都要親眼看見的邱吉爾，一九一四年之前，三年內在三千八百噸、八十個人力的海軍遊艇女巫號(HMS *Enchantress*)上待了至少八個月，在國內水域與地中海視察海軍造船廠、維修廠、訓練設備、戰艦、潛水艇。[27]在南方海岸參加十七艘無畏級戰艦組成的本土艦隊，於波特蘭比爾(Portland Bill)的夜間發射演習後，邱吉爾問全體軍官關於這艘旗艦的控制系統、炮彈、探照燈等性能方面所有問題。[28]一九一二年三月，有人告訴他無敵號(HMS *Invincible*)上的電動炮塔需要換成水力，花費最高要十五萬英鎊，他前去坐在其中一艘無敵號，下令大炮連續快速發射八次。他描述那次經驗像是「人類遭到天譴那幅嚴酷、可怕的畫面」，同時顯然也享受每分每秒。[29]

一九一二年五月，赫伯特、瑪歌、薇奧蕾・阿斯奎斯三人跟隨邱吉爾一起登上女巫號，航向馬爾他，並觀賞地中海的海軍演習。瑪歌和薇奧蕾不合，但船上還是充斥友善的家庭氣氛。③「我們並肩靠在艉欄杆上，笑看亞德里亞海風光明媚的海岸線，沐浴在陽光底下，而我說『眞是完美！』」幾年後，薇奧蕾回憶：「他的回應嚇到我：『沒錯，射程完美、能見度完美——如果我們能夠弄來幾座六吋的炮彈，就能輕易轟炸……』等等。」[30]邱吉爾每到一處停靠港，就迫不及待要拿報紙和公事包，由此可見薇奧蕾一度想嫁的年輕人和她父親之間的差別，而她的父親雖然貴爲首相，卻會因爲它們的缺席而鬆口氣。

一九一三年四月前，邱吉爾都沒有搬進白廳的海軍部官邸，因爲第一海軍大臣必須支付那裡十二個僕人的薪水，比在埃克爾斯頓廣場的四、五個多了好幾人。邱吉爾和首相一起度假期間，他也不斷遞給首相又長又詳細的便函，二戰期間，他也會對富蘭克林・羅斯福（Frank Roosevelt，即小羅斯福）總統這麼做。他需要阿斯奎斯支持，畢竟海軍部對他的多數改革產生口角。

一九一二年十二月，邱吉爾開除第一海務大臣上將布里奇曼，但是這件事處理得很糟。邱吉爾以健康情況不佳爲由，儘管布里奇曼憤慨地抗議他好得不得了。[31]博納・勞支持布里奇曼，國王也同情他。對於邱吉爾開除布里奇曼，最尖銳的批評來自保守黨議員，海軍上將查爾斯・貝雷斯福德勛爵。「我不是那種太過認眞看待貴族勛爵的人。」邱吉爾在一次辯論中提到，「他是那種別人常說的演說者：『他們起身前，不知道自己打算說什麼；他們說話時，不知道自己正在說什麼；他們坐下時，不知道自己剛才說什麼。』」[32]開除布里奇曼是件不愉快的事。過程中，邱吉爾的作爲並不恰當，他引用不該引用的私人信件，而且某個點上威脅公開布里奇曼只參加帝國防禦委員會六次會議中的三次，其中一次還因爲忽然暈倒被迫退席。[33]「溫斯頓・邱吉爾似乎把這件事情搞得亂七八糟。」國王在日記上這麼寫，就此事而言他說得對。另一次，諾爾（The Nore）總指揮官，海軍上將理查・波爾爵士（Sir Richard Poore）怨恨邱吉爾採納年輕軍官的意見，而非他的，邱吉爾因此宣布有意開除波爾，此時海軍部竟以全體辭職作爲威脅，這件事也變成政治事件。[34]這些事情和許多其他爭議，最終邱吉爾都稱心如意，雖然付出的代價比他當時以爲的更大。

一九一一年十一月，精疲力盡且三次失敗的貝爾福辭職，而博納・勞當選保守黨黨魁，邱吉爾寫了一封友善的祝賀信。博納・勞回信，告知期待在另一俱樂部見到邱吉爾，同時又寫信給利代爾表示俱樂部必須解散。[35]邱吉爾擬了一句可以在下議院擊倒博納・勞的話——「粗魯又吵鬧的次長，他的本質、對優於己者的嫉妒，拔擢他爲保守黨領袖」——但當時他沒有使用這句話。[36]他也寫信給貝爾福，惋惜他必須處於「對你而言敵對與不快的政治關係；而且我性格與態度的缺失，無疑不必要地惡化這邪惡的事態」，但是又說「我們的某些對話一直是我人生中最愉快且深刻的經驗」。[37]他指的是關於他父親的討論。看在過去七年，邱吉爾攻擊貝爾福的次數與嚴厲程度，如果貝爾福對這樣半吊子的道歉感到相當懷疑，也可以理解。

十一月二十七日，邱吉爾建議四艘新的戰艦命名——非洲號、自由號、勤勉號、奧利佛・克倫威爾號，然後上呈國王批核。[38]國王僅同意非洲號，其他建議德里號、威靈頓號、馬爾博羅號。邱吉爾不把最後一個當作讚美來了結此事，反而堅持己見，國王也是。一年後，邱吉爾送上克倫威爾號再次闖關，這次是要爲一九一二年伊莉莎白女王級超級無畏號艦隊命名，理由是「奧利佛・克倫威爾（Oliver Cromwell）是海軍創始人之一，鮮少有人對海軍的貢獻可以媲美」。[39]儘管克倫威爾殘酷的事蹟，邱吉爾欣賞他重新允許猶太人進入英國，而且終結皇室的獨裁統治。邱吉爾沒有意識到國王並不打算尊崇一個弒君者，反而堅持不懈，想要說服斯坦福罕勛爵：「國王陛下是國家所有榮耀的繼承人，英格蘭歷史沒有任何一章是他應該感覺隔離。」[40]

他的頑固和聰明的理由幾乎可謂幽默，但都沒用。國王和斯坦福罕勛爵也有數個自己的理由，更不用說克倫威爾的名字會激怒愛爾蘭民族黨，因爲他於一六四九年在德羅赫達（Drogheda）和威克斯福（Wexford）犯下惡名昭彰的大屠殺。一九一三年，邱吉爾提議皇家方舟號和皮特號。國王有數個理由反對皇家方舟號，覺得那像諾亞方舟的綽號，但他拒絕皮特號，基於多年在海上的直覺，「給船取的名字若和不雅的字押韻，會有危險。」[41]④邱吉爾對這個建議發了牢騷：「稱不上皇室思維。」[42]這四艘船最後出海的名字是鐵公爵號（*Iron Duke*）（邱吉爾喜歡這個名字勝過威靈頓號）、馬爾博羅號（*Marlborough*）、印度皇帝號（*Emperor of India*）、本鮑號（*Benbow*）（以十七世紀偉大的海軍上將約翰・本鮑〔John Benbow〕命名）。如果他尊敬且信任的新任第一海務大臣——巴滕貝格的路易斯親王——沒有勸他放棄，邱吉爾十之八九會無限期繼續不對等的抗爭。[43]他要再等三十二年，才能爲一輛中型坦克命名爲克倫威爾。

一九一三年的無畏級戰艦，也是戰前最後一個建設計畫，最後取名爲皇家君權號（*Royal Sovereign*）、皇家橡樹號（*Royal Oak*）、決心號（*Resolution*）、復仇號（*Revenge*）、拉米利斯號（*Ramillies*）。最後一艘再次向馬爾博羅致敬，那是他在一七〇六年獲勝的戰役名稱。[44]一九一二年五月，邱吉爾私下寫信給克萊門汀：「國王口中那些關於海軍的事，比我之前聽他說過的更愚蠢。眞的，聽到他滿口低劣又糊塗的廢話，眞是心寒。」[45]

如果邱吉爾爲戰艦命名算是爭辯，他則會因爲開口提倡愛爾蘭自治而駛進更陰險的水中。「英國的政治家必須永遠是指路的明燈，」他在一九一一年十二月寫道，「不只締結帝國聯邦，還要拉近與美國的友誼與關係。英語種族的團結之路無疑是一條漫長的路，而我們看不見這條路的盡頭。但這是一條開放的道路，而效忠國王，並且自由改善這座翡翠島（Emerald Isle）⑤的愛爾蘭國會，必定是這條路的第一個里程碑。」[46]雖然事實上，長遠來看，獨立的愛爾蘭無論如何都不可能效忠國王，邱吉爾的內心開始或多或少醞釀一個想法，並於一九四三年在哈佛大學提出英美聯合公民身分達到顚峰。這是他對於英語民族聯邦最早的敘述之一，他會率先提出這個概念，而且認爲這個概念之於英國在世界的地位非常重要。

但是他對愛爾蘭自治的支持，卽使是有限的形式，在基督新教的北愛爾蘭卻極不受歡迎。一九一二年二月，他展現極大的個人勇氣，前往貝爾法斯特（Belfast）演講這項議題。克萊門汀不畏壓力同行，然而當奧蘭治兄弟會（Orangemen）⑥的抗議人士在邱吉爾準備開始演講時占領阿爾斯特廳（Ulster Hall），克萊門汀的決定便顯得魯莽。邱吉爾的父親在一八八六年宣布阿爾斯特人有權利抗爭，正好也是在阿爾斯特廳，而這次邱吉爾的演講眼看就要引發暴力衝突。陸軍部想派三個旅過去待命，維持秩序，但是邱吉爾阻止，同時告訴當局，他還是會演講。[47]演講最後移到佛爾斯路的凱爾特足球場（Celtic Football Ground），這裡是民族黨在貝爾法斯特的區域，同時警察在那座城市的兩個區域拉上警戒線。[48]

邱吉爾和克萊門汀在下榻旅館受到惡意的愛爾蘭效忠派（Irish Loyalists）⑦暴民威脅，而且他們的車子在前往佛爾斯路的途中差點被翻倒，但是一旦他們抵達凱爾特足球場，就在大雨中受到五千名民族黨人歡迎。「愛爾蘭國會蒞臨現代世界耀眼的舞臺，難道不是充實，而且增添大英帝國寶藏的光芒嗎？」他問群眾，「而且這些關於分離無用又愚笨的廢話有什麼重要？將愛爾蘭從大不列顛分離是絕對不可能的。」[49]克萊門汀告訴利代爾，他們回去時「溫斯頓並不緊張，而且那些反對和威脅，似乎『令他振奮』。」[50]事實上，男性婦女參政運動者比愛爾蘭效忠派還要棘手，而且「有一個來找麻煩的人，在火車車廂之間故意不讓溫斯頓通過，溫斯頓威脅要揍他的臉。」[51]

四月十六日，《愛爾蘭自治法案》一讀。過去邱吉爾曾描述在都柏林的愛爾蘭國會「危險又不切實際」，但現在愛爾蘭民族黨掌握下議院的平衡，他完全轉為支持他們，如同在足球場的演講顯示，雖然他相信阿爾斯特人「非得加入之前，需要延期幾年」。[52]那是一個膽怯的立場，但也是基本常識的讓步。邱吉爾堅持阿爾斯特基督新教徒的特許權，這是許多激進派和愛爾蘭民族黨不願給的，但是統一黨從不承認他的功勞。[53]「以前從來沒有要求這麼少，」他說到法案，「以前也從來沒有這麼多人要求。」

四月三十日，法案二讀，邱吉爾沉重地攻擊博納・勞和阿爾斯特統一黨領袖愛德華・卡森爵士。他嚴厲抨擊他們「煽動奧蘭治兄弟會」，針對博納・勞曾說阿爾斯特會以武力反對自治法案，邱吉爾描述這「幾乎就是叛國」。自治法案的鬥爭在這一年會愈來愈痛苦。十一月十一日，保守黨意外贏得一項次要的修正案，並且反覆高呼：「辭職！辭職！」自由黨的部會首長離開議事廳，大喊：「再見，再見，拿你的退休金。再見！」十三日，投票結果反轉，而當邱吉爾和傑克・西利離開議事廳，他們嘲弄地對著在對面大喊「小人！」的在野黨座椅揮舞手帕，此時阿爾斯特出身的哈羅公學校友，代表肯特選區的保守黨議員羅納德・麥克尼爾（Ronald McNeill）朝著邱吉爾丟出一小本皮革裝訂的《議長議事規則》（Speakers Standing Orders），[(2)]擊中他的臉，而且流血。[54]（他隔天道歉。）

雖然成天都在準備戰爭，邱吉爾也對德國提出許多和平方案。一九一二年三月十八日，當他對著座無虛席的下議院第一次呈上海軍預算時，提出後來所謂的「海軍假期」，暫停兩國所有新的海軍建設。他首先斷言，德國每多一艘新的主力艦，英國就要建造多出六十%，「因爲當我們思考自己的海軍威力，想的不是我們的貿易，而是我們的自由。」[55]接著他承諾，「德國建設任何減速或減少，這裡也會立刻跟進……大幅且完全合乎比例減少。」[56]如果德國放棄那三艘打算在一九一三年打造的全新主力艦，邱吉爾保證「抹煞」那五艘英國打算建造的超級無畏艦。他宣布：「這項積極又昂貴的海軍競爭隨時可以撤銷。」[57]

德國拒絕他的提議。德皇寫了一封「禮貌」的訊息，表示「只在同盟之間才有可能」，但是私下描述邱吉爾的演講「自大傲慢」。[58]德國財政部長西爾博德・馮・貝特曼－霍爾韋格（Theobald von Bethmann-Hollweg）鄙視邱吉爾，把他當成「無可救藥的煽動者」，而且毫無公開回應。邱吉爾並不氣餒，一九一三年再次提議，告訴格雷「不該只是因爲德國的統治階級不歡迎就遏止」。[59]之後邱吉爾沒有停止思考這件事，如同一九三七年九月他在《旗幟晚報》（*Evening Standard*）的文章寫道：「如果當時他們接受這項提議，就能大爲緩和歐洲的緊張局勢，可能也會防止那場災難。」[60]接下來三十個月的各種事件，他當然也就免除責任，而且戰爭販子通常不會提出海軍假期這種政策。

一九一二年四月十五日，鐵達尼號（*Titanic*）沉沒。船上的女人和小孩優先被救出，邱吉爾爲此充滿驕傲。如同他告訴當時正在巴黎療養的克萊門汀，他覺得那個事件「反映我們文明的光榮」。一如往常，他從歷史的角度看待這個事件，並且得到種族與政治的結論：

這個事件證明我們的民族與傳統，我忍不住感到驕傲。載著女人和小孩的船安然漂浮在大海，寂靜無聲，其餘亦然。向他們致敬。儘管我們現代的生活充斥不公與虛偽，在底下——直達根基，但我們的文明是人道的、是基督宗教的，而且絕對民主。羅馬帝國和古希臘解決這個問題的方式會是多麼不同。達官顯貴會帶著他們的情婦、奴隸、衛兵逃走，能賄賂船員的人就能得到特權，而其他人都會下地獄。但是這樣的道德絕不會憑著科學建造鐵達尼號，也不會光榮地失去。[61]

一九一二年三月底，克萊門汀不幸流產，之後病了數個月。懷孕期間，她仍繼續打獵，阿爾斯特的旅途可能也是壓力來源。「我親愛的，希望妳沒有傷了身體，而且一切安好。」邱吉爾從女巫號上寫信，「也許這樣也好。妳一復原，我就施加這麼沉重的任務予妳，我眞是罪惡極了。[(3)]難怪過去一個月來妳身體欠安。可憐的小羊。總而言之，冬天妳就能再次打獵，享受快活的一年。時間多得是。」[62]

「眞的非常奇怪，所有感覺都跟生下眞的寶寶相同，但沒有寶寶。」克萊門汀的回信中有壓抑的誠實，「希望我不會再次遭遇如此意外。」[63]儘管痛苦與失望，但她汲取內在能量，很快就回復戰鬥狀態。不到一週，她寫了一封幽默的信給《泰晤士報》，嘲笑自以爲是的反婦女參政運動者，並說：「問題似乎不再是『女人應該擁有投票權嗎？』而是『不該一併廢除女人嗎？』」她的信署名「C．S．C．（『在劫難逃的其中一個』）」。[64]阿斯奎斯雖然堅定反對女性參政，但也覺得那是他在那個主題讀過「最有趣的事」。不幸的是，就在隔天，她的丈夫說話完全就像她剛剛諷刺的人。邱吉爾告訴喬治．利代爾，「事實是我們有夠多無知的投票人，不需要更多了。」[65]

十一月十三日，邱吉爾和克萊門汀在戲院遭婦女參政運動者攻擊，雖然當時也在場的珍妮「走向婦女參政運動者，告訴他們，他們應被迫餵食常識！」[66]他們不能在家打開包裹，唯恐裡頭裝著婦女參政運動者寄出的炸彈。勞合喬治位於薩里（Surrey）的家、西敏寺的加冕椅和其他地方都曾被炸過。上百家商店櫥窗被榔頭敲碎、藝廊的畫被割破，還有上百個郵筒被潑酸。「這些哈耳庇厄（Harpy）[(8)]挺有辦法把我們搞得精疲力盡。」邱吉爾警告克萊門汀。另外，有人威脅綁架邱吉爾的小孩，意謂他們在公園散步也需要警察保護。[67]

女性投票運動隨著一戰爆發而停擺，但正是女性對大戰的貢獻，一九一八年二月，年滿三十歲的女性終於能在國會選舉投票，邱吉爾也投下贊成票。一九一九年十二月，南希・阿斯特夫人（Nacy Astor）成爲第一位下議院議員。她在社交場合認識邱吉爾，察覺他對她的態度冷淡，而當她詢問爲什麼，他回答：「我的感覺就像妳走進我的浴室，而我只有一塊海綿保護自己。」[68]（儘管非常罕見，但他有時不太禮貌。一九五〇年代，有個朋友告訴他，漸漸沒有人在公車上讓位給女性，他回答：「她們活該！她們想要平等，就讓她們站著吧！」）[69]

即使在一戰前惡劣的政治氣氛中，包括愛爾蘭自治、女性參政、重整軍備、社會改革、上議院否決權、產業關係，邱吉爾仍未放棄中立的全國政黨這個夢想。一九一三年三月，在沃爾頓希思（Walton Heath）的雨中較量高爾夫球時，他告訴喬治・利代爾，「兩黨融合的時機很快就會成熟。」保守黨會同意農工最低工資，而自由黨會以接受強制徵兵交換。「兩黨中都有愚人在一邊，狂人在另一邊，」他說，「但是中間的多數都是明智合理的。」[70]勞合喬治對這項計畫不感興趣，也拒絕承認邱吉爾推動的功勞。「跟溫斯頓談原則或之類的事根本無用。」一九一二年十一月底，他向馬斯特曼抱怨，「我直接告訴他，『對我來說，你就像一個大牌的訴訟律師，我不會希望對手有機會請到，所以把你留在身邊。我認為你的費用過高，但是合理範圍內，我願意盡量配合。』」[71]這句話比起情感、尊重或政治協議，更能解釋勞合喬治為何把邱吉爾留在未來的政府部門。「我不知道有哪個人，私人關係良好健全，但遇到公共事務完全沒有顯著原則。」他繼續說。[72]好長一段時間，邱吉爾把勞合喬治當成政治上最親密的朋友；勞合喬治並不這麼看待這段關係。

一九一二年夏天，一件事情曝光導致兩黨之間的裂縫加深。仍是財政大臣的勞合喬治和檢察總長魯法斯・埃薩克斯告訴下議院，他們在埃薩克斯的弟弟擔任總經理的英國馬可尼公司（Marconi Company）並未持有股份，之後卻買了美國馬可尼公司的股份，整整四個月沒有申報。英國政府的肥美合約讓英國馬可尼公司的股份翻漲三倍，於是傳出政府官員都在進行內線交易。雖無涉及眞正的貪汙，因為兩家公司正式來說屬於不同的實體，但是情況似乎極為不利。[73]

邱吉爾清楚公開支持他的朋友，告訴利代爾，他「很擔心捲進馬可尼公司事件的勞合喬治和魯法斯・埃薩克斯，還說心為他們滴血。他描述勞合喬治是『勇敢、誠實的人，很多人仰賴他』。[74]」利代爾的結論是，邱吉爾是「忠心、深情的人」，勞合喬治的弟弟也認同。「他名聲重創的那段時間，聚集在他身邊主要的朋友，」他在回憶中錄提到，「是溫斯頓・邱吉爾與《曼徹斯特衛報》的C・P・斯科特（C. P. Scott）。據說前者擔心那件事的程度和勞合喬治本人不相上下。」他還向邱吉爾致敬，因為「他幫忙控制火勢，避免擴大」。[75]邱吉爾說服北巖勛爵，不讓《泰晤士報》繼續攻擊，並找F・E・史密斯代表勞合喬治和埃薩克斯爵士，打贏對法國報紙《晨報》（*Le Matin*）的誹謗訴訟。他也與阿斯奎斯商議，針對該事件的下議院專責委員會調查報告，阿斯奎斯的演講應該如何措辭。

有位證人表示邱吉爾本身也涉及股份購買，於是他被傳喚到專責委員會一個小時。「邱吉爾先生，像一陣旋風進入委員會的房間，」有人觀察，「坐下一會兒，氣得臉色發白，接著立刻被傳喚到證人席。」證人席上，主席問他是否曾經交易任何馬可尼的股份。[76] 邱吉爾激動否認，口若懸河，堪稱大師之作，惹得委員會的會議室充滿笑聲與掌聲：

> 在這個國家也好，地球上任何其他國家也罷，任何時候、任何情況，無論直接或間接、無論如何含糊描述，我從來沒有在馬可尼電信的股份，或任何相關股份，進行任何投資，獲得到任何利益。如果任何人在任何時候這麼說，他就是說謊、中傷，而且如果任何人複述這個說法，而且說他沒有證據，也相信那是假的，但就是有那種說法。那麼那個人和說謊、中傷的人唯一的差異就是，他還是一個懦夫。[77]

修・西賽爾勛爵的哥哥，也是保守黨議員羅伯特・西賽爾勛爵（Lord Robert Cecil），建議邱吉爾必須珍惜這次洗刷名聲的機會，邱吉爾回答，既然這種以訛傳訛的留言沒有證據，說這話的人自己也不相信，他甚至不該被傳喚。[78] 委員會中，自由黨的八票勝過保守黨的六票，所以勞合喬治和埃薩克斯逃過官方批評。邱吉爾也利用機會，七月一日在全國自由黨俱樂部演說，爲勞合喬治與埃薩克斯辯護，同時攻擊他們的眼中釘——西賽爾，因爲他的演講暗示「可恨又可鄙……說的人假裝擺出公正無私姿態，以紳士文化的外表，包裝他做出的骯髒工作」。[79] 邱吉爾與西賽爾家族愛恨交織的漫長歷史中，這是最低谷的時候。

九月底，邱吉爾受邀前往巴爾摩羅城堡（Balmoral Castle）⑨獵鹿。在那裡，國王發現邱吉爾「聰明，而且相當明白事理」，他也獲得機會和十九歲的威爾斯親王交流。邱吉爾跟親王一起檢視親王的紅色公事包，針對裡面的政府文件予以建議。[80]「他人很好，我們就像朋友。」邱吉爾告訴克萊門汀，「他需要和一個漂亮的女人談戀愛，才不會讓他太勞累。」[81]後來的發展並不是那樣。

在巴爾摩羅的多數時光都在進行鄉村娛樂，而非討論政治。邱吉爾成功獵到一頭公鹿，「眞的非常困難，在山坡下，半遮掩，而且跑得很快」，他很高興。他試圖說服一同作客的博納・勞同意愛爾蘭自治，甚至要給阿爾斯特整個架構之外的特殊權利，但還是沒有成功。[82]「歷史教導我們，在這種情況下，英國的常識通常會勝利。」邱吉爾告訴他。他提出充分的理由：天主教的愛爾蘭不會「站在一旁，看著杯子幾乎就在嘴邊，卻掉在地上」，但博納・勞並未動搖。[83]

一九一三年十月，邱吉爾在曼徹斯特的自由貿易廳第三次提議，停止與德國擴大衝突，或所謂「海軍假期」。其實四個月前，大權在握又在位多年的德國海軍部長，同時也反英的海軍上將阿爾弗雷德・馮・鐵必制（Alfred von Tirpitz）才正式在帝國議會明確拒絕邱吉爾的提議。德皇表示，英國提議武力限制，是「嚴重汙辱德國人民與他們的皇帝」，還說「他們白費力氣」。[84]邱吉爾公開宣布這項提議，因爲這項提議已被私下拒絕，而他希望動員背後的德國民意。德皇部分的不滿可能來自他們在海軍軍備競賽中，把他塑造成無疑的戰爭販子。保守的德國報紙《德意志報》（*Deutsche Tageszeitung*）評論，應該放假的是邱吉爾的演講。[85]但是英國的反對報刊也沒有比較接受這項提議。《國家評論》指責「海軍部的江湖郎中」推銷「裁軍潮流」，並且表示這股潮流「落入反英大軍的圈套，他們正好藉機宣揚發動對抗這個國家的**吉哈德**（Jihad）」⑩。[86]他們不會知道，深信戰爭即將到來的邱吉爾，私下又要求四艘超級無畏艦與大幅增加海軍支出，尤其是爲了潛水艇。[87]他公開提議和平，同時在內閣準備戰爭，並不虛僞。面對激進的德國軍事主義，此舉合情合理。

一九一二年，邱吉爾已經開始上舞蹈課，現在也開始學開飛機。他告訴一個朋友，這些課程「對他很有幫助，賦予生命新的滋味」。[88]一九一三年十月二十二日，一架他預計要飛的單翼機「偏滑」，而且完全撞毀，但他並不因此退縮。[89]隔天，他駕駛一架五年前發明的阿斯特拉－托雷斯（Astra-Torres）飛艇，大約飛行一個小時。在希爾內斯（Sheerness）碼頭勘查水上飛機後，他告訴克萊門汀，「那就像以前在南非戰爭的日子一樣美妙，我完全享受當下，完全不管那些煩人的黨派政治、追根究柢的報紙、尷尬的補選，還有悶悶不樂的奧蘭治兄弟會、討厭的西賽爾家和像朗瑟曼那種臭屁的人。」[90]克萊門汀回信，「請行行好，現在起不要再飛了。」[91]邱吉爾自私地拒絕她的請求，不管事實上航空術才剛起步，而兩個孩子也才五歲。「別生我的氣。」十一月二十九日，他告訴她，表示飛行不是什麼「風險巨大的事」。[92]三天後，他的教練陸軍上尉吉爾伯特・威爾曼－拉辛頓（Gilbert Wildman-Lushington）死於飛行意外。樸茨茅斯中央飛行學校的指揮官上校休・特倫查德（Hugh Trenchard），不相信邱吉爾是天生的飛行員。「他看起來完全沒有當個好學生的耐心。」他回憶，「他會忽然抵達……看他想看的，然後住上一晚——或者看他講完話後還剩多少時間。所有事情，包括飛行，在他心中都次於唯一的目標——備好所有飛機，準備打那場德國是敵人的戰爭。」[93]

一九一四年五月二十九日，邱吉爾告訴克萊門汀，他沒寫信，因爲在中央飛行學校開飛機，而且不想讓她擔心。六天前，他才出席歡迎德國飛行員古斯塔夫・哈梅爾（Gustav Hamel）的委員會，然而哈梅爾飛越海峽途中，因為飛機墜海身亡。一週前，載著邱吉爾飛行的上尉也和副駕駛死在同一架飛機上。[94]克萊門汀回信說，她的請求「像是把頭撞向石牆」。[95]他必須承認保險公司「要對我的生命提高保費——政治壓力、偏短的家族壽命，當然還有飛行」。[96]任何保險經紀人評估目前為止他的生命，尤其如果還猜到未來會牽涉什麼，仍願意幫他投保，就是瘋了。六月六日，他終於承諾，即使幾乎就要拿到飛行執照，或說「翅膀」，「我決定放棄幾個月，也許永遠放棄。我真傻，這份禮物比錢能買到的任何東西都貴。」[97]七個月內，他和許多飛行員在各種飛機裡飛了將近一百四十次，而且感覺他已經懂得夠多，「可以理解不遠的將來所有的政策問題。」[98]

邱吉爾對農業大臣華特・朗瑟曼的負面言論，來自針對海軍支出的內閣會議。朗瑟曼堅決反對邱吉爾要求另增三百萬英鎊，不只朗瑟曼，郵政總長赫伯特・薩繆爾（Herbert Samuel）、檢察總長約翰・賽門爵士、內政大臣雷金納德・麥肯納、勞合喬治，全都反對；只有阿斯奎斯和陸軍大臣傑克・西利支持邱吉爾。報社大亨馬克斯・艾特肯（Max Aitken），即後來的畢佛布魯克勛爵，簡潔說明統一黨對「內閣之中戰爭黨的那位領袖」抱持的態度：「大家怨恨他、懷疑他、害怕他。」[99]相同的話也可以形容內閣對邱吉爾的態度。

最後，阿斯奎斯的支持轉變內閣態度，再給三百萬英鎊。「我永生難忘他對我的支持。」邱吉爾在一九五〇年時回憶，「（關於政府預估額度）我們召開超過二十次內閣會議，若非他居高臨下的威嚴，我這部會首長做不下去。」[100]勞合喬治想要刺激邱吉爾，於是在一九一四年元旦的《每日紀事報》（*Daily Chronicle*）表示世界從未如此和平，龐大的軍事開銷是愚行，而且他的父親倫道夫勛爵任財政大臣時，面對「膨脹」的軍事預算，作法是辭職而非接受。邱吉爾正確判斷這是故意的挑釁，因此「針對內閣正在討論的事宜」拒絕發表言論。[101]幸運的是，如果邱吉爾被革職，對手不會同意可能的繼承人：麥肯納懷疑赫伯特・薩繆爾是否適合海軍部，因爲「他們不會喜歡猶太人」。[102]⑪

一九一三年十二月三十一日，邱吉爾跟殼牌公司簽訂一份長期合約，每年供應皇家海軍二十萬噸石油。「我們發現，他們總是殷勤、體貼、服從，迫不及待爲海軍服務，促進英國海軍與大英帝國的利益——價格另議！」他在下議院說。[103]後來他強調那個重點：「唯一的困難就是價格。針對那一點，當然，對方對待我們非常嚴格。」他因爲這番話贏得工黨議員支持，但是六天後，在殼牌公司的股東大會上，主席馬可斯・薩繆爾爵士（Sir Marcus Samuel）否認邱吉爾的主張，邀請邱吉爾公開價格，或者讓他公開。邱吉爾拒絕兩者。直到一九六六年，邱吉爾去世後，那個數字終於揭露。數字顯示，事實上殼牌公司當初先以低於市場許多的價格賠錢供應海軍，而且該公司甚至提供海軍一個董事會席次。[104]

到了一九一四年一月底，因爲邱吉爾堅持更高的國防支出，數位內閣部會首長在麥肯納帶頭下，逼他退出內閣。二月中，邱吉爾告訴利代爾，「我應該在丹地附近的卡諾斯蒂（Carnoustie）租個小房子，辦幾場演講，宣揚我的政治觀點。那將是我的舞臺。」[105]被問到他會不會回去保守黨，他說：「不，當然不會！絕對不會。我是自由貿易者，而且完全不同意他們對勞工階級的態度。」[106]面對德國二十二艘主力艦，邱吉爾堅決拒絕縮減英國主力艦至二十九艘以下。談到此事，他告訴利代爾，「勞合喬治習慣面對那些可以被嚇唬或恐嚇的人，但我不會被嚇唬或恐嚇！他說內閣有些人會辭職。讓他們去辭！」[107]

三月十七日，邱吉爾在下議院滔滔不絕說了兩個半小時，提出新的海軍預估額度，其中談到「向上發射炮彈與照射整個天空的探照燈」等空防的重要性，但是「空防安全眞正的保證，是你應該成爲你的領空主人」。[108]他用一個驚人的畫面，解釋現代戰艦的攻擊威力遠超出防禦威力。「想像兩艘現代的裝甲戰艦作戰，如果你希望你的畫面逼眞，就不應想成兩個身穿鎧甲的武士拿著沉重的劍互砍。」他說，「反而更像兩個蛋殼拿著榔頭互敲。」[109]他也提到，「潛水艇的威力，加上水上飛機輔助，未來在海軍戰事將扮演重要角色」。[110]邱吉爾一輩子都對新一代的武器保持興趣，直至且包括原子彈的發明。

一九一四年春天，愛爾蘭發生危機，幾乎導致全面內戰。《愛爾蘭自治法案》進入下議院，這是一八八六年以來第三度，阿爾斯特基督新教徒的領袖愛德華・卡森在北方成立準軍事的阿爾斯特志願軍（Ulster Volunteer Force，簡稱UVF）。愛爾蘭志願軍（Irish Volunteers）很快就在南方集結作爲回應。從統一黨的正式名稱——保守與統一黨——可以看出他們存在的理由，因此他們在三月九日拒絕阿斯奎斯折衷的聯邦方案，兩黨協議的任何希望隨卽破滅。兩天後，阿斯奎斯下令組成內閣委員會，由克魯勛爵主持，成員包括邱吉爾與西利，討論阿爾斯特志願軍帶來的威脅。

貝爾法斯特陸軍第十五步兵旅指揮官准將格萊亨勛爵（Lord Gleichen）報告，效忠派的軍隊攜帶機關槍和八萬支步槍，準備橫掃軍械庫，並破壞阿爾斯特的通訊。[111]三天後，愛爾蘭陸軍指揮官上將亞瑟・佩吉特爵士（Sir Arthur Paget）奉陸軍部之命，針對襲擊彈藥庫的「惡意人士」採取「特殊預防措施」。他回覆已經下達保護彈藥庫的指示，但是沒有要求派遣更多軍隊，於是被召喚到倫敦商討局勢。

三月十四日，邱吉爾在布瑞福聖喬治堂（St George's Hall）演講，形同在已經熊熊燃燒的局勢火上加油。他得到阿斯奎斯授權，表明政府準備正面迎擊阿爾斯特的暴動，但這大概不是他刻意鋪張詞藻的時刻。「博納・勞先生在某方面已是公共危險。」邱吉爾對著大批觀眾說：

> 我從他的演講判斷，他由衷認為必須持續恐嚇政府破壞自治草案，在國王的諮詢機構橫行霸道……每句從他口中說出的刺耳言語，總是可以聽到黨內人士在背後小聲地說：「我們一定要選舉……阿爾斯特是我們最好的牌，是我們唯一的牌」……各位，殺戮無疑令人可嘆。我見識過的可能比許多人隨口說的更多。但是比起殺戮，即使是極端的殺戮，還有更糟的事。大英帝國中央政府殞落，這件事情更糟。以榮譽許下承諾的政治人物拋棄我們，這件事情更糟。領導階層膽怯地放棄責任，這件事會更糟。文明的國家，踐踏保障生命、自由、幸福的法律與秩序，這些全都比殺戮更糟。

邱吉爾作結，如果所有讓步都被一腳踢開，和平毫無希望，尤其如果效忠派眞的抱持「危險、革命的目的，那麼各位，我只能對你們說，讓我們一起向前，檢驗這些重大的事情」。[112](4) 利奧波德・埃莫里的話可以代表許多保守黨人，他寫道這是政府「最強硬與最威嚇的」政策宣布。[113]

上將佩吉特在三月十八日抵達倫敦。傑克・西利、帝國總參謀長（Chief of the Imperial General Staff，簡稱CIG）⑫約翰・弗倫奇、副官長約翰・埃沃特（John Ewart）三人告訴他，英國軍隊一定會攻擊阿爾斯特，而且危急時需要派遣軍隊過去輔助民兵。隔天，邱吉爾命令八艘當時在西班牙外海演習的第三戰鬥中隊戰艦「立刻以正常速度前往」距離阿爾斯特六十哩，克萊德灣阿倫島（Isle of Arran）的蘭拉什（Lamlash）。同時，直布羅陀號（HMS *Gibraltar*）與皇家亞瑟號（HMS *Royal Arthur*）「立刻前往愛爾蘭金石城（Kingstown），五百五十名步兵均分爲二，明天上船，然後繼續前往丹多克（Dundalk）」，卽都柏林與貝爾法斯特中間的城市。[114]因為效忠派的鐵路職工威脅關閉鐵路，他也派出五艘驅逐艦赴愛爾蘭港口待命接送軍隊。他的措施得到內閣許可，而且目的是防範，避免卡森的UVF想在阿爾斯特成立臨時政府。許多保守黨人相信，事實並非如此，邱吉爾故意在北方激起武力反抗，然後加以消滅，如此自治草案就可以強行施加在全島。[115]

阿斯奎斯在三月二十一日撤回命令前，艦隊最多只到錫利群島（Scilly Isles）。那時候，愛爾蘭主要的英國陸軍——派駐在克拉（Curragh）的第三騎兵旅——七十名軍官當中的五十七名，以及陸軍准將J・E・高福（J. E. Gough），宣布他們很快就會解散，不會在阿爾斯特進行鎮壓，整個局勢因此變得相當複雜。雖然從頭到尾沒有任何軍官拒絕服從實際發出的命令，但這件事還是被稱為「克拉叛變」（Curragh Mutiny）。「溫斯頓大聲說著，把那些軍官用戰艦載來接受軍法審判，」埃沃特回憶，「但我強烈建議我們應該等等，看看相關的高階軍官持什麼意見。」[116]高福被召來陸軍部，他和西利同意這完全是場誤會，並為事情的結果寫下三段備忘錄，獲得內閣同意。西利後來又自己加入兩段，表示軍方不會強迫阿爾斯特人反對自治法案。這件事情外流到媒體時，顯得好像這場叛變已經強迫政府屈服。內閣否認多出的兩段，西利和弗倫奇被迫辭職。

邱吉爾密切涉入全部的過程。危機期間，他去倫敦切斯特廣場（Chester Square）拜訪在家的西利，前往唐寧街十號與白金漢宮拜訪阿斯奎斯；此外，他也參與內閣會議，並且指揮艦隊。但是他的涉入很快就醞釀成漫天的陰謀論。雖然沒有真的濺血，但這齣大戲卻名為「阿爾斯特大屠殺」（Ulster Pogrom）。即使晚至一九五四年，J・E・高福的哥哥休伯特・高福還是寫道：「對於這些不太愉快的日子，我的印象是，用來對抗阿爾斯特這些類似戰爭的預備，幕後黑手是溫斯頓・邱吉爾，而且西利只是他手中的工具，佩吉特也是。」[117] 據說邱吉爾告訴弗倫奇：「如果貝爾法斯特發生戰爭，他的艦隊會在二十四小時內把那座城市夷爲平地。」[118]

一九一二年的保守黨黨鞭克羅福勛爵自然把邱吉爾的涉入往最糟的方向建構故事。「有明顯證據指出，這是精心設計的陰謀。」他寫道，「我懷疑不是邱吉爾醞釀的，可能也沒有傳達給阿斯奎斯與尊敬的內閣成員。」[119] 克羅福勛爵將之歸於血統，以及「邱吉爾血液中的印第安－墨西哥(5)品系，藉此解釋無法說明的瘋狂行徑」。[120] 支持卡森的F・E・史密斯同樣不公地指責邱吉爾「偷開第一槍」（當然從未開過）。[121] 貝雷斯福德在海德公園統一黨的集會，控訴邱吉爾是「小人國的拿破崙，精神錯亂，自大狂」，還說「只要溫斯頓・邱吉爾先生繼續任職，就會置國家於險境」。[122]

經過數週，下議院議事廳的情勢依然火熱。四月一日，利奧波德・埃莫里問邱吉爾：「是否期待並希望那些爲了照顧店家、純然預防的行動，會導致戰鬥與殺戮？」[123] 邱吉爾稱之「極爲惡劣的影射」，議長也強迫埃莫里收回問題。保守黨對著他大喊：「辭職！叛徒！退出！」此時邱吉爾又說，博納・勞願意「展現『士兵射殺激進派或工黨，永遠是對的』」，整個情況因此變得更遭。但是三月二十七日，在阿爾斯特這巨大的漩渦中，自由黨議員西賽爾・哈姆斯沃思（Cecil Harmsworth）發現，「溫斯頓在議長椅子後面的廁所愉快地唱歌。我謝謝他那令人安心的愉悅，而且他告訴我，他習慣用愉快的外表面對困難。」[124]

四月二十七日在下議院，阿爾斯特志願軍卸下一大批槍炮船運兩天後，邱吉爾描述保守黨的攻擊神祕難解，像是「罪犯投票支持警察糾舉」，此話引發貝爾福反駁，只有一種性格比最邪惡的犯罪更沒道德，就是引誘反政府人士違法，以便將之逮捕的內奸。[125] 儘管邱吉爾內心應該不會想要剷平貝爾法斯特這個他鍾愛的帝國城市，但阿爾斯特大屠殺的迷思長存在保守黨的記憶，而且從此之後，布瑞福的演講總是用來質疑邱吉爾的判斷。「說溫斯頓的判斷不太等於他的能力，也不算輕視他非凡的性格，」樞密院祕書處長阿莫里克・費茲羅伊爵士（Sir Almeric Fitzroy）寫道，「他的能力也不太等於他的野心。他的缺點就是什麼事情都從他的自信這個放大鏡去看。」[126] 這確實是他一生的缺點，直到這個缺點變成最強大優點的那一刻。事實上，他的阿爾斯特政策比許多人當時理解得要讓步許多。[127]

《愛爾蘭政府法案》（即《第三次愛爾蘭自治法案》）在一九一四年五月二十一日三讀，也是最後一讀，並於九月十八日得到國王御准（Royal Assent）⑬，而且《國會法案》不准上議院第三次否決。然而大戰即將爆發，統一黨和自由黨宣布戰爭期間政治休戰，法案的規定也擱置，因此從法案兩年前進入國會以來，主要演員不斷恐嚇的結果都沒有發生。事實上，大約二十萬名愛爾蘭人參戰對抗德國。

「一戰沒有任何部分比起開打帶來更多好處。」邱吉爾後來寫道，「巨大的軍隊慎重、安靜地聚集，他們的行動與位置皆不可預測，由於未知與不可知的事實，首次交戰儼然是一齣無法超越的戲劇。」[128] 六月十七日，他取得殼牌公司的合約，確保波斯的石油供應皇家海軍。十一天後，奧地利的法蘭茲・斐迪南（Archduke Franz Ferdinand）大公在塞拉耶佛（Sarajevo）遇刺，刺激七月一連串事件，導致戰爭爆發。那個月月初，邱吉爾家在諾福克（Norfolk）的克羅默（Cromer）附近，歐弗斯特蘭德（Overstrand）的梨樹農舍度假，邱吉爾和小孩在海灘享受天倫之樂。雖然如此，七月十七日、十八日，他參加斯皮黑德海峽四百艘軍艦的閱兵，他描述爲「世界歷史中，前所未見、最偉大的海軍會師」。[129]

七月二十五日，內閣正在討論愛爾蘭自治草案時，愛德華・格雷爵士打斷會議，朗讀一張剛收到的便條，內容是奧匈帝國指控塞爾維亞藏匿刺殺大公的恐怖分子，對塞爾維亞開出激烈的條件。當時保護塞爾維亞的是俄羅斯，完全支持維也納的德國趁機挑釁俄羅斯，於是俄羅斯與法國聯盟。邱吉爾聽著格雷宣布，他發現：

> 這張便條顯然是最後通牒；但是現代世界從未見過這種最後通牒。聽著這張便條的內容，感覺世界上絕對沒有任何國家可以接受，或者即使接受，無論多麼卑微，都不能滿足侵略者。斐曼納（Fermanagh）和提隆（Tyrone）⑭的教區都在愛爾蘭的霧氣與強風之中失色，一道奇怪的光線隨即綻放，明顯可見逐漸增強，卻落在歐洲的地圖上。[130]

那場會議中，邱吉爾支持阿斯奎斯和格雷，主張英國主動干預歐洲危機。若德國對法國宣戰，則支持法國，並非因爲英國好戰，而是因爲堅定的立場也能說服德國與奧地利放棄戰爭。七月二十五日，他和德國航運巨頭艾伯特・巴林（Albert Ballin）共進晚餐，巴林也認識德皇，並告訴邱吉爾，德法之戰可能會引發德英之戰。邱吉爾眼眶泛淚，拜託巴林盡其所能地阻止德法之戰。[131]但是內閣多數，在約翰・莫萊和約翰・博恩斯（John Burns）帶頭下，希望英國保持中立。莫萊在他身後出版的著作《辭職備忘錄》（*Memorandum on Resignation*）寫道，「溫斯頓用盡著魔般的力氣公開提倡」干預的立場。[132]七月二十五日至二十七日之間某個時候，莫萊「輕拍邱吉爾的肩膀，他就坐在我的旁邊。『溫斯頓，我們終究打敗了你。』」他稱邱吉爾報以「愉悅的微笑」。[133]

曾經反對波耳戰爭的勞合喬治，據他的弟弟威廉說：「極不願意投入要國家參戰的政策……溫斯頓．邱吉爾先生對那件事情毫不猶豫，而且以個人立場強烈請求我哥哥站在他那一邊，用強烈措辭提醒他兩人過去的緊密聯盟。從那些請求的意思來看，邱吉爾和大衛，事實上已經來到岔路的路口：邱吉爾擺在我哥哥眼前的選擇，將是下半輩子要當『同志或對手』的選擇。」[134] 邱吉爾特別提到勞合喬治在亞加迪爾危機扮演的挑釁角色，「精明的一槍，毫無疑問正中目標。」七月底，勞合喬治宣布支持戰爭，莫萊將之歸因於邱吉爾，稱爲「海軍部了不起的**傭兵隊長**」。事實上，勞合喬治自己決定的能力當然綽綽有餘。

七月二十六日星期日，邱吉爾回到歐弗斯特蘭德，此時第一海務大臣巴滕貝格的路易斯親王決定暫停分發在南方波特蘭比爾外海結束演習的艦隊。邱吉爾未經內閣批准，馬上爲此背書。他搭上下一班火車回到倫敦。艦隊被送到斯卡帕灣（Scapa Flow），下錨在奧克尼群島（Orkney Islands），那裡能夠防範來自北海的突襲。在一戰的回憶錄《世界危機》中，邱吉爾描寫艦隊在黑暗中通過多佛海峽（Straits of Dover），筆下的情景饒富詩意：

> 現在我們也許可以想像這支偉大的艦隊，帶著區艦隊與巡洋艦，緩緩開出波特蘭比爾的港灣，分遣隊互相接連，碩大的鋼鐵城堡穿越迷濛閃耀的大海，彷彿焦慮的巨人低頭弓背。我們也許可以想像夜幕低垂，十八哩長的戰艦在漆黑之中疾速前進，謹記保家衛國之大事，穿越狹窄的海峽，航向北方廣闊的海水……國王的艦隊在海上。[135]

七月二十八日，奧地利對塞爾維亞宣戰，次日，艦隊抵達奧克尼群島的作戰崗位。七月二十八日午夜，邱吉爾寫信給克萊門汀。「我親愛的，美麗的，」信上寫著，

> 所有事物朝向災難與毀滅。我興致勃勃、蓄勢待發、樂不可支。生為如此難道不恐怖嗎？備戰對我而言具有可怕的魅力。我祈求上帝原諒這種恐怖的輕浮心態。然而，我將戮力追求和平，而且不會以不正當的手段撲滅戰爭——我毫不感覺在這座島上的我們，需要對橫掃基督教界的瘋狂負上重大責任……我納悶那些愚蠢的國王和皇帝竟然無法齊聚，從地獄拯救國家，繼而恢復王權，但我們都漂浮在某種遲鈍、僵直的出神狀態。彷彿是別人的行動！[136]

詆毀邱吉爾的人鮮少引用第五句之後的內容，但整體讀來，這封信的意思更加清楚。邱吉爾不僅爲備戰著迷，也爲戰爭本身著迷，同時，二十五年內親臨四場戰爭，也足夠令他瞭解戰爭多麼討厭，因此他也抗拒自己著迷。生爲如此對他而言並不可怕，反而是內閣有幸，至少有一個成員在這樣的時刻具備戰爭天賦。七月二十九日，他甚至提議「國王會議」，但沒有結果。[137]

寫給克萊門汀的信又稍微離題，聊到聖詹姆斯公園「可愛的小天鵝」（他用了四個形容詞——「灰色、毛茸茸、珍貴、特別」），接著邱吉爾驕傲地繼續，特別說到海軍，「萬事皆備，前所未見。我們連指尖都警醒……我相當確定，如果戰爭來臨，我們會徹底擊垮他們。」[138] 他請克萊門汀在某個固定時間打電話給他，「但是用暗喻說話——他們都在聽。」[139] 他指的是郵政總局的交換機接線生，而非外國特務，但在這樣的時間，對安全有所警覺也是好事，而且邱吉爾夫婦已有許多兩人之間的暱稱可以使用。他也擔心，萬一德國襲擊克羅默，在歐弗斯特蘭德的家人可能會有危險，因爲「附近就是良好的登陸地區」。[140]

七月二十九日星期三，邱吉爾依然嘗試在內閣裡拉攏勞合喬治。「我們可以一起實現廣大的社會政策，」他告訴他，「海軍的戰爭不會很貴。」[141]那時的他並不知曉英國遠征軍會被派到歐陸：那支軍隊已經就緒，從一九一一年就有這個計畫，但是內閣尚未決定英國涉入歐洲衝突的本質。即使晚至八月三日，德軍開始進攻比利時，英國遠征軍後來的指揮官上將約翰・弗倫奇也收到唐寧街的指示，絕不可能派軍隊到法國。[142]如果英國單純打海戰，確實會很便宜，至少跟後來實際打的那一仗相比。同一次內閣會議，邱吉爾遞了一張紙條給坐在對面的勞合喬治，寫著：「星期五（即七月三十一日）晚上空出來。F・E在問。」[143] F・E・史密斯想找博納・勞、馬克斯・艾特肯（後來的畢佛布魯克勛爵）和其他人，討論加入多黨政府，跟自由黨聯盟，但是博納・勞再次拒絕這個想法。

「溫斯頓・邱吉爾來見我。」國王在七月三十一日星期五的日記寫著，「海軍已經準備應戰，但願上帝保佑戰爭不會到來。」[144]邱吉爾完全同意這樣的心情，如同那天從海軍部寫給克萊門汀的信，而且之於那封信，他要她「不要留著——鎖起來或燒毀」。「雖然雲層愈來愈黑，仍然有一些希望。」他寫道：

我認為德國明白反對他們的力量多麼強大，而且慢慢想要約束他們愚蠢的盟國。我們正在安撫俄羅斯。但是人人都迅速備戰，一觸即發。我們準備好了⋯⋯德國已經向我們提議，如果他們保證不進犯法國領土，也不侵略荷蘭，希望我們保持中立——但他們必須拿下法國的殖民地，而且不能保證不侵略比利時（依照條約，他們不僅要尊重，而且要保護）⑮。格雷已經回答這些提議根本不可能，而且充滿羞辱。因此一切都指向衝突。希望還沒破滅。[145]

八月一日星期六稍晚，德國向俄羅斯宣戰。格雷、哈爾達、掌璽大臣克魯勛爵，得知消息後都去了唐寧街十號，他們必須等待一個小時，讓阿斯奎斯和女士們打完橋牌。（克魯將之比作在棺材上打牌。）然而邱吉爾立刻動員海軍，而且再次未經內閣批准。「他不沮喪，他不興奮，他也不驚訝。」艾特肯回憶，「他立刻出發，像要去做非常習慣的工作。」[146] 他告知阿斯奎斯，阿斯奎斯沒有多說，但看起來「相當滿意」。翌日早上，內閣正式同意。[147]

「今晚的新聞再度開啟一線生機。」當晚十點三十分，邱吉爾從海軍部寫信給羅伯特・西賽爾勛爵，「奧地利和俄羅斯似乎有望重新協商德國提出的方案：所有努力都朝著那個目標。但是軍隊之間的衝突可能隨時因為事件或意外爆發。而我相信，無論什麼情況，如果我們允許德國踐踏比利時的中立，而不努力幫助法國，我們的利益與我們的榮譽，都將黯淡無光。」[148]

八月三日星期一下午，德國軍隊依照施里芬計畫，為擊敗法國，入侵比利時。一九〇五年，德國就已制訂施里芬計畫，而且邱吉爾在一九一一年已經猜到其中的內容，神準得詭異。當天上午在內閣，格雷承認並無任何正式協議約束英國必須協助法國，下午三點，他也在下議院重申這個論點。儘管如此，他相信英國的榮譽、名聲、戰略利益，這些曾於一八三九年保證比利時獨立（德國亦然），但現在比利時卻吉凶難卜。下議院同意他的主張，更非同尋常的是，如此重要的決議未進行投票。英國對德國發出二十四小時的最後通牒，期限是八月四日星期二晚上十一點。

邱吉爾要求阿斯奎斯和格雷，同意在最後通牒到期之前，發動英法海軍作戰計畫保護海峽。他告訴他們，「除非我們遭到攻擊，否則這不代表進攻行動，也不代表戰爭行動。」[149] 翌日上午，《泰晤士報》

描述邱吉爾「掌握局勢與應變的能力令人激賞」。[150]八月四日，在英國的最後通牒到期之前，德國巡洋戰艦戈本號（*Goeben*）轟炸法屬阿爾及利亞的菲利普維爾（Philippeville，今斯基克達〔Skikda〕），輕巡洋艦也轟炸布恩（Bône，今安納巴〔Annaba〕）。兩艘德國戰艦都接著往東逃向土耳其，儘管英國皇家海軍緊隨在後。「追丟這些戰艦就糟了，而且夜晚又更可能追丟。」邱吉爾告訴阿斯奎斯和格雷，請求與之交戰。[151]「溫斯頓身上已經塗好作戰前的顏料，渴望明天一早就在海上大打一仗，擊沉戈本號。」阿斯奎斯寫信給薇內蒂亞・史丹利，「整件事讓我傷心不已。」內閣拒絕同意當晚十一點前發動任何攻擊。在海軍部用過晚餐後，法國海軍代表問邱吉爾，他們能否在地中海有另一處海軍基地。他回答：「把馬爾他當成土倫（Toulon）用吧！」[152]

八月四日晚上十一點，最後通牒到期，此時邱吉爾在海軍部。「從白金漢宮沿著林蔭路，傳來廣大群眾高唱〈天佑國王〉（God Save the King）。」他後來回想，「在這深邃的音浪之中，大笨鐘的聲音響徹雲霄；隨著那個小時的第一聲鐘響，窸窣的聲音遍布房間。寫著『對德宣戰』的戰爭電報，倏忽傳向全世界飄揚白船旗的船隻與岸上機構。」[153]⑯

在地中海，第一巡洋戰隊的指揮官，海軍少將特魯布里奇（Troubridge）接到電報時，還緊追著戈本號與布雷斯勞號（*Breslau*），但是沒有追上，兩艘戰艦毫髮無傷逃進達達尼爾海峽，加入土耳其海軍。渴望得到英屬賽普勒斯（Cyprus），又痛恨俄羅斯的土耳其，因此更加堅定地向德國與奧匈帝國靠攏。（戈本號變成嚴君號〔*Yavuz*〕，而且直到一九五〇年都是土耳其的旗艦。）不久後，邱吉爾和朋友漢密爾頓夫婦共進晚餐，他說：「少將特魯布里奇毀了，而且可能會被軍法審判槍斃，就像約翰・賓恩（John Byng）上將一樣（十八世紀梅諾卡島〔Minorca〕戰役戰敗的海軍軍官）。」[154]在這次事件，特魯布里奇在軍事審判中宣判無罪，但是他的海軍生涯實質上已告結束。

爲了避免類似事件發生，邱吉爾從謝伍德森林團（Sherwood Foresters Regiment）派遣一連到泰恩河的阿姆斯壯造船廠，奪取一艘幾乎完成的土耳其無畏級戰艦。雷沙迪耶號（*Reshadieh*）被重新命名爲艾林號（*Erin*），並送到斯卡帕灣。第二艘正在建造的土耳其戰艦蘇丹奧斯曼一世號（*Sultan Osman I*）成爲阿金庫爾號（*Agincourt*）。儘管英國爲此提供慷慨的費用，但土耳其人還是震怒。[155]這些戰艦出自民衆認捐——土耳其婦女甚至賣了頭髮捐錢——而且整個國家因爲船艦沒收而騷動。麥肯納、勞合喬治及許多人後來表示，邱吉爾奪取這些戰艦，使得土耳其加入同盟國，但事實不然。土耳其早在八月二日，時機一成熟就馬上祕密加入德國與奧地利。

八月四日晚上十一點，最後通牒到期後，邱吉爾才前往唐寧街十號，雖然勞合喬治後來表示，他記得和阿斯奎斯坐在內閣的房間等待最後通牒到期，此時雙併的門忽然打開，邱吉爾進來，說他正打算下令艦隊各就各位。「溫斯頓衝進房內，容光煥發，神情興奮，舉止激動，嘴巴說個不停。」勞合喬治表示，「你看得出來他真的很高興。我納悶這樣可怕的戰爭開打，爲何會有這樣的心理狀態。」[156]那天晚上邱吉爾的過動表現，長久以來爲人非難，但這樣醒目的情緒，出自已經三次向德國提出海軍假期、一直不希望開戰的人。無論如何，如果戰爭發生，他的部門該怎麼做，他已經無微不至地計劃。

一九一三年，A・G・嘉甸拿指責邱吉爾：「將德國的威脅說得很恐怖。他相信這一切，因爲一旦他的內心抓住一個想法，就會高速圍繞那個想法運作、增強、放大，並將那個想法布滿天空。在他心中的劇場，永遠都是命運的時刻與世界末日的裂縫……他將在我們的未來大大寫下他的名字。我們應小心他不是以血寫下。」[157] 那篇文章的別處，嘉甸拿寫道：「他想著拿破崙；他想著他偉大的祖先。因此他們特異獨行；因此在這曲折可怕的危機中，他將特異獨行。不是假裝，也不是虛僞，而是在那生動熱烈的想像中，命運分配給他的角色是阿加曼農王，肩負重責大任。」[158] 在全年和平的最後一年，嘉甸拿顯然是在嘲諷三十九歲的第一海軍大臣，但如果邱吉爾在一九三九年之前去世，他主要爲人所知的，會是爲一次大戰整備皇家海軍的人。

作者注

(1) 今日能在蘭貝斯的帝國戰爭博物館外面看見兩座這樣的大炮。

(2) 諷刺的是，那本書就是議會的秩序規定。

(3) 邱吉爾對於黛安娜出生不久後又讓妻子懷孕感到罪惡，而這個句子在瑪麗·索姆斯的父母信件版本中以省略號帶過。(ed. Soames, *Speaking* p. 61)

(4) 這是邱吉爾第二次使用「讓我們一起向前」這句話，第一次是一九一〇年三月談到《國會法案》。但是當他發現某句話有用——而且這句話在布瑞福贏得熱烈掌聲——就會習慣在不同脈絡再次使用。他至少在十九個場合對著觀眾使用這句話（而且對他的狗魯法斯至少一次）。使用的時機通常是為了呼籲團結，但在一九一四年三月，目的相反，他聳動呼籲戰爭。

(5) 傑洛姆家族以擁有美洲原住民血統著稱（其實是錯的），而墨西哥的想法不知從何而來。

譯者注

① 施里芬計畫是一次大戰之前施里芬任德國總參謀長期間擬定的作戰計畫；菲利浦二世指的是西班牙國王（一五二七年至一五九八年），在他治下，西班牙哈布斯堡王朝國力達到顛峰，稱霸歐洲。
② 一七八一年至一八三一，普魯士戰爭理論家。
③ 瑪歌是赫伯特・阿斯奎斯的第二任妻子，薇奧蕾的繼母。
④ 這裡不雅的字是指 shit。
⑤ 愛爾蘭的別稱。
⑥ 基督新教的兄弟會組織，主要活躍於北愛爾蘭，支持英國統一，反對愛爾蘭自治。
⑦ 效忠英國政體，不贊成愛爾蘭脫離英國統治的人。
⑧ 希臘神話中，翅膀尾巴是鳥，身體是女人的形象。
⑨ 位於蘇格蘭亞伯丁郡，英國皇室居住地之一。
⑩ 阿拉伯文「奮鬥」之意。
⑪ 薩繆爾是首位擔任內閣大臣與英國政黨領袖的猶太人。
⑫ 陸軍最高指揮官。
⑬ 英國國王或女王簽署議會通過的法令。
⑭ 斐曼納和提隆是北愛爾蘭英治的兩個郡。
⑮ 一八三九年英聯王國、奧地利帝國、法蘭西王國、普魯士帝國（德意志帝國前身）、俄羅斯帝國、荷蘭聯合王國簽屬《一八三九年倫敦條約》，正式承認比利時獨立，同時承諾保證比利時中立國之地位。比利時奉行中立原則，一、二戰時分別受到德意志帝國、納粹德國的侵略，二戰結束後放棄中立原則。
⑯ 白船旗為英國皇家海軍艦艇及其岸上機構懸掛的海軍船旗，圖案為白底、紅色聖喬治十字、左上有英國國旗。

9 「這壯麗美妙的戰爭」1914／8—1915／3

這場戰爭將會漫長且嚴峻。——邱吉爾，一九一四年九月[1]

批評總是有益。我的人生所有階段都從批評中不斷獲益，而且我不記得什麼時候短少過。
——邱吉爾，下議院，一九一四年十一月[2]

邱吉爾像發電機一樣開始一戰，他成立海軍作戰小組，每天開會，有時一天開好幾次。成員包括自己、第一海務大臣（巴滕貝格的路易斯親王）、第二海務大臣中將費德里克・漢密爾頓爵士（Sir Frederick Hamilton）、海軍作戰參謀長（中將多夫頓・斯特迪爵士〔Sir Doveton Sturdee〕）、海軍大臣祕書（少將霍拉斯・胡德爵士〔Sir Horace Hood〕），因此將執行的權力從傳統管理海軍的海軍部稍微偏移。作戰小組同意皇家海軍最高的戰略目標必須是：將英國遠征軍送到法國；封鎖德國；把德國公海艦隊限制在波羅的海與北海的港口，若它們出現則將之擊沉；保持帝國全球貿易路徑暢通。邱吉爾和費雪（但不是海軍部其他許多人）還夢想取得戰略地點，如埃姆斯河（Ems）出口的波爾昆島或黑爾戈蘭島（Heligoland，費雪心心念念的夢想），或許一旦法國的局勢穩定，就登陸德國北部。

然而海軍部外，戰爭組織雜亂無章的程度簡直不可置信。緊急時，臨時找來幾位大臣做決定，也無人記錄。直到一九一四年十一月底，戰爭委員會（War Council）才成立，有八名成員，雖然很快就成長到十三人，並找來漢基擔任祕書，在一張八邊形的桌子開會。到了九月，內閣已有二十二個次委員會，一九一六年三月有三十八個，許多委員會的責任與人員疊床架屋。[3] 阿斯奎斯完全沒有如同邱吉爾和極為少數的幾人那樣，瞭解這場戰爭將是前所未見的不同。

雖然唐寧街十號在兩天前才反對英國遠征軍前往法國，然而彼日德國入侵比利時與英國隨後宣戰，這兩件事改變一切。一九一四年八月五日，戰爭委員會的會議上，邱吉爾主張應該盡快派遣遠征隊到法國，並且獲得普遍支持。他不希望遠征隊單純只是加入位於莫伯日（Mauberge）的前線，主張應該集中在與聖納捷赫（Saint-Nazaire）和巴黎等距的土爾（Tours），作為策略性的儲備軍隊，以便利用德國戰線的弱點，技巧性作戰。但是當天邱吉爾推薦的新任陸軍大臣基奇納勛爵，支持陸軍部作戰行動指揮少將亨利・威爾森的計畫（計劃已久，但一直對內閣保密），要把英國遠征隊部署在法國戰線的左邊。

當天晚上在另一俱樂部，基奇納提名上將約翰・傑利科入會。在邱吉爾堅持下，傑利科受命擔任本土艦隊總司令，負責在八月九日至二十二日之間，將英國遠征隊四個步兵師與一個騎兵師送抵法國——他的任務非常成功。（確實如此，直至一九一四年年底，海軍已經運送八十萬九千個人、二十萬三千匹馬、二十五萬噸軍用品，毫髮無傷地跨越海峽）。[4] 晚餐尾聲，邱吉爾起立發言，接著他不顧除了向國王致敬以外不能舉杯的規定，邀請俱樂部的人為「英國軍隊成功」舉杯。

翌日，上將威爾森在赴法國前，去電海軍部辭行。愛爾蘭出生的威爾森因為「阿爾斯特大屠殺」事件不信任邱吉爾，並且主動鼓勵克拉叛變。他告訴邱吉爾，雖然他們「意見經常不同，而且從不害怕針鋒相對」，但是「五日當天，他在唐寧街的舉止有如英雄」，堅持英國支持歐陸的法國。「我希望和他握手，向他道別。」威爾森在日記寫著，「他開始告訴我，他確定我會『獲得勝利』，然後徹底崩潰痛哭。我從未這麼喜歡他。」[5]威爾森按照計畫，把英國遠征隊送到法國戰線左邊的蒙斯（Mons）。

國王、勞合喬治、基奇納大動作保證戰爭期間不會飲酒，邱吉爾刻意不加入他們，那對戰爭沒有幫助——再怎麼說，英國的盟國法國需要出口——但是能夠表示某個程度的自我犧牲。國王和基奇納恪守承諾，結果變得稍許暴躁。勞合喬治很快就打破承諾，雖然他假裝沒有。勞合喬治的祕書弗朗西絲・史蒂文森（Frances Stevenson），也是他的情婦，敘述「邱吉爾自以爲了不起，宣布他不會受國王影響，而且拒絕放棄酒精飲料。他覺得整件事情很荒唐。」[6]一九一九年一月，他笑著教導滴酒不沾的利代爾，「合理分量的烈酒好處在於，改變一個人的生活觀點。過了煩惱、沮喪的一天，烈酒讓事情看起來比較快樂，對於演講與社交更是無價的輔助。」[7]

到了八月十六日，約有兩萬至三萬的皇家海軍後備軍人在船上沒有位置，邱吉爾索性成立首支新的皇家海軍師（Royal Naval Division，簡稱ＲＮＤ），共有三個旅，是海軍（而非陸軍）管轄的新步兵。這個師將會見證這次大戰許多最血腥的戰役，包括加里波利（Gallipoli）之役、索姆河（Somme）之役、第三次伊珀爾（Ypres）之役（帕森達勒〔Passchendaele〕戰役）。許多邱吉爾的朋友和認識的人都在這個師，他稱他們爲「火爐中出生的蠑螈」，而且有些人陣亡，包括魯珀特・布魯克、維爾・哈姆斯沃思（Vere Harmsworth）、派翠克・蕭－斯圖爾特（Patrick Shaw-Stewart）、艾倫・坎貝爾（Alan Campbell）、威廉・克爾（William Ker）。兩個倖存的人分別是首相的兒子阿瑟・阿斯奎斯（Arthur 'Oc' Asquith，綽號「歐克」），以及伯納德・弗雷伯格（Bernard Freyberg），兩人身受十多處傷。[8]

皇家海軍師保持海軍的軍階、慣例、語言、傳統。他們留鬍鬚，爲國王健康常駐敬酒，以上將的姓名爲軍營命名，例如納爾遜、霍克、胡德，跟英國遠征軍的陸軍師不同。非常理解軍人心理的邱吉爾注意到，「奇怪的是，男人接受最殘酷的試煉，長期面對幾乎必死的威脅，卻在渺小的事物當中得到安慰和再生的力量，卽使這些渺小的事物對於不在那種環境、活在輕鬆高尚圈子的人，只會顯得微不足道，也許可笑。」[9]戰爭快要結束時，原本有意解散這個師，但是當時的第一海軍大臣愛德華・卡森爵士首先反對。邱吉爾因此尊敬卡森「十足、爭議的權力」，雖然也後悔這麼說他。一九二三年，邱吉爾爲這個師的歷史作序，是他最感人的文章之一。

到了此時，親力親爲已然成爲邱吉爾的習慣。八月十九日，他拜訪加萊（Calais）與敦克爾克（Dunkirk）市長，討論他們正在興建的防守陣地，期能將德軍擋在灣邊。八月二十二日至二十四日，協約國在那慕爾（Namur）與蒙斯戰敗後，重要的入侵港口，如敦克爾克、加萊、布洛涅（Boulogne），用邱吉爾的話，都是「赤裸裸的」。「沒有人可以預言這場大冒險要帶我們到多遠。」他告訴弟弟傑克，「除非我們贏，否則我再也不想活了。但是我們會贏。」[10]

八月二十六日，德國的輕巡洋艦馬德堡號（*Magdeburg*）在愛沙尼亞海灘擱淺，英國的盟友俄羅斯在船上取得密碼書。四十號房的密碼專家因此得以卽時破解德國的信號。邱吉爾沒有告訴任何內閣成員，也沒有告訴任何可能在海上被抓的人，只把祕密保守在海軍作戰小組之間。[11]

八月二十六日，英國遠征軍的第二團在勒卡托（Le Cateau）殿後抵擋時，邱吉爾於一九一二年任命爲潛水艇艦隊指揮的羅傑・奇斯啟動計畫，打算在黑爾戈蘭灣突襲並摧毀德國的輕裝部隊。這項計畫是在陷阱裡設餌，趁著德國的無畏級戰艦無法在退潮時駛過玉石灣（Jade Bar）的沙丘，出手捕捉德國的驅逐艦，但是海軍部以風險太高拒絕這項計畫。奇斯直接找上贊同這項計畫的邱吉爾，於是傑利科派遣比提指揮這項行動。八月二十八日，三艘德國輕巡洋艦沉沒，另外三艘受損，鐵必制的兒子被俘。之後邱吉爾登上英國位於希爾內斯的旗艦，爲他所謂的「絕妙情節」歡呼。[12]「溫斯頓在進行某些計畫，」阿斯奎斯告訴薇內蒂亞，「結果非常成功……而且部分抵銷我們在陸地上的損失。」[13]

九月一日，邱吉爾寫信給新任的帝國總參謀長查爾斯・道格拉斯爵士（Sir Charles Douglas），要求陸軍部與海軍部開始「研擬計畫，派出適任的希臘軍隊，占領加里波利半島，目標是讓英國艦隊進入馬爾馬拉海」。[14]狹長的達達尼爾海峽分隔東地中海與馬爾馬拉海，即分隔亞洲與歐洲，英軍上次強行通過是在拿破崙戰爭期間，指揮官是海軍上將約翰・達克沃思爵士（Sir John Duckworth）。值得注意的是，邱吉爾認爲，爲了讓英國艦隊進入，需要先派一支軍隊占領西側的加里波利半島。

九月七日至十三日，德國進攻巴黎終於止於馬恩河戰役（Battle of the Marne）。一九一一年，邱吉爾已經料到戰爭的第四十天就會如此，即九月十三日。但到了那時候，新的威脅已經浮現。九月七日，比利時政府要求兩萬五千人的軍隊防守安特衛普（Antwerp），對抗來勢洶洶的德軍。「海軍部認爲長期堅守安特衛普相當重要。」邱吉爾告訴阿斯奎斯、基奇納、格雷，「如此可以保住比利時的國祚，而且這個戰略地點需要防護，一旦失守，將會成為重大威脅。」[15]他提議經由施海爾德河（Scheldt）補給安特衛普，但是內閣拒絕他的提議，而且沒有其他建議，也沒有任何應變計畫。

「我們已經基於道義，善盡努力，避免涉入這場戰爭，然而還是滿不情願地加入。」邱吉爾在九月十一日對著全國自由黨俱樂部演講，「而且我們全然瞭解這場戰爭將會帶給我們的苦難、損失、失望、煩惱、焦慮。此外，必須付出巨大長久的努力。」[16]他不認為需要盡可能減少戰爭的危險或恐怖。他父親的座右銘——「相信人民」，令他深信，只要不是以洩氣的方式表達，人民可以聆聽最壞的情況。他也把英國的海上實力比喻為「鬥牛犬的鼻子扁塌，因此能夠舒適呼吸，不會斷氣」。[17]《曼徹斯特衛報》指出，他說這句話時，看起來多像一隻鬥牛犬。

九月中，前往蘇格蘭高地視察海軍設備的路上，他涉入一起事件，幾年後，他把這起事件寫成一篇有趣的文章，取名為〈我的間諜故事〉（My Spy Story）。三位穿著制服的高階軍官陪同他，其中海軍情報處長（Naval Intelligence）亨利・奧利佛（Henry Oliver）發現，海岸邊有棟房屋的屋頂裝著探照燈，他們擔心訊息可能會透過那裡傳給U型潛艇。「懷疑與好奇同時湧現，」邱吉爾回想，「而且冒險的興奮又刺激兩者。」[18]他們帶著左輪手槍，走向前門。那棟房子的主人是亞瑟・比格諾德爵士（Sir Arthur Bignold），他是德高望重的退休國會議員，而他的管家「似乎被來訪的客人嚇到」。原來那盞探照燈是用來鎖定山腰上的野生動物，讓追蹤獵物的獵人占得優勢，儘管如此，邱吉爾還是拆了燈。[19]雖然別人經常批評他「滿腦子間諜妄想」，但事實上戰爭爆發時，被逮捕的德國間諜不到二十二個，半數在倫敦塔被行刑隊槍決。[20]邱吉爾率先成立情報系統，英國的情報人員獲內政部批准攔截間諜通信，抓到大部分的間諜。[21]

九月二十一日，邱吉爾在利物浦的競賽廳（Tournament Hall）對一萬五千人的跨黨派徵兵大會演說，當下他犯了一個錯誤，儘管不是政策的錯誤。「雖然我們希望這場戰爭主要在海上，」他說，「我們希望我們的人能跟德國艦隊一決勝負，但是如果打仗時他們不出來，就會像洞裡的老鼠一樣被挖出來。」[22] 這句話當時引來大聲歡呼，但是建制派不喜歡他嘻嘻哈哈的語調。國王覺得「不莊重也不斯文」，而資深的保守黨政治人物瑟爾伯恩伯爵（Earl of Selborne）認爲：「他整個人的根本問題就是他很焦躁。」十八個月後，有人在辯論中提到他說的這句話，邱吉爾說：「那是很愚蠢的話，我後悔就那麼脫口而出。」當然，邱吉爾誇張的語句不會「脫口而出」，反而全都像其他的演講一樣，謹慎地寫成詩篇形式。人們可能也就忘記或者原諒，但是偏偏那麼剛好，隔天三艘皇家海軍艦艇——阿布基爾號（HMS *Aboukir*）、霍格號（HMS *Hogue*）、克雷西號（HMS *Cressy*）——在大白天遭一艘U型潛艇擊沉，損失一千四百五十九人。這三艘船的綽號是「活餌艦隊」，正在巡邏北海南方的十四噚區（Broad Fourteens）①。「這些巡洋艦不該繼續在這裡搜索。」四天前，邱吉爾寫信給巴滕貝格，「這些船艦暴露的危險不是他們可以抵抗的。」[23] 據說國王諷刺地說：「老鼠自己跑出來，我們付出代價。」保守黨的報紙收到邱吉爾在海軍部的敵人給的情報，早已磨刀霍霍，準備開鍘。平日私下批評邱吉爾不手軟的麥肯納，此時在內閣更是火力全開。[24]（麥肯納還在爲了一九一一年和邱吉爾交換職位懷恨，戰爭爆發十天後，他就告訴利代爾，邱吉爾讓戈本號「溜出我們的指間」，不應奪取土耳其正在興建的船艦，應該轟炸德國海岸。）[25]

奧地利製的斯科達（Skoda）榴彈炮曾經轟炸那慕爾和列日（Liège），而在九月二十八日，也如邱吉爾預料，轟炸安特衛普。三天後，法國軍隊的西線總指揮官約瑟夫・霞飛（Joseph Joffre）將軍願意提供兩個師解救安特衛普，但是最後只派出海軍步兵，因此可能解救的人數從五萬三千人降到兩萬兩千人。約翰・弗倫奇起初告訴基奇納，解救安特衛普是「第一重要」，但是現在也放棄這個聲明，正從阿曼提耶赫（Armentières）趕往伊珀爾。[26] 所以邱吉爾建議，在亨利・羅林森（Henry Rawlinson）指揮的常備軍團準備就緒、能去解救前，快速派遣皇家海軍師到安特衛普。阿斯奎斯私下嘲笑「派出溫斯頓的那種小兵過去根本就是無意義的屠殺」，但是他並未正式否決派遣，即使兒子阿瑟就在裡頭。他告訴阿瑟，別人會羨慕他「三天後就要被派去前線」。[27]

十月三日星期六早上，格雷、基奇納與首相在威爾斯，同意邱吉爾親自隨皇家海軍師前往安特衛普，評估當地局勢，加強比利時人守住城市的決心。一位部長在戰區指揮軍隊當然相當反常。邱吉爾告訴比利時政府，兩千名皇家海軍陸戰隊當天就會抵達，三天內會有八千名皇家海軍師，以及十天內會有一整個團的軍隊（羅林森的）。當時的海軍旅僅有六千人，顯然邱吉爾打算送更生疏的新兵前往。[28] 阿斯奎斯支持這個想法，告訴薇內蒂亞・史丹利，「我只能認爲他會讓他們（比利時人）強硬到極點。」[29] 邱吉爾確實讓他們強硬起來，說服比利時首相，協約國能保護比利時野戰軍從安特衛普撤退，要他持續捍衛安特衛普。[30]

海軍部對於邱吉爾打算怎麼運用皇家海軍師心存懷疑，這一點可以從尖酸的軍事行動助理指揮，上尉赫伯特・里奇蒙（Herbert Richmond）的日記看出來。十月四日星期日，他寫道：「海軍這次要任由一個瘋子擺布，眞是悲劇。」比提告訴妻子：「那個人肯定是瘋了，才會以爲送八千名訓練到一半的軍隊過去，就可以解救（安特衛普）。」[31] 但是安特衛普有三重的碉堡和洪氾，似乎相當適合防衛。

「如果我能得到身為戰場分遣軍隊指揮官必要的軍階、授權，全權在戰場上指揮獨立的軍隊，」十月五日星期一，邱吉爾正式去信內閣，「我願意辭去職位，偕同比利時軍隊，接下解救與防禦安特衛普的軍隊指揮任務。我感覺主動效力是自己的責任，因為我確定這樣的安排會帶來最佳的勝利結果。」[32] 內閣讀完這封信後，套用阿斯奎斯告訴薇內蒂亞的話，引起眾人「荷馬式」的笑聲，意思就是諸神響亮且克制不住的笑聲。[33] 另一方面，基奇納認為這是相當合理的建議，而且在羅林森整備軍隊前往安特衛普時，願意讓邱吉爾擔任中將。[34]

邱吉爾立刻前往安特衛普，但是他沒有穿上軍裝，反而穿著領港公會（Trinity House）的長老服裝。領港公會是英國燈塔主責機關，成立於一五一四年，保護船員福祉，服裝特色是海軍帽、徽章、水手穿的厚呢短大衣。據說一位大使階級的比利時人問他，他的制服代表什麼，邱吉爾用他獨樹一格、極為糟糕的法語回答：「Moi, je suis un frère aîné de la Trinité」[(1)]。「Mon Dieu!」那個比利時人回答，「La Trinité?!」[35][②] 十月七日星期三，邱吉爾在安特衛普，此時他的第三個孩子莎拉在海軍部宿舍出生。她的名字來自偉大的馬爾博羅公爵夫人，也是布倫海姆宮的建造者莎拉・邱吉爾（Sarah Churchill），但很快就暱稱為「笨笨蜂」（Bumblebee）。

那天及八日，比利時國王阿爾貝（King Albert）帶領野戰軍團，分別前往安特衛普外的南方與西方，在伊瑟河（Yser River）圍成防禦線。皇家海軍師加入這道防禦，而且與比利時第二師及要塞駐軍，在施海爾德河掩護野戰軍團撤退。[36] 邱吉爾帶著未受訓練的士兵前往安特衛普，雖然這樣的想法也許可以質疑，但他典型的外在體魄不能質疑。「他一再將自己暴露在射擊線上，」美國記者E・亞歷山大・鮑威爾（E. Alexander

Powell）報導，「還有一次，在威連（Waelhem）附近，一顆炮彈就在他的身邊爆炸，他逃過一劫。」[37]「我心想那會是我的大好機會。」安特衛普的歷險幾年後，邱吉爾這麼說。[38] 然而，少了霞飛一開始承諾的大量援兵，比利時人感到心灰意冷。邱吉爾帶著八千名勇敢但尚未完成訓練的皇家海軍師，努力不讓安特衛普落入德國之手，其實希望渺茫。驚人的是他們撐了那麼久，直到十月十日才淪陷。大約兩百一十五名英國士兵傷亡，九百三十六名遭俘，一千五百名被拘留在中立的荷蘭，直到戰爭結束。[39]

派遣皇家海軍師進去安特衛普令邱吉爾飽受批評，但需要注意的是，在當時的英國，他們是唯一可得的軍隊。比利時人本來早該在十月三日投降，但他們多撐了一個禮拜，而且能夠延遲，泰半是因爲邱吉爾即時行動。「上禮拜，因爲這樣，安特衛普至少延後七天淪陷，」阿斯奎斯寫信給薇內蒂亞・史丹利，「而且阻止德軍串聯軍力，這件事情沒有被人遺忘，而且……可能具有重大價值。」[40] 某些軍事歷史學家認爲，因爲邱吉爾爭取的那週，約翰・弗倫奇爵士能在第一次伊珀爾之戰阻止德國，繼而避免敦克爾克和加萊落入德軍之手。

十月九日，安特衛普投降前一天，邱吉爾回到英國。勞合喬治「爲他了不起的努力」對他說「恭喜」。「溫斯頓回來了，」弗朗西絲・史蒂文森在日記寫著，「承認失敗，而且責備基奇納和陸軍部缺乏遠見。」[41] 基奇納反過來責怪霞飛。[42] 但是哈爾達稱爲「偉大如英雄般的情節」，而且格雷說他「想到坐在英雄旁邊也沾了光」。[43] 邱吉爾向阿斯奎斯要一個司令部。「他垂涎基奇納新的軍隊。」首相寫信給薇內蒂亞・史丹利：

這些「閃閃發亮的司令部」，豈能託付給二十五年前過時戰術養大再「挖出來的」廢物，(2)「在軍隊例行工作之中腐敗、過著安逸生活的二流之人」等等？大約一刻鐘，他滔滔不絕批評與申訴，

> 我很後悔當時旁邊沒有速記員，因為某些突然迸出的字句其實相當珍貴。但是，他有四分之三的嚴肅，表示政治生涯比起軍隊榮譽對他而言不算什麼……他是一個了不起的人，像個單純的學生好奇地衝撞……而且具有某人說的天賦——「腦袋當中有閃電般的鋸齒紋路」。[44]

不過幾天，歸來的皇家海軍師未受妥當訓練的事傳開後，風向轉爲批評邱吉爾的安特衛普遠征，尤其是報社。「溫斯頓這下成爲重大的危險。」勞合喬治告訴利代爾，把他比作自我毀滅的魚雷。博納・勞寫道，他「似乎徹底精神錯亂，現在這種時候眞的非常危險」。[45]阿斯奎斯現在相信邱吉爾派了「乳臭未乾的新手，多半連槍都沒開過」的軍隊，是「邪惡的蠢事」，而且告訴薇內蒂亞・史丹利，「那就像是把綿羊送到屠宰場。」[46]《早報》描述安特衛普是一個「昂貴的錯誤」；《每日郵報》說那是「組織不良的惡例」。十月十九日，《早報》又說：「這個嚴重的教訓應該教導他，他不是……拿破崙，而是國王的大臣，沒有時間組織或率領士兵上戰場……在安特衛普被相機或攝影機拍到，對戰爭的風險和恐怖，完全是不必要的火上加油。」四天後又說：「邱吉爾先生當上第一海軍大臣後，直接破壞海軍，把自己樹立爲獨裁者……海軍不再由專家組成的委員會治理，而是交由了不起又反覆無常的業餘人士。」[47]

一九三一年，邱吉爾在文章〈第二選擇〉（A Second Choice）回想這整個事件。「我當時應該，例如，絕對不要去安特衛普。」他寫道，「我應該留在倫敦……那些身負指揮重責大任的人應該坐在山頂掌控大局；他們絕對不能走下山谷，親自行動。」[48]對於出現在悉尼街，他也說出類似的話。親赴安特衛普的事，就和在悉尼街一樣欠缺節制，而且未來還會一再重複，例如在倫敦大轟炸的期間爬到屋頂、想從海峽觀望諾曼第登陸、在戰艦上參加龍騎兵行動（Operation Dragoon）③、造訪義大利前線、乘著登陸艇穿越萊茵河等等。但他享受走下谷底——能得到在山頂上看不見的洞見。

十月二十四日，和上尉里奇蒙晚餐時，邱吉爾吐露他的戰略挫折。里奇蒙寫下，他「垂頭喪氣，因爲束手無策而憂鬱。等待的態度，潛水艇無時無刻的威脅，他們的艦隊停在（基爾〔Kiel〕）運河、埃姆登（Emden）、威廉港（Wilhelmshaven）的碼頭大門後方卻無法反擊，以及幕僚無法提供任何建議，種種似乎困擾著他。我從未見過他如此沮喪」。[49] 雖然封鎖是單調的戰略，不適合邱吉爾急躁的個性，卻導致德國物資極度匱乏，發揮效果。大約兩百二十一艘德國商船無所事事停在德國港口，另有兩百四十五艘滯留在同盟國的港口，一千零五十九艘在中立國的港口。

三天後，皇家戰艦勇敢號（HMS *Audacious*）在斯維利灣（Lough Swilly）④外練習射擊時撞上魚雷，但是沒有人員損傷。通常船艦損失的消息會公諸於世，但邱吉爾決定保密，因爲土耳其宣戰與否似乎懸而未決。比利時的海岸行動持續進行，而他不想要宣揚大艦隊在愛爾蘭北方，因此不能協助他們。「相信人民」有時候也要衡慮常識。

同一天，邱吉爾難爲地要求巴滕貝格辭去第一海務大臣。針對這位生於德國的將領傳開的仇外運動不是唯一原因，雖然已經充斥在輿論、匿名誹謗信、報章攻訐之間。（克羅福勛爵在日記寫道，巴滕貝格「不只是德國人，還是**雇用德國僕人**的德國人」。）[50] 人身攻擊、海上敗仗，也許還因爲巴滕貝格的慢性痛風——亨利・奧利佛提到，他大分量的早餐，「足夠餵一個軍官伙食團」——導致他心情低落、表現不佳。[51] 邱吉爾必須小心對待巴滕貝格，因爲他是國王的姻親。這位元帥辭職後被派至樞密院，稍微得到撫慰。

邱吉爾不顧國王和其他人反對，指定七十三歲的費雪勛爵取代巴滕貝格，他描述前者爲「名副其實的知識與靈感火山」。[52]但是，儘管邱吉爾表示「他給我的印象，是一部身心強大的引擎，在古老的軀體中燃燒跳動」，費雪的海軍助理，指揮官杜德利・龐德（Dudley Pound）告訴一位朋友，事實上費雪「是很老的人，而且在海軍部一天眞的只能工作兩個小時」。[53]費雪寫信開頭是「心愛的溫斯頓」；他洩漏資訊給報紙，串通保守黨的反對派，寫信冗長，滿是三橫的底線和衆多驚嘆號，公開反對邱吉爾的政策，而且總是性情暴躁、難以忍受、墨守舊規。[54]他當顧問還可以，但是邱吉爾錯在任命他爲海軍中僅次於自己的高位。

費雪就任當天，新建的土耳其船艦戈本號與布雷斯勞號轟炸黑海的敖德薩和瑟瓦斯托波爾（Sevastopol）。土耳其關閉達達尼爾海峽，意謂如果協約國未來想要援助俄羅斯或提供軍備，將無法借道地中海。協約國的威信在該地區的中立國家也受損，例如義大利、希臘、羅馬尼亞、保加利亞。邱吉爾命令英國地中海地區艦隊總指揮官，海軍中將薩克維爾・卡登（Sackville Carden），轟炸土耳其塞迪爾巴希爾堡（Sedd el Bahr）與達達尼爾海峽的庫姆卡萊（Kum Kale）。這個任務在十一月四日完成，卻是英國與法國對土耳其宣戰的前一天。[55]未正式宣戰就開打，此事非同小可，但也不是邱吉爾最後一次這麼做。

大約在這時候，勞合喬治開始刻意攻擊邱吉爾，但再也不是過去那種私下半開玩笑的方式。在戰爭前，兩人因爲國防支出已經破裂的聯盟，現在完全崩潰。如果戰爭在海上勝利，勞合喬治在財政部的貢獻，不太可能如這位從前的朋友與內閣盟友那般獲得讚美。「邱吉爾跑到前線揮舞他的劍。」勞合喬治告訴《曼徹斯特衛報》的編輯C・P・斯科特，「但最終只是延後幾天撤退，而且比利時有兩萬人被拘留，我們大約占了兩千人，安特衛普毀了一半。」[56] 斯科特問，延遲是否有任何策略性收穫，而勞合喬治昧著良心回答：「沒有。」斯科特也發現，「從整個敘述看來，顯然有強烈的個人敵意針對邱吉爾。」一九一〇年六月，兩人在皇家咖啡結下的七年「聯盟條約」，僅持續近一半的時間。

回到十月一日，邱吉爾記錄一封海軍少將克里斯多福・克雷達克（Christopher Cradock）發出的電報。克雷達克的艦隊在南美西岸岸邊，電報寫著：「英國的船艦最好保持能夠互相支援的距離，無論在（麥哲倫）海峽或福克蘭群島周圍，並延後西岸的巡航，直到沙恩霍斯號（*Scharnhorst*）和格奈森瑙號（*Gneisenau*）的（航行動向）不確定性消除爲止。」[57] 這兩艘戰艦在海軍中將馬克西米連・馮・斯比（Maximilian von Spee）指揮之下，十一月一日在智利港口科羅內爾（Coronel）附近突襲克雷達克。兩艘巡洋艦被擊沉，克雷達克陣亡。費雪派出無敵號與不屈號（HMS *Inflexible*）兩艘戰鬥巡洋艦追擊馮・斯比的軍隊，並於十二月八日在福克蘭群島外與德軍展開海戰，在唯一決定性的戰爭獲勝。德國的海外艦隊全遭殲滅，馮・斯比被殺。保守黨的報紙將科羅內爾的失敗，全數歸咎過分干預的邱吉爾，但是福克蘭群島勝利的功勞卻完全不分給他。[58]

「英國人民已經採取這個座右銘，」十一月九日，邱吉爾在倫敦市政廳舉辦的市長晚宴宣布，「『歐洲地圖變更期間照常營業。』」[59] 二戰期間，經歷大轟炸而看似遭到摧毀的各行各業，經常引用「照常營業」這句話來提振士氣。一九一四年十一月，邱吉爾公開面對未來可能必須在沒有法國的情況下打仗：「但是卽使我們單槍匹馬，如同我們在拿破崙戰爭的日子，也沒有理由懷疑自己的能力。我們當然會蒙受不便、匱乏、損失，但是我們沒有理由懷疑自己無限繼續的能力。」[60]

十一月二十五日，新的戰爭委員會第一次會議上，邱吉爾提議海軍強行通過達達尼爾海峽，穿越馬爾馬拉海，下錨在君士坦丁堡（今伊斯坦堡），然後不是把這座城市炸得投降，就是占領，或者兩者皆有。然而這項提議的構想，不再是他最初預設開通海峽的陸地行動。基奇納、勞合喬治、漢基全都喜歡這個想法，雖然戰爭委員會贊成的人不夠多到付諸實現，儘管如此，邱吉爾還是保留一支分遣艦隊在蘇伊士河，為未來的行動護送軍隊。

十二月十六日，海軍上將弗朗茲・馮・希佩爾（Franz von Hipper）指揮的德國分遣艦隊穿越皇家海軍封鎖的北海，轟炸哈特浦（Hartlepool）和斯卡波羅（Scarborough），對於擁有超過千艘船艦、世界上最強大的海軍，無疑是公然侮辱。那些德國戰艦事實上幾乎要敗在比提的手中，但是為了不洩漏行動機密，邱吉爾不僅不能提及此事，還得承受媒體大肆抨擊他和海軍部。

在法國與法蘭德斯（Flanders）的前線很快膠著成靜止的壕溝戰。「我認為西線戰場上，很可能兩邊都沒有力氣突破對方的防線。」十二月二十九日，他寫信給阿斯奎斯，「兩方軍隊的位置不太可能經歷重大改變，雖然數十萬人會被送去滿足那裡的軍事意向⋯⋯除了把我們的軍隊送去咀嚼法蘭德斯的鐵刺網外，還有其他選項嗎？」[61] 才過四天，完美的其他選項似乎自己出現了。

一九一五年一月二日，俄羅斯大公尼古拉（Grand Duke Nicholas）敦促英國，針對在高加索重擊俄羅斯的土耳其展開牽制攻擊，別再只是如他所言「做做樣子」。[62] 邱吉爾和基奇納討論這項提議時，基奇納表示，陸軍太小，沒有餘力發動有意義的攻擊，但是提醒邱吉爾，他們曾在戰爭委員會討論達達尼爾海峽，並建議那會是不錯的目標，「尤其如果……同時可以散播君士坦丁堡受到威脅的報導。」[63]

問題是全長四十一哩的達達尼爾海峽最寬只有四哩，最窄不到一哩，海峽底部布滿雷區，兩岸都是土耳其的港口與可移動的迫擊炮和大炮。此外，從黑海到地中海的強烈水流，對任何想要清理航線的掃雷艇也是一大問題。早在一九〇四年，費雪已經說過，無論如何推演，任何攻擊達達尼爾海峽的行動都是「極其危險」。[64]同年，哈爾達說：「失敗的風險也很高。」[65]邱吉爾在一九一一年寫下「再也不可能強行通過達達尼爾海峽，而且不應將現代艦隊暴露在那樣的危險。」[66]一九一四年，有人問霞飛能否貢獻這樣的計畫，他表示從西線撥不出人力。

但是針對所有的行動問題，如果設法實現那項計畫，似乎可以得到巨大的策略優勢。皇家海軍可以在北海發揮封鎖之外的功能；鄂圖曼帝國的第一軍（First Army）會在加里波利半島就會被阻斷；甚至可能帶動君士坦丁堡政變和親協約國的新土耳其政府；相當可能拉攏羅馬尼亞與保加利亞，因此幫助塞爾維亞人抵抗奧地利人，並鼓勵義大利人和希臘人加入協約國。此外，可以打開暖水航線，如果協約國有任何剩餘的軍需，可以供應壓力龐大的俄羅斯。[67]其中一位在加里波利打仗的三十二歲上尉，南蘭開夏團的克萊門・艾德禮（Clement Attlee）畢生相信，如他所言，「戰略構想相當合理。」[68]

一九一五年一月三日，邱吉爾發電報給卡登，詢問他的看法。卡登回覆，海峽不能硬闖，但是大型艦隊和有條理的作戰可能會成功。[69]卡登的計畫是攻下外邊的要塞、清理雷區、摧毀最狹窄處的要塞，直到這時，才航行通過馬爾馬拉海，轟炸鄂圖曼主要的軍事設施，然後前進君士坦丁堡。土耳其主要的兵工廠在博斯普魯斯海峽，就在英國炮彈的射程裡。邱吉爾找來海軍部的策畫人員，儘管他們高度懷疑，但仍要他們研究是否可能利用封存但配有重炮的舊型戰艦，強行進入海峽。他發電報給卡登：「結果若具重大意義，損失嚴重也會合理。」這句話聽起來非常殘忍，但是如果最後眞的能把土耳其從戰爭中逼退，這句話就是事實。[70]

一月四日是費雪多次辭職的第一次，不是爲了達達尼爾海峽，也不是爲了他想攻擊北海或波羅的海德國海岸的計畫，而是爲了處決一個德國人質，以償每個在齊柏林飛船轟炸期間喪命的英國人。邱吉爾無視辭職威脅，而費雪則彷彿什麼也沒發生。[(3)]事後看來，費雪早期幾次辭職，邱吉爾就該直接接受，但他喜歡且欣賞這位有個性的船員，即使這位船員非常神經質，並且愈來愈公開反對邱吉爾。

同一天，他反而寫信給費雪，「我想我們決定之前，最好聽聽其他人對土耳其計畫有什麼意見。因爲巴爾幹半島的政治影響，我不會吝嗇派出十萬人，但是德國才是敵人，尋求便宜的勝利和容易對抗的對手，不是明智的戰爭行爲。」[71]就在隔天，卡登發來電報表達看法：「如果用大批的船擴大行動，可能可以進入達達尼爾海峽。」[72]邱吉爾二十四小時前的保留態度於是蒸發，回答：「這裡的高層同意你的意見。」那麼說是誤導；邱吉爾和兩位上將簡短討論這個問題，兩人的回應都相當保留，而且他還沒和海軍的作戰參謀小組提起此事。

當時，在邱吉爾的計畫表中，達達尼爾海峽不是最重要的項目。發電報給卡登那天，他催促阿斯奎斯一項發明，希望那項發明能夠打破西線的僵局。此時在西線，壕溝和鐵刺網大模大樣從英吉利海峽綿延到瑞士，超過四百哩。「短時間就可以輕易在幾臺蒸汽牽引機裝上小小的裝甲避難箱，人和槍都放在裡面，而且防彈。」他建議，「晚間的時候使用，就能完全不受大炮射擊影響。牽引機的履帶能輕鬆穿過壕溝，重量也會克服所有糾纏的鐵絲。」[73]如同之後他在回憶錄寫道，「既然我們不能繞過壕溝，顯然就有必要穿過壕溝。」[74]他從海軍預算中慷慨提供總共七萬英鎊的經費，研究坦克的概念，雖然這分明是陸地武器。他老早強烈、持續支持這項發明，稱他爲坦克之父也不爲過。

儘管波爾昆島與英國之間的距離，而且非常接近德國埃姆登的海軍基地，一月七日，戰爭委員會通過費雪的提議，執行詳細的計畫，奪取下薩克森（Lower Saxony）的波爾昆島。自費雪當上第一海務大臣，就爲了這個行動不斷加強海軍實力。邱吉爾原本支持費雪，直到達達尼爾海峽冒險的獎賞更爲誘人。海軍部許多人反對波爾昆島遠征，而且費雪後來反對加里波利遠征，部分因爲那會侵蝕這項他私心推動多年的計畫。

一月八日，基奇納向戰爭委員會朗讀他的部門報告。「與艦隊合作，達達尼爾海峽似乎是最適合的目標。」[75]基奇納現在認爲那不該完全是海軍的行動，但是十五萬人可以達成——目前當然沒有這麼多人。勞合喬治認爲需要更多。[76]約翰・弗倫奇爵士認爲，確定西線無法成功前，不應在東線發動攻擊，但是他的想法遭到推翻。[77]邱吉爾原本希望希臘能提供陸地軍隊支援項起行動，但是他們持續保持中立，所以這個意圖也不可能。

一月十日，在肯特郡晚餐時，邱吉爾坐在瑪歌・阿斯奎斯旁邊，告訴她，他已經不想當印度總督了，那會是他邁向首相之路的過渡性目標，眼下對他而言重要的只有戰爭。「我的天。」他告訴她，「這是活生生的歷史……會流傳千年——一想到這！即使給我全世界，我也不會退出這場壯麗、美妙的戰爭……我說，別告訴別人我用了『美妙』這個詞——妳明白我的意思。」[78]雖然她只告訴她的日記，但對某個如此不信任他的人說這些，實在很蠢。她的丈夫和許多建制派都爲戰爭的道德恐怖深感不安，任何對戰爭的熱衷，更不用說邱吉爾散發的喜悅與著迷，簡直粗魯難看。

一月十一日，卡登寫下達達尼爾海峽行動計畫，包括四個要點：摧毀外面的要塞、進入海峽、轟炸海峽裡一千碼內的要塞、穿越雷區清出一條通道。[79]邱吉爾熱情地爲這項計畫背書，之後他說：「第一海務大臣和海軍參謀長（海軍上將亨利．奧利佛爵士）似乎都支持……四、五位海軍高層……都極感興趣，覺得可行。」邱吉爾補充，作戰參謀長上將亨利．傑克遜爵士（Sir Henry Jackson）「肯定計畫細節。無論如何，這是海軍擬定的計畫……我沒有，也無能擬定這項計畫」。[80]事實上，傑克遜高度懷疑。海軍槍炮專家珀西．斯科特爵士（Sir Percy Scott），認爲那是「不可能的任務」，而費雪否認當時有人徵詢他的意見。隔天邱吉爾寫了一份備忘錄給戰爭委員會，支持強行打開達達尼爾海峽，並以「研擬確切計畫」作結。[81]很難不認爲，到了一月十一日，他已經決定遠征，而且相信那是突破西線僵局的關鍵。

一九一五年一月十三日星期三中午，戰爭委員會召開極爲重要的四小時會議。阿斯奎斯的左右分別坐著約翰．弗倫奇和阿瑟．貝爾福（儘管是在野黨，但他也受邀參加戰爭委員會的會議）。弗倫奇旁邊是基奇納、邱吉爾、亞瑟．威爾森（七十二歲被邱吉爾召回海軍部，而且願意在戰爭危急時忘記過去的齟齬），接著是克魯、格雷、勞合喬治。「你不會經常見到這麼奇怪的組合圍著桌子。」阿斯奎斯告訴薇內蒂亞．史丹利。[82]弗倫奇提出沿著海峽岸邊進攻的計畫，勞合喬治與貝爾福拒絕。接著眾人就西線的消耗戰延伸討論。

在看似冗長無益的會議最後，邱吉爾朗讀卡登的電報，並想出單獨憑著海軍攻擊達達尼爾海峽的計畫。「這個想法瞬間受到歡迎，」漢基之後寫到：

整個氣氛改變。眾人忘記疲憊……邱吉爾侃侃而談他的計畫……清晰但冷靜，沒有誇張的樂觀主義。戰爭委員會立刻從西線「痛苦的交戰」那個令人生厭的景象，轉向地中海那個他們看來較為光明的希望。那個人人懷抱隱約信心的海軍，那個迄今未能大展身手的海軍，即將登入前線。[83]

漢基後來懷疑，邱吉爾催生達達尼爾海峽計畫是爲了重拾他在安特衛普喪失的名聲，但是當時他自己就跟所有人一樣熱切。[84]

邱吉爾建議，海軍轟炸土耳其的要塞，「幾週內」將之摧毀。海峽岸邊的野戰炮只會「有點不便」。一旦進入，艦隊就會擊沉戈本號。因爲邱吉爾似乎代表全體海軍，所以沒有任何政治人物詢問費雪或威爾森的想法，而他們在整場會議也都保持沉默，於是衆人預設他們支持，其實並非如此。「兩人都沒有表示任何意見，我當然以爲他們同意。」邱吉爾之後寫道。[85]「他是我的上司，」費雪會說，「所以不是沉默就是辭職。」如同邱吉爾在一九一五年十一月強調，「戰爭委員會非常讚賞執行那項計畫的政治優勢，而且督促海軍部想辦法執行。沒有人反對那個方法，沒有任何專家顧問提出異議。」[86]

基奇納表示西線沒有軍隊可以徵用。儘管之前陸軍部評估這起行動需要十五萬人，但由於卡登認爲船艦本身就可以開通達達尼爾海峽，這點說服戰爭委員會決定，海軍部「也應準備二月遠征，轟炸並取得加里波利半島，以君士坦丁堡爲目標」。然而文字本身說不通：海軍沒有陸軍支持，無法「取得」半島或君士坦丁堡。[87]「準備」一詞的詮釋也各有千秋。對邱吉爾而言，意思是「準備發動」，但對阿斯奎斯來說，是「準備進一步調查」。費雪和其他海軍高官允許別人將他們的沉默當成同意，眞正的原因是，一開始這項計畫似乎是低風險的事業。他們以爲，如果舊型戰艦沒有通過就可以停損。[88]這些船艦即使失敗，也無損海軍在北海的重要地位，這個獎賞似乎值得付出可能的代價。

「人人似乎都對計畫的優點相當感興趣。」邱吉爾在他的戰爭回憶錄寫到此項計畫，「如果成功，這起行動將會開通俄羅斯，他們可以出口小麥，接收彈藥。」[89]貝爾福也興奮地強調這個面向，指出如果俄羅斯可以重啟小麥出口，「將會恢復俄羅斯的交易」，也會「將土耳其軍一分爲二」，「將君士坦丁堡納入我們的控制範圍」，並且「開通多瑙河」。[90]但是協約國在一九一五年春天在西線陷入炮彈短缺的困境，如果供應俄羅斯彈藥是這項行動的動機，也只能是非常長遠的動機。

那場重要會議當天，六十二歲的阿斯奎斯寫了兩封長長的情書給二十七歲的薇內蒂亞・史丹利，前一天晚上午夜之後還有一封。「而妳——我最親愛的愛人，」他寫道，「每日每夜，我爲妳獻上最誠摯的思念，最親密的信任，從未止息的付出，我的恐懼與希望，我的力量與脆弱，我的過去，我的現在，我的未來。」[91]另一封信是下午三點三十分，戰爭委員會開會時寫的，信中他說：「最有趣的討論，但極爲機密。我不寫在信上，但明天會一五一十地告訴妳。」[92]他在開會時讀了她寫的上一封情書。他在第二封信又寫了：「委員會現在結束，一致達成我建議的四項結論，會讓海軍和陸軍忙到三月。我迫不及待全部告訴妳，看看是否得到妳的認同……溫斯頓口若懸河。」[93]一九一三年一月至一九一五年五月之間，阿斯奎斯寫給薇內蒂亞的三十萬字，提供我們獨特的洞見，一窺一戰初期首相的心理，但也提醒我們，他並非全神貫注在加里波利之役，而不久後數十萬條生命就會岌岌可危。

正當阿斯奎斯把所有祕密的軍事行動告訴薇內蒂亞時（直接違反他的政府訂立的《官方保密法》），

勞合喬治告訴弗朗西絲・史蒂文森：「邱吉爾主張從卡特加特海峽（Kattegat）⑤攻擊，因爲可以讓自己更有面子。」[94]事實上，一旦戰爭委員會顯得偏好達達尼爾海峽行動，邱吉爾就不再那麼支持費雪在波羅的海與登陸什列斯威－好斯敦（Schleswig-Holstein）的行動。

但是即使開了這些會議，隨著俄羅斯於薩勒卡默什之役（Battle of Sarykamysh）在高加索地區擊潰土耳其，達達尼爾海峽行動最初的理由也跟著蒸發。到了一月十七日，九萬名土耳其士兵已有七萬八千名傷亡。[95]俄羅斯再也不怕土耳其，但是到了那時候，達達尼爾海峽之於處境困難的戰爭委員會，已經不只是在高加索地區幫助俄羅斯，而是更光明的前景，包括改變巴爾幹半島的勢力平衡，把土耳其踢出戰爭。一月十九日，邱吉爾寫信給尼古拉大公，表示「已經決定打開達達尼爾海峽通道」，嚴格來說其實不是，因爲他獲得的授權只是「準備」這樣的遠征。[96]

眼見波爾昆島的行動被排擠，此時費雪開始號召反對達達尼爾海峽計畫。「只有一個解決方法，就是辭職！」一月十九日，費雪告訴傑利科。「我不同意任何已經採取的措施。」[97]兩天後他寫道，「我就是討厭達達尼爾海峽的計畫，除非出現重大變化，改成二十萬人和艦隊一起行動。」[98]但是他沒有辭職。政府調查加里波利戰敗時，即達達尼爾委員會（Dardanelles Commission），邱吉爾告訴他們，他第一次聽到費雪反對，是在一月二十五日讀到對方寫的備忘錄。標題是〈英國艦隊的位置及其持續壓力的政策〉，其中表示：「海上強權的壓力……需要極大耐心……節省使用我們的資源。」[99]文章中不反對攻擊達達尼爾海峽這件事情本身，但阻撓任何單純的海軍攻擊，寫著：「如果我們冒險讓艦隊參與任何附屬行動，例如沿岸轟炸或缺乏軍事合作之下攻擊要塞，就是稱了德軍的心意……就連較舊的船艦也不應冒險，因爲損失船艦就會損失人員，而且那些船艦是大艦隊後方唯一的儲備。」[100]

費雪是對的：當時若在二月發動海陸聯合的大型突擊，效果會遠遠優於實際在三月十八日由海軍單獨行動，四月二十五日陸軍接著攻擊，但是當時基奇納沒有那些人力。「人們對溫斯頓的不滿漸生。」弗朗西絲・史蒂文森在日記重複情人（勞合喬治）的話，「費雪說，他們試過在海軍部與他爭論，但他單純地否決他們，讓他們閉嘴。如果他繼續這麼剛愎自用，他們唯恐會發生災難。」[101]

邱吉爾決定不在戰爭委員會傳閱費雪的備忘錄，即使備忘錄實際直接談及達達尼爾海峽的部分，是爲了引出土耳其海軍，支持聯合海、陸兩軍攻擊。邱吉爾反對的也許是附錄，其中引用一位匿名的海軍軍官在《紐約時報》的文章，主張協約國目前採取「戒備等待的政策」，而且「那些業餘的策士，認爲英國艦隊應該瘋狂闖進雷區和德軍對決，根本是要英格蘭自殺」。[102]

然而費雪確實把他的備忘錄送給阿斯奎斯，而阿斯奎斯要求下次戰爭委員會開會前（一月二十八日上午十一點三十分）跟他和邱吉爾見面。見面時，費雪告訴阿斯奎斯，他支持北海的計畫勝過達達尼爾海峽，但重要的是，一九一七年的達達尼爾檢討報告，裡面寫著他「沒有批評加里波利半島行動本身的優缺點」。漢基表示，邱吉爾拿著一張碩大的海峽海報，向戰爭委員會提出行動的詳細計畫，他花了很多篇幅說明海軍的提案，包括所有可能的危機和障礙。「他全盤解釋計畫，」漢基回憶，「解釋得非常詳細。他拿著地圖站在長桌盡頭，而委員圍繞著他……他讀著一份文件，並解釋整件事的細節。」[103]

費雪和威爾森都在場，而且眾人討論很久，如同邱吉爾後來指出：「再次地，沒有人表示相反意見，而且……費雪勛爵只說，他已向首相表達意見——那項行動絕對得到批准，而且我們收到執行的指示。」[104]

會議期間，費雪氣得起身走向窗戶。基奇納過去找他，勸他不要辭職。[105]那天後來，邱吉爾和費雪再次討論行動，而費雪同意就這麼辦。如同後來他向委員會承認：「我徹底加入，完完全全（totus porcus）⑥。」[106]

「另一件令我相當煩惱的私事，是溫斯頓和費雪愈演愈烈的齟齬。」阿斯奎斯向薇內蒂亞・史丹利透露：

> 今早戰爭委員會前，他們兩人來見我，發彼此的牢騷。我試著用折衷方式調解他們的差異，讓溫斯頓暫時放棄轟炸哲布勒赫（Zeebrugge），費雪收回他對達達尼爾海峽的反對。到了委員會，我們討論起那件事，基奇納和格雷非常贊成，貝爾福也是，而老傑克始終頑固，板著臉不說話。他總是威脅要辭職，幾乎每天都寫辭職信給溫斯頓。

「溫斯頓非常無知，相信他能不靠部隊就拿下達達尼爾海峽。」海軍上校里奇蒙在二月九日的日記寫道。[107]在委員會上，上將威爾森的證詞表示，邱吉爾以爲「他能不靠陸軍就做到」，尤其「他一概貶低機動火炮的危險」。[108]海軍部數名人士試著灌輸邱吉爾，海軍攻擊必定需要陸軍部隊。海軍摧毀任何要塞離開之後，如果不可避免再次回來，但不希望敵人取得要塞的話，陸軍部隊至少可以協助海軍陸戰隊占領要塞，這也許是邱吉爾豐富的歷史知識少數幾次讓他迷路的時候。一八〇七年，上將約翰・達克沃思爵士曾經成功光靠船艦打開海峽，途中只損失十人，回程損失二十九人。而在這之後的一百零八年，軍事武器的準確程度，尤其是水雷的使用，已改變一切。

儘管有里奇蒙的看法，但戰爭委員會也尚未正式授權遠征，皇家海軍師剩餘的人被派往愛琴海，在利姆諾斯島（Lemnos）設置基地。二月十六日，衆人同意應該從英國派遣正規軍隊第二十九師過去，而在埃及的澳紐軍團（Australian and New Zealand Army Corps，簡稱ＡＮＺＡＣ）也出發等待未來部署。基奇納在戰爭委員會對邱吉爾說的話是：「你通過！我來找人。」[109]但是才過四天，基奇納就改變心意，第二十九師的命令取消。

二月十九日，卡登開始轟炸達達尼爾海峽南方外面兩處要塞——庫姆卡萊與塞迪爾巴希爾堡，接著零星轟炸海峽裡其他要塞，直到三月十六日。「我知道自己一定會被詛咒，因爲我愛這場戰爭。」二月二十二日，邱吉爾在海軍部的晚餐告訴薇奧蕾・阿斯奎斯，「我知道這場戰爭每分每秒都會摧毀上千條人命——但是——我忍不住——我享受這場戰爭的每分每秒。」[110]當皇家海軍師「行軍進入君士坦丁堡……就會讓他們乖乖坐好」。他指的是安特衛普冒險時「對著皇家海軍師咆哮的混帳」。薇奧蕾的結論是，「這個想法，比起鄂圖曼帝國可能即將傾覆，似乎帶給他更多安慰。」[111]

「陸軍與海軍攜手合作，加上可得的軍隊，我們可望在三月底拿下君士坦丁堡，抓住或摧毀所有土耳其在歐洲的軍隊。」二月二十五日，他告訴戰爭委員會：「對整個巴爾幹半島的效果非常明確。土耳其將不再具有軍事威脅。」[112]雖然他隱約如此相信，但將這樣的預言白紙黑字寫下實屬愚笨。隔天，他告訴戰爭委員會，部隊不需要打開海峽，只需要在「艦隊控制馬爾馬拉海後」占領君士坦丁堡。他甚至用了這句話——「收割海軍成功的果實」。[113]

後來邱吉爾打算找基奇納共同承擔加里波利的責難，他當然有十足的立場，因爲基奇納在一月七日至三月中旬之間，對於怎麼運用第二十九師，改變了五次心意。[114]基奇納在募兵海報上堅決的形象，背後藏著一個左右不定的男人。「現在似乎非常明顯，基奇納勛爵回頭承諾，爲了達達尼爾海峽的遠征，會送第二十九師去鞏固埃及的陸軍，然後延遲幾乎三個星期，」邱吉爾幾年後寫道，「當時我就該明智終止海軍攻擊。那麼做很簡單，而且所有安排都是基於那個基礎。但我在沒有，而且從那一刻起，我開始要爲這場主控權已落入他手的戰爭負責。」[115]

基奇納任命上將伊恩・漢密爾頓爵士指揮加里波利之役，也就是邱吉爾在陸軍最好的朋友，而漢密爾頓也選擇傑克・邱吉爾加入幕僚。漢密爾頓不是後來人們口中那種笨蛋。他經驗豐富、學識淵博，政治上屬自由黨人（在一戰的將領中極不尋常），出版過詩集，而且是深思熟慮的軍人，曾經在波耳戰爭贏得勝利。如果他有過錯，就是對那些被派來輔佐他、不夠格的將領太過斯文。

三月十二日，英國的掃雷艦抵達海峽科佩茲點（Kephez Point）的雷區邊緣，但是大炮和榴彈炮齊射，逼他們退後。掃雷艦是北海的木頭拖網漁船，船上人員主要是緩慢前進的漁夫：從黑海經達達尼爾海峽出來的海水有時達到六浬，移動非常困難。雪上加霜的是，卡登突然像是精神崩潰。攻擊訂在三月十八日，而兩天前必須撤換他，讓副指揮官中將約翰・德・羅貝克（John de Robeck）擔任總司令。儘管德・羅貝克的副手是好戰的羅傑・奇斯，但他還是懷疑這次行動。[116] 好消息是法國地中海艦隊密切加入行動；二月二十五日成功轟炸外面的要塞後，法國分遣艦隊的指揮官上將埃米爾・蓋普拉特（Émile Guépratte）說：「極好的一天，是行動成功的好預兆。」[117]

阻撓成功的是，土耳其人已經在海峽埋下三百五十枚至四百枚水雷。三月十七日晚上，布雷艦神助號（*Nusret*）在埃然奇烏灣（Eren Keui Bay）海岸又多埋了二十六枚。那裡正是協約國打算在轟炸要塞後，讓艦隊在海峽內擺動到右舷的地方。[118]「缺少意外突襲的情況下，」邱吉爾後來寫到達達尼爾海峽，「強度愈加重要。」[119]卡登在十一月已經轟炸外面的要塞，也就無法再有什麼意外出擊；德・羅貝克九艘戰艦的分遣艦隊，準備在三月十八日攻擊達達尼爾海峽裡的要塞，火力強度也不容置疑。但是，那樣夠嗎？

作者注

(1) 意思為：「我是領港公會的長老。」

(2) 「挖出來」(Dug-out) 是一個俚語，表示從前的軍官再度被找來擔任軍職，同時也有壕溝中避難處的意思。邱吉爾的意思是前者。

(3) 皇家海軍航空部隊持續轟炸齊柏林飛船的飛機棚和製造地點，遠至德國南部的夫力德里斯哈芬 (Friedrichshafen)，並於戰爭第一年摧毀六架。

譯者注

① 為北海南部深度均為十四英尋的地區，一噚約為一・八三米。

② 邱吉爾想表達他曾任職於領港公會，故有此穿著。因領港公會發音近似法語「La Trinité」三位一體。故後面比利時人驚呼：「Mon Dieu!（上帝）」、「La Trinité?!（三位一體）」。

③ 一九四四年八月十五日二次大戰盟軍於在法國南部的入侵行動。

④ 位於愛爾蘭北方。

⑤ 位於波羅的海。

⑥ 拉丁文，直譯為整隻豬，引申為完全、全面的、毫無保留的。

10 加里波利 1915／3—1915／11

上將發出速度減半的訊號，朝著海峽開口亦步亦趨。行進中的船隻必須暴露在兩軍交戰的烽火之中，實在難以置信。實際的航道寬度將近一浬，但可行的海峽本身狹窄得危險，寸步難行。——邱吉爾，《薩伏羅拉》[1]

政治人物靠著苦幹與鬥爭往上爬。他們當然會失足；他們希望再次崛起。——邱吉爾，《傑出的同代人》[2]

一九一五年三月十八日星期四，少將德・羅貝克的英法艦隊試圖強行進入海峽，但是失敗。英國兩艘舊型主力艦海洋號（HMS *Ocean*）和無阻號（HMS *Irresistible*），以及一艘法國戰艦布威號（*Bouvet*），都被水雷擊沉。德・羅貝克在黃昏下令停止攻擊之前，又有三艘遭到重創。裡邊的要塞被搗爛，但是土耳其固定位置的大炮，一百七十六處只有四處被摧毀。協約國的船艦被擊中一百三十九次。[3] 雖然成功掃蕩一道水雷，但有九道完好如初。[4]

在《世界危機》中，邱吉爾輕描淡寫表示，損失「不到三十條英國人命，以及兩、三艘不重要的船」，而且忽略翻覆的布威號，以及船上六百七十四人僅有三十五人活命。[5] 他也主張：「如果他們再試一次，就會發現大門打開」，但是那也沒有根據，部分因為雷區，部分因為（如近期研究指出）土耳其人的彈藥庫存充足，而且更多正在送來的路上。[6]

翌日早上，戰爭委員會的會議中，漢基寫下每個人「聽了邱吉爾讀的電報都很沮喪……費雪勛爵和我，卽使有資格說『我早就告訴你了』，處境也是非常困難。」漢基說他「拜託邱吉爾要和陸軍合作，但他不聽」。[7]接著委員會針對分裂土耳其討論良久，漢基不以爲然，寫下「我認爲太早」。邱吉爾希望少將德・羅貝克繼續抵抗攻擊——後來還是忍不住用雙關語，幫德・羅貝克取了綽號落跑少將（Admiral Row-back）。[8]費雪、威爾森、傑克遜堅決反對。「戰爭開打以來，」邱吉爾回憶，「八邊形桌上頭一次撂下狠話。」[9]

加里波利半島長度五十哩，寬度介於四至十二哩。戰爭委員會決定協約國的步兵應該從海峽的歐洲側占領加里波利半島，讓海軍有機會再次通過海峽。半島的土耳其機動野戰炮隊對戰艦的損害和要塞的殺傷力是同等的，一旦協約國掌握那裡，卽可清除這個威脅。接著他們可以試著中和亞洲側的炮兵，於是掃雷艦——屆時已經轉爲驅逐艦，而非平民的拖網船——便較容易排除水雷，打開通道。

一旦通過海峽，他們希望羅貝克強大的艦隊可以登上君士坦丁堡，而如果土耳其政府還沒有撤退或移到內陸，也許可以被迫宣布終止與同盟國聯盟。[10(1)]如同邱吉爾在《河上之戰》寫道，「我們活在『如果』的世界。」[11]因爲大英帝國最終將會爲那場戰役付出十一萬四千人員死傷，而且得不到任何戰略優勢。如今我們知道，在這多災多難的第一天，委員會就該放棄這項計畫，但是二月底，基奇納宣稱「在東方戰敗的後果將會非常嚴重」。[12]他們覺得，向穆斯林政權認輸，將會削弱統治上千萬穆斯林的大英帝國，而且尤其在印度，威望比軍事實力更加重要。既然帝國是邱吉爾的世俗宗教，這個主張對他的影響特別深刻。因此戰爭委員會非但沒有停損，反倒打算投入更多。然而他們沒有表決，也沒有根據帝國整體的資源與目標再次評估作戰。

除了高估低彈道的海軍炮彈對上陸地防禦的火力外，邱吉爾和其他人根據土耳其近期在巴爾幹半島與聖地戰敗的事實推斷，認定這群「突厥人強尼」(Johnnie Turk) ① 不太會打仗。[13] 邱吉爾深深相信英國民族非常偉大，而且這個信念在二戰支持著他，但信念的反面就是，犯下輕視其他民族的危險，因此一九一五年的土耳其人與一九四二年的日本人讓他摔一大跤。

接下來發生的事，漢基的總結道盡一切：「在攀上高潮之前，每段情節背後總是充斥謠言、矛盾、猜測、計畫、預備行動、討論、決定、無法決定、命令、違背命令，而且往往就是浸泡在殺戮和毀滅之中。」[14] 一位現代的歷史學家曾經指出：「那個概念有四個不同的變體：僅由海軍攻擊；先由海軍，再由陸軍；陸軍與海軍一起；先由陸軍，再由海軍。」至於最終目標，「不同演員同時抱持不同目標，而實際上每個人的目標也隨著時間變動。」[15]

一九一三年的《海陸聯軍行動手冊》(*Manual for Combined Naval and Military Operations*) 並未設想防守方的海岸有可能發動全面攻擊，但是漢密爾頓也只有三十三天計劃史無前例的兩棲行動，攻擊現代武器防守的海岸。他的軍隊此時駐紮在亞歷山卓港，意思就是他必須先過去那裡，然後回來，同時德國在半島的指揮官利曼・馮・桑德斯 (Liman von Sanders) 正在指導土耳其第五軍如火如荼進行防禦工事：築路、挖壕溝、鋪設鐵刺網、選擇放置機關槍的射擊地點等。[16] 四月六日，邱吉爾依然告訴漢基：「他預期登陸沒有困難。」[17]

根本的問題是，一九一五年，英國單純無法負擔兩次大規模進攻行動。在法國與比利時的英國遠征隊要走了所有的人、槍、炮。但是內閣要求基奇納現在必須派遣軍隊到加里波利，即使英國因此必須開兩個前線來打一場戰爭，也要榨乾德國的血。英國陸軍部想打便宜的戰爭，過去每份報告都指出需要十五萬至二十萬人的行動，起初卻只派給漢密爾頓七萬五千人。

戰爭之前曾經待在陸軍策畫部的准將赫伯特・施達德（Herbert Studd）寫信給朋友，伯明罕市長內維爾・張伯倫，也就是約瑟夫・張伯倫的兒子，「我擔心達達尼爾計畫會消耗龐大的軍火，即使成功，也會不利於我們在法國與比利時的努力。如果失敗，後果將會非常嚴重。請容我這麼說，德國給艦隊的機會有限，溫斯頓・邱吉爾不滿足，於是憑著火爆的衝動開始這項計畫，欠缺考慮。」[18]

這時候的邱吉爾只是假裝勇敢嗎？「邱吉爾非常擔心整件事情，氣色很不好。」四月八日，勞合喬治告訴情婦，「他也非常易怒。」[19] 他當然已經不再吹噓達達尼爾計畫都是自己的主意，也不再自信十足地保證。對於即將到來的攻擊，貝爾福向他表達憂心。邱吉爾回覆：

> 你絕不能過分擔心軍事行動。士兵認為他們做得到……陸軍的攻擊是附加，而不是取代或貶低海軍的攻擊。兩者的攻擊互相輔助，任一方的成功都十分重要……我認為除了執行行動外，沒有別的選擇，而且我毫不後悔這麼做。戰爭沒有人說得準，但是我們有獲勝的機會，且犧牲不重要的利益，為重要的收穫而戰。[20]

對於行動的疑惑日漸升高，但是如果出錯該怪罪誰，眾人異口同聲：「邱吉爾對國家極其危險。」查爾斯・貝雷斯福德勛爵寫信給《國家評論》的保守黨編輯利奧・馬克賽，「先是安特衛普，現在是達達尼爾海峽，政府眞的應該把他趕出去。」[21]

四月二十三日，詩人魯珀特・布魯克赴加里波利途中因蚊蟲咬傷感染，引發敗血症死亡；一個月後，另一位朋友朱利安・格蘭菲 (Julian Grenfell) 也陣亡。邱吉爾透過兩人共同的朋友艾迪・馬許認識布魯克，而且相當讚賞他的詩作。他在《泰晤士報》的悼詞寫著：「魯珀特・布魯克死了，

> 利姆諾斯島的海軍上將發來電報，告知這個生命就在似乎到達顛峰之際了結。聽得見的聲音，寫了字的字條，比起任何事物，更真實、更激動、更能為我們在這場戰爭扛著武器的青年主持公道，更能表達他們忍讓的想法，擁有力量安撫在遠方專心注視他們的人。那個聲音戛然止息，徒剩回音與回憶，惟將繼續存留。[22]

邱吉爾起初用海軍部的信紙手寫訃文草稿，他在某個句子用了「異教徒」一詞，讚揚布魯克「身體與心靈皆具有異教徒的同情」。後來他把這個詞改成「經典」，也許是想避免挑起宗教敵意。[23] 一九二三年，邱吉爾描述皇家海軍師的軍官「在芬芳的斯基羅斯島 (Island of Skyros)，三五好友，個個隨時會死，齊聚一堂埋葬魯珀特・布魯克和他嶄露頭角的天才。」[24] 終其一生，邱吉爾會被「失落的一代」(Lost Generation)②的鬼魂圍繞，而且在他後來的荒野歲月產生深刻影響。

一九一五年四月二十五日星期日，第二十九師、皇家海軍師、澳紐軍團兩個師、法國一個師，這樣的陣容對上土耳其六個師，而且在那個時代，軍事戰略相信，攻擊方若要獲勝，人數必須達防守方的三

倍。土耳其師知道他們即將遭到攻擊，而且準備保衛領土。第二十九師的九千人從五處海灘登陸，即使靠著海軍大肆轟炸支援，仍有三千人傷亡。[25]澳紐軍團當天死傷逾兩千人，雖然短暫考慮撤退，但漢密爾頓下令：「挖，挖，挖，挖到你安全爲止。」[26]所以挖出壕溝，簡直是西線翻版，完全就是這場戰役想要避免的事。

漢密爾頓確實成功在庫姆卡萊執行欺敵行動，他的法國師拿下兩個土耳其師。海軍在博拉耶爾（Bulair）佯裝攻擊，占領另外兩個土耳其師，同時還有紐西蘭人伯納德・弗雷伯格游上海岸點火引誘敵軍的英勇事蹟。漢密爾頓成功讓四個師登上海麗絲岬（Cape Helles）和加巴坦培海灘（Gaba Tepe），但是皇家海軍未能壓制土耳其火力強大的海灘防線。第一天的目標——阿奇丘（Achi Baba）與昌那坡（Chunuk Bair），沒有拿下，後來也沒有。

毫無捷報的情況，導致保守黨的《早報》譴責邱吉爾是「國家的危險」。[27]他似乎從未發現，費雪正將戰爭的機密消息洩漏給報紙。後來五月初，費雪做了某件比違反《官方保密法》更應受譴責的事。正當邱吉爾在巴黎協調義大利參戰時，克萊門汀邀請費雪午餐，而費雪告訴她，邱吉爾其實是去那裡見情婦。克萊門汀有足夠的自信相信邱吉爾，立即摒棄費雪的言論。「安靜，你這笨老頭，」她告訴他，「還有離開。」[28]

如果阿斯奎斯與勞合喬治支持邱吉爾，或許他還能熬過保守黨報紙的抨擊。但是五月八日，勞合喬治告訴瑪歌・阿斯奎斯，「溫斯頓眞難搞。他不只判斷不當，而是沒有判斷。他遠征達達尼爾，開始漫長的恐怖。他……讓我們和土耳其打仗，但他永遠都不需要這樣……現在費雪到處對人囉唆，說他反對遠征

——對，他是，但他早該這麼說。溫斯頓說他會用船執行。」[29] 瑪歌・阿斯奎斯回覆，「溫斯頓不知道別人在想什麼。」勞合喬治同意，並說：「他不知道。」[30]

一九一五年五月七日，手無寸鐵的英國郵輪盧西塔尼亞號（*Lusitania*）遭一艘U型潛艇擊沉，一千四百人喪生，包括一百二十八名美國人。在當時及一九三〇年代、一九七〇年代，甚至今日，都有陰謀論者指控邱吉爾涉入此案，但全屬子虛烏有。[31] 事實是，當德國宣布採取無限制潛艇戰時，邱吉爾發現一個無情的方法反制他們。「親愛的華特，」二月十二日，他寫信給貿易局主席朗瑟曼，「趕緊吸引中立國的船隻到我們的岸上，希望把美國拉進對德戰爭……我們要船，愈多愈好，而且如果有些陷入麻煩，甚至更好。」[32] 這封不明智的信餵養那些陰謀論者，讓他們得以主張邱吉爾引導盧西塔尼亞號直接航向他已知U-20埋伏的地點（即使並無這樣的命令）。伍德羅・威爾遜（Woodrow Wilson）儘管震怒，卻沒有宣布參戰。邱吉爾當然相當遺憾，他在《世界危機》寫道，如果威爾遜參戰，而不是多等兩年，「可以減少屠殺，可以省去痛苦；破壞、災難都可以避免；今日數百萬個家庭空盪的座椅會有人坐；這個贏家和輸家都被宣告有罪的殘破世界將會多麼不同。」[33]

一九一五年五月的第二週與第三週，一連串事件引發部會危機，迫使邱吉爾離開海軍部。五月十一日，薇內蒂亞・史丹利告訴阿斯奎斯，她要嫁給他的其中一位內閣大臣埃德溫・蒙塔古（Edwin Montagu）。首相告訴她，他會心碎。次日上午，他進去妻子的臥房尋求安慰。「我跟他一樣難過。」她在日記裡寫了，「我跳下床，雙手環繞著他，而且安慰他，也許不會成真。」[34] 然而確實成真，而且之後他失魂落魄好幾個禮拜。就在隔天，費雪又想辭職，但再度被勸退。報紙到處嚷嚷著組織多黨政府，而要保守黨加入只有一個條件，就是邱吉爾離開英國海軍部。

「溫斯頓說個沒完的多黨政府卻不找他加入，也太諷刺！」瑪歌・阿斯奎斯五月十三日在日記哈哈大笑，「如果亨利（她的丈夫）想讓自己在每個政黨都大受歡迎，**我們的和其他的**，他一定要趕走溫斯頓。」[35]同天，邱吉爾發出電報，調派兩艘潛水艇從本土分遣艦隊到地中海增援。費雪反對，並告訴邱吉爾，會爲此跟他「開戰」。[36]邱吉爾被迫取消電報，改派費雪批准的一艘。

五月十四日，備受敬重的《泰晤士報》戰地記者查爾斯・雷平頓（Charles Repington）上校，報導英國遠征軍即將用盡高爆彈藥，暗指士兵因爲政治無能而命在旦夕，不出所料，引起一片譁然。上將約翰・弗倫奇爵士顯然渾然不知，後來也懶得否認自己落伍。[37]邱吉爾當然不用爲此負責，但是接下來的危機間接導致他下臺。

戰爭委員會當天的開會氣氛，後來他描述爲「帶有硫磺」。[38]基奇納表示，在他看來，他們永遠無法通過達達尼爾海峽，而且關於所需人力的數量，他一直被誤導。[39]戰爭委員會告訴費雪，「北方水域的大計畫」（例如取得波爾昆島）因爲加里波利和其他要務，所以不會執行；他決定真的要辭職，而且表示打從一開始就反對那起行動。[40]此話促使邱吉爾寫信給阿斯奎斯，指出：「該行動的每封執行電報，皆經第一海務大臣同意。」[41]

五月十五日星期六，費雪最後一次辭職。這是他重返海軍部以來第八次，也是最後一次。他消失了；可能先在西敏寺沉思一段時間，接著隱匿在查令十字飯店（Charing Cross Hotel）。[42]唐寧街終於徹查他的下落，阿斯奎斯「以國王之名」命令他回到海軍部。[43] 費雪不但沒有回去，反而列出一大串的條件給首相，包括伊莉莎白女王號（HMS *Queen Elizabeth*）撤出達達尼爾海峽，以及邱吉爾退出海軍部，還補了一句，第一海軍大臣「比德國還危險」。[44] 阿斯奎斯告訴國王，那封信顯示「精神障礙的跡象」。[45] 阿斯奎斯不打算接受勒索，而且同意費雪辭職。

博納・勞聽說此事，他前往唐寧街十號，表面上是確認傳聞，實際上是告訴阿斯奎斯和勞合喬治，費雪辭職意謂著除非邱吉爾離開海軍部，否則政黨之間的政治休戰就告終結。因爲一場世界大戰才得到的休戰，此時在動亂的高峰又搖搖欲墜。因爲炮彈醜聞衝擊而更加棘手的研商，進行多日後，阿斯奎斯、勞合喬治、博納・勞同意組成多黨政府，條件是撤除邱吉爾與財政大臣哈爾達勛爵的職位。哈爾達勛爵是阿斯奎斯的好友，曾在德國就讀大學，衆所皆知他讚揚德國文化。最後，保守黨獲得的重要職位只有海軍部和殖民地部。阿斯奎斯不知道的是，他簽下魔鬼的契約，英國從此不會完全由自由黨政府執政。

不需說服勞合喬治，他就能拋棄老友和盟友。保守黨加入多黨政府的代價，則是邱吉爾應被調去不兼管部會的閒職。「爭取這場戰爭多年的男人終於得到報應。」勞合喬治當天告訴弗朗西絲・史蒂文森，「戰爭來臨時，他看見自己發光的機會，於是加入危險的戰役。他根本不在乎幾萬人會受苦受難，只希望自己一戰成名。」[46] 這段話有痛苦也有嫉妒，但沒有事實。當時，邱吉爾天眞地相信勞合喬治依然支持他。

保守黨準備報復長達十年的叛黨作爲，罪狀包括嘲笑密爾納勛爵、攻擊貝爾福的軟弱與陰柔、親近勞合喬治、悉尼街圍攻、人民預算、《國會法案》、解雇威爾森和布里奇曼、在愛爾蘭自治辯論揮舞手帕嘲笑、所謂的阿爾斯特大屠殺、布瑞福和「洞裡的老鼠」演講、安特衛普冒險、達達尼爾海峽、科羅內爾之役。自由黨的高層沒有人願意表態邱吉爾應該留在海軍部；麥肯納還告訴阿斯奎斯：「溫斯頓是真正的危險。」[47]

「在我的內閣中，同僚最討厭的人就是溫斯頓。」阿斯奎斯告訴妻子，「噢！我真受不了他！吵鬧、囉唆、誇誇其談。」[48]大約這個時候，他也說，「可惜的是，溫斯頓不是很懂得判斷輕重……他資賦優異，但在英國政壇永遠無法攀上高位。」[49]勞合喬治的情婦寫道，「很奇怪的是，邱吉爾在政壇這麼多年，卻從未得到國內某個政黨或內閣某位同僚信任。」[50]這一點直到他當上首相都屬實。他善變的熱情、絕佳的反應、突然的變化，樂於追求不受歡迎的目標，同時勇敢拒絕受歡迎的，令人難以跟上他的腳步，除了表哥弗萊迪・傑斯特和傑克・西利。在下議院無人擁護的邱吉爾，隨時可被犧牲。

「密謀阿爾斯特大屠殺、計劃安特衛普、執行達達尼爾海峽失敗的計畫，這樣的人值得注意。」亨利・威爾森爵士寫信給博納・勞，「他和政府必須掩蓋他們的痕跡，用的手法也不會太善良。」[51]那天晚上，邱吉爾和克萊門汀去了阿斯奎斯在牛津郡的鄉村宅邸。「他靠著大嗓門，讓全桌的人都安靜，」總是尖酸的瑪歌記錄，「然後又像學校男孩一樣，開心地高談闊論，說得天花亂墜，笑料百出。」[52]邱吉爾知道他在為政治生命奮鬥，即使薇奧蕾・阿斯奎斯相信他「就像潛水鐘裡的潛水夫，對周圍的氣氛無動於衷」。[53]

「我強烈支持多黨政府，」五月十七日，邱吉爾寫信給阿斯奎斯，「而且在眼前的危機時刻，個人主張和利益不應擋路。」他也寫信給博納・勞和費雪，希望保住鍾愛的工作。同時，費雪告訴伊歇爾勛爵，伊歇爾勛爵後來將那段話寫下：「他不可能在海軍部繼續和邱吉爾一起共事。他從一開始就反對達達尼爾海峽的行動；當時他告訴首相所有的理由，但被推翻。」[54] 同天，伊恩・漢密爾頓想出一個突破灘頭的計畫，但是需要大量援軍。他發電報給倫敦請求同意，卻因內閣部會危機，戰爭委員會三個星期後才討論他的計畫。「結果，伊恩・漢密爾頓爵士請求的援軍延後六週才派遣。」官方報告作了結論：這六週，士兵在垂死邊緣，同時土耳其人正增強防守。[55]

「我應該成立多黨政府。」阿斯奎斯在十七日告訴妻子，「我剛見了博納・勞，他很高興也很滿意。」[56] 關於費雪和邱吉爾，博納・勞只說：「他們兩個最好都走。」[57] 博納・勞和貝爾福一度要讓勞合喬治當首相，但他基於對阿斯奎斯的忠誠拒絕，或者他是這麼告訴情婦。[58] 據說原本也屬意讓勞合喬治掌管陸軍部，因爲基奇納「在軍火方面誤導政府——主要是炸藥，而且不適任主管職」。[59] 眞正該爲炮彈短缺負起責任的，是阿斯奎斯政府動員戰爭經濟徹底失敗。此外，過度擴大的軍事行動，包括西線和達達尼爾海峽，以及中東和非洲次要的前線，又惡化情勢，然而有個代罪羔羊也好。雖然基奇納在陸軍部三緘其口、反覆無常、剛愎自用，而且就連戰爭委員會，他也不屑解釋決策理由，但是他在全國瘋狂受人歡迎，誰都不可能動他。知道自己不可能被解雇，反而讓他成爲危險人物。他非常適合放在募兵的海報，但幾乎不可能與他共事。

簡扼有力評估情勢的，不是政治人物，也不是軍人。「內閣已經垮了！」五月十八日，伊恩・漢密爾頓的妻子珍在日記寫道，「垮了的原因，恐怕是溫斯頓犯下錯誤，在部隊支援之前就轟炸達達尼爾前線，以及費雪勛爵那廝老賊，在下沉的船底挖洞。」[60]「我感覺像個受傷的人。」那天邱吉爾告訴勞合喬治，「我知道我受到傷害，但是還無法判斷傷得多重。之後我應該就會知道自己被傷害的程度，現在只覺得震驚。」[61]隔天他已復原，足夠讓弗朗西絲・史蒂文森在她的日記寫下：「今天，邱吉爾似乎準備開戰。」[62]他拿一封長長的信給勞合喬治和格雷看，他打算公開那封信，證明他的行爲是對的。勞合喬治指出，那封信將首次公開質疑達達尼爾海峽遠征是否成功。格雷和勞合喬治都認爲，屆時他勢必得辭職，邱吉爾頓時「火冒三丈」。[63]那封信就像邱吉爾多年來用來發洩情緒的信，從來沒有寄出。

「你不在乎我會怎樣。」他告訴勞合喬治，「你不在乎我會不會被我的敵人踐踏。你不在乎我的個人名譽。」「不在乎，」勞合喬治表示他曾經回答，「現在我不在乎自己的，現在我唯一在乎的，是我們打贏這場戰爭。」[64]這段對話聽起來不像政治家交談，更像情人爭吵，但是這件事情教會邱吉爾，就像哈爾達勛爵就要學到的，在政治面前，友誼多麼渺小。那天晚上，邱吉爾爲了挽救職位，情急之下，儘管根本沒有權力這麼做，但他答應費雪，如果撤回辭呈，就在內閣給他一個位置。費雪一臉做作，告訴博納・勞，「我拒絕要我背叛國家的三十塊銀錢。」[65]③《早報》的編輯同時宣布，自己「興高采烈地準備看著邱吉爾失敗」。[66]

國王非常樂見多黨政府成立。「只有透過那個方式，我們才能從海軍部擺脫邱吉爾。」他在日記寫道，「他也喜歡看弗倫奇跟基奇納作對，他是眞正的危險。」[67]威爾斯親王同意，他告訴父親，「聽到溫斯頓即將離開海軍部，眞是令人大鬆一口氣……確實覺得他動員整個國家開始瘋狂的事業，揮霍人力和武器，而且沒有達成目標。」就是爲了這個窩囊的年輕人，邱吉爾後來幾乎犧牲他的職涯。

五月二十日，克萊門汀背水一戰，寫了一封感人肺腑的信給阿斯奎斯，試圖拯救丈夫。「親愛的阿斯奎斯先生，」她寫道：

> 將近四年的時間，溫斯頓勤奮學習，精通海軍科學所有細節。他具備的知識、能力與精力，這個國家無人可以媲美。如果他離開，對海軍事業造成的傷害，花費數月也難以補救……何以您要割捨溫斯頓？除非您當真對他的工作與能力失去信心？但我知道原因不可能如此。難道理由是利己之計——「恢復民眾信心」。恕我直言，溫斯頓下臺，將會恢復德國民眾信心……如果您把溫斯頓丟出船外，就是軟弱的行為，而您的多黨政府，作為戰爭機器，就不會如同現在的政府令人望而生畏。在您和那些溫斯頓必須共事的人眼中，他可能有些缺點，但我甘冒風險說，他身上了不起的特質，在您現在或未來的內閣極為罕見——能力、想像力、與德國奮戰到底的決心。如果您派他到別的地方，他將不再奮戰——如果您浪費這珍貴的戰爭人才，就是傷害這個國家。[68]

阿斯奎斯把信給瑪歌看。「僕人心態一覽無遺。」她在日記吐露，「那種恐嚇與傲慢的語氣，暴露忘恩負義、索討關愛，證實我對這對膚淺的夫妻所有的想法。」[69]阿斯奎斯想用「妻子的信」來圓場，瑪歌回他：「是潑婦！」

關於克萊門汀寄出這封信前，邱吉爾是否看過，這個問題在這家人之間有些辯論。阿斯奎斯的機要祕書莫利斯．博納姆．卡特（Maurice Bonham Carter）（後來娶了阿斯奎斯的女兒薇奧蕾）稱爲「荒唐」，而且他發現，雖然邱吉爾沒有鼓勵，但任由克萊門汀寄出這封信。阿斯奎斯甚至完全不打算回信，雖然他「以詼諧的語調」大聲朗讀給午餐賓客聽，而且告訴薇內蒂亞．史丹利，那是「瘋子寫的信」。[70]不過，有位歷史學家的判斷才是較眞實的評價：「儘管非常魯莽，但如此殷切的請求，讀信的人不得不去想，任何一個男人擁有相信他到達這種程度的女人，必定會感到高興。」[71]

還在海軍部工作的邱吉爾於同一天告訴利代爾，「我完了！」利代爾一臉驚訝，說他才四十歲，還有「了不起的能力」，邱吉爾回答：「是的，在我唯一在乎的方面完了——發動戰爭，德國戰敗。」[72] 五月二十一日，他寫信給博納·勞，敦促他切勿允許「完全無知又沾染偏見的報紙論戰」逼他辭職，而是讓他接受「公正、審慎、合理的評價」。[73] 博納·勞回覆，現在他辭職是「不可避免」。[74] 接著，邱吉爾寫信給阿斯奎斯：

> 我負責的工作目前狀況極差，但是我知道自己可以堅持下去，而且不會有一丁點損傷……可以帶領達達尼爾這樁大事業安全過關……亞瑟·威爾森和我一起就做得到。我們知道整個局勢。但是想想我的感受，如果在這關鍵時刻，因為不明就裡的報紙攻擊，我們被迫放棄整個錯綜複雜的計畫，交付給沒有知識的陌生人，或最慘的情況是，整個計畫交到某個死敵手中。驅使我的不是對職位或這個特定職位的執著，或我個人的利益或好處，而是我的**任務**和我的**責任**，讓我無法放手。我正用盡全力，做好我們手上這項棘手的任務；而且我知道，和亞瑟·威爾森一起，我做得到。我過去不相信這種焦慮可以容忍……我只能指望你。讓我跟達達尼爾的計畫共存或共滅亡，但是別從我手中奪走。[75]

阿斯奎斯只是回覆，「你不會留在海軍部，這件事情已成定局，請你接受……我希望你能繼續留任新的內閣，我真誠感謝戰前與戰爭以來，你所做的傑出工作。」[76] 阿斯奎斯可以這樣無情對待邱吉爾，部分是因為幾乎沒有人支持第一海軍大臣。少數幾位支持者之一是邱吉爾的機要祕書詹姆斯·馬斯特頓·史密斯

(James Masterton Smith)，他勇敢告訴阿斯奎斯家的人與博納姆·卡特，「他還是希望邱吉爾擔任第一海軍大臣，因爲邱吉爾善於激勵人心，而且工作能力優異。」[77]

五月二十二日，國王在日記寫道：「我希望貝爾福取代令人無法忍受的邱吉爾，擔任第一海軍大臣。」[78]他確實當上了。教人吃驚的是，儘管海軍上將威爾森在戰爭前被邱吉爾開除，可是除了邱吉爾，他不願擔任別人的第一海務大臣，所以這個工作給了上將傑克遜。政府重組爲多黨政府，阿斯奎斯擔任首相，勞合喬治擔任軍需大臣（處理炮彈短缺），博納．勞擔任殖民地大臣，麥肯納擔任財政大臣，而格雷繼續留在外交部。「我希望我們（自由黨）在強壯的時候接納保守黨，」邱吉爾告訴薇奧蕾，「而非在不幸時成爲一個老實的女人。」[79]④

邱吉爾永遠忘不了一九一五年五月的羞辱，他的手指從海軍部被人一根一根扳開。他在晚年時告訴助理，五月永遠是他最不喜歡的月分。「我忘不了一九一五年五月離開海軍部，除了一個例外，第一位也是唯一一位來拜訪我的，是一個肩負重擔巨人，他的非難在我年輕時曾是一段不悅的經驗。」幾年後，邱吉爾述及基奇納。[80]基奇納並未涉入開除邱吉爾的密謀，他「用他與生俱來、令人讚嘆的威嚴態度告訴邱吉爾，『無論如何，有件事情是他們無法從你身上剝奪的：艦隊準備好了。』」[81]

邱吉爾離開，海軍部相當高興——至少私底下。傑利科稱邱吉爾是「帝國的公共危險」；比提寫道：「擺脫邱吉爾這個妖魔，海軍現在呼吸更順暢」；里奇蒙指責這個「自大虛榮、大吼大叫的外行」。[82]報紙同樣幸災樂禍地看待他的下臺，除了詹姆斯．路易．加文，他在《觀察家報》（*Observer*）預言：「未來某天，他會獲得勝利。」[83]

然而，邱吉爾並未完全被革職。他在內閣與戰爭委員會依然有職位，但不具實質權力。原本指揮上千艘皇家海軍船艦的他，現在的新職位是蘭開斯特公爵領地大臣，負責任命鄉下的治安官員。他的薪水也減半爲兩千英鎊。這位大臣的官方職務是監督國王私人財產的管理（即蘭開斯特公爵領地）。這個工作一週花不到一天，其他時間，他則是無任所大臣（minister without portfolio）⑤。貝爾福允許邱吉爾和克萊門汀在海軍部住到六月中旬（因爲格雷租下埃克爾斯頓廣場的公寓），之後他們搬進阿靈頓街二十一號跟艾佛・傑斯特住，然後又搬到克倫威爾路四十一號傑克家裡，幾乎就是在自然歷史博物館（Natural History Museum）正對面。

五月二十六日，埃德溫・蒙塔古在海軍部官邸拜訪克萊門汀後，寫信給未婚妻薇內蒂亞・史丹利，「她很親切，但是愁雲慘霧，而且一直哭泣。」[84] 那場戰役滲透邱吉爾一家的生活，程度可從四歲的倫道夫睡前的禱告看出：「上帝，請保佑媽咪和爸爸。上帝，請保佑達達尼爾海峽，讓我當個好孩子。阿們。」[85]

接下來六個月，邱吉爾持續出席會議，也提供建議，但他的職位並無實權。他說服貝爾福繼續資助「陸地戰艦」的雛形，也就是坦克，甚至爲達達尼爾海峽爭取大量額外軍力。「像是海怪被從深海釣起，或者潛水夫突然被拉上來，」他後來回憶，「我的血脈因爲壓力驟降幾乎就要爆開。我的每吋肌膚都鼓漲激動時，我被迫繼續當個觀衆，殘忍地被放在前排座位，看著那場災難。」[86]

雖然邱吉爾被降職，但他在戰爭每一方面公認的專業知識，意謂內閣依然需要他，更不用說他的後繼者貝爾福海軍事務經驗極少。「達達尼爾海峽的局勢既充滿希望，又危機四伏。」六月一日，他在內閣備忘錄寫道。六月初，第三次克里希亞之役（Battle of Krithia）後，由十三位政府最重要的人物組成的達達尼爾委員會，決定再增援漢密爾頓六個師，部分出自邱吉爾的敦促。[87]「穿越達達尼爾海峽狹窄的部分，接著沿著加里波利半島的山脊，」六月五日，他告訴丹地的觀眾，「有幾條路是通往勝利和平最短的途徑……幾哩的山脊和矮林之外，我們的士兵、我們的法國同志、我們勇敢的澳大利亞人，還有我們紐西蘭的同胞，此刻正在戰鬥，敵對的帝國就在那裡傾覆，敵人的艦隊和軍隊就在那裡毀滅，世界聞名的首都就在那裡淪陷，而且強大的協約國可能就在那裡卽位。」[88]

六月九日，他告訴朋友，第二近衛騎兵團的少校阿契伯德・辛克萊（Archie Sinclair），

> 人必須帶著笑容承擔厄運……但是日子很苦，而且遊手好閒是折磨。我在這裡占著閒職，新的內閣待我以禮，採納我的政策，接受我催促的每個步驟等……但是眼下已成定局，我無法忍受坐在這裡，等待政治的風向轉變。我不想當官，只想指揮戰爭，大概永遠不復可能。諸如此類，都不可能。不管怎樣，在我心存惡念時……費雪真是個謎。那是心理崩潰，還是政變？或者更像兩者合一。同一時間，勞合喬治和北巖聯手奪取權力，而阿斯奎斯雖然仁慈，但是軟弱、懶惰，不計一切自保。我現在有志難伸，而且無法發揮才能……我不認為有人可以證明我的判斷錯誤，也不覺得，所有必然的危機之中，堅決貫徹我的政策有什麼不對……我不覺得政治前途絲毫吸引我，而且厭惡政治遊戲。我和勞合喬治之間，**一切都結束了**。我想呼吸新鮮空氣。[89]

這個危機終於讓他看清勞合喬治。「你是個機靈的傢伙！」他當著他的面說，「你已經計劃這件事情好幾個月，而且想盡辦法得到想要的。」[90]

在他自己決心離開政府，並在壕溝找到救贖前，邱吉爾需要幫伊恩・漢密爾頓爭取最大的奧援，希望能夠扭轉達達尼爾海峽的戰爭，從而破除那些逼他離開海軍部的言論。如果加里波利之戰成功，他就可以由黑轉白。西線慘烈的戰況支持他的論證；五月，霞飛在那裡發動攻擊，幾乎付出二十五萬人傷亡的代價，之後如同邱吉爾在六月十八日告訴同僚，「德國手中大約一萬八千五百平方哩的法國與比利時，我們已經收復大約八平方哩。」[91] 相對那句令人沮喪的話，他繼續堅持所謂「君士坦丁堡的獎賞」，「那個獎賞，而且唯一的獎賞，就在今年。一定可以贏得，不需誇張的花費，而且就在相對短的時間。」[92]

一九一五年夏天，邱吉爾和傑克一起在薩里租下一間都鐸農舍改建的房屋，名叫鋤頭農莊（Hoe Farm），全家在這裡度過數個週末。「夏季的寶石在花園熠熠生輝。」邱吉爾告訴跟漢密爾頓一起服役的傑克，「我們的生活簡單，但是必需品一應俱全——熱水澡、冰香檳、新鮮青豆、陳年白蘭地。」[93] 邱吉爾在那裡找到另一樣生活必需品。七月初，他看見弟媳古妮作畫，於是決定試試。[94] 一開始只是離開海軍部後的療傷工具，很快變成終身愛好，如同他說：「如果不是繪畫，我活不下去，我承受不了壓力。」最後他的作品超過五百四十幅，而且真的畫得很好。[95]「如果他選擇繪畫而非從政，我相信他會成爲拿著畫筆的高手。」說此話的人——約翰・拉沃里爵士（Sir John Lavery），權威不下他的老師。[96]

華特・理查・席格（Walter Richard Sickert）幫助邱吉爾培育天生豐富的藝術才華，在他的指導下，邱吉爾發展繪畫技巧。席格曾經就讀斯萊德美術學院（Slade School of Fine Art），師承詹姆斯・惠斯勒（J. A. Whistler），是竇加（Degas）的朋友。如同拉沃里和席格，邱吉爾也曾拜師威廉・尼科爾森（William

Nicholson）和法裔英籍畫家保羅・梅茲（Paul Maze）。人們常將邱吉爾當成「星期天的畫家」（Sunday painter）⑥，但他的技巧水準其實很高。一九二五年，奧斯瓦德・伯利爵士（Sir Oswald Birley）、杜文勛爵（Lord Duveen）、肯尼斯・克拉克⑦組成藝術評審團，在一場業餘的公開競賽評價一幅匿名畫作〈冬日陽光〉（Winter Sunshine）。杜文不想把獎頒給這幅畫，因爲認爲顯然出自職業之手。克拉克說，他們必須相信參賽者沒有作弊。而那是邱吉爾的畫。

「繪畫作爲消遣實在完美。」邱吉爾寫道，「不用勞動身體，但完全占據心靈，就我所知沒有別的。」[97]他把謙稱「拙作」的作品送給家人和朋友，有時送給員工；二戰時也曾送給小羅斯福、哈瑞・杜魯門（Harry Truman），以及上將艾森豪（Generals Eisenhower）、蒙哥馬利（Montgomery）、馬歇爾（Marshall）。他的繪畫類型多元——靜物、花卉、建築景象（包括埃及金字塔）、布倫海姆宮的織錦、風景、方丹－德沃克魯茲（Fontaine de Vaucluse）⑧的草地、肖像，有時也從相片作畫。有次助理看到他用幻燈機（magic lantern）把影像投影到帆布，於是說「看起來有點像在作弊」，邱吉爾反駁：「如果完成的作品看起來像藝術，它**就是藝術！**」[98] 被問到爲何偏愛風景勝過肖像，他回答：「樹木不會抱怨我沒把它畫好。」[99]

「我不能假裝對色彩公正無私。」邱吉爾一九二一年撰寫一篇文章〈繪畫作爲休閒〉（Painting as a Pastime），收錄在一九四八年出版的書中。「我對明亮的色彩感到愉悅，而且眞心爲那些黯淡的顏色難過。當我上了天堂，頭一百萬年必定要花上大量時間畫畫，這樣才能徹底研究這門學問。」[100(2)] 一九三〇年代，佩勒格林到他的房屋蒐集更多酒瓶以便作畫，還說：「給我找來這個大酒瓶的親朋好友，做它的保鑣。」[101]他們很快找來額外的十一個酒瓶和幾個大雪茄盒，而且他稱那幅畫爲〈瓶景〉（Bottlescape）。邱吉爾也不侷限自己在繪畫上。一九五〇年代，奧斯卡・尼蒙（Oscar Nemon）幫他製作雕像時，他也利用坐著的時間雕塑奧斯卡・尼蒙。

一九一五年七月中旬，基奇納要邱吉爾去達達尼爾海峽找伊恩・漢密爾頓，瞭解爲何戰爭又一分不差落入西線那樣的僵局。出發前，邱吉爾寫了一封信給克萊門汀，若是他死在那裡就打開。他安排非常少量的金錢支持，大約每年四百五十英鎊，供應克萊門汀生活。他要她「掌握我所有的文件，尤其關於我在海軍部的治理」，因爲她是他的遺稿保管人，而且他希望能出一本書：

某天我會希望能夠公布真相。倫道夫將會繼承衣缽。切勿為我過度悲痛。我確信我的靈魂清清白白。死亡只是一個事件，不是妳我之間此生最重要的事情。無論如何，尤其自從我遇見深愛的妳，一直都很快樂，而且妳教導我一個女人的心胸能夠多麼高尚。若有來生，我必定尋找妳。同時，有所盼望，無拘無束（大概是再婚的意思），照顧孩子，守護我的回憶。上帝保佑妳。[102]

珍・漢密爾頓在邱吉爾出發前一天，和他們一家吃飯，寫下「他依然認爲，艦隊大可不需軍隊就通過海峽最狹窄處」。[103] 他也「充滿信心，達達尼爾海峽即將迎接偉大的勝利，他想親臨現場見證。他明天早上出發」。然而內閣在最後一刻取消行程，不想讓他回來之後又有更多理由增援即將打輸的戰役。「現在我手上有大把時間，可以完全感受每道劇痛。」他告訴阿契伯德・辛克萊，「留在這裡，置身其中，眞是恐怖的感覺。洞悉一切，極度在乎，明知自己有服務的能力，卻幾乎永遠動彈不得。就像昏厥失神，同時你的全部價值即將化爲烏有。」只要加里波利遠征仍有成功機會，邱吉爾知道他需要留在倫敦爲之爭取，但是也知道之後他的責任何在。他告訴辛克萊，「如果能夠離開幾個月，爲我的團效力，就能安慰我的靈魂，而我的心靈爲這樣的不安更加躁動。但是在達達尼爾海峽獲得勝利前，我的崗位顯然在此。」[104]

之前或之後許多其他大臣，都因他們的招牌政策失敗而被降職或開除。但是邱吉爾蒙受羞辱的痛苦，和他洗刷冤屈的渴望，只要不在畫架前就啃噬著他。「達達尼爾海峽的事糾纏他一輩子，」克萊門汀告訴馬汀・吉爾伯特，「他永遠相信那會成功。他離開海軍部時，以爲他玩完了……我以爲他永遠忘記不了達達尼爾海峽。我以爲他會傷心至死。」[105] 她告訴弗雷迪・伯肯赫德，描述爲何如此認爲：「溫斯頓身上的愁雲慘霧，讓她覺得他永遠不會恢復，而且一度害怕他會自盡。」[106] 就像羅馬人，他相信爲了洗刷恥辱而自戕，不是什麼不光彩的事。

一九一一年七月十一日，邱吉爾和表哥艾佛・傑斯特及表嫂愛麗斯共進晚餐。「愛麗斯談到她在德國的醫生，我非常感興趣。」他之後從內政部告訴克萊門汀此事，當時克萊門汀正在東薩塞克斯的席福德（Seaford）度假。「他完全治好她的憂鬱，我覺得這個人也許對我有用——如果我的黑狗又回來。現在他離我似乎很遠。眞是好險。所有顏色又都回到眼前。最明亮的就是妳的臉龐，我親愛的。」[107] 這是邱吉爾唯一一次提到他所謂的「黑狗」憂鬱（維多利亞時期與愛德華時期的保母，用這個詞彙描述他們照顧的小孩心情不好或脾氣不好）。他的醫生摩蘭勛爵（Lord Moran）在八百頁論邱吉爾的書中只提到五次，而且絕大部分是猜測。摩蘭出版的日記中，關於邱吉爾的「黑狗」，證據幾乎全都基於一九四四年八月十四日與一九四五年八月二日的紀錄，但這部分和他私人手稿的版本並不吻合。[108]

邱吉爾當然偶爾心情低落，例如二戰初期出師不利時，但他從未因爲這個據說的憂鬱症缺席任何一天的工作。機要祕書和家人從未聽過他用「黑狗」一詞，雖然有人說在某些時候擔心他的心情，例如他在重要的演講之前會「躁怒」。[109] 邱吉爾不可能是憂鬱症患者，也不是躁症患者，而一九一一年七月這篇唯一的敘述，可以解釋爲錯誤的自我診斷，是一個每天量自己的體溫，相信自己「角質層敏感」的男人有的疑病症。（更近期的外行診斷認爲他有躁鬱症，同樣也可以不予理會。）像達達尼爾海峽那樣嚴重的災難發生，邱吉爾會憂鬱，就像任何相同處境的人都會如此。

「這個由有能力之人和反對黨組成的政府，發展不出任何戰爭需要的特質。」多黨政府上任不過兩個月，邱吉爾就告訴阿契伯德・辛克萊，「個人與政黨元素互相中和，而且意見很多、禮數繁瑣、體統無限，就是沒有行動。消極的傾向非常明顯。同時，也有不安的時候，我專注觀察而不參與。」[110] 當然，那也可能因爲所有反對黨的人依然覺得他太危險，無法邀請他加入。談到勞合喬治，他慷慨地陳述，「對國家而言有必要。他有打仗的本領。我不打算允許個人感情阻止自己和他共事，但是基於經驗導致的不信任是更糟糕的障礙。回想一年前，感覺很奇怪……各種事件之中，我的角色萎縮得可憐。但我依然認爲自己有工作要做，雖然不是很多個月。大戰必須痛苦地了結。不徹底的和平只是休戰。我們必須不計代價分出勝負。我們正在做的不是我們應該做的。相不相信——我靠畫畫打發時間，畫畫讓我心情平靜……德國人轟炸你的壕溝時，別讓我的信落入他們手中，那些畜生會很高興……最好把信燒了。」[111] 他常這麼說，用意是確保他們把信收好。

八月六日，漢密爾頓擬定的計畫啟動，希望在蘇弗拉灣（Suvla Bay）攻擊土耳其的側翼，並從澳紐軍團占領的地區突破。但是儘管澳紐軍團發揮莫大的勇氣橫掃海岸，計畫卻依然失敗。在那個階段，土耳其人在半島上有十六個師，對上漢密爾頓十四個師。協約國軍隊在錯的地點登陸，眼前所見只是陡峭的懸崖與深不見底的海溝，而且地圖不清導致迷失方向。因爲西線的優先順序總是在前，所以此處高階將領的素質普遍欠佳。（一位上將從一九一二年起一直住在精神療養院。）第九軍陸軍中將費德里克・斯托普福德（Frederick Stopford）錯失推進的機會，而那樣的機會再也不可得。斯托普福德在八月十六日被解除指揮職位，但是那個時候已經太遲：所有前線都僵持不下。

蘭開斯特公爵領地的監督工作回溯到十四世紀，雖然在邱吉爾口中是一份閒差兼死水，但是至少讓他能於八月中旬，在坐擁大權的內閣委員會「檢視這個國家與我們盟國，直到一九一六年底執行戰爭的資源」。三週十二次的會議，委員會從十多位資深政治與軍事要角聽取報告，包括半數內閣成員。邱吉爾對他們每個人刨根究底。他問貝爾福商業航運的規範；向募兵主任要求精確數據；質疑勞合喬治關於十八磅炮和義務兵役；得知近二十五萬英國人因體格不適而解除兵役，他向陸軍大臣表達驚訝；他問華特・朗瑟曼，如何從鐵路公司二十萬名員工釋出部分到軍隊服役。他問政治人物和文官人口統計和法國出口的數據，而且信手拈來家具業與木材業十七歲到四十五歲的男性人數。他詢問海軍少將摩根・辛格（Morgan Singer）船上的馬克沁機關槍、哈其開斯高射炮、自動引信、炮彈、來福槍、來自美國的卡賓槍，並問他：「你的無煙火藥現在夠嗎？」[112]沒有什麼主題或問題會太瑣碎，而且他對統計的胃口沒有界限。

九月初，聽見西線大規模的法國攻擊即將取消，有幾個師要被派到達達尼爾海峽，邱吉爾在內閣遞了一張字條給勞合喬治：「我的感覺就像一個人本來要被槍斃，現在反而獲得一大筆財產。」[113] 可惜漢密爾頓突破蘇弗拉灣勇敢的計畫，最終還是徒勞無功。到了此時，邱吉爾表示希望退出內閣，親赴前線。克萊門汀察覺他遭遇的政治挫折，支持他的想法。他想擔任陸軍少將，指揮一個軍，但基奇納覺得「爲難」，知道如果他答應會「冒犯陸軍」。[114]

邱吉爾從海軍部被人開除，其中勞合喬治扮演什麼角色，邱吉爾的認知絕非錯覺。「我曾經幫助你很多次。」他在九月中告訴勞合喬治，指的可能是馬可尼醜聞，「你大可爲我說話，讓我留在那裡。」[115] 勞合喬治直截了當地說，達達尼爾海峽一直是個錯誤。到了九月底，開始討論完全撤出加里波利，組織一個新的、沒有邱吉爾的戰爭委員會。雖然邱吉爾被開除時，基奇納表現禮貌，但是現在他說無法再和邱吉爾共事；漢基回憶，基奇納「幾乎歇斯底里」，而且威脅如果邱吉爾繼續待在戰爭委員會，他就辭職。[116] 當時那種感覺完全是互相的：《曼徹斯特衛報》的編輯C・P・斯科特到唐寧街的公爵領地辦公室拜訪邱吉爾，發現他「因爲真的沒有工作可做而惱火，嘴裡嚷嚷著也許要辭職，重新入伍」。當斯科特「問他，若要真正改善現況，他會做什麼。他遲疑片刻，然後信心十足地開口說，首先要擺脫基奇納」。[117] 邱吉爾向斯科特建議，陸軍大臣及綜觀大局的戰略家，這兩個角色應該分開。他說，合併的情況「現在看來是錯誤，而且絕對不能再次發生。應該有個內部內閣負責戰爭行動，而且每天開會。」這完全就是邱吉爾在一九四〇年當上首相時成立的。

一九一五年十月上半，英國在法國的洛斯之役（Battle of Loos）戰敗，而保加利亞決定加入同盟國。邱吉爾想不到更好的辦法挽救局勢，除了重啟達達尼爾海峽的海軍攻擊。「我相信我們這幾個月的地位就像西班牙的囚犯，」十月六日，他寫信給貝爾福，「在地牢受苦二十年，直到某天早上，忽然想到推開一直沒鎖的門。」[118] 這個比喻眞是糟糕；加里波利根本不是簡單或明顯的解決辦法。陸地的戰役完全僵持不下；土耳其的大炮會對想要穿越最狹窄處的船艦做出什麼事？要塞可能已經被大膽的突擊攻破，但是土耳其人當時在半島上已經聚集大批炮彈，可以迅速凶猛反擊任何海軍。任何熬過這波攻擊的船艦，接著還要面對雷區。

十月十四日，戰爭委員會決定召回伊恩・漢密爾頓爵士，改派陸軍上將查爾斯・蒙羅（Charles Monro）。蒙羅立刻建議從半島撤退。「上將蒙羅是決策迅速的軍官。」幾年後，邱吉爾俏皮地說，「他來，他看，他投降。」[119]（他稱呼同意蒙羅的陸軍中將詹姆斯・沃爾夫・莫瑞〔James Wolfe Murray〕「綿羊莫瑞」。）⑨「沒有什麼比瘸著腿追求的軍事計畫，以及面對執行圈不停的抱怨不痛不癢，更確定會導致災難。」邱吉爾如此寫在內閣備忘錄，回應博納・勞撤退的要求，「即使在政壇，這樣的方法也不健康。在戰爭中，更是罪刑。」[120]

邱吉爾繼續預測——就連對他而言，這樣的說法都稍嫌誇張——撤退計畫將是失去美洲殖民地以來最糟糕的軍事決定。博納・勞無動無衷，而且除非撤退，否則要以辭職相逼。當時他無疑是對的。十一月五日，新組成的戰爭委員會第一次開會，成員包括阿斯奎斯、貝爾福、格雷、勞合喬治、博納・勞、麥肯納、基奇納，但是沒有邱吉爾。[121] 勞合喬治告訴弗朗西絲・史蒂文森，邱吉爾「因爲沒有入圍小的戰爭委員會非常不悅」，但是到了那時候，他也不感意外了。[122]

三天後，阿斯奎斯鼎力支持撤退，而一九一五年十一月十一日星期四，邱吉爾辭去政府職位。「我誠摯同意組織小的戰爭委員會。」他寫信給阿斯奎斯：

我毫不埋怨你們改變計畫。但是隨著那樣的改變，我在政府的工作自然結束。得知我對目前情勢的能耐，以及政府的手段，除非實質參與政策指導和支配，否則我無法接受須為戰爭負責的職位……坐領高薪的我也感到無能。因此我請你向國王呈上我的辭呈。我是一位軍官，而我毫不保留聽候差遣，遵從我在法國的軍團。過去數起事件，我憑著清楚的良心，冷靜承擔應負的責任。時間將會證明我在海軍部的作為；我們付諸無數準備與行動，因而保全完整的海權，時間也將肯定我應得的功勞。致上深深的敬意與不變的私人友情，我向你道別。[123]

除了最後一句話不是眞的，其餘令人讚嘆。

他們討論是否該派邱吉爾指揮東非的英國軍隊，博納．勞和卡森意外支持，但陸軍部擋下。[124]漢基建議派他去俄羅斯刺激軍火進口。[125]兩個地方都離倫敦非常遙遠，也許並非巧合。同時，薇奧蕾．阿斯奎斯送給邱吉爾吉卜林的詩〈如果〉，大概是因爲其中貼切的一句，關於無論順境或逆境，「都是相同的浮雲」。她又說，「勿忘英格蘭信任你，亦需要你。」[126]

十一月十五日，在下議院的辭職演說，邱吉爾面對達達尼爾海峽的問題：

我不會讓人說，這項計畫是平民百姓的計畫，是政治外行勉強軍官與專家接受的計畫。今日下午，我不打算發表任何批評，但我必須說，事件之前，我並未獲得第一海務大臣（費雪）清楚的指導，事件之後，也沒有得到我應得的堅定支持。若他不贊成行動，當時應該在戰爭委員會發言。戰爭是艱難殘酷的，而且沒有疑惑與保留的空間……當行動的時刻到來，便不該疑惑。戰爭的路線一旦採用，往往不可能回頭。對於眼前重大的問題，必須回答「是」或「否」，而且必須履行那個決定。[127]

雖然如此，他對那項海軍行動負起全責：

> 每一行、每個字、每個音節，都是由能力優異的海軍與專家思考而得，沒有絲毫非專業的干預，但我核准那項計畫；我支持那項計畫；我很滿意，在我所知的一切情況——軍事、經濟、外交——那是必須嘗試的計畫，也確實嘗試了。[128]

之後，他說了一段對未來產生負面影響的話：「我向戰爭委員會推薦那項計畫，也向法國政府推薦，不保證成功，而是合法的戰爭賭博，我們可以負擔這個賭博的風險，換取價值難以估算的獎金——在高級專家眼中，我們有相當的機會贏得這份獎金，而在當時，沒有別的方法贏得那份獎金。」[129]他將遠征稱爲「合法的戰爭賭博」，從此以後，詆毀他的人總是指控他的賭徒本能導致拿人民的性命下注，而且當時損失嚴重，確實也無法否認。大英帝國的傷亡人數是十一萬四千七百四十三人，其中兩萬一千八百八十二人在行動過程陣亡，八千八百九十九人死於醫院。法軍記錄的埋葬人數是一萬七千兩百三十五人。

邱吉爾當然不是唯一要爲占領加里波利負責的人，但他是與那場災難關係最密切的政治人物，而他也讓自己成爲主要的代罪羔羊。部分因爲那項計畫確實是出自於他的構想，儘管初期亦有他人支持，但也因爲別人老早與這項行動切割，他仍堅持看這項計畫執行到底。如果伊恩・漢密爾頓不是陸軍指揮官，邱吉爾可能在戰爭拖累職涯前就收手，但也難說。二戰時，他鬥牛犬般的倔強反而彌足珍貴；加里波利戰爭時，卻讓他脆弱不堪。

達達尼爾潰敗的結果教會邱吉爾許多事，裨益二戰良多。「一九一五年一月，協約國的高層，包括文官與武官，召開一場漫長的會議，也許拯救我們脫離悲慘的命運。」他在《世界危機》中寫道，而他後來召開許多這樣的會議。[130]他理解到自己的極限，當參謀長全體一致否決他的計畫，他一次也沒有駁回，而且當他們與他意見相左時，他也不鼓勵他們緘默或忽視他們的緘默，如同他和費雪之間。邱吉爾也學到，有時最好停損，莫繼續投下大筆賭注。所以在挪威、達卡（Dakar）、希臘和其他地方，而且尤其是一九四〇年五月中，皇家空軍戰鬥中隊在法國，他警覺地預防任務超出原始範圍，而且毅然中斷，不爲名聲考量陷入軍事決心的深淵。

最重要的是，未來他不會允許高高在上的軍事將領聚集屬於民選政治人物的權力。邱吉爾區分戴「銅帽」的軍人和穿「禮服」的政治人物，而且認爲一戰時，前者太常決定什麼戰爭和行動應該在哪裡進行（利用他們對報紙和民衆的廣大權威），而政治人物太常必須接受他們的決定。二戰後，他在戰爭回憶錄表示，一九一五年三月十八日海軍攻擊失敗後，他錯在「試著從低階的職位執行大型、重要的計畫」。[131]所以在一九四〇年當上首相後，他也任命自己新的職位，兼任國防部長（minister of defence）。二戰時，他也會對上某些難搞，甚至跋扈的軍事將領，例如艾倫・布魯克（Alan Brooke）、安德魯・康寧漢（Andrew Cunningham）、阿瑟・哈里斯（Arthur Harris），但他們知道自己的職位永遠低於國防部長。

「如果我沒有犯下錯誤，應該也就毫無收穫。」邱吉爾辭職後，很快就寫信給克萊門汀。[132]他在達達尼爾的潰敗犯下巨大錯誤，但他從中學到的，在四分之一個世紀後具有數不盡的價值。上將斯托普福德的表現，尤其在蘇弗拉灣，和波耳戰爭那些將領的表現，一同列入軍事無能的長名單中。邱吉爾在二戰期間開除許多將領，其中一個原因就是，長久以來的個人經驗，讓他對那個階級抱持負面評價。

要過很多年，才不會有人在公開集會上對著邱吉爾大喊：「達達尼爾海峽的事呢？」即使是五歲的倫道夫，也會遇到同學對他說：「你父親在達達尼爾海峽殺了我父親。」[133]（「很抱歉，我必須說自己為此感到極為光榮，」倫道夫回憶，「而且我明白我的父親是主管，可以命令別人的父親。」）[134]朗福德伯爵（Count of Longford）效力第二十九師時，死於彎刀山（Scimitar Hill）。一九二〇年代，他的遺孀拒絕踏進任何有克萊門汀在場，更遑論邱吉爾在的房子內。[135]

邱吉爾的辭職演講是他赴西線兩天前最後一次演講。「演講完畢，在場幾乎沒有議員不為他歡呼。」《泰晤士報》報導，「歡呼聲來自議會各個角落，時而中斷演講，加上結尾時的熱烈鼓掌，這場演講無疑是國會之光。」[136]隔天，薇奧蕾寫道，「我認為你的演講相當完美。我很少這麼感動。那是優秀且大方的演講。我真是感謝你說你對那個邪惡老瘋子（費雪）做的事。」十一月十八日，少校邱吉爾穿上義勇騎兵團制服——女王牛津驃騎兵，赴法國報到。

作者注

(1) 一九一六年一月，土耳其領袖恩維爾・帕夏（Enver Pasha）表示，即使英國艦隊突破，且登上君士坦丁堡，他的應變計畫會是「在周圍的山丘與小亞細亞重整軍隊」。（《泰晤士報》，一九一六年一月二十六日）

(2) 這篇文章他也寫了「沒有什麼比一座圖書館能讓一個人更恭敬」。(WSC, Painting p. 10)

譯者注

① 「突厥人強尼」出自英國俗語。英國人通稱非英國人「外國人強尼」(Johnny Foreigner)，在這裡將「外國人」代換為「土耳其人」。然而，事實上一戰時鄂圖曼土耳其帝國的軍隊組成為多民族。

② 指在第一次世界大戰期間成年的一代人。

③ 典故出自〈馬太福音〉第二十六章，猶大接受猶太公會三十塊銀錢賄賂，背叛耶穌。

④ 原文 made an honest woman of，英語中通常是指讓一個女人嫁給情人，特別是在情侶發生性關係之後，為了避免道德上的指責而結婚。邱吉爾這裡代指與保守黨的合作是不得已的妥協。

⑤ 無特定職責的內閣高階官員。

⑥ 意指業餘畫家。

⑦ 三人分別為英國肖像畫家、藝術品經銷商、藝術史家。

⑧ 位於法國沃克魯茲省的市鎮。

⑨ Wolfe 音同「狼」wolf，故稱「綿羊」揶揄。

11 從普洛街邁向勝利 1915／11—1918／11

戰爭是生命的濃縮，其中運氣褪去所有面紗，時而偽裝，時而赤裸呈現，直接裁決所有人與事。——邱吉爾，《思想與冒險》（*Thoughts and Adventures*）[1]

仇恨在政府內扮演的角色，就像化學作用內的酸。——邱吉爾，《世界危機》[2]

邱吉爾絕對沒有義務從軍，並在壕溝裡頭打仗。徵兵對象直到一九一六年五月才擴大到四十一歲的已婚男性，而當時他已經四十二歲。一位大臣在戰爭期間因個人原則辭職，然後到前線作戰，實在非比尋常。雖然邱吉爾不認爲自己對達達尼爾海峽的立場有何丟臉之處，但他知曉得到光榮的途徑。此刻他置身政治的荒野之中，在他認知裡當國家正在打仗時，如果他不能從政治方面爲國效力，就應該透過從軍。

當然，決定入伍並分擔前線軍隊的危險，其中也有強烈的個人救贖意味。（二戰時，有位議員丟了自己的臉，邱吉爾建議他加入未爆彈處理小組，那是重獲人民尊重最好的方法。）後來他寫道，前線的士兵「與他們團的軍官，爲目標戰鬥，最後將會靠著自己挽救參謀和內閣、上將和政客的錯誤與無知——當然，我的錯誤與無知也在其中。但是，唉，付出的代價是多麼不必要！」[3]

一九一五年十一月十八日，登上布洛涅後，邱吉爾前往聖奧梅爾（Saint-Omer）的司令部去見約翰・弗倫奇。弗倫奇給他兩個選擇：當參謀，或在戰場指揮一個旅。他高興地選擇後者，只要求「先在前線服役一、兩個月，瞭解最新情況」。[4] 身爲准將，他不需要直接接觸敵軍，但不希望沒有那種經驗就當上統帥。所以英國遠征軍衛兵師的指揮官卡凡伯爵（Earl of Cavan）把邱吉爾安插到近衛步兵團，接受喬治・傑佛瑞斯（George Jeffreys）指揮。他的部隊翌日就要前往新沙佩勒（Neuve Chapelle）的前線。

近衛步兵團過去是馬爾博羅公爵的第一個團，邱吉爾爲此高興。其中一名軍官哈洛德・麥克米倫後來回憶：「裡頭很反對『該死的政客』，但兩天內他就贏得他們的心。」[5] 他在軍隊的時光大抵是這樣：因爲他是政治人物、自由黨員、邱吉爾，所以保守黨的軍官起初都反對他，但很快就會因爲他的魅力、勇敢與勤學而接納。

「週六我將上前線一、兩週，」邱吉爾告訴克萊門汀，「切勿爲此煩惱。尚未準備行動，風險只是一般尋常的程度……其實這比和女王（牛津驃騎兵）一起上前線安全多了……別認爲我會冒任何愚蠢的危險，或做任何並非明顯必要的事。」[6] 儘管風險明顯，但克萊門汀完全支持他上前線，她自己則加入軍火工人輔助委員會（Munition Workers' Auxiliary Committee），幫北倫敦武器工廠的工人籌辦食堂。

「雖然僅僅相隔幾哩，但你就像星辰般遙遠，」她回信，「在百萬卡其制服當中消失不見。」[7] 一九一六年五月，他離開軍隊時，已經寫了超過一百封信給妻子，這些信件比起他人生的其他階段，更能一窺他的心境。「我在這裡很快樂。」一九一五年十一月十九日，邱吉爾在給她的信中寫道，「我從前不曉得從責任中解脫是什麼意思。那是天佑的平靜。」[8] 他又說到蘭開斯特公爵領地大臣的時光，「我怎麼花了這麼多個月在委靡的悲慘中，本來可以用來參戰，我不懂。」[9] 雖然每天都有大約十五個近衛步兵被殺或受傷，但他告訴她，「如果我認爲妳任憑自己擔心焦慮，我會非常不高興。」[10] 擔心焦慮又因邱吉爾嗜酒增加，因爲他位於埃比尼澤農莊（Ebenezer Farm）的營司令部非常乾燥。「我一直相信應該適當規律飲酒，」幾年後，他寫道，「尤其冬天打仗時，於是我高興地將私人物品從埃比尼澤農莊搬到前線的連。」[11]

「我們不想看起來很不好客，」傑佛瑞斯告訴邱吉爾，「但我還是要說，你來這裡，我們毫無選擇。」[12] 他陪著中校，每天兩次，每次兩、三小時，穿越雪地和泥濘巡視壕溝；德軍開槍時，他就評論他們的槍法，很快邱吉爾就被當成一般軍官對待。他也迅速學會許多壕溝戰的知識。團副官只提供一雙備用襪子和一套刮鬍工具，所以他寫信回家要求一件保暖的皮革背心、涉水靴、防水衣物、潛望鏡、羊皮睡袋、卡其長褲、沙丁魚、巧克力、罐裝肉品，以「最快速度」寄來。[13] 後來他還要求莎士比亞、大雪茄、打字機、斯提爾頓起司、葡萄乾，每十天就寄三瓶白蘭地，最後一項要跟軍官兄弟共享。[14]

眼前並無任何重大侵略，但壕溝總是處於各種戰火之中，而且無人完全乾燥或暖和。「一切都非常安靜。」十一月二十一日，邱吉爾告訴克萊門汀，「現在有幾個人中彈，壕溝上方也有流彈或狙擊手瞄準的子彈。但是我們還能走進壕溝，不用匍匐前進，而且甚至在前線的五個壕溝還是非常平靜。」[15] 他的連由愛德華・格里格（Edward Grigg）指揮，格里格和同一團的麥克米倫一樣，未來會在邱吉爾的戰時內閣擔任大臣。

十一月二十三日，基奇納建議戰爭委員會撤出加里波利。「我極度鄙視基奇納。」邱吉爾告訴克萊門汀，「如果他們撤退失敗——之後就會知道，世人將難以置信。懲處將會相當嚴厲，而且我應確保懲處徹底執行。」[16]他錯了；和這場戰爭相當不同的是，十二月與一月的撤退，可謂敵人在場同時退出的模範行動，今日某些參謀學校依然納入教學。撤退過程毫無損失；加里波利的每件事情都不及離開加里波利來得好。十二月二十日下午三點三十分，南蘭開夏團第六營的陸軍上尉克萊門・艾德禮成爲最後幾位離開蘇弗拉灣的人。[17]艾德禮深信達達尼爾計畫是大膽正確的策略，他的其中一位傳記作者認爲，由於那場戰役，「他畢生崇拜身爲軍事戰略家的邱吉爾，這點相當裨益二戰兩人的合作關係。」[18]

「感謝老天，他們平安離開海麗絲岬。」邱吉爾在撤退結束後，寫信給克萊門汀，「我想土耳其人和我們的人一樣精疲力盡，只會高興地讓他們離開。也許還有一點錢易手，讓這『不朽的記憶』不如看起來危險。」[19]他激動又憤慨，但仍抱持著完全沒有根據的猜測，出自舊帝國主義的假設，認爲「突厥人強尼」貪汙又容易收買。

基奇納撤退的重大決定同一天，邱吉爾寫信給克萊門汀。雖然軍隊「突破四面八方的土壤、水流、汙泥，」他寫道，「巨大的老鼠大軍……從頭頂飛過的子彈發出恐怖的呼嘯聲，在這樣的環境中，加上溼、冷及各種輕微不適，我發現好幾個月以來不曾有的幸福和滿足。」[20]

一九一五年十一月二十四日星期三，邱吉爾有了一次轉變的經驗，他向克萊門汀描述時，想必爲了不要過分驚動她，只說是一件「耐人尋味的事」。他在掩蔽壕時收到一則訊息，表示第十一團指揮官中將李查・黑金爵士（Sir Richard Haking）派了一輛車，四點半來接他，但要他「穿越溼透的原野，沿著常有流彈掃過、偶爾被轟炸的小徑」，走上三哩。他和軍中侍從（他的「蝙蝠俠」〔batman〕①）走了一個小時，才從一名副官那裡得知會議取消。「喔，沒什麼重要的事。」副官冷淡地說，「他以為要過來這邊，想找你聊聊。」[21]所以邱吉爾又走了一個小時回去，此時「四周一片漆黑」，他還得穿越「溼透的原野」，同時怒罵「這個自大的中將」，「沒事害他走在雨裡和泥裡」。[22]當他終於回去掩蔽壕時，一位上士告訴他：「最好別去那裡，長官，那裡慘不忍睹……您離開後大約五分鐘，一顆自動飛彈（whizzbang，德國高爆炸性炮彈）從屋頂進來，炸掉（食堂組員的）頭。」[23]他對中將的怒氣頓時煙消雲散。「從這件事情可以知道，擔憂無益。」他告訴克萊門汀，「全都是機會或命運，而我們任性的腳步最好不經太多計算。人必須單純自然順應大局變化，換句話說，就是相信上天。」[24]一九二七年，他將這樁事件寫在《帕爾摩爾公報》（*Pall Mall Gazette*），說他「強烈感覺一隻手伸出來，瞬間將我從一處致命的地點移開」。[25]

同一天晚上，在壕溝中，邱吉爾發現一名站哨的衛兵睡著。「我狠狠訓斥他，但沒有糾舉他的罪。」他告訴克萊門汀，「他只是一個小伙子……懲罰是死刑或至少兩年刑期。」[26]相反地，他繼續巡視，其他人才能睡覺。相同的精神，一名年輕軍官剛剛英勇突襲壕溝回來，不料左輪手槍意外走火，殺死一位近衛步兵，連上其他九人保守這個祕密，假裝是敵軍殺的。「妳從未看過這樣的人們，」邱吉爾告訴克萊門汀，「看看殘忍的戰爭照片，這些極為優秀的戰士，穿著中世紀的短袖皮衣，戴著鋼盔，手中拿著血腥的棍棒，就是留在回憶裡的人。C'est très bon！」[27]②手下知道他們可以信任他，不會對於這種不幸（雖然絕非單一）、友軍的槍擊事件吹毛求疵，而且會告訴步兵的家人他死得壯烈。有時戰爭裡，如同他後來說的，事實需要謊言保護。

「對於死亡與受傷，僅見眾人漠然。」邱吉爾告訴克萊門汀，營中不到一個禮拜就有三十五人死傷。[28]

一九一五年二月，海軍部某次晚餐，邱吉爾告訴薇奧蕾・阿斯奎斯，「當人看著上天降臨死亡與災難——極爲任意偶然，毫無公平或權宜可言——只會深深感覺生命之渺小。無論是生是死，都不如個人以爲的重要。這裡毫無安排可言，令人懷疑更大的計畫尚在別處。」[29]此時他就和許多人一樣相信宿命。

「在事件轉變之際，我感覺不到絲毫厭惡。」十一月二十七日，邱吉爾寫道。勞合喬治、麥肯納，以及「老木頭」——他指的是阿斯奎斯，「都遠在天邊，像是中國偏鄉的官員。」[30]然而，他還是請她「和政府保持聯絡。對我們的前途表現完全有信心。抬頭挺胸……最重要的是，不要擔心我。如果我的使命未竟，就應獲得庇佑。」[31]她回信道，如果他因爲過分暴露自己而被殺，「世人可能認爲你爲了達達尼爾海峽的責任過度悲傷而尋死。努力活命是你對國家的義務（也是你身爲軍人的榮譽）。」[32]

十二月一日至十日之間，他回到聖奧梅爾，和他在一起的三個人，後來對他極爲重要：路易斯・斯皮爾斯、馬克斯・艾特肯、阿契伯德・辛克萊。這些在戰爭中形成的友情，與和平時期不同，而且更爲堅定。「沒有什麼比戰場上的英勇行爲對他影響更深。」幾年後，他的副官寫道。所以他喜歡斯皮爾斯也不意外，他是首位在一九一四年八月抵達前線的英國軍官，受傷多次，獲得軍功十字勳章。[33][(1)]一九一六年十月，當他再度受傷時，邱吉爾寫信給他：「親愛的路易斯，今早我在傷亡名單四度看見你的姓名，內心激動不已。你確實是一個聖騎士，配得上浪漫傳說時代不折不扣的騎士階級。」[34]聖騎士是追隨查理大帝的勇士，後來他熱愛以此描述許多戰爭中表現英勇的朋友。

馬克斯・艾特肯爵士（一九一七年成爲畢佛布魯克勛爵）是保守黨議員，也是博納・勞的朋友，他和博納・勞一樣，來自加拿大紐布朗斯維克（New Brunswick）。他在故鄉加拿大因爲經商而有些不佳的風評，但在英國，他擁有《環球報》(*The Globe*)，並祕密持有《每日快報》的股份(很快就完全買下)，也想接手《旗幟晚報》(最後他也收購)。邱吉爾總是特別關心報社業主。他和艾特肯的共同點，除了政治野心和歷史愛好外，也都深信阿斯奎斯經營戰爭失當。

阿契伯德・辛克萊爵士是二十五歲的蘇格蘭準男爵暨軍人，一九一〇年起在近衛騎兵團服役，但現轉至機槍團，邱吉爾讚賞這個人的勇氣與魅力。[35] 壕溝服役的經驗將他們的人生相繫，而且邱吉爾發自內心談論政治的信件，很多都是寄給辛克萊。辛克萊是自由黨人，未來也會成爲黨魁。

邱吉爾在聖奧梅爾從軍需官的角度研究補給系統。「我打算從基地跟著一片餅乾到壕溝等地。」他寫道。[36] 但他的興趣不只是餅乾，他交給帝國防禦委員會的一篇文章，名爲〈攻擊的變異形式〉(Variants of the Offensive)，預見坦克戰略從一九一六年起將會爲英國遠征軍帶來優勢，一九四〇年對德也會獲得重大勝利。「它們可以橫越任何一般的障礙、溝渠、矮牆、壕溝，」他談到稱爲「履帶牽引車」的武器，「它們可以攜帶兩、三之馬克沁機槍，也可以配備火焰裝置。除非直接被野戰炮擊中，沒有什麼能夠阻擋。一旦碰到敵軍的鐵刺網，它們或右轉，或左轉，或直搗敵軍的壕溝，以火力橫掃他們的胸牆。」[37] 他希望當這些機器可得時，約翰・弗倫奇爵士也許可以應用在作戰之中，但又告訴克萊門汀，「那個討厭的阿斯奎斯和他那群無能又工於心計的部下會搞砸一切。」他告訴她，每晚睡前都親吻她的照片。[38]

雖然卡凡勛爵說服邱吉爾，應該先指揮一個營(大約七百人)，再接下一個旅(兩千八百人)，但是十二月四日，上將弗倫奇怕他就要被阿斯奎斯召喚回去擔任英國遠征軍總司令，因此又讓邱吉爾改變心意去指揮一個旅。克萊門汀反對，認爲許多人會覺得他在壕溝的時間不夠久，資格不夠。她說得對，而且他需要更多西線的實務經驗，才能接下這樣繁重的工作。儘管如此，邱吉爾相信他會被分配第十九師的第五十六旅，而且想要任命斯皮爾斯爲少校、辛克萊爲參謀上尉。他告訴克萊門汀，他不在乎「批評和挑剔」，因爲即使他已經指揮一個營，別人也會批評他「把營當成墊腳石等」。[39]因此，他要她去購買准將的制服裝備。

「我內心還是深信，我最偉大的工作尚未完成：而我沿著強風平穩前行。」他告訴妻子，「阿斯奎斯受到懲罰與K曝光的時刻愈來愈近，那兩個卑鄙的人幾乎毀掉我們的機會。也許我會反擊，而且不會感到愧疚。」[40]然而，阿斯奎斯可能會因任命邱吉爾而在下議院遭到攻擊，於是十二月十五日，他要取代弗倫奇的道格拉斯．黑格爵士取消邱吉爾的准將派任。當邱吉爾得知時，他寫信給克萊門汀：「我完全傾向認爲（阿斯奎斯）那樣的行徑已達惡劣與吝嗇的極限……我個人覺得每條聯繫已經切割……所有關係應該停止。」[41]十二月二十日，他寫道：「爲了保住官位，阿斯奎斯會把任何人丟向狼群。」[42]儘管如此強烈的情緒，他還是去壕溝拜訪首相的兒子瑞蒙．阿斯奎斯（Raymond Asquith），聖誕節放假三天回去倫敦時，也見了阿斯奎斯本人。克萊門汀策略性地接待客人，著眼在他最後復出時，而她的建議是不要「燒掉任何船」，既然首相對待他也不比勞合喬治更糟。關於後者，她說：「我向你保證，他是加略人猶大的直系子孫。」[43]

新年前夕，邱吉爾到黑格的司令部拜訪他，戰爭期間他還會這樣拜訪他數次。他們面對面時總是相處愉快，無論那幾年他們私下寫了或說了對方什麼。（某次黑格謝謝邱吉爾給他一份備忘錄，說他「讀得津津有味」，但其實他在上面寫了「廢話連篇」。）[44] 邱吉爾不太同意黑格的情報主任准將約翰・查特里斯（John Charteris）爲了支持黑格先入爲主的理論，因而強調某些證據。「政策錯誤最常見的解釋之一，就是對居高位者說他想聽的話。」他後來在《世界危機》中寫道，「生死攸關的事件，領導者決策時，他的觀點通常比殘酷的事實還要樂觀。」[45]

元旦當天，他寫了一封非常開朗的信給克萊門汀，關於剛開始的一九一六年：「我認爲我們今年會比去年更好——去年也不算差。無論如何，比起去年一月，我們的未來只會更寬廣，不會更狹隘。」[46] 即使可以當成一輩子最糟的一年，他還是表現無窮的樂觀精神。「我忍不住渴望在海軍部時那樣廣泛指揮的權力。」他承認，「至於海軍，在老貓（貝爾福）的手中昏昏欲睡。」他要克萊門汀，儘管討厭勞合喬治，還是與他保持聯絡，「局勢隨時可能變化，不可避免又會讓我們交會。我們的關係現在很好——也應該繼續保持。我當然不會爲了不能實質指揮戰爭的職位離開戰場。」[47] 幾天之後，他又補充，「我必須仰賴妳經常跟我的朋友聯絡，以及表面上的朋友。」[48] 他終於不再錯看勞合喬治應該納入哪一範疇。

一九一六年一月五日，邱吉爾受命以中校階級指揮皇家蘇格蘭燧發槍團（The Royal Scots Fusiliers）第六營。他要克萊門汀寄來羅伯特・伯恩斯（Robert Burns）③ 的詩。「我要引用他的詩，來安慰並提振他們的精神。我也必須小心不要模仿他們的腔調！妳知道我非常崇拜那個民族。妻子、選區，現在又有一個團來證實我的選擇充滿誠意！」[49] 那個營過去在可怕的洛斯之役大受打擊，失去一半的人與三分之一的軍官。邱吉爾因此得以任命辛克萊爲副指揮官。他們需要防守的前線將近一千碼，是一片平坦單調的平原，靠近普洛斯迪爾次（Ploegsteert）的村莊，位於阿曼提耶赫以北，而且就在梅森（Messines）下方、伊珀爾河沙舌的最南端。士兵很快就把那裡稱爲「普洛街」。那裡是前線相對平靜的地區，當地的平民在去年春天毒氣攻擊期間已經撤離。邱吉爾把時間分別花在勒吉爾（Le Gheer）羅倫斯農莊（Laurence Farm）的高等營司令部，以及距離前線五百碼，普洛斯迪爾次錫安修女救濟院（Sisters of Zion）的營司令部。同時，阿道夫・希特勒正在十哩外弗羅梅勒（Fromelles）的巴伐利亞後備步兵（Bavarian Reserve Infantry）第十六營服役。

邱吉爾對那個營說的第一句話是：「各位，宣戰了——對蝨子。」[50] 關於邱吉爾在壕溝的日子，其中一位軍官安德魯・杜瓦・吉布（Andrew Dewar Gibb）寫了一本絕佳的回憶錄。吉布回憶：「說了那句話後，他就開始暢談**刺蚤**（pulex Europaeus，蚤類的其中一屬），其來源、成長、習性、棲息地、古代與現代戰爭中的重要性，令人目瞪口呆，納悶他的學識與能力從何而來。」如同打擊蝨子，邱吉爾強調軍人生活其他的務實面向——毒氣演習、維護步槍、壕溝紀律與例行事務、作戰訓練、行軍進擊等。離開前線，他就引進體育活動、音樂會、合唱。他很快就在自己負責的前線壕溝搭起板子，並且疏通壕溝保持乾燥；此外，建築厚實的胸牆、緊密的鐵刺網、開闊的射界。「沒有更受歡迎的指揮官了，」吉布寫道，「跟過他的人會永遠成爲他忠實的擁護者、崇拜者。」吉布注意到邱吉爾鼓勵營的醫官談論自己的專業，於是發現「溫斯頓有科學**天賦**」。[51]

邱吉爾沒有外出追求軍功十字勛章，但是一位中校在三百碼的無人之地巡邏也不正常，而他去過不止三十次。在這些巡邏中，有幾次他非常接近德軍，甚至聽得見他們交談。手下一位軍官埃德蒙・黑克威爾・史密斯（Edmund Hakewill Smith）回憶：「他常進入無人之地。跟著他去眞是非常緊張。他會用嘶啞的聲音小聲說（我們覺得還是太大聲了），『你走那邊，我走這邊……過來，我找到一個德軍刺網的空隙。立刻過來！』他就像一頭半夜跑到無人之地的小象。」[52] 這位軍官還寫道：「炮彈爆炸時，他從不趴下；子彈響亮飛過時，他也不蹲下。他曾在看見我蹲下時說：『蹲下沒啥鳥用；子彈早就飛過你啦！』」[53] 吉布相信，「他的身上沒有『害怕』這種東西。」[54] 有位上將抱怨最近轟炸頻繁，壕溝變得危險。邱吉爾的回答，逗得聽見的燧發槍團都笑了，「是的，長官，但是您知道的，這是非常危險的大戰。」[55]

在邱吉爾指揮的四個月，他的營上十五人死亡，一百二十三人受傷。十一個死者葬在普洛斯迪爾次的蘭開夏墓園（Lancashire Cottage Cemetery），他們來自亞爾（Ayr）、基爾馬諾克（Kilmarnock）、格拉斯哥、愛丁堡、萊斯特（Leicester）、奧丹。二等兵W・羅素（W. Russell）在一九一六年二月七日陣亡時十九歲。雖然每損失一條性命，就是一個家庭的悲劇，但在西線這麼長的時間，十五人死亡是非常少的數字，象徵邱吉爾密集訓練方針的成功。

一月七日，邱吉爾和傑克・西利參加高階軍官講習，題目是洛斯之役的教訓。講習後，主辦者問起本堂課學到什麼。「我忍住回答『不要再犯』的衝動，」邱吉爾告訴克萊門汀，「但是他們會——我不懷疑。」[56] 他從大戰學到最重要的教訓，就是堅決反對黑格相信的那種消耗戰，而且很快就在索姆河的行動得到痛苦的後果。「所有協約國的計畫都落入大規模侵略，但沒有人知道侵略的方法。」邱吉爾在一九一六年元旦寫道。[57] 到了七月一日索姆河進攻的第一天，還是沒有找到那個方法。

一月二十三日，邱吉爾回到前線的前一天，他寫信給「我最親愛的倫道夫」，告訴四歲的兒子：

我住在這裡一座小小的農場。這裡不像鋤頭農場那麼漂亮，沒有美麗的花，也沒有池塘或樹木可以玩大猩猩（邱吉爾家的遊戲），但是有三隻髒髒的大胖豬。就像我們在樹林看到的那幾隻……我們很快就會行動，接近德軍，然後我們就會反擊，殺死他們。這是因為他們做了錯的事情，造成這場大戰和痛苦。[58]

「多少要笑，而且教你的手下要笑，」他的軍官進去前線前，他這麼命令他們，「戰爭是遊戲，要笑著玩。如果你不能咧嘴大笑，如果你做不到，先滾到一邊，直到你做得到。」[59] 他人生第一次和工人階級生活在一起，而他讚賞士兵部屬，但是那並不代表他只能吃他們硬如樹皮、索然無味的配給肉品，而且他要克萊門汀寄來「厚片醃牛肉」，還有奶油、斯提爾頓起司、火腿、沙丁魚、果乾、「一大塊牛肉派，但不要松雞罐頭或其他昂貴的罐頭」。[60] 教訓屬下時，他也會考慮那個人的軍事經驗。「有人發現，如果一個人因爲某些輕罪被帶到溫斯頓面前，他會問對方有沒有打過洛斯那一仗。」吉布注意到，「如果答案是有，上校就會饒他一次。想當然耳，消息傳開後，過沒多久，營裡的人都說他們打過洛斯那一仗。」[61]

二月一日，雖然他們正在普洛斯迪爾次遭到轟炸，但是邱吉爾正確預測阿斯奎斯如期下臺後，英國政治將會徹底重組。他告訴克萊門汀，「我想共事，而且組成有效治理機構的人」，是勞合喬治、博納・勞、卡森、史密斯、寇松。「記好了。當『等待觀望』(wait and see)[2] 結束，就是這個政府會出來。」[62] 後面兩人曾去法國拜訪邱吉爾，但克萊門汀依舊不認同勞合喬治，說他是「卑鄙小人……我討厭他，幾乎可憐他……以實瑪利！」[63][3] 邱吉爾與權力中心的距離漸漸令他心煩。「我發誓如果我有權力，一定會嚇得他們雞飛狗跳，」他寫道，「就算只有一個月。」[64]

二月初，他在羅倫斯農莊和阿契伯德・辛克萊與其他人用餐時，一顆炸彈在「離他不遠」的地方爆炸，他再次死裡逃生。辛克萊建議他們去附近穀倉的防空洞，「炸得面目全非，灰塵和碎片濺灑滿地，盤子粉碎，椅子解體。每個人身上都覆蓋碎屑，炮兵（只有十八歲）的手指中彈……最幸運的是，這顆炸彈（四・二吋炮彈）沒有完全爆炸。」[65]另一次，邱吉爾所謂的「尼古丁女神」可能救了他的命。幾年後，他告訴《海岸雜誌》的讀者，「如果我沒有回頭去拿忘在法蘭德斯壕溝的火柴，可能就會走向前方一百碼丟出的那顆炮彈。」[66]二月十四日早上六點，「一顆生著悶氣的子彈來到我的門前向我致敬。」[67]六天後，三十磅的炸彈來到他和辛克萊共用的寢室，完全貫穿寢室且直通地窖。「這是兩週以來第三次，我們的寢室被炸彈穿透。」邱吉爾告訴克萊門汀，「我們的生命冷靜地站在深淵邊緣。」[68]

三月初，邱吉爾的幾位朋友，包括詹姆斯・路易・加文、C・P・斯科特、馬克斯・艾特肯、法蘭西斯・霍普伍德，紛紛催促他離開陸軍（身為議員，他可以這麼做），回歸西敏寺，反對政府。雖然克萊門汀無時無刻擔心他，但她不同意。三月五日，他休假回來，在另一俱樂部吃飯，同桌還有馬斯特曼、利代爾、艾特肯、史密斯、魯法斯・埃薩克斯（現在是瑞丁侯爵〔Marquess of Reading〕），沒有人勸阻他批評政府。政府的財政大臣勞合喬治隔天和邱吉爾共進午餐，也跟弟弟說，「他很想回來，厭倦壕溝了。」[69]

一九一六年三月七日星期二，邱吉爾在下議院發表演說，徹底毀滅任何他可能提前回來的希望，還讓對手在他「判斷錯誤的清單」又添一筆。他開口，謹慎但重重打擊海軍部。「即使只是短暫片刻，你亦承擔不起放縱自己依靠在槳上休息。」他說，「你必須持續以最高速度推動這臺巨大的機器。失去勁頭，不只是停止，而是傾覆。」[70]至此，眾人都還洗耳恭聽，但是演講最後，他提出所謂的「務實建議」，是「召回費雪勛爵擔任第一海務大臣」。下議院瞠目結舌，歷史學家恐怕也是這樣；憑他早年的聰敏，以爲他會知道費雪這號人物有多麼容易失控。

回頭去找那個摧毀他職涯的人，這項荒唐的提議正好提供機會讓貝爾福大肆反擊。邱吉爾因此落入政治災難。《旁觀者》(*The Spectator*)報導：「政治賭徒停不下來的自我主義」，而瑪歌・阿斯奎斯評論那篇演講「荒謬愚蠢！……他眞是個危險的瘋子」。查爾斯・貝雷斯福德勛爵稱邱吉爾的演說是「邪惡的宣言」，而《泰晤士報》的傑佛瑞・道森(Geoffrey Dawson)則寫道：「整個詭計最終慘敗，而隔天下午，貝爾福先生在一場盛大的辯證攻擊中，狠狠斷了溫斯頓的後路。」[71]

邱吉爾知道自己嚴重失策。那天晚上，邀請薇奧蕾來他母親位於大理石拱門的家；她發現他獨自一人在那裡。「我永遠忘不了後來對話中的痛苦。」她寫道：

他的臉色蒼白，目中無人，一臉防衛。我知道最好不要批評、責備，甚至不要問那個折磨我的問題——「你被什麼附身了？你為什麼要那樣做？」同時我看到，無論他的動機為何，他明白自己徹底失敗，無法完成打算做的事。他的長矛斷了。他以為的寬宏大量——為了更偉大的目標，也就是我們海軍的霸權，原諒費雪對他做過的不義行為——人們卻不那樣看待。反而覺得那是拙劣的賭徒自取滅亡。[72]

依舊在心靈上愛著邱吉爾的薇奧蕾，溫和但堅定地建議他回去法國，她稱：「這個任務困難又痛苦，因爲我並不想強調他的演講已經重創他的地位，繼而加深他的挫敗感，而且現在離開陸軍只會繼續重創。但更糟糕的是，如果我的話有任何作用，可能是在勸他回去尋死，想到這一點，我就感到恐懼。」[73] 翌日，邱吉爾去唐寧街十號見阿斯奎斯。阿斯奎斯建議他不要像他的父親一樣，「因爲一時衝動斷送政治生涯。」[74]邱吉爾提到他的支持者，阿斯奎斯坦白回答：「現階段你沒有可以算數的支持者。」「他們道別時，溫斯頓眼中泛淚。」薇奧蕾回憶。阿斯奎斯又告訴他的女兒，「溫斯頓幾乎不曉得別人對他的態度，眞是奇怪。」[75]隔天，邱吉爾回到壕溝。

「下次見到你，希望我倆能有一點獨處的時間。」二十九歲的克萊門汀在三月二十五日寫信給丈夫，這是她少數提及婚姻生活的時候，「我們還年輕，但時光飛逝，偷走了愛，僅留友誼——平靜，但不令人興奮或溫暖。」[76]她知道下次他放假，將會忙著進行各種政治活動。她在請求撥出時間相愛。他回答：「噢，我親愛的，不要對我說『友誼』——每過一個月，我就更愛妳，而且我需要妳，和妳所有的美麗。」他告訴她，他多想去義大利或西班牙「一些可愛的景點」，「只是畫畫或一起散步」。[77]

三天後，說到差點擊中他的炮彈，他設想自己的死亡，透露輕率。他寫道：「再也無須解開糾結，再也無須面對焦慮，再也無須經歷仇恨與不公：我所有的敵人都很快樂，老賊（阿斯奎斯）鬆一口氣，成敗參半的人生這樣結束也好，這份最後的禮物，儘管微不足道，但獻給忘恩負義的國家——英國戰爭能量的枯竭，無人知曉、度量、哀悼。」[78]其中當然有些自怨自艾，但也有些客觀分析，尤其最後一句。「有時候我認爲我不介意死掉。」他告訴她，「我被自我主義吞噬，以致希望在另一個世界有另一個靈魂，而且在不同的時空與妳相遇，給妳偉大愛情所有的愛與寵幸。」[79]

克萊門汀內心相信丈夫，無論人格或政治上，但是認爲此時從壕溝回來操之過急，恐怕此舉會遭到誤解。「我知道（儘管所有的悲慘事件）最終你會獲勝。」四月六日，她寫道，「而且不久的某天，也許不到五年，你在這個國家會登上統御的高位。人民會推崇你、尊敬你。」[80]但是那時候，邱吉爾的感覺比較像在普里托利亞的戰俘營，而且嚴厲地回答：「如果妳以爲我留在這裡，什麼都不做就能恢復我的影響力，就是妄想。」[81]

然而，克萊門汀還是堅定立場，給予邱吉爾從以前到現在最好的建議。她告訴邱吉爾，如果太快回到下議院，看起來像在投機，但是留在前線，「你在國家需要時爲國效力，你的地位就是光榮、**可以理解的**。如果你在召喚之前回來，可能會削弱自己……我親愛的，**就這麼一次**，我請求耐心。耐心等候，時機將會到來……我不能承受你失去你的軍人光環……你永遠是個有趣的人物，當個偉人，我親愛的。」[82]

邱吉爾留下。然後五月初，師裡蒙受大量損失，以致幾個營必須合併。第六營是其中一個，而且由於另一位上校比他資深，邱吉爾得以光榮返回倫敦。「那眞是最幸運又自然的結果，」他告訴克萊門汀，「而且等待都值得了。」[83]他在壕溝只待了六個月就離開陸軍，這一點當然會被他的敵人扭曲。後來的國王侍臣艾倫・拉塞爾斯（Alan 'Tommy' Lascelles，綽號「湯米」）當時在貝德福郡的義勇騎兵隊服役，他寫信給朋友，「那個頭號江湖騙子以前已經多次暴露自己是個極端無賴。」「只有那個政治丑角，會在國王的制服因沾上令人不快的壕溝泥巴而發硬時，將其拋在一旁……他不是內閣大臣，他沒有支持者，他在國內經過試驗後未能合格。他正值兵役年齡。爲何他不能努力學習以肉身跟德軍作戰就好，舌頭安分一點？」[84]

邱吉爾反而選擇相反的路。他私下告訴弟弟傑克，「阿斯奎斯執政迷迷糊糊、消極懶散、無人能比。」

在公開場合，接下來十四個月，他展開一連串演講，說服人民——尤其是勞合喬治——他在政府外面比在政府裡面更危險。五月，他呼籲成立獨立的空軍部，表示空防的效果「當今大於九十五%。這個事實無法爭辯。恐懼可能會討厭空防，無知可能會嘲笑空防，惡意可能會扭曲空防，但你需要空防。」[85]畢竟他自己在戰爭初期曾經負責英國的空防，可以取信於人。一週後，針對陸軍辯論時，邱吉爾結合兩個最喜歡的歷史時期，提出他的觀察，「如果要徹底打敗德國，就要像打敗拿破崙和南方邦聯（Confederates）④那樣，也就是說前線的人數差距懸殊，他們無法繼續堅持，或無法遞補損失的人力。」[86]當時的政治人物還是很少有人熟悉軍事戰略。

從一九一六年五月三十一日下午開始，到六月一日上午，日德蘭半島（Jutland）發生英國史上最後一次公海艦隊戰役。英國慘勝，損失三艘戰鬥巡洋艦、兩艘巡洋艦；配備裝甲的勇士號（HMS *Warrior*）操作失靈，於是全員棄船。英國損失五艘驅逐艦，六艘去向不明——無論人或船，都比德國嚴重太多。然而德國艦隊被迫回去港口，直到戰爭結束未曾再次出港。後來邱吉爾談到上將傑利科，「一個下午就輸掉戰爭的人，在任何一方，他都是唯一一個。」[87]雖然日德蘭半島的問題常被歸咎於邱吉爾曾任第一海軍大臣，但這場戰役三艘被炸毀的戰艦——不倦號（HMS *Indefatigable*）、瑪麗皇后號（HMS *Queen Mary*）、無敵號，都是在他當上第一海軍大臣之前啟用或興建的。

海軍部六月二日發出第一則公報，又在翌日一大清早發出第二則。損失嚴重的消息引發英國各界譁然，於是貝爾福要邱吉爾將此戰役寫成正面的讚賞文章。他照做，產出六月三日的第三則海軍公報，內容表示「這場戰役對於邁向完全勝利是決定性的一步」。[88](4)

湊巧的是，六月一日，政府宣布將對達達尼爾海峽失敗一事組成調查委員會，這正是邱吉爾為了洗刷名聲，已經要求數個月的事。起初阿斯奎斯宣布，所有相關官方文件都會釋出，接著又改變心意，表面稱是基於安全考量。邱吉爾與伊恩・漢密爾頓努力證明，不是他們做了什麼，所以失敗，而是基奇納不斷改變計畫，導致行動裹足不前。「溫斯頓剛才似乎有點偏頗，也很激動，」珍・漢密爾頓在五月二十九日的日記寫道，「但是他有活力，也有遠見，而且是謹慎與『等待觀望』的敵人……他在房間裡踱步、抗議、吶喊，對著我練習演說……他談到基奇納勛爵就極為激動，說他的腦袋裡有隻會吐口水的蟾蜍，他把手按在頭上，表示對付這種笨蛋多麼疲累。」[89]

六月六日，午餐時間，邱吉爾和漢密爾頓在克倫威爾路四十一號準備他們的案件，如同漢密爾頓回憶，「我們聽到街上有人大喊基奇納的名字。」那是手臂抱著一疊報紙的小販，大喊：「基奇納溺死！無人生還。」基奇納搭乘裝甲巡洋艦漢普夏號（HMS *Hampshire*），前往俄羅斯與沙皇討論軍需供應和軍事戰略——正是漢基曾經建議讓邱吉爾去做的事。漢普夏號在前一天撞到水雷沉沒。「我們走進飯廳，」漢密爾頓回憶，「溫斯頓示意大家就坐，然後在他坐下前，非常莊重地引述：『他死的時間相當幸運！』」邱吉爾和漢密爾頓原本正在準備他們認為基奇納無法辯駁的案件，而現在他們無法這樣對待死去的英雄。「那是場沉重的午餐——沒有人閒聊。」漢密爾頓回憶，「溫斯頓說K可能會被救起來，但我告訴眾人，他向來很怕冷水。」[90]

七月一日開始的索姆河之役，協約國前三週的死傷將會超過加里波利整整八個月的人數。[91]陸軍部提出數據，表示德國損失嚴重，邱吉爾不相信，抱怨「政府有權從其雇員那裡得知事實」。[92] 他是對的；那個數據太大。十一月，悲劇已衆所皆知後，他在內閣與帝國防禦委員會發送一篇文章，名爲〈機械動力於陸地進攻之廣大應用〉（The Greater Application of Mechanical Power to the Prosecution of an Offensive on Land）。他詳細描述飛機轟炸、芥子毒氣與其他毒氣、壕溝迫擊炮、鐵道大炮能夠達到什麼成果，但最重要的是坦克與其他履帶牽引的工具。沒有人在意這篇文章，所以他在一年後又寫了更短的版本，並且建議停止黑格與陸軍參謀長上將威廉・羅伯遜（William Robertson）顯然偏好的昂貴攻擊，只是「因爲總比什麼都不做來得好」。[93](5)

邱吉爾這次也發送一篇論索姆河戰術的文章。「我們可以就像眞的發動攻擊一樣，威脅要發動攻擊，藉此把德軍阻擋在我們的前線。」他主張道，「只要有一支軍隊擁有強大的攻擊武力，敵人就會嚇呆。但是藥效過後……敵人的焦慮抒解，又會恢復攻擊能力。」[94] 阿斯奎斯的那份，某人，可能是他的機要祕書莫利斯・博納姆・卡特，在上面畫了一個問號，寫上「垃圾」這類的字眼。[95] 九月十五日，首相的兒子瑞蒙・阿斯奎斯陣亡。邱吉爾後來寫到他的朋友，「當近衛步兵大步邁向索姆河的風暴時，他冷靜、沉著、堅決、淡定、自信地走向命運。」[96] 寫給阿斯奎斯的信中，邱吉爾說：

> 他是如此勇敢，而且最危險、最切身的任務才能令他滿足……他的魅力獨特，才能卓越。他是如此優秀又如此謙虛，極其不凡又極其願意犧牲。重要的是，他似乎超越世間一切事物，又如此享受人生，築夢踏實……上蒼狠心終止這如此得人疼愛、稀有珍貴的生命，我與你同哀。[97]

索姆河之役粉碎邱吉爾對黑格可能抱持的任何信心，他私下不討厭黑格這個人，但希望勞合喬治開除他，最好連羅伯遜一起。「打贏戰爭靠的是屠殺和策略，」他在《世界危機》寫道，「將領愈高明，就愈能貢獻策略，愈不需要屠殺。」[98]一九三五年十月，邱吉爾在《每日郵報》評論阿弗雷德・達夫・庫柏(Alfred Duff Cooper)爲黑格著作的傳記，他表示黑格的策略極爲守舊、缺乏創新：「史上了不起的將領要有神祕、天馬行空、邪惡的天才，才能支配大局、避免屠殺，而且出奇制勝，但是沒人察覺一丁點這種天才。」[99]

一九一六年八月，達達尼爾委員會召開會議，經過二十二次聽證，在一九一七年二月公布期中報告，洗刷邱吉爾一意孤行的罪名。「我抱持希望，可能會公布眞相，」委員會第一次開會前，他告訴西利，「但是失敗和悲劇則要共同分攤。」[100]之後委員會又召開另外六十八次聽證，從一百七十位證人取得證據，並在一九一七年十二月四日公布最終報告。報告包含邱吉爾希望看到的兩個眞相：費雪最初毫無開口表達反對，以及基奇納並未派出軍隊支援海軍進攻。

邱吉爾請求阿斯奎斯公開他和德・羅貝克所有的電報，以及戰爭委員會所有的會議紀錄，但漢基向阿斯奎斯建言，認爲那些資料恐洩漏國家安全，因此阿斯奎斯拒絕。(直到過了很久，在龐大的政治壓力下，他才終於答應。)邱吉爾同時持續在下議院抨擊政府。「我們不能一直把大戰當成緊急事件，想用權宜之計解決。」他在八月時說，「直到結束爲止，那都是一場龐大、全體動員的國家事業，而且直到結束爲止，是我們全體生活唯一的意圖與目標。國家的一切設計與運作，現在應該以發展並維持最高戰爭實力爲考量，而且沒有期限。如果你想縮短戰爭，就這麼做。」[101]十一月時，他再次直言不諱。「打仗的國家就是一支軍隊。」他對著下議院說，「這個國家必須被當成一支軍隊；組織必須像一支軍隊，指揮必須像一支軍隊，而且配給、供需，也都應該像一支軍隊。許多我們毫無招架餘地的事件，無情催促我們面對這個殘酷的事實。」[102]他強烈要求政府基於百姓士氣，調節食物價格，國有化航運，而且預防「私人累積過高利潤」。[103]這場演講是他首次提倡「戰爭社會主義」的措施；一戰沒有採納，但二戰隨即實施。

「英國海軍部精神委靡，惰性盛行。」九月三十日，他寫信給克萊門汀的弟弟比爾‧奧齊耶（Bill Hozier），「但是每個人看起來都很滿意——所以沒有批評。之於大目標，沒有計畫，沒有冒險精神，沒有努力。只是坐在寬敞的寶座打瞌睡。」[104]他的批評惹惱建制派。九月二日，《旁觀者》聲稱，「對於我們的政治生態，他的影響幾乎全是負面，因爲除了個人升遷以外，毫無其他動機。」[105]邱吉爾畢生充滿野心，但是說他沒有其他動機就太荒謬了。從他這段期間的信件，清楚可見他亟欲推翻拖拖拉拉的阿斯奎斯，實現有力且有效執行戰爭的政府。到了那一年年底，特別是索姆河的屠殺在十一月中以平手告終後，絕大多數的保守黨議員對阿斯奎斯的觀感都和邱吉爾相同，[106]他們希望改變，但不希望邱吉爾從中得利。

一九一六年十二月五日，等待已久的政變終於展開，由勞合喬治與博納‧勞帶頭，五名內閣大臣不滿阿斯奎斯的戰爭指揮，辭去內閣，同時逼迫阿斯奎斯在同天晚上辭職。雖然國王邀請博納‧勞擔任首相，但他回絕，而且依照計畫的條件支持勞合喬治。所以勞合喬治成爲首相；博納‧勞當上財政大臣，而且帶著一位默默無名的議員進入財政部，名叫斯坦利‧鮑德溫，是政治新手。

博納‧勞的機要祕書J‧C‧C‧戴維森（J. C. C. Davidson）回憶一九一六年十二月的危機與餘波，其中有個顯著的特色，「就是博納顯然不喜歡溫斯頓，那是不喜歡與不信任互相交錯。那種感覺也是互相的。」[107]由於達達尼爾海峽的調查還在進行，就算勞合喬治和博納・勞願意，當時也無法在多黨政府給邱吉爾一個位置，總之，他們也沒那個打算。此時勞合喬治已經改變他之前的判斷，而且問博納・勞：「他支持你比他反對你還要危險嗎？」博納・勞回答：「我寧願他每次都反對我們。」[108]新政府公布後，《泰晤士報》報導：「據悉，邱吉爾先生沒有出任新政府的任何職務，令人放心滿意。」邱吉爾自己則對這個結果心煩意亂，而且幾年後，當他回憶一九一六年十二月，當時他被應該是盟友的勞合喬治排除在外，有人引用他說的話，表示那是「人生最困難的時候」。[109]新的戰爭委員會有勞合喬治、博納・勞、寇松、密爾納勛爵，工黨的阿瑟・亨德森（Arthur Henderson）。貝爾福成為外交大臣，邱吉爾在幾年後為此寫道，「他歷經一個又一個內閣……像一隻強大、優雅的貓，從容橫越泥濘的街道，卻不沾上一點泥土。」[110]

一九一七年二月十二日公布的達達尼爾委員會期中報告，著重發動攻擊的緣由與開端。一九一五年一月十三日與二十八日，兩次關鍵的戰爭委員會會議發起這個概念，報告明智地總結：

邱吉爾先生認為他正確代表海軍部專家的全體觀點。本委員會完全無意懷疑他的信心，但是他顯然沉迷於自己樂觀的性情，堅信他倡議的行動勢在必行……邱吉爾先生獲得的支持低於他所想像……戰爭委員會其他成員，尤其主席（阿斯奎斯），當時應該鼓勵專家提出意見，而且其實應該堅持他們提出意見。[111]

一月十三日的會議瀰漫共同的「群體迷思」，鼓勵樂觀主義，不鼓勵切中要害的質問，而費雪與傑克遜的沉默惡化問題，亦應受譴責。「相對專家意見的保證，邱吉爾先生當時對於純粹海軍行動成功的機會較爲樂觀。」委員會指出，「在這樣的情況下，基奇納勛爵也許過分急於抓住機會，提議艦隊單獨行動。」

達達尼爾委員會與一九三二年至一九三三年公布的官方戰爭史，都大幅免除邱吉爾的罪過，雖然還是批評他「沉迷」於成功的希望，但那麼說也公允。報告主要批評的人是阿斯奎斯，他在三月十九日至五月十四日缺席戰爭委員會會議，而且「戰爭委員會的進行過程，氣氛曖昧不明」。[112] 委員認爲，基奇納「並未充分利用他的高級參謀，導致個人承擔過多工作、混淆、效率不足」。[113]

其中一個主要問題是，基奇納和他的陸軍祕書都與漢普夏號一同溺斃，而基奇納如同調查所載：「鮮少告訴任何人他的行動理由與意圖。」[114] 邱吉爾在三月二十六日、二十八日、二十九日接受詰問，費時比任何人都久，但他準備充分，表現良好。「五分之一的資源、努力、忠誠、決心、毅力，白白耗在索姆河的戰役，只獲得幾個破碎的村莊和幾平方哩滿目瘡痍的土地，」他告訴調查人員，「即時用在加里波利半島，大可拉攏巴爾幹到我們這邊，跟俄羅斯聯手，把土耳其排除到大戰之外。」[115]

一九一七年十二月的最終報告總結，行動因爲數個因素不幸失敗。嚴重低估進攻半島的難度，來自西線的資源不足以確保行動成功。一九一五年四月二十五日與八月六日，協約國兩次登陸半島均犯下失誤。報告不認爲主要的責任在邱吉爾身上，反而對漢密爾頓與基奇納，尤其是斯托普福德較爲嚴厲。[116] 下議院辯論這篇報告時，邱吉爾談到尖銳批評策畫人員的部分：「調查委員會可能譴責想要強行通過達達尼爾海峽的人，但你們的孩子會譴責那些沒有支持他們的人。」[117]

但是儘管邱吉爾甚有把握，身邊的朋友卻懷疑他。日記作者瑪莉・貝洛克・朗茲（Marie Belloc Lowndes），也是邱吉爾的朋友希萊爾・貝洛克的姊姊，某天和漢密爾頓夫婦吃完午餐後，在日記寫下：

「大家都在討論溫斯頓・邱吉爾。他顯然要回歸政治生活了。我說我希望他會……但是每個人都唯恐眞的發生。來自號稱非常親近他的人之口。」[118]加里波利之戰的嚴重損失，能夠解釋此時衆人內心對邱吉爾的敵意，雖然這也只是層層累積的因素中最近期的。簡單來說，就是衆人不再信任他的判斷，也不再相信他的解釋。

四十號房破譯一封德國外相阿圖爾・齊默爾曼(Arthur Zimmermann)的電報，鼓勵墨西哥收回德州、亞利桑那州、新墨西哥州，於是美國在一九一七年四月六日參戰。邱吉爾後來寫道，若非美國參戰，大戰「將會以和平談判告終，或者換句話說，德國勝利」。[119]那樣的勝利可能就是U型潛艇封鎖英國，而無法光靠國內生產餵飽人民的英國就會挨餓。直到一九一七年四月二十六日，海軍部才出動護航船隊保護商船。邱吉爾一直主張，商船應在軍艦保護之下集體行動，不管這樣無可避免地更容易引起U型潛艇注意。「這場大戰是長久、密集、激烈的鬥爭，一邊是民主國會機構產出的業餘政客；另一邊是能幹、受過訓練、經驗豐富的海軍部專家與傑出的海事軍官。」邱吉爾對一九三一年出版的海軍戰爭史寫下書評，「驚人的事實是，政客是對的，海軍權威是錯的。而大戰的故事沒有比這點更了不起或更具指導意義。」[120]

儘管他樂觀認爲英國最終會勝利，但不認爲會很快結束。六月二十一日在另一俱樂部，上校查爾斯・蘇弗・惠特本(Charles Sofer Whitburn)跟他打賭五十英鎊，德軍會在聖誕節前被趕到萊茵河外。邱吉爾在底下寫著：「我向上天祈求會，但是……」[121]事實上，他們從未被趕到萊茵河後方；戰爭結束時，所有德國軍隊依舊駐紮在協約國的土地上。

「美國的力量開始在戰場有感前，我們不該浪費法國和英國剩下的軍隊發動突襲。這不是顯而易見嗎？」五月十日，他在下議院的祕密會議這麼說，預言既然「我們沒有成功發動攻擊需要的人數優勢」，一九一七年新的進攻將是「血腥、災難的冒險」，而且應該「為了之後決定性的行動取消」。[122]沒人理他，而屠殺繼續，尤其是七月和十一月之間第三次伊珀爾之役，又名帕森達勒戰役。雖然有幾次勝利，例如上將普盧默（General Plumer）在梅森，但那年幾乎都是血腥的僵局。[123]

邱吉爾持續努力演講。「不到用茶時間，他不會出現在女主人桌前。」一位記者報導，「你可能整天都會聽見他在臥房滔滔不絕，排練演說內容和誇張的動作，伴隨敲打家具的響亮聲音。」[124]他在祕密會議表現傑出——只有議員能夠進入議事廳討論策略的會議——這場演講甚至幫助他的事業回歸正軌。會後勞合喬治在議長的椅子後方告訴他，改組時會重新找他入閣。不是因為邱吉爾可以提供政黨、派系或朋友，而是因為他的聲音。

邱吉爾即將回去政府的傳言，造成統一黨的建制派一陣慌亂。「溫斯頓的威力，無論好壞，我應該說非常巨大。」伊歇爾勛爵告訴黑格，「他的脾氣好比蠟和水銀。」[125]查爾斯・貝雷斯福德勛爵寫信給博納・勞，說他握有「阿爾斯特叛亂當時，邱吉爾命令艦隊……朝貝爾法斯特開火」的證據（其實他沒有證據，因為根本沒有此事）。[126]貝爾福寫信給博納・勞，提醒他：「我們某些人是因為清楚瞭解W・C・不會在內閣才入閣。」[127]保守黨主席⑤喬治・楊格爵士（Sir George Younger）告訴博納・勞，保守黨不會贊同邱吉爾回來。

所以一九一七年七月十七日，勞合喬治單方面任命邱吉爾爲軍需大臣，果不其然引發激烈反應，即使那個職位根本不是內閣閣員。一百位保守黨議員簽署下議院動議，反對這項決定。「雖然我們還沒有發明不會沉的船，我們已經發現不會沉的政治人物。」《早報》強烈批評，「相信我們可以預期，他會持續以國家爲代價，犯下重大錯誤。」[128] 寇松勛爵震怒；德比伯爵威脅辭去陸軍大臣，認爲邱吉爾是「重大危險」，預言他必定會干預。[129] 殖民地大臣沃爾特・隆恩（Walter Long）寫下尖酸的信給博納・勞。《週日泰晤士報》（*Sunday Times*）描述邱吉爾「對政府是重大危險，對帝國也是」，保守黨的志工組織全國統一理事會（National Unionist Council）提出一項動議，稱任命邱吉爾是「對海軍與陸軍的羞辱」，獲得廣大歡呼。[130] 勞合喬治後來寫道，「瞬間政府處於存亡危急之際」，但他知道博納・勞不打算重新讓阿斯奎斯掌權，因此乾脆生米煮成熟飯，向媒體宣布任命，那天後來也避不見面。[131] 同時，邱吉爾必須重新在丹地競選，他以五千兩百二十六票多數獲勝，雖然頑固的禁酒主義者愛德溫・斯克林格獲得的票數整體提升三十%。

軍需部的正式名稱爲戰爭軍需部（Ministry of Munitions of War），總部位於諾森伯蘭大道，特拉法加廣場外，前身是都會飯店（Metropole Hotel）。這個部門雇用兩百五十萬名員工，是全世界最大的購買商與事業雇主。邱吉爾進去後，徹底重組一萬兩千名公僕，分十二個部門，並且任命一個全體的顧問委員會，成員絕大多數是成功的商人。對於機械化的戰爭所需之供給，他採取無所不包的策略，尤其壕溝迫擊炮、坦克、飛機。[132] 到了戰爭末期部門官員人數已經上升到兩萬五千人。十年後，他將自己的大臣職位比爲

「舒服地騎著大象；大象的鼻子，無論撿起一根釘子或拔起一棵樹，都是同樣輕鬆，而且在大象的背上，眼前就是遼闊的景象」。[133] 當然，不在內閣這件事情讓他怨恨不已——雖然他也參加與軍需部相關的內閣會議，而且設法參加許多其他議題的會議。儘管勞合喬治向保守黨保證他不會干預其他部會首長的業務，但他還是參與一般討論，而且當然無法阻止自己想到軍事行動的點子。

二月，邱吉爾在西薩塞克斯的東格林斯特德買下一棟都鐸宅邸，名爲盧倫登莊園（Lullenden Manor）。七月，他邀請漢基夫婦過去。他們在「野外美麗的房屋閒晃」時，漢基回憶：「整體來說，他處於接受懲戒的心情。他向我承認，他在海軍部有點『自恃過高』，而且他說，直到新官上任前，都不知道輿論如此反對他回去從政。我聽了有點驚訝。」但是另一方面，他並沒有那麼感受到懲戒，還是利用漢基來訪的機會，提議海軍攻擊土耳其在地中海的港口亞歷山勒塔（Alexandretta，今伊斯肯德隆〔Iskenderun〕）。漢基注意到，在客人一一列出所有反對與困難前，邱吉爾對那項行動非常「熱衷」。[134]

一週後，海軍策畫科科長上校杜德利・龐德又得對邱吉爾詳細的提案做一次相同的事，這次邱吉爾想在黑爾戈蘭島周圍的德國海岸發動「近距離且積極的封鎖」，意在防止潛水艇外出。[135] 法國和美國認爲這個想法不切實際，拒絕提供任何船隻，但是達達尼爾海峽的事顯然沒有遏止邱吉爾提出海軍的攻擊計畫。在日德蘭半島立下功勞的龐德指出，潛水艇和水雷可能遭遇危險；此外這項行動恐怕嚴重消耗艦隊資源。[136] 現在他學會不要直接對邱吉爾說不，而是從各方面解釋某個特定行動所有的優點與後果。「邱吉爾其實是公平的人，而且如果不是一昧的失敗主義，他往往願意接受專業意見。」爲龐德作傳的作者寫道，「龐德謹記這個方法，而且在下一次大戰也經常運用。」[137]（一九一七年，邱吉爾也向勞合喬治建議，利用人造浮港攻擊波爾昆的弗里西亞群島〔Frisian Islands〕和夕爾特島〔Sylt〕，這個想法成為諾曼第登陸日當天，諾曼第岸邊桑椹碼頭〔Mulberry harbours〕的前身。）

第三次伊珀爾之役於七月三十一日開始。十月二十六日後，黑格又投入四個加拿大的師加入攻擊，邱吉爾對英國將領持續進攻感到非常生氣。他後來在《世界危機》裡寫道：「不能說『那些軍人』，也就是說參謀，沒有任性而為，他們將黯淡的實驗進行到最後，他們取走向英國索求的一切，他們耗損英國陸軍的人力與武器，幾乎到達毀滅的地步。他們在最直白的警告和回答不出來的質疑面前，仍堅持己見。」[138]一九一九年，他建議伊珀爾市中心堆成山丘的碎磚破瓦應該永遠保留，作為戰爭毀滅的紀念。這個想法並未獲得支持，而且被摧毀的中世紀布料廳（Cloth Hall）⑥在他有生之年都未被重建。[139]

在新的軍需大臣監督下，坦克、機關槍、飛機、芥子毒氣產量遽增。當然他也面對批評——一名上將描述坦克是「溫斯頓的愚行」——但他絕不會因此退卻。[140]也是這時候，他開始要求資料「寫成一頁」，他在二戰也這麼要求。[141]一九一七年十月，他幫軍需用品工人加薪十二・五%，而且就任大臣期間，提供美國遠征軍大量武器，包括一百六十四座重炮、三十萬枚手榴彈、一千一百萬顆子彈、四千五百五十三輛貨車、八千一百輛客車、四百五十二架飛機。[142]十一月的坎布雷之役（Battle of Cambrai），三百七十八輛英國坦克協助抓到一萬名德國俘虜。一九一九年，黑格在最後一次戰報承認，只有在一九一八年，才有可能除了交通外，不受任何限制來進行炮兵行動。[143]邱吉爾的職員將這句話印在一張圖表上，顯示他任軍需大臣期間炮和炮架產量大幅增加。

邱吉爾持續前往前線。一九一七年九月中，他再訪黑格的司令部。艾迪・馬許後來寫道，當他們抵達威什考特（Wytschaete），「我們才剛踏上隆起處，六吋炸彈馬上在身邊爆炸……面前六十碼至一百碼處的地面升起陣陣煙霧，炸彈碎片只距離我們五、六碼。」[144] 次日在黑格的副官少校德斯蒙・摩頓（Desmond Morton）陪同下，他們前往第一澳紐軍團的司令部，傑克・邱吉爾是那裡的營地指揮官。摩頓是另一個聖騎士，曾在那年稍早的阿哈斯之役（Battle of Arras）獲得軍功十字勳章，而且儘管子彈擊中心臟，他仍帶著那顆子彈繼續服役兩年。後來他會成爲二戰期間邱吉爾的三名私人助理之一（特別負責情報）。馬許回憶那次旅程，他們看到一座墓園，「在我看來，應該擠滿兩千個十字架，外面還有一疊多出的十字架，準備接著插進去。」[145]

隔天，在波濟耶爾（Pozières）和拉布瓦塞勒（La Boisselle），邱吉爾與馬許看見「**到處**都有小小的無名十字架，單個或成堆，如邱吉爾所言『像雪花一樣』。」[146] 他們走過拉布瓦塞勒的大坑洞，德軍的前線從這裡開始延續到巴波姆（Bapaume），然後「穿過一連串的營地與被開膛取臟的村莊，直到抵達阿哈斯，那裡沒有一棟房屋是完整的」。邱吉爾跟陸軍第十五軍的專家討論毒氣需求，之後到附近拜訪他以前待的皇家蘇格蘭燧發槍團。接著，花了半個鐘頭走向戰場——「炮彈飛過我們頭上」。「只要是他想做的事，溫斯頓就不理會時間。」馬許記錄，「這點眞了不起，他堅信時間會等他。」[147] 士兵行進經過，向他揮手歡呼，表示當然不是所有人都討厭他。「他像潘趣先生（Punch）⑦一樣高興。」[148]

詩人西格夫里・沙遜（Siegfried Sassoon）是邱吉爾想要網羅進入軍需部的人，他描寫一九一七年九月底的邱吉爾「嘴巴叼著大雪茄，在房裡踱步」，極爲貼切。沙遜回憶：

他慎重向我澄清，作為政策的工具，並激勵個人的光榮成就，軍國主義不只運用在作戰方式的領域，也在社會進步的領域。他主張，當下的戰爭已經帶來創新的發明，能夠改善人類處境。例如，衛生條件大幅進步。[149]

即使我們把最後一句當成諷刺，他的清單也可以提到空對空通訊、水聽器、整形手術、行動X光機，輸血、夏令時間、女性解放、酒吧打烊時間、殖民主義落幕開端——雖然他不見得會爲最後三項高興。「他不時走向我，」沙遜記得，「頭部前傾，雙手交叉在後，說出響亮的結語。」[150]沙遜沒有被說服。「他讓我覺得，作爲一個人，他非常討喜。」他寫道，「但是他說出口的所有觀點，我幾乎都不同意。」[151]邱吉爾說戰爭是「人正常的職業」，還補了一句「園藝也是」，想合理化那個陳述。[152]

十一月七日，布爾什維克黨人在彼得格勒（Petrograd）掌握大權，即之前的聖彼得堡，後來他們重新命名爲列寧格勒。「歷史上的所有暴政中，布爾什維克的暴政是最糟的，」戰後邱吉爾簡短地說，「最破壞、最惡劣……比德國軍事主義糟糕多了。」[153]那是眞的，但是不久後勞合喬治就會警告他，他對布爾什維克主義的「執著」正在「打亂（他的）平衡」。[154]邱吉爾描述俄羅斯革命「是毀滅的大浪，吞噬上千萬個人類。這些事件的後果……將會讓我們子孫的世界一片漆黑。」[155]這不僅是預言，數字也準確——至少兩千萬人死於蘇維埃暴政——但反共主義會讓他在政治上付出重大代價。勞合喬治會在一九三九年宣稱，邱吉爾對布爾什維克黨的態度受到他的階級背景渲染：「他的公爵血統反對俄羅斯完全消除大公。」[156]但是那個背景並未阻止他離開保守黨，支持人民預算，數落上議院，支持遺產稅、土地稅、愛爾蘭自治——

難以期待「公爵血統」的人採取這些立場；也不必然要是上層階級，才會像沙皇、沙皇的妻子、他們年幼的孩子那樣被弗拉迪米爾・列寧（Vladimir Lenin）處決。邱吉爾討厭共產主義，他在一九二〇年七月說過，因爲共產主義打擊「人類精神與人類權利」。「我對布爾什維克主義與布爾什維克黨人的仇恨，不是基於他們愚蠢的經濟制度，也不是不可能達成的平等教條，而是由於他們在攻克的所有土地，實施血腥和毀滅的恐怖主義，而且只靠那樣才能維持他們犯罪的體制。」[157]

十二月十日，邱吉爾在貝德福（Bedford）的玉米交易所（Corn Exchange）⑧演說，「英國和美國並肩作戰的時間愈久，戰鬥愈激烈，雙方付出的努力愈多，盎格魯－薩克遜英語家族的兩個分支就拉得愈近，他們的同志情誼也愈眞摯，這場戰爭也會成爲雙方的羈絆……因此……戰爭結束時，我們理所當然可以思考世界未來的支柱。」[158]雖然美國參戰，但他告訴時任皇家飛行隊指揮官的休・特倫查德，這場戰爭會持續很久。[159]

二月底，邱吉爾和當時指揮第五十七師的雷金・巴恩斯一起去了普洛斯迪爾次和伊珀爾，他什麼也沒看到，只有一片廢墟。他告訴克萊門汀，那裡——

什麼都沒有，除了布滿炮彈坑洞的焦土，以及幾根殘幹。這樣的景象方圓七、八哩皆是……三年半的戰爭，我們近八十萬位英國弟兄流血喪命。許多我們的朋友和我的同輩都在這裡殞落。死亡似乎習以為常，像殯葬人員那般不驚不擾，只是自然正常的現象，隨時可能發生在任何人身上。[160]

他的回應就是寫給內閣一篇文章，提倡「不是五噸，而是五百噸的炸彈，每晚投入敵軍的城市和工廠」，目的是盡早結束戰爭。[161] 技術上可能實現那個想法前，戰爭就結束了，但是邱吉爾心中已經埋下未來的策略種子。

一九一八年三月二十一日，德軍沿著西線發動大規模的盧登道夫攻擊行動（Ludendorff Offensive），希望能在美國軍隊開始大批抵達前突破僵局，贏得戰爭。他們橫掃一千兩百平方哩，俘虜七萬五千名英國士兵與一千三百座炮彈，深入亞眠（Amiens）七哩。到了五月，他們已經抵達馬恩河，距離巴黎僅四十五哩。四月十九日，邱吉爾可以對國王吹噓：「這場大戰丟掉的每座炮彈都已補齊。」[162] 五月二十七日，德國一日之內前進十七哩，創下整場戰爭在西線的紀錄。邱吉爾只在英國第五軍前線後方一萬碼處。「大炮聲絡繹不絕，多半在遠方，還有轟然爆炸的空襲。」他後來回憶，「然後宛如鋼琴家的手從高音滑向低音，不到一分鐘，響起一聲我聽過最猛烈的炮擊。紅色的火焰從我們四周掃過，形成一道寬廣的弧線。」[163] 幾年後，邱吉爾會想起這次春天的攻擊。一九四五年三月，他向部會首長「生動描述」這件事。[164] 即使看似疲憊的德國，依然充滿反擊能力，他對這點留下深刻敬意，部分也能解釋爲何德國在一九四四年十二月發動阿登戰役（Ardennes Offensive）時，邱吉爾不像其他人那麼意外。

德國發動盧登道夫攻擊行動時，邱吉爾在巴黎與法國的對口協調軍需生產，而三月三十日，他和法國總理喬治・克里蒙梭（Georges Clemenceau）討論策略情勢，與會者另有法國高階將領費迪南・福煦（Ferdinand Foch）、菲利普・貝當（Philippe Pétain）、馬克西姆・魏剛（Maxime Weygand），以及上將黑格、上將羅林森。邱吉爾迫不及待認識克里蒙梭。克里蒙梭在十一月就職後，便身兼總理與國防部長。「這位老先生對我非常和藹，言談充滿自信。」他告訴克萊門汀，[165]「他是了不起的人物……擁有不屈不撓的精神和活力。」邱吉爾寫到和他在莫勒伊（Moreuil）北方一同觀戰，「最後我說服這隻年邁的老虎脫離他所謂『un moment délicieux』⑨。」[166]

在一九三七年出版的《傑出的同代人》，邱吉爾精湛地描述這位人物。「克里蒙梭體現並代表法國，」他寫道，「就像任何一個人類，奇蹟似地放大，就會是一個國家，而他就是法國。」克里蒙梭的人生故事就是「奮鬥，奮鬥，奮鬥到底；絕不鬆懈」；他等了半個世紀才等到他的機會，還需要『靠當記者賺得每日的麵包』。」「人人都體會過他的舌頭和他筆下的鞭撻……和平時期鮮少有政治人物遭到更殘忍的追殺與獵捕。」[167]但是卽使在最低潮時，克里蒙梭「也不懇求；從不。叛逆、無法壓制……就是這樣的人，經驗當作武器，背負半個世紀的仇恨，在戰爭最糟的時期，應聲而來掌握法國的舵柄……正是這個時刻……這位凶狠的老先生被召喚至實爲獨裁統治的法國。他重拾權力……許多人懷疑他，所有人害怕他，但命運使然，無法避免。」[168]

對二十五年後邱吉爾本人的預言相當沉重。一九一七年十一月，克里蒙梭在法國議會發表總理當選演說，邱吉爾描述，克里蒙梭發現「他的四周都是大可不惜代價阻止他在那個位置的人，但是他們讓他站在那裡，感覺他們必須服從……孤注一擲……這頭凶猛、年邁、無畏的野獸，低聲怒吼，開始行動。以這樣的姿態，與德國展開決一死戰。」[169]討論巴黎的軍需和受到德國進犯威脅的飛機工廠時，克里蒙梭告訴邱吉爾：「我會在巴黎前面奮戰；我會在巴黎裡頭奮戰；我會在巴黎後方奮戰。」[170]邱吉爾在《傑出的同代人》寫道：「卽使巴黎變成伊珀爾和阿哈斯那樣的廢墟，也不會影響克里蒙梭的決心。他就是要坐在安全閥上，直到他勝利或他的世界被摧毀。除了墳墓外，他沒有退路；他嘲笑死亡；他七十七歲。當這個國家搖搖欲墜時，眞高興他們能找到這等專橫的戰士。」[171]人們常說邱吉爾主要的榜樣是馬爾博羅、勞合喬治、小威廉・皮特（William Pitt the Younger），但是目前爲止，他只需要一位，就是喬治・克里蒙梭。

一九一八年四月，在一篇特別的備忘錄中，邱吉爾建議英國應該嘗試說服列寧，雖然布爾什維克黨人已經在上個月與德國於布雷斯特－里托夫斯克（Brest-Litovsk）簽訂和平條約，俄羅斯應該重新加入戰爭，交換條件是協約國會幫助布爾什維克黨人鎮壓反革命。「我們別忘了，列寧和托洛斯基都是脖子掛著繩子在奮戰，」他主張，「他們死了才會離開那個位置。給他們看看鞏固權力眞正的機會……如果他們不接受就不是人。」[172]不論是此時或是之後，他都願意放下尖銳的反共意識形態，只爲擊敗德國，但是這個建議沒有提出，而且就算提出，當然也會遭到拒絕。

四月二十三日聖喬治日，海軍中將羅傑・奇斯發動浩浩蕩蕩的哲布勒赫突擊，在退潮時封鎖連接哲布勒赫港到布魯日的運河入口。這次行動頒發至少八面維多利亞勳章，也是自從祖魯戰爭以來單次戰役最多的勳章。邱吉爾寫道，這是「大戰之中最傑出的功績，當然也是皇家海軍史上無法超越的表現」。[173]這也提升邱吉爾對奇斯本來就很好的評價。奇斯熱愛出奇不意又大膽的兩棲行動，而且德・羅貝克終止達達尼爾海峽行動的隔天，他還想要重新攻擊。

五月，黑格指派韋爾紹克城堡（Château de Verchocq）作爲邱吉爾的軍需部法國總部。那是一棟拿破崙時代的美麗建築，位於加萊海峽省（Pas-de-Calais），邱吉爾開玩笑說，那是「小小的 maison tolérée」，也就是有執照的妓院。[174]他經常搭乘飛機越過海峽，前往韋爾紹克城堡和巴黎，他說巴黎是「遭到威脅卻總是令人愉快的城市」。有時他也自己開著飛機往返韋爾紹克城堡。「上次全程都是我開的，」某次，他告訴辛克萊，「而且差點就要死在海峽的鹹水，結束多采多姿但令人失望的人生。我們搖搖晃晃回到岸邊……從盧倫登到總部只要一個小時！但必須小心監看著引擎。」[175]六月六日，隨著春天的攻擊行動只在四十五哩遠，他告訴克萊門汀，「首都命懸一線。」[176]

一九一八年六月一日，邱吉爾六十四歲的母親珍妮嫁給英俊有錢的蒙塔古・波區（Montagu Porch）。波區四十一歲，小邱吉爾兩歲。「他擁有未來，而我擁有過去，所以我們應該會處得很好。」這是她的觀察。[177]她已和康沃利斯－衛斯特離婚四年，而且重回倫道夫・邱吉爾夫人的稱呼。

此時，克萊門汀再度懷孕。邱吉爾家缺錢，但是六月二十一日，克萊門汀和漢密爾頓夫人的對話也實在驚奇。膝下無子的漢密爾頓夫人即將領養名叫哈利的嬰兒。根據珍・漢密爾頓的日記，克萊門汀「力勸我千萬不要領養哈利…… 問我願不願意領養她的寶寶；我當然說願意，而且……我願意讓她在這裡（生產），因爲她一直告訴我護理之家有多貴，一個房間要二十五英鎊——而且說她不可能負擔得了。她說如果生了雙胞胎，會給我一個。」[178]現在邱吉爾領的是大臣的薪水，但是他離開軍隊後，一直靠著議員每年四百英鎊的薪水生活，過了十四個月。克萊門汀心力交瘁，後來也說這是她人生最低潮的時候，所以那個提議或許可以視爲意氣用事，而非字面上的意思，雖然珍・漢密爾頓也當眞。克萊門汀生的不是雙胞胎，也許這對她們的友誼是一件好事。

一九一八年七月四日，慶祝美國國慶的演講中，邱吉爾提出一項訊息，後來會成爲他的中心思想。「《獨立宣言》不只是一份美國的文件。」他在西敏的中央堂告訴觀衆，

繼《大憲章》、《權利法案》之後，《獨立宣言》是第三部偉大的所有權狀，英語民族據此擁有自由。我們因其失去一個帝國，但也因其保存一個帝國。運用其原則，學習其教訓，我們與我們的兒女在海洋以外建立的強大聯邦維持交流……這些島上人民的內心深處，在那些《獨立宣言》稱呼「我們英國同胞」的內心深處，藏著渴望，能夠真正在所有人類與所有歷史面前，與他們大西洋對面的親屬和好，忘卻批評並彌補很久以前的錯誤，再次與他們的精神同在，再次與他們並肩作戰，再次創造心的團結，再次寫下共同歷史。[179]

邱吉爾經常談到自由，但他的觀念永遠根基在歷史，在《大憲章》與英語普通法、在實用的政治，而非哲學家如洛克、大衛・休謨 (David Hume)、約翰・史都華・彌爾 (John Stuart Mill) 談的那種抽象的自由。在美國獨立紀念日的演講，邱吉爾說到一百萬名美國士兵，在他們的指揮官約翰・潘興 (John Pershing) 領導下，湧入法國戰場，「基督世紀開始以來從無這樣的事件，在上天的道德治理中，更能鞏固與恢復人的信心。」[180] 他對著熱烈的歡呼，堅持「德國必須被擊敗。德國必須知道他們被擊敗，必須感覺他們被擊敗。他們的敗仗必須化爲條約和事實，恆常警惕他人切勿模仿他們的罪行，而且令他們無法再次犯罪」。[181] 那次演講後，他告訴阿契伯德・辛克萊，「如果一切順利，英格蘭與美國可能會永遠一起行動。照這樣下去，這一年就像歷經了五十年的變化。」[182]

六天後，他任命中了毒氣、從壕溝回來的傑克・西利擔任他的國會祕書，也是部會的二當家。西

利在多次派遣中至少被表揚五次，曾經指揮一個旅，某次甚至不顧憤怒的上級，從其他軍徵用步兵，組成臨時戰鬥小組，奪取敵軍本營。邱吉爾所有的聖騎士名單中，一九一七年在行動中失去長子雷金納德(Reginald)的西利位在先鋒。

七月十五日第二次馬恩河之役，德軍的攻擊行動，從邱吉爾的觀點是戰爭「最大的危機」。他後來描述，從蒙馬特(Montmartre)高處，「地平線上可以即時看見炮彈的閃光」。[183] 但是到了八月六日，行動顯然失敗，而且德國必須在西線對抗美國、法國與大英帝國，因此疲憊不堪，士氣低落。才過兩天，協約國就發動百日反擊，贏得戰爭。

一週前，一九一八年七月二十九日星期一，邱吉爾與美國海軍部助理部長小羅斯福，在倫敦其中一所古老的律師學院——格雷律師學院(Gray's Inn)的會堂共進晚餐。那應該是史上其中一次偉大的會面，但是小羅斯福對邱吉爾的評價並不比之前堂哥老羅斯福更高。雖然邱吉爾普遍欣賞美國人，但他對這位海軍部助理部長興趣缺缺，也許部分因爲當天晚上在場的還有F・E・史密斯、寇松、史末資、格德斯、沃爾特・隆恩、羅伯特・博登(Robert Borden，加拿大總理)、馬爾博羅公爵、拉特蘭公爵、諾森伯蘭公爵、弗萊迪・傑斯特、馬克・賽克斯等衆多好友與顯貴。根據約瑟夫・派屈克・甘迺迪(Joseph P. Kennedy)——不盡可靠的來源——小羅斯福後來抱怨邱吉爾當天的行徑「像個討厭鬼」，「對著我們所有人頤指氣使」。[184]

儘管邱吉爾重新進入政府已經算是幸運，但他無法不干預其他大臣的部會。例如一九一八年八月十七日，他就是有辦法刺激兩個最重要的軍隊大臣辭職：他和第一海軍大臣艾瑞克・格德斯爵士（Sir Eric Geddes）吵了一架，他建議舊船上的海軍槍炮應該拆下（因爲現在美國參戰，舊船可以暫停使用），改做其他軍事用途；另一個是陸軍大臣德比勛爵，他提議從黑格那裡撥出六吋榴炮，送到在俄羅斯的英國軍隊。[185]「他有什麼資格表達意見？」第十七代德比伯爵說到那位軍需部大臣，「他只是一個五金商販。」[186]

「我正在嘗試……月底前給德軍安排一劑好好的芥子毒氣，」九月，邱吉爾從巴黎的麗茲飯店（Ritz Hotel）寫信給克萊門汀，「黑格躍躍欲試，而且我想我們應該有足夠的毒氣達到效果。他們戰敗的哀嚎聽起來會相當悅耳。」[187]一九一七年七月，德國在伊珀爾用過芥子毒氣，而英國在一九一八年九月二十八日反擊。致命性比芥子毒氣更高的氯氣也一樣（雖然比較容易防衛）。德國一九一五年四月第二次伊珀爾之役首次使用氯氣，而六個月後英國在洛斯也效彷。那天是邱吉爾夫妻的十週年結婚紀念，而他接下來的話非常動人：「我最親愛的，我希望並祈求未來的歲月，能帶給妳寧靜又笑容盈滿的日子。」他毫無負擔地才剛寫下「這地獄般的毒藥」，緊接著又寫出「寧靜又笑容盈滿的日子」。

雖然到了五月，已有超過一百萬美國士兵部署在西線，協約國的軍力因此占據優勢，但是邱吉爾仍然很驚訝，戰爭竟然結束得如此突然。土耳其與奧地利在十月底崩潰後，他寫給馬許：「帝國的毛毛雨，從空中飄落。」[188]德國在十一月突然終止抵抗，意謂他心中醞釀干預布爾什維克黨人的計畫沒有時間成形。後來他主張那項計畫不無可能——「如果大戰延長到一九一九年，當時氣勢愈來愈強的干預，軍事上一定可以成功。」[189]這又是另一個他相當陶醉的「可能」。

停戰協定意謂協約國不會爲了建立反同盟國的第二前線，而去幫俄羅斯政府打仗；相反地，多數協約國政府希望盡快拋棄俄羅斯，充其量不要過分傷害反布爾什維克的俄羅斯白軍。邱吉爾是少數希望反布爾什維克抗爭擴大加深的人，他相信否則共產主義會對德國與東歐造成威脅。「我們可能需要建立德國的軍隊，」就在休戰隔天，十一月十日內閣會議紀錄記載他這麼說，「因爲有必要讓德國自立，以免布爾什維克主義散布。」[190]停戰後，他強烈要求船運食物到德國，但那完全不是勞合喬治的政策。爲了準備大選，他打算讓德國付錢「付到小雞都唧唧叫」（套句格德斯的話），而且也有許多說法，要將德皇以戰爭罪之名絞死。大戰期間，二十歲到四十五歲的英國男性中，十個就有一個陣亡，總數大約是七十四萬四千人；此外，還有一萬四千六百名商船船員與一千名平民百姓。另有十五萬個英國人那年冬天死於西班牙流感。在這樣的情況下，再度投身軍事行動不是受歡迎的選項。政府在戰爭之後承受極大的財務壓力，影響所有計畫。例如，戰爭當中一千五百萬噸沉沒的船運，有九百萬噸是英國的。

「距離第十一個月的第十一天的第十一個小時，還有幾分鐘。」邱吉爾後來寫到一戰結束時：

我站在我的房間窗前，遠眺通往特拉法加廣場的諾森伯蘭大道，等待大笨鐘宣布戰爭結束……然後突然響起第一聲鐘響，我再次看著底下寬闊的街道，空無一人。從政府部門合併的其中一家飯店入口，隱約可見女職員的身影，漫不經心做著手勢，同時大笨鐘再度敲響。於是，男人和女人從四面八方急匆匆地走向街道。人群宛如水流，從所有樓房接連不斷走出。倫敦各地響起鐘聲……旗幟彷彿魔術般出現。男人與女人也從堤岸（Embankment）湧出，與河岸街（Strand）的人群融合，一同為國王喝采。[191]

「在最高點上，眞正的政治和戰略是同一件事，」邱吉爾在《世界危機》中寫道，「把盟軍帶到戰場和贏得重大戰役一樣有用。取得重要戰略位置，也許不如安撫或壓倒危險的中立國更有價值。」[192] 邱吉爾認爲德國在戰爭裡兩個最嚴重錯誤，是侵略比利時，並引發英國介入，以及無限制的潛水艇戰，三年後招來美國參戰。他認爲德國應該維持防禦西北歐，專注攻打較弱的協約國國家，例如義大利與羅馬尼亞。這些對他在二戰的同盟國策略有重大影響。[193]

其他重大教訓還有邱吉爾在一戰學到指揮一致的重要性，「戰爭並不知曉法國、俄羅斯、英國同盟之間嚴格的分別，」他寫道，「陸、海、空之間的分別，取得勝利與締結聯盟之間的分別，供給人員與作戰人員之間的分別，政治宣傳與戰爭機器之間的分別。事實上，戰爭就是在某個期間所有軍力與壓力的總和，卻被零碎地應對。而達成研究、思想、指揮、行動等不完美的統一之前，數年殘酷的教訓是必要的。」[194] 他讚賞福煦元帥堅持協約國團結的意志。

戰爭一結束，邱吉爾馬上開始寫作《世界危機》。這部著作將會充滿爲了未來準備的功課。「沒有戰爭會比消耗戰更血腥，」他寫道，「沒有計畫會比正面進攻更無希望。但是，法國與英國軍方高層採取這兩個殘忍的權宜之計，在那連續三年消耗的是他們國家人力的精華。」[195]

作者注

(1) 邱吉爾和斯皮爾斯拜會法國第三十三營時，營指揮官給他一頂特別的**法國兵**頭盔，他覺得比英國的「湯碗」鋼盔要好，從此之後都戴著。「那頂頭盔看起來很美，而且可能會保護我珍貴的頭顱。」他告訴克萊門汀，還說那頂頭盔「招來很多羨慕」。

我戴上那頂頭盔看起來很有架勢——像克倫威爾黨人——我一直想在戰火之中戴上，但主要是為了好看。(ed. Soames, *Speaking* pp. 132, 129) 他的新頭盔突顯他的戀法癖，而且他一生都喜愛奇特的帽子，他認為這一點對漫畫家很有用。

(2) 這個口頭禪是指阿斯奎斯的政治能力，一九一〇年四月《國會法案》轟動期間，他說過四次。

(3) 上帝對以實瑪利的預言是「他的手要攻打人，人的手也要攻打他」。《創世紀》第十六章第十二節。

(4) 邱吉爾對那場戰役一直都很感興趣；一九二八年一月，日記作者詹姆斯・李斯－米恩 (James Lees–Milne) 描述午夜過後，在查特維爾，邱吉爾如何花了兩個小時，愉悅地拿著醒酒用玻璃水瓶和葡萄酒瓶，示範日德蘭半島之役的過程。那個經驗非常刺激，他的模樣極為迷人，像個小學男童一樣愈玩愈起勁，發出聲音模仿槍炮，點燃雪茄模仿炮火的煙霧。(Gilbert, *A Life* pp. 483–4)

(5) 這個時期對邱吉爾背地的批評都是人身攻擊，而且有時奇怪。邱吉爾描述索姆河的損失是「災難」，而且獲得的土地是「不毛之地」，黑格寫信給國王，「我還期待溫斯頓的頭因為吃藥而不見。」(Sheffield, *The Chief* p. 91)

譯者注

① batman 是指在軍中照料軍官馬鞍上行李的士兵，bat 一詞除有「蝙蝠」之意，在舊英文中亦有「馱鞍」之意。

② 法文意為好極了！

③ 蘇格蘭知名詩人。

④ 美國南北戰爭期間，南方蓄奴各州組成的政權。

⑤ 英國保守黨主席 (chairman) 負責黨的行政並監督保守黨競選總部，並不是保守黨黨魁 (leader)。

⑥ 中世紀最大的商業建築之一，該市布業的主要市場和倉庫。

⑦ 英國傳統木偶戲《潘趣和茱迪》(*Punch and Judy Show*) 中的主角。

⑧ 雖然名稱如此，但這是一所活動會館，作為音樂會、會議交誼用途。

⑨ 法文意為美味的時刻。

12 多黨政治 1918／11—1922／11

> 無論好壞、對錯，在戰爭當中，你必須目標清晰、意圖明確，投入全部生命與力量，並且接受其中不可免除的危險。——邱吉爾，《週日圖文報》(*Illustrated Sunday Herald*)，一九二〇年四月[1]
>
> 如果一九一九年時，我能得到適當支持，我想也許布爾什維克主義還在搖籃時，我們就已將之掐死，但是每個人都雙手一攤說：「真是驚人！」——邱吉爾於華盛頓特區致新聞記者俱樂部，一九五四年[2]

「南非戰爭不只影響我的許多朋友，還有我的連，」邱吉爾後來在《我的早年生活》裡寫到他在桑德赫斯特皇家軍事學院的連，「而一戰幾乎殺光其他人。」[3] 他在哈羅公學最好的朋友傑克・米爾班克 (Jack Milbanke VC) 陣亡，用邱吉爾的話來說，他「在蘇弗拉灣慘烈的戰役帶領孤立無援的攻擊行動」；[4] 在普里托利亞的獄友，也是在邱吉爾解放監獄時高舉米字旗的少校西賽爾・格林蕭，在海麗絲岬被殺；哈羅公學的同學約翰・摩根 (John Morgan) 在拉拉巴巴 (Lala Baba)①被殺。確實，一八九二年學院合照中的六十七個男孩，總共四十一人參與波耳戰爭或一戰，或兩者都有，而一九一八年有十一人死亡。

珍妮・邱吉爾的外甥，在步槍旅服役的上尉諾曼・萊斯利 (Norman Leslie)，於一九一七年十月在法國北部阿曼提耶赫遭狙擊兵殺害。約翰・布臣的弟弟阿拉斯特・布臣 (Alastair Buchan) 在普洛斯迪爾次，邱吉爾麾下時受傷，不幸於一九一七年四月某次行動中陣亡，享年二十二歲。艾迪・馬許注意到，一九〇七年在東非之旅護送他和邱吉爾的年輕軍官與職員，許多在休戰時都已陣亡。[5] 在另一俱樂部，常設的不敬酒規則在一九一七年十一月也無人理會，有人為了「紀念勇敢的人」靜靜喝醉。羅斯伯里勛爵的兒子，卽自由黨的議員暨皇家白金漢郡驃騎兵，上尉尼爾・普林羅斯（Neil Primrose）在第三次加薩之役徒步對抗土耳其人時傷重不治；另一個自由黨議員托馬斯・阿格－羅巴特斯（Thomas Agar-Robartes），在洛斯之役拯救受傷同袍時，被狙擊兵殺害；當然還有溺斃的基奇納。邱吉爾為魯珀特・布魯克與瓦倫泰・弗萊明（Valentine Fleming）寫了訃文，而且認識許多陣亡的人，包括奧伯倫・赫伯特（Auberon Herbert）、瑞蒙・阿斯奎斯和另一俱樂部的三名成員。「英國很少家中沒有空盪的椅子和傷痛的心。」一九一八年七月，他在演講中這麼說，而他自己的家也和任何家庭一樣，充滿家人與朋友的陰影。[6]

十一月十五日，休戰後四天，邱吉爾與克萊門汀的三女，紅髮的瑪麗戈德・法蘭西絲（Marigold Frances，小名「達卡迪利」〔Duckadilly〕）出生。下一個月，一如往常，政治又來干預家庭生活。十二月的大選，邱吉爾以多黨政府自由黨的身分在丹地競選，與一九一六年十二月不願向勞合喬治政府妥協的阿斯奎斯自由黨區別。他獲得勞合喬治與博納・勞的背書，又稱為「優待券」，憑著首相在大戰獲勝後水漲船高的聲望，這樣的背書可謂無價。（確實，由於獲得優待券的候選人，選舉表現都格外亮眼；相對地，沒有優待券的都很黯淡，這場選舉後來也稱為優待券選舉。）邱吉爾的國內政見和戰爭之前自由黨的政見非常相似，例如鐵路國有化、每週工時四十小時，雖然這次他還想狠狠對戰爭利潤課稅，這一點廣受大眾歡迎，也維持他一貫對牟取暴利的鄙視。他建議勞合喬治，對獲利超過一萬英鎊的戰爭利潤課以一百%的稅（約為今日九十一萬英鎊），以幫助減少戰爭負債。「為何有人會從戰爭中獲得巨大財富？」他問首相，「人人都在為國效力的時候，暴發戶和承包商、船運投機商賺了一大筆財富。為何我們要捍衛老朗瑟曼不正當的錢財，承受因此招來的厭惡？」[7(1)]

十一月二十六日，邱吉爾在丹地的演講遭到親布爾什維克人士鬧場，而這場演講預示知名的二戰演講，並且傳達積極正面的訊息。「修理廢物，」他說，「重建廢墟。癒合傷口。加冕勝者。安撫傷者與傷心。這是我們現在必須奮鬥的戰爭。這是我們現在必須贏得的勝利。讓我們並肩前行。」[8]後來他後悔說到饑餓的德國人，「他們全都有份，而他們全都必須受苦。」[9]幾年後，他在書裡承認，「就措辭而言，我不能假裝完全不受選舉的浪潮影響。」[10]他寫給薇奧蕾・阿斯奎斯的信中，簡潔描述心中的主張，就是運送大批穀物到德國，這一點令人敬佩。他寫道：「殺了布爾什維克，親吻德國佬。」[11]

十一月三十日，邱吉爾慶祝四十三歲生日。這是他在烏干達對赫斯凱斯・貝爾預示他會成為首相的年紀，但他連閣員都不是。大選訂在十二月十四日，首次只在單日選舉，但結果要到十二月二十八日才會宣布，因為還有需要從世界各地蒐集的軍隊票。選舉結果顯然是為勞合喬治及他的盟友背書。現在勞合喬治大受歡迎，人們稱他「贏得戰爭的人」。但就數字而言，在國會占上風的是博納・勞。在新的國會，多黨政府裡統一黨有三百三十五席、自由黨一百三十三席、工黨十席（七百零七個席次，多黨政府占四百七十八席）。獲選的在野黨中，新芬黨占七十三席、工黨占六十三席、阿斯奎斯自由黨占二十八席（阿斯奎斯自己輸了在東法夫〔East Fife〕的席次）、愛爾蘭統一黨二十五席、非多黨政府的保守黨占二十三席、愛爾蘭民族黨占七席。普選票數方面，三百五十萬票投給多黨政府統一黨、一百四十六萬票給多黨政府自由黨、兩百三十八萬票給工黨、一百二十九萬票給阿斯奎斯自由黨、四十八萬七千票給新芬黨。新芬黨拒絕接受在西敏的席次，反而在都柏林組成新的議會，他們稱為愛爾蘭眾議院（Dáil Éireann）。他們要求獨立，同時愛爾蘭共和軍（Irish Republican Army）開始進行暴力行動，反抗警察與政府。

部分因為優待券的緣故，邱吉爾以一萬五千三百六十五票的高票重回丹地。空軍部也即將成立，而且大選隔天，勞合喬治問他要去海軍部，還是陸軍部與空軍部。他要求一個不同的組合——海軍部與空軍部——理由是「雖然飛機永遠不會取代軍隊，但將會取代許多等級的戰艦」。[12] 相反地，一九一九年一月十日，在報刊不滿的聲浪中，邱吉爾成為陸軍與空軍大臣。「個性決定命運，」《早報》吟誦，「邱吉爾有些悲慘的缺陷，決定他無論何時都走上錯誤的道路。」[13]

邱吉爾在遣散兩百五十萬人的軍隊時遇到巨大問題。他的首要任務是盡可能讓愈多人盡快回到他們的家庭與工作，但他也需要足夠的軍隊，管制德國占領區、君士坦丁堡、達達尼爾海峽、巴勒斯坦、伊拉克，並增援一九一八年送去幫助俄羅斯白軍對抗布爾什維克黨人的分遣隊。他說服內閣不以工業需求作為優先的釋出基準，而是以傷勢、年紀與服役時間。這種較公平的「先來先走」機制，將最近的軍隊招募延長到一九二〇年四月，但是允許立刻遣散戰爭老兵。總括他在一九一九年三月的政策，他說：「四個裡送走三個，付給第四個雙倍。」[14]

這個政策效果良好，雖然有些不快的干擾，例如七月，前軍人為抗議解雇，放火燒了盧頓（Luton）市政廳。這一年稍早，格拉斯哥發生大罷工，最後以逮捕元凶入獄平息。八月，邱吉爾告訴內閣：「軍事上，我們對抗三國同盟占有優勢」，當時他說的不是某三個外國敵人，而是礦業、鐵路、碼頭商人工會。邱吉爾向利代爾承認，他在「思考事情時經常悲觀又出神」，但在政治中，「外表不能那樣。這是微笑的時代。以前政治家都被描繪為莊嚴、高貴的個人……今時今日流行笑容。」[15]他告訴利代爾，他「整體而言人生幸福，」然而也是「不斷努力奮鬥」的人生。

一九一九年，就在美國立法禁酒幾個月前，倫敦舉辦一場盛大的閱兵。美國遠征軍指揮官上將約翰・潘興和國王一起視察軍隊，邱吉爾與潘興的副官喬治・C・馬歇爾（George C. Marshall）跟隨在後。遊行隊伍中有三千名美國人，身高全都超過六呎，而且佩帶各種勛章。視察途中，馬歇爾對邱吉爾發表他的觀察，但是沒有得到回應。終於，他們繞過隊伍最後，回到側面時，邱吉爾對他說：「多麼精壯的大兵，而且永遠不會想要再喝一杯！」[16]

邱吉爾從一九〇九年起就對空中動力的軍事運用非常感興趣。他在空軍部時，休・特倫查德爵士又幫他滋長這個興趣。特倫查德是邱吉爾另一個聖騎士朋友，一九一九年差點死於西班牙流感，當時邱吉爾一再拒絕他的辭呈，表示等他恢復健康，非常期待跟他共事。一九一九年，特倫查德說服邱吉爾從空中管制美索不達米亞（今伊拉克），因此釋出數個陸軍的師，每年節省四千萬英鎊。一九一八年四月一日，英國皇家空軍成立，不久後就有提案建議，為了刪減成本，應該解散皇家空軍，合併皇家飛行隊與皇家海軍航空部隊。三軍為此激烈對抗，分別是陸軍部的帝國總參謀長亨利・威爾森、海軍部現任第一海務大臣上將比提、空軍參謀特倫查德。[17]邱吉爾堅定支持特倫查德。他指責合併是「最有害的部門挑撥」。[18]

「沒有可行的妥協方案……」他宣布，「我們必須成立真正的空中軍隊，不必然龐大但效率高超。」[19]皇家空軍存活下來，成為獨立的軍隊，大多歸功於邱吉爾。[20]在歷史學家口中「軍種之間世紀最大的爭吵」，他的判斷正確。[21]若特倫查德今日能夠正當成為「皇家空軍之父」，邱吉爾就是皇家空軍的教父，保護這個組織剛出生時不被嫉妒的兄長悶死。

一九一九年一月十日，邱吉爾進入陸軍部時，前任的密爾納勛爵已經決定將英國的分遣隊暫時留在俄羅斯。三千名協約國軍隊，超過一半來自英國，在上將埃倫塞德（Ironside）領導下，駐紮在莫曼斯克（Murmansk）與阿干折（Archangel），守衛六十萬噸軍需。皇家海軍已經封鎖波羅的海和黑海；英國軍隊占領南方巴庫（Baku）到巴統（Batumi）的鐵路；此外，還有更多軍隊在波斯（今伊朗）和薩洛尼卡（Salonica），如果接到支援英國干預俄羅斯內戰的命令，就能橫越進入俄羅斯。英國政府已經正式承認上將科爾察克（Kolchak）在鄂木斯克（Omsk）領導的俄羅斯白軍，也送了補給給白軍指揮官上將鄧尼金（Denikin）。雖然勞合喬治不希望英國直接與布爾什維克黨發生衝突，因為他知道那種想法不受歡迎，尤其左派，但是戰爭委員會（依然存在）不希望讓白軍失望。「溫斯頓完全反對布爾什維克主義，」威爾森在一月十五日的日記寫道，「因此，針對這點與勞合喬治相反。」[22]一月二十四日，勞合喬治建議邀請俄羅斯人參加在土耳其普林基波（Prinkipo）的對談，邱吉爾嘲諷說：「認同布爾什維克黨人，不如順便合法化雞姦。」[23]

邱吉爾反布爾什維克的立場獲得不同時間、不同程度的支持。戰爭委員會有密爾納、貝爾福、寇松、威爾森支持；在內閣外，有保守黨議員，例如上校克勞德・勞瑟、中校沃爾特・吉尼斯（Walter

Guinness）、准將亨利・佩奇・克羅夫特（Henry Page Croft）。[24]反對的有勞合喬治、奧斯汀・張伯倫和其他內閣大臣，他們認爲英國對俄羅斯的內戰不會造成實質改變，也不希望才剛結束上一場戰爭，又陷入另一場戰爭。

二月中，邱吉爾去了巴黎，想要個人說服伍德羅・威爾遜總統，終止支持俄羅斯白軍會帶給西方「沒完沒了的暴力與悲慘」，但他沒有成功。[25]他不喜歡威爾遜刻意拖延，盧西塔尼亞號沉船兩年後，才讓美國加入戰爭，而且他認爲總統在一九一九年對待共和黨人傲慢的態度，無法在華盛頓建立必要共識，有礙這個國家加入在凡爾賽建立的新國際組織——國際聯盟（League of Nations）。因此，他在《世界危機》裡對威爾遜的評價相當嚴厲。「他在歐洲散發的博愛，到他自己國家的岸邊就驟然停止。」他寫道，「他凝視人類命運的眼神，與凝視他的政黨候選人一樣誠摯。他在海外國家發送和平與善意，卻不與自家的共和黨打交道。那是他的政見，也是他的禍根，更是其他許多事物的禍根。一個人如果想在全世界做了不起的善事，也想發動更劇烈的民粹政黨衝突，就無法做出偉大的事。」[26]

但是儘管缺乏美國支持俄羅斯，邱吉爾並未因此退卻。「俄羅斯軍隊現正對抗骯髒愚蠢的布爾什維克黨人，我們能夠透過提供武器、軍火、設備、技術來幫助他們。」二月時，他在倫敦市長官邸這麼說。[27]邱吉爾誇大的反共演說，目的是從根基破壞他的正確預言——布爾什維克黨人將會殺害無數俄羅斯人。人們將注意力放在「骯髒愚蠢」等的語句，而非論證的實質內容。邱吉爾是對的，恐怖的共產主義最終將會導致二十世紀一億人死亡，包括在毛澤東領導的中國，然而一九一九年至一九二二年，共產主義的支持者誇耀其吸引力，沒有人想聽邱吉爾的預言。但是邱吉爾持續倡議那個不愉快的事實，說明這個極權主義的意識形態多麼致命，正好爲一九三〇年代的他準備，屆時他會將同樣的矛頭指向布爾什維克主義的姊妹教——納粹主義。

三月，工黨與工會發起「別碰俄羅斯」(Hands Off Russia) 運動，加上美國政策與軍中反對干預的聲浪，導致財政大臣奧斯汀・張伯倫主張和布爾什維克黨人訂定協議，允許英國軍隊從俄羅斯北部安全撤出。邱吉爾極不贊成，反而想派英國的士官去協助訓練鄧尼金的軍隊。下一個月，邱吉爾描述布爾什維克主義是「犯罪與獸性骯髒的結合」。[28] 一九二〇年一月至一九二七年七月間，他說布爾什維克黨人和俄羅斯是「文明公認的敵人」、「工於心計的鱷魚」、「染病的俄羅斯，得了瘟疫的俄羅斯」、「莫斯科的血腥暴君」、「渾身羞恥墮落」、「莫斯科的骯髒屠夫」、「來自陰間、無所不在的陰謀家」、「克里姆林宮的黑暗陰謀家」……不及備載。[29] 這些在他於一九四一年六月和俄羅斯結盟時，都會狠狠回敬在他臉上，但他沒有收回任何一個字。[30] 如同他清楚說過，他對共產主義的憎恨，不會因爲需要俄羅斯來打敗眼前的敵人而減少。

邱吉爾的反共信念之強烈，以致他冒上極大的職涯風險，即使遭到內閣否決，一九一九年六月仍派兵支援在塞爾維亞服役的捷克兵團。[31] 俄羅斯白軍距離莫斯科只有四百哩，他相信若支援成功，就會證明他的行動正當。「布爾什維克主義不是政策，是疾病；」五月二十九日他演講時表示，「布爾什維克主義不是教條，是瘟疫。瘟疫有的特徵它都有：突然爆發、到處傳染、把人丟進興奮的狂熱、以極快的速度傳播、致死率驚人。」[32] 但是六月中開始，上將科爾察克的軍隊開始在俄羅斯中部節節敗退，毫不退縮的邱吉爾開始強調鄧尼金在俄羅斯南部的成功。

六月二十七日，邱吉爾和亨利・威爾森強力要求上將埃倫塞德允許派遣一萬三千名英國軍隊與兩萬兩千名俄羅斯白軍，攻擊俄羅斯北部科特拉斯（Kotlas）的三萬三千七百名布爾什維克黨人，因爲如同邱吉爾主張：「他不認爲我們可能偷偷潛出那個國家……如果我們現在回頭而且完全撤出，我們的名聲會受到傷害，無法挽回。」[33] 當時堅持持續攻擊加里波利，用的也是相同的名聲論證。同樣地，邱吉爾低估敵人的戰鬥潛力，告訴戰爭委員會：「所有經驗都告訴我們，布爾什維克黨人永遠沒有足夠的勇氣長久抵抗。」最後埃倫塞德軍隊叛變，終止科特拉斯的計畫。

雖然邱吉爾經營兩個部門，工作超量（克萊門汀告訴他：「你想當個政治家，不是丟球的雜耍演員」），他也沒拿兩份薪水。他和克萊門汀變得非常拮据，只好把盧倫登莊園賣給伊恩・漢密爾頓夫婦。[34] 接著他們可愛的蘇格蘭保母伊莎貝爾在一九一九年三月死於西班牙流感。「她用一種超自然的聲音講話，講得快又大聲，像吟誦般持續好幾個鐘頭。」心煩的克萊門汀告訴丈夫。她自己也得了流感，發燒到攝氏三十八點九度。[35]

一九一九年四月十三日，准將雷金納德・戴爾（Reginald Dyer）下令對印度旁遮普省阿木里查（Amritsar）的非法政治示威開槍，造成三百七十九名印度人死亡，上千人受傷。英國當局解除戴爾的職務，教訓他一頓，並強迫他退休。一九二〇年七月八日，國會針對他的命運舉行辯論。印度大臣埃德溫・蒙塔古和邱吉爾代表陸軍，認爲他的處分合理，但是一群由愛德華・卡森爵士帶頭的保守黨右派卻爲戴爾辯護。卡森等人深信，防止旁遮普革命的手段雖然殘酷，但屬正當，戴爾只是代罪羔羊。猶太裔的蒙塔古身中好幾枝保守黨後座議員反猶主義的箭，包括卡森。邱吉爾前來幫忙，他仔細思考戴爾的話，證明戴爾在屠殺中沒有使用最少武力。「在阿木里查，群衆沒有武裝，也沒有攻擊。」他指出，「這些是簡單的測試，而且要求軍官在困難的處境中通過測試，不是過分的要求。」他又說，戴爾一直沉溺在「恐怖主義」與「可怕憎厭」，而且「無論如何，我們必須極力強調，這不是英國做事的方法。」[36]他稱阿木里查大屠殺，「對我來說，是大英帝國現代歷史前所未見、無法比擬的事件。這起事件的命令和其他軍隊不幸需要介入與平民衝突的命令完全不同，這是特殊事件、極不道德的事件、不可相提並論的邪惡事件。」[37]佩奇・克羅夫特試圖證明戴爾的行爲合理，理由是在旁遮普省的其他地方，「另一邊也有威嚇」；邱吉爾則說，「我們無論如何無法承認這個原則。威嚇不是英國藥典的藥方。」[38]

一九一九年五月十二日，邱吉爾寫的陸軍部會議紀錄遭到有心人士利用，再次斷章取義，主張他確實認爲可以接受威嚇。「我不理解使用這些氣體（gas）所導致的不安。」他寫到英國在伊拉克的政策，「我們在和平會議的立場，確實支持保留毒氣作爲長久的作戰方法。」[39]但是會議紀錄的其他部分往往不被引用，其中清楚顯示邱吉爾指的是催淚瓦斯，不是氯氣或其他致命氣體。「拿炮彈有毒的碎片割傷人，卻因爲催淚瓦斯讓那個人流淚感到驚恐，完全就是矯情。」「我強烈支持對未受教化的部落使用有毒氣體。教訓效果必定極佳，生命損失也會降到最低。沒有必要用最致命的氣體，可以採用造成極大不便又散播活生生的恐怖，但對於沾染的人不會留下嚴重長久之影響之毒氣。」

一九一九年上半，由於勞合喬治前往巴黎參加凡爾賽和平會議，許多內閣會議就由博納・勞主持，他不喜歡邱吉爾多話，而且用詞老是浮誇。五月十四日，他終於爆發，「非常嚴厲地說，只要他當主席，不會允許邱吉爾那種演講，而且如果邱吉爾不高興，他可以離開」。[40] 內閣的速記員羅倫斯・伯吉斯（Lawrence Burgis）回憶這個事件，他是除了邱吉爾與史末資外，唯一在兩次世界大戰都曾參與戰時內閣的人。「我唯一一次看到博納・勞發脾氣，就是他在主持內閣會議，而溫斯頓說了一些相當不像話的評論，博納・勞當然會發火。」伯吉斯回憶，「但是那個時期的溫斯頓，有時非常惱人，事實上他的速記員（陸軍部）……被氣得拿速記本丟他。不用說，她被開除了。」[41]

一九一九年六月二十八日，各國簽訂《凡爾賽和約》。邱吉爾強烈反對條約對德國種種苛刻的經濟與財務規定。克里蒙梭堅持如此，而邱吉爾也沒有足夠強烈的立場改變。後來他描述條約的條款「惡毒又愚蠢至極，根本不會有用」與「悲傷的故事，內容是難解的愚行」。[42] 他反而力求人道對待德國，並發出警告，如果俄羅斯與德國聯盟，「未來會有嚴重的後果」。[43]

邱吉爾在一戰期間經常飛行，而且休戰後又開始飛行課程。一九一九年七月十八日，他又差點喪命，才終於結束這些課程。他和教官上校A・J・L・斯科特（A. J. L. 'Jack' Scott，綽號「傑克」）從克羅伊登（Croydon）機場起飛，飛機在高度九十呎處側滑撞毀。斯科特在落地前幾秒鐘關掉點火裝置，阻止爆炸，興許也救了他們的性命。[44] 逃過一劫的邱吉爾鼻青臉腫，擦傷額頭，斯科特則摔斷腿。儘管如此，邱吉爾當天晚上仍在下議院主持爲上將潘興舉辦的餐會。「你知道國家不能沒有你。」斯皮爾斯後來寫信給他，「沒有人可以命令你，但你要知道，你有責任不冒這種不必要的風險。」[45] 特倫查德指出，一個和他一樣支持皇家空軍的大臣，活著會比死了有用。[46] 面對朋友和同僚的請求，邱吉爾終於讓步，永遠放棄開飛機，雖然二戰時，偶爾也會享受操縱飛機的快樂。

根據內閣會議紀錄，勞合喬治要求英國軍隊全面撤出俄羅斯，對此邱吉爾表示，「這個事件非常痛苦，而且回顧歷史，提醒勞合喬治我們在土倫的行動，以及我們拋棄加泰隆尼亞人。」[47]上述兩個事件——一七九三年皇家海軍撤出土倫；一八一三年英國在西班牙東部開啟第二戰線，對抗拿破崙的拙劣計畫——都是邱吉爾利用歷史的典型舉例，當然他是希望影響當下，但在這裡明顯失敗。九月，與勞合喬治的爭執到了緊要關頭。「坦白說，我很失望。」首相寫信給他，責備邱吉爾誤導內閣科特拉斯遠征的情況，並沒有說錯。「根本不是爲了掩護埃倫塞德的軍隊撤退，」他說，「事實上是爲了和科爾察克聯手切入。」首相指出，英國無法負擔那場干預已經花費的一億至一億五千萬英鎊，並問：「我不知道最後一次試著勸你放棄這個執著的念頭有沒有用，請原諒我這麼說，這個念頭正在破壞你的冷靜……如你所知，你不會在整個國家找到另一個願意負責的人接受你的觀點，爲何浪費你的精力和才能在這種無益的耗損，而且完全癱瘓你其他的工作？」[48]

三天後，邱吉爾寫了一封長信回覆。他開頭就說：「你信中的建議非常無情，而且我認爲也不盡公允。」[49]他解釋，其他行動都要耗費鉅資，撤退也是，而且他認爲，爲了「把軍隊從叛變轉爲滿足」，有必要花錢。他指出接手陸軍部時，上一任的密爾納勛爵已經派出英國軍隊去阿干折，而海軍也在波羅的海，「我很確定不是我派他們去的」。他有點不誠實地宣稱，他唯一提議過的行動是上將參謀推薦的，「爲了軍隊撤退安全，是爲必要」，而且「要我代表你自己選的軍人所要求的行動，我不認爲這麼做公平，彷彿他們是許多取悅我的蜜李。」[50]「我可能拋棄我的『執著』，」邱吉爾繼續，「或者你可能拋棄我：但你不會拋棄俄羅斯；也不能拋棄將近一年無法定義的政策導致的後果……我忍不住感覺最可怕，而且就在眼前的責任。我錯了嗎？要我聳聳肩膀，說讓內閣決定，或讓巴黎和會決定，是很簡單的事。我做不到。」提到針對這個問題，他寫給勞合喬治許多長信，他又說：「而且看在我孜孜不倦、誠心誠意寫信給我的主管與最老的政治朋友，讓他知道事情不對，而且這樣下去也不會好轉，我當然沒錯。我當然有責任這麼做。」[51]

翌日，邱吉爾提交內閣一封備忘錄，標題是〈給上將鄧尼金最後的捐獻〉（Final Contribution to General Denikin），內容主張，既然他提議送去名義上價值一千四百萬英鎊的軍隊補給，多數眞正只值兩百五十萬英鎊（因爲那些補給是「英國軍隊多餘的補給，而且無法在市場銷售」），應該爲了軍事理由捐獻出去，也是好的投資。長期捐獻，能夠允許英國政府「引導他往非反動的路線」。[52]白軍犯下的反猶屠殺不下紅軍，而邱吉爾想要讓幫助鄧尼金的軍事分遣隊「盡一切可能方法避免虐待無辜的猶太人」）。[53]

同天，在和教育大臣暨歷史學家H・A・L・費雪（H. A. L. Fisher）討論時，勞合喬治說邱吉爾「就像訴訟律師會雇用的顧問，不是因爲他是最優秀的人，而是因爲讓他去另一邊會很危險」。[54]整個十月，邱吉爾都荒唐地對俄羅斯的事情過度樂觀，在報紙上宣布白軍「是勝利的軍隊，很快就會重建俄羅斯國家」，而且寫到蘇維埃政府還用過去的時態。[55]儘管如此，一九一九年十月二十九日，英國軍隊還是離開阿干折和莫曼斯克。

邱吉爾持續炮火全開，猛攻共產主義。十一月五日在下議院的辯論，他說：「在俄羅斯，一個人如果反對他的財產被偷、妻子被殺，就會被稱保守派。」[56]兩週後，他回想一九一七年德國曾經允許列寧假道德國前往聖彼得堡，「同樣的方法，你不如送一個裝了傷寒或霍亂細菌的小瓶過去，倒入一個大都市的供水系統，效果驚人。」[57]十年後，他說到列寧還是同樣凶狠：

毫不寬容的復仇包覆安靜、明智、務實、風趣的integument，從冷酷的同情中升起！他的武器是邏輯；他的心境是投機主義。他的同情有如北極海冰冷荒涼；他的仇恨有如絞刑吏的繩結拉緊。他的目的是拯救世界；他的方法是炸掉世界。絕對的原則，但隨時可以改變……但是，他的傳記作者向我們保證，一個好丈夫、一個有禮貌的客人，樂意清潔碗盤或逗弄嬰兒；也會覺得跟蹤capercailzie和屠殺皇帝有趣。[58](2)

他沒和讀者講明，直接期待他們知道（或發現）integument意謂外殼或表皮，而capercailzie（也作capercaillie）則是生長在樹林的松雞。

列夫・托洛斯基（Leon Trotsky）領導的紅軍一步一步擊退白軍。到了一九二〇年三月，鄧尼金僅控制克里米亞。「溫斯頓另一次軍事努力就在實際的災難中結束。」亨利・威爾森在日記寫道，「安特衛普、達達尼爾海峽、鄧尼金。」[59]協助白軍花了英國一億英鎊（約今日四十一億英鎊）。邱吉爾死不悔改。三月二十四日，他告訴勞合喬治：「休戰之後，我的政策會是『與德國人求和，對布爾什維克的暴政開戰』。出於自願或不可避免，你信奉的幾乎相反。」[60]邱吉爾從來不是受教的下屬。十一月，距離四十六歲生日不到三個禮拜，他來到父親去世的年紀。他在《我的早年生活》中承認，（到了一九三〇年）他看待父親「和我撰寫他的傳記那時，已是不同角度……我深深明白他辭職的舉動有多麼致命。」[61]他不打算犯下同樣的錯誤，但他時而對首相出言不遜，可能已經放棄決定自身去留的權力。

十二月十九日，弗倫奇勛爵在千鈞一髮之際逃過愛爾蘭共和軍刺殺，而行動的主謀是指揮官麥克．柯林斯。那是該年六十七次攻擊中，第十八次暗殺的顛峰。亨利．威爾森作爲會長的另一俱樂部發了一封電報，表達「由衷恭喜你幸運脫逃」。[62] 三天後，《愛爾蘭政府法案》提議將這座島嶼分爲二十六個南部以天主教爲主的郡，由都柏林治理，以及北部阿爾斯特六個以基督新教爲主的郡，則由貝爾法斯特治理。那個方法明顯解決愛爾蘭島在十七世紀就存在的派系分別。在南方，愛爾蘭共和軍在其政黨新芬黨（「只有我們自己」之意）帶頭下，又開始訴諸暴力，希望不受國王治理，全島獨立。

《愛爾蘭政府法案》正在討論之際，邱吉爾想要利用兩個準軍事部隊擊退南方叛軍。第一個是由一千五百名前軍人組成的特殊緊急憲兵（Special Emergency Gendarmerie），隸屬皇家愛爾蘭警隊（Royal Irish Constabulary，簡稱ＲＩＣ），綽號「黑棕部隊」（Black and Tans），名稱來自他們的黑色長版上衣、黑色皮帶、卡其色長褲。第二個是警隊預備隊（Auxiliary Division of the RIC）或「預備隊」（Auxis）。邱吉爾把他們比擬爲紐約與芝加哥警察部門打擊黑幫的組織，談到「他們的聰明、他們的品格和他們的戰績」。他辯護他們的打擊方法——「在黑暗中攻擊那些從黑暗中攻擊的人」，也就是以暴制暴。[63] 但是兩個部隊都十分暴力又欠缺紀律，反而達到反效果。

有人指控邱吉爾試圖利用飛機轟炸和平的基督徒。這件事情是從一九二〇年七月一日他寫給特倫查德的信中斷章取義，信中明確說明，他想打擊的不是無辜的示威，而是共和軍的革命人士攻擊訓練。「消息指出，大量的新芬黨人在任何地方操練。」他寫道：

> 無論有無武器，都必須視他們為反叛集會。如果能夠從空中準確發現並且定位，當然決定權在

愛爾蘭政府與當地政府，從軍事觀點看來，我不反對派遣飛機過去，針對個別情況明確下令，以機關槍或炸彈，足夠就好的武力驚嚇驅散他們。[64]

一九二〇年十二月，黑棕部隊燒毀科克（Cork）市區大片地區，不僅沒有攻破愛爾蘭共和軍反抗國王的行動，還逼得愛爾蘭溫和派投入新芬黨。[65]「用強悍充足的武力擊垮他們，或答應他們的要求」，就是邱吉爾在一九二一年初告訴政府的選擇。「只有這兩個選項，」幾年後，他寫道，「而且雖然各有狂熱的支持者，但是多數人民都尚未準備好接受其中一個。在眼前的確實就是愛爾蘭魔鬼黨——恐怖且驅趕不走！」[66]當邱吉爾擊敗愛爾蘭共和軍的意圖顯然已經失敗，他也率先提出廣泛又慷慨的條件給南方，儘管保守黨右派認為太過慷慨而反對，而新芬黨則因為不夠慷慨也反對。

一九二〇年二月八日，邱吉爾在《週日圖文報》發表一篇文章，標題是〈猶太復國主義相對布爾什維克主義〉（Zionism versus Bolshevism）。「有些人喜歡猶太人，有些則否，」他寫道，「但是深思熟慮的人不能懷疑一個事實，他們無疑是世上有史以來最難對付，而且最傑出的民族。」那篇文章指出，布爾什維克運動的軍隊高層有許多猶太人——「這個邪惡的聯盟……這個意圖推翻文明，遍及世界的陰謀」——他稱為「恐怖主義的猶太人」。他接著主張「廣大的猶太民族強烈反對」布爾什維克黨人，而且補充一句讚揚：「我們要感謝猶太人這套道德體系，甚至如果這個體系完全與神分開，也會是無與倫比、最珍貴的人類財產，價值相當所有智慧與學問的成果總和。在那個體系，而且藉由那個信仰，我們現存的全部文明就從羅馬帝國的廢墟建造出來。」[67]

回到一九一七年十一月，邱吉爾曾經支持《貝爾福宣言》（Balfour's Declaration），爲猶太人在巴勒斯坦建立民族的祖國。「如果，而且也有可能發生，」他在一九二〇年的文章寫道，「在我們有生之年，應該在約旦河岸建立受到英國君王保護的猶太國家，大約住著三、四百萬猶太人，世界史上若有這樣的事，從各方面來看都有益處，尤其符合大英帝國最眞的利益。」[68] 當時在巴勒斯坦有八萬名猶太人、六十萬名阿拉伯人，所以這樣一個猶太人的祖國，可能性似乎非常遙遠。[69]

十一月，新芬黨有意綁架勞合喬治、邱吉爾及其他大臣，他們的企圖被人發現，於是邱吉爾身邊多了一名保鑣。警探沃爾特・H・湯普森（Walter H. Thompson）在一九二一年至一九三二年間斷斷續續，以及整個二戰期間，擔任邱吉爾的保鑣。「我剛開始成爲邱吉爾先生的私人護衛時，」湯普森回憶，他的印象呼應許多邱吉爾的員工與同僚，「我覺得他很粗魯、莽撞，當時甚至覺得像豬一樣。但我很快就看穿粗魯的外表，等待凶狠的模樣瓦解在童稚的笑容中。過沒多久，我就喜歡上他，很快我就愛上他。」[70]

邱吉爾需要湯普森防備的，不只愛爾蘭的恐怖分子。「相較阿木里查上萬人的屠殺，或對上百個在愛爾蘭的愛爾蘭人實施報復行動，幾個綁在路燈上的邱吉爾或寇松算什麼？」一九二〇年十一月七日，共產黨議員西賽爾・馬隆（Cecil Malone）在皇家阿爾伯特音樂廳（Royal Albert Hall）「別碰俄羅斯」的大型集會，對著群衆說，「相較他們爲俄羅斯男人、女人、小孩帶來的悲慘，那些世界級罪犯受到的懲罰又如何？」[71] 馬隆因內亂罪被逮捕時，警察在他的公寓搜出兩張火車站衣帽間的收據，領出一個包裹，裡頭裝著英國地下「紅軍」的軍事訓練手冊。此外，還有銀行暴動教學、「機關槍操練」、「炸彈使用指南」、「左輪手槍使用指南」，還找到占領郵局、電話交換局的相關資訊，以及寫著下述文字的文宣：「打擊我們的敵人——邱吉爾一族、資本主義者、帝國主義者及他們全部的僕從。紅軍萬歲！」[72]

邱吉爾強烈反對重啟對俄貿易，但在十一月十八日關鍵的投票，他竟輸了。「他因為那個決定非常沮喪，甚至宣布自己不能勝任議程上影響陸軍的議題。他的臉色慘白，整場會議再也沒說話。」漢基如此記錄，而且必須接手原本為他的同僚安排的議程。[73] 會議紀錄正式寫下內閣大臣可以發表反布爾什維克的演說後，當天晚上，邱吉爾就在牛津大學辯論社（Oxford Union）針對此事發表演說。「我會永遠提倡的，就是推翻與破壞那個犯罪的政權。」他告訴那些大學生，還說他「一直很想清楚表達那個論點，但之前一直無法做到」。這個公開的分歧動作後，勞合喬治開始考慮把邱吉爾移到殖民地部。不久後，與蘇維埃俄羅斯的貿易關係確立，意謂實際承認該政權。

一九二〇年八月十日，與土耳其政府②簽訂《色佛爾條約》（Treaty of Sèvres）後，又造成邱吉爾與勞合喬治之間另一道裂縫。希臘得到色雷斯，而伊斯坦堡置於「中立區」。在加里波利立下大功的上將穆斯塔法・凱末爾（Mustapha Kemal，後來為人所知的凱末爾・阿塔圖克〔Kemal Atatürk〕），現在於安卡拉領導全國運動，拒絕嚴苛又羞辱的條約內容。邱吉爾相當讚賞凱末爾反對布爾什維克主義，也在內閣帶頭支持土耳其，但勞合喬治支持的是希臘。「看到我們在外交政策上漸行漸遠，我感到非常遺憾。」邱吉爾在十二月初寫信給勞合喬治：

基於你和你長年的友誼與仁慈，我感覺有必要嚴正提醒，你的政策——很大程度上是個人的政策——正在傷害許多你至今一直秉持的原則，破壞其中的一致性與凝聚力。此外，在我看來傷害最大的是，我們這個世界上最大的穆罕默德帝國，似乎變成最反土耳其且最親布爾什維克政權的國家：而依我判斷，我們應該完全相反……當人達到權力的頂點，超越諸多困難時，就會出現一個危險，相信人可以為所欲為，而且任何強烈的個人意見，國家必然可以接受，也可以強加給下屬。[74]

他接著說了特有的軍事比喻：「我永遠不會忘記，當我在戰場上落馬時，你爲我帶來一匹全新的馬，而且極度渴望親自參與戰鬥。公職的吸引力今時對我來說已經不同，而且我有其他可以重拾的興趣。(3) 因此我的建言是以朋友的身分，而且是眞誠的朋友，但也是一位無法失去獨立性的朋友。」[75] 警告自大的首相也連帶明顯的風險——遠離他在政治上唯一的恩人。

一九二一年一月二十六日，第六代倫敦德里侯爵的弟弟哈利・范恩—譚普斯特勛爵（Lord Harry Vane-Tempest）死於鐵路意外。他未婚，而且因爲邱吉爾的曾祖母法蘭西絲（Frances），即馬爾博羅公爵夫人，是第三代倫敦德里侯爵的女兒，所以在他的遺囑中，安特令（Antrim）郡的加隆塔莊園（Garron Towers）將遺贈給邱吉爾——價值每年四千英鎊（相當今日十六萬四千英鎊）。克萊門汀簡潔談到這筆遺產對他們生活的影響：「心上的煩惱從我們的生活永遠消失。」[76] 好一段時間，她一直覺得邱吉爾的新聞工作雖然酬勞優渥，但「乏人問津」，而且削弱他成爲首相的機會。「我有一種感覺，你每寫一本書，『高人』（All Highest，寇松勛爵）就很高興，使他更接近首相之位。」[77] 邱吉爾還沒有放棄那個位置，二月六日從白金漢郡的契克斯別墅（Chequers）寫信給她。契克斯別墅是近來剛剛獻給國家作爲首相官邸的鄉村別墅。「妳會想看看這個地方。也許某天妳會！這是妳讚嘆的那種房屋——充滿歷史、充滿寶藏，有鑲板的博物館，但不夠暖和。」[78]

隔天，邱吉爾成爲殖民地大臣，此時他以自己的名義住在契克斯別墅的機會大爲提升，而且重組期間有一個禮拜，他手握三個國家大臣的官印——陸軍、空軍、殖民地，他認爲那應該是一項紀錄。[(4)]他掌管殖民地部的條件是可以成立另一個新的機構，管理伊拉克、外約旦（Transjordan，今約旦）與依據戰後《國際聯盟盟約》第二十二條規定所歸給英國的巴勒斯坦託管地。內閣投票是八票對五票，兩票棄權，這個結果自然惹惱外交大臣寇松，他抱怨邱吉爾想當「某種亞洲外交大臣」。[79]邱吉爾非常清楚現實。「寇松會帶給我很多麻煩，必須對他半吹捧、半壓制。」他告訴克萊門汀，「我們有很多衝突。我不覺得他有多行……我們私下還算友好。我應該要花很多心力拉攏他。」[80]

邱吉爾在殖民地部做的第一件事就是找來T・E・勞倫斯擔任中東顧問。這位「阿拉伯的勞倫斯」是英國聯絡官，在一戰領導阿拉伯起義對抗土耳其人。「我找勞倫斯來套上轡索與頸圈」，就是他說的話。[81]他們的計畫是安置幾位阿拉伯的埃米爾（emir）作爲伊拉克與外約旦的侍從王（client kings）③，確保石油供應西方（尤其皇家海軍），並且減少管理新託管地的成本。如同邱吉爾告訴斯皮爾斯，「安置一個謝里夫[(5)]政府，能讓英國的託管地便宜營運。」[82]

邱吉爾在《傑出的同代人》描寫勞倫斯時，巧妙總結中東的局勢：

> 我們最近才剛鎮壓伊拉克最危險與血腥的暴動，而且為了維持秩序，需要用上四萬人的軍隊，與一年三千萬英鎊的花費。不能這樣下去。在巴勒斯坦，阿拉伯人與猶太人之間的爭執隨時可能激化為實質的暴力。被（法國）趕出敘利亞的阿拉伯酋長與眾多追隨者——他們全都是我們後期的盟友——憤怒地埋伏在約旦外的沙漠。埃及正在發酵中。因此，整個中東局勢非常憂慮緊張。[83]

爲了冷卻局勢，建立新的埃米爾國作爲英國的侍從國，並劃出必要的國界，一九二一年三月，邱吉爾在開羅舉辦一場會議，諮詢該地區的英國官員。

三月二日，他、阿契伯德・辛克萊、特倫查德、勞倫斯與數位文官從倫敦搭上開往馬賽的火車，他在那裡與克萊門汀會合，帶她一同搭上法國汽船，前往亞歷山卓港。在亞歷山卓港碼頭迎接他的是皇家空軍軍官麥斯威爾・庫特（Maxwell Coote），現年二十六歲，也是這次開羅會議邱吉爾的臨時副官。[84] 就和許多人一樣，庫特一開始不喜歡邱吉爾，但很快就改觀，覺得他說的話很有趣，例如他描述內閣就像許多「甦醒的毒蛇」。[85] 某天晚上睡覺前，邱吉爾問庫特是不是「眞的快樂，像鳥一般的快樂」。[86] 三月十日抵達終點港口開羅時，這群人提早下船，從會議地點沙米拉姆飯店（Semiramis Hotel）的後門進入，避開大喊「打倒邱吉爾！」的示威學生。[87]（亞丁〔Aden〕和索馬利蘭〔Somaliland〕的總督來了，後者還帶了兩頭幼獅，暫放在飯店花園。）

接下來連續九天，邱吉爾每天上午都在飯店主持會議，下午空出時間，幾乎每天都會畫畫與撰寫《世界危機》。（他要去畫獅身人面像的途中，駱駝不從，此時貝都因人（Bedouin）要給他一匹馬。他倔強地說：「我乘駱駝去，就會乘駱駝回來。」）[88] 跟阿拉伯人聯絡要透過勞倫斯與令人敬畏的戈楚・貝爾（Gertrude Bell），她是當時英國唯一的女性情報官，受到阿拉伯人喜愛，精通阿拉伯語與波斯語。

邱吉爾堅持，在聽完英國當地管理者的看法前，都會保持開放的心態，尤其是伊拉克高級專員珀西・考克斯爵士（Sir Percy Cox）。事實上，侯賽因・伊本・阿里（Husayn ibn Ali，麥加的謝里夫暨埃米爾）的兩個兒子，在邱吉爾尚未離開倫敦前已是熱門人選。哥哥費薩爾（Faisal）獲選統治伊拉克，而弟弟阿卜杜拉（Abdullah）統治外約旦。「埃米爾阿卜杜拉現在在外約旦，」幾年後邱吉爾吹噓，「某個星期天下午，我在耶路撒冷把他放到那裡。」[89]本質上正是如此，而且今日溫和的阿拉伯國家約旦是邱吉爾催生的。一九二一年至一九二八年間，英國軍隊可以完全撤出伊拉克。透過授權給這些當地統治者，英國就不需直接控制，而邱吉爾知道英國負擔不起直接控制。(6)

邱吉爾還抱持著一個較不切實際的想法——建立泛阿拉伯聯邦，以沙烏地阿拉伯的第一個國王伊本・沙烏地（Ibn Saud）為首，而這個廣大的中東聯邦政府，裡頭會有空間給猶太人的家園。雖然他也想在伊拉克北邊為庫德人（Kurds）建立家園，「保護庫德人未來不會在伊拉克被欺侮」，但是那項計畫被外交部推翻。猶太人可以在地中海與約旦河之間遷移，但相對的代價是他們不能往東越過約旦河。「我們兩週內的工作進度比一年還多。」貝爾寫信給考克斯。勞倫斯後來也說，「我必須記錄下來，我相信英國兩袖清風退場了。」[90]

當辛克萊高燒攝氏四十點五度住院時，庫特寫下邱吉爾「擔心極了，因為他非常喜歡辛克萊。溫斯頓遇到生病也明顯有點悲觀，而且容易過度焦慮。」[91]庫特不曉得，上次邱吉爾到非洲那塊地區，他的男僕就是死於發燒。那天晚餐，「即使開了溫斯頓堅持的香檳，一開始還是沒人說話。」

三月二十三日，邱吉爾跟一位印度總督、三位高級專員、一位大臣、幾個官員和將領在總督府吃過晚餐後，搭上火車離開開羅。「我當然必須催促溫斯頓進去他的車廂，因為他總是最後一個上車，讓火車等他。」庫特回憶，當時他已經發覺邱吉爾不準時的習慣。[92]他們停在加薩，有一群巴勒斯坦的暴民在那裡為邱吉爾和英國歡呼。庫特記錄：「他們的首領大喊，滔滔不絕說著『打倒猶太人』、『砍了他們的喉嚨』……溫斯頓和（猶太裔的巴勒斯坦高級專員）赫伯特（赫伯特・薩繆爾爵士）很高興他們如此熱情，但完全不曉得他們在說什麼。」[93]在耶路撒冷的一戰英國軍人墓園，追思典禮上，邱吉爾「致詞時非常激動」，而且眼中噙著淚水。[94]他說：「這些宿將躺在哈里發、十字軍、馬加比家族（Maccabees）④長眠的土地。」「願他們的骨灰安息，向他們的榮耀致敬，且願我們完成他們開創的工作。」[95]接著由儀仗隊發出三次齊射，並吹奏軍人葬禮號。

在耶路撒冷，巴勒斯坦阿拉伯人代表大會（Palestine Arab Congress）⑤海法（Haifa）分會的執行委員會，要求邱吉爾放棄爲猶太人建立民族祖國的想法。「四散的猶太人顯然就是需要一個民族中心與家園，他們可以團聚在那裡。」邱吉爾告訴他們，「而且除了巴勒斯坦外，還有哪裡是猶太人緊密相連三千年的地方？我們認爲這樣對世界好、對猶太人好、對大英帝國好、對住在巴勒斯坦的阿拉伯人也好，我們的意圖就是那樣……我們應該逐步建立代議機構，邁向完全的自治政府，但在完成之前，我們孩子的孩子就已離世。」[96]翌年，當邱吉爾聽到有人建議，猶太人對巴勒斯坦的發展並非必要，他回答：「要是留給巴勒斯坦的阿拉伯人，他們在一千年內也不會採取實際行動與建灌溉系統與電力。他們這群空想的人，住在荒廢、陽光充足的平原就非常滿足，任憑約旦河的水恣意流入死海。」[97]

四月的第二週，他經過亞歷山卓港和熱那亞，從中東歸來。他想盡快回到倫敦，因爲聽說奧斯汀・張伯倫卽將辭去財政大臣，但在回程途中，他發現貿易局主席羅伯特・霍爾恩（Robert Horne）已被任命；霍爾恩的職缺則被首次入閣的斯坦利・鮑德溫占去。邱吉爾極度失望，而且很氣勞合喬治不考慮他，雖然六十二歲的博納・勞似乎已從政壇退休，多少算是安慰。張伯倫成爲新的保守黨領袖，他說邱吉爾「就像頭痛的熊一樣痛苦，而且認爲世界大亂了」。[98]邱吉爾回來後，沒有拜訪勞合喬治，而且信件開頭是「親愛的首相」，而非以前「親愛的L.G」，或甚至「親愛的大衛」。[99]弗朗西絲・史蒂文森記錄，那種感覺是互相的：「D很討厭C。如果C眞的走人，我不覺得他會在乎。霍爾恩說，邱吉爾在俱樂部和大廳批評政府的財務與愛爾蘭事務。」[100]

邱吉爾又身兼空軍大臣與殖民地大臣六週，直到合適人選出現，結果是弗萊迪・傑斯特。邱吉爾在四月初交出職位時，《泰晤士報》果不其然批評他的管理方式：「金色的織帶和拋光的金屬，碩大的軍營和模仿陸軍的建設，這些就是他在空軍部好心、努力的成果，但完全不適當。」事實上，他爲空軍元帥制服引進的金色織帶，以及非陸軍的軍階制度，都是刻意避免模仿其他兩個軍種，而碩大的軍營在二十年後就會證實極爲寶貴。邱吉爾離開空軍部時，皇家空軍在伊拉克、埃及、巴勒斯坦、印度、愛爾蘭都有飛行中隊。

內閣重組後，愛德華・伍德（Edward Wood）（之後是艾文勛爵〔Lord Irwin〕，後來的哈利法克斯勛爵〔Lord Halifax〕）成爲殖民地部次長。邱吉爾也爲此不悅，因爲伍德不是他任命的，而且他想要的其實是傑斯特。當邱吉爾開始冷落伍德，伍德衝進辦公室，告訴他：「我準備明天辭職，離開這間辦公室，但是只要我還在這裡，我就應該得到尊重。」[101]邱吉爾請他坐下，向他道歉，請他喝酒，之後改善對他的態度，因此伍德發自內心說：「他討厭逆來順受的人。」後來邱吉爾生命中極爲重要的政治關係，就是這樣開始的。

五天後，邱吉爾從開羅回來，克萊門汀的弟弟，三十四歲的比爾・奧齊耶在巴黎一家旅館房間自殺。比爾就跟他的母親與雙胞胎妹妹納莉一樣沉迷賭博，因此財務問題纏身。[102]邱吉爾去巴黎參加葬禮，並且試著打聽更多事發經過，但是沒有成果。比爾留給他一根頂上鑲金的麻六甲手杖，他用了一輩子。

六月二十九日，另一件悲劇降臨在這個家庭——邱吉爾的母親珍妮過世，年僅六十七歲。五月底，她在多塞特（Dorset）從樓梯上摔下來，左腳近腳踝處骨折。傷口壞疽，在六月十日截肢。手術後似乎恢復良好，然而又突然猛暴出血。邱吉爾得知出血的消息，急忙從薩塞克斯廣場（Sussex Square）的住處，奔赴不遠的克利夫頓院（Clifton Place），但是還沒到威斯伯恩街，珍妮已經失去意識，沒多久就去世了。「我希望你能看見她安詳的模樣，」邱吉爾寫信給朋友，「終究，生命的陽光和風雨都結束。她看起來非常美麗動人。悲痛的上午過後，她的容貌年輕三十歲。」[103] 她會喜歡那樣。她曾說過，「我永遠不習慣自己不是房間裡最美麗的女人。」[104] 她葬在布雷登，倫道夫勛爵旁邊。「她的血液流著生命的美酒。」邱吉爾告訴寇松，而寇松寫了一封感人的信給他，「無論如何，那是充滿陽光的人生。」[105]

大約就在這個時候，倫道夫十歲，就讀薩里郡科布罕（Cobham）的桑卓伊德預備學校（Sandroyd School）。學校有個老師名叫瑞克森，他「解下長褲，要我撫摸他的器官」。[106] 當時邱吉爾人在艾許比聖萊傑斯（Ashby St Ledgers），和表哥溫伯恩勛爵打馬球，發現此事後，倫道夫回憶：「我從前，甚至以後，都沒看過他這麼生氣。他跳下床，吩咐備車，開車橫越整個國家」，路程來回兩百哩。他當面找校長，不過校長已經因爲其他事情解雇瑞克森。「絕對不再讓任何人這樣對你。」他告訴倫道夫。[107]

八月初，邱吉爾忠心耿耿的男僕，不僅在之前服侍他的父親，也跟他一起去波耳戰爭的托馬斯・瓦登（Thomas Walden）過世。「唉，親愛的，失去這位我從小就認識、忠心、眞誠、謙虛的朋友，眞是難過。」喪禮過後，邱吉爾寫信給克萊門汀。他在喪禮上和薩塞克斯廣場的其他家人「傷心流淚」。[108] 當時很少貴族會稱他們的男僕爲「朋友」，還爲他們流淚。

但是那年的失落和痛苦還沒到達谷底。八月二十三日，邱吉爾和克萊門汀的幼女瑪麗戈德死於喉嚨的敗血病，年僅兩歲九個月。她的父母怪罪自己太過信任表妹梅莉歐特・懷特（Maryott Whyte），她帶小孩去肯特郡布洛德斯代爾（Broadstairs）度假，未能及時發現症狀。克萊門汀悲傷多年無法平復，因爲瑪麗戈德生病時，她在柴郡的伊頓莊園跟西敏公爵家的人打網球。[109] 瑪麗戈德之前就開始喉嚨痛與咳嗽，所以旁人沒將她的喉嚨感染放在心上。八月十四日，她就病倒了，但是懷特小姐或他們的法籍家教羅斯（Rose）小姐過了兩天才打電話給克萊門汀。克萊門汀得知瑪麗戈德生病，立刻離開伊頓莊園，邱吉爾也從倫敦趕去。但在抗生素問世之前的時代，儘管他們找來醫生，卻還是太遲，束手無策。

瑪麗戈德去世時，邱吉爾和克萊門汀陪在身邊。他們承受悲傷與自責的雙重打擊，三天後將她葬在肯薩綠地（Kensal Green）。九月十八日，邱吉爾從鄧羅賓城堡（Dunrobin Castle）寫信給克萊門汀，這封信透露：「唉，我一直感到失去達卡迪利的痛。」[110] 不到二十週光景，邱吉爾生命中的故人又多了他的母親、女兒、小舅子、忠心的男僕。「一年的變化眞大！多麼不同！像影子般稍縱卽逝！」他寫信給克萊門汀，「但是隨著我們短暫的年歲消逝，妳甜美的愛情與陪伴更加熾熱。」[111]

雖然稱不上彌補一九二一年的失落，八月，邱吉爾在一場慈善網球賽認識雙打伙伴——新任的牛津大學實驗哲學（卽物理學）教授暨克拉倫登實驗室（Clarendon Laboratory）主持人，費德里克・林德曼（Frederick Lindemann）。雖然林德曼曾打過溫布頓（Wimbledon），但是他們沒有贏，倒是兩人一拍卽合。[112]

林德曼的父親是成功的商人；一八七一年，亞爾薩斯成爲德國的省分時，他逃出故鄉。他的母親有美國與俄羅斯的血統。他在柏林大學獲得物理學博士學位，研究量子物理學，並於一九二〇年獲選爲皇家學會院士，亞伯特・愛因斯坦（Albert Einstein）稱他爲朋友。

林德曼滴酒不沾、不抽菸、茹素，這種生活方式完全無法引起邱吉爾的興趣。另一方面，一九一七年，他學會單獨開飛機，僅僅爲了測試他的空氣動力理論，研究駕駛如何解除當時幾乎絕對致命的飛機失控。這完全就是邱吉爾欣賞的聖騎士英勇作爲。[113]「那似乎必死無疑，」他後來回憶，「但他的理論管用……我真的非常敬佩他。」[114]

「他的外表一向令人生畏。」莎拉・邱吉爾寫到林德曼，「半圓的頭頂、修剪整齊的鐵灰色頭髮、彷彿被大腦脫去而後退的髮際線、鐵灰色的鬍鬚、蠟黃的臉色，本來該笑時會聽到他用鼻孔噴氣，但是他可以散發讓科學思考不那麼恐怖的溫暖。」[115]這一家人口中的「教授」對邱吉爾十分誠心，偶爾也會拿走帳單，尤其是在這位富有的單身科學家多次與這一家人度假時。邱吉爾不曾受過科學教育，但對科學相當感興趣。他向他解釋武器及許多事物背後的物理意義。林德曼了不起的天賦之後會將複雜的科學主題化爲邱吉爾的「一頁報告」，他會用五分鐘以簡單的詞彙向在場的人解釋量子力學，衆人點頭稱道，包括自動鼓掌的小孩。林德曼凶悍、好譏諷、自大且傾右翼（但深深反對法西斯主義）。他的傳記作者表示，推動他生命的是「對朋友絕對的忠誠與愛，對敵人永遠的仇恨」。[116]一九二四年四月，邱吉爾要林德曼研究「相隔某些距離可以殺人的光」，而且據說可以殺死老鼠。「那可能是造假的消息，但我一向不接受『不』當答案。」[117]那確實是假消息，但由此可見邱吉爾探究新式科學武器的興趣。

一九二一年七月八日，愛爾蘭休戰，愛爾蘭共和軍領袖與英國政府得以在三天後開始協商。身爲殖民地大臣，邱吉爾勢必在協商中擔任領導角色，與F・E・史密斯（現在是伯肯赫德勛爵）、奧斯汀・張伯倫、勞合喬治共同代表英國政府。「我確實覺得，既然他是首相，最好跟他一起打獵，好過躲在樹叢，帶著嫉妒的眼神看他衝刺。」邱吉爾向克萊門汀坦白。[118] 十月十一日，與愛爾蘭代表團在唐寧街十號的會前會過了三個月才召開。邱吉爾威脅，如果愛爾蘭拒絕簽署去年十二月就提出來分割愛爾蘭島的條約，將會發動「眞正的戰爭——不只是在樹叢裡」。[119(7)]

愛爾蘭代表團團長是政治人物阿瑟・格里菲斯（Arthur Griffith），但愛爾蘭共和軍游擊隊領袖麥克・柯林斯也在代表團內。邱吉爾之前曾經懸賞柯林斯的頭顱。當柯林斯提醒邱吉爾此事時，邱吉爾回答：「再怎麼說都是個好價錢——五千英鎊。瞧瞧我——生死都是二十五英鎊。你要不要？」[120] 十二月五日晚間，勞合喬治對愛爾蘭代表團發出最後通牒，實際協商到達戲劇性高峰。次日凌晨兩點二十分，條約簽署。依照約定，南部二十六個郡成爲愛爾蘭自由邦（最終成爲愛爾蘭共和國），愛爾蘭國會隨即以六十四票對五十七票通過。邱吉爾回想，簽訂之後，「英國的大臣激動地走過去，首次握手」。[121]

愛爾蘭自由邦國內完全獨立，外交政策也實質獨立，但同意留在大英國協，跟加拿大與澳大利亞享有相同的自治領地位。這意謂著愛爾蘭官員至少理論上應該宣誓效忠國王喬治五世。英國也會保留三處所謂通商口岸——貝雷哈文（Berehaven）、斯維利灣、昆士鎮（Queenstown）——供皇家海軍使用。然而，狡猾且投機的愛爾蘭國會主席艾蒙・戴・瓦勒拉（Éamon de Valera）在十二月七日否決條約，導致長達十個月的猛烈內戰。

一九二二年一月，邱吉爾成功找來時任北愛爾蘭首相詹姆斯・克雷（James Craig，另一俱樂部會員之一），以及麥克・柯林斯，一起坐在殖民地部討論條約微調。「他們兩人眼裡皆是怒火。」他回憶，但過了幾個鐘頭，他們各自離開時，已經達成協議。[122] 二月十六日，邱吉爾在下議院讚揚《愛爾蘭自由邦法案》，他表示，自從大戰以來：

> 整個歐洲地圖已經改變。國家的地位徹底不同。人民的思考模式、事物的整體遠景、政黨的組成，在世界洪流中，全都遭遇劇烈且重大的變化，但是當洪水退去，我們看到斐曼納和提隆陰鬱的尖塔再次露出。他們爭執之間保有的正直，是在橫掃世界的災難中少數未變的習俗。[123]

那年八月，柯林斯中了反條約勢力的埋伏遇害。辭世不久前，他告訴一位即將前往倫敦的朋友，「告訴溫斯頓，如果不是他，我們不會有任何成就。」[124]

現在邱吉爾忽然捲入另一場危機，而且這場危機最後將會壓垮整個多黨政府。《愛爾蘭條約》（Irish Treaty）簽訂同月，他催促勞合喬治結束他所謂「和土耳其人之間的世仇」。[125] 他指的是勞合喬治對穆斯塔法・凱末爾的國民軍長期的好戰態度，而現在國民軍已經開始威脅英國在伊斯坦堡的飛地及恰納克港（Chanak，今恰納卡萊〔Çanakkale〕）。有違邱吉爾的建議，《色佛爾條約》過去賦予英國在土耳其本土廣泛的權利，但是此時這些權利已經受到凱末爾的軍隊威脅，尤其在恰納克。恰納克危機常用來作為邱吉爾個性急躁的例子，但他從不希望英國擁有這些外露的飛地，而且起初他堅決反對勞合喬治支持希臘，那才是眞正的衝動，因為土耳其西部有大批希臘人口。「在這個因為鬥爭扭曲至極的世界，我擔心看你失去希臘的軍隊。」他告訴勞合喬治。[126] 但是隨著土耳其軍隊在恰納克愈來愈具威脅，邱吉爾評估可能的結果，被迫放棄他的立場，就同對愛爾蘭一樣。

一九二二年六月二十二日，亨利・威爾森爵士在貝爾格萊維亞的伊頓巷（Eaton Place）三十六號自宅門前，遭反條約的愛爾蘭共和軍槍手暗殺。第一槍失準時，他大可退回家中，卻反而直覺拔劍，結果中彈身亡。勇敢地想以長劍打敗兩個槍手，本質上就和邱吉爾指責他在西線採用的策略相同，而結果也相去不遠。衆人猜測下一個目標就是邱吉爾，於是除了沃爾特・湯普森，他又添了兩名保鑣。

七月，財務醜聞重擊多黨政府。首相長期雇用一名極爲隱密的經紀人，名爲芒迪・葛瑞格里（Maundy Gregory），幫他出售榮譽頭銜，並將獲利匯入競選用的勞合喬治基金。南非的採礦富翁，即戰爭暴發戶約瑟夫・羅賓森爵士（Sir Joseph Robinson）已經支付三萬英鎊購買貴族爵位，但是眼下國會的騷動代表他永遠得不到了。「榮譽頭銜的辯論眞的骯髒極了，而且只會傷害國家的政府及帝國的政府。」邱吉爾告訴克萊門汀，「首相很可悲，而且人人都說他發表職涯最糟糕的演講。那確實是衰退。」[127] 七月二十二日，邱吉爾寫信給勞合喬治：「別被魚雷擊中；因爲如果我落單，你的同僚會吃了我。」[128] 但是他本人對這樣的事態也不是完全沒有責任。回到一九〇六年，他向坎貝爾─班納曼推薦授予羅賓森準男爵爵位，而羅賓森也因爲協助政府處理川斯瓦省的中國「奴隸」一事獲得。邱吉爾曾寫信給坎貝爾─班納曼，表示羅賓森想要一項榮譽：「（我猜是準男爵）。我相信你會從寬考慮此事。」[129]

由於國會八月休會，保守黨議員非常生氣。失業率創數十年來新高；《愛爾蘭條約》似乎刺激共和軍；元帥亨利・威爾森在貝爾格萊維亞遭人暗殺；事實上承認蘇維埃俄羅斯，讓政府看起來像是更進一步往綏靖政策妥協；國家開支緊縮已經損害教育，並且刪減了戰爭退撫金；榮譽頭銜的醜聞——議員們極度不滿，再也不信任勞合喬治。隨著不久後的補選失利，多黨政府搖搖欲墜，而且此刻凱末爾的軍隊正在侵略希臘居民和在恰納克保護他們的英國人。九月十五日，邱吉爾主張帝國應該派遣一支主要軍隊，阻止凱末爾重新取得加里波利半島：「那裡有許多帝國士兵的墳墓。」[130] 他同時起草向自治領的首相要求支持的信件，以及給媒體的、挑釁意味濃厚的公報，試圖讓在恰納克的凱末爾軍隊撤退。結果時間點出現極大錯誤，呼籲首相的信尚未交到首相手上，竟先流入媒體，導致敵意湧現。邱吉爾建議法國與義大利支持英國的立場，但兩國雙雙否定。邱吉爾爲自己辯護的理由是，他對那樁危機的心思可能受到兩起國內事件影響：同一天，英國對土耳其發出最後通牒；他的第五個孩子，也是老么，瑪麗（Mary）出生。後來他告訴祕書，人應該有四個小孩：「一個給父親，一個給母親，一個怕意外，一個爲增產。」[131] 那天，邱吉爾未事先告訴克萊門汀，就以五千五百英鎊買下位於肯特郡的查特維爾莊園。其實克萊門汀常去那裡，但是擔心沒錢整修。雖然有了倫敦德里勛爵的遺產，邱吉爾家還是入不敷出，因爲溫斯頓似乎總是無法縮減開銷。

正當近東政策需要完整的內閣團結才能成功之際，保守黨前陸軍大臣、具影響力的德比勛爵不再支持多黨政府。九月十八日，勞合喬治不屑地開除他驕傲的外交大臣，也就是極度懷疑反土耳其政策的寇松勛爵。九月二十二日，邱吉爾主持一個部會委員會，同意任何試圖通過達達尼爾海峽的凱末爾船艦都會被擊沉。[132] 隨著戰爭逼近，邱吉爾和奧斯汀・張伯倫說服勞合喬治勿將這個爭議帶到國際聯盟，國際聯盟可能會強迫英國撤出恰納克。九月二十七日，勞合喬治在內閣反對撤出恰納克，得到邱吉爾、伯肯赫德、霍爾恩、弗萊迪・傑斯特支持，但是遭到支持土耳其的奧斯汀・張伯倫、寇松及其他年輕大臣反對，包括斯坦利・鮑德溫。到了這時候，內閣裡除了勞合喬治外，邱吉爾是最反對土耳其的人。但是他不是在煽動戰爭，因爲他很確定，要是號召大英帝國，凱末爾就會退縮。

兩天後，內閣指示占領土耳其的英國陸軍指揮官查爾斯・哈靈頓爵士 (Sir Charles Harington)，對在恰納克的凱末爾軍隊指揮官發出最後通牒，如果他的軍隊不在四十八小時內撤退，該地區所有的英國軍隊將會發動攻擊。二十九日與三十日，內閣持續等待回應。寇松要求延長時間，但被拒絕。他和鮑德溫認爲冒險政策是不負責任的舉動；英國再次涉入戰爭，除了防止土耳其人重申他們的領土，此外原因不明。然而，凱末爾讓軍隊在一九二〇年進入非軍事區的行爲，形同撕毀一九二〇年的《色佛爾條約》，和希特勒在一九三六年三月在萊茵蘭 (Rhineland) 沒有兩樣，而後來的鮑德溫同樣什麼都不想插手。

上將哈靈頓還沒有發出最後通牒，而且持續與土耳其的對口談判。九月三十日內閣會議後，寇松告訴當時的交通大臣克羅福勛爵，「也許邱吉爾想恢復已經在加里波利失去的戰略聲望。」[133] 隔天，哈靈頓終於回覆內閣，表示土耳其人從英國在恰納克周邊的鐵刺網撤出，而且他即將會見凱末爾。眾人鬆了一口氣。十月七日，已經退休的博納・勞投書到《泰晤士報》，宣布英國再也不能當「世界的警察」。這句話確實是在諷刺勞合喬治和邱吉爾的冒險行動，並且鼓勵保守黨議員動搖多黨政府。

十月十六日星期一上午，就在政府危機的關鍵時刻，邱吉爾得了慢性闌尾炎，這在當時是非常嚴重的疾病，每年在英國奪走超過一千六百條人命。[134] 隔天，他進醫院開刀。手術成功，但醫生說他數週不能行動。他一回來，第一件事就是打聽紐波特的補選，結果反對多黨政府的保守黨候選人獲得兩千票的多數，而多黨政府的候選人位居第三。十月十九日上午，在卡爾頓俱樂部的保守黨會議上，張伯倫和貝爾福表態支持多黨政府繼續，而博納・勞與鮑德溫則希望結束，後者並對勞合喬治做出重大、極爲私人的攻擊。投票結果以一百八十五票對八十八票，支持下次大選以獨立政黨參選。「可憐的奧斯汀，」邱吉爾後來說到張伯倫，「他總是參加比賽，而且總是輸。」[135]

當天下午，勞合喬治進宮辭職，建議國王召見博納・勞，而他組成邱吉爾所謂「二軍政府」(Government of the Second Eleven)⑥。邱吉爾不在乎別人知道他「絕不會讓自己在這道德與智慧的墳墓裡窒息」。[136]但他忽略一個事實，他們根本不想讓他加入。邱吉爾甚至勢利地評論當時生病的博納・勞：「我們的野心怎麼會無效？我們有錢的老闆呢？」[137]（博納・勞過去在鋼鐵事業賺了不少錢。）

國會解散，十一月十五日即將舉行大選。儘管私下形容博納・勞的部會是「廢物和無名小卒組成的政府」，但邱吉爾自己的席位在經濟委靡的丹地也不穩固。[138]十一月一日，他回到薩塞克斯廣場的家，還在休養身體的他，必須撰寫競選致詞。「我支持自由黨，也支持自由貿易，」他寫道，「但我說得相當清楚，我不會拋棄勞合喬治先生，或支持他的高尚保守黨人。」[139]

十一月六日，克萊門汀帶著七週大的瑪麗前往丹地。她住在達德霍普巷（Dudhope Terrace），而且儘管在某次不愉快的競選活動被吐口水，但仍在大型會議發表強大的演講。[140]「討厭你的人好像認爲你是『戰爭販子』，」她告訴丈夫，「但我形容你是帶來和平的天使，圓圓的臉蛋旁有一對毛茸茸的翅膀。」[141]伯肯赫德雖然是保守黨員，也北上爲邱吉爾站臺。

邱吉爾由於手術的緣故，直到十一月十一日休戰日才動身前往丹地，距離投票只有四天。雖然身體仍然虛弱，但是他佩戴十一面勛章，坐著說話，而且頭腦因爲止痛藥昏沉。「某些較年輕的男女，他們臉上濃烈的仇恨令我震驚。」他回想支持共產主義對手威廉・蓋拉赫（William Gallacher）的那些人，「老實說，要不是看在我身體虛弱，我保證他們一定會攻擊我。」[142] 雖然五千人來聽他演講，但集會還是因爲暴力取消。他對著大約一百名共產主義示威者顫抖拳頭，「沒有論點，沒有大腦；只是破壞他們沒有智慧對付的集會。一個政黨唯一的武器是愚蠢的叫囂，選民將會知道如何對付這種政黨。」[143]

由於恰納克危機和榮譽頭銜醜聞，民衆極爲討厭多黨政府，但高失業率和經濟停滯才是主要原因，導致邱吉爾自一九一八年來的選票被愛德溫・斯克林格翻轉。五度參選的斯克林格是禁酒黨有史以來唯一當選的議員，現在他擁有超過一萬張的多數票。邱吉爾得到的票數比工黨候選人還少。「如果你看到丹地百姓必須過的生活，你會承認他們有許多藉口。」後來他寫信給一個朋友。[144] 整體而言，保守黨贏得三百四十五席、工黨一百四十二席、多黨政府自由黨六十二席、阿斯奎斯自由黨五十四席。保守黨拿下五百五十萬票、工黨四百二十四萬票、阿斯奎斯自由黨兩百五十二萬票、多黨政府自由黨一百六十七萬票。「一眨眼，」邱吉爾後來寫道，「我發現我自己沒有職位、沒有席次、沒有政黨，也沒有闌尾。」[145]

作者注

(1) 當時已經受封的朗瑟曼勛爵，在一九三七年去世時，遺囑留下兩百四十萬英鎊，相當今日一億三千萬英鎊。

(2) 當他發現任性的愛爾蘭表妹克萊爾・謝里丹（Clare Sheridan）跑到莫斯科幫列寧製作半身雕像，謝里丹經他人相告，得知

「溫斯頓再也不會跟我說話了」。(Sheridan, *Nuda Veritas* p. 196) 事實上，一年後他又和她說話，而且不久後還幫她在紐約找到工作。

(3) 指的是《世界危機》。

(4) 但他錯了，因為一八三四年十一月至十二月，威靈頓公爵 (Duke of Wellington) 看守政府期間，他同時擔任首相、外交大臣、內政大臣、陸軍大臣、殖民地大臣、上議院領袖。

(5) 侯賽因・伊本・阿里是領導阿拉伯起義的謝里夫。

(6) 約旦東部與沙烏地阿拉伯的國界忽然凹一塊，據說是邱吉爾午餐喝太多後意外畫出的，阿拉伯的綽號是「溫斯頓打嗝」，但其實傳言不是真的。故事說他畫地圖時打嗝，導致邊界呈現鋸齒狀，但那個說法只是想像。(Dockter, *Churchill and the Islamic World* pp. 157–8) 事實上，邊界是熟悉該地區的官員深思熟慮後畫的。

(7) 那時候，邱吉爾對於中國要求收回港口威海衛（今日威海）與一九〇〇年拳民起義的賠款，同樣也是火力十足。「我們為何要銷毀祖先聚集的道德資本，只為了取悅一堆反戰主義者？」他在內閣會議這麼問，「我會送出電報，開頭就寫『一分錢一分貨，兩毛錢只能買一點點』。」(ed. Middlemas, *Whitehall Diary* I p. 181)

譯者注

① 位於加里波利半島。

② 這裡的土耳其政府指的是一戰戰敗的鄂圖曼土耳其帝國，而非現今的土耳其共和國。

③ 「埃米爾」為某些穆斯林國家的統治者，埃米爾國又譯作酋長國；「侍從王」原指受到羅馬帝國贊助的非羅馬君王或準君王，與羅馬的關係和諧但並不平等。

④ 猶太教世襲祭司長的家族。

⑤ 巴勒斯坦阿拉伯人代表大會是在一九一八年英國擊敗鄂圖曼帝國後，一九一九年至一九二八年間於英國託管的巴勒斯坦，由信奉伊斯蘭與基督宗教的巴勒斯坦阿拉伯人成立的代表大會。

⑥ 此說法出自運動賽事，上場比賽的往往是最優秀的十一人，而第二優秀的十一人可能同樣積極，但技術較遜。

13 贖罪 1922／11—1926／5

財務上，可接受的都不合理，合理的都不可接受。——邱吉爾於倫敦瓦德福飯店（Waldorf Hotel）演講，一九二六年三月[1]

人人都說我是史上最糟糕的財政大臣。而現在我也傾向同意他們，所以現在全世界的意見一致。——邱吉爾致奧斯沃德・佛爾克爵士（Sir Oswald Falk），一九三〇年[2]

邱吉爾已經當了二十二年的議員與十七年的部會首長（只有兩次短暫休息），現在決定攜家帶眷逃到坎城（Cannes）的金夢別墅（Villa Rêve d'Or）。他在那裡待了六個月，繪畫以外，也完成《世界危機》第一卷與第二卷許多內容。少了他在國會，另一俱樂部於是擱置，而且他僅短暫回去英國三次：接送小孩去學校、監督查特維爾的整修進度、跟出版商開會。毀謗的人指責他是疏忽的父親，但倫道夫在日記寫道：「我的父母，雖然他們都很忙，但總是盡心照顧我們，尤其是假日。從我大約十二歲起，我們幾乎每年夏天都出國。我們通常開著破舊的沃爾斯利（Wolseley）豪華轎車遊歷法國。」[3][(1)] 邱吉爾從不打小孩，他到學校看他們，也常寫信給他們。[4] 那是他從錯誤中學習的另一個例子，在這個例子中，是從他父母的錯誤。

邱吉爾著作的《世界危機》，五卷中，八十二萬三千字的第一卷於一九二三年四月十日在倫敦發行，而最後一卷直到一九三一年才問世。一萬本立刻銷售一空，一個月內再版。他曾考慮將書名取爲「旗幟之內」或「流星旗」，後來才訂爲「世界危機」。[5]「我的作爲和個人觀點無法代表最後結論。」他在談到加里波利的第二卷前言寫道；該書只是「對歷史的貢獻」。[6]書中種種對自己的辯護，清楚可見一位知名政治家即將回歸的意圖。如同邱吉爾的傳記作者暨歷史學家大衛・雷諾茲（David Reynolds）指出，這部著作充滿「事實、半事實，以及可疑的主張」。[7]貝爾福說那是「溫斯頓精彩的自傳，僞裝成宇宙的歷史」。[8]然而，自傳的部分顯示某種自知之明開始萌芽。「隨著歲月逐年流逝，我事後回顧，」他在首卷寫道，「我似乎太急著執行那些危險，甚至絕望的任務。」[9]

《世界危機》第一卷訴說德意志帝國謀劃戰爭、增加軍備、積極支配歐洲、強迫鄰國加入防禦聯盟。博納・勞抱怨，邱吉爾在書中洩漏部會首長私下的言論，違反他擔任議員的保密誓詞；勞合喬治告訴弗朗西絲・史蒂文森，那本書「寫得很好，但太多辯解，不具一般價值」，還說「他對我不一定公平」。[10]但是《新政治家》（*New Statesman*）表示該書「誠實」，斷言「一定會在他的身後繼續流傳」。不像他的其他著作，這本書的書評普遍極佳。[11]但是，文學評論家赫伯特・瑞德爵士（Sir Herbert Read）嚴厲批評該書的風格。關於沙皇下臺與去世、美國參戰的部分，他評論「看似口才極佳，實爲謬誤，因爲內容是造作的：如果一位作家心中的『優良寫作』，缺乏優良思想作爲內在結構支持，可能就會掉入那樣的陷阱……這位作家認爲他的主題低劣，試圖利用壯闊的詞句放大，藉此希望將這種富麗堂皇的品質注入自己貧乏的思想」。[12]邱吉爾顯然不認爲俄羅斯帝國傾覆，或美國參戰是劣等的主題。一九五三年，邱吉爾得到諾貝爾文學獎，這本書就是評審列舉的原因之一，而且當然值得出版一個世紀後重讀。

在第二卷，邱吉爾宣稱：一九一五年三月十八日的攻擊後，鄂圖曼帝國的要塞幾乎散盡彈藥；水雷區不是持續的威脅；基奇納對於第二十九師猶疑不決，導致災難；俄羅斯沒有崩潰，但是土耳其正在崩潰；一九一五年五月，政府重組浪費的時間正好讓土耳其人在半島增強；要不是被膽小的同僚拖累，他大可提前贏得戰爭，拯救上百萬條人命。[13]這些主張有某些當然是眞的，其他則高度可議，但對於依然在他的公開集會起鬨，大喊「達達尼爾海峽呢？」的人，這是強而有力的回覆。此外，從一九二〇年代初期到中期，民眾開始較能接受：若能避免索姆河與帕森達勒成爲停屍間的悲劇，值得冒上任何風險。

政府官方戰爭史的編輯，少將詹姆斯・埃德蒙茲爵士 (Sir James Edmonds) 幫助邱吉爾著作《世界危機》，並且記錄他會在查特維爾莊園向邱吉爾簡述每一章相關的資料與地圖，邱吉爾接著就會口授內容給祕書，來回耙梳他的研究。「我聽見某種類似心靈的聲音在他耳邊低語，」埃德蒙茲回憶，「但低語的其實是他自己；他會咕噥每個句子，句子聽起來如何，然後才口授。他不厭其煩地潤飾文章；打字機產出兩、三個版本後，又會有四、五個校對樣本——對他的出版商來說成本眞高……他有藝術家的靈魂。」[14]

埃德蒙茲的文件塞滿從一九二三年一月起邱吉爾問他的問題，例如關於德國違反荷蘭中立；一九一四年的塞爾維亞；法國元帥莫里斯・薩海 (Maurice Sarrail) 在薩洛尼卡的行動；在索姆河，「我們鍥而不捨的攻擊」對德國的影響；到底是誰發明「匍匐彈幕」；德國對阿曼提耶赫之役的反應；福煦元帥如何利用情報；德國在羅馬尼亞的戰役；英軍與德軍傷亡數字的量化差異；蘭伯格之役 (Battle of Lemberg) 及其他眾多問題。某些問題微不足道，或純粹關於術語，例如我們在印度住的帳棚是「雙層」還是「邊」？埃德蒙茲在查特維爾住了好幾個週末，發現屋主「每天必定在綠色絲綢與金色蜜蜂雕飾的拿破崙床上午睡」。[15]

邱吉爾將樣張送去給埃德蒙茲，相信他「警覺的鉛筆」會揪出錯誤。[16]埃德蒙茲認爲邱吉爾太嚴厲時，尤其是對黑格，他會得到這樣的回覆：「挖苦和粗魯當然全都可以刪減或軟化。常常我寫下事情，爲的就是看他們印刷的樣子。」[17]對於索姆河的事，邱吉爾大膽寫下：「我急於證明當時自己對情勢的判斷正確，當然還有我對反擊的看法。」[18]他也讀了每本關於加里波利的出版書籍。「我並不知道穆斯塔法・凱末爾在四月二十五日出兵干預（一九一五年兩棲登陸當天），眞是有趣。」他讀完其中一本後，對伊恩・漢密爾頓這麼說，「命運爲了我們的事忙得不可開交。」[19]

一九二三年五月某次午餐，看在大選結束後，多黨政府的自由黨已經失去存在的理由，羅伯特・霍爾恩問邱吉爾，政治上現在他站在哪一邊。「我一直都是我，」邱吉爾回答，「托利民主人士。大局逼我爲另一個政黨效力，但我的觀點未改變，而且我當樂意重新加入保守黨，激勵他們。」[20]這件事情突然因爲博納・勞在五月二十日辭去首相與黨魁而變得可能。博納・勞罹癌，十月就過世了。邱吉爾曾經引用希萊爾・貝洛克的話，說：「我看過的所有首相，最不特別的就是博納・勞。」[21]繼任人選一度考慮寇松，但是貝爾福與國王的機要祕書斯坦福德姆勛爵阻撓，於是斯坦利・鮑德溫同時接下兩項職位。邱吉爾總是低估新的首相。「集合你的鮑德溫！集合你的鮑德溫！」他在下棋時，一邊移動他的小卒，一邊對阿斯奎斯說。[22]但是現在他希望鮑德溫讓他重新回去保守黨。相較邱吉爾明顯的野心，鮑德溫才入閣二十六個月就當上首相，而邱吉爾進入國會十五年後才首次晉升內閣。

一九二三年，邱吉爾打贏兩樁誹謗訴訟：一樁是被控在開羅會議誇大納稅者的錢，另一樁則是與奧斯卡・王爾德（Oscar Wilde）從前的情人阿弗雷德・道格拉斯（Alfred Douglas），道格拉斯寫了一本小冊，指控邱吉爾操作日德蘭之役的消息，透過歐內斯特・卡塞爾爵士在紐約證券交易所賺錢。[23]（道格拉斯同樣荒謬地聲稱，基奇納勛爵溺斃是出於猶太民族的策劃。）在激烈的交叉詰問時，邱吉爾的一句話在最高法院引發笑聲。他被問到：「費雪勛爵是否拒絕見你，然後辭職？」他回答：「不，他辭職，然後拒絕見我。」[24]辯方唯一的證人上校斯賓塞則是由於各種明顯的謊言，引發不同的笑聲。[(2)]陪審團只花八分鐘就判誹謗有罪。之後道格拉斯被判六個月監禁。（二戰期間，道格拉斯寫了一首十四行詩歌頌邱吉爾，而邱吉爾優雅地用一句話認可：「告訴他，既往不咎。」）[25]一九二四年，愛爾蘭小說家弗蘭克・哈里斯（Frank Harris）在自傳《我的人生與至愛》（*My Life and Loves*）聲稱倫道夫勛爵死於梅毒。這個主張無法帶到法院審理，但是後續傳出大量有關邱吉爾反覆無常與缺乏判斷的理論。邱吉爾十一歲的姪子佩勒格林在預備學校被同學質問：「我爸說你們邱吉爾家的人都有噁心的病，而且精神不正常。」[26]

既然邱吉爾不在國會，就能以自由公民的身分代表皇家荷蘭殼牌公司與伯麥石油（Burmah Oil），支持它們和國家控制的英伊石油合併。此舉有助皇家海軍持續獲得便宜的燃料，而且當然符合英國的戰略利益。一九二三年八月，他私下遊說鮑德溫，儘管鮑德溫的機要祕書詹姆斯・馬斯特頓–史密斯爵士（Sir James Masterton-Smith）「基於重大政治立場」非常反對邱吉爾涉入。[27]邱吉爾從財政部的入口進入首相官邸，以免引發媒體評論。[①]他告訴克萊門汀，鮑德溫覺得這件事情「非常好笑」。[28]他曾經私下（而且錯誤地）認定鮑德溫是無能的人，但是他向妻子透露，那次會面「非常愉快。他自稱有很多時間，而且盡其友好地接待我。」

他們談論各種議題，包括魯爾區（Ruhr）、海軍部、空軍部、戰爭準備、美國債務及一般政治。邱吉爾發現新的首相完全支持石油公司合併。「我很確定會成功。」邱吉爾告訴妻子，「我唯一困惑的，就是我自己（在其中的角色）。」[29] 殼牌公司總經理羅伯特・瓦利－寇恩爵士（Sir Robert Waley-Cohen）付給邱吉爾五千英鎊（約今日二十萬五千英鎊），作爲他這四個月爲這筆交易的諮詢與公關費。這是一大筆錢，但前部會首長離開政府工作轉任私人企業，這種情況也不罕見。

雖然他繼承加隆塔莊園，但是邱吉爾需要錢，因爲他不再領取大臣或議員的薪水，同時要維持倫敦薩塞克斯廣場的家，也要整修查特維爾莊園。查特維爾莊園占地八十英畝，距離西敏只有二十四哩，這棟具備現代設施的亨利八世建築蓋在山腰上，賦予威爾德區（Weald）肯特郡一帶美麗的風景。② 克萊門汀起初就想買下這裡，她在一九二二年七月寫道：「我只想得到仙境般的山丘，群樹環繞……我眞希望我們能買下。如果我們眞的買下，感覺會常常住在那裡，而且非常幸福。」[30] 連續去了幾次後，她發現其實那裡破爛不堪，而且有許多陳年問題，需要耗費鉅資整修，於是改變心意。然而那時已經太遲，因爲她的丈夫已經無可救藥地愛上這棟房子與這片土地。[31] 他會說：「離開查特維爾一天就是浪費一天。」[32] 他搭乘座車抵達時，祕書葛瑞絲・漢伯林（Grace Hamblin）回憶：「我們一進入莊園，他就什麼都擺到一邊。文件擺到一邊……狗擺到一邊，祕書擺到一邊、所有事情擺到一邊，準備縱身跳躍。然後他會說，『啊！查特維爾。』」[33] 邱吉爾可以在這裡的書房工作，他的拿破崙半身像擺在桌上，比任何地方都好。「別打擾妳的父親，」克萊門汀會告訴瑪麗，「他在準備演講。」[34]

整修與維持查特維爾的費用令人失血，爲了解決這個問題，邱吉爾一如既往地決定要賺得更多，而非花得更少，然而他告訴克萊門汀必須緊縮開銷。整修包括大範圍重拉電線、大面積擴建、屋頂翻新、一座果樹園、幫瑪麗蓋的涼亭，還有精心設計的水庭園、下挖池塘中的金鯉魚（有時他會向站在大門外的陌生人炫耀，而且有時會成爲水獺的獵物）、兩個大湖、一個加溫至攝氏二十四度的游泳池。在一九三〇年代，他有八名屋內家僕、兩名祕書、一名司機、三名園丁。這十四個人的薪水要靠他從書本、文章、電影腳本（未拍攝）得到的收入。「我眞的是捉襟見肘。」他寫道。[35]

查特維爾是招待客人絕佳的地點。訪客名冊顯示，共有七百八十個人來這裡住過，簽名兩千三百一十六次，其中林德曼來過八十六次，伯納德・蒙哥馬利（Bernard Montgomery）四十六次、布蘭登・布瑞肯三十一次，他的朋友F・E・史密斯、畢佛布魯克、艾迪・馬許都來過很多次。上面也有貝爾福、勞合喬治、T・E・勞倫斯的名字（勞倫斯是少數他會專心聆聽，不會打斷「太多」的人）；此外，還有查理・卓別林（Charlie Chaplin）。[36] 一九三〇年代有更多訪客，但基於私人或安全理由沒有簽名，包括德國反納粹的政治人物與軍官、空軍部的內部舉報人（吹哨者）、外交部反綏靖政策的叛徒，以及德斯蒙・摩頓的情報員。

一九二三年，邱吉爾寫了封信給克萊門汀論「飯廳用椅」，寫道「飯廳用椅有幾項非常重要的必備條件」：必須舒適、有扶手、堅固，椅背必須「幾乎與椅角垂直」，[37] 而且至少需要二十張。查特維爾飯廳圓桌的餐敘往往長達兩個小時，有時三個小時。用餐期間，妙語如珠，論證如劍，來回交鋒；經典名言，好詞佳句，傾瀉奔流。「啊，克萊米，」她起身離開餐桌時，他會說，「實在太棒……別走。讓我們延續這個時刻。」[38]

一九二八年五月底，邱吉爾發現庭園較矮的池塘比新建的湖高出十呎，於是請林德曼解釋，如何利用重力調節兩者的水位，並且計算出水管需要多寬。[39] 既然林德曼是物理學家、炸彈探測家、音樂理論家、辯論家、光線槍專家，邱吉爾期待他也是花園造景家。「假設這七又二分之一加侖（每分鐘）倒進一吋或一又二分之一吋的水管，距離兩百碼，」邱吉爾問，「出水端的流速會是多少？我衷心希望這些問題沒有超出牛津大學的數學範圍！」[40] 當然沒有。下個月初，邱吉爾就在基督教堂發電報給他：「根據你的計算，水流優美極了！溫斯頓。」[41]

查特維爾也住著許多動物。那些年來，有兩隻忠心耿耿的紅棕色貴賓犬——魯法斯與魯法斯二世（他原本希望將兩隻狗葬在一起）；來自澳大利亞的黑天鵝；加拿大的鵝，名叫「旗幟上尉」（因為牠讓邱吉爾想起以前認識的海軍軍官），而且這隻鵝會在「主人遊歷莊園時，趾高氣昂地在後面保持兩到三步的距離」；對另一隻鵝，邱吉爾會在平原大喊「啊哇哇」，就會從湖的那頭聽到牠回答「叭叭」；一隻橘子果醬色的貓，名叫「喬克」，(3) 而有一隻，很沒有創意，就叫「貓」。（當「貓」跑走時，邱吉爾在窗戶放了一張標示，寫著「如果『貓』願意回家，既往不咎」，十天後牠真的回來了。）[42] 瑪麗的巴哥犬生病時，邱吉爾「極為沮喪」，還寫了一首詩讓她和莎拉吟唱：

噢，可憐的巴哥－瓦哥怎麼啦？
摸摸牠、親親牠、抱抱牠，
急忙拿來好藥餵給牠。
暖暖的毛毯包著牠，

那樣就能治好巴哥－瓦哥呀。[43]

那首詩完全比不上濟慈，但透露他與女兒之間活潑可愛的氣氛和感情。（巴哥－瓦哥康復了。）

邱吉爾也養豬，而且有一把長柄鐵刷幫牠們抓背。一九五二年，他告訴侍從，「狗看得起你，貓看不起你。給我一隻豬！牠把你看在眼裡，而且認爲你的地位相等。」[44]二戰後，他也養熱帶魚，還有一隻藍色虎皮鸚鵡，名叫托比。托比在他的書房自由飛翔，而且根據瑪麗的說法，讓祕書和訪客「暴露在失言的風險中」。[45]他也蓋了一間蝴蝶屋，但有時會打開門，並說：「我受不了這種囚禁。」[46]莎拉回憶：「我們的父親非常堅持，一旦他對動物說過『早安』，就不准殺來吃。」[47]有次他說到一隻鵝，「克萊米，妳來切。牠是我的朋友。」[48]

一九三四年，邱吉爾家開始養蜜蜂，如此就有自己的蜂蜜配茶。克萊門汀有好幾年是肯特養蜂協會的會員。[49]二十年後，邱吉爾命令，查特維爾賣到柯芬園（Covent Garden）③的草莓尖端全都必須朝下，以強調新鮮。[50]

邱吉爾深信他的鴨子認識他，嘗試向他在二戰期間的軍事祕書黑斯廷斯・伊斯梅（Hastings Ismay）證明，於是他「發出引誘的咕咕聲，直到一隻落單的公鴨從蘆葦叢現身，緩慢地游過來，領取首相手中的麵包屑獎賞」。接著，邱吉爾慫恿伊斯梅做同樣的事，伊斯梅模仿邱吉爾「奇怪的呼叫，過了一會兒，同一隻鴨子也游向他」。邱吉爾「看著牠的眼神，與其說是憤怒，不如說是哀傷，彷彿一個人看重的朋友令他失望，然後以充滿哀傷的語氣說：『我眞希望牠沒那麼做。』」[51]

一九二〇年代末，邱吉爾成了磚匠，他在菜園周圍砌了一道牆，還有兩間農舍的部分牆壁。（由於政治理由，以及莫名缺乏幽默感，建築工人聯合工會將地方分會發給邱吉爾的會員卡作廢。）查特維爾莊園外的公共樹林，住著一對吉普賽夫妻，「驢子」傑克先生與他太太。一九三三年，邱吉爾幫驢子傑克先生付了喪葬費，免得他被葬在貧民墳墓，而他的遺孀被地方政府驅逐，邱吉爾也自費幫她找了一個住處。雖然如此，她堅持在邱吉爾的林地搭一個簡陋的小屋度過餘生，邱吉爾也同意。[52]這些個人義行，家裡以外的人並不知道，對他而言卻是理所當然。

「這個墨索里尼眞是個下流胚子。」一九二三年九月，邱吉爾寫信給克萊門汀，「我發現羅斯米爾支持他！我完全支持國際聯盟。」[53]對於這位剛在義大利掌握大權的獨裁主義者，如果邱吉爾當時堅持他的看法，對他的名聲也許較有好處，但隨著時間過去，他開始把對方當成反共堡壘，因爲他害怕共產主義會往西散播到戰後的歐洲。

十月，鮑德溫承諾重新引進保護政策，期望能夠對抗失業，但也終結任何邱吉爾可能重回保守黨的希望。邱吉爾又回到從前的自由黨聯盟，並在競選活動強烈抨擊政府。就在大選之前，十一月八日，他認識二十二歲的布蘭登・布瑞肯，這位青年之後會成爲他最親密的顧問、最忠實的支持者，而且在F・E・史密斯去世後，和林德曼一樣，成爲邱吉爾最好的朋友。布瑞肯對於自己的過去刻意保持神祕，部分又由於他的紅髮，因此引發傳言，說他是邱吉爾的私生子。然而邱吉爾並未阻止傳言，以致克萊門汀非常委屈。克萊門汀進一步追問，他開玩笑地回答：「我查了，日期對不上。」[54]（布瑞肯出生前一年，他幾乎都在南非。）他接受像布瑞肯這樣毫不隱瞞的投機者，可見邱吉爾喜歡有趣、聰明、幽默的人，而且不在乎他們的血統，較傳統的克萊門汀則過了很久才開始欣賞布瑞肯。

布瑞肯生於提珀雷立（Tipperary）④，父親是富裕的建商，也是反英國、親共和黨的芬尼安兄弟會（Fenian Brotherhood）成員。大戰時，布瑞肯被送到澳大利亞，一九一九年歸來。一九二一年，十九歲時，他自稱澳大利亞人，雙親在森林大火中喪生，因此進入坎布里亞（Cumbria）一所名叫瑟德伯（Sedbergh）的私校就讀。[55]在私校待了一個學期後，他去預備學校教書，依舊自稱來自雪梨。[56]到了二十五歲，布瑞肯已經進入一家報社的董事會。接著在一九二〇年代中期，他幫助理財無能、聰明有限的克羅斯韋特－埃爾（Crosthwaite-Eyre）家族重振出版事業，因此賺了大錢，而且在一九四五年合併《金融新聞》（*Financial News*）和《金融時報》（*Financial Times*），同時攀上事業高峰。一九二九年，他當上帕丁頓北區（Paddington North）的保守黨議員。他無疑是投機分子，但也是創造者，而邱吉爾欣賞布瑞肯絕對的忠誠，而且能夠提振他的精神。完全白手起家的布瑞肯也主張自由企業與競爭的個人主義。[57]

鮑德溫描述布瑞肯是邱吉爾「忠誠的 *chela*」，這個印度字的意思是忠誠的信徒。（也有較不友善的形容，保守黨議員約翰・戴維森〔John Davidson〕描述他是「溫斯頓的豺狼」，外交部的格拉德溫・傑布〔Gladwyn Jebb〕則說他「就是貧民窟的小孩」，雖然不是當著他的面說。）[58]但布瑞肯遠不止是信徒。他是輿論導向的專家、可以信賴的顧問和朋友，也不會因爲邱吉爾威嚇就屈服。「他和溫斯頓爭論起來極爲精彩。」哈洛德・麥克米倫回憶，「他們吵架像夫妻一樣，但邱吉爾就希望那樣，而且從來不會吵個沒完，也不會影響眞正的和諧。」[59]麥克米倫看得出來，布瑞肯「有時幫助他走在正軌，尤其是戰爭的時候」。

布瑞肯也是唯一不需敲門就能進入邱吉爾的會議，且極少數能盡情開邱吉爾玩笑的人。邱吉爾告訴布瑞肯，住在巴黎擁有軍功勛章（Médaille Militaire）的人（他自己在一九四七年五月獲得），如果喝醉了，可以用國家公費搭計程車回家。布瑞肯回答：「你一定曾經幫助振興巴黎的計程車經濟吧？」之後邱吉爾任命一位哈羅公學校友任政府職位，布瑞肯告訴他：「你只是因爲自己和他待過同一間感化院才要他。」[60]當他不知好歹地拿起首相的雪茄點燃自己的菸，邱吉爾告訴大黨鞭：「我曾爲比那更小的事殺人。」[61]但是，說笑與爭吵之餘，當向納粹妥協的氛圍達到顛峰時，布蘭登・布瑞肯是唯一非家人的議員，爲邱吉爾辯護，接受敵人挑戰，日復一日、月復一月，每次分邊表決都跟他站在同一邊。

「我們在這裡面對另一次大選威脅，而我必須做很多工作，爲邱吉爾競選。」那個月稍晚，布瑞肯寫信給他（清白的）母親。就和當上首相與擁抱保護主義一樣，鮑德溫令人意外的是，他在國會擁有多數支持，卻提前四年召開大選，他感覺需要新的授權來終結自由貿易。同樣令人意外的是，雖然在曼徹斯特有其他可以獲勝的席次，邱吉爾卻選擇萊斯特西區，以多黨政府自由黨自由貿易者的身分迎戰。他後來以「某些模糊的情結」解釋，導致他「去萊斯特對抗社會主義者，而在那裡，同時還被保守黨人攻擊，我當然落敗」。[62]他對自己的定位是，反對工黨更甚於反對保守黨，長遠來說對他有利，而且在一九二三年退出國會，因此對自由黨黨鞭不負義務。

競選期間動輒有人對他大喊：「安特衛普的事呢？」還有磚頭丟向他的汽車，可見這場選舉多麼艱難。「我們的首相，鮑德溫先生，是非常誠實的人。」他對著大笑的觀眾說，「即使他沒有一直掛在嘴邊，我也打算相信他。誠實是好事，但對首相而言，很重要的是正確。」[63]選舉三天前，他說：「鮑德溫先生不知道什麼是原料。不知道他所提議的稅率是高或低。」[64]既然鮑德溫從政之前經營鋼鐵事業有成，這樣指控他實在奇怪，再說，三個月前他還希望這個人接納他回到保守黨。

邱吉爾以四千票輸給工黨候選人費德里克・佩西克－勞倫斯（Frederick Pethick-Lawrence），而那場選舉，整體而言保守黨贏得兩百五十八席、工黨一百九十一席、自由黨一百五十九席。保守黨拿下五百五十四萬票、工黨四百四十四萬票、自由黨四百三十一萬票。工黨首度獲得比自由黨更多票，而且從此以後的選舉皆是。選舉之後，依邱吉爾的說法，「自由黨極不明智且大錯特錯，讓社會主義的少數首次掌權，因此決定他們的末日。」[65]選舉過後，阿斯奎斯自由黨傾向支持工黨政府，多黨政府自由黨傾向支持保守黨，而儘管邱吉爾不在國會，但他成爲後者的主要發言人。「自由貿易將在戰地軍事法庭審判，而且天一亮就槍決。」他曾在選舉期間如此告訴曼徹斯特的觀衆，而且他不能不顧他們的支持。[66]只要保守黨採取保護主義，他也不能重新加入。

邱吉爾在一九二四年一月十八日投書《泰晤士報》表達立場。「社會主義的政府即位，將是重大的國家不幸，往往在戰敗隔天降臨在偉大的國家身上。」他寫道。[67]他公開宣稱，認爲工黨是布爾什維克黨人的同路人，想要與俄羅斯建立完全的外交關係，即使工黨領袖拉姆齊・麥克唐納顯然不是列寧或托洛斯基。一月二十二日，在阿斯奎斯自由黨支持下，麥克唐納成爲第一位工黨首相。

大選過後，某天邱吉爾和鮑德溫進行一次良久的友善對談，而他在二月二十三日告訴克萊門汀，保守黨領袖「顯然非常希望我能回去，與他們合作」。[68]因此他決定在西敏選區的修道院分區，以獨立的反社會主義身分參加補選，一九〇六年以來，「自由」這個詞彙首次缺席他的競選術語。當地的保守黨也有一名參選人與他競爭，這個人是上尉O・W・尼科爾森（O. W. Nicholson），這次補選正是因爲他的叔叔過世，而且他是黨內基金重要的捐獻者。「我相信你不希望礙於技術細節，對著我帶來幫助你的援軍開槍。」三月七日，邱吉爾寫信給鮑德溫，希望得到他的協助，但是儘管鮑德溫希望邱吉爾進入國會，卻不會因此影響保守黨的地方協會。[69]

三月十日，在競選演講中，邱吉爾寫道：「我是一個希望和保守黨合作的自由黨人，共同抵抗險惡的攻擊」——指的是社會主義，「鮑德溫先生已經公開呼籲自由黨合作。我支持他這項將國家擺在政黨前的政策。」[70] 同天，克萊門汀發出一張傳單，寫著：「除了勞合喬治外，在世的政治人物再無人比邱吉爾對重要的社會法案更具貢獻。」她進一步列舉他的實績：《川斯瓦憲法》、「對付血汗工廠的《行業委員會法》」、人力仲介、失業保險、《一九一〇年礦業管理法》、廢除監獄長時間單獨禁閉、《一九一一年商店營業時間法》、日光節約時間、「整備海軍對抗德國威脅」、守住安特衛普拯救敦克爾克、達達尼爾委員會「並不對他究責」、「下令製造第一輛坦克」、在美索不達米亞建立獨立的阿拉伯王國（省下四千萬英鎊），以及參與簽訂《愛爾蘭條約》。[71]

這正好是一張有用的檢核表，檢視她丈夫目前爲止的人生，但是工黨候選人芬納・布羅克韋（Fenner Brockway）也做了另一個版本，標題是「溫斯頓的黑紀錄：他在國會如何打壓工人」，其中以送給鄧尼金的一千四百萬英鎊爲例（暗示是現金而非軍火），還有邱吉爾投票反對工黨要求調查礦業暴利、一九二〇年七月投票反對廢除保護主義的麥肯納稅、「美索不達米亞的事業只會圖利賺取石油暴利的百萬富翁」、一九一一年派遣軍隊到火車站、一九二〇年十一月投票反對譴責黑棕部隊。[72]「他是投機的政客，」布羅克韋說，「擅長不負責任的行爲。」[73]

三十名保守黨議員支持邱吉爾，只有一個資深保守黨員利奧波德・埃莫里公開呼籲不要投票給他。結果，鮑德溫釋出一封貝爾福寫的支持信，他早已握在手中一段時間。邱吉爾以一貫的精神，不搭汽車，而是搭乘四匹馬拉的馬車巡迴選區。尼科爾森得到八千一百八十七票，邱吉爾八千一百四十四票，布羅克韋六千一百五十六票，J・S・達可斯（J. S. Duckers，自由黨）兩百九十一票。超過兩萬兩千人的選區輸了四十三票，這件事情並不容易承受，但是邱吉爾展現強烈的個人魅力，而且沒有剝奪保守黨的席次。此外，如同他在一九三二年所言，他已經「至少暫時贏回所有保守黨重要人物的善意，某些人的心意我懂，並在關鍵時刻表達，雖然他們從不喜歡我或信任我」。[74] 一九四六年，他開玩笑說：「我打過的選戰，競爭激烈程度無人可比，其中西敏的選戰最刺激又最富戲劇性……那是不分政黨的競選，因爲那次選舉，所有政黨都反對我。」[75] [(4)]

只過了兩個月，一九二四年五月七日，二十年來邱吉爾首次站在保守黨的講臺，在利物浦的太陽廳（Sun Hall）告訴工人保守黨協會（Working Men's Conservative Association），既然他近十年來「在內閣內外的工作都與保守黨一致」，「因此我不覺得，我的觀眾或我自己，需要認爲我出現在這個集會有什麼奇怪或背離。」[76] 六月，當鮑德溫聲明放棄引進關稅的承諾，邱吉爾就開始尋找保守黨的席次，準備下次競選。

九月，邱吉爾在《帕爾摩爾公報》發表一篇極有先見之明的文章，標題是〈我們全體都要自殺嗎？〉（Shall We All Commit Suicide?）。林德曼協助撰寫。歐尼斯特・拉塞福爵士（Sir Ernest Rutherford）已於一九一七年分離原子，而邱吉爾試著向讀者解釋這個事實的軍事意義。「人類從未站在這個位置。」他寫道：

儘管德行尚未大幅進步，或缺乏明智的指引，人類已經得到保證能夠自我消滅的工具……死神已經立正站好，順從，期待，準備出手，準備改變人類全體；蓄勢待發，一旦接到命令就摧毀；毫無修復的希望，人類文明還剩下什麼……一顆不比橘子大的炸彈，難道不是擁有足以摧毀一個街區建築的神祕力量，不但如此，還可集中一千噸無煙火藥的火力，一下就炸掉一座城鎮？炸藥，即使現存的類型，難道不是在無人飛行機器上，一架接著一架，透過線路或光線引導，在敵人的城市、兵工廠、軍營、碼頭上空飛行？[77]

十五年後愛因斯坦才寫信給羅斯福總統表達原子核武器的可能；納粹使用無人駕駛的V－1與V－2飛彈又在更久之後，而邱吉爾的文章比這兩者都來得早。

「切勿抱持一種想法，認為歐洲另一次的爆炸危險已經過了。」邱吉爾在同篇文章寫道，「世界大戰後的麻木與虛脫，暫時保證惱怒處於被動，而戰爭的恐怖，其中的屠殺與暴虐，已經潛入靈魂，支配心靈，無論階級與種族。但是戰爭的原因完全沒有去除；實質某些方面又因所謂和平條約惡化。」[78] 戰爭剛結束不久，他就這樣形容《凡爾賽和約》與相關的《特里亞農條約》（Treaty of Trianon）、《色佛爾條約》、《聖雷摩協定》（San Remo Covention）等條約，對讀者來說自然十分震驚。

九月二十二日，邱吉爾正式成為埃平（Epping）保守黨協會的候選人，加入十月二十九日的大選。這是兩年內的第三次大選，起因是工黨政府執政僅僅十個月，自由黨就收回支持。他的正式身分是憲政主義與反社會主義的候選人，但他終於回到保守黨的行列，而且就在全國其中一個最安全的選區，雖然這個選區後來會改名為伍德福德（Woodford），更後來又會改為旺斯特德與伍德福德（Wanstead & Woodford），但他四十年內都將穩定代表這個選區。在競選致詞，邱吉爾寫道：「這座知名的島嶼是自由與代議政治之家。我們在這些路上領導世界，而且我們現在也毋需從莫斯科或慕尼黑尋找啟發。」[79]他指的是去年十一月希特勒與埃里希・盧登道夫（Erich Ludendorff）發動的慕尼黑啤酒館政變（Beer-Hall Putsch），暗示他正密切觀察德國發生的一舉一動。

邱吉爾在那個選區贏得九千七百六十三票。整體而言，保守黨贏得四百一十九席、工黨一百五十一席、自由黨四十席，結果顯示工黨首次執政多麼失敗。全民選票方面，保守黨八百零四萬票、工黨五百四十九萬票、自由黨兩百九十三萬票。所以邱吉爾終止兩年內三連敗，而鮑德溫二度當上首相。「我被邀請入閣的機會很小。」邱吉爾寫信給一位支持者，因爲國會多數的緣故，內閣將會「只由無可挑剔的保守黨人」組成。[80]他大錯特錯：兩天後，鮑德溫給他財政大臣這個大位。奧斯汀・張伯倫同父異母的弟弟內維爾・張伯倫拒絕這個位置，這樣他才能專注在衛生部進行重大改革，而且鮑德溫告訴他，邱吉爾「在裡面比在外面更管得住」。[81]

邱吉爾後來寫道，當鮑德溫問他願不願意接下那個政府第二重要的職位時，「我其實想回答，『這不是在問鴨子會不會划水嗎？』但既然那是正式且重要的場合，我回答，『我得償所願。我還留著家父任財政大臣的長袍。能在這個優秀的政府爲您效勞是我的榮幸。』」[82]他當下給首相的答覆不是關於經濟狀況、賦稅、金本位、礦業，或任何接下來五年會困擾他的問題，而是他的父親，這點淸楚顯示，即使倫道夫勛爵去世將近三十年，他的記憶依然強烈。（他的母親「極爲小心保存」那些長袍，以備他需要用上。）[83]當他告訴克萊門汀這個消息時，「我眞的無法說服妻子，我不是在開玩笑。」[84]約翰・辛格・薩金特（John

Singer Sargent）⑤爲邱吉爾畫了身著財政大臣長袍的畫像，也是他畫的最後幾幅畫。「我想強調我右邊臉頰明顯的凹陷，」邱吉爾說，「但是人絕不能對贈送的肖像挑三揀四。」[85]

邱吉爾所謂財政大臣「得償所願」，這個承諾暗示不會阻撓鮑德溫的工作，但在邱吉爾五十歲的生日前夕，這兩人都不眞的相信。「要不要忠心取決於他，」鮑德溫告訴內閣副祕書長，也是他信任的顧問湯姆・瓊斯（Tom Jones），「如果他有忠心的能耐。」[86] 鮑德溫眞正的目標是分開邱吉爾和勞合喬治。勞合喬治還在領導自由黨的派系，而此一慷慨的邀請成功達到這個目標，而且想不到效果竟是永遠。這也是在逼邱吉爾軟化對自由貿易的主張。精明的鮑德溫看法正確，他認爲邱吉爾面對持續傷害戰後經濟的高失業率已經準備讓步。[87] 這項任命也能增色原本平淡無奇的部會。阿斯奎斯說，邱吉爾「在鮑德溫的內閣就像沙丘中的欽博拉索山（Chimborazo，厄瓜多第一高山）或聖母峰」那樣高高矗立。[88] 如同一九一七年七月，首相出手拯救（提拔）邱吉爾的政治事業，他們的主要動機都是害怕在對面後座聽到他響亮的聲音。

普遍而言，財政大臣常和首相爭吵，也許部分因爲他們在唐寧街是隔壁鄰居，而且他們都想取代首相，但是邱吉爾和鮑德溫在五年執政期間相處得極爲融洽。他們常爲不實傳言所苦；存心不良的人造謠，宣稱邱吉爾密謀反抗鮑德溫，而首相總是沉著以對。[89]「我認同迪斯雷利所言，政治的興衰變遷無窮無盡。」十二月在利物浦，邱吉爾於慶功宴上對觀眾說。[90] 如同一九〇四年他跨過地板成爲自由黨人，邱吉爾的時間點不能再好，因爲一九〇六年後自由黨執政十六年，而一九二四年後的二十一年，保守黨僅只兩年沒有執政，自由黨再也沒有執政。「任何人都可以選擇背叛，」邱吉爾談到他又成爲保守黨人，「但要有一定的智謀才能再次背叛。」[91]

一九二四年，伯肯赫德出版著作《當代人物》(*Contemporary Personalities*)，在裡頭寫到，倫道夫勛爵「死時完全不知道他生了一個才智比自己更了不起的兒子」。[92] 在那篇簡短的文字描述中，伯肯赫德表示，溫斯頓・邱吉爾「穿過下議院廳堂時的空氣，如同拿破崙・波拿巴於十八世紀霧月政變當天上午」。[93][(5)] 所有人都認爲邱吉爾「無禮，甚至囂張」，但是伯肯赫德證實他的朋友知道他「對親密的朋友其實相當親切可愛，近乎陰柔。而且他畢生從未辜負朋友，無論那些義務有多麼困難。」[94]

倫道夫・邱吉爾勛爵是平庸的財政大臣，他稱小數點「那些可惡的黑點」，經濟學也不是他兒子的強項。(如同他在一九四三年十月承認，告訴下議院，罷工和停工的損失不超過一%的一半的三分之二，「這些事情上，我們永遠都要冒上巨大的風險——〇・五%的三分之二。我或我父親從未擅長算術」。)[95]「他們講的都是波斯話。」他說到財政顧問——但是他在那裡的機要祕書珀西・格里格(Percy Grigg)後來寫道，「他會說服自己去學習並理解任何來到眼前的課題。」[96][(6)] 一九二四年，大戰之後，他接手的經濟環境幾乎失能。通貨膨脹嚴重，失業人口超過一百萬，相當十%的人力，而且地理分布不均。所得稅史上之高，每一英鎊交付五先令，相當於二十五%。礦業——全國最大的產業——雇用超過一百萬人，雖然英國在一九一三年出口七千三百萬噸的煤，但是到了一九二一年，已經減少至兩千五百萬噸。[97] 英國另一個強勢產業——雇用五十萬人的紡織業，開始面對日本強大的競爭。一九二四年初，工黨的財政大臣菲利普・斯諾登(Philip Snowden)已經廢除一九一五年的麥肯納稅，即保護主義的最後一部分。

諷刺的是，雖然邱吉爾的父親曾經批評格萊斯頓，但到了一九二〇年代，邱吉爾在財政上成爲正統的格萊斯頓自由派，相信緊縮策略、平衡預算、自由貿易，而且斤斤計較，想方設法刪減公共支出。十一月二十八日，他告訴湯姆・瓊斯，希望政府專注在住宅供給與年金，尤其是戰爭遺孀。「我想如果減少各部門其他開支，就能在這兩方面幫上忙。」他說，「我完全支持以前自由黨的社會改革措施，而且現在我想推動類似的措施……我們不能養一堆小小愚蠢的巡洋艦，反正那些也沒用。」[98]

邱吉爾任財政大臣的其中一項主要批評，就是他刪減國防開支，尤其海軍巡洋艦計畫，以及在新加坡新的海軍基地，以致一九三〇年代面對德、義、日軸心國，英國的虛弱相當程度要歸咎於他。他在財政部的國會機要祕書羅伯特・布思比稱他是「非常糟的財政大臣……他一心一意刪減所得稅……那就是我們在一九三〇年代虛弱的肇因。邱吉爾解除國家武裝……以前從來沒有人解除這個國家的武裝。」[99] 但在一九二〇年代中期，德國與日本並未被當成未來的敵人，且一九二五年《洛迦諾公約》（Locarno Treaty）反而將德國帶回國際外交主流。雖然巡洋艦在邱吉爾任財政大臣期間持續興建，但他確實反對海軍要求大型的巡洋艦興建計畫。十二月，他寫信給鮑德溫：「我相信這樣的政策不只會帶領政府走向毀滅，也會影響國家安全。」[100] 他擔心「開啟全世界的軍備競賽，邁向新的大型戰爭。我認為社會主義絕對會勝利」。[101] 鮑德溫在一九三六年解釋為何過去沒有要求重整軍備，說出完全一樣的話。邱吉爾因此在二戰回憶錄針對這一點嚴厲指責鮑德溫，指控他「將政黨置於國家之前」。(7) 這兩種平行論述的關鍵差異在於，一九二四年十二月，希特勒是失敗的密謀者，在蘭茨貝格監獄（Landsberg Prison）裡苦思，一九二三年德國選舉，納粹黨只有二・三%的得票率，而在一九三〇年代中期，他是德國元首（Führer）⑥，而且明顯危害世界和平。一九三九年九月，事實上，英國和大英帝國參戰的巡洋艦有五十六艘，幾乎跟德國、義大利、日本加起來一樣多，有許多就是在邱吉爾任財政大臣期間所建造。

邱吉爾告訴鮑德溫，海軍部在遠東的擴張主義政策會煽動一戰英國的盟友日本。他要求通常擁護政府的外交大臣奧斯汀・張伯倫發表內閣宣言，「合理考量下，排除未來十年、十五年、二十年對日戰爭的可能。」[102] 一九二五年至一九二六年，第一海軍大臣布里奇曼勛爵⑧與第一海務大臣比提勛爵領導的海軍部，因爲海軍預算與邱吉爾領導的財政部劇烈衝突不斷，最終以妥協結束。衝突期間，邱吉爾說過的話後來證明大錯特錯。「爲什麼要和日本打仗？」他在一九二四年十二月寫道，「我不相信在我有生之年會有一絲機會。」[103] 無論如何，邱吉爾指出，英國擁有四十三艘不到十年、排水量超過二十三萬六千噸的巡洋艦，而日本只有二十艘，且排水量十萬九千噸。[104]

一九二五年一月，邱吉爾預見「就像緊接著重大戰爭後，總有漫長的和平」。[105] 他無法支出九千萬英鎊大肆重整軍備，同時維持平衡預算、減少失業、擴大社會福利、振興商業、減稅以刺激成長。[106] 一九二五年一月，就在辭職邊緣的比提寫道：「溫斯頓那個奇怪的傢伙已經瘋了，經濟方面瘋了，而且爲了買到他短視近利眼裡治百病的藥，爲了從所得稅拿出一先令，什麼代價都不算大。」[107] 然而外交部同意邱吉爾，認爲未來日本極不可能進攻，而且指稱那將等同「國家切腹」。[108]

邱吉爾將新加坡新的海軍基地開銷，從預估的一千兩百萬英鎊刪減到八百萬英鎊。[109] 如果眞的爆發戰爭，他相信皇家海軍應該防守新加坡周圍，保衛通往印度和澳大利亞的貿易航線，然後等待新的海軍建設可以出動。對於前者，英國應該「派駐一個戰鬥巡洋艦分遣隊，或一個高速戰艦師，或如果可能的話兩者皆是，在關係緊張期間或戰爭一旦開始，就駐守新加坡」。[110] 這就是他在一九四一年十二月想讓Z艦隊（Force **Z**）做的。

毀謗他的人之間有一個傳言，無論邱吉爾待在哪個部會，總是傾向促進那裡當下的利益。然而，他反對財政部官員主張刪減更多海軍預算，例如喬治・巴斯托（George Barstow），正好證實這個傳言爲假。[111] 當然，任何其他財政大臣，例如內維爾・張伯倫或奧斯汀・張伯倫，工黨或自由黨，在這個時間對海軍的開銷都比邱吉爾更嚴格。此外，鮑德溫與內閣多數支持他反對海軍部的要求。整體而言，邱吉爾任財相期間，海軍預算從一億零五百萬增加到一億一千三百萬英鎊。[112]

一九二五年一月，邱吉爾赴巴黎開會，協調與調整國際戰爭債務和賠款。英國對美國的戰爭負債接近十億英鎊，但是法國、日本、比利時、義大利等國對英國的負債是二十億英鎊，不包括德國。美國總統卡爾文・柯立芝（Calvin Coolidge）對英國債務的態度非常無情：「他們借了錢，不是嗎？」這樣的立場並不荒謬，但是馬上償還全部的債務，恐怕會傷害英國經濟，因此扼殺橫跨大西洋的貿易，最終對誰都不利。[113]「希望乘著翅膀飛了，」邱吉爾寫道，「國際會議於是艱難地走在泥濘的路上。」[114] 經過七天詳細討論，同意英國收到還款後逕還美國。「我和老美打了一場硬仗，而且一吋一吋把他們打到合理的數字。」他向克萊門汀報告，「但是沒有任何敵意。」[115]

那是他的第一場重大國際金融談判。回來後，內閣正式「對於財政大臣任務成功表達高度讚賞」。[116] 三月十一日，邱吉爾說服部會首長同意德國加入會議，最後推動一九二五年十二月的《洛迦諾公約》，牢牢確立德國的東部邊界。「腓特烈大帝的戰爭與彼得大帝的戰爭乃出自深沉的動機與野心。這些動機與野心不僅完全沒有消逝，現在更與偉大的歷史記憶相連。」[117] 因此兩次大戰之間，將德國再次拉進國際體系的協議，而且設定邊界，邱吉爾是促成人士之一，而這條邊界後來被希特勒觸發引爆。

在外匯市場上，英鎊兌美元從戰前的四・八六美元相比，約在二・五%的範圍內浮動。政府、英格蘭銀行、倫敦金融圈、國庫強烈希望恢復戰前貿易與貨幣系統。一九二五年三月十七日星期二，邱吉爾在唐寧街十一號舉辦小型晚宴，而這場晚宴將對英國的經濟及其自身名聲帶來重大後果。「說整個世界都在看著這個國家努力恢復金本位，一點也不誇張。」《泰晤士報》十一天前宣布，「人人都期待我們成功。」[118] 一九一四年戰爭爆發時，英國退出金本位，而一九一八年英格蘭銀行總裁成立的康立夫委員會（Cunliffe Committee）建議最終回到戰前一英鎊對四・八六美元的金本位。到了一九二〇年，通貨膨脹停止，而一九二二年七月利息降到三%歷史新低。到了一九二三年初，一英鎊兌換四・六三美元。英格蘭銀行新的強人總裁蒙塔古・諾曼（Montagu Norman）想要回到金本位，國庫的金融管理員奧托・尼梅爾（Otto Niemeyer）和那裡多數的高級官員也這麼認爲，他們希望如此可以穩定物價，保守黨、自由黨，甚至工黨，過去全都作出恢復的保證。德國和美國也在一九二五年初回歸金本位。

邱吉爾知道自己不是財金專家，而且雖然伯爾克・卡克蘭教他幾句支持金本位的好話，但起初他的直覺並不支持。「我們要任憑許多黑人女人用腳趾在尚比西河（Zambesi River）的泥巴摸索嗎？」他問官員。[119] 但是十二月致鮑德溫的信中，他寫道：「達到金本位很容易，而且確實幾乎不可能不做那個決定。」[120]

所以三月十七日，邱吉爾邀請在康立夫委員會上持反對意見的劍橋大學經濟學家約翰・梅納德・凱恩斯，以及前財相雷金納德・麥肯納、賠款專家布瑞德里勛爵（Lord Bradbury）、尼梅爾到財政部研究這個問題。當場還有珀西・格里格，他借用知名的廣播節目名稱，稱這場會議爲「某種智囊團」（Brains

Trust）。格里格後來回想，尼梅爾和布瑞德里支持該計畫，而凱恩斯和麥肯納反對。「討論持續到午夜之後，」他提到：

我以為會通過。麥肯納完全支持凱恩斯的理論。凱恩斯認為美國與英國的價格差異非如外匯指出的二．五%，而是十%。如果我們回到過去的金本位，必須相對降低國內價格。這意謂著失業、薪資下修、重工業長期罷工，到最後就會發現這些產業已經經歷永久縮減。因此，最好試著維持國內價格與貨幣工資穩定，並允許兌換波動。[121]

布瑞德里勛爵指出，金本位是「防惡棍」的制度，因爲貨幣直接連結黃金，政治人物不能爲政治目的操作英鎊價值。[122]價格穩定，因此不會通貨膨脹的優點，勝過系統缺乏流動性的缺點。針對英國應該回到較低的平價，布瑞德里認爲「爲了微小並短暫的緩和而製造信心衝擊，置我們的國際名聲於險境，實爲愚蠢」。討論良久後，麥肯納撂下最後一句話：「逃不了的。你若一定要回到從前，那將是地獄。」

凱恩斯在一九一九年出版《和會的經濟後果》（*The Economic Consequences of the Peace*）批評《凡爾賽和約》的金融條款，他也寫了三篇類似的文章攻擊回歸金本位，一九二五年七月刊登在《旗幟晚報》，後來又重新出版爲三十二頁的小冊，名爲《邱吉爾先生的經濟後果》（*The Economic Consequences of Mr. Churchill*）。其中，他主張爲了「滿足金融圈大老的不耐」，金本位高估英鎊的價值，因此薪資將會下滑。他解釋邱吉爾的決定會被接受，「部分可能是因爲他缺乏防止自己犯錯的直覺判斷，而且因爲缺乏那樣的判斷，所以被傳統金融的喧囂蒙蔽；而且最重要的，他被專家嚴重誤導。」[123]邱吉爾不介意這種人身攻擊，僅當成政治妥協的部分。他也不必然不同意，他告訴尼梅爾，總的來說，「我寧願看到金融業不那麼得意，工業更加滿意」；但是回歸金本位的效果卻相反。[124]

後來邱吉爾非常後悔接受蒙塔古・諾曼、布瑞德里勛爵、菲利普・斯諾登的建議，重回金本位，然而沒有針對黃金擔保的英鎊儘速調整薪資與稅收政策。其中一個後果即爲英國的煤礦成本變得太高到無法出口，而當時法國結束占領魯爾地區，大量便宜的德國煤礦進入愈來愈競爭的國際市場。「常有人告訴我們，金本位會令我們被美國綁住。」邱吉爾在下議院的辯論這麼說，「我來告訴你們，金本位會令我們被什麼綁住。我們會被現實綁住。」[125]但是才到六月，煤礦業主就警告礦工協會，工資必須調降，而且工時必須增加。邱吉爾提出九個月的暫時補助，換得產業和平，直到一九二六年四月的預算報告（Budget）⑦。這件事情一開始花費一千萬英鎊，但最後會提高至兩千三百萬英鎊。內閣的供應和交通委員會不想見到礦業全面罷工，因此這是策略性安撫，同時邱吉爾主張「金本位與礦業現況無關，就像墨西哥灣流與之無關一樣」。[126]

邱吉爾部分的困難是通貨緊縮的環境正在阻礙全球經濟成長。雖然英國是戰爭勝利的一方，卻沒有處在收割利益的位置，尤其幾個在戰前最興盛的市場已經被戰爭破壞殆盡。一九一三年至一九二九年，幾乎沒有國家蓬勃成長，而英國戰後未能進入新的市場，導致成長低於歐洲的競爭對手。[127]煤礦、造船、紡織依然是出口支柱產業，但是這些產業現在面對愈來愈大的競爭，法國和其他工業國家紛紛以最新技術革新工廠與機器，然而英國沒有。恢復金本位榨乾革新所需的寬鬆信貸，但是未能解決任何英國的經濟弊病，那些弊病比財政或貨幣的問題遠爲嚴重。

貨幣貶值會是較佳的措施，轉銜到黃金也會因此較簡單，但是政府認爲那將等於承認英國無法重返過去偉大強國的地位。[128]「缺乏新的產業發展及不同的企業精神，」一份研究邱吉爾政策的報告總結，「任何貨幣政策都無法眞正改變什麼。」[129]這件事情並不妨礙邱吉爾針對當時的金本位講俏皮話。「我們當然可以繼續一邊虧本，一邊維持出口繁榮。」他在某次這麼說，而另一次他把那些想要回到比一九一四年更低金價的人比喻爲「想從一磅拿出一盎司」的雜貨商，以及「想從一碼剪掉一吋」的裁縫。另一次演講，他指責凱恩斯和追隨者想要建立水銀本位。[130]這些妙語當時聽來有趣，但最後將會證實凱恩斯是對的。

一九四五年，邱吉爾私下承認，「我人生最大的失誤是回到金本位。」[131]但是金融專家幾乎全體一致支持，若再加上那些海軍上將對艦隊的看法，以及那些陸軍上將對波耳戰爭與一戰的見解，眞的會讓邱吉爾嚴重懷疑專家的智慧。倘非他一再發現專家最終是錯的，而且若金本位的事被迫負起最終責任的不是他，他也不會堅持攻擊建制派的綏靖政策。

一九二五年四月二十八日，邱吉爾開始五次預算報告的第一次。克萊門汀、倫道夫和此時已經十五歲的黛安娜在從下議院的觀衆席觀看。他刪減所得稅，但並未如他預期刪減一先令，而是刪減六便士（從二十五％降到二十二．五％）；宣布回到金本位；降低退休年齡從七十歲至六十五歲；引進第一個國家擔保的共醵年金制度（contributory pensions）⑧，適用一千五百萬人；同時廢除不討喜的國家資助資格，即所謂經濟狀況調查（Means Test）。他說：「這不是堅強的軍隊需要額外的酬勞與寵愛，而是脫隊者、虛弱者、受傷者、年老者、鰥寡孤獨者，需要國家的救護車。」[132]這是付諸行動的托利民主。

針對西印度群島的糖、肯亞與羅德西亞（Rhodesia）⑨的雪茄、南非與澳大利亞的葡萄酒、中東的果乾，邱吉爾也引進某些非常少量的帝國關稅優惠制度。如果那樣還不夠來個一百八十度的大轉彎，他又針對汽車、絲綢、手錶、電影加上奢侈品進口稅。他簡單用國庫的實際需求，解釋爲何棄絕長期以來主張的自由貿易原則，當時世界上其他國家也在實施保護主義關稅。「對某些人來說是樂趣，」他對下議院談到關稅，「對其他人來說是目標，而對我來說是收入……我們承擔不起丟掉那樣的收入。」[133] 鮑德溫向國王報告，「透過他的演講，身爲國會議員的他不只能力出色，還擁有演員的諸多才藝。」[134]

勞合喬治果不其然攻擊他的預算報告，談起這位財政大臣，「我敬佩他耀眼的心靈、燦爛的心靈，太過閃亮而模糊他的判斷。事實上，他的問題之一就是他的前燈太過刺眼，因此他在道路上行駛，很難不撞到車子。」[135] 另一位懷疑主義者珀西・格里格背著邱吉爾告訴湯姆・瓊斯，「不到一年，溫斯頓就會犯下不可挽回的失誤，如果沒有危害政府，也會讓他自己下臺。」[136] 雖然舊的盟友漸漸離去，但是新的卻浮出水面。剛當選的保守黨年輕議員安東尼・伊登（Anthony Eden）在日記寫道，邱吉爾的預算是「兩個半小時的精湛表演」。[137] 十年前，十七歲的他在日記評論，邱吉爾是一九一四年其中一位投票支持參戰的內閣大臣，如果不是這樣，伊登認爲英國已經「失去一流強國所有的聲望」。[138]

「我想這沒有什麼好爭議的，整體而言，政府的影響力和聲望逐漸提升，主要原因就是他。」內維爾・張伯倫在八月寫信給鮑德溫。這封信比許多其他的信更能解釋邱吉爾和張伯倫之間漫長與複雜的關係，尤其是他們相識的早期階段。「他眞是厲害的人物。」他繼續，「但是不知怎的，他和我中間隔著巨大的海灣，我不認爲自己能跨越。我喜歡他。我喜歡他的幽默與活力。我喜歡他的勇氣……但是如果我成爲他的屬下，不會有天堂般的快樂。」[139]

一九二五年三月二十日，寇松勛爵無預警地死於腎臟出血。「我不認為頌詞十分慷慨。」邱吉爾參加完他的喪禮後，立刻這麼說，「要是我，不會感謝這樣的頌詞。但是他沒有激起任何情感，也沒有代表偉大的目標。」[140] 邱吉爾還在氣寇松背棄多黨政府，但他在一九三七年的著作《傑出的同代人》裡對寇松較為友善。

邱吉爾不在國會期間，幾乎三年沒活動的另一俱樂部，四月十二日復活。共有十二名成員參加，包括辛克萊、西利、沃爾道夫・阿斯特、馬爾博羅公爵。從此俱樂部恢復固定聚會，只要邱吉爾在倫敦就會參加。隨著勞合喬治完全退出，俱樂部也從政治和睦的推手，變成邱吉爾和伯肯赫德的朋友聚會。四月那天晚上，這兩位創辦人以讚賞的口吻自嘲，署名「Fundatores pii」（虔誠的創辦人）。新的成員包括在巴勒斯坦皇家燧發槍團猶太營服役，繼而獲得傑出行為勛章的自由黨議員詹姆斯・德・羅斯柴爾德（James de Rothschild）；休・特倫查德爵士；獲得傑出服務勛章與飾條、傑出服務十字勛章、英勇十字勛章，而且指揮哲布勒赫突襲時失去一隻手臂的愛德華・希爾頓・揚（Edward Hilton Young）；一九一四年親自創立皇家海軍航空部隊武裝車師的奧利佛・拉克－蘭普森（Oliver Locker-Lampson）；還有自由黨前殖民地大臣J・H・托馬斯（J.H. Thomas）與家族擁有《每日電訊報》的威廉・貝瑞（William Berry，之後的坎羅斯勛爵〔Lord Camrose〕）。後來的會員暨記者科林・庫特（Colin Coote）回憶兩次大戰之間，為國王祝酒後，邱吉爾「總是在這個歷史悠久的儀式加上一點創意。『國王』後面，他會低聲加上『以及沒有戰爭！』」[141]

一九二五年底，邱吉爾終於重回保守黨，也重回卡爾頓俱樂部。一九二六年一月，在工人階級強大的波爾頓（Bolton）格蘭戲院，他津津有味地攻擊社會主義。「讓他們拋棄完全的謬誤，」他說，「那荒誕、錯誤、致命的失誤，相信藉由限制人民的雄心壯志，在不同形式與不同階級的人類事業釘上不正確的平等腳鐐，他們就會增加世界的福祉。」[142]然而六天後，談到已經和英國解決戰債的義大利，這種合理的自由意識形態就會變質，他會說出後來後悔的話，「墨索里尼強勢領導的義大利政府，不因經濟事實的合理結果而萎縮，具有勇氣實施爲維護與穩固國家復原需要的金融方案。」[143][(9)]但是三月初，羅斯米爾勛爵建議墨索里尼式的領導在英國可能有用，邱吉爾在貝爾法斯特商業總會的午餐說，「我們的社會基礎廣泛又深入，我們的情況並不需要在多種非憲政的極端當中抉擇。」[144]

克萊門汀和妯娌古妮三月去羅馬兩週，當時她們見了那位領袖，他給兩人一張自己的照片，還簽上「眞誠的，墨索里尼」。這張照片有段時間放在查特維爾的起居室。「他向你致意，還說希望能與你相見。」克萊門汀告訴丈夫，「我相信他是非常偉大的人。」[145]「他當然是我們這個時代了不起的人。」邱吉爾如此回覆，但略帶懷疑。[146]三天後，他又說，「妳認爲他是奇才，我想妳是對的」。接著，他又引用政治人物奧古斯汀・比瑞爾寫的：「世界級的人物最好從書裡閱讀，而非在他的統治之下！」[147]

一九二六年四月二十七日，邱吉爾公布第二次預算報告。他的煤礦補助即將結束，採礦業崩潰在即，而且所有政府部門都被要求節約。例如空軍部的開銷從一千八百萬英鎊減少到一千六百萬英鎊，而海軍預算不能超過五千七百五十萬英鎊。雖然邱吉爾和鮑德溫努力推遲採礦業的危機，但是五月一日出門工作的工人發現礦場大門緊閉；雇主宣布，在利潤縮水的情況下，無法繼續支付相同工資。全國礦工工會(National Union of Mineworkers，簡稱NUM）祕書長A・J・庫克(A.J. Cook)回以口號「少給一毛錢，少上一天工」。工會聯盟（Trades Union Congress，簡稱TUC）在一天前通知政府，接著宣布五月三日下午十一點五十九分起，全國各地、不分行業，開始大罷工。

邱吉爾比內閣裡任何人都同情礦工，儘管如此，他還是加入全體一致的投票，結束五月二日與工會聯合會沒有結果的談判。身爲托利民主人士，他不喜歡礦業業主放任的資本主義。邱吉爾的表弟倫敦德里勛爵在達蘭擁有礦場，而且拒絕政府的讓步提議，他並不欣賞對方。邱吉爾同情工時漫長、在危險地底工作的人，但是他也知道選出的政府不能屈服於大罷工的威脅。「這個衝突，如果要鬥到底的話，」罷工開始時，他在下議院說，「只能以推翻國會政府，或政府大獲全勝作結。沒有可能的中間路線……沒有關上的門；但是另一方面，當情況維持現在這樣，我們別無選擇，只能毫不妥協繼續向前，履行我們的義務。」[148]

一九二六年五月三日星期一，罷工第一天，鮑德溫要邱吉爾負責政府的報紙《英國公報》（*British Gazette*），鮑德溫的傳記作者解釋這是爲了「讓他有事可忙，以免他又火上加油」。[149]邱吉爾利用《早報》的辦公室與印刷設備（是報社老闆提供的，不是傳言說的強占），產出八份每日刊物[(10)]，裡頭有許多是他自己寫的。他寫的社論戰鬥意味濃厚，而鮑德溫派了約翰・戴維森去看著他，修改他的文章，兩人之間自然常起衝突。[150]爲了確保持續發行，還從荷蘭訂了四百五十噸的紙，並派出皇家工程兵團的一個連看守。

由於一九一一年軍隊和礦工在拉內利衝突時邱吉爾的動作，以及前一年涉入湯尼潘帝事件，左派要把邱吉爾塑造成工人和勞工組織的敵人易如反掌。《英國公報》提供他們許多彈藥（一位現代歷史學家描述那份報紙是「煽動的」），但《英國公報》也提供邱吉爾這位前記者大好機會，在全國播放政府的聲音。[151]

邱吉爾不希望《英國公報》只是政治宣傳的小報，想把《英國公報》變成正式的報紙（雖然有補助，但封面還是標上價格一分錢），而且發行量從五月五日二十三萬兩千份攀升到五月十三日兩百二十萬份。[152]裡頭有政治家如阿斯奎斯和格雷深思熟慮的文章，也有露骨的反罷工政治宣傳，雖然他們自認公正。五月十一日的頭條是「假新聞」，寫著：「除非你看的是權威報紙，例如《英國公報》，否則什麼都別相信。」

「這個偉大的國家，」第一版的社論寫著，「整體而言，是文明所能展現最強大的社會，在這個方面現正減少到非洲原住民的程度，僅依賴口耳相傳的謠言。」[153]這篇文章沒有署名，但作者的身分非常明顯。《英國公報》的其他地方，罷工者被描述爲「敵人」，罷工起初驚人的團結被貶低，而且被說成「直接挑戰有序的政府」。他們引用一份法國報紙，宣稱布爾什維克黨人暗地支持罷工。第四版的社論還說，如果武裝軍隊必須未經授權採取行動，政府就會支持；這種言論就連國王也覺得不負責任。[154]工黨的政治人物喬治・蘭斯波里（George Lansbury）被描述成「野蠻的社會主義者，情緒激動又大吼大叫」。

邱吉爾與鮑德溫在罷工期間扮演相反的角色，首相表現節制，爲另一方著想；而邱吉爾透過《英國公報》，則是要求絕對的無條件獲勝。戴維森向當時的印度總督艾文勛爵抱怨，邱吉爾「把罷工當成敵人一樣要消滅」；又向鮑德溫抱怨，「他以爲他是拿破崙。」[155]艾文勛爵的姊夫，保守黨議員喬治・連恩－法克斯（George Lane-Fox）認爲邱吉爾「好戰至極，愛惹麻煩」。[156]這樣的情況下，罷工結束前有一千三百八十九起暴力事件起訴，一天超過一百件，代表非文字的眞正好戰。

五月九日，當罷工到達關鍵階段時，邱吉爾希望徵用英國廣播公司（ＢＢＣ）。其實沒有那個必要，畢竟他們隱約就是支持政府，但是這麼做的同時，他樹立一個一輩子的敵人——該公司董事長約翰・里斯爵士（Sir John Reith）。之後里斯幾乎不讓他出現在一九三〇年代的廣播裡，並在日記表達他對這個人的厭惡，即使他後來也在邱吉爾的戰時政府效力。「他眞的很蠢。」里斯在大罷工期間寫道，這也是日記常見的開頭。[157] 邱吉爾搶走大量《泰晤士報》的紙張也惹惱其編輯傑佛瑞・道森。他氣憤地抱怨，並與邱吉爾作對好幾年。

「他完全陶醉在此事，」五月四日，內維爾・張伯倫嗤之以鼻，「而且還會繼續處理和談論，就像現在還是一九一四年。」[158] 五月七日，湯姆・瓊斯提議對工會聯合會讓步和解，他後來回想，邱吉爾「激動憤慨，口若懸河，將我淹沒」，告訴他：「我們在打仗。星期日上午開始，事態已經改變……我們必須進行到底。拿出你的魄力。」[159] 邱吉爾認爲，唯有對政府的體制威脅解除，才能做到慷慨的礦工薪資和雇用條件，而且他覺得不可能只過四、五天就實現。他甚至拒絕刊出坎特伯里大主教所寫的妥協請求。

「溫斯頓編輯《英國公報》，簡直樂在其中。」副檢察總長托馬斯・因斯基普（Thomas Inskip）向艾文報告，「他的八億兩千萬英鎊預算已經不再那麼吸引他。我不是說他對當前主要議題的直覺有誤，但他沉浸在『知名度』之中，好不愉快。」[160] 一九二〇年代時，「知名度」還是一個帶有貶義的詞，有失政治人物身分。但是，儘管當時的大黨保守黨所有批評，邱吉爾卻毫不表露任何屈服的跡象，加上鮑德溫強硬回應，於是五月十一日起，罷工開始破裂。邱吉爾立刻寫了便函給鮑德溫——「今天投降，明日寬恕」。[161] 這也是他對待波耳人、婦女參政運動者、兩次大戰之後德國人的態度。他也想這樣對待愛爾蘭共和人士，但是屢試不爽，愛爾蘭後來變成不同案例。

五月十三日，工會聯合會停止大罷工，但是全國礦工工會繼續單打獨鬥。那個月月底的《新政治家》

標題諷刺地寫著：「我們該不該絞死邱吉爾先生？」雜誌編輯寫道，「邱吉爾先生是罪魁禍首。據報他曾說過，認爲『流一點血』會帶來益處。」[162] 邱吉爾問檢察總長道格拉斯・霍格爵士（Sir Douglas Hogg）他可不可以提告，因爲「我當然不想讓這樣的謊言流到工黨，成爲他們指責的籌碼」。[163] 霍格告訴他，不值得大費工夫，但無論如何大罷工還是讓邱吉爾被中傷爲罷工破壞者、頑固派、工會主義的意識形態敵人，但他不是。全國礦工工會試圖逼迫政府拿出更多補助前，他原本並未決意擊破罷工。

二戰期間，邱吉爾確保高階工會成員在他的政府擔任要職，而且和平時期擔任首相時，他對他們全面讓步。然而，政治敵對就是如此——大罷工之後，社會主義對手似乎很快就原諒他的勝利；保守黨建制派中批評他的人物，例如戴維森、因斯基普、里斯、道森、連恩－法克斯、內維爾・張伯倫，這些應該與他站在同一邊的人，卻非如此。

作者注

(1) 一九二三年至一九三一年間，邱吉爾擁有五輛沃爾斯利，但沒有一輛是豪華轎車。倫道夫想的可能是一九二六年那輛，唯一一輛有門可關的沃爾斯利。

(2) 包括他揭發列寧計畫暗殺羅曼諾夫家族但被逮捕，在巴爾幹半島被陸軍的救護車帶走，他在車上穿上護士的衣服後脫逃，並騎腳踏車到美國領事館。

(3) 橘子果醬色的貓已經成為查特維爾的傳統，現任是喬克六世。

(4) 邱吉爾選舉的運氣在一九二四年之前，這四分之一個世紀的前十二次，都不是非常出色。在奧丹，一八九九年排名第三，一九〇〇年排名第二；在曼徹斯特西北，一九〇六年排名第一，一九〇八年排名第二；接下來五次在丹地，從一九〇八年到一九一八年是第一，接著一九二二年落到第四；萊斯特西區和西敏修道院區都是第二。但是接下來九次，他都是第一。

(5) 一七九九年拿破崙發動政變當天。

(6) 邱吉爾非常瞭解的稅務是自己的稅。為了將寫作收入的所得稅降到最低，他以作者身分正式退休十八個月，版稅即可認定為免稅的資本收益。二次大戰開始後，他會再次這樣。

(7) 這麼說對鮑德溫並不公平，他指的是一九三四年假設的大選，而不是一九三五年真正的大選，但邱吉爾從未更正論述。

(8) 幸好他和之前的第一海務大臣法蘭西斯・布里奇曼沒有關係。

(9) 簽署債務解決的文件時，邱吉爾說「任何和解，公平的最佳證據就是任何一方都不完全滿意」。(*CS* IV p. 3827)

(10) 五月十一日與十三日也各有兩個凌晨三點的版本。

譯者注

① 首相官邸與財政大臣官邸分別為唐寧街十號與十一號。

② 威爾德區泛指英格蘭東南方一帶，占據漢普、薩里、薩塞克斯、肯特四郡。

③ 倫敦市中心著名市集。

④ 愛爾蘭共和國南部的郡。

⑤ 一八五六年至一九二五年，美國畫家，以肖像畫聞名。

⑥ 納粹德國的國家元首名稱，實際上僅有希特勒擔任過此職位。

⑦ 每年春季財政大臣報告來年預算、國家歲入、公部門支出、課稅提案。

⑧ 以保費提撥為財源的勞動年金制度。

⑨ 今辛巴威。

14 衝撞 1926／6—1931／1

這是個能幹、沉著的政府。——邱吉爾論一九二四年至一九二九年的保守黨部會[1]

我喜歡事情自然發生，但如果它們不發生，我喜歡讓它們發生。——邱吉爾致國會議員亞瑟・蓬森比，一九二九年[2]

一九二六年六月七日，大霧之中，邱吉爾乘坐由司機亞歷山大・阿列伊（Alexander Aley）駕駛的車，從查特維爾前往倫敦，途中撞上魚販開的貨車，結果魚販斷了兩根肋骨。邱吉爾賠償魚販七十七英鎊（大約今日三千五百英鎊），但對方將此事告上法院。陪審團判定邱吉爾無罪，即便如此，他還是給了魚販二十五英鎊。[3]幾年前，一九二〇年二月，邱吉爾在白廳一場汽車衝撞中倖存，而在另一次交通事件，他的司機因爲超速被罰三英鎊，雖然司機聲明，是邱吉爾要他快點抵達英國陸軍部。[4]邱吉爾經常忽視速限和交通號誌；要到他成爲首相，有個「吭啷」（就是鈴鐺），警告其他駕駛他正靠近，那個時候他才不會危害道路安全。[5]戰爭或和平、賭博桌上、股票市場，他都難忍冒犯風險的衝動，他在道路駕駛和不惜一切贏得大罷工的這種全輸或全贏的精神，偶爾會導致衝撞，但是最後一個案例，衝撞幫助得到勝利。

七月七日，邱吉爾在下議院辯論《英國公報》的黨派色彩時，主張「消防隊和大火之間，我完全拒絕公正」。「當你身處困境，而且身處這樣的鬥爭時，無論多麼不幸，人們假裝不知道他們站在哪一邊，絕對沒有用。」[6]在他的職涯中，經常以時機剛好的笑話轉移嚴重的批評，他告訴工黨座席上的人，「千萬要清楚，如果你們再對我們發動大罷工，我們就再出一次《英國公報》。」[7]邱吉爾的笑話力道在於，他非常懂得說出妙語的時機，這也是邱式機鋒的精髓。

邱吉爾也懂得各種形式的政治宣傳有什麼威力。八月十五日，保守黨中央辦公室到財政部幫邱吉爾錄影，打算製作電影傳達資訊。所有內閣的部會首長都要在電影中露臉。某些首長非常排斥錄影，但邱吉爾不會。錄影時，內維爾．張伯倫正好來，之後向艾文勛爵報告當時的情況。「天啊！那間辦公室真是亂哄哄。桌子被書壓在底下，祕書忙進忙出。羅納德．麥克尼爾(1)讓他坐下，要他擺出正經八百的態度，點燃一根巨大的雪茄。溫斯頓表情扭曲，慷慨激昂，手勢十足，滔滔不絕，直到攝影師麻痺或者他的膠卷炸開。」[8]

這封信好笑的部分結束後，張伯倫進入正題，批評這位和他一起競爭鮑德溫後繼的人。「溫斯頓在下議院和黨的地位不斷提升，」他告訴那位總督：

他的演講極為精彩，人們蜂擁前來看他，彷彿要進戲院觀賞頂級娛樂。他們說那是倫敦最棒的演出，而這就是弱點。到目前為止，我可以判斷，他們把這個當成作秀，但是目前不打算相信他的品格，更不用說他的判斷。個人來說，我愈認識他，就忍不住更喜歡他，也更讚賞他，但對他在智性上的尊重愈來愈少。我注意到，我和他在部會的所有爭議，他都必須退讓，因為他的立場都不在穩固的基礎上。[9]

邱吉爾退讓的另一個解釋，可能是鮑德溫喜歡並信任張伯倫，認爲他理所當然就是保守黨領袖的接班人，因此傾向支持他而非財政大臣。在另一封信中，張伯倫告訴艾文：「我們兩人個性相差太大，我無法輕鬆和他相處，或對他產生好感。他是優秀任性的小孩，讓人忍不住讚賞，但是持續施加壓力給維護他的人，磨損他們。」[10]

八月二十四日，腰痛的鮑德溫到法國東部艾克斯萊班（Aix-les-Bains）度假三週，他讓邱吉爾負責礦業談判。邱吉爾利用機會，想對礦業業主施壓，達成和解。「英國的手掐著英國的喉嚨，引發極爲難看的互相傷害。」他在下議院感慨。[11] 結果他無法解決此事情，備感挫折。罷工正在破壞財政部的財務計算，尤其是財政部必須每週拿出二十五萬英鎊的社會津貼給受影響地區。九月十五日，鮑德溫回來前一天，邱吉爾提議政府強制礦業業主建立礦工最低工資，但被內閣拒絕。

十月，十萬礦工回到礦坑，到了十一月底，罷工實質結束。邱吉爾擁有礦場的表弟倫敦德里勛爵寫信給他，表示礦場老闆應該得到支持，因爲他們正在「對抗社會主義」，他則頑強地回覆：「兩邊都由他們最糟糕且最不理性的分子代表，還有因爲頑固和好戰選出的人士。這不是礦場老闆身爲礦場老闆的義務，如果他們宣稱那是他們的義務，怎能責怪礦工工會追求政治目標？」[12]

一九二七年，鮑德溫政府通過《行業爭議與工會法》，宣布次級行動（secondary action）①違法——因此罷工違法——而且取消產業工人必須付給工會會費的制度，大幅減少工會對工黨的資助。政治記者C・E・貝克豪菲・羅伯茨（C. E. Bechhofer Roberts）相信，因爲邱吉爾支持這項措施，「邱吉爾和保守黨之間的傷口於是癒合」。[13] 這項法案深受勞工組織厭惡，但是直到一九四七年才撤銷。

一九二六年夏季尾聲，邱吉爾列出十四種方法節省查特維爾的開銷。讀起來不像給愛妻的信，倒像財政部的會議紀錄。信中分項列舉方法：

一、不再購買香檳。除非特別指示，否則午餐或晚餐只提供白酒、紅酒，或威士忌、蘇打水。每週將酒冊呈給我過目。除非特別指示，不要開波特酒。

二、雪茄必須減為一天四根。桌上不放任何雪茄，只有我能抽。只提供香菸並不奇怪。

三、不以家用帳戶訂購水果；只由妳和我在特殊場合購買並付費。

四、除非特別批准，不用鮮奶油。

五、只有我們的時候不需吃魚。晚餐兩道菜與甜點應該足夠，午餐則是一道……[14]

他也想刪減洗衣花費、配給鞋油數量，但是幾乎沒有實施任何一項。「我不記得少過食物和飲料，」幾年後，瑪麗寫道，「也不記得父親穿著骯髒皺褶的襯衫。」[15]那年聖誕節，查特維爾至少有十一人在訪客名冊簽名，而且以邱吉爾招待客人的頻率，沒有人察覺任何減少。

一九二七年一月，邱吉爾和弟弟傑克，與當時在伊頓公學就讀的倫道夫，三人同遊地中海。他們看了維蘇威火山爆發，走訪熱那亞、龐貝與赫庫蘭尼姆古城（Herculaneum，十五歲的倫道夫不准看裡面不雅的壁畫），還在雅典的帕德嫩神廟野餐。在馬爾他時，邱吉爾住在上將奇斯那裡，當時他是地中海艦隊的總司令；五十二歲的邱吉爾也在那裡打了最後一場馬球比賽。在羅馬，他們到梵蒂岡拜會教宗庇護十一世（Pope Pius XI）。「一開始的對談有點沉悶，」倫道夫回憶，「然後我的父親和教宗談到布爾什維克黨人，接下來半小時，兩人暢談他們的看法。」[16]

邱吉爾也在羅馬見了墨索里尼，並且發表媒體聲明，表示義大利的法西斯運動已經「爲全世界帶來貢獻」。[17] 更糟的是，他又說：「如果我是義大利人，必定全心全意從頭追隨你，直到你成功征服列寧主義野獸般的食慾和愛好。」[18] 這個聲明後來當然極爲難堪，尤其詆毀他的人總是引用前兩句，而非最後一句。墨索里尼當時尚未入侵阿比西尼亞（Abyssinia，今衣索比亞），但邱吉爾的反共主義無疑暫時蒙蔽了他，看不見法西斯主義的凶殘。那樣的反共主義到了二月會更顯著，屆時邱吉爾會支持內閣的決定，警告蘇維埃政府。蘇維埃政府已經透過共產國際，祕密在英國埋下共產主義叛亂因子，如果共產主義繼續干預英國國內與帝國的事務，將會導致雙方破裂，那項內閣的決定是個可怕的錯誤。俄羅斯內戰期間，邱吉爾已經積極利用情報工作，主動支持效率高超的探員，如悉德尼・萊利（Sidney Reilly）與鮑里斯・薩溫科夫（Boris Savinkov）。但在一九二七年，爲了向莫斯科證明他們知道共產國際正在英國與印度進行顛覆行動，內閣暴露情報單位已經破解蘇維埃的密碼，此舉只有非常短暫的政治利益，卻導致莫斯科採用全新、無法攻破的系統。邱吉爾震驚並學到，關於情報，最好別讓敵人曉得你知道什麼。

一九二七年一月，見證另一俱樂部成立以來吸收最多新會員的時刻，包括林德曼、凱恩斯（再次證明邱吉爾能夠包容深思熟慮的異議），與文學批評家德斯蒙德・麥卡錫（Desmond MacCarthy）。六個月後，保守黨的政治人物奧利佛・史丹利（Oliver Stanley）和傳統主義畫家阿弗雷德・芒寧斯（Alfred Munnings）也加入。邱吉爾並不特別喜歡現代藝術。(2) 安東尼・伊登回絕入會邀請，表示他不喜歡餐敘的俱樂部。上將奇斯也收到入會邀請，但當他拒付五英鎊的入會費時，邱吉爾指出俱樂部另一個不明說的面向：「五英鎊能讓你和許多活躍在核心或接近核心的重要人物保持聯絡。」[19]之後奇斯加入。

《世界危機》的第三卷在三月連載。黑格在英國依然非常受到歡迎，而邱吉爾批評他在西線的消耗戰略，因而引發許多爭議。「在英國所有的攻擊行動中，」邱吉爾提到，「英國的死傷從未少於德國的三分之二，而且損失往往是德國的兩倍。」[20]他認爲原因在於，多數衝突中德國都居守勢，這麼說沒錯。在書中，他提出當時的核心問題，確實就是歐洲二十世紀的問題：「新的世代會被宰殺獻祭，結清條頓人與高盧人的帳嗎？我們的孩子會在毀壞的土地上流血喘氣嗎？或者衝突的火焰中，將會出現三大戰鬥巨頭和解，團結他們的智慧，重建歐洲的光芒，互相保護他們獲得的安全與自由？」[21]

儘管黑格大受歡迎——翌年他死於心肌梗塞時，有一百萬人參加他的葬禮(3)——但書評仍普遍表達稱讚。凱恩斯在《國家與雅典娜》(*Nation and Athenaeum*)週報寫道，那是「反戰的論文——比反戰主義者的工作更有效果」。[22]凱恩斯也讀出邱吉爾的態度。邱吉爾評論畢佛布魯克新書《政客與戰爭》(*Politicians and the War*)的校樣，強烈批評：「想想所有這些人——接受良好教育，過去的故事攤開在他們面前——該避免什麼、該怎麼愛國、忠誠、清廉——盡他們最大的力氣——他們製造多麼可怕的動亂！**從出生到老死都不聽教誨**——這是人類首要也是主要的特徵……誠心的W（附注：不要再出現戰爭）。」[23]

這時候，他身爲演說家的名聲已經水漲船高，甚至一九二七年四月十一日當他發表第三次預算報告時，下議院觀眾席的票已經像體育賽事般熱門。威爾斯親王出席，而鮑德溫報告國王：「當時的場景足以顯示，邱吉爾先生有如明星，具有下議院無人能夠超越的魅力。」[24]海軍預算再度被刪減到五千六百萬英鎊，且菸酒稅增加，但是由於大罷工與礦業衝突在公共財政留下三千萬英鎊的大洞，財政大臣無法幫助產業恢復，儘管如此，報紙讚美他的緊縮預算。兩天後他表示，「這只顯示英國民眾，以及這座略微多霧的島上的偉大國家，比起得到福利，他們更感激能夠避免邪惡。」[25]

在一場預算辯論後，蒙賽爾勛爵（Lord Monsell）恭喜邱吉爾無懈可擊的反駁，並問他怎麼做到的。「巴比，是耐心。」邱吉爾回答，「我已經等了兩年要提出那份預算。」[26] 五月十九日，辯論財政法案時，他強調一個意識形態的論點，「如果你攻擊儲蓄，同時就是散播一個概念——『我們吃吧、喝吧、快活吧，因爲我們明天就死』，這也就是社會主義得到的啟示與染上的不治之症。」[27] 他私下批評，若不經常牽制官僚體制，就有擴張的傾向。「這些公務部門往前攝食的模樣就像一群有害的蝗蟲，眞令人受不了。」他告訴克萊門汀。[28]

雖然在一九二二年的《華盛頓海軍條約》，邱吉爾曾支持皇家海軍的戰艦與航空母艦應與美國數量相等，然而五年後，美國經歷大型的海軍建造計畫，也要求巡洋艦數量相等。「一個以海軍爲命脈的國家，和一個海軍僅爲威望的國家，不可能存在眞正平等。」邱吉爾在一九二七年六月內閣的備忘錄寫道，「似乎總是假設，還就美國，滿足他們的虛榮是我們的義務。他們什麼也沒有回饋我們，除了將我們吃乾抹盡。」[29] 七月，他又說得更進一步，寫到雖然「爲了和平的益處」，一再重複與美國的戰爭「無法想像」是對的，

但是每個人都知道那並非為真。無論這樣的戰爭是多大的愚蠢與災難，事實上，那是持續討論（英—美）海軍唯一的基礎。我們不希望將自己屈服於美國的強權之下。我們不能知道，如果未來某一天，他們居高臨下指揮我們的政策，例如印度、埃及、加拿大，他們會做出什麼……此外，頓數相等意謂英國會因為饑餓而被迫服從任何美國的命令……明顯可見，外表偽裝為相等，實則優越的美國

海軍，意謂巨大的危險已經垂掛在世界的未來。[30]

邱吉爾自一九二一年起一直是英語世界聯盟主席，但是對他而言，卽使他支持英語民族友好團結，帝國的利益還是勝出。翌年，在查特維爾用過晚餐後，他對保守黨政治人物詹姆斯・斯克林格－威德伯恩（James Scrymgeour-Wedderburn）「暢談美國」。「他認爲他們非常自大，說到底對我們懷有敵意，而且希望主導世界政治。」這位未來的議員注意到，「他認爲他們的『大海軍』（Big Navy）只是要我們應和的虛張聲勢。」[31] 邱吉爾明智地將這般顯然反美的評論侷限在私人領域。一九二八年二月，他甚至告訴內閣，爲了與美國保持競爭，「必要的話，我們應該多給海軍兩千萬到三千萬英鎊的預算。」[32] 這跟三年前談到日本時簡直是天壤之別。雖然事後想想似乎令人訝異，但是把邱吉爾變成所謂「大艦隊者」（Big Fleeter）的，不是德國或日本的威脅，而是與美國的競爭意識。[33]

「溫斯頓依然是民衆最感興趣的人物。」八月張伯倫寫信給艾文，「他在黨內的地位確實提升，而且各方都認爲在下議院沒有與他匹敵的人物。他應對在野黨的方式非常幽默，雖然他們經常打斷他，但還是非常期待他的演講，當成議院最有趣的娛樂。」[34] 例如工會法案三讀時，工黨議員打斷邱吉爾的結語，此時他說：「當然，尊敬的議員可以完全不讓我講話，而且我當然不會把我的明珠」——暫停良久——「投給不想要的人。」② 張伯倫記下長達好幾分鐘「愉快的喧鬧」。後來在同一封信，他忍不住觀察道：「最崇拜溫斯頓的人依然不相信他的判斷。」[35] 鮑德溫在這時候寫道：「溫斯頓的立場非常奇妙。我們的人喜歡他。他們熱愛聽他在議院講話；他們坐在長椅上，面帶笑容，滿心期待，像看著明星般看著他，但是談到領袖，卻每次都拒絕他。如果我有不測，最佳人選是內維爾與霍格。」[36]道格拉斯・霍格是檢察總長，也是安全的幫手，但張伯倫永遠是第一繼承人。

二月召開的日內瓦會議中，美國提出裁軍，而邱吉爾帶領內閣反對這項提議，接著在十月，邱吉爾強迫切爾伍德（Chelwood）的西賽爾勛爵（之前是羅伯特・西賽爾勛爵）辭去蘭開斯特公爵領地事務大臣。英國巡洋艦隊當時已是世界最大，西賽爾願意限制數量，但邱吉爾不願。「我們在主要議題上確實抱持完全相反的意見。」西賽爾早在七月就寫信給他，「你相信未來必定會再發生戰爭，而避免戰爭的最佳方法就是古老的軍備處方，而且無論如何，政府的義務就是蒐集必要的武器以免戰敗。」[37]這麼論述邱吉爾的立場確實正確。相反地，西賽爾主張，維持和平的最佳方法是透過依賴國際聯盟獲得集體安全。西賽爾的哥哥，即第四代索茲伯里侯爵，寫信給艾文，「溫斯頓公然投票支持某個特定主張（被提到內閣表決）時，衝突達到最高，因爲他認爲那樣會在會議中獲勝。羅伯特隨即震怒，還說如果會議破局，他就辭職，而且他眞辭了。」[38]西賽爾再也沒有出任官職。倫道夫勛爵辭職四十年後，邱吉爾也逼退一個西賽爾家的人。日內瓦會議最終沒有共識，邱吉爾鬆了一口氣。

十二月中，邱吉爾開始向內閣提出完全改變地方徵稅的激進方案，刪減工業稅七十五%，完全廢除營業稅與農業稅，中央政府承接所有的負擔。他希望這樣能夠減少失業，爲掙扎求生的小型企業紓困，刺激新興產業成長。張伯倫寫道，那項計畫是「典型的溫斯頓——足智多謀、大膽、模糊」。[39]兩人之間的討論也相當緊張。「我要指責溫斯頓衝動宣傳這項他也不知道效果的計畫。」張伯倫告訴艾文，「他指責我迂腐，因爲非屬我的想法就莫名冷淡，還指責我私下嫉妒他，有時情緒變得相當激動。」[40] 深思熟慮後，同意維持三分之一的營業稅與農業稅，邱吉爾勉強接受，告訴鮑德溫，內閣「爲了一條較簡單的道路，毀壞觀念自古以來的純淨」。[41]

二月十二日，克萊門汀因爲乳癌經歷兩次手術：一次是下午兩點半在唐寧街十一號；另一次則是在半夜。隔天，邱吉爾寫信給倫道夫：「如果將來你成爲一個無所畏懼的男人——我不懷疑這點——你知道遺傳自誰。」[42](4) 邱吉爾讀《詩篇》給她聽，而瑪麗後來回憶這場病如何令父母更加親密。[43] 到了四月，克萊門汀已經完全復原，而邱吉爾寫信給她，談到倫道夫的個性。他說他們的兒子某次和珀西・格里格爭論上帝的存在，當時「他不只是捍衛自己陰沉的立場。他的思路清晰、思想大膽、答辯直接，時而咄咄逼人，我的印象極爲深刻。他比我在這個年齡時更成熟，而且異乎尋常——無論好壞。」[44] 可惜往往都是壞的，倫道夫二十多歲時開始大量飲酒，而他「直接，時而咄咄逼人」的答辯往往針對他曉得自己無法並駕齊驅的父親。做一個出色公眾人物的兒子，對倫道夫而言相當困難，但他的父親就克服那個困難。克萊門汀的回信正確預測：「他必定會是我們生命中的樂趣、焦慮、刺激。我眞希望他會永遠喜歡我們。」[45] 令人過的是，他不會。

四月初，邱吉爾發現一項繪畫以外的新嗜好，在二戰期間也花了不少時間在上面。「我成了電影迷。」他告訴克萊門汀，「而且上週我去看了《最後命令》（*The Last Command*），那是一部非常棒的反布爾什維克電影，還有《鐵翼雄風》（*Wings*，第一部獲得奧斯卡最佳影片的電影），盡是關於飛機作戰，簡直不可思議。」[46]這是他與銀幕最初的邂逅，書寫電影劇本也會成爲收入的一大部分，只可惜他的劇本從未製作成電影。他對電影的熱愛源自浪漫與幻想的天性，以及他不拘一格的興趣；此外，也來自他對歷史、政治、政治宣傳的迷戀，後來電影會成爲他放鬆的主要形式。(5)

一九二八年四月二十三日，邱吉爾的第四次預算報告演講超過一萬五千字（比本章還長）。他增加兒童稅額扣抵，表示那是「我們幫助生產者的其中一種政策運用」。[47]他也宣布減免稅制，聽者並不知道，爲了納入張伯倫的保留意見，這項計畫已然經過稀釋。（「內維爾的信非常專橫，但讓他囂張吧。」他寫信給格里格談到一堆抱怨。）[48]報紙認爲預算非常成功，德比勛爵寫信告訴他：「不只爲了競選的預算，也爲了政治家的預算。」[49]弗萊迪・傑斯特的評價更正面：「在我看來，你又朝著首相之路踏出穩健的一步。」[50]

一九一九年八月，邱吉爾曾經支持採用所謂的十年規則（Ten Year Rule），這個規則命令國防預算從此以後必須基於一項假設：「大英帝國接下來十年不會參加任何大戰，也不會爲戰爭派遣遠征軍。」[51]雖然十年規則的目的是實現和平，但是鼓勵財政與軍事部的自滿，結果則是重大傷害。一九二八年七月，邱吉爾再次判斷錯誤，說服帝國防禦委員會重複十年規則，而非逐年檢討「假設任何給定的日期，往後十年都不會出現重大戰爭」。[52]儘管貝爾福反對，但內閣還是批准。十年規則直到一九三二年三月才廢除，當時希特勒還沒有掌握大權，但是根本不用十年，下一次戰爭就已爆發。

邱吉爾夏天待在查特維爾完成《世界危機》的第四卷，並且開始撰寫自傳，後來名爲《我的早年生活》。(6)鮑德溫放暑假時，沒有指定邱吉爾爲代理人，邱吉爾歸因於「我在黨內有嚴重的缺陷，因爲警告他們不要接近保護主義……半數的保守黨都篤信關稅。我眞的感覺自己和他們格格不入。」[53]寫給鮑德溫的信中，他說：「這個月我過得非常愉快，建造農舍，努力寫書。每天兩百個磚頭和兩千個字。」[54]不過雖然他宣稱自己格格不入，又說生活遠離政治，但邱吉爾夫婦尚未放棄最終的野心。「如果有一天你當上首相，但是沒有找查理入閣，我想會引來極大不滿。」克萊門汀在阿爾斯特的斯圖瓦特莊園寫信，談到倫敦德里侯爵，「我想念我的豬。我習慣他了，有時他也很可惡，而且無法忍受這些舊制度近親配種的小孩。」[55](7)邱吉爾眞的成爲首相時，倫敦德里因爲拒絕譴責希特勒，而不願擔任部會職位，他和希特勒見過幾次，而且十分崇拜，直到戰爭爆發爲止。[56]

一九二八年九月，邱吉爾和國王在巴爾摩羅射殺牡鹿與松雞時，他向克萊門汀說起約克公爵(Duchess of York)的女兒伊莉莎白公主，當時公主兩歲半。他說她「是個人物。散發威嚴和思慮的氣質，對一個幼兒來說實爲驚人。」[57]伊莉莎白當時是王儲的第三順位，而且威爾斯親王尚未結婚，邱吉爾根本猜想不到未來她會成爲女王，更別說他會是她的第一位首相。他從巴爾摩羅寫的信談到另一件事，回覆克萊門汀對「家務事」的心煩，直接反映他體內的維多利亞貴族：「一切都會沒事。僕人是爲了節省麻煩而存在，永遠不該讓他們擾亂內心平靜。永遠會有食物可吃，床沒鋪好也會睡著。沒有什麼比擔心瑣事更糟。」[58]他的反美主義依舊沒有減少。「國王陛下同意我對老美的觀感，」他在九月二十七日寫道，「而且用生動的語言表達。」[59]

十一月七日，赫伯特・胡佛(Herbert Hoover)當選美國總統，然而這似乎不是好消息，因爲他對戰債償還態度強硬。「可憐的老英格蘭，」邱吉爾寫信給克萊門汀，她人正因扁桃腺感染引發敗血症住院療養，「正緩慢但確定地被推入陰影。」[60]從這裡可見，他愈來愈感覺到，他所謂「偉大的共和」，正在遮蔽英國的光芒(他有時用「英格蘭」代替「英國」，會惹惱一些蘇格蘭人)。「他們爲何不能放過我們？歐洲欠的每分錢都是他們的……」他寫信給克萊門汀，「當然他們會讓我們處理自己的事務。」[61]克萊門汀回信，說他應該去當外交大臣，「但是我怕你對美國眾所皆知的敵意會擋路。你必須嘗試理解，而且掌握美國，讓他們喜歡你。」[62]他對美國的敵意並非眾所皆知，他小心且刻意地不在下議院或公開演講透露。

曾在一九一八年因為勇猛獲得傑出服務勛章的保守黨議員阿弗雷德・達夫・庫柏，一九二八年春天加入另一俱樂部；此外，還有羅斯米爾勛爵的兒子埃斯蒙德・哈姆斯沃思（Esmond Harmsworth）、英國陸軍在萊茵河的總司令暨陸軍元帥克勞德・傑各布爵士（Sir Claud Jacob）。七月，布思比和喜劇小說家P・G・伍德豪斯也加入。「我非常享受那裡的晚餐，」伍德豪斯回憶，「雖然在這樣的聚會必須繃緊神經。」[63(8)]一九二九年一月三十一日，凱恩斯在另一俱樂部跟邱吉爾打賭二十英鎊對十英鎊，下次大選保守黨在下議院不會過半。埃斯蒙德・哈姆斯沃思和《每日電訊報》老闆威廉・貝瑞（之後的坎羅斯勛爵）各自和他打賭五百對二十五英鎊，保守黨在下議院不會超過五十席。[64]持續的高失業率、大罷工的後遺症、《行業爭議法》，加上長期執政已經弱化鮑德溫的政府，而最後一點邱吉爾要負部分責任。但是失敗算他幸運：他不會想在那年後來的華爾街股災期間擔任財政大臣。

三月初，邱吉爾出版《世界危機》的第四卷《戰後復原》（*The Aftermath*），他已經預收兩千英鎊的稿費，相較不久他要付給凱恩斯、哈姆斯沃思、貝瑞的六十英鎊綽綽有餘。「人類種族的故事是戰爭，」他在這本書的最後寫道，「除了短暫與不確定的中場休息外，世界從來沒有和平；而且在歷史開始之前，殺戮的鬥爭無所不在、永無止境。但是，當然其現代發展需要嚴肅主動地注意。」[65]三月一日，他送了一本書給張伯倫。張伯倫在書背注解「一九二九年六月」，表示他在三個月後讀完。

邱吉爾接著簽訂一份合約，爲第一代馬爾博羅公爵著作多卷傳記，得到一筆極大的預付稿費——兩萬英鎊（相當今日一百萬英鎊）。「過去很少被瞭解，而且很快被遺忘，眞是怪哉。」他寫信給瑞蒙・阿斯奎斯的遺孀凱瑟琳（Katharine）。「我們活在最缺乏思考的時代，只有每日頭條和簡短的觀點。我一直試著將歷史稍微拉近我們的時代，相信能爲當代的困境提供指引。」[66]

邱吉爾的第五次，也是最後一次預算報告，在一九二九年四月十五日公布（只有羅伯特・沃波爾〔Robert Walpole，一六七六年至一七四五年〕、皮特、羅伯特・皮爾〔Robert Peel，一七八八年至一八五〇年〕、格萊斯頓曾經公布這麼多次），酒精稅的漲幅不如從前多，但遺產稅提高更多。「啤酒那裡短缺的就由亡者那裡添補。」他說。[67]他用「浪費狂」（Squandermania）一詞來攻擊亂花錢，「浪費狂……是一種政策……早上買餅乾，然後整天在外遊蕩，尋找狗兒餵食。」他廢除茶稅，降低博彩稅，儘管五月三十日大選逼近，但身爲財政大臣的他已善盡責任。張伯倫必須向艾文承認，邱吉爾的預算演講「令整個議院深受吸引，爲其中的機智、大膽、熟練、威力而著迷」。[68]鮑德溫寫道：「這是我所聽過你講得最好的一次，這可不容易。」[69]

一九二九年四月，邱吉爾第一次製作廣播，警告民眾「避免政策腰斬或改變；避免出老千的人；避免所有不需要的借貸；最重要的，就像你避免得到天花一樣，避免階級戰爭和凶猛的政治衝突」。[70]他是天生的廣播好手，而且立刻發現廣播能將他的訊息直接送到上百萬戶人家，不怕被報章報導的眼鏡或編輯的偏見扭曲。

五月十日，邱吉爾發表競選演講，報紙頭版刊登一張偌大的照片，是他穿著羔羊皮的外套坐著，手裡拿著一根手杖。「從各方面的考驗判斷，」演說表示，「比起一九二四年，我們是更強大、更富有、更舒適、人口更多、就業更充分的社會……我們以廉潔、誠實、公正的方式治理這個國家，推動海外和平，維繫國內和平與自由。」[71] 他描述大罷工是「違背憲政的暴行」，而且被「一舉擊敗」，但大罷工又「搶了國庫四億英鎊，原本可以用來付給失業的人工資」。[72]

邱吉爾吹噓他的《一九二五年寡婦、孤兒與老年共醵年金法》，首次實施寡婦津貼。「當我想到老婦可憐的命運，她們許多人在晚年乏人照顧，無所依靠，我很高興能從年金與保險方面助她們一臂之力，這一點是其他國家無法媲美，而且特別能夠幫助她們的。」[73] 史上第一次，所有二十一歲以上的女性都能在這次大選投票，邱吉爾立刻與這個過去曾經緊張的關係和解。一九三一年一月，他寫信給林德曼，談到一篇文章的靈感，內容要問：「女人晉升的高度將是多少?未來會有女性首相嗎?……女人控制的世界?」[74]

選舉之夜，邱吉爾坐在唐寧街十號的書桌，用紅筆記錄收報機（ticker-tape machine）③傳來的結果。湯姆・瓊斯記錄他「啜飲威士忌加蘇打，臉頰愈來愈紅，一再站起來，親自過去盯著機器，拱起肩膀，低垂著頭，像即將往前衝出的鬥牛……隨著工黨拿下一個又一個席次，溫斯頓的臉氣得漲紅，離開座位，站在走道上的機器面前，拱起肩膀瞪著數字，撕掉紙條，好像只要工黨再得到任何席次，他就會揍爛整臺機器。他對周遭職員爆的粗口不宜記錄。」[75] 如果他知道這個時刻是什麼樣的分水嶺，爆的粗口恐怕會更糟。過去十二年，他有五分之四的時間在政府內，然而接下來十年則完全沒有。

一九二九年的大選，工黨贏得兩百八十八席、保守黨兩百六十席、自由黨五十九席。全民投票方面，保守黨贏得八百六十六萬票、工黨八百三十九萬票，而吊車尾的自由黨五百三十一萬票。史上頭一遭，五萬個英國人投給共產黨。邱吉爾以憲政主義保守黨的身分，在埃平獲得四千九百六十七票，贏過工黨候選人。大選幾天後，他和鮑德溫想與自由黨締結聯盟，以排除麥克唐納，但是同時被勞合喬治與保守黨的保護主義者阻撓。所以在六月八日，當麥克唐納再次當上首相時，邱吉爾發現自己這輩子頭一次坐在在野黨的座席前排。

他決定利用國會夏季的休會長假，展開爲期三個月的美加壯遊，帶著倫道夫、傑克、傑克的兒子強尼（Johnny），但沒有帶上再次經歷扁桃腺手術的克萊門汀。他們在八月三日搭乘澳大利亞皇后號（*Empress of Australia*）出發，登船的還有利奧波德・埃莫里，是他從哈羅公學就認識的前自治領大臣。「重點是擺脫財政部溫斯頓這個禍害。」埃莫里在三個月前寫信給張伯倫，「你能不能說服斯坦利，如果國家的重要職位讓一個絕對仇視帝國的人擔當，就不可能有帝國政策？」[76] 不用說，邱吉爾根本就不仇視帝國；他只是不相信來自帝國特惠關稅制度下更昂貴的食物，會讓英國人更喜愛帝國。

邱吉爾邀請埃莫里共進晚餐，他們討論「某些話題，例如人臨死前是否眞的非常恐懼，以及敢不敢挺身而出對抗開槍的政黨」。[77] 邱吉爾告訴埃莫里，在達達尼爾海峽事件中，他唯一的安慰「就是上帝希望事情延長，好讓人類厭惡戰爭，因此阻止一項會讓戰爭更快結束的計畫」。[78] 他也表示，「列寧和托洛斯基的存在」有損上帝，「因爲他們，所以需要地獄」。[79] 更嚴肅的是，他告訴埃莫里這位帶頭的保護主義者，如果保守黨實施帝國特惠關稅制度，他會離開政壇，跑去賺錢。否則，他說，「我打算用寄生蟲全部的忠誠跟隨你。」[80] 他宣稱：「他已經當過想要的職位，除了最高的那個，現在他看來沒有希望了，而且總之，政治不再是以前那樣，層次更低了。」[81] 再也沒有像格萊斯頓、索茲伯里或莫萊那樣的人才。討論到了尾聲，他們早已離開餐廳，移駕到邱吉爾的臥房，埃莫里起身離開，而邱吉爾準備更衣就寢，穿上「絲質的長袖睡衣，外面罩著羊毛的腹帶」。埃莫里總結：「溫斯頓必須瞭解的是，他是一個維多利亞中期的人，沉浸在他父親時代的政治，永遠無法獲得現代的觀點。」[82] 事實上，埃莫里的泛帝國經濟政策才是眞正過時，很快就會難逃死劫。

邱吉爾一行人在八月九日抵達魁北克，接著下榻宏偉的芳堤娜城堡飯店（Château Frontenac Hotel），面對壯觀的聖勞倫斯河。從那裡，邱吉爾強迫當地歡迎他的顯貴在亞伯拉罕平原的高爾夫球場重現一七五九年魁北克之役。他要倫道夫和強尼像上將詹姆斯・渥爾夫（James Wolfe）當時那樣爬上懸崖，而他占據蒙卡爾姆侯爵（Marquis de Montcalm）在頂上的位置。接著，這群人開始從魁北克到溫哥華，展開橫越美洲漫長的旅程。多虧加拿大太平洋鐵路公司（Canadian Pacific Railways）與美洲的仰慕者——伯利恆鋼鐵公司（Bethlehem Steel Corporation）的查爾斯・施瓦布（Charles Schwab），大方提供配備雙人床、觀景房、餐車的豪華車廂，因此沿途毫不費力。「我想砍下今天下午看到的美麗樹木，」離開魁北克後，邱吉爾說，「給那些可惡的報紙作紙漿，然後稱之爲文明。」[83] 他們經過蒙特婁（Montreal），進入渥太華（Ottawa），在那裡和「最親切友好」的總理威廉・萊昂・麥肯齊・金（William Lyon Mackenzie King）見面。（邱吉爾也認出在印度時第四驃騎兵的號兵，給了他們一盒雪茄。）[84] 之後他們經過多倫多（Toronto）、尼加拉瀑布（Niagara Falls）、溫尼伯（Winnipeg）、雷吉納（Regina）、班夫（Banff）、埃德蒙頓（Edmonton）、卡加利（Calgary）及亞伯達油田（Alberta oilfields）。倫道夫發表見解，認爲石油大亨的文化教養不夠，無法好好花費他們龐大的財富。「有文化教養的人，」他的父親回覆，「只不過是浮渣，漂浮在深邃的生產之河上。」[85]他們造訪路易斯湖，邱吉爾爲美麗的風景作畫。爲了避免鼻子晒傷，他蒙上一層面紗，等攝影師來時才脫掉。[86]他對加拿大各地廣大熱情的民衆發表十一場演講。

「美國正將觸角伸向四面八方，」八月十五日，邱吉爾告訴克萊門汀，「但是加拿大的民族精神與品格變得非常強大與獨立，我不認爲我們需要畏懼未來。」[87]「親愛的，我深受這個國家吸引。」十二天後，他又說了這句話，「巨大的建設不斷推展。許多方面都有無限商機。」他也思考政治和自己的職業。如果張伯倫當上保守黨領袖，「或任何那樣的人，我就退出政壇，看看在死之前，能不能讓妳和孩子過得舒服一點。只有一個目標吸引我……但是，決定的時機未到。」[88]（考慮到他對「那個目標」的興趣，他離開英國整整三個月，實在太輕率了。因爲保守黨將在他不在的期間決定未來的政策走向，尤其是關於印度與保護主義這樣重要的議題上。）

他們在溫哥華看到一隻熊乞討餅乾，之後一行人進入禁酒的美國，檢查行李的海關官員竟然因爲崇拜而送給他們一瓶香檳。[89]「我們發現，就我瞭解，我們一年一億英鎊的烈酒稅，」邱吉爾告訴《阿普爾頓郵政新月報》（*Appleton Post-Crescent*），「你們則給了走私販。」他們從西雅圖開車，穿越巨大的加州紅木森林，住在報業大王威廉・倫道夫・赫斯特（William Randolph Hearst）的家，邱吉爾在那裡看到很多蝴蝶，心情愉快。赫斯特的妻子在聖西蒙（San Simeon）接待他們，之後在洛杉磯又換赫斯特的情婦，演員瑪麗恩・戴維斯（Marion Davies）出來接待。「兩座大城，兩個嬌妻。」邱吉爾告訴克萊門汀，「完全不理輿論、強烈的自由民主觀點；每日一千五百萬發行量、東方的招待、極致的禮節（至少對我們）、貴格會長老的外表。」[90]他們搭著赫斯特的遊艇在聖卡塔利娜島（Santa Catalina Island）附近釣魚時，邱吉爾釣到一條八十五公斤的馬林魚，不到二十分鐘就拉了上來。[91]

九月二十一日，瑪麗恩・戴維斯爲邱吉爾舉辦一場大型宴會，地點是她在聖莫尼卡（Santa Monica）有著一百一十間房的濱海豪宅，而邱吉爾在那裡遇見卓別林。卓別林大概是當時全世界最有名的演員，而且儘管他支持共產主義，但邱吉爾仍和他相處愉快，這又是另一個他不讓政治傷害友誼的例子。卓別林後來回憶，邱吉爾站在人群之外，「像拿破崙，手放在背心，看著人們跳舞。」[92]到了凌晨三點，他們決定，如果卓別林演出拿破崙，電影劇本就由邱吉爾來寫。「就作當好玩，想想那個可能。」邱吉爾說，「在浴缸裡的拿破崙和傲慢的哥哥吵架，他的哥哥盛裝打扮，還配戴金色辮子，利用這個機會鄙視拿破崙。但是拿破崙一怒之下，故意把水潑向哥哥體面的制服，於是哥哥只好丟臉地出去。這個橋段本身不是什麼聰明的構想。但是生動有趣。」[93]兩人又見了幾次面，包括在這位演員的片廠，卓別林讓邱吉爾看他即將推出的電影毛片——《城市之光》（*City Lights*）。邱吉爾稱他爲「了不起的喜劇演員——政治傾向布爾什維克，交談起來愉快」。[94](9)

邱吉爾一行人接著穿越美國大陸，經過優勝美地國家公園與芝加哥，最後終於在十月五日抵達紐約，住在伯納德・巴魯克（Bernard Baruch）位於第五大道的房子。一九一八年，巴魯克擔任戰爭工業委員會（War Industries Board）主席時，邱吉爾結識這位金融家。之後他們參訪華盛頓，在那裡會見總統胡佛，接著又去里奇蒙、費城和許多南北戰爭戰場。巴魯克想安排邱吉爾在十月底和時任紐約州長的富蘭克林・羅斯福見面，但是發出的邀請卻遭到拒絕，之後想讓邱吉爾在奧巴尼拜訪羅斯福也是。[95]羅斯福避不見面的原因可能受到他們初次見面影響，但更有可能是因爲他忙著處理「黑色星期四」的餘震——一九二九年十月二十四日美國的股市災難。

九月十九日，邱吉爾寫信給克萊門汀，安排他從六月離職以來可觀的收入，他列出預付的出版酬勞七千七百英鎊、報紙文章的稿費一千八百七十五英鎊、演講費三百英鎊，還有即將在加拿大與美國撰寫的文章價值兩千七百五十英鎊、股利九千兩百英鎊。相加一起，三個半月收入總計兩萬一千八百二十五英鎊（相當今日一百零九萬英鎊）。[96]「所以我們在幾週就回收一小筆財富。」他告訴她，「這筆『大宗調度』[(10)]非常重要，絕對不能隨便浪費。」[97]儘管這話說得嚴厲，但在同一封信裡，他要她開始加蓋查特維爾的側廳。六天後，不顧巴魯克建議，他在美國股市投資三千英鎊。他告訴妻子，這是「最有可能成功的機會」。[98]邱吉爾後來用「投機者的狂歡」譴責華爾街股災，若是如此，那是他自己也曾熱情參與的狂歡。[99]「我也是你們的同行。」一九四五年，邱吉爾一度寫給報紙編輯，「除了我的筆幫我賺的以外，我沒有拿過任何錢。」[100]那是驕傲自大的吹噓，絕大部分也是眞的，卻無意間坦承他在股票市場的投資多半沒有成功。

從邱吉爾的證券經紀商維克斯・德・哥斯大（Vickers da Costa）的帳簿可以看出，邱吉爾投資的項目很廣，舉凡債券、股票、貨幣。例如，一九二〇年代初期，投資項目包括南非與羅德西亞的金礦、冠達船運、中國四・五%債券、飯店公司信用債券、法郎、英國纖維素公司（British Cellulose Company）、英美菸草（British American Tobacco）、老鷹油運（Eagle Oil）、緬甸公司（Burma Corporation）、匈牙利七・五%債券、上海電氣。他任財相的期間暫停股票交易，雖然克萊門汀持續買進小額美國股票，但是一九二九年六月辭職後，他馬上買了西聯電報（Western Union Telegraph）、比歐西公司（British Oxygen）、費路公司

（Pennroad Corporation）、舍塢星金礦公司（Sherwood Star Goldmining）、加拿大太平洋鐵路、國際鎳公司（International Nickel Corporation）等股票。[101] 他不是長遠的投資人，有時兩週內買賣四次；如同他在一九二九年告訴加拿大商品交易商，關於投資美國滾輪壓榨機（American Rolling Mills），「我最多只會持有這些股票幾週。」[102][(11)]

那年在倫敦的證券經紀人西賽爾・維克斯（Cecil Vickers）勸他停止買賣「賭博的股票」，但他不聽，即使像是他曾擁有兩千英鎊股份的泉源石油（Strike Oil），這家公司顯然辜負它的名稱，最後清算了。邱吉爾是賭徒，一九二三年在比亞希茲輸了兩千英鎊，比在查特維爾加蓋新的側廳花費還多，而且他根本就是把股票市場的投資當成更大規模賭博。[103] 當他聽朋友的話，例如歐內斯特・卡塞爾爵士、伯納德・巴魯克、阿貝・貝利爵士（Sir Abe Bailey）④，往往賺錢，因爲那是有把握的下注。例如他在一九二四年初，建議殼牌公司收購英伊石油，就會成爲世界最大的石油公司，同時也買下大量殼牌公司與殼牌運輸貿易公司的股票（當時這樣的交易不會稱作不道德或非法）。[104] 此外，他在股票市場的運氣就同在蒙地卡羅與比亞希茲的賭桌差不多。

邱吉爾總有辦法在歷史事件發生時，人就身處事件核心，例如黑色星期四時，他就在華爾街。次日，他下榻的薩伏伊廣場飯店（Savoy Plaza Hotel）窗戶下方，有個男人從十五樓跳下人行道，據邱吉爾描述，引起「極大的騷動，並出動消防隊」。[105] 邱吉爾本身損失一萬英鎊（約今日五十萬英鎊），而且名符其實就在一夜之間。接下來三年，吞沒工業世界的大蕭條期間，世界的交易下滑三分之二，歐美各國失業率急速攀升，爲希特勒在德國崛起創造有利條件。但是就連邱吉爾在十月三十日離開紐約，搭上前往南安普敦的船（克萊門汀在港口鐵路的月臺與他見面，聆聽他們慘烈的財務消息），[106]他仍在報紙文章描述，股災「只是一個勇敢有用的民族，行進之中的一段情節，他們憑著雄心壯志爲人類開創新的道路，向全部國家展現他們應該努力與應該迴避的道路」。[107]當有人同情他在股市的損失時，邱吉爾反擊，「對啊，如果我把那些錢花了多好。錢不花掉，要做什麼？」[108]

邱吉爾在環美之旅中，見了總統、參議員、州長、國會議員、廣大的美國民衆，完全驅散他的反美主義，而且從此不再出現，儘管二戰期間偶爾有幾個美國人令他受挫。「我們樂見你們這位朋友的軍備堅強，」十月二十五日在紐約，他在美國鋼鐵協會（Iron and Steel Institute）的晚會致詞，「我們歡迎美國海軍發展並壯大任何武器。」[109]觀衆當然聽得滿心歡喜，因爲他們供應海軍原料，但邱吉爾是認眞的。

十一月五日，邱吉爾回到英格蘭，當時他的損失之多，不得不節儉度日。查特維爾關閉，鋪上防塵罩。瑪麗和保母住在莊園的農舍，她的父母在一九二五年一月賣掉薩塞克斯廣場二號後，在倫敦租了一間附有家具的公寓。維克斯・德・哥斯大的合伙人傑克・邱吉爾，以前偶爾會幫哥哥處理損失，但這次負擔太重，而且到了一九三〇年夏天，他未付的商店帳單多達兩頁。[110]他的新聞工作收入再優渥也無法結清。邱吉爾的朋友伸出援手：艾佛・傑斯特擔保貸款、貝利出了兩千英鎊，卡塞爾也幫忙。儘管如此，到了一九三〇年底，邱吉爾還是負債兩萬兩千英鎊（約爲今日一百一十萬英鎊），對象包括許多銀行和保險公司，例如商聯保險（Commercial Union），逼得他必須以三萬英鎊的高價將查特維爾放到市場上，但是沒有買家。一九三一年一月，傑克找到兩千英鎊幫哥哥紓困，西賽爾・維克斯給邱吉爾一個絕佳的建議，把剩下的全都拿出股票市場，直到市場出現好轉爲止。[111]

如同往常，邱吉爾度過財務難關的方法就是加倍工作，並確保出版商付最多的錢給他（稱不上重大的罪過）。某方面而言，我們可以感謝他在股票市場投機失利，所以一九三〇年代邱吉爾才能寫出這麼多佳作。他也幫柯達（Korda）兄弟寫劇本，一本關於拿破崙，而且當他用筆賺了三萬五千英鎊後，查特維爾又重新開張。邱吉爾信奉努力工作和個人事業，一點也不虛僞。倫道夫爵的妹妹莎拉・威爾森（Sarah Wilson）在十月過世，享年六十四歲，於是第七代馬爾博羅公爵的十一個小孩只剩兩個活著，讓邱吉爾更加堅定地認爲自己的壽命不長，而且必須撫養克萊門汀和他們的後代。

邱吉爾搭船回英格蘭的途中，印度總督艾文勛爵宣布英國政府將會授予印度自治領的地位。倫敦將會舉辦圓桌會議（Round Table Conference），與印度人討論應該如何進行。自治領的地位，如同加拿大、澳大利亞、南非、紐西蘭、紐芬蘭（Newfoundland）、愛爾蘭自由邦已經擁有的，實際上意謂自治，而且最終也意謂獨立，摘去大英帝國皇冠上的寶石。

對於由印度國民大會黨（Indian National Congress，簡稱ＩＮＣ）帶頭，印度專業人士與大城市中產階級推動的獨立運動，邱吉爾毫不同情，也不信任。授予自治領這件事情，他決心跟工黨政府與保守黨的艾文勛爵對抗到底。「你的想法，就像上一個世代的陸軍中尉。」十一年後，艾文宣稱當時對邱吉爾這麼說，「有很多有意思的印度人來參加圓桌會議，而且我真的認爲如果你能來和他們談談，更新你的想法，對你非常寶貴。」「我對自己的印度觀點非常滿意，」據說邱吉爾這樣回答，「而且我當然不希望任何可惡的印度人來妨礙我的觀點。」[112] 由於鮑德溫支持艾文，所以邱吉爾計畫的行動在議會無人支持，但是相當受到保守黨基層歡迎，可惜不是占多數。[113]當艾文在一九三四年繼承哈利法克斯子爵的頭銜時，邱吉爾夫婦幫他取個綽號叫「聖潔的狐狸」（Holy Fox），暗示他的政治手腕靈巧、支持高教會派（High Church）⑤、喜愛獵捕狐狸。

「政治人物和政黨都有義務，」邱吉爾十一月在《每日郵報》寫道，「刻不容緩明白表達，現階段將自治領的地位延伸至印度乃不切實際，而且任何取得自治領的意圖將會遭遇不列顛民族最嚴正的抵抗。」他進一步稱印度自治的想法「如犯罪般有害」。詆毀他的人說他是白人至上主義，其實他的論證，無論是當時或者從此之後，都比白人至上主義深奧，雖然他刻意誇張的語言只是讓他們更容易諷刺模仿。某次他描述圓桌會議上提出的《印度政府法案》是「即將震撼世界的災難」。[114]邱吉爾相信多數印度人想要的不是代議政府，而是優良政府，依法而治。他進一步認爲，對印度人來說，高標準的公共衛生與健康、現代通訊、保護如賤民與穆斯林等少數免於受到多數印度人支配、印度衆多宗教競爭、地區競爭之間的利益平衡，比起主權獨立更加重要。他懷疑——結果顯示懷疑正確——印度的王侯（包括摩訶羅闍〔maharajah〕、羅闍〔rajah〕、納瓦卜〔nawab〕）治理印度三億人口中的七千萬人，能否在國會治理的次大陸保留他們半自治的地位。邱吉爾永遠不瞭解，如同其他有自尊心的民族，印度民族主義者非常想要自治，而且相信透過自治，他們就會得到——或在這裡是「維持」——優良的政府。「我們的勝算極低。」邱吉爾寫到他在下議院反對這項法案的戰役，「但我有種強烈的感覺，我是在履行自己的義務，表達自己眞誠的信念。」[115]

邱吉爾也很淸楚，對印度的立場會讓他丟掉看來可能是最後一次當上首相的機會。若要理解他的立場，必須考量他將大英帝國當成一種世俗的宗教，以及他心中的輝格黨信念，認爲進步是英國的歷史任務，而帝國對此非常重要。美國社會學家凱瑟琳・梅歐（Katherine Mayo）在一九二七年的著作《母親印度》（*Mother India*），強化邱吉爾的信念。書中描繪一個次大陸，那裡充斥強迫童婚、原住民醫藥、幫派搶劫、原始婦科、落後農業等，英國人在當地宗教愚民政策面前努力克服的問題。[116]

邱吉爾曾在印度的西北邊界打過仗，他完全清楚，自從一八四〇年代以來，英國陸軍如何從軍事上保護北印度不受阿富汗部落和俄羅斯人侵犯，同時又要與穆斯林、錫克教徒、印度教徒和平共存。他認爲如果英國人離開，這些人可能會在社會暴動之中互相殘殺。（針對這一點，後來證明他也不完全錯。）身爲自由貿易者，他深信藉由梅歐詳細的論證，佐以大量證據，可以證明英國完全不是印度的經濟負擔，而是貿易互惠。[117] 印度最有錢的人，幾乎都是印度商人或親王，不是英國人。他以這個事實作爲證據，代表英國不像其他在亞洲或非洲的歐洲帝國，並非剝削的殖民主義者。

梅歐讚揚英國努力教育賤民、避免對動物殘忍、改善醫療等作爲，但是這些傑出的工作經常遭到宗教領袖妨礙，增加邱吉爾對印度獨立的反感。[118]「一旦對我們在東方的任務失去信心，」十二月時他在埃及憲政改革的辯論說道──他的想法當然也適用印度，「一旦我們否認對於外國人與弱勢的責任，一旦我們覺得自己無法冷靜無畏地向廣大無助的人民履行義務，那麼我們出現在那些國家，僅僅憑藉自私的利益或軍事需求，便不具道德立場，而且無法長久持續。」[119]

一九三〇年六月，印度國民大會黨的領袖，追隨者稱之爲「聖雄」的莫罕達斯・甘地，因爲刻意違反印度鹽稅法，遭到逮捕與監禁。不久後，工黨政府成立印度法規委員會（Indian Statutory Commission），由約翰・賽門爵士主持，調查憲政改革，並且公布調查報告。報告建議印度大步邁向自治，邱吉爾非常不滿。邱吉爾與保守黨的領導階層決裂，並且開始多年的政治荒野歲月，不是因爲對納粹的綏靖政策，而是因爲這件事。

儘管印度與股市崩盤占據新聞媒體和他的公開聲明，但這些絕不是他唯一的興趣。人生第一次也是唯一一次，他在因奇凱普勛爵（Lord Inchcape）半島東方航運的附屬公司擔任非執行董事職位，報酬優渥，而且長達八年固定出席董事會。他持續爲報紙與雜誌撰寫文章，閱讀資料準備著作馬爾博羅的傳記，並口授《我的早年生活》。一九三一年十一月起，他租下一間碩大的五層樓公寓套房，位於摩佩斯巷十一號，距離下議院步行八分鐘，公寓五樓的會客廳和飯廳向外望去，即可見到西敏寺，四周風景從屋頂平臺盡收，包括整個國會大廈，主臥房的樓層正對另一個華廈街區，上頭裝飾的紋章突顯其興建年分——「一八八六年」。因此每次邱吉爾從他的窗戶往外看，就會看到父親辭職的年分。這也是荒野歲月的起始——九年，幾乎就是邱吉爾的自身寫照。

一九三〇年四月二十二日，英、日、法、義、美五國簽訂《倫敦海軍條約》（London Naval Treaty），規範潛水艇作戰方式，並限制海軍新建戰艦。與其他海上強權相比，英國放棄更多保護貿易路線的船艦，而且同意限制未來部分地區的海軍建設。邱吉爾譴責條約：「這個條約根本就是災難，束縛我們獨有的海軍知識，強迫我們把錢花在建造錯誤與不需要的船艦。」[120] 他在五月抱怨：「查理二世以來，沒有哪個條約會讓這個國家如此失去防衛能力。」[121] 想到他任財政大臣時刪減海軍造艦計畫，這句話毫無意外遭人說是虛僞，但他很快就被當成保守黨右派在印度與國防議題的發言人。[122]他也延續在下議院伶牙俐齒的名聲。他祝賀貿易局主席威廉・葛蘭姆（William Graham），他的「演說非常優秀，非常冗長，非常謹慎，非常清楚，不只不帶筆記，往往也不帶重點」。[123]

六月，邱吉爾在牛津大學的謝爾登廳（Sheldonian Theatre）爲羅梅斯講座（Romanes Lecture）演講⑥，題目是「國會政府與經濟問題」，其中他提議將自由貿易與保護主義的議題跟政黨政治分離。他的解決方法是成立一個經濟的次國會，由五分之一的國會議員與技術專家組成，這個次國會將取代下議院決定財政政策。「溫斯頓對這回演講緊張極了。」克萊門汀告訴牛津大學經濟學家羅伊・哈羅德（Roy Harrod），「想到要在這麼多博學的人面前演講，他就變得膽怯。」[124]（他從不會因爲要在任何人面前演講而變得膽怯，但哈羅德會感謝這樣的讚美。）「我不相信我們的國會和選舉機構會找到眞正的方法，就算它們受到忠實積極的報紙指引也是。」邱吉爾在講堂這麼說，「但是，我也懷疑民主或國會政府，甚至大選，能夠有效幫助……必須知道，經濟問題不像政治議題，只能憑藉正確行動，不能憑藉任何國家意志解決，不管再怎樣強烈。選票的多數不能治療癌症。」[125]他當然瞭解經濟學的內涵，但是他的想法從未得到發展，而且在專制的年代，批評他的人誤將之詮釋爲國會民主倒退。他確實希望，藉由移除當時政黨政治當中最爭議的部分，就能爲他長久渴望的中立政府鋪路。[126]

其他人在大蕭條的期間，紛紛對資本主義失去信心，但是邱吉爾沒有。八月，查特維爾一位年輕的客人認爲資本主義正在崩盤。「腦袋裝漿糊！」他反駁，「資本主義會自己扶正。什麼是資本主義？資本主義只是遵守合約，那樣而已，所以會存活。」[127]他眞的就是拿錢出來證明他說的話；一九二九年至一九三七年間，他將賺來的錢投資在股票，估計未稅超過十萬英鎊。一九三〇年買了近三千英鎊的瑪莎百貨（Marks & Spencer）股份，一九三一年買了六千七百六十英鎊的通用汽車（General Motors）股份，還在一九三二年七月告訴證券經紀人西賽爾．維克斯：「我不認爲美國會一蹶不振，我反而相信他們很快就會開始復原。」[128]

一九三〇年九月十四日德國大選，納粹黨獲得六百四十萬票、一百零七席，且以十八％的得票率，成爲帝國議會第二大黨。社會民主黨得到一百四十三席、共產黨七十七席、中央黨六十八席。一個月後，邱吉爾告訴奧托．馮．俾斯麥親王，也就是鐵血宰相的孫子，他「相信希特勒或他的追隨者一有機會就會恢復武裝」。[129] 那根本不算先見，因爲一九二三年他們已經在慕尼黑試過，但從這點可以看出他已經相當擔心希特勒的一舉一動。

三月十九日，貝爾福過世。「他帶著冷靜、堅定、愉悅的神情邁向死亡。」邱吉爾寫道，「我覺得斯多葛主義者真是愚蠢，對於如此自然又必然的人類事件大驚小怪。」[130]（邱吉爾爲貝爾福在一九二八年七月的八十大壽發起認捐，買了一輛勞斯萊斯送他，並在慶生會上三次邀請眾人祝酒。）邱吉爾的好友F．E．史密斯，也就是伯肯赫德勛爵，九月三十日因肝硬化去世，只有五十八歲。「他是一個堅強的人。」邱吉爾在另一俱樂部說，「是個可以愛的人，可以同樂的人。過去他經常和我們同坐在這張桌子，現在我們感覺失去了他……我不認爲有人比我更瞭解他，而且畢竟他是我最親愛的朋友……正當我們覺得我們的政治人物失去指導事件的能力，他卻蒙主恩召。他對我們國家的奉獻，本來應該在這個時候、這些年，完全開花結果。」[131] 五年後，他在《世界新聞報》（*News of the World*）寫道：「他充分具有犬一般的美德

——勇敢、忠誠、警覺、熱愛追逐……同輩之中，F・E是唯一一人，從他身上得到的益處和歡樂，媲美來自貝爾福、莫萊、阿斯奎斯、羅斯伯里、勞合喬治……他似乎有兩倍的人性……F・E將他的寶藏埋在朋友心中，而他們會珍惜他的回憶，直到他們的大限之日。」[132]

對邱吉爾而言，這是政治衝擊，也是私人打擊：印度、俄羅斯、美國海軍與許多其他議題，伯肯赫德勛爵都從保守黨內支持他，如果他不是沉溺於酒精而死，興許就能幫助邱吉爾對抗之於納粹的綏靖政策。二次大戰期間，邱吉爾多次告訴副官，「我真想念F・E」，相信「如果F・E在，他必須扛的重擔就會減輕許多」。[133] 喬克・科爾維告訴F・E的兒子，同名的弗雷迪・伯肯赫德，「邱吉爾後來的交情，無論是和馬克斯、布蘭登或教授，都比不上和你父親。」[134]

十月九日，鮑德溫宣布保守黨會在下次選舉「自主」重新引進保守主義。「你會看見我們的計畫。」一週後，他寫信給人在印度的艾文勛爵，「我想溫斯頓可能會因此辭職。」[135] 強迫邱吉爾辭去保守黨商業委員會（Conservative Business Committee，影子內閣的前身），部分甚至可能是刻意，如此鮑德溫就可以清出空位給他偏愛的繼承人——內維爾・張伯倫。但是邱吉爾沒有立刻辭職，也許是想起父親的命運。[136]

《我的早年生活》初版印製一萬七千本，在一九三〇年十月二十日發行，立刻售罄。這本「獻給新世代」的書，是今日邱吉爾最暢銷的單行本，翻譯成十九種語言。作家暨未來的多黨政府工黨議員哈洛德・尼科爾森說這本書「就像香檳的杯子」。《泰晤士報》稱讚這本書的「魅力與輕快」，以及其「幽默、熱切的興奮、安靜的諷刺、惆悵地緬懷已經消逝的習俗與光芒、對運動的熱愛、友情的歡樂」，雖然也挖苦「當然，這個題材好極了，邱吉爾先生也會同意。」[137] 曾經兩度與邱吉爾一起作戰的上將休伯特・高福，在那本的空白處注記他對眞實程度的疑問：「不管眞正的事實」、「完全捏造」、「胡說」等。[138] 其中描述的事件已經過了三十年，而時間往往將軼事誇大。也有內行人才懂的抱怨，解釋一八九七年至一八九八年在第拉遠征遭遇的挫折，邱吉爾在章節的最後總結：「因此海狸建築牠的水壩，當牠準備開始捕魚時，大水一來，牠的苦工和運氣魚都被沖走了，所以牠得重新來過。」之後他收到一封來自加拿大的信，告訴他：「海狸嚴格吃素，不會捕魚，也不會吃魚」。[139] 不過若有偶然次要的裝飾，也有絕妙的場景、優美的文辭，以及禁得起九十年考驗的事實。「絕對、絕對、絕對不要相信任何戰爭都會順利輕鬆，」他寫道，「或說任何展開這段奇異旅程的人，能夠度量他將遇見的大風大浪。」[140]《我的早年生活》裡其他地方還寫道：「任何實質或既有的東西，或者我從小被教導相信永久或必要的事物，幾乎沒有一樣一直存在。我確定不可能或被教導必定不可能的事，全都發生了。」[141] 書中有許多內容，在衆多冒險包裝下，都是關於如何善終。五十幾歲撰寫這本書時，邱吉爾已經看過很多死亡，而那一本書表面上關於青春，其實充滿沉思，例如「年輕人經常因爲擁有馬或賭馬而毀滅，但從來不是因爲騎著馬：當然，除非他們在衝刺的時候摔斷脖子，就是很好的死法。」[142]

「現在來吧！全體的年輕人，全世界的年輕人。」邱吉爾在書裡最有名的一段勸說：

> 為了填補被戰爭扭曲的世代，你們比從前更重要。一時半刻都不能浪費。你們必須站在對的位置，在生命的前線奮鬥。二十歲到二十五歲！就是這幾年！莫安於事物的現況。「地球和其中的寶藏是你們的。」承繼你的遺產，接受你的責任……莫接受「不」這個答案。絕對不屈服於失敗。別被區區的個人成功或認同欺騙。你會犯下各種錯誤，但是只要你大方、真誠，而且勇猛，就不可能傷害

世界，或甚至嚴重令世界不安。世界就是為了青年的愛慕與勝利存在，唯有不斷征服，世界才會昌盛繁榮。[143]

貫穿《我的早年生活》的信念就是，因爲大英帝國的榮耀，他的故事將吸引後代（結果卻是錯誤的信念）。「我是維多利亞時代的小孩，」邱吉爾寫道，「當時我的國家結構似乎穩固，貿易與海上地位無敵，而且實現帝國的偉大、保存我們的帝國，這種責任從來沒有如此強烈。」[144]正在讀《我的早年生活》的人，絕對不會懷疑，邱吉爾有多麼願意從拉姆齊・麥克唐納、西蒙勛爵、「聖雄」甘地、艾文勛爵，而且如果必要的話，還有斯坦利・鮑德溫手中保護帝國。

一九三〇年十一月十二日，在上議院皇家藝廊舉辦的圓桌會議已經連續開會超過兩個月，與會人員包括印度的代表，雖然甘地還在監牢，而且會議結束後一週才出獄。儘管邱吉爾駁斥印度的主張，認爲是「荒唐且危險的要求」而駁回，但鮑德溫仍決議要讓印度獲得自治領的地位，目的是讓印度實質自治，同時將印度留在帝國內。[145]反對的大約是六十位「頑固派」的保守黨議員。根據他們的憲政顧問，准將J・H・摩根（J.H.Morgan）的紀錄，他們的領袖——索茲伯里勛爵、沃爾摩勛爵（Lord Wolmer）、洛伊德勛爵（Lord Lloyd），以及議員約翰・格瑞頓（John Gretton）、亨利・佩奇・克羅夫特——「他們全都不信任邱吉爾」。[146]因爲他們認爲邱吉爾如同沃爾摩所言：「根本不堅定；他只是爲了從中得到什麼才加入我們。」[147]這不是眞的；邱吉爾什麼都不指望，除了阻擋帝國失去印度。這也不是一條讓仕途晉升的道路，即使這個決定最終導致鮑德溫下臺，正如邱吉爾最後所希望的那樣，但邱吉爾知道他顯然不是保守黨黨魁的接替人選。爲了捍衛他所愛的帝國，他非常堅定投入這場抗爭。

「溫斯頓陷入深深的憂鬱。」十一月十三日，鮑德溫告訴戴維森，「他希望會議盡快鬧翻，保守黨回到大戰之前，由強勢的人治理。他再次變成一八九六年的驃騎兵中尉了。」[148]那麼說也不公平，只是強烈的抨擊。另一句已經常常用來攻擊邱吉爾的話是戴維森說的：「印度這件事，反對我們的頑固派保守黨，從不把邱吉爾當成保守黨，而是跨過地板的自由黨叛徒，人們都認爲他的政治立場左右搖擺。」他說，「他是聰明的人，但是這種聰明，是指原則與判斷搖擺不定。」[149]

一九三一年一月二十七日星期二，因爲保守黨支持印度成爲自治領，邱吉爾辭去保守黨商業委員會職務，同時離開保守黨的前座。委員會去年三月才成立，因此感覺不像重大的退出，而且反倒因爲離開，他能公開反對黨的政策。雖然沒有人逼他，是他的選擇，但是保守黨的建制派一樣樂見他離開。在爲父親作的傳記裡，邱吉爾寫道：「他在錯的時間、錯的議題辭職，而且他也無意召集支持」，同樣的話或許也適用於這個兒子。從此以後，他堅決反對辭職。他告訴薇奧蕾・阿斯奎斯，寇松在一九〇五年因爲跟基奇納意見不合而辭去印度總督，實在不對。「我**永遠**不該辭職。」他說，「我應該等待時機，在其他議題對抗他，並且擊敗他。絕不辭職。」[150]

回到一九二四年，西敏寺選區的補選，工黨候選人芬納・布羅克韋印製一張傳單，顯示邱吉爾走過「萊斯特西區」、「丹地」，然後朝著一個指向「荒野」的路標，[151]現在他已經抵達那裡。常有人主張，既然兩邊的前座都支持，印度自治儼然是既成事實，邱吉爾當初不應反對，應該保留他的政治資本，在政黨領袖間對抗之於納粹的綏靖政策。雖然各方猜測希特勒可能圖謀另一次的政變，但是邱吉爾當初不會知道他將在一九三三年執政，反而，他清楚看見在心中英國歷史最驕傲的成就——大英的印度帝國，即將毫不掙扎地拱手讓出。

邱吉爾後來龐大的政治資本奠定在大眾對他的認知，他會說出眼裡不討喜的事實，忠於內心，不隨波逐流，不計算個人利益；而且他會做當下認爲正確的事。《印度政府法案》的爭鬥，證明那只是試煉，是爲了後來更多爭鬥做的準備，而且後來他就會在勝利的那邊。人民在一九四〇年相信他，不是因爲他們相信他永遠或甚至多半是對的——顯然他不是——而是因爲他們知道，他總是勇於爲相信的事物奮鬥，但是許多其他人、較自私的政客則非如此。

作者注

(1) 這個一九一二年在下議院對邱吉爾丟書的人，現在是他在財政部的金融祕書。

(2) 某次邱吉爾問芒寧斯：「阿弗雷德，如果你在街上遇到畢卡索，你會和我一起踢他的屁股嗎？」芒寧斯回答：「是的，閣下，我會。」(Gilbert, *Other Club* p. 93)

(3) 這件事情導致邱吉爾告訴兒子，雖然六十六歲也是英年早逝，「但那是最好的退場」。(CAC RDCH 1/3/1)

(4) 前一個月，邱吉爾在寄到伊頓公學給倫道夫的信中，談到他的筆跡，或邱吉爾所謂「書寫說明」：「在成人階段初期，極為狂亂與誤導的筆跡會是你的嚴重缺陷。你的筆跡有違常理。讀者可以猜到你的意思，但專有名詞還是無法判讀。（他自己的信中「書寫」一詞本身也無法判讀。）隔週，他繼續，「某些呆子的字跡甚至無法辨識。他們可能常因為把信放到一邊不寫而受罰，直到再寫為止。」(CAC RDCH 1/3/1)

(5) 契克斯別墅保護邱吉爾的上尉麥克・霍華（Michael Howard，後來是教授爵士〔Professor Sir〕），回憶邱吉爾看幫派電影，「從椅子底下激動的聲音就可知道他看得津津有味。『快……打他！』他會這麼低吼，『小心，他在門後面！噢！你這笨蛋！』」（Howard, *Captain Professor* p. 59）

(6) 在美國的書名是《流浪的軍官》（*A Roving Commission*）。

(7) 對於邱吉爾成功的人生，倫敦德里解釋，完全因為邱吉爾的祖母繼承范恩－譚普斯特－斯圖亞特（Vane-Tempest Stewart）血統，但忽略掉幾個發瘋過世的家族成員。（譯注：范恩－譚普斯特－斯圖亞特就是倫敦德里自己的姓氏。邱吉爾的祖母是第三代倫敦德里侯爵的女兒。）

(8) 無害又天真的伍德豪斯在一九四一年為德國做了五個廣播（非政治的）後，邱吉爾說：「讓他下地獄吧——只要一有空位。」（Marian Holmes's Diary p. 17）

(9) 一九三一年卓別林拜訪查特維爾時，孩子們也說服他表演圓頂高帽與手杖的橋段。邱吉爾問他接下來演什麼角色，卓別林回答耶穌基督。邱吉爾問：「你有獲得本人同意嗎？」（Churchill, *Tapestry* p. 35）

(10) 這是拿破崙的戰略用語，意指強大的中央儲備軍。

(11) 一九三一年三月，他在四天內買賣美國郵購零售商蒙哥馬利・沃德（Montgomery Ward）的股票十六次，而且是拿借來的錢。

譯者注

① 勞資爭議抗爭過程中，雇主或勞工為擴大抗爭效果而採取的行動，例如罷工。

② 原來的俚語是「cast pearls before swine」，直譯為「把珍珠丟給豬」，意思為明珠暗投、對牛彈琴，而邱吉爾故意讓聽者以為他即將說「豬」，暫停之後才說出「不想要的人」。

③ 將訊息打印在長條紙帶的機器，最初運用於傳輸股價。

④ 南非鑽石大亨、金融家。

⑤ 高教會派是基督教的一種信仰模式，崇尚古老繁重的禮儀，相對於低教會派主張簡約。

⑥ 羅梅斯講座為牛津大學一年一度的公開演講，成立於一八九一年迄今，以生物學家喬治・約翰・羅梅斯（George John Romanes，一八四八年至一八九四年）命名，每年邀請一位不限領域的傑出人士演講，第一位是一八九二年格萊斯頓。

15 荒野歲月 1931／1—1933／10

先知必定來自文明社會，但先知必定走入荒野。他必須銘記社會複雜的萬象，接著必須隱遁沉思。精神的爆發力就是如此產生的。——邱吉爾，《週日紀事報》（*The Sunday Chronicle*），一九三一年十一月[1]

強大的力量飄忽不定。裂縫大開，片刻後，有個瘋子乘虛大步而入。這個瘋子不僅極為天才，言論之中惡毒的仇恨，亦前所未見地侵蝕人類胸膛。他就是下士希特勒。——邱吉爾，《風雲緊急》[2]

卽使現在身處政治的荒野中，邱吉爾在國會的表現持續引來觀眾與笑聲。一九三一年一月二十八日，《工會爭議法案》的辯論中，他說了一段話，被哈洛德．尼科爾森評爲「他的人生之中最機智的演講」。[3]邱吉爾談到拉姆齊．麥克唐納：

能夠摔倒又不傷到自己，實為高明。他摔倒，但又站起來，面帶微笑，儀表略微凌亂，但依然微笑……我記得自己還小時，去了知名的巴納姆馬戲團（Barnum's Circus），裡頭有怪胎和野獸，但是節目單上，我最想看的演出是「無骨奇人」。父母認為對年幼的我而言，那個景象太恐怖震驚，所以我等了五十年才看到無骨奇人坐在財政大臣的長椅上。[4]

邱吉爾在全國與國會連續不斷地演說，比多數在野的政治人物更頻繁，證明他的活力與野心。一九三〇年，他發表六十一場大型演講，一九三一年又發表四十八場、一九三二年二十八場、一九三三年四十一場、一九三四年三十九場、一九三五年五十四場、一九三六年二十三場、一九三七年五十五場、一九三八年三十九場及一九三九年三十六場，以上尚不包括在國會上百次較簡短的評論和大量文章。不管黨鞭如何在下議院排擠他，場場爆滿的集會顯示他是英國政壇無法忽視的勢力。電視發明之前，大型政治集會是晚上的免費娛樂，而且其他名人幾乎無法媲美他的演出。

當然，他談起印度的事就激動。邱吉爾真心希望保護印度親王、穆斯林、少數族群、賤民不受印度教的多數壓迫，部分的意圖也是希望建立聯盟，對抗印度國民大會黨。憑著他的維多利亞種族優越觀，他相信六個白人治理的國家適合自治，但是如同他在曼徹斯特的演講，「像加拿大或澳大利亞那樣自治領的地位，不管我們預想得多遠，都不可能發生在印度，最終只是幻想的目標。」[5] 他重申常見的偏見，「當東方人認爲你很軟弱或害怕他們時，絕不可能對他們讓步。」[6] 那就是他最終譴責艾文的原因。「他對印度的態度從頭到尾都該道歉。」三天後，他在利物浦就以此爲題演講：

過去如此凶猛英勇的英國雄獅，無論善惡的決戰多麼凶猛，始終堅不可摧；如今牠從前征服的兔子，卻從田野或森林竄出追著牠跑。並不是說我們的力量嚴重損傷。我們遭受的是心理上的崩潰。我們必須如同往昔一般昂然挺立、面對困難，才能減少同樣的困難。

他舉例，必須刺激工業與農業，加強金融管控，促進帝國經濟團結。「爲了達成這些艱難的任務，首要工作無疑就是丟掉這個悲慘、揮霍、圖謀、討好的政府。」[7]

大約這時，他寫信給林德曼，討論文章〈敗局中的偉大戰士〉(Great Fighters in Lost Causes)的述作靈感。他特別談到漢尼拔(Hannibal)、維欽托利(Vercingetorix)、哈羅德・戈德溫森(Harold Godwinson)、查理一世、羅伯特・E・李(Robert E. Lee，即李將軍)，表示：「敗局和戰士與戰爭的偉大都要書寫。」[8] 林德曼建議他讀一部預言世界末日的小說《最後和最初的人》(*Last and First Men*)，作者是威廉・奧拉夫・斯塔普雷頓(William Olaf Stapledon)。這本書促使邱吉爾談論宇宙的安排，自從一八九〇年代末期在第四驃騎兵的食堂談論健康心靈宗教以來，這是頭一遭。他寫信給林德曼，在抽象意義上談論人類，表示「我們已經經歷這樁事業全部，我希望他們的種子要過很久之後，才會落在某顆天真無害的星辰。缺乏至高精神存在的解釋，人生只是庸庸碌碌。但是，知道有很多事情可做總是好的。」[9]

一九三一年二月二十三日星期一，邱吉爾在埃平的溫徹斯特院(Winchester House)對選區協會理事會演講，解釋辭去保守黨前座的原因。這大概是他這輩子最聲名狼藉的演講。「無論哪個政府，若我不能信賴其印度政策，就不該為其效力。」他說。[10]

看見甘地先生，這位煽動造反的中殿律師，現在以一名東方常見的苦行者姿態，裸著上半身，大步走上總督府的階梯，同時他也正組織執行違抗的公民不合作運動，和國王—皇帝的代表談判平等條件，教人驚嘆又看不下去。這樣的奇觀只會增添印度的動亂，以及那裡的白人暴露的危險。[11]

在其他文章，他描述甘地爲「這個惡毒、造反的狂熱分子」。[12](1)

理事會成員全體一致表示信任與贊成，投票通過信任，而且邱吉爾告訴克萊門汀，他獲得「全體熱情的歡迎」。[13] 但歷史的裁決並不同，尤其是甘地在一九四八年遭到暗殺，成爲世間的聖人後。今日很難理解，對一九三〇年代初期的英國帝國主義者而言，甘地經常含糊與曖昧的言論似乎是在欺騙，他們根本就不相信他的聖潔或眞誠，而且認爲他是極端的政治革命者，雖然多數欣賞他的非暴力原則。在攻擊甘地時，如同描述布爾什維克主義，邱吉爾演說的鋪張開始對他不利，愈來愈被當成歌廳秀的節目，而非嚴肅的公共言論。他也幾乎變得太過雄辯，這點對他的事業沒有好處。

三月四日，他在《海岸雜誌》上寫了一篇文章，題名爲〈第二選擇〉（A Second Choice），關於他的生命之中所有轉折，以及原本可能如何不同：「如果我們回顧過去的人生，最常發現的，就是我們的錯誤幫助了我們，而我們最明智的決定傷害了我們。」[14] 雖然他要好幾年後才會知道，爲了印度的事辭去影子內閣，這個決定對他的幫助極大——任何導致姑息德國的決定都不是他的責任。寫完自傳的人經常哀悼生命，邱吉爾也是，他在一篇文章如此總結：「命運神祕的韻律存在於世界的時空，讓我們向其妥協。且讓我們珍惜我們的喜悅，但不爲我們的悲傷哀愁。耀眼的光芒無法缺乏陰影而存在，生命是整體，好壞必須概括承受。這趟旅程一直相當愉快，而且值得一行，僅只一回。」[15]

不過雖然他在回顧人生，但政治方面仍持續注視未來。「回顧過去六週，我的職位變化實爲驚人。」他告訴克萊門汀，「如果時間允許輿論發酵，任何事情都會發生。」[16] 羅斯米爾和畢佛布魯克的報紙，尤其《每日郵報》、《每日快報》、《旗幟晚報》，以及反對印度成爲自治領的頑固派，加上保守黨基層對此的反叛，嚴重打擊鮑德溫身爲黨魁的地位。鮑德溫臨危不亂。（邱吉爾帶著後悔的尊敬承認：「打擊鮑德溫就像打擊鴨絨被，你以爲你已對他揮出致命的一擊，而後發現他根本沒放在心上。」）[17] 但是首相在三月一日認眞考慮辭職，而且只有兩個政治密友勸退，就是約翰・戴維森和威廉・布里奇曼（William Bridgeman）①。

鮑德溫的去留取決於西敏聖喬治區（St. George）的補選，候選人是保守黨的達夫・庫柏，對手是反對自治領的保守黨獨立參選人恩內斯特・佩德（Ernest Petter）。佩德得到羅斯米爾與畢佛布魯克的報紙大力支持。在表哥吉卜林⑵的提示下，鮑德溫用著名的一句話譴責報紙大亨：「這些報紙業主的目的是權力，而且是不負責任的權力——世紀以來，妓女獨有的權力。」隔天，在皇家阿爾伯特音樂廳，邱吉爾告訴印度帝國學會（Indian Empire Society）：

> 放棄印度，交由婆羅門治理，會是殘忍邪惡的過失，承擔這個罪過的人將永遠蒙羞。那些以哲學與民主政治家的姿態、喋喋不休西方自由主義的婆羅門，以及否決近六千萬他們口中「賤民」同胞重要權利的，都是同樣的婆羅門。他們壓迫這些賤民數千年，卻要他們接受這種悲慘的地位……然後彈指之間，他們轉身，開始高談約翰・史都華・彌爾，呼籲尚・雅克・盧梭（Jean Jacques Rousseau）的人權。[18]

他接著警告，英國軍隊離開，將會導致整個印度北方的大屠殺。[19]

一九三一年三月十九日，達夫・庫柏以一萬七千兩百四十二票對一萬一千五百三十二票，相當的差距勝選，而邱吉爾反對《印度政府法案》的抗爭遭遇嚴重挫折，但他無論如何決定繼續奮戰。「我相信你知道我私下對你沒有敵意。」他寫信給印度總督艾文，「我對印度發生的事件及你的推動感到極爲痛心。恐怕我們會在這個爭議之中僵持數年，而我認爲此事將成爲英格蘭的分界線。無論如何，你將從你方龐大的作戰部隊開始。」[20]他是對的，他們維持在印度憲政改革的一方，同時他變得愈來愈孤立。然而面對強大的政治局勢，他並沒有軟化立場。「我聽到政府大臣說起印度，『她們會做這個，她們會做那個』，就感到噁心。」一週後，他在憲法俱樂部（Constitutional Club）②這麼說，「印度和歐洲一樣不是政治主體，印度是地理名詞，印度和赤道一樣不是統一的國家。」[21]

雖然邱吉爾被孤立，但他還是持續在議院說笑。四月預算辯論，某些自由黨議員讚美他任財相的作爲，他回答：「我想肯定的評價就該珍惜，即使評價來自不公的裁判或詐取的仲裁。」[22]他在另一次辯論說，「我們應該都聽過吉約丹醫生（Dr. Guillotin）③被他自己發明的工具處決」，此時赫伯特・薩繆爾爵士大喊「他不是！」，邱吉爾頂了回去，「那他也應該。」[23]六月，在《海岸雜誌》一篇關於政治漫畫的文章，邱吉爾寫道：「就像鰻魚應該習慣被剝皮，政治人物也應該習慣被畫成漫畫諷刺。」[(3)]確實，「我們必須坦白，那些漫畫令他們不快，但漫畫不刊了又感失落……他們叨唸：『我們不再像從前那樣被傷害虐待。風光的日子結束了。』」[24]

華爾街股市崩盤現在已經變成確定無疑的大蕭條，邱吉爾終於首次接受一般關稅的概念。他同意現在是影子財相的張伯倫，收入的需求大於一切，而且收入將會，用邱吉爾的話來說，「在與外國國家討價還價時提供機會進攻，那些討價還價不僅必要，處理得當的話，在熔接我們帝國生產與消費的過程中，可能扮演重要角色，防止此時帝國的分崩瓦解到達致命終點。」[25]他在一九〇四年跨過地板那場長久的抗爭就此結束，但是隨著六月的失業人口到達兩百五十萬，他將現實置於經濟教條之前，進一步將他與印度議題相同立場的保守黨右派相連。

大蕭條加深，導致一九三一年七月嚴重的財政危機，拉姆齊·麥克唐納領導的純粹工黨政府次月解散，多黨政府接續，仍由麥克唐納擔任首相，菲利普·斯諾登擔任財政大臣，但由保守黨的鮑德溫擔任樞密院議長，內維爾·張伯倫擔任衛生大臣，塞繆爾·霍爾（Samuel Hoare）擔任印度大臣，自由黨的瑞丁勛爵擔任外交大臣，赫伯特·薩繆爾擔任內政大臣。沒有邱吉爾的份。

「政治風景的轉變真是出乎意料！我很高興自己不用為此負責。」他告訴艾迪·馬許。[26]「在國家艱難的時候，我被直接拋棄，我真心確定自己完全不感到憤恨，甚至更少痛苦。」邱吉爾在十七年後的回憶錄寫道。[27]他又在命運奇怪的方式中得到慰藉。「有時當她懷著最壞的惡意怒視，」八月三十日，他在《週日圖畫報》（*Sunday Pictorial*）寫道，「她正準備最炫目的禮物。」[28]那是真的。邱吉爾對政府核心政策的反對，以及印度自治領的地位，這兩件事情將他放逐政治荒野十年，而這十年期間，接續的政府讓他可以，照他後來的說法——「蝗蟲過境」。[29]

同月，邱吉爾個人喜歡的蕭伯納（George Bernard Shaw）和不喜歡的南希·阿斯特，兩人去了俄羅斯九天，回來後對史達林和共產主義讚不絕口，自然惹得邱吉爾大怒。「俄羅斯人總是喜歡馬戲團和巡迴表演，」他告訴《帕爾摩爾公報》的讀者，「……這裡有世界最知名又聰明的老小丑，還有資本主義默劇當中魅力十足的科倫比納（Columbine）[(4)]，為了他們，『高級政治委員史達林』……打開戒備森嚴的克里姆林庇護所，將他早上一疊死刑令和監禁令推到一邊，以滿溢同志情誼的笑容接待他的賓客。」[30]他們見面時，史達林問阿斯特女士關於邱吉爾的事業，她告訴他：「喔，他完了！」[31]

九月二十一日，新的多黨政府暫停金本位，對所有進口加工商品實施關稅，連自由黨也沒有反對。同時多黨政府也宣布十月二十七日舉辦大選，以取得新的授權。「在這次重大的公共危機，我以多黨與保守黨的候選人身分來到你們面前。」邱吉爾在致埃平人民的選舉傳單上寫道，「我一直警告你們社會主義政府帶給我們國家的邪惡……那些來自國外的著作，傳播妒羨、憎恨、惡意的教義，而且不斷從國外吹來，我們已經給予過度的容忍。英國國家受其引誘，已經到了懸崖邊緣，終於瞭解其危險。」[32]接著，他完全轉變立場，寫道：「身為保守黨人，我們深信，保護英國工業與農業有效的措施，必須在任何國家再生計畫中位居領導地位……唯有並肩行進，大英帝國的種族和國家才能保存他們的光榮與生計。」[33]這幾乎就是數十年來在數百個公開場合，他嘲笑張伯倫一家、利奧波德・埃莫里、帝國公平貿易者的事，但是大蕭條已然接近谷底，而他對人民當前苦難的擔憂戰勝長久的理想。他也責備「印度社會主義者可疑、不連貫的政策」，在世界面前，招致印度人的「爭執與苦難」，並傷害英國——即使艾文一輩子都是保守黨人。

邱吉爾以保守黨的身分——七年來第四個政黨標籤，但也是最後一個——獲得兩倍的票數當選埃平的議員。他是四百七十三名保守黨當選人之一，加上多黨自由黨三十五席、多黨工黨十三席，多黨政府在下議院六百一十五席中獲得五百五十四席。相反地，工黨獲得五十二席，獨立的自由黨四席。全民投票中，保守黨獲得一千一百九十八萬票、工黨六百六十五萬票、自由黨一百四十萬票、多黨自由黨八十一萬票、有鑑於邱吉爾對《印度政府法案》的反對，加上政府極大多數得票，他當然不會得到任何職務。

他在十一月初出版《世界危機》的第五卷《東線戰爭》（*The Eastern Front*），也是最後一卷。之前四卷在那時候已經改變許多人的戰爭觀點，以及他在其中扮演的角色。有人說新聞是歷史的初稿，但他對兩次世界大戰的回憶錄是那兩次衝突真正的歷史初稿，訂定許多沿用數十年的指涉名詞。他再次贈送一本簽名的書給內維爾・張伯倫。張伯倫在書背注記「一九三二年一月」，表示他立刻讀完。邱吉爾的對手從不否認他的寫作能力。「如果我得指定一個頭銜給你——希望不會發生這種事，」一九三三年鮑德溫會對他說，「我會說『真正的**馬爾博羅**』。」[34](5)

一九三一年十一月，邱吉爾也在《麥克林雜誌》（*Maclean's Magazine*）發表一篇文章，標題是〈由此五十年〉（Fifty Years Hence）。他在裡頭提出一些荒謬的預言，例如對於雞，我們只會養想吃的部分。但也有些準得嚇人的預言。[35]「無線電話與電視，」這兩樣東西商業生產很久之前，他就寫道，「隨著現在的發展路徑，使用者自然就能與安裝相同產品的任何房間聯絡，聆聽並參與對話，彷彿把頭探進窗內。」接著他又補充，「人們以後沒有必要聚集在城市。」[36]他表示：「原子核能源相較我們今日使用的分子能源巨大無比。一個人一天能取得的煤礦，輕易就能達到五百倍勞力效能。原子核能源的威力至少有一百萬倍……科學家之間都同意，這種龐大的能源來源存在，缺乏的是點燃營火的火柴。」[37]

這篇文章可以萃取數個邱吉爾對人類本質的想法，並重申他的信念，人類本質改善的速度不如科技知識進步，這點最終會釀成災難。「當然就在人類以不斷增加與無法計量的速度，聚集知識與權力的時候，」他寫道：

> 他們的美德與智慧並未展現任何世紀以來可見的進步。現代人的大腦，本質上跟數百萬年前在這裡奮鬥與生存的人類大腦並無不同。人類的本質從那時開始，實際上沒有改變。在足夠的壓力下——饑餓、恐怖、好戰，甚至安靜的智性狂熱——我們非常瞭解的現代男人將做出最可怕的行為，而他的現代女人將會支持。[38]

同樣令人擔憂的是，邱吉爾在羅梅斯講座已經指出的問題：民主所憑藉的代議機構，不再吸引爲了有效運作所必要的人才。「民主早就已經無法勝任進步的指引或動機。」他寫道，「偉大的現代國家藉由全民投票選出的立法機構，甚至無法代表有力的派系或明智的社群……民主政府追隨最少的抵抗，目光短淺，把錢花在討好與救濟，用些好聽的陳腔濫調疏通他們的道路。」[39]這段話被人當成邱吉爾已經不再相信民主，並考慮擁抱獨裁。[40]事實上，反過來才是眞的；他在呼籲重振民主，主張「因此最重要的是，人民與國家的道德哲學和精神思想不被擊敗……仁慈、同情、和平與愛並未同時成長的情況下，科學本身可能會摧毀令人類生活莊嚴與可以容忍的事物。」[41]

在J・C・斯奎爾（J. C. Squire）於一九三一年出版的反事實歷史文集《如果當時事情相反》（*If It Had Happened Otherwise*），邱吉爾貢獻的文章名稱是〈如果當時李將軍沒有贏得蓋茨堡之役〉（If Lee Had Not Won the Battle of Gettysburg），假設美國南北戰爭中南方邦聯獲勝；之後李將軍取代傑佛遜・戴韋斯（Jefferson Davis），終結南方邦聯蓄奴，英語民族組成聯盟防止一戰發生，而德皇威廉在和平的歐洲統一運動中，成爲有名無實的領袖。這是一個有趣的故事，顯示邱吉爾認爲英語民族有多麼進步。

爲了在華爾街股災之後塡補他的資金，邱吉爾和克萊門汀、黛安娜搭上郵輪歐羅巴號（*Europa*）前往紐約，打算在美國巡迴演講四十場。保鑣沃爾特・湯普森依然與他同行，因為旁遮普—錫克的加達恐怖組織（Ghadar）據報在北美有活躍的分部，威脅要取邱吉爾性命。他演講的主題是「英語民族之路」（The Pathway of the English-Speaking Peoples）與「經濟危機」（The Economic Crisis）。如同他對阿契伯德・辛克萊說的：「我將直言譴責過去兩年大為盛行、殘忍可恥的商品與服務通貨緊縮，以及人為操縱增強黃金。」[42]

一九三一年十二月十三日星期日，邱吉爾在下榻飯店華爾道夫・阿斯托里亞（Waldorf Astoria）用過餐後，從公園大道與第四十九街搭乘計程車，前往兩哩外伯納德・巴魯克的家，地址是上城第五大道一〇五五號，介於第八十六街與第八十七街之間。搭車途中，他發現自己並不知道巴魯克家的地址，但他在一九二九年曾經住過那裡，因此確定可以認出那棟建築。他在中央公園第五大道付錢下車，站在第七十六街與第七十七街之間，距離巴魯克家往南整整十個街區。當時第五大道還是雙向車道，[6]邱吉爾開始過馬路，他穿著厚重、毛皮內裡的大衣，但是走到一半，一時之間他忘記自己不在英格蘭，不看右邊反而看左邊，於是被一輛往北開的汽車撞倒。[43]

駕駛是住在揚克斯（Yonkers）的馬力歐・康斯塔西諾（Mario Constasino，或康塔西諾〔Contasino〕，紀錄不同），當時的時速是每小時三十五哩。他試著煞車，但來不及。「剎那間——我無法說是多久，」邱吉爾在不久後寫道：

> 有雙瞪著我的眼睛，有一個恐懼的男人。我當然馬上想到，「我要被撞了，可能會死。」然後就撞上了。我感覺額頭受到撞擊，延續到大腿以下。但是除了撞擊以外，還有一股力道、驚嚇、震盪，

> 劇烈的程度難以描述。除了思想，一切都被抹煞。我不懂為何自己沒有像蛋殼一樣破碎，或像醋栗一樣爆漿……我一定是非常堅韌或幸運，或兩者都是。

之後他感到「一波波抽搐、疼痛的感覺」。[44]

「有人被撞了！」路過的人大喊。[45]警察趕到，邱吉爾還能告訴警察都是自己的過失。[46]他躺在計程車廂底部，隨即被送到列諾克斯丘醫院（Lenox Hill Hospital），幸好只距離兩個街區。邱吉爾發現他無法移動手或腳，但很快就感覺到「劇烈的針刺感」。醫生判斷他有腦震盪，鼻子和額頭的挫傷需要縫合，右手、胸、腿嚴重瘀傷，需要住院一週以上。[47]當康斯塔西諾先生來探望他時，邱吉爾送他一本簽名的《東線戰爭》。

「我出了嚴重的車禍，」他在三十日寫信給辛克萊，「而且我無法想像，我竟沒有被撞得破碎。我也非常幸運沒被輪胎碾過，只是擦傷我的腳趾前緣。」[48]林德曼在電報中解釋這個意外的物理學，根據邱吉爾兩百磅（約九十點七公斤）的重量，電報寫著：「愉悅的好消息。碰撞相當從三十呎高處掉到人行道[(7)]……相當阻擋十磅的磚頭從六百呎掉落，或兩顆直接射出的鉛彈……你的身體在撞擊之中以八千馬力的比率轉變，恭喜你在撞擊時已經具備適當的緩衝與技巧。」[49]

邱吉爾談妥至少五百英鎊（約今日兩萬五千英鎊）的酬勞，將他的意外寫成文章，刊登在一九三二年一月四日的《每日郵報》，標題是〈我的紐約事故〉（My New York Misadventure）。「笑氣催眠在我身上就是這種狀態，」他寫到自己的腦震盪，「聖地充滿外來的勢力。」[50]文章續集的標題是〈從頭到尾我都清醒〉（I Was Conscious Through It All）。新年前夕，邱吉爾和家人一起去了巴哈馬三週，原本他計劃聖誕節就要去。[51] 總督貝德・克利福德爵士（Sir Bede Clifford）「注意到他的額頭還留著怵目的傷口印記」。[52] 疤痕常在多年，有人見證，二次大戰期間，他生氣時還會發紅。）這家人住在拿索（Nassau）的總督府。邱吉爾喜歡臉朝下浮在水面，偶爾抬頭呼吸，而女兒黛安娜叫他時，會以爲自己看到一條比目魚（turbot），邱吉爾會押韻回她：「噢，別打擾牠（disturb it）。」[53] ⑻

邱吉爾回到禁酒的美國，列諾克斯丘醫院的醫生歐托・皮克哈特（Otto Pickhardt）幫他開立一張通用處方，寫著：「特此證明尊敬的溫斯頓・S・邱吉爾先生在意外後復原期間必要飲用酒精飲料，尤其是用餐時間。用量不定，但最少需求爲兩百五十毫升。」[54] 邱吉爾用鉛筆在上面寫著：「帶在身上。」一九三二年一月二十八日，他重新繼續延後的巡迴演講，而且原本答應四十場，他還能兌現三十五場，眞該佩服這個五十七歲，剛從車禍死裡逃生的人，竟有如此驚人的復原能力。他在那六週賺了七千五百英鎊，當時首相一年的薪水是五千英鎊。[55]

「愛好和平、心地善良、輕手輕腳的人正忙著解除英語民族的武裝，同時在遠東建立新的海軍勢力。」二月二日，邱吉爾告訴芝加哥的聯盟俱樂部（Union League Club of Chicago）④，「如果美國希望建造新的船艦，我會說『建吧，上帝保佑你們』。」[56] 顯然對於強大的美國海軍，他的態度已經和一九二七年完全不同。一九三二年一月二十八日至三月十日，他展開馬拉松式巡迴演講，歷經十五個州、二十八個城市、四十一天、一萬一千七百哩。他造訪的城市，最北到多倫多、最東到波士頓、最西到明尼亞波利斯、最南到紐奧良，再次突顯比起那個年代任何英國的政治人物，他更廣遊美洲大陸。在蓋茨堡，其中一位在場的人注意到：「他糾正導遊軍隊和槍枝的部署方式，導遊大吃一驚。後來經過確認，邱吉爾先生說的完全正確。」[57]

三月九日，邱吉爾在紐約接受哥倫比亞廣播公司（CBS）的電臺訪問。「我認爲多數人的人生，好運和壞運相當平均。」他說，「有時候看起來像是壞運，最終變成好運，反之亦然……我做過許多愚蠢但結果很好的事，也做過許多明智但結果很壞的事，今日的不幸可能通往明日的成功。」[58] 這對他自己來說完全不假，但他接著做出一個糟糕的預言：「我不相信我們的時代還會見到另一次大戰。今日，戰爭是赤裸的——毫無利益，而且不再具有任何魅力。古代的盛況和環境不復存在。今日，戰爭不過就是辛勞、血腥、死亡、骯髒，以及謊言連篇的宣傳。[(9)]此外，只要法國維持強壯的陸軍、大不列顛和美國擁有優良的海軍，不太可能還會發生大戰。」[59] 關於英語民族，邱吉爾主張：「人類事務的頂點，必有某種組織的力量，某種多國理事會的主席一職，力量強大，足以帶領他們走出現在的困惑，重回昌盛。」他說，世界繁榮與世界和平，將來自「兩個世界上的債權國家共同行動」，而他又說：「我對大英帝國的信心不可動搖。」[60] 他對美國也有信心，「如果整個世界除了美國都沉入海裡，那個社會也能存活。他們會突破草原和森林，在不遠的未來就會強勢復活。」[61]

三月十八日，從南安普敦抵達帕丁頓（Paddington）火車站時，有一輛價值兩千英鎊、豪華的戴姆勒高級轎車等著邱吉爾。布瑞肯發起募款，辛克萊擔任財務長，找來一百四十位朋友集資，共同贈送給他，慶祝他死裡逃生。捐獻人是邱吉爾最親近的名人好友，包括畢佛布魯克、布思比、坎羅斯、卡森、卓別林、達夫與黛安娜・庫柏、格雷、霍爾恩、凱恩斯、麥克米倫、倫敦德里、莫恩（Moyne）、盧琴斯、利代爾、斯皮爾斯、韋爾勛爵（Lord Weir）、埃斯蒙德・哈姆斯沃思、西敏公爵、威爾斯親王。[62] 所有詢問的對象中，只有利頓夫婦無法捐獻十五英鎊。[63]「我無法表達，收到這輛美麗的轎車有多麼喜悅，」邱吉爾告訴另一位捐獻人伊恩・漢密爾頓，「最重要的是其中代表的友誼。」[64]

他的荒野歲月在政治上也許孤單，但社交上永遠不會。許多戴姆勒轎車的捐款人是另一俱樂部會員，那年入會的人有布瑞肯、約翰・拉沃里爵士、愛德華・格里格爵士、艾迪・馬許等。三月，俱樂部開始下注誰會繼承麥克唐納的首相職位，名單上有內維爾・張伯倫、斯坦利・鮑德溫、羅伯特・霍爾恩（他人也在場，但賭自己不會）、華特・朗瑟曼、約翰・賽門、赫伯特・薩繆爾，這麼多人，唯獨少了俱樂部「虔誠的創辦人」自己。[65]

一九三二年三月十三日，當邱吉爾搭乘雄偉號（*Majestic*）返鄉，中途在大西洋時，希特勒在德國大選獲得一千一百萬票；他的對手，八十四歲的保羅・馮・興登堡（Paul von Hindenburg）獲得一千八百萬票。四月十日第二輪投票，興登堡以一千九百萬票重新當選爲總統，希特勒的票數則增加到一千三百萬票。七月十一日，邱吉爾第一次在公開演講提到希特勒，當時拉姆齊・麥克唐納從洛桑會議（Lausanne Conference）回來。會議上，法國和英國大幅減少凡爾賽會議對德國的賠償條款，儘管美國並未解除英國和法國積欠的債務。「當然，任何能夠移除德國與法國之間摩擦的都是好事。」邱吉爾在下議院肯定：

確實，德國還要支付三十億馬克，但我注意到德國政府背後的動力——希特勒先生，而且很快可能就不只在背後，他昨天趁機表示，幾個月內那個金額就不值三馬克。和約羊皮紙上的墨水都還未乾，他就發出如此驚人的宣言，因此我說德國實際上已經沒有任何賠償。沒有迦太基式的和平，[10]

德國白人也沒有因為征服者而流任何血。事實完全相反。英國與美國，以及其他國家的貸款，自從停火之後就湧進德國，早就超過他們已經支付的賠款，事實上，幾乎已經雙倍。如果德國的處境艱難——何況當下每個國家都處境艱難——並非因為戰勝國把德國的血或值錢的貨物榨乾。[66]

僅僅二十天後，帝國會議選舉，而那個事實並未防止納粹成爲最大黨。

邱吉爾一生只去過德國兩次，後來在戰前爲了陸軍演習短暫停留。他不太熟悉德國文化，而且幾年前曾經說過：「我永遠不會去學那個野獸的語言，直到德皇進軍倫敦！」[67] 一九三二年八月，他和美麗的女兒——十七歲尚在學的莎拉，以及曾在加里波利服役的軍事歷史學家上校里德利・佩肯漢－沃爾什（Ridley Pakenham-Walsh，後來成爲少將）、林德曼（付了洲際飯店〔Hotel Continental〕的帳單），一起到馬爾博羅多瑙河戰役的戰場旅遊，包括布倫海姆鎮。這群人在拉米利斯的穀倉發現大炮和子彈的痕跡，也在施倫貝格（Schellenberg）認出壕溝。「我能夠向他們重新描述幽靈般但耀眼的軍隊。」邱吉爾告訴牛津大學歷史學家奇思・費林（Keith Feiling）。[68] 他也告訴未來馬爾博羅傳記的出版商喬治・哈拉普（George Harrap），「在十八世紀我是最快樂的。」[69]

八月底，他幾乎在慕尼黑遇到希特勒。當時納粹黨的公關，即哈佛大學畢業的恩斯特・漢夫施丹格（Ernst 'Putzi' Hanfstaengl，綽號「普奇」），嘗試安排兩人見面。[70]「希特勒先生，」漢夫施丹格在主管的公寓對他說，「您不知道邱吉爾等人正在餐廳等候嗎？……他們正等著和您喝咖啡，恐怕會認爲這是故意的侮辱。」希特勒沒有刮鬍子，而且有太多事情要做。「我到底要和他說什麼？」他問。[71] 即使見面，未必會有任何收穫，因爲邱吉爾要漢夫施丹格傳話：「告訴你的老闆，我說反猶主義可能是個好的開頭，但是個壞的標籤。」⑾「你的主管爲何對猶太人這麼凶殘？」邱吉爾問漢夫施丹格：「我可以理解對做錯事情或反對國家的猶太人生氣，而我也瞭解他們想要壟斷任何行業所以被排斥；但是只因爲一個人的身世就反對他，意義何在？有誰能夠改變他的出生？」他用笑話爲這次差點見面總結，「因此希特勒失去他唯一一次見我的機會。」[72] 漢夫施丹格表示，邱吉爾問他，「你的主管對於你的國家和英、法聯盟有什麼想法？」這麼做將會符合邱吉爾反蘇維埃集團的興趣，但是這樣希特勒需要付出徹底改變政府基調的代價。無論如何，當時邱吉爾也不在可以提供任何東西的位置。結果邱吉爾沒有跟希特勒見面也是幸運，因爲和他見面變成許多英國人難堪的紀錄，例如勞合喬治、溫莎公爵、邱吉爾的表弟倫敦德里勛爵。

在邱吉爾十六年後出版的回憶錄，他寫道：「此時我對希特勒沒有任何國家偏見。我對他的信念或過去，或他的個性，幾乎一無所知。爲自己戰敗的國家挺身而出，我尊敬這樣的人，雖然我站在另一邊。他完全擁有權利當一個愛國的德國人，如果這是他的選擇。」[73] 一九三二年十一月二十三日，希特勒掌權兩個月後，邱吉爾首次針對德國重整軍備發表重大演講。他談到許多國家的邊界——波蘭、羅馬尼亞、捷克斯洛伐克、南斯拉夫，都依賴《凡爾賽和約》維持，並且提到希特勒青年團⑤：

我尊重並欣賞德國人，而且希望我們應該和他們以良好充實的關係共存，但是我們必須正視一個事實，每次讓步……都緊接著新的要求……現今的要求是應該允許德國重新武裝。莫欺騙自己。莫讓國王陛下的政府相信……德國要求的只是平等地位……德國追求的並非如此。所有這些成群結隊、堅實的日耳曼青年，在德國的街道行進，眼中閃爍欲望，想為他們的祖國受苦。他們尋求的不是地位，他們尋求的是武器，而當他們擁有武器，相信我，他們將會要求歸還失去的土地和失去的殖民地，而當那個要求得到實現時，就不可能不動搖，甚至可能粉碎剛才我說的那些國家的根基，以及我尚未提到的國家。[74]

這場演講在英國政壇或報紙絲毫沒有泛起任何漣漪，困難在於人民已經從他那裡聽過這樣的話，聽了幾十年。自從他在一八九七年將鋪張訂為演說的重要元素，就持續不斷製造這個元素。英國人民憶起——準確程度不一——他如何預言愛爾蘭內戰、布爾什維克主義進入波蘭與德國、對抗凱末爾土耳其的戰爭、大罷工中的流血事件、印度北部法律與秩序瓦解，多數目前為止都已發生。所以二十世紀文明最大的威脅真正到來時，民衆習慣邱吉爾扮演卡珊德拉（Cassandra）⑥，而且不相信他。更糟的是，許多議員不相信他的判斷，鄙視他的野心，深信他的警告出於自利，而非真正擔心。「溫斯頓現正說著這個國會至今最好的演講，」多黨政府自由黨議員羅伯特・伯納斯（Robert Bernays）在十二月時說，「但是《泰晤士報》繼續假裝那些演講品味不佳，違反大衆利益。」[75]伯納斯也懷疑邱吉爾的誠意。一九三三年二月，他描述一段針對內維爾・張伯倫長達十分鐘的攻擊，內容關於失業，表示那是「我在這個國會聽過最苛刻的控訴。溫斯頓真的很激動，雖然那可能是女演員為了讓自己入戲而激起的情緒，到了後臺還是無法抽離。」[76]

一九三三年一月三十日，總統興登堡任命希特勒擔任德國財政部長。幾週後，邱吉爾告訴下議院：「感謝上帝有法國陸軍。」他認為法國陸軍是世界最強的，也是抵抗德國復仇主義最可靠的堡壘。[77]如同過去三十年，接下來六年他還會說出許多錯誤的預言和聲明，但是這個事實從未改變：長久以來，他是第一位，也是口才最佳、最瞭解情況的資深英國政治人物，警告衆人希特勒對和平、文明與大英帝國的威脅正在不斷升高。此外，如同我們將會見到的，他提出實際的回應與解決方法，因此當羅斯福在一九四三年問他：這場衝突應該怎麼稱呼？邱吉爾回答：「不必要的戰爭。」[78]

邱吉爾很快開始在查特維爾接待各領域的專家，這些專家對於德國的軍事力量與計畫，以及英國的軍事弱點提出警告。這些場合多由德斯蒙・摩頓媒合。住在附近的摩頓是他的首席情報顧問，也是前軍情五處探員，最近則是英國刑事偵緝部經濟戰事次委員會的一員。查特維爾的訪客包括外交部的羅伯特・凡西塔特爵士（Sir Robert Vansittart）與雷夫・魏格蘭姆（Ralph Wigram）、一九三〇年至一九三二年反納粹的德國財政大臣海因里希・布呂寧（Heinrich Brüning）、皇家空軍中校托爾・安德森（Tor Anderson）與上校拉合蘭・麥克連（Lachlan Maclean）、法國人民陣線政治人物皮埃爾・科特（Pierre Cot）與里昂・布魯姆（Léon Blum）。這些勇敢的人提供邱吉爾事實、數據、論證、看法，有時也冒著丟了工作的風險，幫助他全盤瞭解納粹的威脅與英國政府如何疏忽回應。

邱吉爾也和倡導坦克攻擊作戰方式的主要人物聯繫，例如新聞記者巴塞爾・李德・哈特（Basil Liddell Hart）和軍事歷史學家J・F・C・富勒（J. F. C. Fuller），他和他們在荒野歲月期間通信、見面，至少直到富勒的法西斯傾向變得明顯之前。「坦克師的長度說得很有道理，」二月中，在某次見面後，邱吉爾寫信給李德・哈特，「但真正的測試當然是他們通過給定地點的速度。」[79]一如既往，他盡可能掌握最新的戰爭技術發展。到了一九三〇年代中期，英國主要政治人物無人比他更熟知英國和德國軍隊的能力與限制。

一九三三年二月九日，牛津大學辯論社以兩百七十五票對一百五十二票通過動議：「本社團無論何種情況皆不會爲國王或國家打仗」，邱吉爾描述這是「可悲、骯髒、無恥的宣言」。[80]三週後，倫道夫回到母校，在粗暴的辯論中試圖推翻該動議，但以七百五十票對一百三十八票落敗。「沒有什麼比一千個同輩人的敵意更令人心寒，」邱吉爾寫信給修・西賽爾，驕傲地談到兒子，「而且他絕對不會被壓垮。」[81] 八天後，邱吉爾在倫敦對反社會主義與反共產主義聯盟演講，稱牛津大學的投票是「極度令人不安與厭惡的症狀。幾乎可以感覺到，當德國、義大利、法國的男人，讀了牛津大學以青年英格蘭名義發出的訊息時，立即撇嘴表示輕視。」[82] 在這次演講，邱吉爾也稱墨索里尼是「人世間最偉大的立法者」。[83] 他也對一九三一年入侵滿州的日本做出同樣不幸的評論：「我希望我們在英格蘭能夠嘗試瞭解一點日本的立場，一個古老的國家，擁有最高的民族榮譽與愛國意識，人口擁擠且能量驚人。他們從一邊看見蘇維埃俄羅斯暗黑的威脅，從另一邊看見中國的亂象，四、五個省分受到共產主義治理的折磨。」[84] 關於墨索里尼，他任由自己的反共主義遮蔽判斷。

二月二十七日，德國國會大廈莫名失火，增加德國的危機感。六天後，納粹贏得一千七百萬票，全民投票率超過四十四%。邱吉爾三月在下議院的第一場演講回應此事，也許也是接下來六年對英國最重要的演講，表示此時亟需立刻擴大皇家空軍。「整場演講，」伯納斯總結，「雖然是在請求正視現實，但其實是在重啟戰爭的心理狀態。」[85] 在表面的矛盾中，邱吉爾指出大戰中蒙受重大苦難的帝國與國家有什麼問題。

「當我們讀到德國時，」三月二十四日，賦予希特勒完全獨裁權力的《授權法》(Enabling Act) 通過，邱吉爾在這天說，「當我們驚訝又痛苦，看著洶湧的暴行與戰爭的精神、虐待少數的殘忍行徑，以及純粹因爲種族之故，否決文明社會眾多個人得到正當保護的權利……就忍不住感到高興，至少橫掃德國的凶猛情緒，除了德國人外，尚未感染其他。」[86]

四月一日，德國政府發動全國抵制所有猶太商家與行業，開始大肆迫害德國的猶太人。穿著棕色制服的納粹暴徒在大街上粗暴羞辱猶太人，不放過任何攻擊機會。邱吉爾對猶太人的友好在保守黨的座席上非常罕見，卻非常珍貴，因此能比任何人更快看清納粹政權的眞實面目。「我記得戰爭之前某天在下議院，他告訴我在德國的猶太人遭受什麼待遇，」許多年後艾德禮回憶，「眼淚從他的臉頰不停滑落。」[87]四月十三日，邱吉爾譴責希特勒：「最殘忍的獨裁統治。你這些軍事或好戰的作爲，以及對猶太人的迫害……當我看到明示的憤怒，讀了重要大臣的演講時，我忍不住歡慶，德國尚未獲得大炮、上千架軍機和各種尺寸的坦克。他們急著想要，才能和其他國家地位相當。」[88]他警告：「隨著德國獲得與鄰國相當的軍事實力，但是他們的委屈並未昭雪，而且仍在我們不樂見的氣頭上，我們應該知道自己與全面的歐洲戰爭相距多遠。」[89]

人民當然不喜歡聽到這種殘酷的預言，尤其那些在上次大戰失去父親、兒子、丈夫、兄弟的人。反戰主義當時正盛，一九三四年至一九三五年，一千一百六十萬個英國人簽署國際聯盟的「和平投票」(Peace Ballot)⑦。對人民來說，比起面對一九一四年至一九一八年，大英帝國犧牲七十五萬名軍人，打了一場可能根本不是「終結戰爭的戰爭」，將邱吉爾想成好戰人士，他們在心理上較能接受。同時邱吉爾也捍衛《凡爾賽和約》與其他戰後和約，理由基於那些和約「是根據今日世界最強的原則締結——民族主義，或威爾遜總統所謂民族自決……英國的外交政策，應該首先強調尊重這些偉大的和約，令那些民族存亡取決於這些和約的國家，不會感到自身安全受到挑戰。」[90]此時許多在英國的人覺得《凡爾賽和約》對德國太過嚴苛，而希特勒只是想要修改和約。

四月，邱吉爾在聖喬治皇家學會（Royal Society of St George）⑧演講時，觀察道：

> 世紀以來，英格蘭人民的一項特質令他們付出昂貴代價。我們總在勝利之後，丟棄我們在奮戰之中獲得的大部分好處。我們最大的困難不是來自外部，而是來自內部……來自我們被自己強大的知識分子投射不合理的自我貶低，來自接受我們大部分政治人物失敗主義的教條……如果英格蘭不自救，什麼也救不了她。如果我們失去對自己的信心，不相信我們引導與治理的能力，如果我們失去生活的意志，那麼我們確實就會任人決定我們的故事。[91]

這也不是人民想聽的，儘管後來邱吉爾會經常重提這幾句話。雖然很多人假定，看在一戰遭受的損失，應該善待德國才能避免第二次的大戰，但是邱吉爾抱持重大異議。對他而言，正是因爲損失如此嚴重，絕不允許希特勒辜負他們的犧牲，得到歐洲霸權。之前他們付出生命防止的，就是德國政府得到這個霸權。

「這也可能是我們的歷史尚未寫下的，最光榮的章節。」他告訴學會，「確實，包圍我們與我們國家的問題與危險，應該令這個世代的英格蘭男女，因爲身在此時此刻感到高興。我們應該高興，命運賜予我們這個責任，而且應該驕傲，能在國家存亡之秋保家衛國。」[92]那個階段的希特勒尚未入侵任何地方，近三年也不會。那場演講也能明顯看出邱吉爾對英格蘭的觀點。「我非常欣賞蘇格蘭人。」他說。「我對威爾斯人也相當友善，尤其是他們其中一位。」他又說，指的是勞合喬治。

> 我必須坦白，對於老愛爾蘭有些感傷的情緒，儘管她想戴上難看的面具。但今晚不是他們的夜晚。一整年裡，在今晚，我們獲准使用一個被人遺忘、幾乎被人禁止的詞。我們獲准說出自己國家

的名字，稱呼自己「英格蘭人」，而且我們甚至可以大喊口號「為快樂英格蘭的聖喬治」……我敢大膽說起英格蘭的幾件事。這些事情沒有惡意。這裡，幾乎無人遇到銀行對存款人緊閉大門。這裡，無人質疑法院的公正。這裡，無人想要因為一個人的宗教或種族而迫害他。這裡，每個人，除了罪犯以外，都把警察當成朋友與公僕。這裡，比起其他任何國家，儘管我們肩負重擔，但我們對窮人與不幸的人更慈悲。這裡，我們可以對國家伸張公民的權利，或者批評今日的政府，但不忘履行我們對國家的義務、對國王的忠誠。[93]

他直覺認爲，英格蘭的處事方式較納粹優越，而且八月他在下議院吸菸室開玩笑道，「現在說到可惡的德國佬，也是進步的思想。」[94]

五月，前保守黨主席，現任印度憲政改革專責委員會主席林利斯哥侯爵（Marquess of Linlithgow），指控邱吉爾想要「再現一九〇〇年的印度」。在戰爭風雲聚集，除了邱吉爾卻沒人發現的時候，邱吉爾回覆給他的信強而有力，信中將自由派對印度的觀點與即將來臨的反納粹之戰連結。「你假設未來只是過去的延伸，」他寫道：

但我發現歷史充滿意外的轉彎與倒退。二十世紀早年溫和模糊的自由主義、大戰休戰之後湧起絢爛的希望與錯覺，早就已經作廢，取而代之的是暴力的反國會行動與選舉程序，以及幾乎在每個國家或明或暗地建立的獨裁政權……你和你的朋友成天說著乏味的陳腔濫調，聊著輕鬆、安全、得意的年代，那些早已經過去，大浪已經轉向，而你即將被吞沒。就我的觀點，英格蘭正開始為生命奮鬥抗戰的新時期……只要我們確定不對印度提出不合他們真正利益的要求，就有正當理由為他們與自己的福祉使用我們毋庸置疑的權力。你的計畫可謂落後時代二十年。[95]

七月，另一俱樂部成立二十一週年的生日宴會有四十九人出席，一九一九年至一九二四年任南非總理的揚・史末資發表一段演說，其中表示伯肯赫德和邱吉爾應該當英國首相。「容我這麼說——如果我的老朋友小心謹慎，他將會到達那裡。他依舊不會沉沒，但必須小心謹慎。」[96] 邱吉爾回覆，「據說他仍相信，擔任首相那無法言喻的喜悅，但我並不同意！」[97] 不禁令人懷疑桌邊會有任何人相信他。接著，邱吉爾說起已經過世的會員，感動眾人。「我將爲你們朗讀一張名單，提醒我們已經逝去的朋友，以及他們的面容，他們可愛的笑聲，他們眼中閃耀的歡樂、友誼、鼓勵。亨利・威爾森爵士在刺客的子彈底下喪生。」邱吉爾說，「基奇納勛爵在敵軍手中溺斃。盧卡斯勛爵（Lord Lucas）在幾千呎的高空作戰身亡。托馬斯・羅巴特斯（Tommy Robartes）與尼爾・普林羅斯分別死於法國和巴勒斯坦。」他接著提起另外兩位會員，約翰・科恩斯爵士（Sir John Cowans）與拉明・沃辛頓－埃文斯爵士（Sir Laming Worthington-Evans），他們分別在五十九歲與六十二歲由於戰爭工作的壓力去世。邱吉爾說，「真難相信他們已經走了，而且只有想起他們才又重燃希望，才又感覺所有真實完整的友誼將在某地投胎轉世。我不認爲他們死後並不快樂。」[98] 勞合喬治難得出席，並且想起一九一一年的怨恨、黨派怒氣與稱號：「某些場合關於溫斯頓的事，我無法在這個極爲尊敬的俱樂部重複。」[99](12)

邱吉爾的司機山姆・霍爾斯（Sam Howes）記得，邱吉爾「在那裡總是非常盡興，總是在凌晨兩點左右出來，心情格外愉快」。[100] 某次他在薩伏伊飯店樓上的窗邊，高唱整首〈警察眞命苦〉（A Policeman's

Lot is Not a Happy One），包括重複的副歌。這首歌出自吉爾伯特與沙利文（Gilbert and Sullivan）的喜劇《彭贊斯的海盜》（*Pirates of Penzance*）。考量他剛在皮納弗廳用過餐，這樣的行爲並不誇張，直到門房抱怨前財政大臣「把自己變成麻煩人物」。[101]某天凌晨一點半，回家途中，邱吉爾指著天上的獵戶星座，告訴霍爾斯，一八九八年在埃及的沙漠，「這些星星救我一命。」

十月初，邱吉爾出版《馬爾博羅：他的人生與時代》（*Marlborough: His Life and Times*）首卷。這部一百萬字的著作在一九三三年至一九三八年分爲四卷出版。他研究與寫作的時間就和馬爾博羅在西班牙王位繼承戰的作戰時間一樣久。他以優美的奧古斯都時代散文講述祖先的故事，同時找到新的原始資料，糾正之前歷史學家的錯誤，並熟讀外語資料。整體而言，這是一部優秀的歷史與文學著作，不只吸引學者，也受大眾喜愛。[102]這些全都出自某人之手，而這個人的父親說：「他頭腦不好，缺乏知識或任何專注工作的能力。」）[103]（邱吉爾搞錯馬爾博羅的出生地，應該是德文郡的大翠爾（Great Trill），而非相距一哩的阿舍屋（Ashe House），但是除此之外，他投入大量時間閱讀每本描繪祖先的書，意謂他的著作相當正確。[104]

一九六五年，哈洛德・麥克米倫在另一俱樂部演說邱吉爾的悼詞時，說：「他未入閣的十年期間，致力書寫他偉大的祖先馬爾博羅的一生，爲自己的成就奠基。」[105]研究邱吉爾的重要學者，牛津大學歷史學家莫利斯・阿什利（Maurice Ashley），寫到邱吉爾當時的經歷對該書極爲重要，因爲「他能理解在那個遙遠的時代，政治家與指揮官的心智如何運作。」[106]

邱吉爾大力捍衛祖先的名譽，反對如托馬斯・巴賓頓・麥考利那樣的歷史學家「嘲笑、毀謗、嚴重指控」，猛烈程度甚至表示：「我們只能希望眞相會緊跟在後，在他假裝高尚的外套衣角牢牢繫緊『騙子』的標籤。」[107] 麥考利主要的控訴是，馬爾博羅完全自私自利，而這個控訴也跟了邱吉爾一生。

寫作《馬爾博羅》一書對邱吉爾的策略觀點亦有助益，雖然大戰已經深刻影響邱吉爾，此時他更能思考祖先如何進行聯盟戰爭。「這是場周邊對抗中心的戰爭。」他寫到西班牙王位繼承戰。[108] 直到一七一〇年，馬爾博羅是陸軍元帥，也是反對法國霸權的國家聯盟領袖。邱吉爾尊敬他在「心懷鬼胎、雞同鴨講、龐大笨重且半吊子的聯盟」之上，創造單一策略。[109] 政治上，他認爲馬爾博羅是「歷史上任何君王最偉大的僕從，自始至終都是僕從」。[110] 指桑罵槐影射獨裁者時，他寫道馬爾博羅「不要拿破崙那樣的獎賞，後代更廉價的那種也不要。」[111] 這些都是完美的智性訓練，爲自己後來扮演的角色準備。

邱吉爾也批評「我們後來的將領」，因爲他們「沒有外在的打擾：沒有危險、沒有倉促……在巨大的危機中，甚至幾乎永遠還有開會的閒暇」。相反地，馬爾博羅「總是在最炙熱的戰火中，心中牢記他的軍隊、每個單位，每一分鐘的位置和命運，並且高聲下達指令」。[112] 書中另有許多雋語，例如年輕的馬爾博羅膽大厚顏和國王的情婦，即握有大權的克利夫蘭公爵夫人（Duchess of Cleveland）發生關係後，「欲望和機會同行，而且兩者都沒有遭到拒絕。」[113] 或是他在描述馬爾博羅對夫人莎拉的愛：「他們的愛恆長久遠；兩人從此之後終身未再愛上任何人，雖然莎拉怨恨許多人。」[114] 馬爾博羅如此精通「征服的藝術」，他在勝利中的寬宏大量，以致「被征服者感謝他的讚美」。[115]

邱吉爾把馬爾博羅的吝嗇寫成值得稱讚的節儉（據說他省略「i」上面的一點以節省墨水），並把他在一六八八年背叛詹姆斯二世寫成重要原則的實踐，幫助英國將政治地理的軌道偏離親法的天主教暴政，推動「英國攀上歐洲之顚，抑制並攻破法國唯我獨尊的霸權」。[116] 路易十四毋庸置疑橫掃歐洲大陸，但是邱吉爾筆下的馬爾博羅「在前方帶領軍隊，擊破那片驕傲的疆土。在這麼早的時候，他可能甚至已經看見，法國的光芒化爲一片廢墟，在那之上建立英國的聲望，而這樣的聲望將會遍布世界，在未來印上標記。」[117]

當如麥考利其他人(13)等，認爲馬爾博羅背叛自己的陣營是骯髒的作爲，邱吉爾改寫爲國家優越的光榮時代由此展開，但他很清楚，他的祖先隨時願意讓步。「他眞是隻溫和的鳥。」一九三五年他寫信給克萊門汀，「他永遠會彎下腰來征服。他擔任侍臣多年，學會如何彎腰擦地；如果無法更好，如何忍受位居第二、第三。」他總結馬爾博羅是「英勇、驕傲、仁慈、耐心，必要時也卑躬屈膝的冒險家與英雄」。[118] 邱吉爾沒有耐心也不卑躬屈膝，但除此之外，如同克里蒙梭，馬爾博羅是他的榜樣。

邱吉爾敘述馬爾博羅如何重新組建英格蘭的陸軍，訓練與紀律皆大有進步以外，功績更是了得。接著，他失去國王威廉三世的器重，並一度被監禁在倫敦塔。「過了十年，一生的機會似乎就要終結時，他再度掌握軍事指揮權。」邱吉爾寫道。[119]「當他沉思這些浪費的機會，」他又說，「他無疑非常確定，自己可以快速重新塑造局勢，但卻身陷圍網，試想占據他靈魂的憤怒？沒有神靈在他的耳邊輕聲預言：『耐心！機會將會是你的。』他的耐心幾乎衆所周知。他需要耐心。」[120]

「你眞了不起！」鮑德溫寫信給他，「有時我看著書房裡的書卷，難以想像你怎麼找得到時間賣力書寫。最後這部著作，就算專事歷史寫作的人也要寫上好幾年。」[121] 對邱吉爾而言，書寫歷史就像創造歷史一樣自然而然。如同他所有的作品，《馬爾博羅》不僅告訴我們書籍的主題，也告訴我們這位作者。[122] 他寫到一六九〇年代初期，馬爾博羅如何「陷入次要且不愉快的職位，批評那些儘管他能同意初衷，卻處理失當的事務」。[123]

一九三四年十月，邱吉爾出版《馬爾博羅》第二卷。這本書是關於政治友誼與聯盟建立，尤其是馬爾博羅與歐根親王（Prince Eugene of Savoy）重要的關係。對於一個被指控莫名「盎格魯中心」的人來說，邱吉爾顯然相當公平地讓歐根親王分享他祖先的榮譽。兩人的友誼從一七〇一年的書信往來開始，直到一七〇四年才相見，但當他們見面時，邱吉爾寫道：「這段輝煌的兄弟情誼立刻啟動，無論勝利或不幸都無法妨礙。在這段情誼面前，嫉妒和誤解都無能為力，而且戰爭史上再也沒有與之媲美的關係」[124]——至少直到兩百四十年後邱吉爾自己和羅斯福總統重要的友誼為止。

美國政治學家列奧・施特勞斯（Leo Strauss）認為《馬爾博羅》是二十世紀最偉大的歷史著作。一位現代歷史學家敏銳地描述這本書是「（邱吉爾）自己政治教育的最高成就」。[125]邱吉爾擁有廣闊的腹地——他在政治之外多樣的興趣，意謂相較許多職業政治人物，他更能看淡政治，因此不會如同其他人，為了取得或坐擁權力而讓步。

也許正是因為《馬爾博羅》，一九三二年十一月已經當選總統的羅斯福，雖然要過很久才會和邱吉爾二次見面，但已開始對他心生好感。⑭得知總統的兒子詹姆斯（James）在英格蘭，邱吉爾於十月八日邀請他到查特維爾。晚餐後，邱吉爾請每位客人說出他們最懇切的願望。輪到邱吉爾時，他說：「我希望當上首相，而且每天與美國總統保持密切聯絡。如果我們合作，沒有什麼做不到。」[126]接著他拿出一張紙，畫了一個英鎊與美元結合的符號，他稱為「英元」（Sterling-Dollar），並說：「請將此轉達你的父親。告訴他這必定是未來的貨幣。」詹姆斯回答，如果他的父親偏好稱爲「美鎊」(Dollar-Sterling) 呢？邱吉爾大樂，「都一樣，我們是一起的。」[127] 他給詹姆斯一本《馬爾博羅》，題詞提到羅斯福的新政：「溫斯頓・S・邱吉爾致富蘭克林・D・羅斯福。誠摯祝福現代最偉大的改革運動成功。」兩個月後，他從其他人那裡得知，總統讀得「津津有味」。[128]

作者注

(1) 一九四四年一封未寄出的信中，甘地開玩笑地回覆邱吉爾，「我一直都努力當個苦行者，而且裸露（這更困難）。因此，我把那樣的描述當成讚美，雖然是無意的……你誠摯的朋友，M・K・甘地。」(*CIHOW* p. 343)

(2) 邱吉爾一直非常喜愛吉卜林的作品，雖然吉卜林對他的評價從來不高。一九三七年十一月，他在倫敦格羅夫納豪華飯店 (Grosvenor House Hotel) 吉卜林紀念基金 (Kipling Memorial Fund) 的晚會上說：「兩首不朽的英文詩得到不分黨派或心情的尊敬。讚美女王加冕六十週年的〈退場〉(Recessional)，以及〈如果〉裡的人生法則，此時或彼時每個優良英格蘭人應該銘記在心。」(CS VI p. 5905)〈退場〉是悲觀的警告，關於大英帝國的偉大即將邁入尾聲：「我們遠方的海軍消融；沙丘與海岬沉默在烈焰之中：瞧！我們昨日的盛況就是尼尼微與泰爾！」

(3) 當然，鰻魚不會習慣被剝皮，牠們會死。

(4) 「哈爾利奎的情婦」(*Shorter Oxford Dictionary*)。（譯注：哈爾利奎 (Harlequin) 是十六世紀末期義大利戲劇中的丑角。）

(5) 邱吉爾在查特維爾的書房來回走動，同時口授他的演講、書籍、文章、信件。荒野歲月時期，他請當地木匠做了一張天然的高腳書桌擺放資料。一九四九年生日當天，家人買了一張美麗的紅木書桌送他。(Singer, *Churchill Style* p. 134; *FH* no. 94 p. 11)

(6) 這裡有一個長久未解的謎：如果他從市區來，為何不是在第五大道東邊的住宅區下車，而是在西邊的中央公園？

(7) 巧合的是，一八九三年他從溫伯恩的樹上跌下來，也是相同距離。

(8) 他告訴克利福德，他對雙關語沒有常見的偏見，而且吹噓自己說過最好的一個，當時他在塞德港（Port Said），有一群阿拉伯人登上他的船，尋找他們的維齊爾（Wazir，同 vizier）。「是，他一分鐘前還在這裡，」邱吉爾告訴他們，「但我現在看不見他。」(Clifford, *Proconsul* p. 189)（譯注：邱吉爾將維齊爾〔為部分伊斯蘭國家中的高階行政顧問或大臣〕與巫師〔Wizard〕諧音雙關。）

(9) 這句話的改寫也會出現在一九四〇年五月他最有名的演講裡。

(10) 嚴苛的和平，像公元前一四六年羅馬加諸在迦太基身上的和平。

(11) 後來講述這件事時，邱吉爾改為「壞的堅持」。(*CIHOW* p. 12)

(12) 這些話不可能比他在隔年二月跟情婦講得更難聽：「他會用自己母親的皮做成一面鼓，好讓讚美他的話發出聲響。」(ed. Taylor, *Lloyd George Diary* p. 253)

(13) 他用的詞彙如「罪過與羞恥」、「墮落」、「圖謀欺騙者」。(Macaulay, *History of England* vol. II ch. IX)

(14) 見第十一章，頁三七九。

譯者注

① 保守黨政治人物，一九二二年至一九二四年間曾任內政大臣。

② 一八八三年至一九七九年位於倫敦的保守黨紳士俱樂部。

③ 發明斷頭臺之人，該器具也以他的姓氏命名。實際上吉約丹醫生並非亡於斷頭臺，而是感染癰。

④ 成立於一八七九年的私人社交俱樂部。

⑤ 一九二二年至一九四五年間，納粹黨所設立的青年組織。

⑥ 希臘神話中擁有預言能力的女子。

⑦ 一九三四年至一九三五年在英國的全國問卷普查，調查人民對國際聯盟與集體安全的態度。

⑧ 成立於一八九四年，英格蘭的愛國組織，以促進英式生活為宗旨。

16 警鈴大作 1933／10—1936／3

惡棍從深淵崛起，建立獨裁國家，不會有生命、法律、自由的保證。——邱吉爾於旺斯特德選區演講，一九三四年七月七日[1]

當英國的陽光黯淡時，森林便開始騷動，凶猛的生物正在搜尋獵物。——邱吉爾的競選傳單，一九三五年十一月[2]

一九三三年十月十四日，德國退出日內瓦裁軍會議，一週後，又背棄國際聯盟。十一天後，反戰的工黨候選人以二十九・三%的差距贏得富勒姆東區（Fulham East）補選。選舉前，工黨領袖喬治・蘭斯波里告訴選民：「我會關閉所有招募站，裁撤軍隊，解散空軍。我會完全廢除可怕的戰爭裝備，並對全世界說『放馬過來』。」[3]當蘭斯波里表示工黨永遠不會同意希特勒重整軍備時，邱吉爾在下議院挖苦地回應道：「這位尊敬的閣下非常確定，德國人重整軍備前會徵詢他的同意嗎？難道他不認爲他們可能會省略禮節，直接動手，甚至不需在工會聯合會憑卡投票（card vote）①？」[4]

鮑德溫擔心，任何公開大規模重整軍備的動作，會在投票時傷害多黨政府，也許他是對的。邱吉爾私下預測，富勒姆之後，「工黨可能囊括下次選舉。」[5]幾天後，他在某個晚會表示，他已改變對國際聯盟的觀點，認爲那是建立「對德集體前線」的唯一希望。羅伯特・西賽爾問他，日本侵略滿州後，爲何他不支持制裁？他回答中國太遠了，而且聯盟的成敗「要看歐洲的態度。現在戰爭如猛獸，早就沒有任何光榮可言，只是拉下操作桿的問題。」[6]

德國退出一個月後，邱吉爾批評政府打算重開一九三二年以來在日內瓦的世界裁軍會議。他表示，荷蘭、丹麥、瑞士都在重整軍備，因爲「他們全都住在德國周圍，而德國是世界上最可怕的民族，現在更是最危險的。這個民族灌輸他們的孩子殺戮欲望，而且立下教條，每個邊界必是侵略的起點。」[7]在白廳，三軍的高階軍官與文官組成新的國防需求委員會，思索必須同時對德、日發動戰爭的問題，並且決定，雖然來自日本的威脅迫在眉睫，但德國是「最終的敵人」。他們的結論是（相當了不起的先見之明），國家若要爲十年後的戰爭預備，一九三〇年代剩下的時間就需要大規模重整軍備。[8]但是內維爾・張伯倫擔心重整軍備的開銷會威脅大蕭條後不穩定的經濟，拒絕支持必要的花費。

一九三四年二月七日，邱吉爾敦促其他議員正視英國極差的空防，目前毫無準備可言。他的中心論點是，國家需要開始重新組織平民工廠，才能快速滿足戰爭時期的需求：

> 整個歐洲都已完成，而且規模了得……我們做了什麼？我們沒有一個小時可以浪費。那些事情無法瞬間完成……從空中發明並發展的戰爭可恨、凶惡，已然徹底改變我們的局勢。我們已非從前的島國，不過才二十年……現在是安全與獨立的問題。這就是現在的情況，過去從來沒有。[9]

「我怕是這樣，大多在過去數年，部分在過去三、四年，主要由於刺激裁軍會議的潰瘍，直到變成毒瘤，但也由於納粹主義（Nazi-ism）⑴在德國突然崛起，加上今日他們大規模祕密整軍，」他堅持，「局勢已經不同。」在二月那場演講，邱吉爾描述一場惡夢：德國發出最後通牒，「短短幾個小時內，如果他們不滿意我們的答覆，接下來幾個小時，炸彈馬上會在倫敦爆炸，籠罩大地的磚瓦、炮火、濃煙會告訴我們，我們的空中防禦有多麼欠缺。我們是如此脆弱。」[10] 他呼籲成立「空軍，水準至少要與任何能夠接觸我們的國家一樣」。[11] 支持裁軍的伯納斯在吸菸室事先聽到這段演說的排練，並且注意到，邱吉爾說到毒瘤的比喻時，摩擦手指上想像的潰瘍，於是寫道：「溫斯頓真是厲害……我自己都忍不住以為那裡有什麼。」[12]

但是很少人同意他。後來在二月，邱吉爾告訴牛津大學保守黨協會，「為了我們在島上的家園安全」，重整軍備實為必要，但是只有嘲弄的笑聲。[13] 三月，他持續在下議院敦促更強大的空防需求，他說：「所有歷史都已證實，不靠自己的武器，反而依賴外國防禦自家，會有多麼危險……我擔心有一天威脅大英帝國核心的工具，會落到當今治理德國的人手中……這個糟糕、新的事實已經發生。德國已經在整軍；他們快速武裝，而且無人能夠阻止。」[14] 伯納斯記下邱吉爾如何「進進出出，在座位上不安躁動，按捺不住想站起來。他就像在繩圈內的拳擊手，等待『助手退場』（seconds out）的命令。」[15]②

一九三四年四月，邱吉爾發現去年十一月德比勛爵與塞繆爾·霍爾非法操弄曼徹斯特商會（Manchester Chamber of Commerce，簡稱ＭＭＣ）針對印度問題提供給下議院專責委員會的證據。他們向ＭＭＣ的會員施壓，變更印度自治對商業衝擊的陳述。他決定將此事提交下議院特權委員會（Commons Committee of Privileges）。邱吉爾主張印度自治有害英國貿易，而蘭開夏棉布製造商的觀點對他的論證十分重要，因此隔天他在下議院大動作控訴德比與霍爾犯下「重罪」。[16] 邱吉爾有的只是小道消息和臆測；

曼徹斯特商會會員沒有人願意公開作證德比與霍爾向他們直接施壓，要他們修改陳述，稀釋印度自治可能會對曼徹斯特紡織業的惡性影響。卽使保守黨在兩個委員會都占固定多數，此時德比與霍爾的名譽岌岌可危，這個問題變得極爲緊張。[17]

霍爾在回憶錄描述，關於他和德比篡改ＭＭＣ的證據是「毫無根據、不負責任，笑掉法庭大牙」的控訴。[18]特權委員會召開時，十名委員中，只有修・西賽爾（邱吉爾最好的朋友與伴郎）一人支持邱吉爾。其他人，包括鮑德溫、麥克唐納、托馬斯・因斯基普、克萊門・艾德禮、赫伯特・薩繆爾與資深工黨政治人物亞瑟・格林伍德（Arthur Greenwood），都是《印度政治法案》的主要支持者。如果印度大臣霍爾被迫辭職，法案將嚴重遭到中斷。委員會開會十六次，聽取十五位ＭＭＣ會員的證詞，而且既然邱吉爾無法提出足夠的書面證據證明陳述，委員會決議霍爾與德比完全沒做任何壞事。

但是ＭＭＣ印度分會主席承認影響尙可忍耐。一封德比寫給ＭＭＣ一位會員的信表示：「你將充分瞭解，我必須扮演的角色是無辜的旁觀者，什麼也不知道。」而首相表示，如果邱吉爾放棄這件事，願意提供一個職位給他。政府拒絕公開完整的證據，黨鞭也督促黨員投票通過委員會的報告。[19]六月，邱吉爾在下議院針對此事的辯論沒有讓事情好轉。回應他的時候，利奧波德・埃莫里說，「無論如何，他（邱吉爾）必須忠於自己選擇的座右銘：*fiat justitia ruat caelum*。」[(2)]「翻譯。」邱吉爾要求。「我會用白話解釋。」埃莫里回答，「『如果我能絆倒塞繆爾，政府就會解散。』」整個議院哄堂大笑。[20]「我不該那麼做的，」邱吉爾在吸菸室悔恨地承認，「眞是大錯特錯。」[21]「溫斯頓・邱吉爾的股票從未下跌得如此低落，」印度總督的妻子威靈東夫人（Lady Willingdon）在八月十三日告訴埃及的高級專員麥爾斯・藍浦生（Miles Lampson），「誰教他想藉由印度的事彈劾德比，眞是愚蠢。」[22]

邱吉爾告訴西羅・阿斯奎斯（Cyril Asquith），「我長期受到非常惡劣的待遇，而且希望某天能把這個敗壞的行爲釘在板上，就像獵場守衛把白鼬和黃鼠狼釘在牆上。」[23] 直到一九七〇年代，邱吉爾死後多年，邱吉爾的官方傳記作家馬汀・吉爾伯特才在印度部檔案的最高機密信件中，發現霍爾寫給威靈東勛爵的信，日期是一九三三年十一月三日。「德比和曼徹斯特商會極其要好。」信上寫著，「他已誘導他們放棄已經送進委員會、一份危險又激進的備忘錄。幸運的是我沒有讓那傳開。現在已經換成一份無害的文件。」[24] 邱吉爾從不知道，但他一直都是對的。然而，短期效應就是削弱他在國會的立場，破壞他的能力，以致無法說服議員同仁，德國此時發生的事有多麼嚴重。

一九三四年六月三十日，在後來所謂的長刀之夜（Night of the Long Knives），希特勒瞄準實際或可能的政治對手，下令逮捕，未經審判就處決上百人。「希特勒先生，無論人們對他的手段有何看法，」《泰晤士報》認爲，「當眞想要將革命的狂熱轉爲適度且建設性的工作，並對國家社會主義黨的官員要求高水準的公共服務。」[25] 相對地，邱吉爾在一週後告訴旺斯特德選區的選民：

> 發生在德國的可怕事件壓迫思想……一個偉大且受過高等教育、科學的國家，蘊藏文學、知識、音樂的寶藏，竟然以如此糟糕的形象公諸於世，實在難以理解。在我們面前的是，報紙與廣播政治宣傳支持的暴政，以及政治對手殘忍的殺戮。[26]

他呼籲加倍皇家空軍的規模，並提出信任預算（vote of credit）③以「再次盡快增加空軍的預算」。為此他被赫伯，特・薩繆爾嘲笑，並比喻為「馬來人殺人狂」（Malay running amok）④。[27]

同天，六月三十日，第九代馬爾博羅公爵──桑尼去世，長子繼承他的爵位。因為一九五八年之前還無法宣布放棄爵位，所以如果桑尼沒有兒子，邱吉爾就會繼承這個爵位，同時喪失下議院的席次，也幾乎喪失成為首相的機會。他可以逃過學校的刀傷、三十呎的墜落、肺炎、瑞士的湖泊、古巴的子彈、帕坦人、德爾維希的矛、波耳的大炮與衛兵、采采蠅、豪宅大火、兩次飛機與三次汽車事故、德國高爆炮彈、狙擊手，以及後來的紐約車禍，但這就是英國的制度，他需要公爵與公爵夫人生出兒子而非女兒，才能讓他繼續下議院的職務。

雖然國會在七月通過皇家空軍部分擴張，但代價是刪減陸軍與海軍的預算。同時張伯倫想要降低三分之一的國防預算，他的方法是和德國簽訂條約，限制德國海軍的規模是皇家海軍的三分之一，而且如果發生戰爭，減少提供英國遠征軍到法國。[28]因此英國眞的在一九三四年開始重整軍備，卻是以滿不情願、零碎、財政導向的方式，以便不「激怒」希特勒，以及同樣重要的英國民衆。雖然邱吉爾不斷催促，而且要求更多，但尙未遭到政府怨恨。《官方保密法》沒有檢舉他的線人，儘管軍情五處由於竊聽他的電話，已經知道幾個。[29]

七月中，邱吉爾和反對綏靖政策的奧斯汀・張伯倫宣布傾向與蘇聯交好，並承認蘇聯加入國際聯盟。[30]這對堅持反共的邱吉爾是莫大的一步，並且輕易就被他的敵人說成一百八十度轉變，但他認為這是為了對抗希特勒、建立集體安全的必要措施。邱吉爾與蘇聯駐倫敦大使伊萬・麥斯基（Ivan Maisky）於一九三五年見面，並告訴他，納粹崛起，威脅要將英國貶爲「德國帝國主義手中的玩具」。他暫緩反俄立場，告訴麥斯基，不相信十年內蘇聯會對英國造成威脅。[31] 這次他的預言完全正確：十一年後他才會發表鐵幕演說。一九三四年八月二日，興登堡總統去世。十七天後，公民投票以三千八百四十萬票對四百三十萬票，通過希特勒爲德國元首，擁有完全的行政權力。現在納粹擁有不受約束的力量，將德國轉變爲凶猛的極權主義獨裁政府，而他們也以最快的速度實現這個目標。「我很高興這麼多人擁有勇氣，挺身而出，投票反對那個流氓獨裁者。」邱吉爾想到那勇敢的四百三十萬人，這麼告訴克萊門汀。[32]

八月下旬，邱吉爾、林德曼、倫道夫到了坎城附近的古夫－尚（Golfe-Juan），住在地平線城堡（Château de l'Horizon）。這幢碩大的裝飾藝術風格豪宅[3]位在海邊，他們接受屋主，即美國女演員與社交名媛梅欣・埃利奧特的奢華款待。梅欣・埃利奧特本名潔西・德蒙特（Jessie Dermott），一八六八年[4]出生於緬因州羅克蘭（Rockland），父親是船長，從愛爾蘭移民到美國。她從小美麗聰慧，演過幾部大受歡迎的音樂劇，十五歲時和一個長她十歲的男人生下一個孩子，之後成爲J・P・摩根（J.P. Morgan）的情婦，而且至少離婚兩次（一次是和嗜酒的愛爾蘭政客，另一次和同樣嗜酒的演員）。她也因爲經商賺了很多錢，幫助一次大戰的比利時難民，並在那裡認識小她很多歲，但死於戰場的情人。她過的生活就是邱吉爾感到有趣印象深刻的生活。邱吉爾從一九〇五年就認識她，當時她住在赫特福德郡（Hertfordshire）的哈斯伯恩莊園（Hartsbourne Manor），接待愛德華時期的貴族。「她友善可愛，胖，噢，好胖，機智又親切。」保守黨議員亨利・香農（Henry 'Chips' Channon，綽號薯條）[5]在她一九四〇年過世時寫道，還列舉愛德華七世和寇松勛爵爲她過往的情人。[33]

在地平線城堡度假的時光充滿樂趣：玩比手畫腳——邱吉爾一度模仿在毛毯底下的熊。[34]其中一位客人記得梅欣躺在貴妃椅上，「撐著陽傘，阻擋陽光直射她褪去的美貌，同時厲聲教訓一個年輕的英格蘭足球員。那位足球員身材高䠷、膚色棕褐，緊張地對她眨眼。『羅伯特，給我記好，猴子的草莓要加糖。看！牠吃都不吃。』」[35]克萊門汀不喜歡海邊的度假勝地，只去過一次，待了一會兒。「老天，那是個可怕的地方！」據聞她這麼說，「我想如果你開花店或當侍者，應該就還好。」[36]她的丈夫利用度假時間作畫，並校對《馬爾博羅》第二卷。回程途中，他從古夫—尚前往格勒諾勃（Grenoble），行經拿破崙之路（Route Napoléon）⑥。「眞是一段驚豔的過程！」他告訴克萊門汀，「我眞的要在死之前努力寫一本拿破崙，但是工作堆積如山，我不知道有沒有時間和力氣。」[37]可惜他從來沒寫。邱吉爾、倫道夫、林德曼在艾克斯萊班停留，鮑德溫正好也在那裡度六週的假。邱吉爾力勸他成立空中研究委員會，預防德國轟炸機飛進倫敦，如同他已經警告下議院，他們「一定」會。之後鮑德溫說，邱吉爾「從來沒見過白朗峰，所以要去那裡，讓山峰看他一眼」。[38]

邱吉爾是愛好運動的人，但是年近六十的他愈來愈少從事，而且發胖。他不喜歡網球——克萊門汀很愛——因爲脆弱的肩膀妨礙他發出好球。克萊門汀喜歡另一項運動——滑雪，但他也不愛。他打馬球打到五十多歲，偶爾也會騎著馬跟著獵犬打獵，直到七十幾歲，但他現在主要打高爾夫球，因爲能藉機跟阿斯奎斯與勞合喬治長時間相處，而且他們下臺後，他就立刻停止這項活動。（一九一五年，他描述高爾夫球「就像在母牛牧場裡追逐一顆奎寧丸。」）[39]他在查特維爾的溫水泳池游泳（黛安娜・庫柏稱爲「溫斯頓討人喜歡的玩具」），也射擊、釣魚、狩獵野豬。他不能和克萊門汀一起享受這些活動，在非洲的獵捕大型動物或在加州釣大魚也不能。一九三四年九月，邱吉爾和克萊門汀難得一起度假將近一個月，他們搭乘莫恩勛爵的遊艇，從前的載客郵輪羅莎拉號（*Rosaura*），在上面待了將近一個月，從馬賽到那不勒斯、希臘、亞歷山卓港、貝魯特、敘利亞、巴勒斯坦，十月二十一日才回去。莫恩勛爵曾在波耳戰爭受傷，因此得到提名表揚，又在加里波利之役與帕森達勒之役奮戰，獲得傑出服務勛章與飾條。他加入另一俱樂部，但是這件事情有些尷尬，因爲另一個在一九三一年起加入的會員奧斯瓦爾德·莫斯利和莫恩的妻子黛安娜有染。意外的是，儘管莫斯利公開支持法西斯主義，但他還是持續出席俱樂部，直到一九三五年五月。他在一九四五年才被正式革除會籍。

十一月，邱吉爾在國會展開游擊戰，在大約三十位議員的支持下，利用動議、修正案、阻撓議事等手段攻擊《印度政府法案》。「眞難想像邱吉爾先生曾是財政大臣。」多黨政府的黨鞭大衛·馬傑森（David Margesson）「大怒」，氣得火冒三丈。伯納斯注意到他會訓斥叛逆的保守黨議員，[40]多黨政府的黨鞭運作極爲有效，而且無人比臉型削瘦的馬傑森更嚴格無情，雖然他發現欺壓或誘惑邱吉爾並沒有意義。（克萊門汀非常討厭馬傑森，而瑪麗認爲他看起來像梅菲斯托〔Mephistopheles〕⑦。）[41]

十一月十六日，約翰·里斯終於允許邱吉爾上BBC的廣播節目，名稱是「戰爭的原因」（The Causes of War）。在節目中，邱吉爾直接警告，英國「處於致命的危險」。[42]他主張歐洲各國面對「我們的祖先過去必須面對的殘酷選擇，也就是我們是否應該向更強的國家臣服，或者應該準備捍衛我們的權利、自由，還有我們的生命」。他說，「在精神病院外的人」，沒有人想要發起另一場戰爭，但是「有一個國家，爲了增加集體威力，已經拋棄全部的自由。有一個優秀的國家，受到一群殘忍的人控制，這群殘忍的人宣傳不容忍與種族優越，而且不受法律、國會或輿論約束。」[43]邱吉爾發出嚴正警告，但是對一個不想聽的國家，或不想思考如果他是對的則會迎來什麼後果的國家，這個警告幾乎沒有效果。

十一月二十八日，他發表荒野歲月中最重要的一場演講。他警告，德國的空中實力會在一九三五年追上英國，而且五天前就將講稿送給鮑德溫，證明他希望幫助政府。[44]他描述轟炸「這樣的戰爭形式，是我們在世界上唯一見過占據完全優勢，而且毫無機會恢復的形式」。[45]他相信只要轟炸一週，就會有三、四萬個倫敦人被炸死或受傷。「趁著還有時間採取適當因應措施時，儘速面對這些事實。」[46]

「力求準備防禦不等於主張戰爭已經逼近。」他說，「相反地，如果戰爭近在眼前，準備防禦就太遲了。」但他重申核心主張：「過去十八個月，我們得知新的重大事實是什麼？德國正在重整軍備。每個歐洲國家都緊盯這個新的重大事實，其實整個世界都是，而且這個事實帶動背後許多其他問題。」[47]他明白自己在國會是少數，但仍主張：「投票有什麼用處？也許你整年在議事廳裡都是多數，也不會改變我們面對的事實。」[48]

兩天後，爲了慶祝他的六十大壽，一位女性友人薇內蒂亞・蒙塔古（Venetia Montagu）爲他舉辦一場晚宴。當天幾位世界級的社交美女應邀出席，例如卡斯爾羅斯夫人（Lady Castlerosse）和菲莉斯・德・讓澤（Phyllis de Janzé）。「這應該就是我想在天堂找到的伴。」他事後謝謝薇內蒂亞時這麼說，「也許染上了汙漬——但還是積極的。不是那些具有美德的萎軟海葵，在消極無趣的海水中，連一根觸角都無法晃動。」[49]

十二月十八日，四十九歲的克萊門汀搭著羅莎拉號和莫恩勛爵一起前往荷屬東印度（今印尼），展開四個月的旅行，打算帶回首隻活生生到英國的科摩多巨蜥。他們航行經過蘇伊士運河，穿越印度洋，借道（今日的）印度、緬甸、泰國、馬來西亞、印尼、婆羅洲、巴布亞紐幾內亞、澳大利亞、紐西蘭，最後進入太平洋。他們這次抓回兩隻科摩多巨蜥，其中一條六吋長，在倫敦動物園活到一九四六年。他們在印度追逐蜥蜴的過程中，另有一條滑溜的也登上船，就是特倫斯・菲利普（Terence Philip）。菲利普是一個溫文儒雅、英俊親切、知書達禮的單身畫商，四十二歲，口說流利俄語，倫敦的女主人無不稱讚他是「晚會備用的男子」。「這趟數個月的旅程，不意外地，她心花怒放地愛上他。」瑪麗・索姆斯寫到母親，「那是典型的旅行豔遇。」[50]

克萊門汀承認菲利普並非真正「愛上」她，但是她補充說：「他讓我喜歡上他。」她幽默地總結兩人的來往，「用一句她年輕時愛德華時代的俗語：*C'était une vraie connaissance de ville d'eau'*⑧。」[51]「雖然我喜歡我認識的菲利普先生，」她在旅行初期寫信給丈夫，「但是我跟他完全不熟。和一個陌生人面對面十天，比完全獨處更難忍受（我猜想，畢竟我沒試過）。」[52]「我很想妳，而且覺得沒有安全感。」邱吉爾回答，「但既然妳決定要去，我覺得不該阻止妳享受美好的旅程。」[53]他們回來後，菲利普拜訪查特維爾幾次，但是到了那個時候，克萊門汀已經回到現實生活。[54]這段戀情的實際發展，與邱吉爾察覺多少，撲朔迷離的程度甚至勝過另一俱樂部的執委資格。

擔心克萊門汀在錫蘭（今斯里蘭卡）染上瘧疾的同時，自從股災以來，邱吉爾總算能夠告訴她，他們的財務狀況正在改善。九月開始，他已經幫亞歷山大・科達（Alexander Korda）寫了幾本電影劇本，而且

「明年這個時候我們應該就會過得不錯。如果我出了什麼事，或我的謀生能力有什麼差錯，這對妳來說非常重要。」[55]但如果他陪著克萊門汀去，一月羅莎拉號停靠時，他也許就會注意到新加坡脆弱的近陸防禦；但他只能依賴她對碼頭的描述。

無論南海是否發生非法性交，查特維爾確實正在進行亂倫。「所有黑天鵝都在交配，」邱吉爾告訴妻子，「不只是父親與母親，兄弟與姊妹也成雙成對。托勒密一家總是這樣，所以有了克麗奧佩脫拉。總之，我不認為自己有義務干預。」[56]她不在時，他不停寫著濃情蜜意的信，但這些信都是透過口授。他告訴她：「我一拿起筆，幾乎就會失去思考的能力。」[57]同時，他在《世界新聞報》寫到自己的婚姻「是我這輩子最幸運與快樂的事，因為還有什麼比和一個思想不曾卑鄙的人一起走過人生還要美好？」[58]

但是這段快樂的婚姻，其中一顆果實卻讓邱吉爾驚愕。倫道夫決定以獨立身分參加利物浦韋弗特里（Wavertree）選區的補選，對抗保守黨推出的候選人，參選動機是反對政府的《印度政府法案》。「這是最魯莽輕率的冒險。」邱吉爾告訴克萊門汀。這個舉動讓他在政壇極為尷尬，因為可能瓜分保守黨的選票，導致穩當的保守黨席次讓給工黨——而這正是後來的結果。[59]「我很火大，而且很煩惱。」邱吉爾說，但倫道夫不聽勸。[60]無論如何邱吉爾給了兩百英鎊，是參選保證金的六分之一，而西敏公爵則給了五百英鎊。但是邱吉爾陷入窘境，不知該不該像莎拉和黛安娜那樣，到利物浦支持兒子。血緣最後當然勝過保守黨黨鞭的威脅，而他在投票前一天北上，私下說倫道夫的候選資格是「勇猛的冒險」。[61]

一九三五年五月二日，克萊門汀帶著一隻峇里島的粉橘色鴿子回來。她告訴丈夫，上個月在那裡過了「神魂顛倒的兩天」。[62]鴿子死掉時，她將牠埋在查特維爾圍牆花園的日晷底下，上面刻著旅行作家芙蕾雅・史塔克（Freya Stark）建議她的句子，出自詩人W・P・克爾（W. P. Ker）：

這裡躺著峇里島的鴿。
躺著的鴿漫遊，
不離清醒的人太遠。
但遠方有座島嶼，
令我再次懷念。

某些人將這幾句話詮釋爲她與特倫斯・菲利普共度的幾個月，雖然描述她短暫漫遊遠離的丈夫爲「清醒的人」也稱不上適合。

據說一九三三年起，五十八歲的邱吉爾與三十二歲的卡斯爾羅斯夫人朵麗斯（Doris，舊姓迪樂芬妮〔De le Vingne〕）開始四年的外遇。(5) 卡斯爾羅斯夫人和丈夫卡斯爾羅斯子爵（Viscount Castlerosse，後來的第六代肯美爾伯爵〔Earl of Kenmare〕）當時分居，並曾在一九三二年和倫道夫有過一段情。[63] 雖然在一九八五年，緋聞傳出半個世紀後，喬克・科爾維宣稱那是真的，但他直到一九四〇年才開始擔任邱吉爾的機要祕書，距離緋聞開始已經好幾年。同一次訪問中，七十多歲的科爾維也表示「溫斯頓・邱吉爾完全……不是很重女色的人……從不追著女人跑。」[64] 卡斯爾羅斯夫人則告訴姊妹和姪女，她曾是邱吉爾的情人。

卡斯爾羅斯夫人也曾造訪地平線城堡。她跟邱吉爾之間的信件和電報不像外遇，說是友誼較爲合理。除了她邀請克萊門汀與邱吉爾一起共進晚餐外，邱吉爾在一封寫給克萊門汀的信也提到朵麗斯在梅欣・埃利奧特的宅邸。[65]（在一九三七年的一封信中，卡斯爾羅斯夫人請邱吉爾去電，並給他她的四碼號碼。

如果她當了他四年的情婦，應該老早就知道號碼。）邱吉爾喜歡活潑的朵麗斯，因此爲她作了四幅畫。他也幫其他女人作畫，包括華特・席格的妻子泰瑞絲（Thérèse）、阿瑟・貝爾福的姪女布蘭琪・杜格戴爾（Blanche Dugdale）、約翰・拉沃里爵士的妻子海瑟（Hazel）、弟媳葛雯德琳・邱吉爾、祕書賽瑟莉・蓋摩爾（Cecily Gemmell）、妻子的表妹梅莉歐特・懷特，以及琪蒂・薩默塞特夫人（Lady Kitty Somerset），但他和這些女性沒有任何緋聞。他畫了三次克萊門汀。（邱吉爾家的人怕老婆出了名，《諷趣》〔*Punch*〕雜誌幫他們取了「雛鳥」的綽號。）[66]

雖然這件事情難以證明爲假，尤其相隔八十年之久，但也不可能相信邱吉爾眞的和卡斯爾羅斯夫人外遇，或者和任何其他人。[67] 他依然深愛克萊門汀；她是他的精神支柱、最親密的顧問、五個孩子的母親，陪伴他度過生命中的每次逆境。她收到數百封衷心的情書，而其中一封日期是一九三六年九月，來自地平線城堡，當時朵麗斯也住在那裡，信的結尾寫到「溫柔的愛人，我親愛的克萊米，永遠深愛妳的丈夫溫斯頓」。[68]

否定緋聞的理由，除了情感外，也有許多實際層面。邱吉爾依然相信他會成爲首相；卡斯爾羅斯勛爵是畢佛布魯克的屬下，而且是貧窮、酗酒、偶爾凶惡的八卦專欄記者；倫道夫在一九三二年與她發生關係（差點和卡斯爾羅斯勛爵大打出手）；不存在情書；城堡總是有其他賓客，包括作家和記者，還有極多僕人，當然也有非常八卦的梅欣本人。梅欣的甥女婿，作家樊尙・西恩（Vincent Sheean）描述卡斯爾羅斯夫人是「無比的蠢蛋」，迷戀自己的外貌，「抓著凹凸有致、一絲不掛的雙腿內側，用刺耳的鼻音問，『溫斯頓，爲什麼他們老是要去**日內瓦**開會？』邱吉爾回答，『因爲，親愛的，日內瓦恰巧是國際聯盟的總部。妳應該聽過吧?』」[69]

只有她半文學的信件能和她的無知相比，其中一封也許有些可疑的詮釋空間。一九三七年七月，她寫給邱吉爾：「我非常樂意與你見面。我再也不危險，一點也不。我星期二回去，請務必來電，梅費爾三七三一。我的愛，朵麗斯。」[70] 最有可能的詮釋是她已經放棄和他打情罵俏，進一步指出他們沒有發生任何肉體關係。[71] 某位邱吉爾的傳記作者表示，她宣稱有過一次，因爲「她靠吸引有錢的情人資助奢侈的生活，而且她也可能順便放出消息，人人皆知對婚姻忠誠的邱吉爾，也曾拜倒在她這號蛇蠍美人的裙下，以便增加她的魅力。」[72]

邱吉爾有許多正常交往的女性好友，從未發生肉體關係，諸如薇奧蕾・博納姆・卡特、薇內蒂亞・蒙塔古（舊姓史丹利）、艾娃・韋弗利 (Ava Waverley)、溫蒂・里維斯 (Wendy Reves)、艾蒂・德斯伯洛 (Ettie Desborough)、梅欣・埃利奧特、帕美拉・利頓 (Pamela Lytton)、黛西・費羅斯 (Daisy Fellowes)、莫莉・威爾森。朵麗斯・卡斯爾羅斯應該也在名單之中。一九四二年十二月，她在多徹斯特飯店 (Dorchester Hotel) 死於巴比妥類藥物過量，同時因爲非法販賣鑽石遭到警方調查。[73] 對於這些脆弱、缺乏證據、對他不利的指控，邱吉爾提供最好的透視稜鏡。他在《傑出的同代人》克里蒙梭那一章寫道，「歷史的繆思必定不能過分挑剔。她必須見識一切、觸摸一切，可能的話，嗅聞一切。她必須無畏這些私密的細節會剝奪她的浪漫愛情與英雄崇拜。瑣事和閒話可能——而且確實應該——抹煞無足輕重的人物。對於那些在最強勁的風雨之中，以榮譽堅守最重要崗位的人，那些事情不會影響長遠。」[74]

一九三五年三月四日，政府公布國防白皮書（Defence White Paper），希望民衆爲增加一千萬英鎊的軍事花費做好準備。張伯倫刻意輕描淡寫德國，並獲得鮑德溫支持。鮑德溫告訴強烈反納粹的外交部常務次長羅伯特・凡西塔特，他不認爲「只有針對德國是明智的，畢竟不是只有他們在重整軍備」。[75] 那也沒錯，但其他國家重整軍備都是因爲德國。辯論白皮書時，克萊門・艾德禮說：「對於擴大英國空軍將會帶來世界和平的論述，我們否定，同時也反對軍備對等的計畫。」另一個工黨的重要人物斯塔福・克里普斯（Stafford Cripps）說，「政府被像邱吉爾先生這樣的狂人推著走。」隔年克里普斯還會說他「不相信如果德國打敗我們，對英國工人階級會是壞事」。[76] 時任自由黨黨魁阿契伯德・辛克萊譴責，「這樣持續增加軍備，實在愚蠢、危險、浪費。」[77] 在這樣可悲的反戰主義背景中，大選逼近，鮑德溫對自己的白皮書不冷不熱，如他所言：「國際事務方面，問題不是做理想上最好的事，而是做局勢中最好的事。」[78]

「政府總算醒來，動作緩慢、膽小害羞，而且面對德國急速增加的威脅不敷應付。」邱吉爾告訴克萊門汀。但眞的是嗎？[79] 三月十六日，希特勒拒不履行《凡爾賽和約》的裁軍條款，並且宣布成立和約禁止的納粹德國空軍，同時儘管和約規定上限爲十萬，開始徵召五十萬人建立陸軍。邱吉爾根據私人情報來源掌握德國重整軍備的速度，因而能在三天後對著下議院說：

> 德國花了極多的錢發展航空與其他軍備……我們本來是所有國家中最不脆弱的，卻因空中的發展，變成最脆弱的，而且就連到了現在，我們也不採取真正符合需求的措施。政府已經提出這些增加預算。他們必須面對風暴。他們未來必須面對各種形式不公平的攻擊。他們的動機會被曲解。他們會被中傷，被說成戰爭販子。他們會遭到這個國家諸多凶狠的言語暴力攻擊。他們無論如何都會

遭受責難，那麼我們為何不為會帶來安全的目標奮鬥？[80]

議員有禮貌地聽著，但是沒有回應。「說到溫斯頓，他的演講相當出色，雞尾酒和陳年白蘭地又助他一臂之力。」張伯倫寫信給他的妹妹希爾妲：「有些演講從舊式的風格來看非常優秀，但是再也沒有說服力。」[81]

邱吉爾意識到他對著虛空說話，而且幾年後寫到那次演講，「我有種失望的感覺。我是如此相信並重視我的國家存亡，卻無法讓國會和國家注意這項警訊，或者面對證明採取行動，這點令我非常痛心。」[82]

辯論的過程中，他想起從《謗趣》雜誌讀到幾句話，描述年少聽過的維多利亞火車事故：

誰負責吭啷吭啷的火車？
車軸嘎吱作響，車鉤損壞，
車速急促，逼近車站。
而睡眠摀住駕駛的耳朵；
夜間信號明滅但無用。
因為死神開著吭啷吭啷的火車。[83]

他沒有在辯論時重述這段話，但在倫敦大轟炸時常重述。[84]

三月二十五日，希特勒告訴安東尼・伊登，納粹德國空軍已經與皇家空軍勢均力敵，邱吉爾之於空軍整備的立場，立刻證明幾乎屬實。事實上，勢均力敵不是真的，但是邱吉爾說的話這才有人相信。[85]去年十一月，鮑德溫在下議院主張，德國只有英國前線一半的實力，現在顯然有誤。邱吉爾告訴克萊門汀，這是「政治轟動……完全推翻鮑德溫說過的話，而且意外證明我說的完全正確。」[86] 四月十日至十四日，英國政府試圖與法國、義大利協調共同前線，在義大利馬久雷湖的斯特雷薩（Stresa）對抗德國。邱吉爾表示支持以此作為分裂法西斯政府的工具。

四月，邱吉爾決定改變說話風格，想要聽起來較不洪亮、較不維多利亞，以免年紀較輕的聽衆覺得誇張。到了六十歲，他是學習新演說技巧的老狗，但他告訴克萊門汀，現在他「在下議院說話是叨絮、即興的語調」。[87] 他試了一、兩次，而且「他們似乎滿愉快的。不過公開演講的藝術眞是奧妙！全都取決於我（愼重）選擇三、四個絕對合理的論證，再盡可能以最口語的方式表達。這顯然絕對沒有我四十年來追求的文學效果」。[88] 格萊斯頓、莫萊，以及他父親那種激昂的風格，將被聽起來較爲眞誠的文辭取代，如同他在二次大戰期間的表現。

「這故事沒什麼新奇，」邱吉爾五月在下議院談到英國無能重整軍備的事，「就和西比拉神諭（Sibylline Books）一樣古老。⑹ 再次落入經驗無用、人類不受教這個漫長又悲哀的範疇。缺乏深謀遠慮，不願付諸立竿見影的行動，缺乏清晰思考，意見紛亂，直到危機來臨，直到自保敲響刺耳的鑼——這些構成無止盡重複的歷史。」[89] 他說的歷史是英國四百年來面對歐陸強權的歐洲聯盟政策，無論強權是西班牙、法國或德國。「現在我不懷疑是誰。」他又說，「因此世紀以來，我們保有我們的自由，維持我們的生命和威力。」[90]

保守黨代表亞爾的議員，中校托馬斯・莫爾（Thomas Moore）嘲諷地回答邱吉爾：「雖然人都不喜歡批評任何年邁的人，尊敬的埃平議員不能否認他的演說充斥德國爲戰爭整軍的氣氛。」[91]他繼續說道：「至少在我們有生之年，無論輸家或贏家，設想再次發動這樣災難性的戰爭是絕不可能。」

五月二十二日，鮑德溫向下議院承認，去年十一月對未來德國空軍建設的估計，一直以來「完全錯了……完全被誤導」。那次辯論，邱吉爾預言，依照目前的趨勢，「今年年底以前」納粹德國空軍「的實力可能將達我們的三倍，甚至四倍」。[92]儘管他的警告迫切，但還是調侃一九三〇年的鮑德溫，「當時的樞密院議長比現在的他更明智，他以前經常採納我的建議。」邱吉爾的核心訊息是：「有時候事前驚慌（發生時冷靜以對），比事情發生（事前過於淡定）才開始驚慌來得更好。」

邱吉爾視英國歷史爲連續體，其中英國有義務保持歐洲勢力均衡。五月初，希特勒寫信給羅斯米爾，表示英德聯盟將會保護「白種人的利益」，邱吉爾提醒羅斯米爾，老虎與豺狼一起外出打獵的寓言，後來老虎把豺狼吃了，暗示如果答應希特勒的提議，他遲早會背叛英國盟友。此外，他還幫羅斯米爾上了一堂歷史課。[93]「如果他的提議，意謂我們打算和德國一起支配歐洲，我想這將有悖我們整個歷史。」邱吉爾告訴英國最重要的媒體報業巨頭，「我們一直都和歐洲第二強國友好，從不屈服於第一強國。因此伊莉莎白對抗西班牙的菲利浦二世，」他重申，「因此威廉三世和馬爾博羅對抗路易十四，因此皮特對抗拿破崙，而且因此我們全都對抗德皇威廉二世。唯有走上這條路，付出這般努力，我們才能持續保存自己和我們的自由，達到目前的地位。就我看來，沒有理由改變這項傳統觀點。」[94]

就在這時候，克羅福勛爵出席位在格羅夫納豪華飯店格里利恩俱樂部的國會晚宴，他注意到內閣大臣威廉・奧姆斯比－戈爾（William Ormsby-Gore）和尤斯塔斯・珀西（Eustace Percy），邱吉爾以諧音稱爲「無用的」珀西〔'Useless' Percy〕）兩人刻意坐在離邱吉爾最遠的一端，而「邱吉爾大開嗓門，慷慨激昂，從頭到尾不讓人插嘴。他嚷嚷著那些大臣不想在晚宴餐桌之間討論的話題（即，不想和不支持政府的人討論的話題）；此外，如果你乾脆聽他說，會發現很有娛樂效果。」[95]

六月五日，漫長且傷痕累累的《印度政府法案》，終於以三百八十六票對一百二十二票通過三讀，在英國大致支持下，賦予印度各省廣大的自治程度。約有四十位工黨議員投下反對票，因為他們認為還不夠。草案通過後，邱吉爾邀請甘地的印度朋友G・D・比爾拉（G.D.Birla）到查特維爾。「告訴甘地先生，利用他得到的權力讓此事成功。」他告訴比爾拉，「我由衷同情印度。我當眞害怕未來……但是你們現在已經擁有了；請務必成功，而且如果你們成功，我會幫你們爭取更多。」[96]當比爾拉如實轉達邱吉爾的話，甘地說：「邱吉爾先生在殖民地部時，我對他的印象良好，而且不知為何，從那時開始，就記得我可以永遠相信他的同情和善意。」那也太過言重了，雖然邱吉爾確實說過，自從甘地「維護賤民」，[97]他對甘地的敬重隨之提升。

《印度政府法案》確立後，一九三五年六月七日，六十九歲又生病、疲累的拉姆齊・麥克唐納辭去首相一職，他支持的續任首相鮑德溫在接下來的政府重組，並未邀請邱吉爾入閣。他們對於重整軍備的速度與規模意見極為不合，鮑德溫當然不可能邀請邱吉爾，尤其是大選即將到來，屆時那個議題將是關鍵。十一天後，政府宣布簽訂《英德海軍協議》，然而未經法國同意。協議規定德國海軍的噸數為皇家海軍的三十五%，相較《凡爾賽和約》的規定大上許多，因此英國等於與德國串通違約。邱吉爾在國會描述這項協議是「受騙的極點」，而且很快就被德國毀棄，但多黨政府因此在十一月十四日大選之前嚴正看待裁軍問題。[98]

「我們的行爲傷害了國際聯盟。」邱吉爾在海軍協議的辯論說，「集體安全的原則已經受損……英國的影響力某種程度已經削弱，而我們的道德立場或任何合理立場，在某種程度已經模糊不清。你找不到一個更完整完美的例子來說明爲何不該這麼做。」[99]儘管如此他還是投票支持政府，希望大選之後能夠受邀入閣，尤其想要警告希特勒，英國當眞意欲阻止他稱霸歐洲的野心。他確實指出，「在英國海軍完全無法刺探的祕密情況下」，德國已經能將《凡爾賽和約》允許的十萬噸船艦改爲二十六萬噸戰艦。[100]

早在一九二五年四月，漢基已經邀請林德曼參加帝國防禦委員會新的空中國防研究次委員會。鮑德溫自一九二八年十一月起暫停委員會，直到希特勒執政後才重開。一九三五年七月，鮑德溫要邱吉爾加入重組的次委員會，接著化學家暨發明家亨利・蒂澤德（Henry Tizard）就任主席後，更名爲蒂澤德委員會。這個委員會將來會成爲蒂澤德與林德曼多次衝突的場合，他們對於阻止德國轟炸機進入的最佳方法激辯，被描述爲「近代最惡名昭彰的科學爭執」。[101]在這些爭執中，邱吉爾不可避免支持林德曼，即使今日我們知道，在科學評價上，蒂澤德更常是對的。雖然如此，據記載，林德曼在一九三六年二月寫信給邱吉爾，「表揚（勞勃）華生－瓦特（Robert Watson-Watt）偵察有功」——他指的是雷達——表示自己「熱切相信」。[102]戰爭發生時，樸茨茅斯與斯卡帕灣之間已有二十個雷達站，能夠偵測五十至一百二十哩外、高度一萬呎的飛機。邱吉爾與林德曼認爲，無論炮彈爆炸的有效持續時間、風箏氣球（kite-balloons）⑨，或者利用紅外線航向敵軍飛機，蒂澤德委員會做的實驗都不夠多。這些領域最後不見得都行得通，但至少他們嘗試跳脫既有的框架思考。[103]

八月二十四日，政府宣布，如果義大利進犯阿比西尼亞（今衣索比亞），英國將會信守在國際聯盟的義務。然而邱吉爾不想爲了制裁威脅，跟義大利敵對，[104]他相信石油禁運將會破壞脆弱的斯特雷薩前線（英、法、義對德的前線），逼得墨索里尼投入希特勒的陣營，只爲阻止義大利拿下其他歐洲強權都不要的東非國家。他在這裡的態度，與其說是意識形態，不如說是現實政治，與他後來爲小國要求的人權、民主、自決等各種權利並不相容。

一九三五年十月二日，墨索里尼眞的進犯阿比西尼亞，於是國際聯盟對義大利展開經濟制裁，但是德國、奧地利、匈牙利並未加入。英國並未針對最重要的項目制裁，也就是石油，以致工黨和自由黨表示，爲了不冒犯義大利，國際聯盟被人出賣，這個說法確實爲眞。「納粹政權滿懷仇恨，帶著閃閃發光的武器，我們負擔不起看著他們現階段的殘忍與不容，在歐洲攀上顚峰。」十月二十四日，邱吉爾告訴下議院，尤其是沒有呼籲對義大利的制裁擴大到石油。[105]「我大膽向議院提出，我們不能承受其他相當德國重整軍備造成的焦慮。」他又說。[106]亞瑟・格林伍德指責邱吉爾「想要兩者兼得。我不懷疑他也許已經成功說服高層，如果最壞的情況發生，而且多黨政府回歸，他就會獲得重用。」[107]

競選期間，鮑德溫告訴英國人民：「我向各位保證不會大幅重整軍備。」邱吉爾在競選文宣上稱讚過去「四年穩健的政府」，並且主張「上次你爲國家的清償能力投票。現在重要的是國家安全……我們的空中實力已經嚴重落伍，而且現在我們必須集中全力，打造強壯優良的空軍，與任何能夠批評我們的國家匹敵」。[108]關於獨裁政權，他寫道：「世界已經分裂成兩種政府，擁有人民的政府，以及人民擁有的政府。自由國會與民主在多數歐洲國家已經遭到踐踏。他們已經回到專制統治與獨裁政府；而且所有科學

與文明的制度，在暴政的政治宣傳之中都被扭曲。」[109](7)

一九三五年十一月十四日，多黨政府再次大獲全勝，獲得四百三十二席，而工黨一百五十四席、自由黨二十席。整體而言，多黨政府的支持者（多半是保守黨）獲得一千一百八十一萬票、工黨八百三十二萬票、自由黨一百四十二萬票。黛安娜的丈夫，即伊頓公學、牛津大學校友暨前外交官鄧肯・桑迪斯（Duncan Sandys）連任諾塢（Norwood）選區，而邱吉爾拿下絕大多數選票，連任埃平。已經降低對政府炮火的他，希望能夠得到協調英國國防的內閣職位，但是再一次，鮑德溫沒有邀他。當時邱吉爾嫉妒又失望，但是後來寫道：「現在我知道當時自己有多麼幸運。看不見的翅膀阻止了我。」[110]結果那些翅膀就長在鮑德溫身上。鮑德溫告訴戴維森：「如果真要打仗——沒有人能說不會——我們必須讓他乾乾淨淨當上我們的戰爭首相。」[111]

一九三五年十一月，在《海岸雜誌》一篇名爲〈希特勒的眞相〉（The Truth about Hitler）的文章，邱吉爾試著盡可能對這位德國元首公正。「那些曾與希特勒先生在公開或社交場合見過面的人，會發現一位能力卓越、冷靜、知識淵博的公職人員，不僅如此，他的舉止得宜、笑容可掬，沒有人不被那微妙的個人吸引力影響。」邱吉爾的這番描述，未來會被拿來攻擊他——即使「公職人員」不是讚美詞；「因此世界充滿信心，最壞的時候已經結束，而且我們可能活著看到希特勒在更快樂的年代會是溫和的人物。同時他對各國發表演說，有時眞誠節制。」[112]重點是「有時」那個詞。詆毀邱吉爾的人也很少引用這篇文章的其他部分，他寫道：「最近他說了很多安慰人心的話，一直以來錯看德國的人聽了非常高興。但是只有時間能夠顯示，與此同時，巨輪轉動；步槍、大炮、坦克、炮彈、空中炸彈、毒氣筒、飛機、潛水艇，以及現在開始組成的艦隊，匯集成不斷擴大的水流，加入由於戰爭動員已然十分龐大的德國軍火庫與兵工廠。」[113]就像他其評他論希特勒的文章，邱吉爾先給外交部看，而外交部希望他修飾語氣。他照做，修飾一點點。外交部還是抱怨語氣太過強烈，但他不管，就刊登了。

十二月十九日，外交大臣塞繆爾．霍爾被迫辭職，理由是他與法國外交部長皮耶．拉瓦爾（Pierre Laval）簽訂協議，對義大利在阿比西尼亞讓步，此事遭到國會抨擊。樞密院議長，也就是安東尼．伊登，接手他的位置。這個階段還看不出來未來極為緊密的聯盟。「我對伊登的任命沒有什麼信心。」邱吉爾告訴克萊門汀，「我倒要看看他在這個職位上有多大能耐。」[114]又過了一會兒，他告訴她：「我想妳現在會知道伊登多麼無足輕重。」[115]儘管如此，他要求倫道夫不要寫文章攻擊伊登，又說：「否則我將感覺不到你對我的忠誠與情感。愛你的父親，溫斯頓．S．邱吉爾。」[116]

倫道夫在利物浦西區托克斯泰斯（Toxteth）的大選落敗，現在又給父親添了更多麻煩，打算參加蘇格蘭羅斯（Ross）的補選，對手是多黨政府工黨候選人，拉姆齊．麥克唐納的兒子麥爾坎（Malcolm MacDonald）。「妳看得出來這場選戰對我是多麼不幸又不便。」邱吉爾告訴克萊門汀，「看來要鮑德溫邀我掌管海軍部或其他協調的工作都相當困難。」[117]他與倫道夫的關係有如驚濤駭浪；某次家庭糾紛（往往都以互相叫囂作結，而其中一方氣得跺腳），邱吉爾怒氣沖沖對兒子說：「倫道夫，我插話的時候不要插話。」[118]不聽父母的倫道夫也沒有得到好處，在羅斯與克羅馬提（Cromarty）拿到兩千四百二十七票，而麥爾坎．麥克唐納得到八千九百四十九票。

正當邱吉爾和羅斯米爾勛爵在馬拉喀什（Marrakesh）的馬穆尼亞飯店（Hotel Mamounia）度假，[8]玩最喜歡的比齊克牌（bezique），撰寫《馬爾博羅》下一卷，繪畫亞特拉斯山脈，此時媒體爆料二十一歲女兒莎拉的戀情。莎拉選擇從事戲劇表演，當時在曼徹斯特演出諷刺喜劇《跟隨太陽》（*Follow the Sun*），而且愛上這齣戲的演員——奧地利出生且離過婚的三十七歲猶太裔喜劇演員維克・奧利佛（Vic Oliver，原名維克・奧利佛・馮・薩梅克〔Victor Oliver von Samek〕）。[119]人們口中的奧利佛有多種身分：喜劇演員、小提琴手、鋼琴師、柔身術演員、彈簧床特技師，甚至會彈班卓琴。[120]前三個是眞的，但後三個不是。如同第七代馬爾博羅公爵在倫道夫・邱吉爾勛爵娶珍妮前，派人打聽李奧納德・傑洛姆，邱吉爾派了一位律師去維也納查維克・奧利佛的來歷。「請寫信給莎拉（但別太嚴厲）——」克萊門汀要求丈夫，「但比寫信更重要的是……拿到維克・奧利佛有關的資料。」[121]邱吉爾在二月見到奧利佛，之後告訴克萊門汀，「我對他的印象，不能說他壞；但是普通到不行……開口眞是恐怖，講話粗魯，奧地利－美國那種拖拖拉拉的腔調。我沒有主動和他握手，但是打量他很久。」[122]他說服對方延後一年訂婚，在此期間這對男女不能見面。邱吉爾說奧利佛同意，「還算是有尊嚴」。[123]

「我想進入內閣的可能，已經因爲倫道夫競選激起的敵意結束。」一九三六年一月十五日，邱吉爾告訴克萊門汀，「Kismet！（命運！）」[124]事實上，除非世界大戰，否則鮑德溫毫無找邱吉爾回來的意圖。不到一週的光景，一月二十日，國王喬治五世崩逝，邱吉爾被迫提前結束休假。他寫給新國王的信——他的朋友愛德華八世，卽使誇大邱吉爾浪漫的君主主義，依然顯得油腔滑調。他寫道：「在島上所有加冕的君主中，國王陛下將以最勇敢、最受愛戴之名永留青史。」[125]

一九三六年二月，內閣通過建造七艘新的戰艦，以及一九三七年至一九四二年之間建造四艘護航船艦，並且擴大皇家空軍到一千五百架飛機，如果納粹德國空軍繼續擴張，還可能建造更多。[126] 一九三五年至一九三六年的國防花費成長到一億三千七百萬英鎊，爲自邱吉爾擔任財政大臣以來，占國內生產毛額最高比例。但是空軍部要求的飛機實際交貨在一九三六年，因爲採購瓶頸下降。此時急需居中協調的機關，而邱吉爾想要主持這個機關。

一九三六年三月七日星期六，德軍突然無預警進入萊茵蘭非武裝區，公然違反《凡爾賽和約》與《洛迦諾公約》。希特勒展開行動。

作者注

(1) 他對「Narzees」和「Narzism」的發音和我們今日的發音差異甚鉅。「當他說『Narzis』時，」萊斯里・霍爾－貝利沙在戰爭之後寫道，「特別長的母音代表他的厭惡。透過這些方式，他可以，當他希望時，不只強調每一句，也強調每個詞。」(ed. Eade, *Contemporaries* p. 395) 作家彼得・弗萊明（Peter Fleming）讚揚邱吉爾，因為「他堅持不給外來的詞，如『Nazi』最保守的發音。」(Fleming, *Invasion* p. 141)

(2) 「即使天塌下來，也要伸張正義。」（奧地利皇帝斐迪南一世的座右銘）

(3) 今日的屋主是沙烏地阿拉伯國王。

(4) 或大約是這一年，令人訝異的是她連墓碑上的出生日期也說謊。

(5) 她是當今超級名模卡拉・迪樂芬妮（Cara Delevingne）的曾祖姑姑，這點部分解釋各大報紙報導的版面。

(6) 羅馬國王塔奎尼（Tarquin）時期，算命師西比拉的預言。

(7) 「扭曲的科學」概念影響力強大，一九四〇年重要的演說會再次出現。

(8) 一九三五年年底，邱吉爾告訴妻子，羅斯米爾提出獎賞，如果接下來這一年他完全戒酒，就給他兩千英鎊——「我拒絕，因為我認為人生將不值得活」；或者一九三六年不喝任何白蘭地或未稀釋的烈酒，就給他六百英鎊。他接受後者，而且贏了。（ed. Soames, *Speaking* p. 405）

譯者注

① 指工會大會上的一種投票方法，每位代表所投的票相當於他代表的所有人投的票。

② 拳擊比賽開賽前，當大會宣布「助手退場」時，助手必須立即收起臺上板凳、水瓶、毛巾等退到賽臺邊的座位，接著隨即開賽。

③ 總預算送交審查之後，為補充預算不足，或為新發生事件增加的預算。

④ 源自印尼、馬來西亞地區，描述出於心智喪失而在街上無差別屠殺的行為，後來為避免歧視問題，去除馬來人的部分，並列為精神疾病。

⑤ 據說香農綽號薯條的緣由是，他就讀牛津大學時的室友綽號是「魚」（Fish），兩人自然成為英國名菜「炸魚與薯條」。

⑥ 拿破崙一世在一八一五年從厄爾巴島返回的路線，從蔚藍海岸往西北沿著阿爾卑斯山山麓，從這裡開始百日王朝，最後結束於滑鐵盧。

⑦ 《浮世德》中的魔鬼。

⑧ 直譯為「這是對水城真正的認識。」克萊門汀將其喻為短暫友好的豔遇。

⑨ 風箏與氣球的混合體，用來升起求救信號和通信天線，還可以升起渦輪發電機，用於發電。

17 綏靖的極致 1936／3—1938／10

能夠堅強起身，對抗盛行的言論洪流，這種人很少啊！——邱吉爾，《從倫敦，經普里托利亞到拉迪史密斯》[1]

讓我們解救災難逼近的世界，將禍害與苦難帶到人類言語無法訴說的境地。——邱吉爾，一九三六年四月，下議院[2]

一九三六年三月七日星期六，希特勒的軍隊進入萊茵蘭當天，他宣布：「德國爭取平等權利的奮鬥就此結束……我們不會繼續侵犯歐洲的土地。」[3]英國與法國認為，他的宣言是算計過的小恩小惠，他明目張膽違反《凡爾賽和約》，但希冀不會受到軍事報復。說完那番話後，他就解散德意志帝國議會。他對將領下令，如果法國陸軍主動對抗，他們就撤退，但是儘管邱吉爾請求法國外交部長皮埃爾・弗朗丹（Pierre Flandin），法國仍然沒有動作。即使鮑德溫和伊登準備冒險發動戰爭（他們告訴弗朗丹，不會這麼做），少了法國他們也束手無策。[4]

「戰爭不一定等到所有戰鬥人員都準備好。」萊茵蘭重新武裝三天後，邱吉爾在重整軍備的辯論這麼說，「有時候戰爭在任何人都還沒準備時就來，有時候一國認為自己不比另一國更缺乏準備，或一國認爲戰爭可能會來，但是隨著時間過去，這樣的念頭逐漸減弱。我恐怕，確實如此，歐洲歷史可能會有某個終結的點……我無法判斷何時會到達，但必定在這屆國會年限內發生。」[5]那屆國會預計在一九四〇年秋天結束。

在下議院外交事務委員會的會議，邱吉爾要求一項「整合計畫」，以國際聯盟爲首，說服法國起身對抗德國。有人告訴他，國際聯盟的主要成員「從軍事觀點來看毫無準備」，正好是什麼都不做的理由。[6]事實上，在那個時間點，法國的武裝程度比德國更高，義大利至少理論上還在斯特雷薩會議建立的反德陣營，而皇家海軍所向無敵。但是各國什麼動作都沒有，只期待希特勒說的是實話。[7]

三月十日，邱吉爾警告下議院，德國正耗資十五億英鎊「直接或間接準備戰爭……這個數據非常驚人。和平時期不曾見過這種景象。」[8]他承認英國政府已經開始重新武裝，但是表示那樣的努力還不夠。「即使我們的新計畫通過，德國還是會將我們生吞活剝，」他說，「而且即使我們盡了全力，今年年底我們會比此時更糟。」[9]他的警告完全沒用。弗朗丹告訴他，鮑德溫甚至不希望國際聯盟的委員會開會討論制裁德國。[10]報紙、在野黨、帝國成員的首相全都反對出兵萊茵蘭，因此邱吉爾也懶得催促早就不存在的理由。

儘管如此，三月十二日鮑德溫宣布的新部會，不是邱吉爾一直提倡的國防與軍需部，而僅僅是國防的部會，主要角色是顧問，不是執行單位，邱吉爾失望透頂。而且部會大臣是毫無魅力的公職人員——檢察總長托馬斯・因斯基普。鮑德溫告訴戴維森，「他不想要一位打算在泰晤士河放火的國防大臣」，如同後來顯示，這眞是不幸的比喻。戴維森認爲因斯基普「有點呆板，不太主動決策」，且「外表有點嚴肅」。[11]

十天前，邱吉爾告訴克萊門汀，「無論發生什麼，我都不會傷心。命運會善盡職責。如果我得到了，我將在上帝和人民之前，爲求和平盡忠職守，不容驕傲或激情動搖我的精神。」[12] 邱吉爾想過九個可能得到這項職務的人，裡頭完全沒有因斯基普。

他認爲任命因斯基普等於錯失另一個警告納粹的機會，後來寫道：「非常明顯，希特勒絕對不會希望我上臺。」[13] 內維爾・張伯倫注意到，任命因斯基普可能不會激起熱忱，但至少「我們不會被拉進新的混亂」。他寫信給和希爾妲住在一起的妹妹艾達，「在這樣的局勢之中，我很感謝溫斯頓不是我們的同僚。他一聞到戰爭，就是平常那種興奮狀態，而且如果他在內閣，我們應該就是用盡所有時間阻止他，無法推動我們的業務。」[14]

那個月稍晚，哈洛德・尼科爾森在日記寫道，「溫斯頓在吸菸室集合一群人，說著逃避畏縮相比國家榮譽，以及我們對未出生的世代的責任。」[15] 三月二十六日，針對德國的辯論中，邱吉爾再度要求國際聯盟採取行動，但他私下愈來愈鄙夷國際聯盟，而且萊茵蘭的危機，啟發他往集體安全協議的方向思考，包圍德意志第三帝國，因此必須包括蘇聯。[16]「如果我們此時假設社會主義可能威脅我們的子孫，」四月八日，他告訴伊萬・麥斯基，「所以拒絕蘇維埃聯盟的幫助，就是徹底的蠢蛋。」[17] 因爲這個立場轉變，邱吉爾在俄羅斯不再被視爲敵人，而且原本放在莫斯科文化休憩公園射擊場的醜化肖像也被小心拿下。[18]

邱吉爾不相信希特勒的聲明。「萊茵蘭的事情，在這整個過程，不過是一個步驟、一個階段、一個事件。」他警告下議院。[19] 說他支持與希特勒談判，但前提是基於強勢的立場：「我們不要表現得像一群四散的烏合之衆，不敢面對強大的力量。」一如既往，他以過去的經驗爲基礎來論證。「世界的歷史可以用這個事實概括——當國家強盛時，他們不總是公正；而當他們希望公正時，通常不再強盛。」他說，「我希望看見世界集體擁有壓倒性的力量。如果你們只想稍微領先……必然會引發戰爭。」[20] 一九四〇年，邱吉爾當上首相其中一個原因，就是雖然幾乎無人留心他的演說，但許多其他人記得他確實說過。

意識形態上，邱吉爾並不反對補償德國在《凡爾賽和約》受的委屈。他準備考慮歸還德國的西非殖民地，這個政策面向並未寫在戰爭回憶錄的第一卷《風雲緊急》，但是議會議事錄上明顯記載。[21]「我相信與德國最終且長久友好的和解時機卽將到來。」他在四月初說，「可用時間有限。」卽使晚至一九三七年十二月，他仍提議討論恢復德國的殖民屬地，作爲集體安全與西方重整軍備的部分協議內容。「我相信我們仍有一年可以集合並組織強國，保衛國際聯盟及其盟約。」一九三六年四月，他告訴國際聯盟在英國的首要擁護者切爾伍德的西賽爾勛爵。[22] 他邀請西賽爾到查特維爾，討論解除聯盟對義大利的制裁（而且提議「讓你看看我的泳池，清澈又微溫」。）[23] 當他們一家人都在查特維爾時，邱吉爾會嚇嚇孩子，隔著草皮響亮地宣布：「不到二十分鐘，離開法國海岸的敵人就會在頭頂上，以從未想過的方式威脅我們島嶼的安全！」[24]

此時邱吉爾經常思考嚇唬希特勒的策略，不管多麼古怪。他邀請羅伯特・西賽爾到查特維爾的同一個月，也傳送一項計畫給因斯基普，是費雪以前的版本，派遣皇家海軍分遣隊到俄羅斯在波羅的海的基地。[25] 漢基向因斯基普抱怨，那還眞是「好極了」的主意（不是稱讚的意思）。在希柏・科爾法克斯（Sibyl Colefax）①家午餐時，邱吉爾告訴國王的情人華莉絲・辛普森，在地中海，「我們的通訊不能被動落在像義大利的友誼這種極不可靠的東西。我們必須維持地中海的控制權，那是我著名的祖先馬爾博羅首先建立的。」[26]他對下議院的警告絲毫不衰。四月二十三日，他說起「任何想像都無法丈量的爆炸與災難，而且人類眼睛不曾見過」。[27]四月三日，伊登已向國會保證，不會執行任何「軍事計畫」——卽使德國再怎樣拒絕討論萊茵蘭的政變。[28]

五月，在格里利恩俱樂部，克羅福認爲邱吉爾「吵吵嚷嚷指責政府，而且油腔滑調」。[29]但他並未公開攻擊鮑德溫，只是用一般的責備口吻，而非徹底反對。「溫斯頓想當軍需大臣，」那位薯條・香農推測，「但鮑德溫很討厭他，我懷疑溫斯頓是否會成功。」[30]五月二十一日在下議院，邱吉爾說，一戰已經指出，陸軍大臣不負軍需供應的責任，這點非常重要，還說基奇納最後非常感謝能夠讓出控制權。「這是我們所有人必須付出血淚學到的教訓，難道我們現在還要再學一次？」[31]綏靖主義者的論證之一是，過高的國防支出可能會傷害英國貿易，他說：「如果從現在開始一、兩年後，別人發現我們肥沃、富有、言論自由但卻毫無防衛能力，這些論證會有多麼單薄渺小。」[32]

邱吉爾遭受最嚴重的批評，依然是他欠缺判斷力這個普遍的指責。「我隨時可以談談溫斯頓這個人。」鮑德溫在五月二十二日告訴他的機要祕書湯姆・瓊斯，「我已經準備好了。我打算說，溫斯頓出生時，有許多仙子帶著禮物俯衝到他的搖籃——想像力、口才、勤奮、能力——然後來了一個仙子，說：『沒人有權利擁有這麼多的禮物』，於是把他抱起來搖晃，所以那些禮物中短少了判斷和智慧。那就是爲什麼，雖然我們在議院聽他說話聽得很高興，但不會採納他的建議。」[33][(1)]

鮑德溫從未公開說出那些話，但那也是多黨政府主要的攻擊方向。每次講到的事件都是那些——悉尼街、湯尼潘帝、安特衛普、加里波利、金本位、印度自治，而且不久後，邱吉爾又會在遜位危機中，極其嚴重傷害自己。這些加總成爲驚人的訴狀。當然訴狀忽略湯尼潘帝與安特衛普的事實、他出現在悉尼街並無負面影響、他對印度誠心的立場，以及金本位的決定其實受到鮑德溫、張伯倫與當時政府黨鞭全力支持。

四天後，邱吉爾對鮑德溫的看法也一樣直白。「他永遠不會主動退休！」他告訴麥斯基。當時爲了在德國周圍建立封鎖線，他和麥斯基經常見面，尋求蘇聯協助。「他不僅想要做到加冕，可以的話之後還想留下來。一定要把鮑德溫**踢出去**——那是擺脫他的唯一方法。」[34] 他將首相比作「抓住熱氣球吊籃的男人。如果氣球只是距離地面五、六公尺，⑵此時放手，他會落地，但不會傷到骨頭。抓得愈久，當他愈不可避免落地時，愈將必死無疑。」那是想像的比喻，卻是不好的預言。⑶麥斯基想起之前問邱吉爾，爲何鮑德溫拖那麼久才任命因斯基普，邱吉爾回答：「爲何？鮑德溫在尋找比自己渺小的人當國防大臣，這種人並不好找。」[35]

當時另一個針對邱吉爾的批評是，他不停責備前任政府的錯誤。五月二十九日國防辯論時，因斯基普刻意問他沉溺過去有什麼用，邱吉爾回答：「我來告訴下議院反省過去有什麼用——爲了現在執行有效的行動。」[36] 空中防禦科學研究次委員會（Sub-Committee for the Scientific Survey of Air Defence，空中國防研究次委員會的後繼）研究如何阻止轟炸機，卻遲遲不見進展，這點讓他非常挫敗。雷達的領域有驚人突破，但是六月二十二日，邱吉爾告訴空軍大臣斯維頓勛爵（Lord Swinton），這些突破不夠，而這個情況又因蒂澤德對林德曼的冤仇惡化（完全是你來我往）。「令我驚訝又難過的是你的態度，而且你竟然滿足於這項工作的進展。坐在委員會的這幾個月，我很震驚所有研究進度如此緩慢。」他抱怨，「這些實驗不大也不貴，但必定多如牛毛，要靠不斷嘗試錯誤才能推進。」[37]委員會一個月只開會一次，而他告訴斯維頓，他「很確定歐洲和我們的國家遭遇最大危險之前不會有結果」，斯維頓無疑認爲這是邱吉爾一貫的誇大。[38]九月三日，斯維頓收到三封辭職信後，解散委員會，包括蒂澤德的。[39]兩個月後，委員會又重組，而且再度以蒂澤德爲主席，成員完全一樣，除了被排除的林德曼。

六月，在薩伏伊飯店爲反納粹的前德國外交官埃布雷希特・馮・伯恩斯托夫（Albrecht von Bernstorff）[(4)]舉辦的午餐上，邱吉爾與達夫・庫柏、羅伯特・布思比、哈洛德・尼科爾森都出席了。邱吉爾問伯恩斯托夫如何防止二次與德戰爭。「壓倒性的團團包圍。」他回答。[40]邱吉爾同意。七月在下議院外交事務委員會的演講，他主張英國必須保衛帝國和萊茵河前線。這是「巨大的任務」，但如果任憑希特勒在東邊爲所欲爲，德國「只消一年，就會控制從漢堡（Hamburg）到黑海，而我們就會面對自拿破崙以來從未見過的聯盟」。[41]他在國會還是無人搭理，雖然那個月，英格蘭大學聯合選區（Combined English Universities）的獨立議員愛蓮娜・拉斯伯恩（Eleanor Rathbone）對左翼的政治暑期學校說：「小心盯著那個男人。你可能不相信，我也不相信。我還不確定，但我請你去除偏見，衡慮事實。三年來，邱吉爾已經指出德國廣泛的重整軍備，後來的事實驗證他的估計。」[42]

一九三六年七月十七日，西班牙陸軍某個派系在馬德里暴動，對抗人民陣線政府，於是爆發大規模內戰。邱吉爾不喜歡西班牙共和軍，部分理由是他個人喜歡他們在一九三一年推翻的國王阿方索十三世

（Alfonso XIII）。他在一九一四年認識阿方索十三世，喜歡這個人，而且在《傑出的同代人》中同情對方，把他下臺部分歸咎於「莫斯科的政治宣傳」。[43] 八月十日，在《旗幟晚報》名爲〈西班牙悲劇〉（The Spanish Tragedy）的文章中，邱吉爾寫到他害怕「共產主義的西班牙，伸出像蛇的觸手，進入葡萄牙與法國」。[44] 由於他長期反對共產主義，喜愛君主政權，以致戰爭初期，起義像是來自貴族、天主教徒、君主主義者、保守主義者、軍人時，邱吉爾同情國民軍。一九三七年，一旦顯明是希特勒與墨索里尼支持的長槍黨法西斯運動，包括軍事方面，邱吉爾就開始疏遠。邱吉爾支持張伯倫政府，採取不英雄但務實的非干預政策，政策的基本方針就是不讓直布羅陀和所有皇家海軍出入地中海的重要海峽陷入危險。

整個夏天，他愈加公開批評國防設備，尤其是批評因斯基普。「他讓自己成爲職責的受害者，那麼無辜，眞是奇怪，眞是不和諧，格格不入，」他在七月二十日告訴議員，「他擁有的權力受到重重限制，以致無人，甚至拿破崙本人也無法滿意地發揮。」[45] 因斯基普（與從此之後許多歷史學家）主張的論證是，如果英國趁早重整軍備，皇家空軍建造的飛機會比後來低劣。而邱吉爾在辯論中拆穿這個論證：

如果我們的飛機工廠三年前就開始運作，雖然是舊式機器，但並不妨礙新式機器取代使用中的舊式機器……如果工廠早就開始動工，如果學徒早就加入，如果工廠和人員早就擴大發展，他們現在就更能接受新的形式，就能順利轉銜更好的設備，交貨就能更多量、更提前。[46]

此外，舊的飛機能用來訓練新的飛行員。邱吉爾估計德國在一九三五年花了八億英鎊準備戰爭，一九三六年可能達九億英鎊。「我會耐心等候，如果證明我是錯的，我願接受狂喜的吼叫，」他告訴下議院這些數據，「因爲那會解除我和許多議員內心的負擔。誰被揭醜誰又失敗，有什麼要緊？如果國家安全，誰會在乎某個政治人物在不在位置上？」[47] 關於連槍都沒開一聲就拿下萊茵蘭，他說：「納粹政權獲得巨大勝利。」[48]

八月五日，邱吉爾邀請孤立主義者威廉・S・格里芬（William S. Griffin）到摩佩斯華廈（Morpeth Mansions）。格里芬是報紙《紐約追究者》（*New York Enquirer*）的編輯，老闆是威廉・倫道夫・赫斯特。根據格里芬，邱吉爾說：「美國當初應該只管自己的事，不要介入一戰。」[49] 一九三九年，邱吉爾得知格里芬曾這麼說，而且這句話在美國國會與德國電臺放送，他表示那是「惡毒的謊言」。爲此，格里芬告上法院，向他求償一百萬美元，並要求美國法院扣押邱吉爾在美國的著作收入。這個案件直到一九四二年十月才聽審。駁回時，不僅因爲邱吉爾那時已經是首相暨美國的盟友，格里芬也因爲內亂罪居家監禁。

十月十四日，邱吉爾家陷入一樁沸沸揚揚而且難堪的危機。二十二歲的莎拉私奔到紐約，跟維克・奧利佛結婚。他們不喜歡奧利佛，而且要求她十二個月不要見他。「親愛的媽咪，」她離開後寫信，「我沒有藉口，但事情似乎不太順利……這麼做，我非常非常抱歉。我不喜歡『出爾反爾』，但我想這是最好的解決方法。我們本來要在一月得到的祝福與『同意』會非常空洞——當你們的理智與情感都如此反對的時候，怎麼可能不空洞。」[50] 附注寫道，「請讓爸爸瞭解，我不是故意趁他出國——這是臨時的決定。我就是得走——很抱歉。」[(5)] 倫道夫在媒體瘋狂猜測中搭上下一班前往紐約的船——當時一度有一百名記者報導此事，但他無法說服莎拉改變心意。

莎拉接下來寫給母親的信來自紐約的倫巴底飯店（Lombardy Hotel），訴說她的痛苦。「愛上一個人，卻發現那些說他們愛妳的人都鄙棄他——不斷侮辱他，待他如沒水準的投機者——被迫承認選擇錯誤，而且最後連妳的誠心都被懷疑……我有種感覺，爸爸背著我們在做什麼事。」[51]她說得沒錯，邱吉爾在奧地利與美國雇用律師，確認奧利佛不是重婚。[52]這對情侶在聖誕節當天結婚後，媒體的猜測與邱吉爾夫妻的反對也隨之淡去。

邱吉爾想要警告英國人民，希特勒會帶來巨大威脅，但是這個任務由於許多重要的英國人士公開奉承德國領袖而變得更艱難。九月，勞合喬治寫信給德國駐倫敦大使約阿希姆・馮・里賓特洛甫（Joachim von Ribbentrop），甚至還沒與希特勒見面就說「過去我極爲讚賞你們的元首」，但是從此之後「崇拜變得更深、更強。繼俾斯麥後，他是你們國家最幸運的事，而且我個人會說，是繼腓特烈大帝後。」[53]對於公開、私下都讚美希特勒的倫敦德里勛爵，邱吉爾在一九三七年十月寫信給他，表示英國不能「同意（德國人）在中南歐自由行動。這表示他們會先吞食奧地利與捷克斯洛伐克，接著建立巨大的中歐集團。密謀這種侵犯政策當然不符合我們的利益。」[54]他已經發現希特勒接下來的兩個目標，但是沒有人聽。

一九三六年十月六日，在牛津爲T・E・勞倫斯的紀念碑揭幕時，邱吉爾在萬靈學院（All Souls）的晚會被問到是否會有戰爭。「當然，」他回答，「非常糟糕的戰爭，倫敦會被轟炸，白金漢宮會被夷爲平地，獅子和老虎會逃出動物園，在倫敦大街上吼叫，攻擊人民。」[55](6)勞倫斯是邱吉爾又一個英年早逝的好友，一九三五年五月十九日在自己多塞特的平房附近死於摩托車意外，得年四十七歲。「他確實就是居住在山頂，那裡的空氣冷冽稀薄，在晴朗寒冷的日子那裡可以俯瞰世界的王國與王國的光榮。」邱吉爾在頌詞寫著，「如同飛機靠著大氣的速度和壓力飛行，他在颶風之中輕鬆遨翔。他與眾不同。大戰的狂潮提升生命的音調至勞倫斯的音準。大眾被驅趕向前，直到他們的步伐與他一致。在這英勇的時期，他發現自己與人與事和諧共容。」[56] 如同他寫過的許多人，邱吉爾的頌詞不只是自我指涉的經過音。頌詞二十年後，當時已經爆出《智慧七柱》（*Seven Pillars of Wisdom*）②內容誇大不實，勞倫斯受虐的同性戀傾向也曝光（邱吉爾對後者「表達強烈反感」），邱吉爾再談到勞倫斯：「他有那個辦法，尷尬地回到注目焦點。他是極爲不凡的人物，也非常小心對待那個事實。」[57]

一九三七年，亞歷山大・科達挑選演員萊斯利・霍華（Leslie Howard）演出勞倫斯。邱吉爾和霍華對談數次，霍華表示對演出幫助極大。[58] 一九三四年九月起，邱吉爾也幫科達的製片場構思數部影片，例如「君王會回來嗎？」、「日本崛起」、「婚姻法律與習俗」，以及國王喬治五世加冕二十五週年紀念。他開價兩千英鎊著作《阿拉伯的勞倫斯》的劇本，但收到兩百五十英鎊時也沒抱怨。[59] 他建議《阿拉伯的勞倫斯》需要修正一個小地方，就是「你不能說阿拉伯人發動東征（Crusade），那是摧毀他們的事情。吉哈德（Jehad，聖戰）才是眞正的用詞」。[60] 邱吉爾極力支持，電影應該極度強調勞倫斯的英雄主義和無視軍事慣例的作風。「你當然要用各種方式炸掉半打火車！」邱吉爾寫信給科達，「從遠處接近、在火車車廂、緊張刺激的埋伏、震撼的爆炸、火車頭的殘骸、軍隊唯一的通訊被剪斷——全都好極了！」[61] 有一個批評是：「我們看到有個騎兵進行不可能的衝鋒，像《孟加拉長槍騎兵》（*Lives of a Bengal Lancer*）那種荒謬的模樣。」[62] 但有個人不覺得荒謬，就是希特勒，他最愛的電影正是前述這部一九三五年的英帝國史詩電影。

「認爲老生常談、安撫的說詞、膽小的政策，可以在今日提供通往安全的道路——沒有比這更大的錯誤。」一九三六年十一月十二日，邱吉爾在下議院辯論集體安全時說，「唯有堅定信奉正當的原則……才能抵擋、克服逐漸逼近我們與歐洲和平的危險。」[63]他要求在國會質詢英國的國防狀態，而這項要求輕易就被政府多數抹煞，他也預料到這個結果。那次演講，雖然批評蘇維埃介入西班牙內戰，但他在結尾還是描述「另一個希望和平不受打擾的俄羅斯」。他希望透過集體安全，蘇聯可能扮演保存和平的角色，雖然他也察覺輿論尚未就緒，卻因此沒有呼籲全面聯盟。[64]對於俄羅斯在集體安全可能扮演的角色，他的看法搖擺不定，因爲拉近蘇聯就會疏遠某些國家，例如波蘭，以及英國羅馬天主教會和許多保守黨人。[65]從其他面向如何推遲戰爭，邱吉爾的論述也並非完全一致。一九三六年十一月，他否認六個月前說過補償德國的委屈，一九三七年十二月又同意，表示可以放棄對德的「戰爭征服」，作爲整體和解的部分。直到一九三八年秋天，捷克斯洛伐克危機前夕，(7)他都不提倡法、英、俄三國正式聯盟。他在《風雲緊急》表示自己立刻看穿法西斯主義，而且一直堅定不移反對綏靖政策，但是在一九三〇年代後半，他的立場比書中的紀錄更爲多變。儘管如此，在英國政壇中，他依舊是反對納粹德國與綏靖政策最勇猛的人。

在集體安全的辯論中，邱吉爾引用當時第一海軍大臣塞繆爾·霍爾的話，說到軍需部的未來，「我們一直不斷檢討立場，政府單純就是無法下定決心，」此時他說出一句歷來最有力的挖苦妙語：

> 或者他們無法讓首相下定決心。所以繼續奇怪的弔詭，決定不做決定，決心不下決心，堅持游移，硬是流動，使盡全力軟弱無力。所以我們繼續準備更多個月與更多年——這段時間對英國的國運彌足珍貴，也許攸關生死——讓蝗蟲過境。他們會對我說，「軍需部沒有必要，因為一切都很好。」我反對。「這個立場令人滿意。」那不是真的。「一切依照計畫進行。」我們知道那是什麼意思。[66]

探照燈的隊員訓練時沒有探照燈，坦克部隊沒有最新的坦克，而且「除非議院決心自己找出眞相，否則等同放棄議院漫長的歷史中偉大的職責」。[67]之前在另一俱樂部，針對希特勒宣稱空軍已經勢均力敵，他和阿弗雷德·芒·寧斯「激烈爭吵」時，已經磨亮某些句子。[68]「拖拖拉拉、半吊子、安撫與莫名的權宜之計、耽擱——這樣的年代已經來到尾聲。」邱吉爾在結語這麼說，「取而代之的是，我們現正進入重要時期。」[69]鮑德溫的回覆相當尖銳：

> 在各位議座面前，讓我非常誠實表達自己的觀點……假設我去過那個國家，並……說德國正在重整軍備，而且我們必須重整軍備。任何人認為這個和平的民主就會齊聲呼應那個訴求嗎？就我的觀點，我想不到任何更加確定會輸掉選舉的事情。[70]

隔天，邱吉爾寫信給在學時的老友阿奇伯德·波伊德—卡朋特爵士（Sir Archibald Boyd-Carpenter）說道：「我從未聽過一個政治人物，像昨天鮑德溫那樣坦白這麼骯髒的事。」[71]如我們所見，戰爭之後，邱吉爾對這驚人的回覆展開祕密報復：在《風雲緊急》的索引中，「鮑德溫」一詞寫著「坦承將政黨置於國家之前」。[72]這是非常不公平的，透過選擇性的引言——也許是編輯這一節的倫道夫所爲——邱吉爾讓鮑德溫彷彿在說一九三五年的實際大選，但他說的其實是一九三四年從未發生的推測大選。一九三五年的大選，鮑德溫確實支持更大的國防支出，雖然不像邱吉爾想要或英國後來眞正需要的。

「你們爲什麼不讓溫斯頓·邱吉爾進入英國內閣，」德國副元首魯道夫·赫斯（Rudolf Hess）在這時候問了倫敦德里勛爵的長子卡斯爾雷勛爵，「那麼我們就會知道你們非常嚴肅。」[73]他並不曉得鮑德溫政府即將大大增強，而邱吉爾相對嚴重衰弱，因爲有個危機即將在最料想不到的地方出現，來自布瑞福主教的講道。在十一月十二日的演講中，邱吉爾說過國會放棄職責，然而悲慘的是，正當他重重打擊鮑德溫政府時，人們開始一併關注另一個放棄職責。

一九三六年十二月一日，主教布朗特在布道已經提述國王「需要恩典」，不久後，愛德華八世和已婚並曾兩次離婚的美國女子華莉絲・辛普森的關係曝光。已經知道兩人關係一段時間的邱吉爾，一直在設法解決此問題，並想出一項計畫，以某些歐洲皇室的婚姻爲模型，例如奧地利的斐迪南大公，讓國王能與庶民辛普森女士通婚，成爲非皇室的康沃爾公爵夫人（Duchess of Cornwall）。「馬克斯打電話給我，說他已經見過那位先生，」邱吉爾在十一月二十七日祕密寫給克萊門汀，「而且告訴他，康沃爾計畫是我的主意，那位先生非常支持，現在就看內閣怎麼說。我想不到其他方式解套。」[74] 事實上，康沃爾計畫毫無機會成功，但邱吉爾對君主制度的浪漫情懷，加上與國王長久的友誼，以致他奮力捍衛愛德華八世，結果是一場災難。他的初衷眞誠，並非如同詆毀他的人所言，他想利用這個危機成立「國王的政黨」，推翻鮑德溫政府。（例如克羅福勛爵寫道，「邱吉爾被眼前的利慾薰心。他的判斷幾乎永遠都是錯的，不管他的文章多麼響亮——他是邪惡的顧問。」）[75]

邱吉爾從一開始就誤判華莉絲・辛普森對國王的重要性。「女人在他的生命中只是暫時的。」他自信滿滿地告訴小說家瑪莉・貝洛克・朗茲，「他在愛情裡來來去去，現在的戀情會和其他戀情一樣。」[76] 他也誤判自己和國王的關係，讓他在這場危機中捍衛國王的立場顯得更加可笑。如同國王的侍臣艾倫・

拉塞爾斯爵士（綽號「湯米」）多年後在日記寫道，「溫斯頓對溫莎公爵感情的忠誠是基於可憐錯誤的前提，即他以爲自己眞的瞭解溫莎公爵，其實他從未瞭解。」[77] 這番感情用事的忠誠可從他告訴達夫・庫柏看出：「繼承原則絕對不能讓『見風轉舵』的政治人物決定。」「國王何罪之有？」後來，在樞密院討論登基的會議上，他又問：「難道我們不是已經宣示效忠他？難道我們不必遵守誓言？」[78]

根據邱吉爾貴庶通婚的想法，辛普森女士不會成爲王后，她的孩子也不會繼承王位。依照英國法律，妻子自動獲得丈夫的階級與地位，所以這個想法對英國法律尚屬未知，而且下議院、上議院、教會永遠都不會接受。對於這個糾結的問題，那是想像但最終不可行的方法，而邱吉爾在十二月持續推行，直到耗盡所有的政治資本。晚年時，有人問他是否眞的願意接受華莉絲・辛普森成爲英格蘭王后，他回答：「我一刻都未曾想過這可怕的可能。」[79] 那是眞的，雖然當時在許多人的眼中並非如此。

雖然近期的研究已經確定，認爲應該允許國王與辛普森女士結婚的英國平民當時有數百萬人，但是建制派全體一致反對，帶頭的是《泰晤士報》、坎特伯里大主教、各自治領總理，還有除了達夫・庫柏以外整個內閣。支持國王的只有畢佛布魯克與羅斯米爾的報紙、共產黨、奧斯瓦爾德・莫斯利的英國法西斯主義聯盟，以及邱吉爾。[80]

邱吉爾給國王的建議是，延遲到加冕典禮之後（預計在一九三七年），並且奮戰到底，因爲他知道對鮑德溫來說，強迫在位的國王違背意願下臺，在制度上非常困難。然而，如同畢佛布魯克後來告訴邱吉爾：「我們的公雞不會奮戰。」[81] 到了那時候，邱吉爾卻已明確表示自己會奮戰。

《風雲緊急》對這段時期的敘述幫助不大；邱吉爾宣稱，一九三六年十二月三日，他曾在皇家阿爾伯特音樂廳「軍備與公約」會議，針對皇室問題發表宣言，但是並沒有。[82] 他確實在翌日的首相問答（Prime Minister's Questions）③發言，而薯條・香農寫道，他「起身，聲音分岔，眼中泛淚，說他希望未經思慮前不會做出任何不可撤銷的事，或者說出不可撤銷的話，然後歡呼聲不絕於耳」。[83] 事實上，他只是要求國會掌握最新訊息，而且如果邱吉爾自己誤將歡呼當成支持，馬上就會大徹大悟。隔天，他發表公開宣言，力求「時間與耐心」，但國王已經用盡前者，而政府用盡後者。儘管如此，當天晚上他還是從摩佩斯華廈寫信給國王：

> 陛下，來自所有前線的消息！沒有手槍對著國王的頭。這項緊迫的要求必會得到允許。因此——直到聖誕節，不會有最終決定或草案——大概要到二月或三月。**國王絕不可能離開這個國家**。溫莎城堡是他的 *poste de commandement*（戰鬥地點）。關鍵時刻絕不容許一點疏忽……馬克斯……是隻要去打架的老虎。我給他國王的訊息——但是請來電或信——最好是來電……忠誠的老虎！非常稀有的品種……總結。各方面優秀的進展，可望取得良好局勢，並在背後集結大軍。[84]

邱吉爾信心滿滿，並用了法國的軍事術語，明顯可見他打算把國王留在王位上。

輿論事實上已經轉爲反對國王。如同拉塞爾斯所言，建制派「不會容忍君主娶一個在商店陳列已久的美國人當妻子成爲他們的王后，何況她的兩個丈夫都還在世，她的聲音活像生鏽的鋸子」。[85] 保守黨黨鞭詹姆斯・斯圖亞特（James Stuart）把議會風向轉變，歸因於一百二十三位週末從蘭開夏和約克選區回來「堅決反對國王婚姻」的議員。[86] 英國建制派現在高聲反對延遲遜位，邱吉爾完全誤判情勢。十二月七日星期一下午，下議院首相問答期間，他試圖爲國王爭取更多時間，卻被轟下臺。

在《我的早年生活》中，邱吉爾曾寫過，在下議院，「以當僕從為榮的人總是享受」。[87] 那個星期一對他而言當然不是享受，議會議事錄記載有人對他大喊「秩序！」和「不！」，其他在場的人則記得有人大喊「閉嘴！」和「騙子！」[88] 議長裁定他不守秩序，即使他只是想要問問題。溫特頓勛爵描述那次事件「是我在下議院看過針對任何人最憤怒的表現」。[89] 邱吉爾怒氣沖沖走出議事廳，對著鮑德溫大吼：「你不毀了他不會甘心，是不是？」[90] 他走向大廳外走廊上的收報機，和戴維森一起看。「他說自己的政治生涯結束了。」戴維森記載，「有時候我在想，是不是他一半的美國血統，讓他對於英國人骨子裡重視的事這麼不敏感。」[91] 哈洛德·尼科爾森寫道：「溫斯頓在議院完全垮臺……在五分鐘內就把兩年耐心的重建工作推翻。」[92]

既然到了那時候，國王實際上已經屈服於政府和建制派的意志，並且決定遜位，邱吉爾那樣揮霍政治資本，為毫無意義的目標折斷長槍，完全就是悲劇。儘管如此，那天傍晚六點，在下議院十四號房，邱吉爾在保守黨後座議員的一九二二委員會（1922 Committee）④，對著一百五十名議員演說國防事務，是當年最多人出席的一次。他提到（距離珍珠港攻擊事件尚有五年）「我們面對日本在東亞水域的弱點」，並強調新加坡基地的重要性。[93] 他詳細說明英國的軍事弱點，回答數位議員的問題。超過一個鐘頭後，會議紀錄寫道：「眾人謝謝邱吉爾先生的演說。」但是那年的會議紀錄，幾乎都會寫到眾人「誠摯地謝謝」或「非常誠摯地謝謝」講者。然而三天後，《遜位法案》通過；當他優雅地放棄時，議員高聲歡呼。他說，「我們必須服從首相的勸誡，展望未來。」但現在是為了承認失敗。[94] 一切結束後，他告訴伯納德·巴魯克，「若再重來，我也不會改變作法。如你所知，政治裡，我永遠選擇聽從內心的指引，而非算計大眾的感受。」[95]

十二月一日，遜位當天，邱吉爾和國王在貝爾維德堡（Fort Belvedere）共進午餐。他說到身為國王最後的廣播中至少有兩個句子——「我的父親在憲政傳統中養育我」，以及「諸位所享受，那無與倫比的福分——擁有妻兒的幸福家庭，卻不贈與我」。[96]在溫莎公爵的回憶錄裡，他回想那次午餐。「我不再是國王。」當他向邱吉爾道別時，記載著：「他的眼裡有淚。我仍能看見他站在門口，一手拿著帽子，一手拿著手杖。他的心中必定百感交集。他肅穆地輕敲手杖，開始朗誦，彷彿對著自己：『他不平凡也不低劣／在那難忘的場景。』他響亮的聲音似乎為安德魯・馬維爾（Andrew Marvell）描述查理一世上斷頭臺那兩行詩句帶來更多辛酸。」[97]那天晚上，邱吉爾告訴空軍中校安德森，「可憐的小羊，他受的待遇比任何空軍機械士還糟，而他毫不反抗地接受。」[98]

克萊門汀開玩笑說，她的丈夫是最後一個相信君權神授的人，但是到了一九三六年十二月，這件事就再也不好笑了：因為遜位危機，他在更加重要的重整軍備議題失去立場。[99]此事立刻寫進衆人所謂邱吉爾「判斷失誤」的一長串清單，連帶動搖大衆對他的觀感，懷疑他對希特勒的態度。就連一九四〇年七月，邱吉爾的三名機要祕書都同意，「他對朋友過度忠誠，加上天生不想傷害別人的個性……導致他付出巨大代價支持國王愛德華八世；那麼做的同時，他就失去下議院與國家的信任。」[100]邱吉爾夫婦對溫莎夫婦依然忠心，此時這對朋友已經搬到法國。遜位三個月後，格蘭納德勛爵（Lord Granard）在委員會上批評辛普森女士，克萊門汀轉頭直接問他：「如果你那麼覺得，為何不邀請辛普森女士去你家，好好糾正她？」薯條・香農記載：「接著是尷尬又漫長的沉默。」[101]

遜位危機也傷害邱吉爾和羅伯特・布思比的關係。下議院的事情後，布思比在七日寫信給他：「今天下午發生的事，讓我覺得政壇私下最忠誠於你、盲目追隨你的那些人，已經不再可能如此（儘管他們曾自願如此）。因爲他們不能確定接下來會落入哪個地獄。」[102] 邱吉爾花了五天回信，而他們的友誼再也不如從前。布思比後來表示，十二月七日那天的羞辱，是他唯一一次看見邱吉爾在公共場所喝醉，但是到了那時候，他已憤怒至極，不能算是可靠的目擊者。[103] 如今邱吉爾在國會的支持者只剩三個：弗萊迪・傑斯特、鄧肯・桑迪斯、布蘭登・布瑞肯，其中有兩個是家人。[104]

溫莎公爵夫人不得使用皇室頭銜，故不能被稱爲殿下，這一點令他們夫妻非常生氣。但是當他們相遇，邱吉爾很自然地對她低頭致意，克萊門汀對她行屈膝禮，儘管他們去世之前也只會再見四、五次面。[105] 當天邱吉爾告訴公爵，遜位之後，他會「在國會和內閣守護你們的利益」，這並不是他的職責。[106] 到了四月，他以最大的敬意寫信給新的國王喬治六世，表示：「我曾服侍國王陛下的祖父、父親、兄長多年，而我誠心希望國王陛下的統治受到上天庇佑，並且爲我歷史悠久的皇室增添新的力量與光彩。」[107]

十四天後，緊接著這段公開獲勝的禁忌之愛，是莎拉和維克・奧利佛在紐約的婚禮。邱吉爾家沒有送上祝賀。瑪麗回想：「那年在查特維爾的聖誕節與新年顯得冷清。」新年前夕，雷夫・魏格蘭姆死於肺癌，得年四十六歲。[(8)] 原本凝重的氣氛更添陰鬱。魏格蘭姆和邁克爾・克里斯威爾（Michael Creswell）⑤從外交部提供邱吉爾許多綏靖主義者的內線消息，同時成爲朋友。[108]「他的勇氣、正直的抱負、崇高的願景，我深感敬佩。」邱吉爾如此寫給他的遺孀艾娃（Ava），「他是其中一位——多麼稀有——保衛英國國詐的人。現在他走了，而且在這關鍵的一年前夕。對於英格蘭與英格蘭象徵之一切，實為重大打擊。」[109]他向克萊門汀描述，魏格蘭姆是「破裂燈籠中熊熊燃燒的火焰，指引我們前往安全與光榮。」[110]

儘管起初的冷漠，但莎拉和新婚丈夫還是在一九三七年一月受邀到查特維爾住宿。邱吉爾把新女婿叫到書房，問他在歌廳秀的工作，想知道他的收入。「做得不錯，我說工作。」他說，「看來你很努力。」[111]後來邱吉爾會叫他維克多（Victor），而且會引見給黑天鵝布魯托和波瑟芬妮、白天鵝朱諾與邱比特，還有用頭撞他的山羊，以及每當邱吉爾大喊「起來！起來！」就游到池塘表面的眾多金魚。[112]奧利佛十分訝異，邱吉爾隨口就能引用政治家、作家、演員說過的格言與詩句，同時附上出處與日期。在他的回憶錄裡，他回想，雖然那幾年，他在查特維爾與契克斯別墅見過許多顯要的男士和女士，「他們的女婿從未受到一絲侮慢或歧視。」[113]邱吉爾甚至送他一套四冊、簽上名的《馬爾博羅》。「當他有感而發談到家庭或國家，」奧利佛回憶，「就會毫不害羞地雙眼泛淚。」[114]戰爭期間，奧利佛會在契克斯別墅演奏邱吉爾最愛的歌曲，例如〈黛西，黛西〉（Daisy, Daisy）與〈小湖的莉莉〉（Lily of Laguna），而邱吉爾會用他「沙啞、走調的聲音」跟著唱。[115]

雖然邱吉爾在一九三七年會賺進一萬五千英鎊（約今日七十八萬英鎊），並且那時候他的稿酬高達每篇四百英鎊，然而到了二月初，維護查特維爾的費用之高，以致他告訴當時在齊爾斯（Zürs）滑雪的克萊門汀，如果有人出價兩萬五千英鎊，他就會賣了查特維爾，「考量我們的小孩都差不多離家，而我可能也沒剩多少年。」[116]

在馬爾博羅的傳記中，邱吉爾會指控惡名昭彰的第二代桑德蘭伯爵是「那種危險的人，工於心計，行事無原則；不在乎做了什麼，只圖對他們有利；喧鬧、興奮、樂趣是他們生活中不可或缺；似乎需要各式各樣的妄想才能維持清醒。」[117]一九三七年的序幕，許多英國人，也許可以說多數英國人，就是這麼看待邱吉爾。看在反對印度自治、遜位危機及其他種種事件，他和德國的空軍競賽似乎只是另一種打擊鮑德溫政府，讓自己晉升的方法。

「鮑德溫像月桂樹般翠綠繁盛。」一月二十五日，邱吉爾向珀西・格里格爵士抱怨，「他像鳳凰一般……從皇室自焚的火堆中升起。」[118]現在他將炮火對準國防事務，在下議院攻擊因斯基普。因斯基普曾保證，爲空防規劃的一百二十四個中隊，其中一百個在一九三七年三月底前就會準備就緒，但是現在承認三月前只有二十二個，其餘須等到七月底。[119]「卽使一百二十四個中隊的計畫在三月三十一日前完成，我們還是無法在那時候與德國勢均力敵，甚至接近。」邱吉爾說，「你曾鄭重保證我們有與之相當的實力。我們一直沒有達到……看來我們在整個一九三七年都不可能達到，而且我懷疑一九三八年是否會實現，或有任何一點企及的可能。」[120]

除了反對納粹外，邱吉爾也想幫助受到納粹迫害的人。從一九二〇年代末期開始，英國政府逐漸擔憂，大批移入巴勒斯坦的猶太人會破壞他們託管地的穩定。一九三六年五月，政府成立皇家委員會，由皮爾勛爵主持，研究這個問題，以及阿拉伯人與猶太人在聖地的分區。一九三七年三月，邱吉爾在委員會作證時清楚表示，巴勒斯坦的阿拉伯人決定爲他們的帝國主人，卽土耳其人，拿起武器，並且拒絕參與阿拉伯起義，這兩件事已經摧毀他原本可能給予的同情。「這些阿拉伯人是可憐的民族，被人征服，活在土耳其人底下。」他告訴委員會：

> 他們住在戰前的土耳其帝國，在典型的貧窮省分，過著安逸的生活。接著，戰爭來臨，他們變成我們的敵人，加入對抗我們的軍隊，對著我們的人開槍……但是我們的軍隊進攻，而他們被征服……接著被毆打，任我們處置。寬恕可能帶來許多限制……他們在光天化日之下被打敗，不是偷偷摸摸的征服，他們被打得落花流水，連一條狗都吠不出來。然後我們在征服這些人的過程中，決定對猶太人許下承諾。[121]

邱吉爾在結論依然強硬，「我不承認在食槽的狗對那食槽有最終權利，即使他們可能在那裡住了很久。」[122]他接下來的意見，以現代的標準是一種冒犯，但在當時卻是公認的思維。

> 我不承認，例如美洲的印第安人或澳大利亞的黑人蒙受極大委屈。我不認為，一個較強壯的種族[9]、較高等的種族，或無論如何，這麼說好了，世界上較聰明的種族，過去占領那些人的地方，就是虧待那些人。我不承認。我不認為美洲的印第安人有任何權利說：「美洲大陸屬於我們，而且我們不打算讓任何歐洲的開墾者進來這裡。」他們沒有那個權利，也沒有那個權力。

在邱吉爾的文件中，有一篇反猶的文章，是在一九三七年由亞當・馬歇爾・迪士頓（Adam Marshall Diston）所寫。迪士頓有時幫邱吉爾擬稿，而那篇文章名爲〈猶太人如何對抗迫害〉（How the Jews Can Combat Persecution）。那篇文章以邱吉爾的名義而寫，但是毫無邱吉爾的紅線注解，也從未發表；三年後，有人建議邱吉爾發表那篇文章，但他阻止發表。從這兩個事實來看，可以放心假設邱吉爾一開始沒有看那篇文章，而後來終於看了，也不贊同。但是詆毀他的人依然強調，這是他骨子裡反猶太的證據。[123]

「對於西班牙的紛爭，我眞心努力採取中立的態度。」他告訴下議院，「我拒絕擁護任何一邊。我不會假裝。如果我必須在共產主義和納粹主義之間擇一，我會選擇共產主義，我希望不會被要求在兩邊任何一種政治制度的世界生存。」[124] 屢見不鮮的是，人們偏偏不引用最後一句話。[125] 不久後，一篇在《週日紀事報》的文章，題名爲〈惡魔的教條〉(The Creeds of the Devil)，他將比喻的本領發揮極致，寫到共產主義和法西斯主義如何讓他想到「北極與南極」。「它們在地球兩個相反的終點，但是如果你明天在任一極地醒來，你將無法分辨是哪一個。也許一端企鵝較多，另一端北極熊較多，但四周都是冰雪與刺骨的寒風。」[126] 邱吉爾非常早就發現法西斯主義與共產主義的共同點多過差異，而且論極權主義，事實上是姊妹教派。

「我們似乎正在違背自己的意志，違背每個種族、每個民族、每個階級的意志，穩定漂流向某種危險的災難。」四月，他在下議院的演講進一步闡述，「人人都希望停止，但不知該怎麼做。」[127]「溫斯頓・邱吉爾的演講眞是好極了，」香農寫道，「精彩、有說服力、無可辯駁，而且他的『聲望』正在上漲，人們今天……又說他該在政府裡。」[128] 邱吉爾當然需要他的聲望上漲：四月二十八日，邱吉爾的表哥弗萊迪・傑斯特六十一歲死於癌症，他在國會的支持團體減少爲兩人。弗萊迪過世前，邱吉爾和他下過雙陸棋。「我從未遇見任何人，如此蔑視死亡，絲毫不以爲意。」他告訴馬許。[129] 他在世界上最尊敬的莫過如此。

雖然他失去一位盟友，下個月就得到另一位。海軍少將伯特蘭・拉姆齊(Bertram Ramsay)利用父親是邱吉爾第四驃騎兵的上校之故，五月時和邱吉爾進行一場「絕對誠實」的訪問。他警告邱吉爾，海軍故步自封，而且「過時的管理、習俗、觀點，阻礙我們對抗效率卓越的國家，例如德國」。[130] 他描述一月取代因斯基普，協調國防的大臣查特菲爾德勛爵（Lord Chatfield），說他是「徹底的災難」，邱吉爾也同意。[131] 邱吉爾告訴拉姆齊，如果他不任官職，就無法做些什麼。拉姆齊隔年就從海軍退休，戰爭爆發時，又被召回。邱吉爾告訴他，過去他說得極對，並讓他擔任重要職位，例如督導敦克爾克大撤退與海軍執行諾曼第登陸。

一九三七年五月十二日，國王喬治六世加冕。當國王的妻子伊莉莎白加冕爲王后時，邱吉爾含淚轉向克萊門汀，告訴她：「妳說得對；我現在明白另一個人（辛普森女士）無法做到。」[132] 他告訴溫莎公爵本人，典禮「盛大成功」。[133]（公爵在法國聆聽收音機轉播加冕典禮，同時幫未婚妻編織藍色毛衣。）次月溫莎夫婦在法國結婚，邱吉爾夫婦送了結婚禮物——祝福「殿下與您的新娘（避免必須以王室稱謂公爵夫人的巧妙方法）在您熱愛的土地上，生活充滿和煦的陽光」，但是沒有出席。[134] 十月，他建議該月月初與希特勒見面的溫莎夫婦，如果搭乘德國郵輪不來梅號（*Bremen*）橫越大西洋，而非法國郵輪諾曼第號（*Normandie*），可能會冒犯數百萬猶太人。[135] 溫莎夫婦選擇不來梅號。

五月中，邱吉爾控告國際聯盟雇員傑佛瑞・丹尼斯（Geoffrey Dennis）誹謗。丹尼斯在著作《加冕典禮評論》（*Coronation Commentary*）中，描述邱吉爾是「不穩定、野心勃勃的政客，政黨換來換去，極度保守。首樁有名又勢利的美元婚姻，最初產物就是他，如同古人說過『半個外人，完全不受歡迎』」。[136] 辯護時，丹尼斯表示半個外人的說法引用自一九〇五年的《國家評論》，並且表示在遜位危機時常有人這麼說。此案耗時兩年，最終邱吉爾勝訴。

加冕典禮圓滿結束後，鮑德溫以七十歲退休，並且完全出自個人選擇，這對英國首相而言極不尋常。一九二九年，邱吉爾曾對克萊門汀開玩笑，如果哪天內維爾·張伯倫當上首相，他可能會去加拿大務農。[137]但是一九三七年五月三十一日，保守黨高層在西敏的卡克斯頓廳（Caxton Hall）舉辦特殊會議。臨時動議中，支持張伯倫擔任黨魁，因此成為首相的人，正是邱吉爾。「沒有對手，沒有競爭。」邱吉爾說，「在此關鍵時刻，這個高階且重大的職位應該交給脫穎而出的張伯倫先生。」他繼續講述張伯倫「從政資歷當中顯著的成就」。[138]眾人歡呼通過選舉。「如果我讓他入閣，會變成他在主導。」此時張伯倫談到邱吉爾，「他連講話的機會都不會給別人。」[139]所以雖然邱吉爾在張伯倫的選舉扮演重要角色，張伯倫也沒有找他入閣。（幾週前，他還私下引用哈爾達勛爵的話，說和邱吉爾爭論「就像跟黃銅樂隊爭論一樣」。）[140]克萊門汀也是在這時候，終於放棄六十三歲的丈夫會再度進入政府的信念，雖然沒有告訴他。[141]不久後，邱吉爾在吸菸室看到鮑德溫，嘲笑道：「燈光總算不打在那根老蘿蔔身上了。」[142]

如今邱吉爾可以自由批評政府，而且不光針對重整軍備的速度與規模。他說對新的政府感到「長輩般的關心」，儘管如此，還是攻擊超額利潤稅的提案，財政部針對這點已經承認不會收到太多的錢。「最健康的稅就是唯一目的是利潤的稅。」邱吉爾說，「為了某種政治目的，或者甚至為了灌輸某種道德原則而課徵的稅，最後往往無法符合財政經濟的最高標準。」[143]為表公平，邱吉爾也說：「我知道就社會主義的觀點，賺取利潤是罪惡，而且賺取大筆利潤更是人該感到羞恥的事。但是我的看法不同，我認為真正的罪惡是賠錢。」[144]張伯倫撤回那個稅的提案。

現在邱吉爾的議會工作一週占三天，他也把時間花在至少三本書上：寫作《馬爾博羅：他的人與時代》第四卷；他在一九三二年以兩萬英鎊簽下合約，寫作英語民族的歷史，現在正在研究資料；修訂《傑出的同代人》的校樣稿。「我眞的不知道怎麼找到所有我要的東西，但文思如泉湧，」七月二十五日，他告訴當時在奧地利某處溫泉的克萊門汀，「只是需要時間汲取。」[145] 那個月，他在一週內爲《馬爾博羅：他的人與時代》口述兩萬字，還畫了一隻背上扛著十噸重荷的豬給她。他的工作方法是閱讀所有研究助理提供的初級資料——當時的助理包括牛津畢業的威廉・迪金（William Deakin）⑥，然後對著查特維爾的祕書口述。

《傑出的同代人》在十月四日出版，佳評如潮，也十分暢銷。其實那是重印（雖然某些經過相當編輯），收錄原本刊載在其他地方的散文、文章、悼文，速寫他認識的二十一位政治家與軍人。阿斯奎斯的內心「開關有如槍孔」，阿拉伯的勞倫斯是「大自然最棒的王子」，而且「也許可以說，羅斯伯里勛爵比他的未來多活十年，比他的過去多活超過二十年」。關於寇松勛爵，他寫下：「早晨一片金黃；正午如銅；夜晚如鉛。但是無不堅實，而且風行一時之後，依然擦得發亮。」[146] 所有他寫的英國人都過世了，而且書本的主旨是關於跨世代與政黨的友誼，尤其是他自己與伯肯赫德和勞倫斯，以及他父親與羅斯伯里勛爵和約瑟夫・張伯倫。[147] 論張伯倫的文章幾乎是篇聖徒傳記；顯然他不想終結在對方兒子底下做事的機會。

「無論一個人對民主政府有什麼看法，」邱吉爾描述從未進過下議院的羅斯伯里勛爵，「對其粗糙與墮落的基礎，有些實務經驗也好。選戰是政治人物不可或缺的教育。」[148] 他筆下的阿瑟・貝爾福是「高於一般水準的人」。[149] 前德皇被描述爲「非常凡庸、自負，但大體而言心存好意的人」，沒有「偉大的心胸」，儘管如此卻還是認爲自己「遠勝一般人類」。[150] 這裡邱吉爾也表達當時的看法：德國民族「崇拜權力，讓自己被人牽著鼻子走」。[151]

邱吉爾在《傑出的同代人》也尖銳攻擊蕭伯納——書中唯一非軍人亦非政治家——因爲他爲史達林俄羅斯辯護。「有一個國家……其中公民近五十萬人，」他說，「因爲他們的政治意見被打入奴役，在北極的夜晚凋零受凍，在森林、礦場、採石場長時間勞作至死，許多人不過是表達區隔人類與野獸的思想自由。」[152] 這段文字段比亞歷山大・索忍尼辛（Alexander Solzhenitsyn）開始著作《古拉格群島》（*The Gulag Archipelago*）提前二十年。

一年後，那本書再版時又多四章，包括富蘭克林・羅斯福的一章。邱吉爾已經完全忘記他從未見過對方，雖然他知道羅斯福喜歡閱讀《馬爾博羅》。「意外、命運或者天意，將一個男人放在一億兩千萬人之首……」他寫到總統「已經開始這趟重大的冒險」，而且預言「他的成功必定會拉拔整個世界，沐浴在陽光底下，進入更愉快友善的時代。」[153] 這是客觀分析，也是情書，雖然偶有帶刺的話；在某個句子中，他表示「羅斯福總統的政策，從許多方面來看，是出自狹窄的美國自利觀點」。如同邱吉爾的文章經常出現自我指涉，他描寫一個男人「培養處理公共事務的能力，憑藉著名的姓氏與歷史相連……他競選：他對著人群高談闊論……他追求、獲得、失去最勞累與影響最鉅的官職」。

邱吉爾最敬佩羅斯福的是勇氣。四十二歲的邱吉爾在壕溝中服役，而四十二歲的羅斯福，用邱吉爾的話，「遭到小兒麻痺重擊」。「他的下肢拒絕執行工作，卽使是極少距離的移動都需要柺杖或協助。」邱吉爾也讚揚他的運氣，並表示（事實上說錯了）他在一九三二年獲得民主黨提名，「像硬幣瞬間旋轉一樣輕易」。這導致邱吉爾接著他最無拘無束的鋪張：「運氣到來，不僅作爲朋友、情人，甚至像來見偶像。」他毫不掩飾稱讚羅斯福執行新政的魄力，寫道：「雖然憲政制度掩飾獨裁政府，但無論效果如何卓越。偉大的事情已經完成，更偉大的還在計劃。」他緊接著描述：「羅斯福的名字永遠會與創造復興相連」。兩年後，總統和他開始私人通信時，這句話對他大有好處。

備受爭議的是，邱吉爾也在書中寫了希特勒，但在外交部懇求之下軟化立場。「我不止一次公開呼籲，那位德國元首現在應該變成和平的希特勒。」他寫道，「成功應該帶來溫和親切的氣氛，而且透過改變心情配合新的環境，秉持容忍與善意，保存並鞏固衝突帶來的收穫。」[154]也許那是天真，但也可能是策略，而且那篇文章也批評希特勒對猶太人「凶殘」的迫害。同時，興登堡「打開防洪閘，讓邪惡流入德國文明，也許流入歐洲文明」，但他因年老力衰得到寬恕。[155]

出版隔週，《世界新聞報》連載希特勒那一章節，邱吉爾插入一九三五年《海岸雜誌》文章的兩個句子，表示「他會和伯里克里斯、奧古斯都、華盛頓一起供奉在瓦爾哈拉神殿（Valhalla），還是和阿提拉、帖木兒一起在人類鄙視的地獄打滾」，都是希特勒的選擇。[156]十月，他在《旗幟晚報》一篇文章〈戰爭並非逼近〉（War is Not Imminent）裡主張，英國與法國必須做的，就是向希特勒清楚表示，違反《凡爾賽和約》，進一步改變歐洲地圖，都不可接受。但是，當時的樞密院議長暨上議院首席，並由於親近張伯倫而在外交事務具影響力的哈利法克斯勛爵（前艾文勛爵，他已繼承父親的子爵頭銜），下一個月在貝格霍夫行館（Berghof），即希特勒位於巴伐利亞高山區柏特斯加登（Berchtesgaden）的家，與希特勒會面時，並沒有畫出這樣的界線。

晚至一九三七年十月，邱吉爾還是沒有完全接受，他討厭的蘇聯政體必須成爲包圍德國的集體安全體系正式成員。荒野歲月期間，他對希特勒政權、重整軍備等方面的評估，始終高度一致，但是考量阻擋希特勒的最佳方式，他的想法一直徘徊在能夠請求國際聯盟或蘇維埃人多少，以及如何應對墨索里尼與西班牙的法西斯獨裁者上將佛朗西斯科・佛朗哥（Francisco Franco）。直到一九三八年捷克危機，他才堅絕反對所有綏靖政策，並公開接受有必要與俄羅斯聯盟。

一九三七年的國殤日（Remembrance Day）⑦，邱吉爾在《旗幟晚報》發表一篇文章。「獨裁者騎著老虎來來回回，他們不敢下來。」他寫道，「而且老虎肚子正餓。」[157] 那年他寫了六十四篇文章，約有一半刊載在《旗幟晚報》，但是對於綏靖政策，他的觀點和畢佛布魯克差異甚鉅，因此未能獲得續約。人民不想讀他有如卡珊德拉的警告，國會議員也是。當他站起來發言時，某些議員會離開議事廳，不再像一九三五年那樣蜂擁而入。那年聖誕節，邱吉爾送給布蘭德福勛爵，即他十一歲的教子，也是未來第十一代馬爾博羅公爵，一支金錶以及一句金玉良言：「切勿混淆領導才能和名望。」[158]

十二月，外交部次長克蘭伯恩勛爵（Lord Cranborne），即後來的第五代索茲伯里侯爵，加入另一俱樂部。克蘭伯恩勛爵也是毀了倫道夫勛爵的那位首相的孫子。「我不記得有哪一次無聊，」他說到俱樂部的晚餐，「從進來的那一刻起，直到深夜，才滿不情願決定回家。」[159] 他回憶，邱吉爾「到來，滿面春風，友善仁慈，穿著晚禮服，臉色紅潤潔白。衆人無所不談……沒有禁忌話題——各種政治都可以談……我幾乎很少看到情緒失控，即使討論極爲爭議的話題」。[160] 上一個月，強烈支持綏靖政策的莫提斯通勛爵（Lord Mottistone）和邱吉爾、達夫・庫柏、布思比打賭一百英鎊對十英鎊，「二十年內不會有敵人的炸彈掉在英國的土地」。[161]當時整桌另外二十一個人，除了沃爾特・埃利奧特（Walter Elliot）、芒寧斯、霍登以外，其他人全都跟著下注。而戰爭的腳步逼近。

一九三七年十二月二十一日，邱吉爾最後一次提議恢復德國的殖民地，以收買納粹——但其他大戰勝利的協約國國家也都必須加入。「那必須是整體和解的部分。」他說。整體和解需要希特勒解除軍備到某個程度，並放棄未來任何領土擴張。[162]「雖然這個國家有許多人，如果能向他們保證歐洲眞正的長久和平，他們願意犧牲，滿足德國對殖民地的願望，」邱吉爾告訴議員，「但是他們不會讓出一丁點的領土，只爲了讓納粹的開水繼續沸騰。」邱吉爾盤算，需要的話，控制大西洋的皇家海軍可以督導克復那些主要在西非的殖民地。

邱吉爾已經渴望增加英國空中戰力長達五年，但是他在一九三八年一月七日的一篇文章預測，「來自空中的威脅，對於海上武裝妥當並受到保護的船艦，並非主要的敵人」，這句話是錯誤的判斷。[163]同一個月，張伯倫犯下更嚴重的錯誤。羅斯福總統提議在華盛頓召開國際會議，以協助解決歐洲爭執，張伯倫竟然拒絕。即使會議失敗，這樣的會議可能就會將美國拉進歐洲事務，並且公開暴露希特勒的橫逆，尤其是希特勒拒絕參加。「張伯倫先生的觀點狹隘，於歐洲事務缺乏經驗，」邱吉爾十年後寫道，「令他安於自給自足，推開越過大西洋的協助，即使到了今日這一點，都令人瞠目結舌。」[164]

一九三八年一月，邱吉爾去了地平線城堡度假十二天。祕書薇奧蕾・皮爾曼（Violet Pearman）在他回來時，告訴林德曼：「和我們的預期相反，他獨自旅行，但什麼都沒弄丟，而且非常高興。」[165]女主人梅欣・埃利奧特爲他和溫莎公爵夫婦、勞合喬治舉辦晚宴。邱吉爾對她說，「親愛的，妳今天的晚宴眞是奇怪。全都是一些**以前的人**以前的國王、以前的首相、以前的政治人物。」[166]樊尙・西恩回憶那個場面是「奇怪又超現實的夜晚」，晚宴整個話題圍繞在南威爾斯礦坑入口強制沖澡的問題。「在那別緻的小房間裡，酒杯和銀器在花朵與香檳之間閃閃發亮……他們偏要談礦工脖子上的汙垢？」[167]

「溫莎夫婦很可悲，但也很快樂。」邱吉爾告訴克萊門汀，「她讓我留下深刻的好印象，而且看起來彷彿那是最幸福的婚姻。」[168]應出版商要求，他努力將《馬爾博羅》第四卷從七百五十頁縮減到六百五十頁。他將此比喻爲「砍下自己的手指和腳趾」，也算合情合理。[169]（今日多數讀者希望他當時不要理會出版商。）自從在美國股災損失一萬八千英鎊後，邱吉爾亟需書籍暢銷。查特維爾再度必須在市場上出售，雖然爲期不久，而且幸運的是沒有吸引人的報價。

一九三八年二月二十日，安東尼・伊登辭去外交大臣一職，抗議張伯倫私下向墨索里尼示好，又拒絕羅斯福的會議提議。「我躺在床上，從午夜到清晨，被憂傷與恐懼淹沒。」他在《風雲緊急》中寫道，「似乎有一個強壯的年輕人挺身而出，對抗長久、陰鬱、拖拖拉拉的浪潮，反對猶疑不定與退讓，反對錯誤的評估與微弱的脈搏……現在他走了。我看著日光緩慢爬進窗戶，內心浮現死亡的景象。」[170]如果這段話屬實，那必定是他荒野歲月最低潮的時候。但是伊登擔任外交大臣期間，沒有什麼表現值得這樣的讚美，要等十年之後，伊登擔任他長達八年的副手才會展現。三月十八日，一百五十位議員共同簽名祝賀張伯倫六十九歲生日，並向他保證「他們眞摯的信心」。[171]邱吉爾的名字排在第四。雖然伊登辭職的原因是對義大利的退讓，並非德國，但他無疑也因爲張伯倫內閣親德而挫敗惱怒；例如針對衛生大臣金斯利・伍德（Kingsley Wood），伊登寫道：「他總是抱怨我沒有成功和希特勒結爲朋友」。[172] 一九四一年，邱吉爾訓誡伊登，當時沒有「選擇一個更大的問題辭職，但是承認……外交大臣在這些議題上無法自由發揮」。[173]

一九三七年五月，邱吉爾在科爾法克斯夫人的午餐上說：「他才是在野黨眞正的領袖，因爲工黨的人沒有能力、軟弱、沒受教育。」[174] 現在那個位置卽將被四十歲的伊登篡位，他似乎代表精力充沛的未來，如同邱吉爾代表負擔沉重的過去。伊登在國會的支持者遠比邱吉爾多，伊登的團體被黨鞭戲稱「魅力男孩」（Glamour Boys），他們對邱吉爾保持冷淡。[175] 三月，伊登再度拒絕加入另一俱樂部。「我們決定不應將自己宣傳爲團體，」哈洛德・尼科爾森寫到伊登的支持者，「或者甚至稱呼自己爲團體。」[176] 他們的會議地點是富裕、美國出生的保守黨議員羅納德・特里（Ronald Tree）位在安妮女王門（Queen Anne's Gate）的宅邸，而且伊登要求不留下會議紀錄，也沒有正式議程。參加者包括多黨政府的議員利奧波德・埃莫里、隆納・卡特蘭（Ronald Cartland）、達夫・庫柏、安東尼・克羅斯利（Anthony Crossley）、休伯特・杜格根（Hubert Duggan）、保羅・埃姆利斯－埃文斯（Paul Emrys-Evans）、德瑞克・岡斯頓爵士（Sir Derrick Gunston）、理查・勞（Richard Law）、哈洛德・麥克米倫、路易斯・斯皮爾斯，但是辯論伊登辭職一案時，儘管邱吉爾支持伊登，但仍有二十五名保守黨人棄權，其餘支持政府。私底下，邱吉爾逐漸鄙視保守黨團。那個月他寫信給馬許時談到《馬爾博羅》最後一卷修訂，在這卷中，他的祖先會被懦弱無用的叛徒拉下臺。他說：「我希望這卷能讓現代的讀者知道，那個偉大年代的生活與戲劇性。現代保守黨的先驅是什麼樣的人！」[177]

一九三八年三月十二日，德國軍隊穿越過奧地利邊界。次日，希特勒正式宣布德奧合併。這些事件的嚴重性不容小覷，邱吉爾在十四日告訴下議院：「有一項攻擊計畫瞄準歐洲，時間與內容皆經過精心算計，依階段逐步展開，而且只有一個選擇，不只對我們，對其他不幸的國家亦然——不是像奧地利那樣屈服，就是趁著還有時間，採取有效措施來驅逐危險，而且如果危險無法驅逐，就正面應對。」[178] 他預測到了一九四〇年，德意志國防軍（Wehrmacht）⑧：「必定會比法國陸軍更龐大……為何要國家受難，在一片雜亂的勸誡聲中，被逼到邊緣，推下懸崖？還有許多面對同樣危險、懷抱同樣渴望的強國，為何不趁能夠團結時挺身而出？」

邱吉爾試圖對議員指出希特勒的下一個目標，他已經懷疑很久。「在英格蘭人的耳裡，捷克斯洛伐克這個名字聽來古怪。」他說，「他們無疑只是一個小小的民主國家，我們的軍隊無疑是他們的兩、三倍大，義大利的彈藥供應無疑是他們的三倍，但是儘管如此，他們是剛強的民族；他們有他們的和約權利、他們有要塞連線、他們展現自由生活的強烈意志。」[179] 法國與捷克斯洛伐克組成防禦同盟，但英國沒有，因此邱吉爾提議他現在所謂「偉大的同盟」（Grand Alliance），包含英國、法國、蘇聯，以及小協約國（Little Entente）國家捷克斯洛伐克、羅馬尼亞、南斯拉夫。有了這個同盟，「你現在甚至可以阻止這場逼近的戰爭。」[180]（波蘭不在偉大的同盟內，因為他們拒絕與俄羅斯合併，並要求捷克的領土。）

三月十六日在聖詹姆斯的普拉特俱樂部（Pratt's Club）晚餐時，邱吉爾告訴尼科爾森，他有點同情張伯倫的處境，也將英國的虛弱怪罪在鮑德溫身上，並說現在的情勢實際上比一九一四年更糟。「然而，如果我們採取強硬的行動，」他必須承認，「倫敦在半小時內就會亂七八糟。」[181] 一週後，他跟麥斯基在倫道夫的公寓共進午餐，可能因為他希望這次會面保密。軍情五處在摩佩斯巷公寓監視他們的創辦人，竊聽他的電話，也不無可能。[182]

麥斯基發現，邱吉爾得知史達林清算四分之三的紅軍高階軍官，直至上校階級後，「激動不已」。「能否請你告訴我，你的國家現在是什麼情況？」邱吉爾開口。他說俄羅斯需要加入偉大的同盟，但是最近的清算表示「俄羅斯，廣的說，在外交政治上已經不再是重要因素。」[183]當麥斯基否認那點時，邱吉爾露出麥斯基所謂「狡猾的笑容」，繼續說：「當然，你是大使，所以你的話 *cum grano salis*（不可照單全收）。」[184]當麥斯基問到英國現在的情況，邱吉爾承認，「過去五、六年，黨內主導的團體確實軟弱又短視，程度可謂史無前例。」[185]至於他自己，邱吉爾「咬牙切齒地說，比起努力說服內閣那些不重要的人二加二等於四，讀書和寫作有趣多了」。[186]雖然麥斯基寫的東西不可盡信，但是沒有理由懷疑，如他記錄，邱吉爾告訴他，伊登不會槓上保守黨，因爲他已經「習慣權力與高位，那會寵壞一個人。」[187]邱吉爾預測希特勒最終會侵略蘇聯，「侵略那個國家廣袤的土地與數之不竭的資源。」此時他已讀過《我的奮鬥》（譯本），其中希特勒闡述了德國對東方的**生存空間**（Lebensraum）需求。

邱吉爾直接告訴麥斯基：

> 今天，大英帝國最大的威脅是德國納粹，他們想從柏林建立全球霸權，這就是為何此時我會不遺餘力對抗希特勒。如果某個好日子，德國法西斯主義對帝國的威脅消失，而共產主義的威脅再次出現，那麼——我老實告訴你——我會再次舉起對抗你們的旗幟。但是我不期待不遠的將來有這個可能，或至少在我有生之年。[188]

雖然德國轟炸機對大英帝國的直接威脅僅有英國本島，但儘管如此，邱吉爾認爲受到威脅的是整個帝國，這一點相當有意義。

一九三八年三月二十四日星期四，邱吉爾發表人生最有力的演說之一，論納粹對捷克斯洛伐克的威脅。《凡爾賽和約》把三百五十萬種族上的德國人歸在新建的捷克斯洛伐克邊界內，他們多數在蘇臺德地區（Sudetenland），此時希特勒要求他們併入第三帝國。這將使得捷克斯洛伐克在戰略上毫無防禦。張伯倫曾警告，如果德國與捷克斯洛伐克之間爆發戰爭，「相當難說戰爭會在哪裡結束，而政府會介入多少。」[189]在那次辯論，邱吉爾呼籲成立軍需與防禦的部會：

> 我已經將這個議題在議院實實在在地呈現。幾乎所有的講者都說，如果我們現在不勇敢抵抗獨裁者，就只能準備著有那麼一天，必須在更險峻的局勢中抵抗。兩年前是安全、三年前是容易，而四年前可能只需稍微調度即可糾正局勢。但從此開始一年後，我們會是如何？我們在一九四〇年又會是如何？[190]

他的想像力生動，他的遣詞悉心：「我曾見過這座知名島嶼有氣無力地步下通往暗黑海灣的階梯。那道階梯起初寬廣優美，但是過沒多久就走到地毯的盡頭，再往前一點只有石板，又再往前一點，石板就在你的腳下破碎。」[191]「你可以想像他在擁擠昏暗的議院演說那些話。」羅伯特．伯納斯寫信給姊姊，「彷彿我們客廳的時鐘發出死亡的報時聲。」[192]

邱吉爾繼續說：

> 回頭看這過去五年，也就是從德國認真重整軍備，並且公開尋求報復開始的五年。如果我們研讀

羅馬與迦太基的歷史，就能理解事情發生的緣由。從三次布匿戰爭得出明智的見解並不困難；但是如果致命的災難突然降臨英國與大英帝國，即使過了一千年，歷史學家對我們的遭遇仍會百思不得其解。一個勝利的國家，手中應有盡有，怎會任憑自己遭人踐踏，丟棄所有巨大犧牲與絕對勝利獲得的一切？——隨風而逝！（Gone with the Wind）[10] 現在勝利的一方變成被征服的一方，而那些在戰場上棄械投降、請求停戰的人，正大步邁向征服世界。局勢就是如此——這就是一點一點發生的可怕轉變……此刻正是喚醒整個國家的時候。也許這也是最後一次這個國家能被喚醒、擁有預防戰爭的機會，或者如果我們預防戰爭的努力失敗，便是擁有勝利的機會。我們應該將所有阻礙放置一旁，團結人民所有力量與精神，盡心竭力，再次高舉偉大的不列顛民族，站在全世界面前；因為這樣一個民族，挾帶自古以來的活力崛起，在這個時刻，甚至可以拯救文明。[193]

張伯倫寫信給妹妹，告知邱吉爾在辯論之前已經告訴他，不再爲自己謀求一官半職，而且會繼續以「長輩」般的態度對政府。「我忍不住喜歡溫斯頓，雖然我認爲他幾乎總是錯的，而且不可能共事。在議院的每個人都喜歡聽他說話，並準備歡呼，爲他的俏皮話發笑，但他沒有任何重要的追隨者。」[194] 這樣的反應完全不恰當。邱吉爾清楚且極具說服力的解釋希特勒的行動，且央求英國展開及時行動阻撓，卻被輕率打發。

五月，張伯倫政府部分爲了向德國顯示準備修改和約，單方面放棄三處愛爾蘭通商口岸的權利——貝雷哈文、昆士鎮、斯維利灣。這三個港口本來是邱吉爾在一九二一年協商的結果。邱吉爾沉痛譴責這項舉動，稱爲「目光短淺的綏靖範例」，並且指出，如果發生對德戰爭，而愛爾蘭自由邦選擇中立，將深深破壞皇家海軍在大西洋東側的戰略位置。他控訴政府「爲了舒適與便利，丟棄眞正重要的安全與生存工具」。[195]港口於追捕敵軍潛水艇與保護艦隊占據必要位置，他稱那三個港口爲「西方近海的哨兵高塔，這座島上四千五百萬的人民每日麵包與外國糧食之依靠」。

幾年後，邱吉爾回想「當我說瓦勒拉先生可能會宣布中立時，我必須接受來自四面八方質疑的表情、嘲弄、輕視與笑聲」。[196]「溫斯頓甚至反對《愛爾蘭條約》。」薯條・香農在日記談到修訂的協議，「溫斯頓那個肥胖、聰明、瘋狂、前後矛盾的演說家，難道只是如此？」[197]邱吉爾幾乎是唯一反對放棄通商口岸的人，且爲此遭到利奧波德・埃莫里與許多其他人攻擊。海軍部後來計算，放棄通商口岸直接導致二戰同盟國損失三百六十八艘船艦、五千零七十條人命——英國除了一些可疑的善意以外，其餘什麼回報也沒有得到。[198]如同埃莫里必須在自傳承認：「邱吉爾當下的憂慮已經得到充分證實。」[199]邱吉爾在那次投票棄權後，在外交政策投票開始一概棄權。他沒有投票反對政府，因爲政府擁有超過兩百票的多數：如果保守黨黨鞭沒有出面，他也許就會投票，然後下次選舉被取消資格。那個月他跟達夫・庫柏打賭六英鎊對四英鎊，一九三九年二月底前其中之一就會發生。[200]

「我們拒絕接受所有未戰先降的想法，那是卑怯、懶惰的想法。」五月，邱吉爾告訴曼徹斯特的觀衆，「我們希望國家安全、強大——唯有強大才能安全——而且我們希望國家趁著還有時間，與大西洋兩端其他議會民主政府善盡責任，保衛文明不受另一次世界大戰毀滅的恐怖。」[201]同天，他也就歐洲邦聯的議題發表看法，希望能爲集體安全的想法注入新鮮的活力。在《世界新聞報》一篇名爲〈歐洲合衆國〉（The United States of Europe）的文章，他引用《聖經・列王記下》第四章，寫到英國：「我們與歐洲同在，但不屬於歐洲。我們相連，但不妥協。我們互有利害關係，但不完全依附。而且倘若歐洲的政治家用古老的話稱呼我們：『你向王或元帥，有所求的沒有？』我們應該與書念婦人（Shunamite）一起回答：『我在我本鄉安居無事。』」[202]

如同他六天後在《世界新聞報》另一篇文章解釋，「維持自由火炬燃燒的，就是英語民族，而且幾乎是單打獨鬥。這些事情是合作的強烈誘因。與國家一起，如同與個人一起，如果你深深在乎相同的事，而這些事情受到威脅，爲了存續，自然就會合作。」[203]接著他膨脹文字的力量，討論英語民族之間，如同這個稱呼，爲何「最重要的聯繫是語言……文字是唯一永遠存在的。最驚人的紀念碑或工程奇蹟，經歷時間之手都會破碎，金字塔會崩塌、橋梁會生鏽、運河會堵塞，鐵軌會被雜草覆蓋；但是流傳兩、三千年的文字現今仍與我們同在，不只是過去的遺骸，反而保留它們原始的生命力」。[204]可悲的是，那個月稍晚，在柏林的奧運體育場，英格蘭足球隊應外交部要求在德國國歌播放時向納粹敬禮，那時我們說不出邱吉爾的文字。

一九三八年五月二十五日，工黨與邱吉爾要求調查空防和成立軍需部，而張伯倫正式拒絕。「爲何我尊敬的朋友如此頑固地拒絕這項計畫？」邱吉爾請問首相，並將他比擬爲修士聖安東尼（St Anthony the Hermit），「被教父們（Fathers of the Church）⑨譴責，因爲惡魔要他做對的事，他卻拒絕。我尊敬的朋友應該不讓自己受到這不理性的禁止束縛，因爲我們的焦慮才剛開始而已。」[205]他問，「如果一切進行順利，如此多的虧絀又是爲何？例如，爲何衛兵拿著旗幟操練，而非機關槍？」他想知道爲何國防義勇軍不能配備如同正規軍的裝備，並以尖銳的話語作結，「我敢說空軍部與陸軍部絕對沒有能力從英國製造大量武器。」[206]（某次被問到他最討厭哪個部會，外交部還是財政部，他回答：「陸軍部。」）[207]

六月中，鄧肯・桑迪斯送了一份議會質詢草稿給陸軍大臣萊斯里・霍爾－貝利沙。這份草稿是關於倫敦空防，且涉及機密情報。他拒絕揭露線民，因此遭威脅起訴，但是下議院特權委員會支持他。對於檢察總長試圖以《官方保密法》審判桑迪斯，邱吉爾的意見是，既然該法的目的是保衛國防，不應用來掩護忽視國防的部會首長。[208]「桑迪斯當然只是傀儡。」張伯倫告訴妹妹，「溫斯頓才是真正的推手。他認為他看見機會，可以好好動搖政府。週末在鄉村宅邸參加宴會的人告訴我，曾在那裡遇到他，他霸占說話的機會，整天都在批評政府，在場的人都覺得無聊……我不認為他的仇恨是針對我個人；只是焦躁的野心讓他不停批評他不在其中的政府。」[209]邱吉爾的動機可能真的是出自他的信念，張伯倫似乎沒想到這點，而是強烈傾向用個人角度看待政治，這樣的個性最終會把自己拉下臺。

邱吉爾試著警告內閣祕書莫里斯・漢基爵士，他和桑迪斯聽說某些英國空防的消息，但是漢基只是訓了他兩個鐘頭，指責他打聽機密情報，還告訴空防科學研究次委員會，他「過去從不知道這個委員會的工作這麼慢」。[210]漢基告訴邱吉爾，他的行為「錯誤」、「有害」、「難堪」、「顛覆紀律」。邱吉爾為對方的態度震驚，在信中回覆。「親愛的莫里斯，」他寫道，「當我費盡心思，打算給你攸關公共利益的消息，自然沒想到會換來你冗長的訓斥。我感謝你將文件送回，而你應能確定我將不會再以諸如此類的事情煩擾你。」[211]幾年後，他告訴伊登，漢基後來修復友誼的意圖就像「一條蟲的愛撫」。[212]

六月二十四日，邱吉爾論重整軍備的演講集《武器與公約》(*Arms and the Covenant*) 出版，儘管受到好評，但只賣出四千本，可見大衆對這個主題毫無興趣。隨著蘇臺德地區的情勢惡化，邱吉爾寫信給勞合喬治：「我認爲接下來幾週，我們就必須在戰爭和恥辱之間抉擇，而我幾乎不懷疑決定會是什麼。」[213]那個月，反納粹的德國人埃瓦爾德・馮・克萊斯特（Ewald von Kleist）拜訪查特維爾，並向邱吉爾保證，至少一半的德意志國防軍高階將領「深信攻擊捷克斯洛伐克，會導致德國與英、法開戰，而且德國無法持續三個月」。[214]邱吉爾將此消息傳給哈利法克斯，但這只讓張伯倫最親近的顧問，綏靖主義的重要人物霍拉斯・威爾森爵士（Sir Horace Wilson），認爲邱吉爾在「搗亂」。[215]

邱吉爾當然繼續犯下許多錯誤，做出許多不正確的預言——例如九月一日，他寫了一篇文章，包含一個句子「無疑應該拋棄潛水艇是戰爭重要武器的這種想法」——但是整體而言，他深信希特勒覬覦歐洲霸權，這點遠比張伯倫和哈利法克斯所相信的遠較接近事實。而且相對於張伯倫和哈利法克斯有整個情報機制任由差遣，邱吉爾必須四處打聽消息，來自伯恩斯托夫、克萊斯特、蘇臺德地區領袖康拉德・亨萊因（Konrad Henlein，他在五月就認識，卻無法說服對方停止煽動與第三帝國統一），以及他在軍方和公部門的線民。[216]

希特勒對蘇臺德地區不斷公開挑釁，武力衝突儼然一觸卽發。一九三八年九月十五日，張伯倫飛到德國，在柏特斯加登與這位德國元首見面。回來後，他告訴妹妹，希特勒「言出必行，可以信賴」。[217]參謀長勸告，如果捷克斯洛伐克決定打仗，英國無法救援，而且如果英國對德宣戰，義大利和日本可能都會來瓜分大英帝國，加上法國、報刊媒體[(11)]、倫敦金融圈、政府、國會、民衆，都沒有戰爭的興致，於是張伯倫決定對捷克總統愛德華・貝奈斯（Edvard Beneš）施壓，要他答應希特勒的要求。各自治領的總理在一九二二年九月時不想和土耳其打仗，一九三八年九月也不想和德國打仗。

根據因斯基普的日記，張伯倫九月十七日回來後，告訴內閣，希特勒「是他見過最普通的小狗」，而且在柏特斯加登「有很多裸女的照片」，於是他「得到結論，雖然希特勒意志堅定，但是目標非常狹隘……首相對我們說過不止一次，他只是時機正好。」[218]撇除他的勢利和拘謹，顯然張伯倫相信希特勒的保證——萊茵蘭、奧地利，現在是蘇臺德地區，之後就不會再侵犯任何歐洲的土地。兩天後，張伯倫跟妹妹說：「我是德國最受歡迎的人！」[219]事實上，因爲他的努力，有一個人正要成爲更受歡迎的人，一旦他成功發動政變——以《慕尼黑協定》(Munich Agreement)的形式——一槍不開就把三百五十萬個蘇臺德地區的德國人納入第三帝國。

張伯倫的支持者和邱吉爾的詆毀者主張，基於英國軍力相對德國是如此虛弱，邱吉爾譴責《慕尼黑協定》是不負責任的行爲，而張伯倫爲英國爭取一年的喘息空間，可以在二戰爆發前重整軍備。相對於此，必須記得張伯倫眞心相信他已經締造和平，相信他不只是爭取時間，而且雖然俄羅斯和捷克斯洛伐克在一九三八年反對德國(加強設防、一百五十萬人軍隊、斯科達軍備工廠)，但在一九三九年兩者都不再如此。到了九月底，法國軍隊部分動員，英國海軍全體動員，促使希特勒告訴赫爾曼・戈林(Hermann Göring)，「最後英國艦隊可能會開槍」，並且延後德國動員。[220]

一位決心阻擋希特勒欺侮斯拉夫小國、強力積極的英國首相，原本可能可以逼迫不情願的法國進一步遵守條約承諾。《慕尼黑協定》「爭取」到的一年和平，德國正好善加利用；侵略法國的坦克有三分之一是在捷克製造。因此，雙方都有好的論證，但不容懷疑的是，六年來，邱吉爾鉅細靡遺、滔滔不絕地警告德國是威脅的眞實情況，若有人聽從，英國的軍力就不會如當時糟糕。那樣的評估需要從希特勒掌權那一刻開始，而非五年後威脅侵略蘇臺德地區時。

九月二十二日，張伯倫飛往巴德高德斯伯格（Bad Godesberg），與希特勒進一步協商地理擴張事宜，關於第三帝國吸收戰略地位重要的蘇臺德地區。邱吉爾告訴羅伯特・布思比，這個政府「戰爭或和平都做不好」。[221] 九月二十七日，張伯倫對英國人民廣播：「因爲遠方的國家與我們一無所知的人民發生紛爭，就要我們挖壕溝、戴上防毒面具，是多麼可怕、虛無、不可置信的事。」主導《凡爾賽和約》、建立捷克斯洛伐克的就是英國，他們當然知道紛爭另一方的人民。至於爲了空襲避難和抵禦德國滑翔機降落，而在倫敦各個公園挖的壕溝，後來很快就積滿水，民眾還須愼防跌落。

翌日，九月二十八日，張伯倫在下議院說話時，副官傳話，希特勒邀請他在二十九日於慕尼黑見面。他得意洋洋地表示會去，接著議院起立爲他喝采。只有伊登、埃莫里、尼科爾森和邱吉爾坐著，周圍的議員大喊：「起來！起來！」當張伯倫離開議事廳時，邱吉爾起身，搖頭並祝他「一路順風」。[222] 另一個版本是：「恭喜你。你非常幸運。」[223] 安東尼・克羅斯利告訴邱吉爾，保守黨議員在一家倫敦的俱樂部指控他「不名譽的預謀」，他以貴族的一派輕鬆，禮貌地回答：「非常謝謝你的來信。閣下所提言論，我完全漠不關心。結果還不知道呢！」[224]

九月二十九日，張伯倫搭機前往慕尼黑見希特勒、墨索里尼與法國總理愛德華・達拉第（Édouard Daladier）——貝奈斯不在，沒有受邀。幾乎整個內閣，包括達夫・庫柏，都到赫斯頓航空站（Heston Aerodrome）送他。當天在薩伏伊飯店米卡多廳（Mikado Room），與邱吉爾密切合作的反綏靖政策壓力團體「焦點」(Focus)舉辦一場午宴，邀請二十三人入座，包括李德・哈特、薇奧蕾・博納姆・卡特、路易斯・斯皮爾斯、梅根・勞合喬治(Megan Lloyd George)、阿契伯德・辛克萊、阿瑟・亨德森、哈洛德・尼科爾森、(喬治・)洛伊德勛爵、切爾伍德勛爵，以及克萊門汀。[225]「溫斯頓的臉色因為不祥預感而暗沉。」博納姆・卡特幾年後回憶，「我看得出來他和我一樣，害怕最糟糕的事情發生。」[226]午宴時，邱吉爾試著協調國會資深議員，發出聯合電報給在慕尼黑的張伯倫，「阻止他以捷克為代價做出更多讓步」。雖然洛伊德、切爾伍德、辛克萊同意簽名，但是當他們打電話給其他領袖時，伊登不想被人看到他有意與張伯倫結怨，而艾德禮覺得沒有工黨全國執委會同意，他無法簽名。

「那封電報沒有發出，而我們的朋友一個個走了出去——心灰意冷。」幾年後薇奧蕾・博納姆・卡特寫道：

溫斯頓坐在椅子上，一動也不動，彷彿石像。我看見他眼中的淚水，感覺到鐵進入他的靈魂，他想挽救最後一點榮譽與信念的努力失敗了。我埋怨那些人，就連把姓名寫在他們宣稱的原則與方針上都拒絕。接著他說：「他們的心是什麼做的？再過不久，我們要給的就不是簽名，而是性命——數百萬人的性命。我們能生存嗎？當四處缺乏勇氣時，我們有資格生存嗎？」[227]

五月，他在《世界新聞報》的一篇文章說，「歷史的岸邊散落帝國的遺骸。因為人們認為帝國不值得，於是帝國蒙難。如果在將來幾年，我們如此否認我們的天命與責任，將會招致同樣的命運——而且是我們自找的。」[228]在蘇臺德地區危機期間，邱吉爾始終心繫天命與責任，尤其在九月二十九日這一天。

那天晚上，另一俱樂部有三十二個會員在薩伏伊飯店皮納弗廳用餐，相隔幾間就是邱吉爾用午餐的房間。當場有兩位內閣大臣——達夫・庫柏和沃爾特・埃利奧特，以及幾位議員和非政治人物的名人，例如特倫查德、芒寧斯、戈登・瑟爾福里奇（Gordon Selfridge）、唐納德・索莫威爾（Donald Somervell）、H・G・威爾斯、埃德溫・盧琴斯。邱吉爾的朋友莫恩、洛伊德、馬許、奇斯、布瑞肯、林德曼、布思比也在那裡，以及弟弟傑克，但是親綏靖主義者如加文、莫提斯通，報社的阿斯特、羅斯米爾也在。「邱吉爾的怒氣如高塔，憂鬱如深谷。」科林・庫特回憶，他外出去拿河岸街上的報紙，其中報導《慕尼黑協定》的綱要，[229]上面寫著張伯倫同意捷克斯洛伐克的蘇臺德地區將會幾乎立刻轉入第三帝國手裡。蘇臺德地區之於德國具有地理與民族的重大優勢，因此也讓捷克斯洛伐克對希特勒毫無防衛能力，同時《凡爾賽和約》淪爲廢紙。「溫斯頓憤怒咆哮，」根據莫恩勛爵的日記，「把怒氣發洩在現場兩位政府大臣，要求知道他們怎麼可以支持一個『骯髒、齷齪、不入流、自殺』的政策。」[230]

達夫・庫柏抓起庫特手上的報紙，「以明顯的憤怒與厭惡讀出上面的內容。接著一陣沉默，彷彿一切無聲。達夫起身，不說一句而離去」。[231]在自傳《老年人記性不好》（*Old Men Forget*）中，達夫・庫柏寫道，隨著協議的內容送達，「在場較健談的會員譴責那些細節，而我聽了則是愈加憂鬱。辯論愈來愈凶猛火熱。一位非常傑出的年長政論家（幾乎確定是七旬的加文）宣布他感到非常羞辱，並離開屋內。我依然是政府的官員，因此覺得爲他們的政策辯護是我的義務。我最後一次這麼做。」[232]達夫・庫柏離開不久後，邱吉爾也離開了，他和理查・勞停在一間包廂外，裡面的生日派對請來小丑表演，傳出笑聲。「我們走的時候，」勞回憶，「他咕噥，『這些可憐的人們！他們根本不知道自己即將面對什麼。』」[233]

翌日，一九三八年九月三十日，張伯倫從慕尼黑回來，在赫斯頓航空站揮舞一張紙，上面寫著他和希特勒共同希望他們的民族永遠不會再次打仗。《每日快報》頭版頭條寫著：「和平。本報宣布英國今年不會涉入歐洲戰爭，明年也不會」。開往倫敦的車上，哈利法克斯勛爵試圖說服張伯倫，藉由拉進工黨與自由黨來擴大政府，但是首相看不出這麼做有任何好處，因爲他深信自己眞正帶來和平。國王輕率地不顧君王憲政中立——兩個在野黨都反對協議，還需在國會辯論並投票——邀請張伯倫到白金漢宮的陽臺，與他和王后一起向歡呼的群衆揮手。張伯倫接著開車到唐寧街，沿途經過興高采烈的民衆，從首相官邸上面的窗戶對著底下擠滿的人群宣布：「這是歷史上的第二次，我們從德國光榮地將和平帶到唐寧街。我相信這是我們時代的和平。」[234]（第一次是迪斯雷利和索茲伯里勛爵在一八七八年從柏林會議光榮地帶回眞正的和平。）邱吉爾無法一起慶祝，他相信捷克在骯髒的交易中遭到背叛，而英國很快就會無地自容。

十月二日，達夫・庫柏辭去第一海軍大臣，並在隔天，協定四天辯論的首日表達理由。「首相一直相信以溫言婉語應對希特勒先生，」他說，「而我一直相信他更接受武力威嚇的言語。」他表示自己不如張伯倫那樣相信希特勒的承諾，最後還說：「也許，我已經毀了政治生涯。但這件事小；我已經守住某些對我來說極爲珍貴的事物——我依然可以昂首行走在這個世界。」[235]「親愛的達夫，」邱吉爾寫信給他，「你的演說是我在國會聽過最佳的演出。結構極佳，論證紮實，而且散發勇氣與博愛的光芒。」[236]

但是這樣的觀點沒有共鳴。次日，在上議院的辯論，鮑德溫談到希特勒邀請張伯倫在慕尼黑會面，「彷彿是上帝的手指在天空劃過彩虹，再次批准祂與人類之子的合約。」[237]建制派的核心人物蓬森比勛爵，他的父親曾是維多利亞女王的機要祕書，他說：「我一直非常敬佩邱吉爾先生的國會威力，以及他的文學威力、他的藝術威力，但我永遠覺得，在危機之中，他是第一個應該被拘留的人。」[238]

一九三八年十月五日星期三，下議院辯論的第三天，在得知貝奈斯已經辭職並流亡的消息後，邱吉爾準備發表演說。已有數位保守黨議員稱讚張伯倫的「勇氣、眞誠及高明的領導能力」；其中一位誇張地說：「不是現在，就是其他時候，我們的領袖將會成爲最偉大的歐洲政治家。」一位自由黨議員甚至問道：「什麼是捷克斯洛伐克？」在充滿敵意、對他大聲喝倒采的議會中，邱吉爾說出人生至今最精彩的演講。他和他的政黨早就分道揚鑣；他的朋友，如傑克・莫提斯通、伊恩・漢密爾頓、溫莎公爵、查理・倫敦德里、班德・西敏（Bendor Westminster）、大衛・勞合喬治全都讚揚綏靖政策，有些甚至稱讚那位德國元首本人。邱吉爾已經九年沒有任官，並且四次被拒絕入閣，而他正對著準備以三百六十六票對一百四十四票通過《慕尼黑協定》的議院說話。儘管如此，他的表現依舊卓越超群。

「倘若我今天下午的演說開頭不像一般地，而且其實幾乎一成不變讚美首相這次的危機處理，絕對不是因爲對他缺乏任何個人尊敬。」他開口，「但我確信，完全說出我們對公共事務的想法會更好，而且對於任何追求政治知名度的人，現在絕對不是時候。」他讚美達夫・庫柏和理查・勞的演說，提到前者「他展現堅定的性格，不受輿論浪潮影響，無論它多麼快速猛烈。」[239]他不爲獲得觀眾的同情與支持來層層堆砌演說，反而直言，「因此，我會從最不討喜與最不受歡迎的事情說起，我會從眾人想要忽視並遺忘，但是儘管如此仍必須表達的事情說起，就是我們一直以來，全面且十足地失敗，而法國甚至比我們遭遇更多苦難。」「胡說！」南希・阿斯特大喊。「當一位高貴的女士大喊『胡說』時，」邱吉爾說，「她不可能聽到財政大臣剛才在清楚詳盡的演說承認，希特勒先生實質上已經在這次特別躍進，獲得他打算獲得的。」⑿他繼續說道，「我尊敬的朋友，首相大人，已經盡他極大的努力保全最多……而他最大的收穫——」此時被數個議員大喊「就是和平！」打斷。當終於能夠繼續時，他說，「就是這個德國的獨裁者，不光是從桌上抓走他的食物，而是一道接著一道盡情享用。」[240]

解釋張伯倫在柏特斯加登、巴德高德斯伯格、慕尼黑三地得到的條件差異時，邱吉爾改變比喻，「手槍指著頭時，要求一英鎊。得到一英鎊，又拿手槍指著頭，要求兩英鎊。最後，那位獨裁者同意拿一英鎊十七先令六便士（也就是兩英鎊的九十三・七五％），剩下的用來保證未來的善意。」[241]談到這個位於危機核心的國家，他說：「全都完了。沉默、悲傷、遺棄、破碎，捷克斯洛伐克步入黑暗之中。她和西方民主國家與國際聯盟的關係，每一方面都讓她受苦，何況她一直是國際聯盟溫順的僕人。」[242]蜂擁的人群擠滿倫敦街頭慶祝協定才過幾天，他說：

巨大的災難在我們眼前，已經降臨在英國與法國，切勿對此視而不見。現在必須接受，所有中歐與東歐國家，將會盡力與勝利的納粹政權締造最佳條約。法國賴以維護自身安全的中歐聯盟已經消失殆盡，而我不認為有任何方法可以重建。[243]

他較早之前預言：「一段時間內，可能以年計算，可能以月計算，捷克斯洛伐克將被納粹政權吞沒。」[244]這句話說得了不起，但聽的人卻完全不認爲。

當邱吉爾批評張伯倫描述捷克斯洛伐克是我們一無所知的遙遠國家時，南希・阿斯特大喊「沒禮貌！」邱吉爾的反駁引發眾人的笑聲：「她最近必定剛剛修完禮儀課程。」[245]他也攻擊多黨政府自一九三三年起浪費大把機會，原本可以「抑制壯大中的納粹政權」，卻允許納粹重整軍備，同時英國並未重整軍備，跟義大利爭吵，卻不幫助衣索比亞，敗壞國際聯盟的名聲，疏於建立盟友，結果就是「我們缺乏適當的國防或有效的國際安全，現在就要面對考驗。」[246]

「英國民主與納粹強權之間，絕不可能存在友誼。」他繼續說：

那個拒絕接受基督宗教道德的強權，高舉野蠻的異教，歡呼前進，誇耀攻擊與征服的精神，從迫害之中得到力量與變態的愉悅，並且如我們所見，凶殘無情地要脅屠殺。那個強權永遠無法是英國民主信任的朋友。而我無法容忍的是，我們的國家淪陷於那個強權，墜入納粹德國的漩渦與影響。[247]

他清楚瞭解那個禮拜英國人民表現「自然而然、滿溢的歡喜與安心」：

但是他們應該知曉真相。他們應該知曉我們的國防一直存在重大疏忽與缺失；他們應該知曉我們沒有打仗但已戰敗，而戰敗的後果將長久跟隨我們的路程；他們應該知曉，當整個歐洲秩序混亂時，我們已然經過歷史上一個極壞的里程碑，也該知曉，此刻批評歐洲民主的難聽字眼：「你被稱在天平上，顯出你的虧欠。」而且不要以為這就是結局，這只是認知的開始，這只是第一步，預嘗接下來每年都會端來的苦酒，除非我們再次起立，徹底恢復道德健康與軍事精力，如同往昔堅守我們自由的立場。[248]

四十年前，他寫到演講術，就算「被政黨拋棄、被朋友背叛、被免除官職，任何能夠駕馭這股威力的人依舊可怕。」現在他親身示範這項真理。即使詆毀他的人，例如埃莫里，也對那次演說「印象深刻」，而香農承認「讓前座尷尬」。但是重要的選民與從前的支持者哈里・戈申爵士（Sir Harry Goschen）告訴埃平保守黨協會主席詹姆斯・霍基爵士（Sir James Hawkey），「相當可惜的是，他的演講破壞議院和諧……我認為如果他保持沉默，完全不要演說反而較好。」[249]除了邱吉爾以外，還有三十名保守黨員棄權，包含伊登、達夫・庫柏、埃莫里、麥克米倫、桑迪斯，其中十三人坐在座位上，表示對黨鞭的額外非難。[250]

埃平選區協會因為邱吉爾棄權大怒，契格威爾（Chigwell）分會會長描述那次演說「是個笑話，也是羞恥」，另一個分會會長則稱邱吉爾為「國會之害」。[251]十月底，巴克赫斯特丘（Buckhurst Hill）分會表示：「邱吉爾先生對政府漸增的敵意，尤其是對首相，令我們備感不安。」[252]哈洛（Harlow）分會也有同樣的感受。距離大選不到兩年，黨鞭開始思考是否不讓邱吉爾參選。

「我必須說，我認為下議院四天的辯論是一段相當可怕的經歷。」張伯倫在十月九日對妹妹抱怨，「尤其是我必須無時無刻對抗同黨的變節，而且溫斯頓憑著捷克部長揚・馬沙伊（Jan Masaryk）的幫助，一如往常密謀反對我。他們當然完全不知道我已掌握他們的一舉一動。我一直知道他們在做什麼、說什麼，多次顯示溫斯頓自欺欺人時是多麼的徹底。」[253]軍情五處監視一位議員與一名友善、未來同盟國家的外交大使，兩人之間完全合法的來往，突顯邱吉爾想竊取政府任何進展與消息是多麼困難的事。

在《傑出的同代人》中克里蒙梭一章，邱吉爾評論法國人一生「對抗、對抗、對抗到底」的方式。[254]接下來五個月，邱吉爾必須對抗黨鞭、首相、報紙（尤其是《泰晤士報》）、保守黨中央、他的後座同僚、維安體系，以及自己的選區協會。某些分邊表決，和他同邊的只有三人，有時兩人。但是在那段同樣孤獨的時期，他展現人生極大的道德勇氣，並為將來戰時的領導能力奠定基礎。

作者注

(1) 這不是原創的想法，但也是生動想法，出自伯肯赫德的著作《當代人物》(*Contemporary Personalities*, 1924)，但伯肯赫德寫得較婉轉。

(2) 邱吉爾幾乎確定是說碼，但蘇聯用公制。

(3) 五月底，在另一俱樂部，邱吉爾和「克林克斯」·強斯通（'Crinks' Johnstone）打賭二十五英鎊，鮑德溫在一九三八年七月二日不會當上首相。

(4) 伯恩斯托夫於一九四五年遭納粹殺害。

(5) 她要母親把她的信都燒了，但信件全都小心保存在劍橋大學的邱吉爾檔案中心。

(6) 白金漢宮確實被轟炸，但沒有夷為平地。倫敦動物園事實上還是開放，雖然有毒的爬蟲類和危險動物被安樂死，大貓們被移到惠普斯奈德動物園（Whipsnade Zoo）。而且大轟炸唯一逃出的是一頭母斑馬和牠的幼駒，牠們在往坎登鎮（Camden Town）途中被圈住。

(7) 俄羅斯作為盟友會多有用也不清楚。一九三七年十一月，在另一俱樂部，金融家諾曼·霍登（Norman Holden）和布蘭登·布瑞肯打賭一百英鎊，「俄羅斯和德國如果開戰，俄羅斯會先求和」（另一俱樂部打賭簿）。記者科林·庫特、羅伯特·布思比、德拉瓦爾伯爵（Earl De La Warr）也同樣打賭，而「最終決定將由俱樂部主席在休戰後第一次聚會宣布」。許多年後，「邱吉爾先生，身為所指的主席，宣布霍登先生為輸家」。

(8) 他並非外界指稱自殺；法醫的報告毫無疑問。

(9) 邱吉爾使用「種族」（races）一詞的意思，相當我們今日的「民族」（peoples）。

(10) 瑪格麗特·米契爾（Margaret Mitchell）的小說，一九三六年出版，當時正拍攝成電影，後來也會獲得奧斯卡獎，由克拉克·蓋博（Clark Gable）與邱吉爾最喜歡的女演員費雯麗（Vivien Leigh），和他的朋友萊斯利·霍華演出。

(11) 《泰晤士報》在九月七日的一則社論主張蘇臺德地區應該被第三帝國吸收——完全就是希特勒的要求。

(12) 確實如此，約翰·賽門承認他所謂的「第三帝國現在正在取得他（希特勒）要求的領土，不見得是透過侵略或戰爭，而是割讓——法國與英國逼迫捷克割讓」。（Hansard vol. 339 col. 340）

譯者注

① 一八七四年至一九五〇年，英國室內設計師。
② 勞倫斯的自傳。
③ 英國下議院開會期間，首相回答議員問題的個別時段。
④ 「一九二二委員會」是英國保守黨的後座議員在國會下議院的例行議會黨團，後座議員可在不受制於前座議員的情況下，討論個人思考與選民意見。
⑤ 一九〇九年至一九八六年，英國外交官。
⑥ 於一九五〇年成為牛津大學聖安東尼學院（St Antony's College）第一任院長。
⑦ 每年十一月十一日，大英國協國家紀念在一戰、二戰和其他戰爭中犧牲的軍人與平民的節日。
⑧ 一九三五年至一九四五年間納粹德國的軍隊。
⑨ 基督教會早期宗教作家和傳教士的統稱，著作具有權威與教義指引意義。

18 清白 1938／10—1939／9

被免除官職後，他成為衆矢之的。憤怒的派系猛攻，嫉妒的貴族鼓掌；此時，他所有的成就都被貶低，他的勝利都被責難或抹煞。——邱吉爾論第一代馬爾博羅公爵[1]

我們要付出額外巨大的努力，繼續當個強國，或者要溜進看似較簡單、輕鬆、不費力、不煩惱的道路，並且接受後者蘊含的結果，徹底放棄權利？——邱吉爾，一九三八年十一月十七日在下議院[2]

一九三八年十月十六日，邱吉爾獲准向美國廣播。他的廣播能力無關經驗，因爲BBC總經理約翰・里斯爵士討厭他，一九三〇年代刻意盡可能不讓他出現在廣播上。然而他和麥克風天生投緣，輕易就能從公開演說的大型場合，跳躍到廣播演說親密、近乎交談的方式。他利用機會告訴美國人，「獨裁政府——對一個人物化的崇拜——是短暫的過程。一個人民無法表達心聲、小孩向警察告發父母、商人或店主造謠中傷競爭對手的社會——這樣的社會倘若與健康的外在世界接觸，無法長久持續。」[3]獨裁者沒有「箝制與束縛人類命運前進」的權力。「主導世界的力量在我們這邊；但是力量必須結合才能支配。我們必須武裝，英國必須武裝，美國必須武裝。」[4]

如同他經常在演講中回溯歷史，邱吉爾說：「亞歷山大大帝說過，亞洲的人民是奴隸，因爲他們尚未學會『不』字的發音。勿讓那句話成爲英語民族或國會民主的墓誌銘，或法國，或許多歐洲倖存的自由國家。」[5]他主張，極權主義總愛誇耀，看似強大，「其實他們心裡藏著未說出口的恐懼。他們害怕文字與思想：流傳國外的言論，擾亂社稷的思想——因爲禁止，所以更強大——這點嚇壞他們。」[6]他挑戰美國人，「你們要等到英國屈服，交出自由與獨立，而且四分之三的世界已經毀壞，才要承擔這個事業，單靠你們自己？」[7]

雖然邱吉爾在英國老被說是戰爭販子，但是希特勒直到十一月六日才在某次集會演說這麼稱呼他。[8]邱吉爾在議院回覆的話，經常遭人斷章取義，用以顯示他仍崇拜希特勒。「我很驚訝一個偉大國家的首領，會攻擊一位未任官職的國會議員，甚至連政黨黨魁都不是。」邱吉爾說：

我總是說，如果英國戰敗，我希望我們會去找一個希特勒，帶領我們回到國家之間應有的地位。但是我很遺憾，他並未因為成功變得成熟。整個世界會興高采烈地看見和平與寬容的希特勒，而且沒有什麼，比起對於孤立無助、飄零無依、窮困脆弱的人，給予寬廣的仁慈與同情，更能點綴他在世界歷史的名聲。[9]

這和他在《傑出的同代人》與報紙文章的內容差不多，但此時他繼續，「在這個男人控訴任何人是戰爭販子前，請他問問自己的道德良知。整個大英帝國與法蘭西共和國的民族，眞誠希望與德意志民族在和平之中比鄰。但是他們也決心轉換立場，捍衛他們的權利與歷史悠久的文明，不希望受制任何強權。」[10]從整個脈絡來看，邱吉爾稱英國需要找一個希特勒來領導，以及「這個偉大的人」，只是廣泛蔑視他的訊息其中一部分。

兩天後，希特勒回應：「邱吉爾的背後可能有一萬四千、兩萬、三萬票——這點我不清楚，但我的背後有四千萬票……如果這些英格蘭的世界民主律師主張我們在一年內摧毀兩個民主，我只能問——我的老天，說到底，什麼是民主？由誰來定義？難道上天已經把通往民主的鑰匙遞給像邱吉爾這樣的人？」[11] 他後來表示，邱吉爾「看來是住在月亮上」。[12] 希特勒選擇攻擊一位非部會首長，且此時對政府影響力微乎其微的英國議員也是奇怪。

被希特勒指名道姓批評，並不會傷害邱吉爾在英國的立場。許多政治階級、媒體圈的人認爲邱吉爾早已過氣，是無關緊要的人物。十一月九日，哈洛德・尼科爾森寫信給妻子維塔・薩克維爾－韋斯特（Vita Sackville-West），告知伊登派的一場「極爲祕密的會議」。他不遺餘力地強調他們「和邱吉爾的團體不同」，因爲他們「不做任何輕率或暴力的事」，而且他們「給人的印象，不是痛苦多於堅定，與其說想改革，倒不如說想鬥爭（溫斯頓就是反面）」。[13] 那天晚上在格里利恩俱樂部，邱吉爾表示，認爲德國報紙與其他納粹部長對他的攻擊「一定**有所保留**——彷彿只是序曲，之後會迎來某個針對我們的全新戰役」。[14]

事實上就在那天晚上，納粹發動戰役，即歷史上稱的「水晶之夜」（Kristallnacht），針對的是猶太人，八千家猶太商店與一千六百八十八處猶太會堂遭到洗劫、兩百六十七處猶太會堂被焚毀、近百名猶太人被殺、上千人遭到毆打，以及三萬人被送到集中營。這起事件據說是德國外交官恩斯特・馮・拉特（Ernst vom Rath）在巴黎被德國出生的波蘭猶太難民殺害，繼而引起自發的報復。[15] 接下來幾天，納粹報紙試圖將馮・拉特的事件渲染成與邱吉爾、達夫・庫柏、克萊門・艾德禮有關的刺殺，並附上照片，標題寫著：

「猶太凶手和教唆的人！」[16]儘管英國民眾歡欣慶祝《慕尼黑協定》，但納粹政權的本性一點也沒有改變。

邱吉爾依然是帝國防禦委員會空防科學調查次委員會成員，十一月十四日，他在林德曼促使下，提議研究在海拔三萬五千呎的空中，把空防氣球連成「項鍊」的可能性，並在上面吊掛爆炸纜繩，「像窗簾一樣圍繞海岸，從懷特島到泰恩，間距大約一百七十碼」。[17]這個主意當然完全不可行，而且會貴得嚇人，但由此可見他在思考這些問題。

政府計劃讓陸軍部與空軍部負責自己的軍火生產，而非個別成立軍需部。邱吉爾爲此請求五十位保守黨議員和他一起投票反對，然而，只有布瑞肯和麥克米倫加入，布思比棄權，而政府得到一百九十六票多數。自從一九三五年《印度政府法案》以來，這是邱吉爾第一次投票反對多黨政府。十一月十七日，他將英國的軍備歸告保守黨的後座議院，老實告訴他們：

無論何時都忠心、誠實，宣誓效忠國王陛下的支持者，絕不能認為可以將他們的責任完全丟給國王的大臣。諸多權力在他們身上。三年前，從這些座椅若能發出健康的咆哮，我們的軍備生產今日將會多麼不同凡響！唉！那樣的軍備並非速成。我們已經在一片溫和的默許中漂浮整整三年……這些事實當面怒視我們整整三年。[18]

張伯倫回答時趁機嘲弄邱吉爾。「如果我被問到，我尊敬的朋友，他的判斷力是否位居許多令人讚賞的特質之首，我當請下議院莫逼我回答。」他說。這句話揶揄邱吉爾，引發哄堂大笑。[19]邱吉爾幾天後在他的選區回應：「我很樂意提供過去五年對外交事務與國防的判斷，和他的一較高下。」[20]接著，他引用首相的話。二月時，首相說歐洲的緊張情勢終於大爲舒緩，然而：

> 幾週之後，納粹德國就奪取奧地利。我預言奧地利遭到強暴的震驚沖淡後，他會馬上重複這番宣言。七月底，他說過一模一樣的話，到了八月中，德國發動那些假冒的演習，令我們全體差點又要陷入世界大戰之後，最終完全毀滅、併吞捷克斯洛伐克共和國。十一月，在市政廳的市長晚宴上，他告訴我們歐洲的狀態已經更為和平，但納粹對猶太人口的暴行在整個文明世界迴響之前，他幾乎緘默不語。

張伯倫寫信告訴妹妹希爾妲：「溫斯頓持續惡劣地攻擊我，表示我故意說他缺乏判斷時激怒了他。他知道那是事實，但承受不了親耳聽到。」[21] 至於邱吉爾針對的論點，他隻字未提。

倫道夫選擇在這個問題重重的時候，和父親大吵一架。「您總是懷疑我，在別人面前透露您對我的思慮沒有信心。」他抱怨，「未來我會隱藏自己的感受，默默接受您的訓斥。」[22] 次日，邱吉爾回覆，「當我正向你解釋私人事項的細節時，你突然說要在〈倫敦人日記〉(Londoner's Diary) 公開。我非常驚訝。」邱吉爾指的是《旗幟晚報》的八卦專欄。「我要你別那麼做的時候，可能太過大聲……但你生氣了——怒氣會傳染。」他繼續，「你認爲我在陌生人面前傷害你，那就錯了；相反地，我總是說：『你可以放心跟R談，只要你說清楚，哪些要公開、哪些不要。』」他在信件結尾署名「永遠愛你的父親」，又加上附注：「我相信我已多次證明對你的信心。」[23] 倫道夫在同天回信，寫道：「謝謝您仁慈的信。我知道您無意對我冷酷，傷心的我眞是愚蠢。」[24] 這段父子關係幾乎總是有如暴風雨，而且令邱吉爾痛苦，因爲愈來愈明顯，他們不可能如他渴望自己與父親那樣的共事關係。另一封信中，諷刺地就在情人節，邱吉爾寫道：

「親愛的倫道夫，在你的信中，我不懂爲何看到我凶你時，你不馬上道歉。儘管如此，我原諒你。愛你的父親，溫斯頓・S・邱吉爾。」[25]

一九三八年四月，保守黨議員阿索爾公爵夫人不再聽從黨鞭，並且批評《慕尼黑協定》，之後她隸屬的金洛斯與西伯斯郡（Kinross and Western Perthshire）保守黨協會取消她的參選資格，於是她辭去議員職位，獨立參選隨後的補選。邱吉爾能否支持她，或者那可能也會讓他被取消資格，成爲他在埃平至今的危險？他寄給她的公開信發表在《泰晤士報》，以憲政先例表達支持。「如果情況需要，這是我自己一直希望走上的道路。」他寫道，「因此在這個關鍵時刻，我完全同情妳。」[26]他繼續說，她的敗選「將是英國與自由的敵人所樂見」，而且會被「擴大視爲另一項徵兆，表示大不列顛……不再擁有精神與意志，對抗遮蔽天日的暴政與惡行。」儘管如此，她以一萬零四百九十五票對一萬一千八百零八票輸給保守黨正式的候選人。

十二月十五日，利奧波德・埃莫里在下議院一間委員會辦公室，設置另一個主要成員爲保守黨人的壓力團體，名爲政策研究小組（Policy Study Group）。雖然四平八穩的團體名稱希望吸引大約四十位議員，但是第一次開會卻只有十五位出席。[27]與這個團體有關的多黨政府議員都是反綏靖主義的要角，包括瓦瓦揚・阿當斯（Vyvyan Adams）、哈洛德・尼科爾森、達夫・庫柏、克蘭伯恩勛爵、路易斯・斯皮爾斯、隆納・卡特蘭、戈弗雷・尼科爾森（Godfrey Nicholson）、保羅・埃姆利斯－埃文斯、哈洛德・麥克米倫、羅傑・奇斯。邱吉爾的支持者有布蘭登・布瑞肯、羅伯特・布思比，以及小組的祕書鄧肯・桑迪斯。邱吉爾本人沒有受邀，因爲就連反綏靖的人都認爲他的現身會惹惱政府黨鞭。這個團體在下議院開會，撰寫政策報告，想要鼓勵政府對德、義更加強硬，並倡議重整軍備到經濟可以承受的最大限度，同時將美國與俄羅斯引進歐洲事務。桑迪斯的報告中，有份名單爲下議院投票多次棄權的人，主要有邱吉爾、伊登、沃爾摩勛爵、麥克米倫、尼科爾森、奇斯等，緊鄰的是一份「叛徒」名單，包括愛德華・格里格爵士、A・P・赫伯特、羅納德・特里——那些未棄權的人。[28]

隨著一九三八年到了尾聲，邱吉爾在查特維爾蘭花園的末端砌磚興建蘭花農舍，瑪麗回憶這是「危機時刻，從大房子出來的『隱退處』」（也就是未來會擴大兩倍的防空洞）。[29]他每日也爲《英語民族史》(*A History of the English-speaking peoples*)[(1)]口述一千五百字，參與國會辯論，同時照顧他的選區，希望不被取消資格。「我不認爲戰爭就在**我們**眼前。」他告訴克萊門汀，她正搭乘莫恩勛爵的遊艇航行在加勒比海，「只有更多的羞辱，我很高興不是自己的責任。」[30]他問她，大海和休養是否「幫妳恢復活力？而且我更想知道的是——妳愛我嗎？」[31]

六十八歲的悉德尼・皮爾過世，就是克萊門汀十八歲時兩度祕密訂婚的男人，邱吉爾不禁惋惜。「我們年輕時候認識的人，很多相繼去世。」他寫道，「令人訝異的是，走到生命的盡頭，感覺卻像五十年前。人必定希望在能力衰退前忽然死去。」[32]荒野歲月期間，邱吉爾在一九三〇年送走五十八歲的伯肯赫德勛爵、一九三五年送走四十六歲的T・E・勞倫斯、一九三六年送走同樣四十六歲的雷夫・魏格蘭姆，以及一九三七年送走六十一歲的弗萊迪・傑斯特，之前還有在波耳戰爭、一次大戰與一九二〇年代殞落的人。因此在節禮日(Boxing Day)①，他寫信給克雷加文勛爵（之前是詹姆斯・克雷爵士）。克雷加文勛爵曾在一九〇〇年被波耳人俘虜，現在是北愛爾蘭首相，也是另一俱樂部自一九一六年起的會員。當邱吉爾說「你是極少數的人，擁有能力提供令我敬重的判斷」時，他當然是認眞的。[33] 另一個這樣的人是雷金・巴恩斯（當時是少將雷金納德爵士），他在一九三八年十二月寫信給邱吉爾，「哎，親愛的老友，在此獻上我的關愛，並且向你保證，我自己——以及其他很多也許不是那麼笨的人，我們相信你。」[34] 一九三九年破曉之時，邱吉爾已經不太在乎某些提供意見的人（從來就不多）。面對這麼多反對他的人，這是繼續前進的必要條件。他更在乎父親和老友的認可，無論是否在世，大過於他不屑地描述爲「意見的浪潮，無論多麼湍急凶猛」。[35]

同樣到了一九三九年，那些毀壞邱吉爾的職涯，以及那些曾是重大對手的朋友——包括博納・勞、寇松、麥克唐納、貝爾福、卡森、費雪、基奇納、奧斯汀・張伯倫——都辭世了。鮑德溫已經退休，勞合喬治算友善——至少在公開場合。邱吉爾就在無足輕重的政治人物與年長的政治家兩者之間游移，但重要的是他尚未放棄當上首相的期盼，儘管當時他在下議院的支持者不到五根手指可數，那件事情看來多麼不可能。當然有許多居高位的人，認爲阻礙他的未來發展是他們的任務，但是張伯倫、西蒙、哈利法克斯、霍爾的水準，都不及他從前支持或反對的怪獸等級。（張伯倫還在爲《慕尼黑協定》洋洋得意，那年他的聖誕卡片上，圖案還是他飛到德國那架雙引擎的洛克希德噴射運輸機〔Lockheed Electra〕。）

有個有趣的二分法：雖然綏靖運動旨在防止戰爭爆發，但是多數帶頭的人未曾親臨大戰；反而多數反綏靖的人曾經參與大戰。拉姆齊・麥克唐納、斯坦利・鮑德溫、內維爾・張伯倫、約翰・賽門、塞繆爾・霍爾、金斯利・伍德、R・A・巴特勒（R.A.'Rab' Butler，綽號「拉布」）都不曾在大戰服役；然而，主要的反綏靖主義者，例如邱吉爾、安東尼・伊登・MC（軍功十字勛章）、達夫・庫柏・DSO（傑出服務勳章）、羅傑・奇斯・KCB（爵級司令勳章）・DSO（傑出服務勳章）、路易斯・斯皮爾斯・MC（軍功十字勳章）、喬治・洛伊德斯・DSO（傑出服務勳章），以及當年受到重傷的哈洛德・麥克米倫都打過仗。

十二月三十日，邱吉爾在《每日電訊報》寫了一篇文章，名為〈西班牙之潰敗〉（The Spanish Ulcer），這是拿破崙為一八〇八年至一八一四年半島戰爭取的名字，文中主張：「如果佛朗哥獲勝，納粹支持者會驅使他走向和極權國家同樣的殘暴壓迫。」不需要希特勒鼓勵，佛朗哥也會在一九三九年三月獲勝時，屠殺十萬共和軍敵人。邱吉爾將那篇文章寄給哈利法克斯，表達「佛朗哥失敗，我們才會獲利」。[36]這個轉變雖然遲來，卻十足誠懇。

一九三九年一月七日，《新政治家》的編輯金斯利・馬汀（Kingsley Martin）發表一篇與邱吉爾的訪談。邱吉爾宣布：「我不認為有什麼理由，民主不能自我防衛，同時保有根本價值。」[37]他不認為全面徵兵有必要，但會毫不遲疑透過投票擴大國防義勇軍。他主張多黨政府的「領袖未能理解（重整軍備的）需求，也並未警告人民，或者害怕履行他們的義務……戰爭恐怖，但奴役更恐怖，而且也許你大可確定，英國人民寧願跳下去作戰，也不願活在奴役之中。」[38]這是接下來六年他經常重複的話，輔以他對歷史深刻的閱讀，但是一九三九年初，邱吉爾口中的「英國人民」打仗意願其實極低。接下來六年，邱吉爾經常主張，他只是說出英國人民內心深處的驕傲與好戰，但是那樣的精神實則多數來自由衷呼應他的理想，他們本來並沒有這麼認為。

一九三九年一月，邱吉爾和林德曼到地平線城堡享受陽光，他在那裡作畫，並寫作《英語民族史》。他希望能在一九三九年年底出版，好扭轉財務情況，心想在那之前應該沒有什麼要緊的事。「這眞是難以對付的苦差事，」他告訴還在加勒比海的克萊門汀，「但會令人非常滿意。」[39]途中，他赴巴黎跟法國財政部長保羅・雷諾（Paul Reynaud）共進午餐，也和三任法國總理里昂・布魯姆與前外交部長伊馮・戴勒布斯（Yvon Delbos）見面。戴勒布斯「穿著便衣」前來，因爲他就住在布魯姆的公寓附近。戴勒布斯表示，如果法國出兵幫助盟友捷克斯洛伐克，毛利斯・甘莫林（Maurice Gamelin）和阿爾方斯・喬吉斯（Alphonse Georges）兩位上將在第十五日就會突破德國戰線。

「我不認爲把這些負擔和疏忽扛在肩上會有什麼趣味，」一月八日他告訴克萊門汀，指的是缺乏空襲防備措施，「少了他們（政府）不曾夢想的相當權力，當然不會。」[40]他接著開玩笑，如果有朝一日成爲首相，在國防方面一定要有加重的權力。同時，張伯倫告訴妹妹，他收到一封來自一位機械工程師的信，對方名叫內維爾・格威尼（Neville Gwynne），請他不要去羅馬，而是與歐洲強國聯盟抵抗希特勒。「換句話說，最好拋棄我的政策，採納溫斯頓的！幸好我的個性，就像勞合喬治說的，極爲『頑固』，而且我拒絕改變。」[41]

一九三九年一月十一日，張伯倫和哈利法克斯拜訪墨索里尼，但是無法把他拉出希特勒的勢力範圍。德奧合併將第三帝國帶到義大利北方的邊界。「張伯倫去羅馬不會造成傷害。」這是邱吉爾告訴克萊門汀的想法，「我們最多只能這麼說。」[42]當巴克魯公爵夫人（Duchess of Buccleuch）茉莉（Molly）告訴邱吉爾，張伯倫要來德朗蘭里格城堡（Drumlanrig Castle）對當地保守黨員演講，不知該把講臺放在哪裡才好。邱吉爾回答：「放在哪裡都無妨，只要太陽直射他的雙眼，風吹進他的嘴巴。」[43]

一月，邱吉爾和溫莎公爵夫婦在安提伯（Antibes）共進晚餐。公爵身穿斯圖亞特格紋的蘇格蘭裙，強烈批評邱吉爾最近的文章，內容反對佛朗哥，並支持與俄聯盟。「我們坐在火爐旁，」梅欣・埃利奧特的甥女婿樊尚・西恩回憶，「邱吉爾先生皺著眉頭，專心盯著前方的地板，毫不裝腔作勢……直截了當地說，國家正處於史上最大的危難。」公爵「一有機會就急著插話，反駁每個論點，卻得到政治智慧與公共精神的經驗教訓，而且是以最有禮貌的文字。我們其餘的人安靜坐著：這場爭論結果戲劇性地底定，毫無爭議。」[44]邱吉爾無疑發現前任國王對納粹的看法根本上充滿謬誤。透過這段「持續很久的論證」，他維持尊重，但確實向他指出「當我們的國王與我們的憲法衝突時，我們換掉我們的國王。」[45]五天後，在大西洋對岸巴貝多的另一場晚會，莫恩勛爵的情婦薇拉（Vera），即布洛頓女士（Lady Broughton）(2)，和其他人讚揚BBC的廣播攻擊反綏靖者。克萊門汀立刻訂了一張古巴號（*Cuba*）的船票，隔天航向英國，支持丈夫。

一月三十日在帝國議會，希特勒描述邱吉爾、達夫・庫柏、伊登是「戰爭的使徒」。[46]他也公開承諾，如果爆發戰爭，「將在歐洲滅絕猶太種族」。即使張伯倫依然深信他在位期間已經確保和平，邱吉爾仍持續關心英國的軍備重整進度，而且進度總算加速。颶風戰鬥機從一九三八年十月每月二十六架，增加到一九三九年九月每月四十四架，噴火式戰鬥機從十三架增加到二十二架，同時防空高射炮的月產量從五十六座增加到八十五座。這些新式戰鬥機的中隊從六隊增加到二十六隊。這些有時會被用來為《慕尼黑協定》辯護，但這樣的說法忽略德國當時的情況。當英國專注鞏固空防時，即使英國在一九三九年四月之後開始徵兵，但於德國陸軍相對英國依然呈指數性成長。英國陸軍部在《慕尼黑協定》時，估計德國陸軍人數六十九萬人，分成五十一個師。一年後，德國陸軍已經成長爲兩百八十二萬人，分成一百零六個配備完整的師；同一時間，英國陸軍只從兩個配備完整的師成長到五個配備足夠的師。

一九三九年三月二日，伊登的朋友吉姆・托馬斯（Jim Thomas）寫信給他最親密的政治盟友「巴貝提」（Bobbety，即克蘭伯恩勛爵），表示大衛・馬傑森已經提出「哈利法克斯接任下屆首相的想法——不是那段期間把他從上議院『掏出袋子』[(3)]，就是把他留在那裡。前提是，需要有個足夠強大、熟識、可信任託付下議院的對象。那個人顯然就是A（安東尼・伊登）……哈利法克斯的聲望正在上漲，而且他強硬的外交政策，更吸引A在議院和國家的支持者。」[47]伊登於一九三九年初對政府相對微弱的批評，在這些情況底下變得更容易理解。然而，保守黨建制派堵住反綏靖者嘴巴的計策不止如此。

一九三八年十一月到一九三九年三月中，保守黨黨中央開始盤算取消邱吉爾在埃平的保守黨候選人資格。三十五歲的科林・桑頓—肯姆斯利（Colin Thornton-Kemsley）是埃塞克斯（Essex）和米德塞克斯（Middlesex）地區全國保守黨聯盟與統一協會榮譽財務長，並且主導埃平選區主要分會的委員會。他的最終目標是在中央理事會取得多數，以利取消邱吉爾明年大選的參選資格。[48]「在我看來相當清楚，高層非常樂見埃平分會的反抗逐漸高漲。」桑頓—肯姆斯利後來這麼說。[49]如同阿索爾公爵夫人的命運所示，這可能意味邱吉爾會在國會最需要他時離開。別人經常批評，因爲他沒有什麼可以失去，所以反對綏靖政策，但事實上他距離失去極度看重的事物非常接近，就是他在下議院的席次。

那個選區有二十六個分會，而桑頓－肯姆斯利和他的同伙募集新會員進入那些分會的協會，分會在選區的中央理事會就會占據過多比重。忽然之間，埃塞克斯的小村鎮變成反對與支持邱吉爾的勢力戰場。例如梅慶教區（Matching）只有三百八十四位選民，派出五名代表去理事會。塞登博伊斯（Theydon Bois）與契格威爾這樣的地方，大批不需要證明自己是保守黨的人開始注冊，取得投票權，然後擊敗存在已久的親邱吉爾選區官員。邱吉爾以威脅組成獨立分部委員會反擊，但那違反協會章程。桑頓－肯姆斯利同時寫信給地方報紙，要求邱吉爾辭去保守黨黨籍獨立參選，因爲他反對《慕尼黑協定》。

桑頓－肯姆斯利在一九七四年著作的回憶錄，可以理解他輕描淡寫想封邱吉爾之口的意圖，表示那些行爲「非常幼稚無禮」，而且是「無益的叛亂」，但在那時候，他們的認真程度可不只如此。他承認「一個有黨的機制支持、強大的保守黨參選人，可能會讓自由黨在分裂的投票中獲勝」，這無疑是親綏靖主義的政黨當局所希望的。桑頓－肯姆斯利回憶，地方分部中，沃爾珊寺（Waltham Abbey）和納斯英（Nazeing）「也以反對那位議員著稱」，加上塞登博伊斯、契格威爾、埃平這三個地方，他的支持者已經多於邱吉爾的支持者，「看來理事會會議可能……會變得『難分高下』」。[50]

桑頓－肯姆斯利孜孜不倦地工作。一月二十五日，他當選契格威爾分部主席，理由就像地方報紙寫的：「契格威爾強烈支持張伯倫先生的綏靖政策，毫不同情邱吉爾先生的態度。」[51]在一份媒體宣言中，他譴責「邱吉爾先生對掌舵者的態度沒有幫助」。[52]之後勞頓（Loughton）分部通過動議，要求邱吉爾支持首相，而塞登博伊斯主張「一面倒地」支持張伯倫。[53]契格威爾分會已經以十四比四反對邱吉爾，而勞頓則是三十一比十四。

三月四日在納斯英統一協會的晚餐，埃平選區的官員指責不在場的邱吉爾，而桑頓—肯姆斯利說他「不該繼續躲在保守黨善意的庇護之下」，反對聲浪到達高點。有個上尉瓊斯又搬出老套的說詞，「我讚揚他的智慧與意志，但我譴責他的判斷」，然後另個上校伯瑞說「已經對他用盡我的耐性」。有個講者說「張伯倫先生是英格蘭有史以來最偉大的首相」，表示《慕尼黑協定》是「史上最偉大的成就」。[54] 某人用「驅逐」指涉邱吉爾，而沒有人反對。[55]

邱吉爾已經在寫給阿索爾公爵夫人的公開信表示，取消參選資格後唯一光榮的路就是辭職，並且獨立參選。《慕尼黑協定》後，沒有其他可贏的保守黨選區會接受他，而在那樣的政治環境中，即使他以獨立保守黨的身分參選也不太可能會贏。幾乎所有其他的政治人物，在距離大選只剩幾個月時，遇到選區如此大規模的暴動都會妥協，並且降低音量，避開可能造成嚴重後果的方向；相反地，邱吉爾在納斯英的會議僅僅六天後，直接前赴桑頓—肯姆斯利的契格威爾分部，告訴他們，去年十月譴責《慕尼黑協定》的演講，「我不會收回半個字，」又說：「我今天下午才又重讀，意外發現我說得有多麼真實。」[56]「許多人在九月危機時，以爲他們只是給出捷克斯洛伐克的利益，」三月十四日，他告訴另一個分部沃爾珊寺，「但是每過一個月，你將見到他們也會給出英國的利益，以及和平與正義的利益。」[57] 關於取消參選資格的諸多行動，他問：

如果國會不是將真實的陳述帶到人民的面前，試問有何用處？如果下議院議員只要說些當下受到歡迎的話，只要在每次部會首長口說陳腔濫調時大聲喝采，走過大廳充耳不聞他們聽到的危機，目的就是極力討好政府黨鞭，試問選舉議員有何用處？人們談論我們的國會機構與國會民主，但是如果這些制度能夠生存，不會是因為選民選出溫順乖巧、卑躬屈膝的議員，而且試圖撲滅各種形式的獨立判斷。[58]

次日清晨，德國侵略捷克斯洛伐克殘餘的部分，徹底改變整個地理樣貌。希特勒正式宣布，從布拉格城堡建立「波希米亞與摩拉維亞保護國」。多年來，堅持希特勒不過是想合併德國民族進入第三帝國的那些主張，一夕之間成爲謊言，而那些相信他的綏靖主義者全都成了傻瓜——也許出自好意，但就是上當。資深政治人物中唯一沒有受騙的是邱吉爾，而同樣未被欺騙但程度不及的還有伊登、利奥波德・埃莫里、達夫・庫柏、洛伊德勛爵。那天，邱吉爾和麥斯基一起在倫道夫的公寓午餐。在那裡，邱吉爾「表達他的看法，認爲希特勒前進捷克斯洛伐克必定代表他轉向東邊。在他重創西邊之前，希特勒必須先鞏固後背。」[59]這又是另一個違反直覺的絕佳分析與預測。

三月三十一日，張伯倫保證波蘭與羅馬尼亞獨立。英國和法國無法從軍事上保衛它們，但這項承諾目的在於，如果希特勒再踏出一步，想要統治歐洲，就是引爆線。政府也宣布擴大國防義勇軍兩倍，也就是邱吉爾之前力爭數個月的要求。同時，他公開呼籲與蘇聯「最大可能合作」。[60]四月三日，他再次深入歷史，警告「如果我們涉入現代的戰爭，破壞與苦難將直接深深降臨在這個國家，拿破崙對英格蘭的威脅也不及一半。」[61]任何時候，他從不試著小看，未來若發生衝突，將會發生什麼樣的恐怖事件。

一九三九年四月七日星期五，受難日當天，墨索里尼入侵阿爾巴尼亞的新聞傳來時，哈洛德・麥克米倫在查特維爾午餐。「那個場面，讓我首次知道邱吉爾工作起來是什麼情景。」他回憶，「地圖拿出來，祕書一字排開，電話開始響。」「『英國的艦隊在哪裡？』那是最緊急的問題。」麥克米倫寫道，「我永遠記得春天那日的情景，邱吉爾散發的能力與活力、流暢的動作，雖然當時他根本不任官職。彷彿只有他在指揮，其他人則是目瞪口呆又猶豫不決。」[62]兩天後，張伯倫向艾達抱怨，他在國會的會議被反對黨「糾纏」，還有「糾纏最緊的是邱吉爾，幾乎每小時都來電。」[63]事實上，邱吉爾只打了兩通電話，而且派出一名信差，帶著皇家海軍在地中海的部署建議過去，包括要英國在（中立）希臘的科孚島（Corfu）建立海軍與空軍基地。

四月十三日，邱吉爾支持再次實施徵兵。「當我們渴望帶領全歐洲離開深淵邊緣，走向法律與和平的高地時，」他說，「我們自己必須設立最高的標準，我們必須毫無保留。」[64]辯論之後，他邀請大衛・馬傑森晚餐，並且「直言不諱告知他，他強烈希望加入政府」。[65]張伯倫準備承認邱吉爾「在下議院財政大臣的席位上肯定有所幫助」，但是關於科孚島，「我會不會爲了拒絕他這種魯莽的建議弄得筋疲力盡？」[66]

一週後，張伯倫確定成立一個軍需機關，但宣布要由哪個部會來運作時，他刻意暫停，吊議院胃口。香農寫道，議院「引頸期盼，一半希望，一半害怕，答案會是溫斯頓」。[67]結果，張伯倫說：「經過國王同意，我在此宣布，負責這個新部門的部會，將由我尊敬的朋友，現任的交通大臣擔任。」[68]萊斯里・伯爾吉（Leslie Burgin）就和托馬斯・因斯基普、斯維頓勛爵、查特菲爾德勛爵一樣，徹底平淡無奇；而另一個向希特勒與墨索里尼傳達清楚訊息的機會再度被任意浪費。四月二十七日，關於徵兵的辯論，香農寫道，「那天下午的最佳演講，毫無疑問就是邱吉爾，了不起的努力。」辯論時，有人看到張伯倫在下議院的紙上寫了非常多的筆記。結果他是在爲保守黨議員安東尼・克羅斯利速寫自己釣鮭魚的心得，克羅斯利正在撰寫那個主題的書籍。[69]

五月四日，《每日電訊報》的文章〈俄羅斯的平衡力〉（The Russian Counterpoise）中，邱吉爾談到，對於和俄羅斯一起加入戰力，波蘭有所猶豫，這點可以理解。俄羅斯曾經數次入侵並分割他們的領土，因此他們反對偉大的同盟。「波蘭政府必定非常驚訝，」他寫道，俄羅斯「對於阻止戰爭非常重要，而且無論如何，爲了最終勝利，不能缺乏俄羅斯……從納粹的惡毒一覽無遺那一刻起，波蘭與俄羅斯明確的結合就不可或缺」。[70]不幸的是，英國政府對於與俄羅斯聯盟的想法一拖再拖、心存懷疑，猶豫太久。外交部花費數週才派資淺官員到莫斯科。儘管如此，史達林害怕希特勒的長遠意圖，還是試探性提議與英、法結成三國聯盟，以包圍德國。

到了這時候，再也沒聽到桑頓—肯姆斯利想在埃平政變的消息。（黨中央給他一個蘇格蘭的席次，他擔任議員直到一九六四年。）一九三九年五月，蓋洛普民調（Gallup Poll）顯示，希特勒奪取捷克斯洛伐克其餘地區，已經改變大眾對邱吉爾的看法。民調詢問受訪者是否支持邱吉爾回到內閣：五十六%答「是」、二十六%答「否」、十八%不作答。[71]但是張伯倫派依舊將他視爲敵人。「邱吉爾和他的朋友，」戴維森寫道，「正在利用所有知名度和說服的伎倆，而且如果又有一個對波蘭的《慕尼黑協定》，能夠得到喘息的機會，就會想出攻擊首相的方法。」[72]「報紙似乎完全歡迎邱吉爾和批評；老實說，情況可能更糟。」這個事實對戴維森來說，甚至比波蘭可能會像捷克斯洛伐克一樣被拋棄並肢解還要震驚。[73]（當然，除非他是波蘭人。）喬治六世對邱吉爾的演講也有同樣感受，他告訴加拿大總理麥肯齊・金：「他永遠都不希望任命邱吉爾任何官職，除非在戰爭時期有絕對必要。」[74]麥肯齊・金在日記寫道，「我必須說很高興聽到他那麼說，因爲在我認識的人中，邱吉爾是數一數二危險的。」

五月九日，張伯倫和哈利法克斯似乎不僅懷疑俄羅斯的英、法、俄三方聯盟提議，還打算拒絕，寧願親近波蘭，於是邱吉爾在下議院爆發：

如果國王陛下的政府，已經疏忽國防這麼久，已經拋棄捷克斯洛伐克及其軍事意義，尚未調查波蘭與羅馬尼亞的國防技術就向我們承諾，而且眼下打算拒絕並拋棄俄羅斯不可或缺的幫助，因此導致我們陷入最壞戰爭中最壞的面向，他們便不應得那樣的信任，而我還要加上慷慨——他們不應得同胞給予他們的慷慨。[75]

接著，邱吉爾北上到劍橋的玉米交易所演講，提醒人民很快就要起身對抗的事。「爲了達到侵略目的，他們必定會發動破壞性無法丈量的大戰。」他說到希特勒和墨索里尼，「任憑他們入侵，將迫使大部分的人類陷入他們的統治；反抗他們，無論戰爭或和平，都是危險、痛苦、困難的事。在這個階段，對任何人隱藏這些明白的事實沒有用處。任何人若要繼續這件事情，就必須清楚瞭解可能的代價與危險。」[76]就連在最嚴肅時，他仍具有說笑的能力，談到布拉格遭到占領，「這種可惡的暴行，睜開瞎子的眼睛，打開聾子的耳朵，有時甚至還會讓啞巴開口說話。」[77]

雖然邱吉爾正逼著政府締結聯盟，藉此從兩邊發動戰爭威脅希特勒，以維持和平——這是德國在一戰最終戰敗的主因，但是他也在思考，倘若西方發生災難會是如何。六月，他出席國家美術館館長肯尼斯・克拉克舉辦的晚會，在場還有美國具影響力的專欄作家沃爾特・李普曼（Walter Lippmann）、生物學家朱利安・赫胥黎（Julian Huxley）。李普曼表示，美國駐倫敦大使約瑟夫・P・甘迺迪（Joseph P. Kennedy）曾告訴他，戰爭不可避免，而且英國會被打敗。[78] 邱吉爾回答：

> 假設（雖然我從未如此假設）甘迺迪先生這番最不幸的談話為真，那麼我願意賭上生命戰鬥，好過在戰敗的恐懼之中，臣服於那些最邪惡之人的威脅。那麼就會輪到你們美國人來保存並維持英語民族偉大的遺產。將會由你們從帝國的角度思考，意思就是永遠比自己國家的利益考慮得更高、更遠。儘管這座親愛的島嶼上，我們臣服於敵人的暴力與威力，然而在你們遙遠不受影響的大陸，自由的火炬將未受玷汙繼續燃燒，而且（我相信並希望）不沮喪憂慮。如果我不這麼相信，也不會在我眼前所見的戰爭中痛快死去。[79]

那只是場晚會，但邱吉爾顯然已經開始醞釀幾年後那場偉大演講的想法與詞句。(4)

七月，收錄外交事務演講的《循序漸進》（*Step by Step*）出版後，邱吉爾待在查特維爾，預計五十三萬字的《英語民族史》已經達成四十八萬字，他也在蓋兼具空防功能的農舍。凱薩琳・希爾（Kathleen Hill）在一九三七年受雇爲打字員，後來成爲邱吉爾在戰爭期間的私人祕書。她回憶，邱吉爾在砌磚時，「我們曾經帶著筆記本，爬上樓梯——他在那裡也能口授……我們經常匆忙前往下議院，車子一邊在開，他一邊口授，然後在下議院就打字出來。有時候我們會在他演講時遞紙張進去。」[80]

那年夏天，倫敦河岸街張貼一張大海報，上面只有一行字：「邱吉爾值多少？」那張廣告由廣告經紀人J・M・畢博（J. M. Beable）出資，他告訴《廣告主週刊》（*Advertisers' Weekly*），「與其宣傳政策，我更想讓人民想想邱吉爾復職。」[81] 雖然《每日電訊報》、《星報》（*Star*）、《週日畫報》（*Sunday Graphic*）、《觀察家報》、《約克郡郵鏡報》（*Yorkshire Post Mirror*）、《晚間新聞》（*Evening News*）、《每日郵報》，甚至那個月的共產主義報紙《每日工人報》（*The Daily Worker*），以及三百七十五位英國各地大學教職員，都要求邱吉爾復職，但是除非發生戰爭，否則張伯倫不會讓破壞力這麼高的人物重回內閣。麥斯基記錄安・張伯倫（Anne Chamberlain）建議丈夫：「邀請邱吉爾入閣，等於自斷你的政治前程。」[82]張伯倫告訴妹妹艾達：「戰爭拖延愈久，就愈不可能發生。溫斯頓和他的伙伴似乎永遠不理解那點。」[83]他邀請《每日電訊報》老闆坎羅斯勛爵到唐寧街十號，告訴他，雖然自己和邱吉爾的個人關係「相當友好」，但是邱吉爾「爭論時容易發脾氣，而且許多同僚發現，不要反對他比較輕鬆」。[84]他進一步告訴坎羅斯，邱吉爾對科孚島的提議，表示墨索里尼入侵阿爾巴尼亞時，邱吉爾「整天守在門口」。[85]七月二十七日，坎羅斯的弟弟凱姆斯利勛爵（Lord Kemsley），也是《週日泰晤士報》的主編，在北巴伐利亞拜洛伊特（Bayreuth）一年一度的華格納音樂節（Wagner festival）拜訪希特勒，而當這位德國元首說到邱吉爾的言論威力會危害張伯倫政府時，凱姆斯利向他保證，「邱吉爾先生過去至少四次不幸選舉失利」，因此元首其實不需要擔心。[86]

一九三九年八月二日的一場辯論中，邱吉爾主張國會應該在八月二十一日召開，而非政府偏好的十月三日，因爲他相信希特勒正在準備入侵波蘭。「整個波蘭的邊界，從但澤（Danzig）到克拉考（Cracow），都充滿大批軍隊，」他警告議員，「而且各種準備都是爲了快速進攻。」他說，布雷斯勞周圍布有五個德國的師，處於高度機動狀態，而且爲了接收傷者，波希米亞的公共建築都已清空。[87]沒有人相信他。張伯倫發動對自己的信任動議，結果他以一百一十六票獲勝，於是下議院休會。「他是夏天的暴風雨，」張伯倫寫信給艾達，「猛烈但時間很短，通常過後就是陽光。但是他讓自己極難共事。」[88]伊登似乎同意，詢問他底下的官員克蘭伯恩勛爵和理查・勞，大選時該怎麼做。他們認爲十一月就會大選，「我們應該以獨立保守黨的身分參選嗎？我們要成立一個新的政黨嗎？我們和溫斯頓的關係會是如何？」[89]

八月八日，邱吉爾在對美國的廣播中用諷刺的幽默宣布，兩百萬個德國人將在九月「展開演習」，「畢竟，獨裁者必須訓練他們的士兵。稍有腦袋的人就會這麼做，因爲丹麥人、荷蘭人、瑞士人、阿爾巴尼亞人，當然還有猶太人，隨時可能跳出來，搶走他們的生活空間。」[90] 隨著八月過去，史達林背棄之前提議的同盟。雖然史達林曾經提議，但張伯倫心不在焉地協商。後來史達林反而邀請第三帝國外交部長約阿希姆・馮・里賓特洛甫到莫斯科，與俄羅斯外交部長V・I・莫洛托夫（V. I. Molotov）討論一項協定。這項協定很快就會把波羅的海國家和波蘭東半部送給蘇聯，並且確保德國與資本主義的英國和法國發生戰爭時，俄羅斯將冷眼相待。

張伯倫堅持國會漫長休會，並在那段期間前往蘇格蘭釣魚，此時邱吉爾和路易斯・斯皮爾斯前往馬奇諾防線（Maginot Line）觀看防禦工事，在那裡跟法國陸軍總指揮官上將甘莫林長談至深夜，關於使用人工霧，以及在河流埋雷阻斷萊茵河交通的可能。[91] 某天在馬美地（Malmedy）與法國野戰軍團指揮官上將喬吉斯共進午餐時，斯皮爾斯回憶，邱吉爾「臉上的笑容消失，而且搖頭的樣子透露不祥。他發現，認爲軍隊再強也無法通過阿登（Ardennes），這樣的想法實在非常不智……『記得，』他說，『我們面對的是新的武器，力量強大的裝甲。德國必定專注發展那些，而且森林對這樣的軍隊更是有利，因爲從空中看不見。』」[92] 法國人不相信可能發生這樣的攻擊，這一點提醒斯皮爾斯，在一九一五年時，邱吉爾試著向一位法國上將解釋「陸地巡航艦」理論（也就是坦克），上將也覺得荒謬，而且邱吉爾走後，那位上將告訴斯皮爾斯：「你們的政治人物比我們的還要好笑。」[93]

「九月初或中旬之前……什麼都不會發生。」八月十四日，邱吉爾從巴黎的麗茲飯店向克萊門汀預言，「希特勒還有兩個月，在冰雪融化的泥濘季節之前處理波蘭那個國家。」[94] 由於納粹—蘇聯宣布簽訂協議，他的工作兼度假在八月二十三日提前中斷。他認爲俄羅斯與德國聯盟，意謂幾日內就會爆發戰爭，於是立刻返回倫敦。「從戰略、政策、眼光、能力來看，」他後來寫道，「史達林和他的政務委員此時展現自己完全是被騙的笨蛋。」[95] 八月二十四日，國會重開。

一九二一年至一九三二年間斷斷續續保護邱吉爾的隨扈，即警探沃爾特・湯普森，在克羅伊登機場等他。湯普森在一九三六年從政治保安處（Special Branch）退休後，經營食品雜貨，但是有一位法國政治人物告訴邱吉爾要小心生命，於是邱吉爾又以每週五英鎊私下找他回來。[96]「德國人相信我是最可怕的敵人。」邱吉爾告訴湯普森，「他們可能會暗殺。」[97] 高大強壯、四十八歲的湯普森，接下來六年會陪著邱吉爾。「如果老先生還想要我，」湯普森後來寫道，「我就很高興了。」[98] 關於邱吉爾抵達克羅伊登，他回憶，「他看起來健康，一如往常充滿活力，但是言談嚴肅。」[99] 他們抵達查特維爾時，邱吉爾給他一把柯爾特（Colt）手槍。「他是一流的射擊手，」湯普森回憶，「而且對於他個人軍械庫的保養非常自豪。」[100] 戰爭爆發後，湯普森的薪水改由政府支出，並佩帶標準配給的韋伯利（Webley）點三二轉輪手槍。邱吉爾堅持身邊的人出國都要佩帶武器，而且有次還因機要祕書沒帶手槍予以訓斥。幾年後，湯普森回憶年長十六歲的老闆，「邱吉爾先生容易衝動，而且精力源源不絕，讓我很難做事。我無法阻止他衝向危險——

世界上沒有人可以——但我還是要努力跟上他。」[101]

國會重開時，愛蓮娜・拉斯伯恩告訴議員，他們知道的事都是眞的，但是至今無人公開陳述，意思就是邱吉爾「一直預言這些事情將會發生，但他的建言無人理睬」。[102] 一週後，一九三九年九月一日星期五，希特勒入侵波蘭。張伯倫擬訂一份六人的戰時內閣名單，包括邱吉爾任無任所大臣，但是他沒有宣戰，因爲他在三月已經限制英國宣戰。

九月二日星期六，英國依舊沒有宣戰，可能因爲英國駐柏林大使內維勒・亨德森爵士（Sir Nevile Henderson）警告，德國計劃一旦英國宣戰，就要空襲倫敦。英國已經開始疏散一百二十萬名都市孩童到鄉村。法國害怕立卽轟炸，想要延遲宣戰，而張伯倫告訴因斯基普：「如果發生戰爭，法國數十萬個孩童會被殺害。」[103] 他找邱吉爾到唐寧街十號，邀請他加入戰時內閣，邱吉爾隨卽答應，以爲馬上就會宣戰。[104]

但是晚上七點四十五分，張伯倫在德國入侵波蘭後第一次對下議院演講，他說：「如果德國政府能夠同意撤軍，國王陛下的政府願意認定情況如同德軍穿越波蘭邊境之前。」自一九三五年來在工黨擔任副黨魁的亞瑟・格林伍德從在野黨的前排起立，代表工黨回答。此時利奧波德・埃莫里大喊：「亞瑟！幫幫英格蘭！」格林伍德說：「三十八小時前，德國入侵波蘭。英國、所有英國代表的事物，以及人類文明都陷入危險，我不知道這個時候我們還要猶豫多久。」[105] 那是他人生當中最重要的演說，而且要不是邱吉爾準備入閣，絕對會呼應他。

那天晚上，伊登、布思比、布瑞肯、桑迪斯、達夫・庫柏到摩佩斯華廈拜訪邱吉爾。對於張伯倫毫無作爲，他們全都處於庫柏日記裡所謂「不知所措的憤怒」。布思比要邱吉爾隔天攻擊張伯倫，「並且取代他的位置」，邱吉爾明智地拒絕，他知道保守黨大多數人依然會支持張伯倫。[106]

相反地，午夜之後，他寫信給張伯倫，力求他付出額外努力，即使工黨「疏離」，也要把自由黨拉進政府。他的信被忽視。那天晚上，他也去電法國大使查拉・科賓（Charles Corbin），表示如果法國就像背叛捷克人那樣背叛波蘭人，他這個一輩子的親法人士將完全漠視法國的命運。當科賓試圖提到宣戰有「技術上的困難，」邱吉爾回答，「我想如果德國的炸彈掉在波蘭人的頭上，你也會說它有技術上的困難！」[107]

九月三日星期日，上午十一點十五分，那天上午兩個小時的最後通牒期滿，內維爾・張伯倫透過廣播宣布英國進入戰爭狀態。空襲警報響徹倫敦，後來邱吉爾描述那個聲音是「報喪女妖的嚎叫」。[108] 沃爾特・湯普森回憶：「邱吉爾先生偷偷走到那些公寓入口，盯著天空，好像一匹戰馬聞到戰爭。花了好些時間才說服他去空襲避難所，他根本不想移動，直到發現自己應該以身作則。」後來邱吉爾說，「我們帶著一瓶白蘭地和適當的藥物，走向分配給我們的避難所。」[109] 到了那裡，「他像頭籠中野獸不斷徘徊，」他的隨扈寫道，「但我看得出來他正享受這一刻。警報一解除，邱吉爾先生立刻像子彈衝出去，回到街上，爬上那些公寓的屋頂，掃視天空尋找飛機。」[110] 接著他開著自己的戴姆勒到下議院，在那裡收到張伯倫給他的便條，要他在政黨領袖和其他人的聲明之後去見他。

在開場聲明中，張伯倫說希望見到希特勒主義滅亡。亞瑟・格林伍德接著表達他鬆了一口氣，「難以忍受的焦慮之苦……總算結束。」即使邱吉爾已經不任官職十年，而且只代表自己說話，工黨領袖阿契伯德・辛克萊說完，議長仍轉向他。邱吉爾大方讚美張伯倫努力避開戰爭。「在這肅穆的時刻，回憶並沉浸在我們不斷爲和平付出的努力，是一種安慰。」他說：

一切均屬不幸，但無不忠實而真誠。此刻這是最高的道德價值，且不只是道德價值，而是實用價值，因為數百萬的男女，他們的合作不可或缺，他們的同胞之愛與手足之情不可或缺。他們全心同意，而這樣的同意是唯一的基礎，忍受並克服現代的戰爭。[111]

接著他將奮鬥提升到更高的層次：

這不是為但澤（今格但斯克〔Gdansk〕）或為波蘭而戰的問題。我們在為拯救全世界免於納粹暴政的瘟疫、捍衛人類所有神聖的事物而戰。這不是一場為了征服、擴張領土或物質爭奪的戰爭，也不是一場要剝奪任何國家的陽光和發展機會的戰爭。這場戰爭，從其內在性質來看，是為了在堅不可摧的巨石上建立個人權利，而且這場戰爭是為了建立並復興人類的聲望。[112]

布思比和埃莫里都認爲，眞正的戰爭領袖就該這樣演講，然而張伯倫沒有做到。接下來八個月，會有更多人發現這個區別。戰爭開始第一週，張伯倫從契克斯別墅寫信給艾達，「我希望的不是軍事勝利——我非常懷疑那樣的可能——而是德國自家前線瓦解。」[113]這幾乎不是領導英國進入戰爭的人應該有的正確心態。

九月三日最後的演說後，邱吉爾到議長座位後方張伯倫的房間與他見面。某人，也許是大衛・馬傑森，告訴張伯倫，「如果讓邱吉爾到處干政（即擔任無任所大臣），他會是內閣非常危險的人物，給他某個工作比較安全。」[114]於是張伯倫給他第一海軍大臣的職位，讓他加入戰時內閣。對此，邱吉爾說他「非常樂意」接受。儘管達達尼爾海峽的事，憑著海軍部的資歷，這裡明顯就是他的去處，不光因爲兼任上議院首席的第七代斯丹霍普伯爵（Earl Stanhope）在那裡待不到一年，而且比起取代陸軍部的霍爾－貝利沙，或者空軍的金斯利．伍德，讓他擔任第一海軍大臣比較容易。斯丹霍普改任樞密院議長，讓出空缺給邱吉爾。

邱吉爾當然不知道這些在他任命背後的算計。「我感到心靈寧靜，而且超脫人類和個人事務。」他後來寫道，「老英格蘭的光芒，縱使愛好和平且準備不足，但是榮譽一旦召喚，立卽無畏行動，這點令我激動，並且似乎將我們的命運高舉到遠離世俗塵務與外在感官的境地。」[115] 當他回到車上，告訴克萊門汀，「是海軍部，比我以爲好得多！」[116] 邱吉爾與克萊門汀前往奧利佛夫婦位於西敏馬宣街的家，與維克和莎拉．奧利佛、鄧肯和黛安娜．桑迪斯共進午餐。他們在那裡開了一瓶香檳，爲「勝利」舉杯。[117]「沒有人聽我的警告。」邱吉爾告訴維克，維克覺得「他比我認識的他還要悲傷」——他所有的可怕預言都實現了。[118] 他告訴海軍部，下午他會過去上任，於是海軍部向艦隊發出訊號：「溫斯頓回來了。」幾位上校，例如指揮驅逐艦凱利號（HMS *Kelly*）的路易斯．蒙巴頓（Louis Mountbatten）勛爵得知後大爲振奮，其他人則當成警告，一顆充滿能量的球卽將在他們之間爆開。(5)

午餐後，邱吉爾安穩地在奧利佛家的床上睡午覺，然後下午五點，參加新組成的戰時內閣會議，其中有張伯倫、哈利法克斯（外交大臣）、約翰．賽門爵士（財政大臣）、金斯利．伍德爵士（空軍大臣）、塞繆爾．霍爾（掌璽大臣）、查特菲爾德勛爵（國防協調大臣）、漢基勛爵（無任所大臣）、萊斯里．霍爾－貝利沙（陸軍大臣）。戰時內閣不是精簡的六人，而是至少九人，平均年齡六十四歲——正是邱吉爾自己的年齡。除了邱吉爾外，他們都是綏靖主義主要的支持者，而且可能除了霍爾－貝利沙外，沒有人有興致發動大型戰爭必要的攻擊。克羅福勛爵告訴因斯基普，「關於邱吉爾去海軍部，已經有許多批評聲浪」在卡爾頓俱樂部和上議院流傳。[119]絕大多數的保守黨人都徹底錯看希特勒，這個事實絲毫不減少他們對邱吉爾的敵意；實際上反而更加嚴重。

戰時內閣會議結束後，邱吉爾在下午六點抵達英國海軍部。《生活》（*Life*）雜誌的攝影師捕捉到第一海軍大臣進門前的身影。他拿著雪茄、報紙、手杖、兩個紅色箱子，防毒面具放在腳邊，長長的鑰匙圈幾乎垂到膝蓋，上面掛著紅色箱子的鑰匙。[120]（他永遠不會忘記鑰匙放在何處，因爲他另一個私人發明，就是一條很長的銀鍊繞過背後，穿過吊帶兩邊，鑰匙剛好就會落在褲子的兩側口袋。）[121]他面帶微笑。「所以我就這樣來到四分之一個世紀前，我滿懷憂傷與痛苦辭職的地方。」邱吉爾後來寫道，「再次，我們必須以生命和榮譽奮鬥，抵抗英勇、訓練有素、冷酷無情、強大狂怒的德國種族。再次！迎戰吧！」[122]他在海軍部待到隔日凌晨，熟悉艦隊位置，找人送來北海的航海圖。他說，「我上次用的就是這幾張。」[123]他也要求一張以前用的八邊形桌子，是辦公室管理員製作的。

幾天後，邱吉爾收到議員科林・桑頓－肯姆斯利從軍營來信。「我一直盡己所能地反對你，」信上寫著，「我只想說。你反覆警告我們德國的危險，而且你是對的……請勿回信——你必定非常忙碌，而我們全都非常高興你在英國這次的危機承擔這份職務。」[124]邱吉爾當然回信，接受道歉，並且還說：「我當然認爲，英國人在如此嚴重的戰鬥開端，應公平對待彼此，而且就我看來，既往不告。」[125]

作者注

(1) 他已經寫到中世紀，而且和克萊門汀談到聖女貞德，「我認為她是整個法國歷史的贏家。那個年代帶頭的女人比男人更剛強偉大。」(ed. Soames, *Speaking* pp. 443–4)

(2) 戴爾夫・布洛頓爵士 (Sir Delves Broughton) 分居的妻子。布洛頓爵士後來會在一九四一年於肯亞殺了厄羅伯爵 (Earl of Erroll)，並在一九四二年自殺。

(3) 學校男孩用來表示脫下褲子的詞，但這裡是指除去他的貴族頭銜。

(4) 這次晚會不全在談地理政治。晚餐過後，赫胥黎帶邱吉爾去看倫敦動物園的大熊貓。「真是完全意想不到，」邱吉爾握著他的手，肯定地說，「而且牠們很高」。(Addison, 'Three Careers' p. 199)

(5) 有人在海軍部的訊號簿上發現這則訊息，但其口語化顯示這是非正式訊息。

譯者注

① 每年十二月二十六日。

19 「溫斯頓回來了！」 1939／9—1940／5

人與王在生命接受考驗的時刻，必須接受評價。人類首要受人尊敬的特質是勇氣，因為那是為他人負責的特質。——邱吉爾論西班牙阿方索十三世，《傑出的同代人》[1]

我當然是一個自我主義者。如果不是，會得到什麼？——邱吉爾致艾德禮，日期不明[2]

一九三九年九月三日星期日，邱吉爾當上第一海軍大臣時，皇家海軍是世界最大，共有十二艘戰鬥艦、六艘航空母艦、五十六艘輕型與重型巡洋艦，超過一百八十艘驅逐艦。[3]但是距離他上次擔任這項職務，二十四年來，海軍戰事的本質已經劇烈改變。「史上第一次，」海軍副參謀長上將威廉・詹姆斯（William James）後來寫道，「不會有大型艦隊互相盯著對方，穿越狹窄的海洋，盛大駛進戰爭；相反地，是快艇在海上相遇，而他們的自由大幅受限於飛機。」[4]潛水艇比一戰時更常攻擊英國的海洋命脈。事實上就在九月三日當天晚上，雅典尼亞號（*Athenia*）從格拉斯哥往蒙特婁途中遭到德國U型潛艇魚雷襲擊，一百一十二名乘客溺斃，包括二十八名美國人——就在美國宣布中立幾個鐘頭後。

邱吉爾回去的海軍部，和他在一九一五年離開時也十分不同。他當時成立的作戰參謀部現在有來多作戰計畫分部，指揮軍官早已準備這場戰爭良久。上將詹姆斯非常訝異邱吉爾迅速掌握海上戰事，尤其是他寫的備忘錄，重要項目包括成立搜尋單位在海中獵殺德國的突襲艦隊、設計船隻對抗潛水艇、在蘇格蘭與挪威之間設下地雷彈幕、改良護航艦系統與許多其他事項。[5]

邱吉爾立刻取消《英德海軍協議》規定的所有巡洋艦建設，因爲現在可以在既有船艦安裝新的武器設備，對抗德國的八吋炮彈巡洋艦。幾天後，他暫停所有一九四二年之前預計啟動的戰艦興建計畫，如此造船廠可以專注建造驅逐艦，對抗U型潛艇的威脅。他認爲U型潛艇的威脅從一九四〇年春天開始擴大。他下令減少驅逐艦的噸數以求靈活，並催促所有船艦安裝雷達，而且如同一次大戰，要求商船武裝。[6]他也改變船上日常工作內容，期能讓驅逐艦的船員更充分休息；取消每次船艦受損就要上軍事法庭的規定，因爲他認爲這樣會阻撓主動出擊的意願。

如同一九一一年至一九一五年，邱吉爾深入研究海軍每個方面，無論多麼次要。他的備忘錄什麼主題都有，諸如銷毀機密情報、提供空襲期間急用蠟燭、掃雷人員的獎章、每艘船上厚呢連帽大衣「可悲」的數量、水手該玩雙陸棋還是紙牌（他偏好雙陸棋，因爲要花較多時間），以及騎兵衛隊閱兵場角落附屬的「堡壘」，現在那裡是作戰情報中心，垃圾必須清理，免得堵塞通風口。他堅持所有軍階，不分職務內容，都有機會晉升到軍官，因爲如同他談到希特勒不太可能的早期職業予以肯定，「如果一個電報員可能晉升，畫家爲何不能？顯然在德國，畫家晉升並不困難。」[7]

邱吉爾不可避免地和第一海務大臣杜德利・龐德爭執。一戰時，龐德是費雪的海軍助理，邱吉爾曾私下批評龐德於六月阿爾巴尼亞危機期間地中海的艦隊配置，而龐德在達達尼爾海峽慘敗那次近距離看過邱吉爾，但是他們迅速建立某種互相尊重，這樣的尊重未來也會發展成深厚的交情。儘管如此，龐德保有權威，經常拒絕邱吉爾的提議，但只有一次完全主導他的論據。他總是稱呼邱吉爾「長官」（Sir），而非「第一海軍大臣」或後來的「首相」。[8]如同一位和他們密切共事的人回憶：「龐德的脾氣，就是所需的沉著冷靜、充耳不聞——永遠吵不起來——兩人才有可能和平。」[9]到了那時，已從達達尼爾海峽事件學到教訓的邱吉爾，欣賞龐德沉穩堅強的個性。「龐德是海軍當中頭腦最好的，」他後來會說，「但也是最謹慎的。」[10]跟著一個天生橫衝直撞的第一海軍大臣，第一海務大臣個性謹慎不是什麼壞事。「第一海務大臣通常會同意溫斯頓的提議。」海軍上將蓋伊・格蘭瑟姆爵士（Sir Guy Grantham）回想他們的工作模式，「離開地圖室後，龐德會和海軍參謀研究怎麼做，接著發出必要的作戰命令。他永遠準備面對事後溫斯頓抱怨爲何改變。」[11]這個文武關係的系統運作得極好，但靠的全是邱吉爾和龐德之間相互尊重。兩人開始共事四個月後，儘管邱吉爾在大大小小方面的干預，但第一海務大臣還是寫信給本土艦隊總指揮上將查爾斯・佛布斯爵士（Sir Charles Forbes），「我非常讚賞W. S. C.，他擁有諸多良好特質，他擊敗敵人的欲望非常強烈，而且我感覺我們在拒絕他的任何提議之前必須三思。」[12]

作戰計畫以保護巡洋艦和維持對德緊密封鎖爲主，但邱吉爾並不滿足，總是思考攻擊敵軍的方式。開戰才進入第三天，他就提出凱瑟琳行動（Operation Catherine），希望「強行打開波羅的海，在那裡部署海軍部隊」。[13]這個計畫的目的是截斷瑞典對德國的鐵礦補給，也許也能影響俄羅斯的中立政策。他想改造較舊的戰艦，裝上大片防魚雷的船底、更堅固的裝甲甲板、更多防空高射炮，讓這些戰艦能在斯卡格拉克海峽（Skagerrak）狹窄的水域服役。

龐德沒有立刻或直接反對這項風險極高的計畫，反而要海軍上將科克與歐勒瑞伯爵（Earl of Cork and Orrery）和參謀徹底評估此事，接著才逐步削減這項計畫，堅持不讓俄羅斯涉入，要求與瑞士「主動合作」（他知道這是不可能的），指出冬季結冰的危險，以及倘若德國侵略丹麥，可能會截斷在波羅的海的艦隊。他也提醒邱吉爾，驅逐艦非常需要巡洋艦保護。[14]

「這種海軍戰略排除攻擊原則，把我們降級爲保持聯繫暢通與封鎖的軍隊，我實在無法負責。」十二月一日，邱吉爾寫備忘錄給龐德，但是凱瑟琳行動成爲一個模版，從中可見龐德如何運用謹慎的專業分析，永遠無須說「不」，就能打消邱吉爾不切實際的計畫。[15] 討論四個月後，邱吉爾終於同意擱置這項計畫。他在回憶錄中表示，許多海軍資深將領，例如海軍副參謀長湯姆・菲利普斯（Tom Phillips）、第三海務大臣布魯斯・弗瑞澤（Bruce Fraser），都對此計畫表示「強烈支持」，但事實上他們就和龐德一樣反對，海軍情報處長少將約翰・戈弗雷（John Godfrey）也是。[16]

龐德指示上校理查・皮姆（Richard Pim）規劃邱吉爾的地圖室時，他承認「那並不容易」。[17] 不出所料，九月四日，邱吉爾只給那個高大精明的阿爾斯特人四十八小時，之後就要開始完全運作。他辦到了，而且從此之後皮姆和他的團隊，在第一海軍大臣俯瞰騎兵衛隊閱兵場的舊圖書館裡，將全世界每艘重要的船、潛水艇、航空中隊，無論是英國的、同盟國的、軸心國的或中立的，全都用彩色圖釘標示在環繞房間的巨大圖表上。「非常好，非常好。」邱吉爾在第一次看到那個房間時這麼說，「但是地圖要換一下。等你認識我，就會知道我只用粉彩作畫。在燈光下，這些鮮豔的顏色會把我們的頭搞得很痛。」[18] 於是皮姆更換新的地圖，還有特別的照明和額外的電話線。只要牆上有多餘的空間，邱吉爾就會掛上自己的畫作。

有張圖表顯示每艘護航艦的方位、速度、結構及目的地。邱吉爾也想知道所有護航指揮官的姓名，以及當地的天氣。收到大風警報時，一張卡紙做的海豚就會釘在圖板上。[19] 那張地圖包括護航艦航行的日期與裝載細項。船運大臣約翰・吉爾默爵士 (Sir John Gilmour) 在某次半夜接到邱吉爾的電話，「我認爲那些在拉布拉他河 (River Plate) 載貨的船現在應該已經駛離。請給我一份報告。」[20] 當他看見有艘船載著七千噸雞蛋橫越大西洋時，叫皮姆去問農業部究竟一噸有幾顆雞蛋，在得知答案後讚嘆道：「你知道那批貨代表不列顛群島上每人有一顆雞蛋嗎？」[21]

邱吉爾每天上午七點會穿著晨袍到地圖室，聽取夜間的報告摘要，白天在會經常回到地圖室，在那裡開會，尤其是危急時刻，而且上床之前還會再去一次。某次，他看到皮姆跪在地上，海軍帽朝上放在一邊，正在整理一張大地圖，邱吉爾從口袋拿出一枚六便士丟進帽子裡。[22]

邱吉爾家放棄摩佩斯華廈的租屋，九月搬進一九一一年至一九一五年住過的海軍官邸頂樓兩層。一位機要祕書注意到，「可愛的客廳放著怪醜的海豚家具」，裡面的房間放著邱吉爾的書桌，旁邊還有一張小桌「擺滿威士忌酒瓶等」。小桌上有牙籤、充當紙鎮的金牌、「數不清的藥丸藥粉」、避免外套袖子弄髒的特殊袖套，那些袖套就像男僕擦亮銀飾時穿的那種。[23] 布蘭登・布瑞肯當上邱吉爾的國會機會祕書，也是邱吉爾在西敏的耳目，這是他擅長的工作。「教授」林德曼則成爲無酬的「第一海軍大臣個人科學顧問」，住在附近的卡爾頓飯店 (Carlton Hotel)，方便晚餐與工作後去找邱吉爾長談到深夜。[24] 邱吉爾也在海軍部成立自己的統計部門，獨立於其他部門來提供自己的資料。

每週二晚上，雖然在海軍部，但邱吉爾也會舉辦十四人的晚宴。他們從瑞典的鮮奶潘趣調酒開始，其中一位副官說，那是「最佳的『派對開胃菜』」。[25]晚宴能讓部會首長、高階文官、陸軍委員會、空軍委員會及海軍委員會的成員，在輕鬆的氣氛中聚會。

海軍部侍從參謀，上尉指揮官C・R・湯普森（C. R. 'Tommy' Thompson，綽號「湯米」）透過布瑞肯介紹，認識邱吉爾。達夫・庫柏任職第一海軍大臣期間，布瑞肯在女巫號上認識湯普森。湯普森四十五歲，幾週後就要從現役名單退休。他曾指揮潛水艇十三年，然而因為在一九三〇年代初，有次在泰晤士河的濃霧中，讓奧伯朗號（*Oberon*）擱淺在沙洲數個鐘頭，所以一直沒有升官。後來他說這是「發生在我身上最好的事」，因為表示能在戰爭中擔任邱吉爾的個人助理。他不提供政策建議，但是負責綜理邱吉爾的每日生活，尤其是許多海外行程的後勤工作，這些海外行程就由他任統籌，而沃爾特・湯普森擔任隨扈。

重回政府賦予邱吉爾機會，修補破損的關係，結識寶貴的聯絡人。「溫斯頓・邱吉爾來見我。」國王在九月五日的日記寫道，「他很高興再次歸隊。想要更多驅逐艦。喜歡海軍部。」[26]國王在遜位危機中失去對邱吉爾的信任，而且邱吉爾又攻擊國王全力支持的綏靖政策，不過兩人的關係逐漸改善，邱吉爾擁護君主主義，這一點對兩人的關係也有幫助。即使在私下與非正式的場合，邱吉爾仍稱他為「我們高貴的國王」。[27]國王曾於一九〇九年加入海軍，在日德蘭半島服役，因此他們擁有共同的兵役經驗，而且開始試探性地建立關係，最終也會成為邱吉爾政治生涯中相當喜愛的交情。儘管如此，戰爭第一年，國王在性情和政治觀點上較親哈利法克斯勛爵，而哈利法克斯夫人也是王后的女侍臣之一。

就職之後，邱吉爾開始固定寫信給張伯倫，前六週寫了十三封信，內容涵蓋這場戰爭各個面向，而身為戰時內閣的成員，他有充分的權利這麼做。張伯倫抱怨信件太長，而且說，「我當然知道這些信是為了他之後寫書可以引用。」[28]也許他說得沒錯，但當然不是那些信的主要目的。從這十多封信舉一封為例，九月十八日，他寫信給張伯倫，關於一個月生產兩千架作戰飛機需要的平民數量，強調陸軍需要在兩年內增加到五十五個師（相對於一九一八年九十個），並且表示如何藉由「聰明的接榫」，就有可能確保炸藥和鋼鐵的供應不會與飛機生產競爭。[29]

邱吉爾擔任第一海軍大臣締結的新關係中，最重要的倒不是由他開頭。一九三九年九月十一日，美國總統富蘭克林・羅斯福開始與邱吉爾書信往來，此舉未來將具有重大的歷史意義，而且接通英國政府獨立於張伯倫外的第二條溝通線路，雖然張伯倫也知情。「親愛的邱吉爾，」總統開頭，「正是因為你和我在（第一次）世界大戰擔任類似職務，希望你知道我多麼樂見你回到海軍部……我希望你和首相知道，我永遠歡迎你們與我保持聯繫，告訴我任何你們希望我知道的事情。」[30]他並以私人訊息結尾，「我很高興你就職之前就完成《馬爾博羅》，而且我讀得津津有味。」邱吉爾熱切地抓住機會，以「海軍人」作為他的代號，但馬上就被破解。（當他成為首相時改成「前海軍人」。）接下來五年，他發出一千一百六十一則訊息給羅斯福，並且收到七百八十八次回覆。在羅斯福此後的人生中，平均每兩、三天就會和邱吉爾交流一次。接近兩年的書信友誼，也醞釀他們在一九四一年八月的歷史性會面。

九月十一日，在另一俱樂部，邱吉爾和查特菲爾德提議為戈特勛爵（Lord Gort）祝酒。戈特勛爵是俱樂部會員，一九一八年在北方運河之戰（Battle of the Canal du Nord）獲得維多利亞十字勛章，並且即將前往法國，指揮戰爭爆發後被派到法國的英國遠征軍。他們也發出一封電報，恭喜另一位會員——元帥揚・史末資，因爲南非國會以八十票對六十七票通過南非加入同盟國一方，因此他再次成爲總理。如果南非沒有加入同盟國，甚至更糟的是，倘如某些阿非利卡人所願加入軸心國，就不可能再獲得印度與埃及非常重要的補給。[31]

那天晚上，特倫查德勛爵向俱樂部同伴提議，皇家空軍應該從法國的基地轟炸德國。轟炸機司令部司令，空軍元帥愛德嘉・盧德卓－赫維特爵士（Sir Edgar Ludlow-Hewitt）加入討論，同時還有海軍元帥羅傑・奇斯爵士。邱吉爾在薩伏伊飯店的餐桌有一群人，他們的軍事與兵役資歷如同張伯倫的參謀長委員會（Chiefs of Staff Committee）本身一樣豐富，恐怕有過之而無不及。整個戰爭期間，這些在另一俱樂部的晚餐提供邱吉爾想法、論證、統計數據，他也妥善利用。

在戰時內閣，邱吉爾如同以往採取最激進的立場。戰爭初期，內閣反對主動轟炸德國，他說「看不出來爲何不能打擾德國佬討人厭的響亮鼾聲」。[32]討論一旦進入德國最合適的炸彈尺寸，他想用最大的炸彈，否則引用他的話，皇家空軍「不如丟烤栗子下去」。[33]在所謂的假戰（Phoney War）期間，也就是戰爭開始前八個月，英國與德國尚未在陸上眞正開戰的時期，最荒謬的竟是不讓皇家空軍轟炸在德國黑森林的目標，因爲裡頭很大部分是私人財產。[34]「到目前爲止，我不能說自己認爲W. C.特別有幫助，」這是張伯倫在九月十七日的評估，「雖然如果他沒有加入，絕對會是我們最麻煩的肉中刺。」[35]兩天後，邱吉爾首度提出向美國購買二十艘較舊的驅逐艦，而且要求戰爭期間向瓦勒拉要回貝雷哈文港。他也想要侵犯中立國挪威主權，藉此停止鐵礦從那維克（Narvik）輸往德國，並布下雷區，逼迫德國船艦離開挪威領海轉往公海。內閣和外交部雙雙反對，意謂直到一九四〇年四月才會布在挪威外海布雷，美國的驅逐艦直到一九四〇年九月才會過來，而貝雷哈文港永遠不會用來拯救英國船員的生命。[36]

到了九月十四日，薯條．香農在日記寫道：「我聽說因爲溫斯頓的干預與精力，已經把海軍部搞得心煩意亂。」[37]從邱吉爾辦公室送出的備忘錄和便函，會貼上三個等級的標籤：一張要求「卽日辦理」、一張是「三天內報告」，還有一張是「盡快報告」。[38]湯米．湯普森注意到第二張和第三張極少用到，很快就不再貼上。「卽日辦理」的標籤是紅色，提醒收件人立刻行動。當管理商船建造的詹姆斯．里斯高爵士（Sir James Lithgow）從邱吉爾的辦公室走私了幾張標籤，「對於標籤的效果非常驚喜」，但他很快就被逮到，並且歸還剩下的標籤。[39]十月十八日上午，在海軍部次長傑佛瑞．莎士比亞（Geoffrey Shakespeare）進辦公室時，在書桌上發現一張備忘錄，上面貼著「卽日辦理」，寫著：「我很關心魚獲短缺的事……我們必須有個『最多魚』的政策。常務次長今天午夜前須向我提案。W. S. C.。」[40]

莎士比亞與農業部協商，從赫爾、格林斯必（Grimsby）及其他地方找來拖網漁船船主召開會議，海軍也派出代表解釋如何保護漁船不受U型潛艇攻擊。新的漁業推廣委員會成立，並且邀請強大的運輸與一般勞工工會祕書長歐內斯特．貝文（Ernest Bevin），到海軍部幫助推動「最多魚」的政策。邱吉爾告訴他：「我們必須爲這部分的食物供給奮鬥，就像對抗U型潛艇一樣。」[41]一月，邱吉爾向貝文索取他在運輸學會的演講講稿，其中主張戰爭期間設立單一的運輸機構。邱吉爾和貝文來自南轅北轍的背景，興趣不同，大罷工的時候當然也對立，但是他們立卽建立起眞誠的相互尊敬。

邱吉爾相當幸運，他負責的軍種是九月三日戰爭開始後，唯一全面進入戰爭狀態的軍種。陸軍駐紮在法、比邊界，而皇家空軍忙著在德國上空丟下政治傳單。一九三九年九月之後的八個月也許被戲稱「假戰」和「無聊戰」，但海上的戰爭完全不假也不無聊。

第一支橫越大西洋的護航艦隊在九月六日啟航。邱吉爾和海軍部從一戰學到：物資運輸最安全的方法，就是戰艦圍成屏障，保護一起航行的商船。組成「獵殺小組」，搜尋並摧毀U型潛艇的戰艦，也許更適用在這些護送任務。儘管如此，護送也不能完全保證安然無事：九月十七日，英國六艘航空母艦中的一艘勇氣號（HMS *Courageous*）搭載五十二架飛機，儘管有四艘驅逐艦護送，卻還是在愛爾蘭西方被U型潛艇擊沉。邱吉爾錯在認為聲納發明後，可以抵銷U型潛艇的威脅。[42]但是他學得很快，馬上告訴同仁，根據一艘U型潛艇生還船艦的情報，「我們要加深深水炸彈的深度。」[43]

邱吉爾的精力確實令人望而生畏。隨便從這段期間找一天來看——一九三九年九月二十一日星期四，邱吉爾說服戰時內閣同意再建造二十萬噸船舶，「用意在維持年輸出值至少一百一十萬噸」；在空防討論中發言；視察樸茨茅斯與周圍的海軍建設；寫了十一封信，包括一封給張伯倫關於戰時內閣、一封給龐德關於改善航空母艦與魚雷網、一封給菲利普斯關於在強流處設置水雷及空中投擲的磁性水雷、一封給上將利托（Little）關於斯卡帕灣的電影拍攝船、一封給第四海務大臣少將傑佛瑞・阿拔斯諾（Geoffrey Arbuthnot）關於石油地下儲藏、一封給海軍部常務次長阿奇博德・卡特（Archibald Carter）關於雅典尼亞號沉沒，還有給其他人的信，關於港內船艦對德國的突襲開炮。[44]多數的日子，他的想法與香農所謂的「干預」都是這麼多。

九月二十六日，邱吉爾十年來首次站在下議院的公文箱旁發言。張伯倫先說，而哈洛德・尼科爾森記錄，首相說話時，「可以感覺下議院的信心和精神一吋一吋掉落。他坐下時，幾乎沒有任何掌聲。整個演講期間，溫斯頓・邱吉爾駝背坐在他旁邊，看起來像個一時消化不良、滿臉痛苦的中國神明。他只是坐在那裡，駝背低頭，拱著身子，接著起身。座椅上所有的人熱烈歡呼，然後他開始告訴我們海軍的情況。他先說了笑話[(1)]，說他覺得很奇怪，他又來到海軍部同一個房間，拿著同樣的圖表，對抗同樣的敵人，處理同樣的問題。他低頭咧嘴一笑，瞄了張伯倫，接著說：『我的命運何來這種莫名的變化，我實在不知道。』」[45]尼科爾森寫道：「整個議院哄堂大笑，而張伯倫就連微弱的笑容也擠不出來，他看起來悶悶不樂。」[46(2)]也許他眞是如此，因爲這是邱吉爾一連串國會完美演出的第一場，展現他身爲張伯倫未來接班人的奮鬥精神。

尼科爾森當然是固執反對張伯倫的人，但是就連最支持張伯倫的薯條・香農，也表達對邱吉爾的讚賞。「首相一如往常莊重發言。不幸的是，溫斯頓接在他後面，拿出他的絕活，邊演邊說，詳細描述海軍部的工作內容。下議院專注聆聽，哈哈大笑……他必定花費大把工夫準備演說，而且在場都注意到，與首相呆板的發言呈現強烈對比。」[47]批評邱吉爾超過四十年的克羅福勛爵發現，格里利恩俱樂部的人在荒野歲月期間都疏遠邱吉爾，而眼下「邱吉爾的演講生氣勃勃，描述海軍現況——裨益良多、充滿希望、意志堅定，就是下議院要的語調，完全掩蓋掉張伯倫黯淡呆板的摘要。全場無不爲他歡呼。邱吉爾打敗了張伯倫，而我想他是憑著熱情打敗了他。」[48]邱吉爾確實費盡力氣準備演說，但他每次都是如此，改寫多次，練習無數次。

邱吉爾說起多場交戰像在說故事，而且描述已經開始的U型潛艇戰爭「艱難、廣泛、痛苦，是探索與溺斃的戰爭、埋伏與計謀的戰爭、科學與航海技術的戰爭」。[49]如同尼科爾森注意到，

他的表現實在驚人，而且語調千變萬化，從深沉反省到輕率無禮，從堅決到全然的稚氣。可以感覺下議院的情緒隨著每一個字起伏。明顯可見，首相的談話既不合宜，又無法提振士氣，就連他最忠實的支持者也發現了。在那二十分鐘，邱吉爾讓自己更接近首相職位，過去從未如此。後來在大廳，張伯倫派也說：「現在我們找到我們的領袖了。」國會老手坦白，以他們的資歷也從未見過如此轉變議會情緒的演說。[50]

在邱吉爾能成爲首相之前，他必須看起來像首相，而接下來八個月那樣連續不斷的演說，他看起來就像。他繼任首相最大的對手哈利法克斯勳爵不在下議院，也不是演說家。如果就像許多人懷疑，馬傑森當初堅持讓邱吉爾掌管海軍部，用意是「他必須被一個占據他所有時間的部會『打敗』」，那麼眞是完全事與願違。現在邱吉爾可以針對攸關生死的議題，自由發表振奮人心的演說。這些演說判斷準確、幽默風趣，往往讓任何其他對手相形見絀。[51]（他從九月的演說刪掉一句笑話，以免太過輕浮：他原本要說：「於是我們的驅逐艦和那艘潛水艇開戰，之後船艦只見一大灘油，還有一扇浮出水面的門，上面有我名字的縮寫。」）[52]

約翰・里斯在一九三八年底離開BBC，再也沒有什麼可以阻擋邱吉爾廣播。十月一日，邱吉爾在首次的戰時廣播說：「華沙英勇抵抗，展現波蘭堅不可摧的靈魂，而且他們將如同巨石再次升起，也許暫時淹沒在浪潮中，但依舊是巨石。」[53]「俄羅斯採取冷漠的自利政策，」邱吉爾說，而且他大方承認，「我

無法向你預言俄羅斯的動作。那是包覆在奧祕中的謎題，難以解開。但是也許有一把鑰匙，就是俄羅斯的國家利益。無論德國立足黑海，或冒進巴爾幹的國家，並征服東南歐的斯拉夫民族，都不可能符合俄羅斯的利益或安全，只會不見容於俄羅斯具有歷史意義的國祚。」[54]他保證，只要希特勒「和他邪惡的黨羽，他們沾滿血腥、覆滿腐敗的手，繼續緊握溫順、憂鬱的德國民族」，戰爭就會持續。之後，老友艾蒂寫信給他，即德斯伯洛夫人，說他的廣播是「提振內心的試金石。你讓我感覺最重要的是，無法征服、在某處安穩被守護的事物，將我們全部聯繫。」[55]她在一戰失去兩個兒子，但是邱吉爾的話鼓勵了她，如同晚間九點在酒吧或家裡打開收音機新聞的人，他鼓勵了聽眾，張伯倫可敬但膽怯的措辭無法做到。

翌日晚上，國王在廣播中稱讚邱吉爾。如同他在日記寫下：「針對我的問題，我們是否沒必要幫助德國阻擋布爾什維克主義，他說納粹主義和布爾什維克主義一樣壞，而且兩者之間難以抉擇。」[56]了不起的是，當英國實際上正與納粹德國交戰，邱吉爾應該向國王解釋布爾什維克主義不是較大的威脅，這也不是他們針對這個主題唯一一次討論。乍看之下，邱吉爾對俄羅斯的態度似乎完全前後不一。[57]一九一五年，他先在達達尼爾海峽支持俄羅斯，接著宣布徹底仇視布爾什維克黨人，到了一九三〇年代末期，又呼籲和他們同盟，然後一九三九年至一九四〇年支持芬蘭對俄戰爭，而一九四一年，他在一夕之間讓英國與俄羅斯同盟，一九四六年又譴責他們，直到一九五〇年代才試著緩和與他們的緊張關係。他在下議院兩度背叛他的政黨，但對俄羅斯的立場改變不止六次。其中的解釋倒不是別人常說的前後不一，而是考量大英帝國在每個階段「具有歷史意義的國祚」。

十月三日，卡爾頓俱樂部的伊登派晚餐，沃爾道夫・阿斯特說邱吉爾必定會當上首相。哈洛德・尼科爾森接著建議，張伯倫拒絕希特勒預料中的和平提議後，「當戰爭眞正開始時，大衆憤慨的情緒將會爆發，要求組成多黨政府。在野黨領袖沒人會進入有張伯倫、西蒙、霍爾的內閣，因此那三人下臺是自然而然，這點相當明顯。」[58]達夫・庫柏和利奧波德・埃莫里也說已經沒有時間可以浪費。

議員及其他重要人物之間諸如此類的討論淡化一件事，就是一九四〇年五月，反綏靖主義者根本沒有計畫，而且邱吉爾的首相職位是某種運氣與局勢奇妙結合的結果。[59]事實上，保守黨與多黨政府的反叛人士整整討論了七個月，他們假想的情況才會成眞。即使在伊登派的聚會，邱吉爾的姓名也比他們的領袖更常出現。伊登當時是自治領大臣，這項次要的職位尚未賦予他發表動人演說的機會。

戰爭爆發後，加入第四驃騎兵的倫道夫，在一九三九年十月四日，二十八歲時，與第十一代迪格比男爵（Baron Digby）美麗外向的女兒帕蜜拉・迪格比（Pamela Digby），在史密斯廣場聖約翰堂（St John's Smith Square）結婚。婚禮之後，就在海軍官邸舉辦六十人的自助午餐。有人說倫道夫沒有足夠的錢結婚，邱吉爾回嗆：「他們需要什麼？雪茄、香檳和一張雙人床。」[60]新郎的父親抵達教堂時，大衆熱烈歡迎，這完全不是英國的傳統，但他在三天前才發表一場激動人心的演講。根據其中一位賓客瑪德・羅素（Maud Russell）表示，邱吉爾「典禮過程中淚流滿面」。[61]她也不客氣地寫到倫道夫，「我毫不懷疑，他結婚是因爲認爲，是時候讓溫斯頓抱孫子了。過去幾個月，他跟四、五個女人求過婚。」倫道夫錯在出國服役前夕娶了十九歲的帕蜜拉，也許他已經準備安頓下來，但她絕對不是。

兩天後，麥斯基在晚上十點被找去海軍部開會。「這不是接待駐英大使正常的時間，但現在的情勢並不正常，何況邀請我的人更是一點也不正常！」[62] 他注意到邱吉爾辦公室的牆壁上布滿各種地圖，包含世界每個角落，還疊上厚厚一層航海路線。「天花板上吊著一盞燈，燈罩色深寬闊，散發柔和的光線。」[63](3) 邱吉爾說：「要不是現在手上有著摧毀船隻和人命的魔鬼任務，我很樂意想像四分之一個世紀後回到這個房間，那種奇妙的浪漫。」[64]

他們討論希特勒那天在帝國議會宣布的和平條款（如同伊登派預料），其中提到邱吉爾的名字三次——「然而，如果邱吉爾先生與支持者的意見廣為流傳，」那位德國元首一度說道，「這個宣言將是我最後的宣言」——但是完全沒有提到張伯倫的名字。希特勒提出的和平協議條件是，他可以擁有波蘭與捷克斯洛伐克，並歸還德國的殖民地，同時允許英國維持帝國。麥斯基說到條款時，邱吉爾「突然立刻起身，開始在房間內踱步，」同時說，「個人而言，我認為條款絕對不可接受。那是被征服者的條款！但我們還沒有被征服！不，不，我們還沒有被征服！……我的某些保守黨朋友主張和平，他們害怕德國會在戰爭當中變成布爾什維克。但我完全贊同戰爭，直到最後。希特勒必須被摧毀，納粹主義必須永遠被粉碎。讓德國變成布爾什維克，那嚇不倒我，共產主義好過納粹主義。」[65]

即使在那種場合，又在蘇維埃的大使面前，邱吉爾繼續明白表現他對共產主義的反感，但是他也打算強硬並務實，告訴麥斯基，英國與蘇維埃的利益在「任何地方並不衝突」。[66] 至今蘇聯已經逼迫波羅的海三個獨立國家——立陶宛、拉脫維亞、愛沙尼亞——接受紅軍於一九三九年十月在他們的領土駐軍，而且打算隔年五月和六月就會占領並併吞它們。「本質上，」邱吉爾說，「蘇維埃政府最近在波羅的海的行動符合英國利益，因為如此可以減少希特勒的潛在**生存空間**。如果波羅的海國家必須失去獨立，它們最好被拉進蘇維埃的國家體系，而非德國。」[67]他並不知道波羅的海的國家從此會在蘇維埃的嘴裡長達半個世紀，但是這個盛大擁抱俄羅斯的舉動，是戰爭期間暫時的權宜之計。他確保英國絕不認同併吞，在倫敦保衛波羅的海的金礦，持續允許被併吞的國家得到外交認同。

十月九日，國王記錄疲倦、打呵欠的邱吉爾，「忙著擬定（張伯倫）回覆希特勒的草稿。他想要更嚴厲的回覆（比起外交部的提議），但我說這個階段還是讓門開著。希特勒不可能在家爲所欲爲。跟溫斯頓交談很難，但我希望最終會知道訣竅。」[68]對於希特勒提出的任何和平協議，雖然哈利法克斯認爲「談判不無可能」，但邱吉爾依然試圖確保戰時內閣「完全關上門」，國王認爲他難以溝通也不意外。[69]

雖然外交部常務次長拉布・巴特勒已經盡其所能地「讓門保持半開」，但是十月十二日，張伯倫終於宣布，徹底拒絕希特勒的和平提議。[70]香農是巴特勒的國會機要祕書兼好友，注意到邱吉爾「坐在他對面（內閣座椅沒有空間給他的巴洛克屁股），加入歡呼」。[71]同天，邱吉爾預期德國會加倍攻擊，於是寫了一張備忘錄給龐德，警告「接下來幾天會充滿危險」。確實如此，十月十四日凌晨十二點五十八分，在奧克尼群島的斯卡帕灣，皇家橡樹號在海軍基地裡被魚雷擊中船錨，八百三十三人溺斃。就像邱吉爾把驅逐艦不足歸咎於約翰・賽門任財相時過度節省，他將斯卡帕灣防禦不周歸咎於財政部的吝嗇。[72]

「就像朝溫斯頓身上揍了一拳。」警探湯普森回憶，「那些嚴酷的日子，我不止一次聽到他叨唸：『如果幾年前，他們聽我勸告，現在就不會發生這種事。』」[73]不過才在前一天，邱吉爾寫了一份公開聲明，表示十三號星期五是德國潛水艇倒楣的日子，如今看來傲慢得荒唐。[74]（他非常迷信，告訴一位副官，並且「強調」那艘戰艦被擊沉的那天，他「錯戴一條黑色領帶，而非平日點狀圖案那條」。）[75]「可憐的同胞，

可憐的同胞，」邱吉爾告訴報告消息的軍官，「困在漆黑的深水。」瑪麗回憶父親「受到罹難者的打擊甚深。他明白那代表什麼意思，損失大船，損失弟兄。」[76]幾乎花了一個月——這段期間貝爾法斯特號（HMS *Belfast*）[(4)]和納爾遜號（HMS *Nelson*）被炸——邱吉爾才說服海軍部擊沉封鎖用船（今日依然就位）、安裝防空高射炮、埋下必要的防雷網，以增強防禦斯卡帕灣。（某次去那裡，他要求把食物撒在仿眞的戰艦與航空母艦，如此一來，海鷗就會在四周盤旋，宛如德軍的空中偵察。）[77]「永遠都要親自去看。」邱吉爾建議霍爾—貝利沙，「一旦你看過東西運作，就知道那是怎麼運作。」[78]

對張伯倫來說，皇家橡樹號的命運帶來突然、遲來，但是很快就消散的自我領悟。「我多痛恨、討厭這場戰爭。」十月十五日，他告訴艾達，「我從未想要當個戰爭首相，而且想到隨著皇家橡樹號破碎的家庭，讓我想把責任讓給別人。」[79]他的心中那個「別人」指的是哈利法克斯勛爵，也是政府當中少數比他更不願打仗的人，而持續要求戰時內閣行動的人就是邱吉爾。十月底，他警告內閣成員，春天時，「很可能就會開始決定性的行動」，並要求在那之前盡可能派遣軍隊到前線。[80]他也想要調查「德國登陸的可能，尤其現在夜晚愈來愈長」。因斯基普因此抱怨，邱吉爾「想像力總是豐富」。[81]十一月，邱吉爾提倡「皇家海洋行動」（Operation Royal Marine），要在莫瑟爾河（Moselle）及其他法國境內萊茵河的支流，漂浮數千枚河流水雷，藉此炸掉德國的橋梁，攔阻河流交通，[82]其他漂浮炸彈就由飛機投入魯爾河。（當他與空軍准將約翰・斯萊塞〔John Slessor〕討論此事時，邱吉爾說：「這是稀有又快樂的場合，尊敬的人如你我，能夠享受這種通常爲愛爾蘭共和軍保留的快樂。」）[83]這個想法遭到外交部嚴峻抵抗，而且「嚇壞」達拉第和甘莫林，害怕那會引來德國報復法國。[84]就在這時候，勞合喬治選擇發表演說，支持和平談判。

「我不知道勞合喬治在想什麼。」氣急敗壞的邱吉爾告訴記者W・P・克羅茲爾（W. P. Crozier），「看在老天的分上，現在別再軟弱，否則我們絕對會全軍覆沒。」[85]

十一月十三日，麥斯基和邱吉爾、布瑞肯在布瑞肯位於西敏諾斯勛爵街八號的家共進午餐。「從外面看來，是非常樸素、狹小的房屋，」這位大使記錄，「裡頭則是配備現代豪華家具的公寓，與中產知識階級的代表人物相稱。」[86]邱吉爾因爲戰時內閣會議而遲到，但是「狀態良好：精神奕奕、較顯年輕、充滿活力，腳底黏著彈簧」。邱吉爾拔出雪茄，告訴麥斯基，「你們和德國的互不侵犯條約引發戰爭，但我不恨你們，我甚至很高興。長久以來，我一直覺得和德國的戰爭相當**必要**。沒有你們的條約，我們還會猶豫、收手、一拖再拖，直到我們贏不了爲止。但是即使要付出大把代價，我們會贏。」[87]麥斯基總結邱吉爾的話，「和平的時候，英國人看起來嬌生慣養、貪圖享樂；但是戰爭的時候，他們變成凶猛的鬥牛犬，往死裡咬住他們的獵物。」[88]

十一月二十三日，邱吉爾雀躍不已，因爲對抗磁性水雷的戰爭有了重大突破。在泰晤士河出口北邊，一架德國飛機在舒布立內斯（Shoeburyness）外的泥灘投下一枚磁性水雷；水雷沒有爆炸，但是退潮時清楚可見。從另一俱樂部晚餐回來後，他立刻召集海軍部所有軍官與每個司處，一共大約八十至一百名主管，聽取少校羅傑・路易斯（Roger Lewis）說明，他剛才如何用鐵鎚、螺絲起子及小刀，在潮水漸滿時拆除水雷。「我們這下子中大獎了。」邱吉爾告訴興奮的觀衆。獲得這個知識，意謂海軍可以在船艦周圍放置銅質線圈「消磁」，除去船艦的磁性。[89]邱吉爾問路易斯：「你當時害怕嗎？」龐德插話，表示不該問皇家海軍這個問題——「害怕嗎？他當然不害怕！」

十二月三日，潛水艇鮭魚號（HMS *Salmon*）船長少校愛德華・畢克福（Edward Bickford）一天擊沉兩艘德國巡洋艦——紐倫堡號（*Nürnberg*）與萊比錫號（*Leipzig*），當日邱吉爾立刻頒給他傑出服務勳章，並將他升爲指揮官。兩人變成朋友，而且在他休假時，邱吉爾經常邀請這位三十歲的水手到海軍官邸晚餐。一九四〇年上半年，邱吉爾的家人注意到英俊、新婚的畢克福相當疲勞，邱吉爾想讓他從進行中的作戰休假，但是畢克福說不能拋下船上的弟兄。[90] 一九四〇年七月九日，鮭魚號在挪威西南誤入德國雷區，全軍覆沒，又一位年輕的聖騎士過世。「接受他已經不在這個世上，眞的很難。」瑪麗在日記寫道，「而且他的遺體在某處，被冰冷的海水席捲、腐爛。」[91]

九月十七日，根據《莫洛托夫－里賓特洛甫協議》（Molotov-Ribbentrop Pact）②的祕密條款，俄羅斯從東邊入侵波蘭，迅速擊敗任何抵抗，俘虜大量波蘭士兵。次月月中，西線還是沒有軍事行動，因此多數行動都在海上。德國船艦突襲同盟國在大西洋的船運，而皇家海軍試圖擊沉。一九三九年十二月中，拉布拉他河之役期間，准將亨利・哈伍德（Henry Harwood）的三艘巡洋艦亞查克斯號（HMS *Ajax*）、阿基里斯號（HMS *Achilles*）、埃克塞特號（HMS *Exeter*），與德國的袖珍戰艦施佩伯爵號（*Graf Spee*，邱吉爾總是唸成「施屁」，而非「施佩」）交戰，邱吉爾幾乎不離地圖室，在那裡聽取美國的目擊廣播，表示施佩伯爵號於十二月十七日在烏拉圭首都蒙特維的亞（Montevideo）沉沒。他想根據在收音機中聽到的消息對哈伍德發號施令，而非等待信號花上六個鐘頭，通過福克蘭群島、塞拉利昂（Sierra Leone）、直布羅陀，最後在白廳解碼。龐德嚴正告訴他，不能基於美國的無線廣播就對皇家海軍的船艦發號施令，而且必須讓現場人員自行決定。[92]施佩伯爵號被擊沉後，邱吉爾立刻升哈伍德爲少將，並授予爵士頭銜。

埃克塞特號歸國，正好提供邱吉爾一個絕佳機會，將其英勇的行爲列入偉大的英國歷史光譜。他南下普利茅斯（Plymouth）告訴船員：

> 今天早上當你們循河而上，當你們進港時，且看見岸邊歡呼的群眾，可能幾乎會認為，過去的英靈也在看著，帶著我們回到拉利與德瑞克（Francis Drake）的時代，帶著我們到老水手的黃金時代。如果他們的精神在此時此景孵化，你們就能對他們說：「我們，你們的後代，依舊在打仗，還沒忘記你們給我們的教訓。」[93]

哈羅公學其中一首校歌就是〈當拉利崛起〉。

邱吉爾無疑也認爲自己正被「過去的英靈」照看著。翌年二月，倫敦市政廳爲埃克塞特號與亞查克斯號的船員舉辦午宴（阿基里斯號還在海上），他在那裡繼續歷史主題：「過去的戰士英雄俯瞰，如同納爾遜的紀念碑現在俯瞰我們，毫不覺得這座島上的種族失去膽量，也不覺得他們從前立下的模範隨著世代交替黯然失色。」[94]攻擊期間，哈伍德揮舞「英格蘭期盼人人都恪盡其責」的旗幟，正是納爾遜在特拉法加戰役（Battle of Trafalgar）打出的訊號。「無論新的戰事、所有軍階與級等的作爲，或者最終結果，都值得讚賞。」邱吉爾宣布。[95]之後，沃爾特・湯普森擔心將邱吉爾團團圍住的船員，寫道：「這些距離溫斯頓很近的孩子，用結實的力道拉他的手或捶他的背。邱吉爾先生很強壯，但他早就不年輕，而且有些孩子的拍打可謂紮紮實實！我看見他皺了一、兩次眉，但心情愉悅，笑容滿面。」[96]

十一月三十日，俄羅斯攻擊芬蘭。這點再度促使邱吉爾要求英、法占領瑞典巨大的耶利瓦勒（Gällivare）礦山與挪威的那維克港，藉此切斷德國鐵礦補給，因爲冬天波斯尼亞灣（Gulf of Bothnia）結凍時，鐵礦就是從那裡出口德國。他力爭，至少海軍要能在那維克周圍的海域布雷。十二月十六日，哈利法克斯主導的內閣反對侵犯兩個中立國家的主權。邱吉爾的回應不訴諸法律，而是訴諸道德。「最終的裁決是我們的良心。」他說：

> 我們正在努力重建法治，保護小國的自由。倘若我們失敗，意謂進入野蠻暴力的時代，不只攸關我們的存亡，也危害歐洲每個小國獨立的生命……我們為小國的權利與自由奮戰時，小國不能綁住我們的手。法律條文不應急著阻撓執行保護的人……指導我們的，必須是人道，而非法規。[97]

內閣再度否決他。

但是邱吉爾從來不被這種內閣裡的挫折打敗，萊斯里・霍爾－貝利沙後來表示，他在政治上的成功，部分來自開會的方式和其他政治人物完全不同。「當他走進內閣或委員會的會議時，知道自己要達成什麼。他有想法、計畫、解答，沒那個耐性聽別人釐清他們的想法。他主動提出自己的建議，要別人支持，或別人心有他想，他就攻擊。」[98] 邱吉爾總是努力確保政策討論圍繞他的目標或提案，也擅長運用圖表、統計數據與地圖，引起觀眾視覺想像。「如果他的論證不能稱心如意，可能就會提出會議延期，」霍爾－貝利沙注意到，「屆時他會再次出現，拿出更新、更有力的證據、事實、資訊，繼續攻擊。」[99] 會議的目的在於推動他的目標，並混淆對手的目標，而非公平考慮所有選項後達到客觀結論。

一月十六日，國王告訴首相，邱吉爾不讓鐵礦離開那維克的計畫，「聽起來太像第二個達達尼爾海峽，而且他同意。」[100]然而四天後，成立於一九三九年九月，旨在協調英法軍事行動並包括法國高級司令部的最高作戰委員會，態度一百八十度轉變，同意在三月二十日出兵那維克，接著就能占領耶利瓦勒礦山，往東幫助芬蘭對抗俄羅斯。瑞典與挪威只能憑著**不可抗力**同意。儘管倫敦高層持續擔憂，但邱吉爾的計畫還是回到軌道。

那天晚上，他在廣播對著中立國家發表極具爭議的談話，政府與白廳某些部門非常不悅，尤其是外交部。基於地理因素，他不相信波羅的海的國家實際上能夠對抗俄羅斯，然而芬蘭可以。他稱讚芬蘭抵抗蘇聯：「只有芬蘭——了不起，而且令人讚嘆——危在旦夕——芬蘭展現自由的人能做什麼。芬蘭對人類的貢獻無與倫比……每個人都可以見到共產主義如何腐化一個國家的靈魂；共產主義讓一個國家在和平中悽慘挨餓，在戰爭中卑鄙可惡。」[101]芬蘭的抵抗顯然改變他曾向麥斯基表達的英、俄利益結盟。對於中立國家，邱吉爾總是認爲它們介於假裝生病和眞正軟弱之間，他說：「每個都希望餵給鱷魚足夠的食物，鱷魚最後才會吃他。所有都希望在他們被淹沒前，風暴就會過去。但我恐怕——我非常害怕——風暴不會過去。風暴會猛烈咆哮，甚至更加大聲、更加廣大。」[102]

哈利法克斯震怒，告訴張伯倫，這番話令他們與中立國家的關係倒退三個月，而且造成「無法計算的傷害」。[103]他針對此事送了一張便條到內閣給邱吉爾，卻只收到回覆：「要我不要演說，就像要一隻蜈蚣前進，但腳不著地。」[104]張伯倫強迫邱吉爾向哈利法克斯道歉，因爲首相府或內閣沒有刪掉冒犯人的「鱷魚」一說。「我們要爲我們的溫斯頓付出沉重代價，」首相告訴艾達，「而且聽了他的廣播、耳朵發癢的鄉巴佬，不會停下來思考，把我們私下想的、說的公開，這件事情帶來的滿足是否其實不大。」[105]當然，無法量化的是多少瑞士人、愛爾蘭人、比利時人、瑞典人，聽了廣播後決定支持同盟國。「爸爸的廣播太棒了。」瑪麗在日記寫道，「有這樣的爸爸，我感到既驕傲又謙卑。」[106]

雖然有許多怨言表示中立國家遭到冒犯，但邱吉爾的這則演說再次清楚向英國人民展現他對戰爭的態度。「我們面對無數的逆境，這是當然的，」他大方承認，「但這在我們的歷史上不是新奇的事，幾乎沒有戰爭光靠數量取勝。品質、意志、地理優勢、自然與金錢資源、海上控制，而且最重要的是目標，能夠自然而然激發數百萬人心中的人道精神——一直以來，這些終究都是決定人類故事的因素。」[107]他繼續發表對戰爭最終結果的展望。「讓華沙、布拉格、維也納等偉大的城市，即使在極大的痛苦之中，也能驅逐絕望。他們必然得到解放。快樂的鐘聲再度響徹歐洲的那天將會到來，而且勝利的國家不只是敵人的主人，也是自己的主人，將在正義、傳統、自由之中，計劃並建造許多樓房，容納所有人。」[108]在那些城市，以及後來被納粹占領的歐洲，從收音機聆聽邱吉爾的廣播可能會被處死，但人們還是聆聽，因爲他可以給予那些受到折磨的人最需要的東西——希望。

邱吉爾也說道：「首次U型潛艇的戰役，U型潛艇被完全攻破，同時水雷爆炸的危險妥善控制，我們的船運實質上也沒有減少。」[109]哈利法克斯告訴好友，即寇松勳爵的女兒亞歷珊卓・梅特卡夫（Alexandra 'Baba' Metcalfe，綽號「芭芭」），「一個人在他的職位上竟然這麼失禮。每次他誇耀海上的戰爭之後，就會發生駭人的損失。」邱吉爾在廣播說：「相當確定，就在今晚，德國開啟戰爭半數的U型潛艇已經被擊沉，而且他們新建的速度比我們預期得還要落後許多。」[110]事實上，在五十七艘中只有九艘被擊沉，也就是十五%，他自己的海軍情報處也是這麼估計。邱吉爾在九艘「已知擊沉」中，加上十六艘「可能擊沉」，還有林德曼的統計部門主張的八艘，得到他的五十%。海軍反潛作戰分部司令上校A・G・塔爾博特（A. G. Talbot）指出，擊沉的數量和廣播中相差甚遠，邱吉爾於一月二十二日在一份備忘錄回覆：擊沉且損壞的U型潛艇，「三十五是可接受的最小值」，「而且德國本身也這麼承認」，其實當然不是如此。[111]「在這場戰爭中，有兩個人要擊沉U型潛艇，塔爾博特。」他說，「你在大西洋擊沉他們，我在下議院擊沉他們，問題就是你擊沉的比例只有我的一半。」[112] 邱吉爾秉持同樣精神告訴上校皮姆，「我們的潛水艇，有時不幸遭到擊沉，但是請記得，U型潛艇是被**摧毀**。」[113]

一九四〇年四月初，塔爾博特估計摧毀十九艘（正確數據也是十九艘）、四十三艘在逃，以及兩艘正在維修。二〇一四年，德國海軍彙整的U型潛艇損失詳細清單與其他官方資源，皆支持塔爾博特和戈弗雷的數據分析，與邱吉爾、龐德、林德曼預估的不符。一九三九年九月，只有三艘U型潛艇真的遭到擊沉，十月四艘、十一月一艘、十二月一艘。一九四〇年初也不見進展，一月兩艘、二月五艘、三月三艘、四月四艘、五月底一艘。總計邱吉爾任第一海軍大臣期間，一共摧毀二十三艘，其中十艘被船艦擊沉、五艘原因不明、三艘被水雷炸、一艘由船艦和陸基飛機（shore-based aircraft）共同擊沉、一艘由陸基飛機擊沉、一艘由艦載飛機（ship-based aircraft）擊沉、一艘由另一架潛水艇、一艘則是因爲碰撞。[114]

指出邱吉爾宣稱擊沉的U型潛艇數量，和實際擊沉的二十三艘兩者之間的差距，並未侮辱皇家海軍展現的絕佳勇氣。一旦破壞技術改善，數量就會遽增——一九四〇年只有二十四艘，但在一九四一年有三十七艘、一九四二年八十九艘、一九四三年兩百七十二艘、一九四四年兩百九十一艘、一九四五年五月之前一百四十一艘——此時三百五十五艘U型潛艇幾乎都已沉沒。[115] 塔爾博特不願附和第一海軍大臣過分的誇大，意味四月二十五日，邱吉爾必須寫備忘錄給龐德表示：「塔爾博特上校盡快出海也許是一件好事。」[116] 塔爾博特確實去了，而且因為指揮航空母艦暴怒號（HMS *Furious*）表現傑出，晉升少將，但再也沒有回到海軍部任職。

「無論如何，他寧願追求自己思考的想法，這是偉大男性的特質。」上將戈弗雷在回憶錄草稿這麼描述邱吉爾（他自己就是助理伊恩・弗萊明〔Ian Fleming〕筆下詹姆士・龐德小說中「M」的原型）。

在邱吉爾的心中，若感覺別人的想法擋路，從他的立場，自然會衍生某種冷酷無情。為了達到目的，他無所不用其極，傾盡所有天才、努力、政治心計於當前的議題。他的武器包括說服、真的或假裝生氣、嘲笑、謾罵、發火、奚落、挖苦、欺侮、眼淚。他會用來對付任何反對的人，或與他意見相左的人，有時相當瑣碎的問題也是。[117]

這是真的，也是邱吉爾打仗的關鍵，也是張伯倫盡可能拖延讓他入閣的原因。戈弗雷從不順從第一海軍大臣的方式。有人批評邱吉爾為了當上首相，謊報U型潛艇擊沉的數字，但邱吉爾當時希望的，當然就是提振士氣，那也是打仗必要的部分。「你告訴我們的一切都是真的嗎？」一九四〇年在一艘戰艦上，一名低階士兵問邱吉爾。「年輕人，」邱吉爾回答，「我為了我的國家說了不少謊，未來還會更多。」[118] 之後他為了政治宣傳還會經常誇大成功，入主唐寧街後也是如此。

一月二十七日，在曼徹斯特的演講上，邱吉爾號召一百萬女性協助軍需工廠的戰備，釋出男性上戰場打仗。[119] 他知道如果人們知道自己相當必要，不介意被要求犧牲。「現在不是輕鬆舒適的時候。」他指的是擴大的配給制度，「現在是冒險忍耐的時候。這就是爲什麼，即使我們的資源持續增加，我們需要節制；這就是爲什麼，我們必要控制運送過海的每一噸資源，確保那是爲了勝利運送。」[120] 邱吉爾理解，人民不會接受商船水手爲了進口不必要的奢侈品而喪命。他也說到波蘭人正遭虐待，一批批被編上數字、射殺又恐嚇。他談起一個波蘭人被從藥房拖出來，爲了湊足納粹軍官要求的大量處決數目。

「來吧！」邱吉爾說，「讓我們加入任務、加入戰役、加入苦工，人人盡其所能，各司其所。塡滿軍隊、支配天空、傾出彈藥、壓制潛艇、掃除水雷、清理大地、建造船艦、保衛街道、救助傷患、鼓勵喪志者、讚揚英勇者。讓我們一同前進到帝國所有角落，到島嶼所有角落。一週、一日、一時都不容損失。」一位聽眾後來寫道：「他的演講彷彿席捲自由世界的號角，那天在場的人，沒有一個不爲那歷史意義十足的措辭激動。」[121] 倫道夫和瑪麗與他作伴。返回倫敦的火車上，這家人在用餐時，湯米・湯普森注意到：「他比他們之前看到的樣子快樂、放鬆多了。」[122] 克羅福勛爵在一月二十六日寫道：「如果張伯倫摔斷腿，輿論就會要求邱吉爾去唐寧街。」[123]

邱吉爾是政府的忠實成員，他不會扯張伯倫的後腿，也不讓布瑞肯這麼做。二月四日，他參加最高作戰委員會在巴黎的會議，和首相、哈利法克斯，以及接下凡西塔特在外交部任常務次長的亞歷山大・賈德幹爵士（Sir Alec Cadogan），一行人從查令十字搭上火車，前往多佛（Dover）登上驅逐艦。張伯倫「略帶試探地」讓邱吉爾看與華盛頓來往的電報，內容關於美國國務次卿薩姆納・威爾斯（Sumner Welles）令人失望的歐洲和平任務——排除與希特勒直接的和平對談。賈德幹注意到，「溫斯頓——喝了兩杯雪利酒後——讀了那些電報，然後眼中泛淚地說：『追隨你令我驕傲！』」[124]

二月十六日，在邱吉爾命令下，哥薩克號（HMS *Cossack*）的一批人登上位於挪威戈斯興灣（Jösing Fjord）的施佩伯爵號補給船阿爾特馬克號（*Altmark*），解救兩百九十九名被俘虜的英國商船船員。他們對著俘虜大喊：「海軍來了！」這句話成爲全國的口頭禪。挪威阻擋這項行動，抗議違反該國中立，並讓阿爾特馬克號回去德國，破壞任何挪威可能默許英國占領那維克的希望。然而，哈利法克斯並未反對哥薩克號的行動。「哈利法克斯那麼做還眞是了得。」邱吉爾之後這麼說。[125]

那個月，約克公爵號（HMS *Duke of York*）啟航後，邱吉爾從克萊德塞德（Clydeside）歸來，向國王抱怨海軍部的官員和職員老是告訴他，他錯了、他的計畫無法實現。「也許他們有時是對的。」國王說出他的觀察，面帶微笑。毫不害臊的邱吉爾回答：「十次中有九次。」[126] 那是眞的，而且龐德和他的團隊已經變成專家，找出眞正好的一個，淘汰另外九個。「我們將會發現，邱吉爾先生需要吞下提前終止又瘋狂的作戰行動殘骸。」上將戈弗雷回憶錄的草稿不是非常支持邱吉爾，如同那年後來邱吉爾攻占潘泰萊里亞島（Pantelleria）的想法會被勸退。[127] 同樣地，當有人發現，希特勒的無任所大臣暨前德意志帝國銀行總裁亞爾馬・沙赫特博士（Dr. Hjalmar Schacht）置身一艘停在直布羅陀的義大利籍遠洋客輪，邱吉爾要人上船抓他。哈利法克斯不想與依然中立的墨索里尼爲敵，所以什麼動作也沒有。[128]

二月底，某次內閣會議上，張伯倫表示，美國與中立國家會反對邱吉爾在挪威海域布雷的計畫。會後，邱吉爾參加國會記者在維多利亞飯店爲他舉辦的午宴，張伯倫也在場。邱吉爾告訴他們：「我——而且我以相稱的謙遜這麼說——在諸位閣下履行的憲政過程中，是個恆常的要素，幾乎是個不可或缺的要素。」[129] 談到他的荒野歲月，他開口，並示意張伯倫，「我已經通過所謂權力的不悅（Frown of Power）。」[130]

談論自己長達四十分鐘後，他「保證自己在整個航行過程會忠實服務『船長』」，而首相對著這句話點頭認同。[131]

「人們說邱吉爾很粗魯，」克羅福勛爵在為埃克塞特號與亞查克斯號船員舉辦的市政廳午餐三天後，這麼寫道：

說他的判斷隨意、思考跳躍，說他迫不及待逾越海軍戰略家的領域——這些或多或少都是真的，但他仍是內閣裡唯一一人，對於追求勝利懷抱著永不妥協的積極美德。他發動大規模的殺戮戰役，鼓勵國家，激勵艦隊，我對他聽得、看得愈多就愈有信心，他會代表完全勝利的一方！[132]

如果有什麼可以解釋邱吉爾當上首相，就是這種舊時對手的讚美。第二十七代克羅福伯爵（頭銜創於一三九八年）暨第十代巴爾卡里斯伯爵（Earl of Balcarres，頭銜創於一六五一年）是建制派的砥柱。他是伊頓公學與牛津大學校友，在一戰表現傑出，因為婉拒印度總督一職得到美名，曾任博納・勞在下議院的大黨鞭，一九一六年至一九二二年和邱吉爾在同一個內閣。「巴爾」・克羅福曾經稱呼邱吉爾是有印墨血統的天生無賴，有精神失常的傾向，而且從阿爾斯特大屠殺起就散布中傷他的流言。但是他的看法從邱吉爾去年九月在下議院的演講開始改變，而且到了一九四〇年二月底，他已經視邱吉爾為內閣唯一能夠實現完全勝利的人。這是克羅福的最後一篇日記，因為不久後就過世，無法親睹邱吉爾進入唐寧街十號，實現他的預言。

克羅福的日記顯示，保守黨的座席在二月和三月開始改變對邱吉爾的態度，雖然他在那裡還是不被信任。阿契伯德・辛克萊在三月六日明白告訴下議院，如果情況改變，工黨將會支持邱吉爾。他說：「我們全都下定決心要打贏這場戰爭，我們全都確定我們可以贏。只有當我低頭看著前座，但第一海軍大臣不在座位，懷疑的念頭才會令我發寒。」[133]自從邱吉爾指定辛克萊在壕溝擔任副手，他們在壕溝朝夕相處、出生入死，發展出的友誼即將大大有所回報。

三月十三日，芬蘭與俄羅斯簽訂休戰，結束英、法計劃用來侵犯挪威與瑞典主權的藉口。但是邱吉爾面對戰時內閣聯合反對，依然想要推動那維克的作戰計畫。「我非常擔心戰爭進行的方式。」次日，他寫信給哈利法克斯：國庫每天「流失」六百萬英鎊、「與法國缺乏有效的緊密關係」、「德國是北方霸主」，所以他的結論是「部會首長不能只是忠實盡到義務：我們必須策劃計謀，非勝利不可」。[134]三天後，與伊登午餐時，哈利法克斯說他「準備面對」讓邱吉爾擔任國防部長，在內閣代表三軍。「內閣當中只有三個人得到國家支持，」伊登告訴他——邱吉爾、張伯倫、哈利法克斯——因為「其他人是文官，而且或多或少是名譽不佳的政治人物」。[135]伊登可能因為太年輕而排除自己，當時他年僅有四十二歲。

三月二十八日，在倫敦，保羅・雷諾取代達拉第當上法國總理後，第六次最高作戰委員會終於同意邱吉爾的計畫，在萊茵河布滿河流水雷，雖然三天後法國內閣就推翻雷諾。[136]然而，委員會還是發表聯合公報，承諾「此戰爭中，互相進行該計畫的兩個政府，除非互相同意，否則不得談判，亦不得決定停戰或和平條約」。[137]隔天，邱吉爾對克羅茲爾發洩他的挫折感，說他還需要五十艘或六十艘驅逐艦，並且解釋想要隔絕瑞典的鐵礦，「但是這件事情需要說服好多人。」[138]邱吉爾告訴克羅茲爾，他和張伯倫處得很好。「我完全沒有當首相的欲望，」他說，「而且他曾經認爲我可能會危害他，現在這些懷疑完全煙消雲散。我決定──顯然我必須──我一定要跟他好好共事，而且我確實如此；我相信他現在喜歡我。」[139]至少這段話的最後一句是眞的：張伯倫和邱吉爾面對面時相處融洽，不管他們私下怎麼說對方。那段時期的英國政治瀰漫著這種同儕氛圍，尤其是戰爭時期。這也是邱吉爾畢生的能力，不讓「政治的積怨和惡言傷害個人關係」。

雖然西線沒有動作，但邱吉爾不相信那樣的情況會持續很久。「超過一百萬名德國士兵，包括所有行動中的師與裝甲部隊，只要幾個小時，就能攻擊所有沿著盧森堡、比利時、荷蘭的前線。」邱吉爾於三月三十日在廣播中說，「這些中立國家隨時可能就會被槍炮與戰火掩埋，而決定權就掌握在一個中邪病態的人手裡。頭腦混亂的德國民族把這個人當神崇拜，永遠可恥。」[140]接著，他呼籲英國國內強烈的反戰運動，「雖然波蘭的命運就在眼前，卻仍有自私的外行或遲鈍的俗人，偶爾問我們：『英國和法國爲何而戰？』針對這個問題，我回答：『如果我們停止作戰，你們馬上就會知道。』」[141]四天後，一千五百名反戰主義者、法西斯主義者、獨立工黨黨員、共產主義者，齊聚在霍本（Holborn）的金斯威堂（Kingsway Hall），爲塔維斯托克侯爵歡呼。塔維斯托克侯爵公開指責邱吉爾「煽風點火」對德戰爭，並且讚美希特勒爲德國工人階級的貢獻。[142]

四月三日的內閣改組，並未徵詢邱吉爾的意見。在這次改組中，塞繆爾．霍爾和金斯利．伍德職務互換，並廢除國防協調部。用伊登的話來形容，毫無預警之下邱吉爾「既傷心又不滿」，而且滑頭的塞繆爾・霍爾當上空軍大臣，表現平凡的奧利佛・史丹利去了邱吉爾希望伊登能去的戰爭部，結果伊登繼續擔任自治領大臣。伊登說，張伯倫「接受W和我，只因他無法避免」，同時「溫斯頓仍然認爲還有更多機會，在這段崎嶇的旅程中還有許許多多，而且努力在這樣的壓力下鼓勵自己，當然也鼓勵我。但是他很擔心也很沮喪，那樣當然不是好事。」[143] 雖然邱吉爾繼續留在海軍部，但他也成爲新的軍事協調委員會主席，委員會包含三軍首領與他們的大臣，每天開會。這項職位必定會與史丹利和霍爾產生摩擦，因爲他的官階並不比兩人高，而他也沒有正式的指揮命令權，就連參謀長的計畫也無法干涉。就像工黨議員上校喬舒亞・韋治伍德（Josiah Wedgwood）對布瑞肯說的：「那項職位——如果能夠稱爲職位，加諸更多責任給他，卻無任何實權。」[144] 但是如果事情出錯，那項職位會讓邱吉爾更直接暴露在火線上。

改組的一項好處就是，邱吉爾續用五十三歲的少將黑斯廷斯・伊斯梅擔任私人參謀。桑德赫斯特軍校畢業，接著派駐印度，綽號「巴哥」的伊斯梅曾在索馬利蘭服役，也曾擔任印度總督的軍事祕書，又在一九三八年擔任帝國防禦委員會的祕書（接續漢基）。瑪德・羅素說他是個「眼如銅鈴、黑不溜丟的軍人」，但他遠遠不止那樣。[145] 他真心崇拜邱吉爾（他可以引述《世界危機》整個段落），但他非常清楚自己的職責是軍事參謀與邱吉爾之間的溝通橋梁。在那個工作初期，某次有位邱吉爾不喜歡的參謀長寫報告來，邱吉爾問伊斯梅對那份報告**眞正**的想法。「您希望我對您有價值嗎？」伊斯梅問。「那還用說，」邱吉爾回答，「我當然希望。」「那麼，」伊斯梅說，「您就別再問我那個問題。」[146] 邱吉爾迅速和他建立密切的工作關係，三軍參謀長對他的信任也不言而喻，他很快就會對雙方非常有用。

四月四日，張伯倫發表關於戰爭情勢的演說。說到希特勒，他只是無力地表示：「有件事是確定的；

他錯失良機（missed the bus）了。」[147]隔天在巴黎，邱吉爾告訴法國，英國會按照計畫在那維克布雷，而且「威弗瑞行動」（Operation Wilfred，那項計畫的代號）訂在四月八日晚上。結果，幾個小時後，希特勒就發動籌備已久的「威悉行動」（Operation Weserübung），在四月九日清晨入侵丹麥與挪威。德軍表現精湛：快速占領奧斯陸（Oslo）、斯塔凡格（Stavanger）、卑爾根（Bergen）、特隆赫姆（Trondheim）及那維克，掌握所有主要港口與機場，勇敢但單薄的挪威陸軍被打得措手不及。德軍只用六個傘兵連就拿下奧斯陸，之後容克斯五二軍機（Junkers 52）又在三千航次中帶來兩萬九千名士兵，[148]顯然希特勒沒有錯失良機。

長達八週的挪威戰役，所有能出錯的幾乎都出錯了，而且有許多是邱吉爾的責任，既然他是第一海軍大臣，而這場戰役絕大部分由海軍主導，投入半數的本土艦隊。四月九日上午六點三十分，內閣知道那維克已經落入德國手中之前，邱吉爾告訴他們，「現在我們的雙手有空，而且可以將我們銳不可當的海上實力運用在挪威海岸。我們一、兩週就可以清除這些登陸。」[149]他甚至不相信德國真的正在前往那維克。[150]他被指控（不無道理）逼迫不情願的張伯倫投入無法勝利的戰役，由此顯示他根本沒有從過去學到教訓。[151]

缺乏中央指揮是一大問題，引用上將詹姆斯的話，那場戰役「在很大程度是三軍各自進行，缺乏首相或其他最高行政權力實質的代表指導或指揮」。那是張伯倫的錯，而且邱吉爾絕對學到這個教訓。[152]如果軍事協調委員會名符其實，邱吉爾也許就能控制那場戰役，但是霍爾和史丹利認為他們各自獨立，就制度而言也是。

一連串的錯誤堪稱丟臉。[153]少將梅克錫（Mackesy）並未攻占那維克，因爲沒有從陸軍部收到海軍指揮官科克勛爵從海軍部收到的同一道命令。[154]（「如果這名軍官顯現出在高層散播惡言，」邱吉爾在某個時候告訴科克，「不要猶豫解除他的職務或逮捕他。」）[155]等到參謀長下達明確指令攻占那維克與特隆赫姆時，德軍在兩地早已占據空中優勢。「那些參謀長，」邱吉爾後來抱怨，「獨自運作，互不相干，也沒有首相指導或指揮」，更別說是由他指揮。[156]上將羅傑・奇斯想要帶領一支特戰部隊攻占特隆赫姆，但是龐德反對這個行動（榔頭行動〔Operation Hammer〕），並且邱吉爾不下一次改變心意。邱吉爾也未曾知會科克的上司上將佛布斯，就對科克下達命令。

他們終於在四月十三日攻占那維克，但是堅持的時間只夠破壞港口軍事設施。補給船隻裝載的方式是，雖然大炮可以下船，但彈藥在別艘船上；英國陸軍的二十五磅炮和反坦克炮太少，同時德國的偵察機擁有每日二十小時日光的優勢。最終撤退時，戰鬥巡洋艦光榮號（HMS *Glorious*）和驅逐艦被戰艦沙恩霍斯號擊沉。難怪邱吉爾後來說，這是「搖搖欲墜的戰役」。[157]

德國在挪威之役搶得先機，且一路穩占上風；沒有犯下任何嚴重疏失，而英國和法國錯誤百出。[158]英國的海軍情報也有缺失，而且四月九日，丹麥一日之內淪陷後，納粹德國空軍隨即關閉連結北海與波羅的海的斯卡格拉克海峽，輕鬆補給在挪威的軍隊。英國於四月十四日攻占南索斯（Namsos）與翁達爾斯內斯（Åndalsnes）時，德國的俯衝轟炸機能將兩者夷爲平地。戰役不過才開始一天，邱吉爾就跟空軍大臣發生爭執。伊登在四月十日寫道：「溫斯頓很氣霍爾，懷疑此人想羞辱他，也覺得此人不適合在這時候領導空軍。形容他是『蛇』及某些更強烈的字眼。」[159]

邱吉爾「升遷」引來某些羨慕和不滿。因斯基普（另一條蛇，不滿邱吉爾接下他曾經不及格的工作）憤恨地抱怨，他「現在的權力幾乎和首相一樣」，這麼說當然是無稽之談。[160] 四月十一日針對挪威辯論時，邱吉爾用了一個極糟的歷史比喻，告訴下議院：「我認爲希特勒入侵斯堪的那維亞，就和拿破崙在一八〇七年入侵西班牙(5)一樣，犯下重大的戰略與政治錯誤……我們的設備大量增加，又能有效封鎖，現在應該拿下所有我們想在挪威海岸拿下的。」[161] 這幾乎就像說希特勒錯失良機一樣糟糕。在場的麥斯基在日記寫道：「我從未看過他這種狀態。顯然他已經好幾個晚上沒睡，臉色蒼白，找不到適當的詞彙，結巴，而且一直搞混，完全不像他平日在國會表現的水準……邱吉爾解釋德國突破的論證很糟：天氣不好、大海太大、無法全面控制等。」[162]

邱吉爾向國王抱怨協調委員會、戰時內閣、下議院辯論，還有每天進來的三、四十則重要海軍訊息，「必須小心過濾且逐一閱讀，才能發出新的指示到挪威外海的船艦」，他發現海軍部的工作難以繼續。[163] 但他還是可以找出時間覲見國王，而且不知爲何，晚上也還能繼續進行《英語民族史》的手稿。(6) 甚至挪威戰役進行到一半，四月底某天晚上十一點，邱吉爾還能與威廉・迪金、弗雷迪・伯肯赫德討論一〇六六年諾曼人入侵英格蘭。迪金回憶，雖然隨著戰役進行，上將送來海軍訊號，

> 但討論圍繞在諾曼人入侵的廣泛影響與懺悔者愛德華，如同邱吉爾寫的：「在我們心中衰弱、模糊、無力的形象」。我現在依舊能看見牆上的地圖，標示英國艦隊在挪威外海的部署，同時聽見第一海軍大臣的聲音，發表他對一〇六六年戰略局勢的洞見。同時他又不忘關注時事。這是具有歷史慧眼之人的格局。古老的故事如同手上的重大事件，既密切又真實。[164]

到了四月二十日，協調委員會的氣氛變得劍拔弩張，以致邱吉爾要求張伯倫主持，並說：「他們從我這裡得不到的，就會從你那裡索取。」[165]首相告訴希爾妲：「普遍相信，我們爲了確保所有計畫經過深思熟慮而小心打造的機器，已經被溫斯頓搞砸……他給屬下的壓力比他以爲的更大，結果就是他們被欺壓，生著悶氣但不說。」然而，一旦張伯倫接手，「結果眞是神奇，我們全都意見一致。」[166]意見也許一致，但是不會勝利。

一九三九年九月中，辭去黨鞭的威爾斯工黨議員克萊門特・戴維斯（Clement Davies），成立跨黨派行動小組（All-Party Action Group，又名治安會〔Vigilantes〕），這是一個每週在改革俱樂部（Reform Club）開會的小團體，祕書是布思比。一九四〇年四月，第四代索茲伯里侯爵發起所謂兩院保守黨員監督委員會（Watching Committee），在他位於聖詹姆斯阿靈頓街的家中聚會。雖然這些組織鬆散、不正式，會員也相當程度重疊，諸如焦點、政策研究小組、魅力男孩、跨黨派行動小組及監督委員會，但是他們或多或少都批評張伯倫，儘管不可能全都親邱吉爾。

四月二十三日，邱吉爾告訴索茲伯里勛爵，「報紙誇大他在國防協調部的角色……他沒有權利執行建議或決策。」[167]當索茲伯里告訴他有哪些人在新創的監督委員會，他們會監督政府，持續施壓政府積極參戰時，「他像隻開心的貓，發出呼嚕呼嚕的聲音。」隔天他向國王抱怨，在挪威，「我們事事不順。我們在空中不占優勢，還因爲下雪，我們的飛機很難找到地點。」[168]兩天後在另一俱樂部，他向坎羅斯吐露，「他很擔心會從挪威傳來更多壞消息，而且對我們在那個國家南邊的機會非常悲觀。」[169]他也許不該對一個報社記者說這麼多，但是坎羅斯和他私交甚篤，而且從來沒有人洩漏在那個俱樂部裡說過的話。其中一位新進會員是邱吉爾的女婿鄧肯・桑迪斯，他在挪威遠征軍服役時受傷，終身跛行。

四月底，張伯倫考慮讓邱吉爾成爲代罪羔羊，承擔在挪威顯然即將來臨的戰敗。國會機要祕書鄧格拉斯勛爵（Lord Dunglass，後來的首相亞歷克・道格拉斯・霍姆〔Alec Douglas Home〕）問薯條・香農：「溫斯頓會不會氣餒……他應該離開海軍部嗎？」香農的結論是，「顯然內維爾心中有這些想法。他當然應該走，但是誰又能代替他？」[170] 如果因爲戰役失利，邱吉爾被不名譽地降級或解除職位，很難想像兩週後他會當上首相。

四月二十六日，軍事協調委員會率先提出，接著戰時內閣也跟進，同意準備從挪威撤回所有軍隊。雷諾因此大怒，因爲這個決定與不過三天前最高作戰委員會的計畫相違背。「溫斯頓的態度最難對付，」張伯倫提到，「他挑戰參謀長建議的每件事情，完全像是被寵壞的小孩生悶氣。」[171] 委員會在晚間六點開完會後，邱吉爾要張伯倫讓他當國防部長。

「黨鞭到處在說這全是溫斯頓的錯，」哈洛德・尼科爾森在四月三十日寫道，也就是從翁達爾斯內斯撤退那天，「溫斯頓再次孤苦伶仃地失敗。」[172] 國王四月三十日的日記也提到，邱吉爾遭人設計，扛下挪威的過錯。正如同一九一六年人們漸漸說勞合喬治是國家救星，與此同時，邱吉爾保護了張伯倫。「在首相眼裡，溫斯頓似乎製造許多麻煩。」國王在與張伯倫的每週會議之後注意到這點，

> 我問，既然槲頭行動的軍隊沒有攻擊特隆赫姆，溫斯頓是否該為計畫生變負責？首相告訴我：「是。」W很怕我們會損失某幾艘大船，他在海軍部的顧問也是，而且基於這個事實，要參謀長同意他，因此更多軍隊登陸南索斯和翁達爾司內斯才會延遲。首相今晚要和W再談，說明未經戰時內

閣批准，他能做什麼及不能做什麼。[173]事實上，邱吉爾並未身處「需要」參謀長同意他任何事情的職位。

到頭來，張伯倫站到邱吉爾那邊，決定讓他擔任擁有實權的國防部長。霍爾和史丹利威脅在邱吉爾得知之前就要辭職，張伯倫威脅說自己就會辭職，「而且讓W.C.當國防部長也當首相……他們說那會是極大的災難，所以他們會照我說的做。」[174]張伯倫擬了一封信，說明新的安排，給予邱吉爾在一九二〇年代初就向勞合喬治要求，並且從一九三〇年代中期以來頻頻催促的職位。

邱吉爾立即接受，並在四月三十日發出一份備忘錄給戰時內閣，表示他將「代表（軍事協調）委員會負責指導並指揮參謀長委員會，而且爲達此目的，當他認爲需要時，將隨時召集委員會個別諮商」。[175]儘管挪威的戰事失敗，而且他也需要負部分責任，但邱吉爾爲自己累積更多權力。在什麼事情都不知道的下議院，香農寫道：「更多人在談論陰謀，針對可憐的內維爾。『他們』說現在就像一九一五年重演，溫斯頓應該當首相，因爲他更有魄力，更得民心。」[176]

南索斯撤退從五月一日開始，持續四十八小時。騎兵衛隊閱兵場突然降下傾盆大雨，邱吉爾對當時張伯倫的機要祕書喬克・科爾維開玩笑：「如果我是五月一日，會爲自己感到丟臉。」當時推崇張伯倫且懷疑邱吉爾的科爾維，在日記尖酸地說，「我個人認爲他無論如何都該爲自己感到丟臉。」[177]香農看見邱吉爾在吸菸室和工黨的A・V・亞歷山大（A. V. Alexander）與阿契伯德・辛克萊（他稱爲「新影子內閣」）說笑喝酒，也是同樣不以爲然。「大衛・馬傑森說我們處於一九三一年以來最大的政治危機前夕。」香農寫下，[178]「為了得到時間，他（張伯倫）一直放任邱吉爾。」[179]

張伯倫無法再放任了。特隆赫姆撤退從五月二日開始，清楚顯示英國在一場大規模戰役中失敗：這麼嚴重的事，首相必須承擔最終責任。洛伊德勛爵告訴派駐在巴勒斯坦的兒子大衛（David），「大眾似乎發現，由於我們過去疏於準備，導致什麼樣的結果。我想過去七、八年，你已經聽我說了很多。」[180]如果大眾將挪威慘敗歸咎於多年來各方面疏於準備，而非戰爭期間的行動決定，責任將會落在張伯倫身上，而非邱吉爾。

儘管有一連串的錯誤，但挪威戰役還是有些慰藉可得。雖然皇家海軍損失一艘航空母艦、兩艘巡洋艦、一艘單桅帆船及九艘驅逐艦，但是德國損失三艘巡洋艦、二十二艘驅逐艦中的十艘、僅有的兩艘作戰戰艦也受損，與皇家海軍的比例而言，他們的損失大得多。[181]下一個月在敦克爾克，如果德國海軍完整無缺，可能會是重大戰力，但是在五月初，德國能夠立即作戰的只有一艘大型巡洋艦、兩艘輕型巡洋艦、七艘驅逐艦，也不夠出港。

五月三日，張伯倫告訴希爾妲：「溫斯頓四度改變特隆赫姆的決定……我不怪他，這種事情在所難免……只是這並不符合報章和W. C.的『朋友』試圖描繪的戰爭霸主形象。」[182]最後他說，「這是個卑鄙的世界，但我不認為敵人這次會拉我下臺。」

作者注

(1) 英國議會議事錄並未記錄。

(2) 難怪布瑞肯幫張伯倫取了「驗屍官」的綽號，而實業家鮑德溫則是「五金商」。

(3) 那一盞燈於一九一一年至一九一五年就在那裡了後來被撤下，邱吉爾回去後又換上。

(4) 現在停在泰晤士河。

(5) 這是少見的歷史錯誤：一八〇七年拿破崙前往葡萄牙時，受邀行軍經過西班牙；他在一八〇八年入侵西班牙。

(6) 預期回去當官將會減少四分之三的收入，邱吉爾為了稅務目的，一九三九年九月再次正式以作家身分退休，如同他在財政部時所做的。

譯者注

① 希特勒從政前曾經當過畫家。

② 即《德蘇互不侵犯條約》或《德蘇條約》，一九三九年八月二十三日簽訂。

20 抓住首相大位 1940／5

命定之人並不靜候差遣，而是應運而生。他們不尋求認同，是以自身存在印證命運之必然。——亞歷山大・馬卡倫・斯科特，《戰爭與和平的溫斯頓・史賓賽・邱吉爾》（*Winston Spencer Churchill in Peace and War*）[1]

大事能成，多虧他那冷酷無情的一面。——邱吉爾論阿斯奎斯，《傑出的同代人》[2]

一九四〇年五月七日星期二與五月八日星期三，這兩天在下議院參加挪威辯論的議員斯塔福・克里普斯形容這是「國會史上最重要的辯論」。[3] 雖然辯論正式的動議只是「本議會現在暫停正常程序」，也就是休會，但卻演變為對張伯倫政府的信任表決，涉及範圍遠超過最近的戰役。邱吉爾必須對他效力的人表現完全忠誠，布蘭登・布瑞肯也是，否則在正常情況下，布瑞肯非常願意投票拉張伯倫下臺。就在辯論之前，完全錯判局勢的張伯倫告訴哈利法克斯勛爵，他懷疑「這有什麼重要的」。[4]

雖然身為重要的內閣閣員，邱吉爾在辯論中全心支持張伯倫，但數個嚴厲抨擊政府的人眾所皆知是他的朋友，因此張伯倫派紛紛認為邱吉爾暗中鼓勵造反。他坐在張伯倫身邊，能夠確定的是，不管他的內心正在想什麼，表面上看來絕對忠誠。如果他只是在演戲，也是一生中最出色的演出。

保守黨的後座議員約翰・莫爾－布拉巴贊（John Moore-Brabazon）違反規定，偷偷拿出迷你的美樂時（Minox）相機，拍下辯論的照片。從那些照片可以看見，張伯倫起身捍衛他的內閣表現時，議事廳和觀眾席擠滿人。他敘述令人失望的挪威事件，略帶自怨自艾地說：「當然，部會首長必須承擔一切責任。」此時，工黨議院大喊：「他們錯失良機！」議長必須介入以維持議事廳的秩序。張伯倫繼續冗長的演說，爲他的政府與自己開脫。他說：「我不認爲這個國家的人民迄今理解迫在眉睫的威脅。」此時一位議員大喊：「我們五年前就說了！」[5]

這個辯論不僅關於挪威，也關於綏靖政策；不僅關於未來，也關於過去，邱吉爾的處境因此更加複雜。張伯倫表示，他已經賦予邱吉爾更多權力主持軍事協調委員會，但當時戰役已經幾乎結束。「否則必定有所改變。」他主張。談到戰爭領袖這個職位，他只能說出那句乏味的話：「就我的部分，我努力走在中間的路線。」[6]

接著發言的是工黨領袖艾德禮，他說張伯倫和邱吉爾兩人對挪威都太過樂觀。他在下議院細數那場戰役的挫折與災難，引用張伯倫攻擊他的話，說到邱吉爾在海軍部與軍事協調委員會的雙重工作，「第一海軍大臣的能力固然很好，但是把他放在那種不可能的位置，對他並不公平。」[7] 艾德禮攻擊張伯倫缺乏必要的「活力、魄力、動力、決心」，又說綏靖主義者「錯過所有和平的公車，搭上戰爭的公車。」結尾時，他明確說出：「爲了打贏戰爭，我們需要不同的人掌舵，那些不是讓我們陷入戰爭的人。」其他發言人以艾德禮的演說爲基礎，攻擊政府的補給、軍需製造、配給制度、軍人招募、工業政策、軍民組織等。這些戰爭重要的面向，邱吉爾早已攻擊政府多年。艾德禮的同僚亞瑟・格林伍德之後呼應他的結論，宣布「打贏戰爭靠的不是厲害的撤退」，以及「我們打仗，最高指導原則必須有更多謀略與幹勁、更堅定冷酷的勝利意志。」[8]

亨利・佩奇・克羅夫特爵士支持張伯倫，而上校喬舒亞・韋治伍德猛烈抨擊他後，穿著上將的艦隊制服、佩帶六排獎牌飾條的海軍上將羅傑・奇斯爵士起立，他是代表北樸茨茅斯的議員。當代對於那天的諸多描述，幾乎異口同聲提到奇斯就挪威事件對張伯倫的控訴，他稱爲「驚人的無能故事」。他引用張伯倫在一週前演講的話，談到拿下特隆赫姆於戰略的重要性，並把這段話與後來的慘敗對比。卽使邱吉爾不讓奇斯指揮特隆赫姆的攻擊，奇斯仍讚美他，描述加里波利是「第一海軍大臣絕佳的想法，迴避在法國與比利時的僵局」，並將其戰敗完全歸咎於費雪。[9]「我希望看到他偉大的才能適當發揮，」奇斯說，「海軍對他有信心，而且其實整個國家都是，仰賴他幫助打贏這場大戰。」[10]這是整個辯論唯一建議邱吉爾接替張伯倫的時候，後來唯恐引發張伯倫派反動，甚至需要掩飾。當然，後來多黨政府自由黨議員喬治・蘭伯特（George Lambert）說道：「我要詢問尊敬的議員們，去除我尊敬的朋友、現任首相，建議由誰接任首相？」但沒人提及邱吉爾。

儘管利奧波德・埃莫里的演說大多時候都很無趣，但在那次辯論中，他的演說卻最令人震撼。他質疑邱吉爾升職的時間，反映邱吉爾的好與張伯倫的壞，而且結尾強烈指責首相的戰爭領導能力，並引用奧利佛・克倫威爾在一六五三年對殘餘國會（Rump Parliament）①說的話：「你坐在這裡太久，做的好事不夠。走吧！我說，我們之間到此爲止。以上帝之名，走。」[11]雖然那些話是一個軍事獨裁者解散選舉國會時說的話，但是效果驚人。接著兩位張伯倫派的後座議員發言，但因爲邱吉爾是忠實的大臣，所以他們無法攻擊他。接著，如同艾德禮與韋治伍德，在加里波利打過仗的溫特頓勛爵嚴厲批評政府，沒有要求國家做出更大的犧牲，但是補充：「我特地從我的譴責中排除第一海軍大臣。」[12]

奧利佛・史丹利盡最大的努力挽救局勢，另有兩名多黨政府的支持者也為張伯倫辯護，但是第一天的辯論結束前，顯然不只是挪威戰役的執行方式遭到審判，還有政府本身。第二天，五月八日星期三，資深工黨政治人物赫伯特・摩里森（Herbert Morrison）抱怨邱吉爾會是辯論最後的發言人，「如此就無法評論他的陳述」，並將他比為「拒絕走上證人席的主要證人」。[13]他向邱吉爾提出一連串問題，關於送到挪威的機關槍沒有預備槍管、軍隊沒有雪鞋、防空高射炮晚到一週等，這是辯論進行至此，對邱吉爾最嚴厲的批評。「最後，」他問，「尊敬的第一海軍大臣閣下被首相當成方便時的盾牌，可有此事？」他宣布當天晚上辯論結束時，工黨打算發動投票，理論上是針對辯論，但實際上是針對張伯倫的首相職位。張伯倫回答：「我要告訴我在議院的朋友——而且我在議院確實有朋友……我接受挑戰。我非常歡迎……而且我要呼籲我的朋友今晚投票支持我。」[14]《泰晤士報》報導，他獲得「滿堂喝采」。但是這件事情很快就變成趁國家危急公然訴諸小黨與個人忠誠的作為，而且嚴重適得其反。

一九三〇年代最主要的綏靖主義者塞繆爾・霍爾爵士，即空軍大臣，接著發言，並慘遭上將奇斯、工黨的休・道耳吞（Hugh Dalton）與至少七名議員接連打斷。他不得不承認皇家空軍「規模遠遠不夠」，這樣的話從已經任職政府幾乎整整十年的大臣口中說出，足以造成傷害。接著勞合喬治的演說嚴重打擊首相；自從張伯倫在一九二二年參與拉他下臺，他就心懷怨恨。他說，比起一九一四年，「戰略上，我們情況極糟」，這是出自一次大戰的首相清醒地分析。[15]他指出，邱吉爾在一九三〇年代對德國重整軍備的看法正確。當他接著說：「我不認爲第一海軍大臣應對那裡（卽挪威）發生的所有事情負全部責任。」此時，邱吉爾站起來打斷：「我對海軍所有作爲負起完全責任，也承擔應承擔的事物。」勞合喬治繼續狠狠挖苦：「這位尊敬的閣下務必別讓自己變成幫同僚抵擋子彈的防空洞。」[16]亞歷珊卓・梅特卡夫夫人告訴哈利法克斯，勞合喬治的笑話讓邱吉爾「像個白胖的嬰兒，在前座搖著腿，努力不笑出來」。[17]接著，勞合喬治轉向張伯倫，「問題不是誰是首相的朋友，問題嚴重多了……我嚴肅地說，首相應該親自示範犧牲，因爲沒有什麼比他犧牲官印更能對戰爭勝利有所貢獻。」[18]等了十八年，終於報上一箭之仇後，他坐下。

達夫・庫柏接續邱吉爾遭到張伯倫利用的話題，他說：「他將用口才保護那些長久以來拒絕聽從建言的人，以及輕視他的警告、拒絕信任他的人……我懇求議員同仁，今晚切勿讓他的口才魅力與人格威力，令那些人再次得意忘形。」[19]達夫・庫柏是第一位表明投票反對政府的保守黨議員。那天早上，索茲伯里勛爵已經力求監督委員會的成員切莫如此，也不認爲他們人數足夠，但是逐漸出現大約三十位多黨政府議員可能這麼做，而且人數還會愈來愈多時，他的想法也隨之改變。[20]

哈洛德・尼科爾森言簡意賅地寫下邱吉爾的問題：「一方面，他必須捍衛軍隊；另一方面，他必須忠於首相。一般認爲，戰敗之後不可能這麼做，又同時不損害自己的名聲，但他靠著與衆不同的人格，憑藉著絕對的忠心與十足的眞誠，做到這兩件事，而且以聰明才智展現他跟這幫膽小糊塗的傢伙眞的毫無關係。」[21]香農寫道：「大家心中都在懷疑，溫斯頓會忠心嗎？他終於崛起，而且可以立刻注意到他的心情處於戰鬥狀態，精神奕奕，神采飛揚，享受自己身處的諷刺局勢，也就是捍衛他的敵人，以及他並不相信的目標……有多少火力是眞的、有多少是人造，我們永遠不會知道。」[22]

到了那時候，由於邱吉爾的朋友，邱吉爾自己卽將說的話已經沒有實際影響。那不是他最好的演出。他拿出一般水準辯護政府與挪威戰役，但是當工黨議員伊曼紐爾・欣韋爾（Emanuel Shinwell）打斷他的時候，邱吉爾突然發怒。他說：「他躱藏在角落。」而且拒絕收回這句話。接著有人問「躱藏」（skulk）是不是國會語言，一位喝醉的格拉斯哥工黨議員尼爾・麥克連（Neil Maclean）說，他以爲邱吉爾說的是「小人」（skunk）。[23]邱吉爾因此無法繼續，不像他在慕尼黑之事的辯論，捍衛自己深信的目標。

「我們整天都在惡言相向，」邱吉爾在四十五分鐘的演說這麼說，「而現在對面尊敬的議員甚至聽都不聽。」[24]當議院稍微冷靜後，他主張挪威的主要問題在於德國占有空軍優勢。「首相向他的朋友呼籲，要求他們給予支持。」邱吉爾說，「他認爲自己過去有一些朋友，而我希望他現在有一些朋友。過去諸事順利時，他當然有許多。我認爲，若未經過應當的莊重辯論就在困難的時刻轉變，對於英國品格，乃至保守黨，將會非常不大方，也不合適。」[25]邱吉爾最後的懇求是：「放下戰爭之前的宿怨，忘卻個人口角，讓我們把仇恨指向共同的敵人。」

「有趣、精彩，卻不具說服力。」從觀眾席上觀察的麥斯基認爲。[26]現在擔任情報大臣暨議員的約翰・里斯不出所料的更爲嚴厲：「我深深覺得邱吉爾眞的是僞君子，他很高興聽到別人批評政府，有助他攀上高位。噁心。」[27]但不盡然是一味譴責。艾德禮在回憶錄草稿寫道，「邱吉爾盡忠職守，努力扭轉形勢。」[28]利奧波德・埃莫里回憶，「眞正重要的是，邱吉爾的地位在支持政府的人心中更加鞏固，將他視爲張伯倫明顯繼承人的人心中也沒削弱。」[29]國王當然不在現場，但是他聽說「溫斯頓收尾，而且演說得非常好，阻止情況惡化。」[30]其實並未阻止到。

克萊門汀和瑪麗在觀眾席。「議院處於最不穩定、不愉快、敏感又不安的情緒。」瑪麗在日記寫道，「經常有人打斷，但也有很多人歡呼。爸爸對於實際問題和議院的應對，只能說傑出。我內心感到驕傲、憂慮、渴望，摒住呼吸聆聽。眾人插話像狂風暴雨（來自欣韋爾、麥克連等人），爸爸不得不坐下，議院兩旁噓聲連連，只能終止演說。批評和凶惡的氣氛極為強烈，對張伯倫和其他內閣成員的怨恨，就連保守黨裡也有。」[31]

除了最後的怒火外，這次辯論對邱吉爾再有利不過。張伯倫提到他「在議院的朋友」，但是七個打斷辯論最猛烈的人中，有六個人——辛克萊、韋治伍德、奇斯、溫特頓、勞合喬治、達夫・庫柏——是另一俱樂部的會員，全都是邱吉爾的密友，有些交情長達數十年。⑴第七個來自埃莫里，也是最猛烈的一個，但他對邱吉爾毫無敵意。工黨普遍而言畢恭畢敬，而保守黨的後座議員並不打算將挪威的過錯從首相轉移到邱吉爾。確實，長達兩天的辯論，沒有人把這場主要過失是海戰的責任，加諸在第一海軍大臣身上。如同摩里森指出的，邱吉爾最後才發言，因此他的聲明沒有被挑戰。非常諷刺的是，雖然在挪威敗仗的事，張伯倫受到最多批評，但更直接負責的人——邱吉爾，卻獲利最多。

當議員開始走進投票大廳時，麥斯基感覺「議事廳彷彿被打擾的蜂窩般騷動。」[32]投票結果：「信任」兩百八十一票、「不信任」兩百票。考慮到執政黨的在議會中實質佔有超過兩百張的多數選票，卻只勝出八十一票，對張伯倫的士氣打擊甚深。麥斯基寫道，馬傑森開票時，「反對黨座椅上的歡呼像風雨爆發」，「張伯倫坐在他的位置，臉色白如粉筆」。[33]大約四十一名多黨政府的議員投票反對他，同樣重要的是，大約五十人棄權。反叛的人包括阿斯特夫人、羅伯特・布思比、哈洛德・麥克米倫、昆汀・霍格（Quintin

Hogg）、達夫・庫柏、約翰・普羅富莫（John Profumo）、路易斯・斯皮爾斯、沃爾摩勛爵、哈洛德・尼科爾森、萊斯里・霍爾－貝利沙，當然還有利奧波德・埃莫里與海軍上將奇斯。哈洛德・麥克米倫和溫特頓勛爵打算高唱〈統治吧，不列顛尼亞！〉（Rule, Britannia），此時場面一度激烈，最終被憤怒的保守黨員阻擋。工黨議員對著張伯倫大喊：「你錯失良機了！」以及「走！走！走！」[34]張伯倫派對著反叛的人大吼「吉斯林！」(2)與「叛徒！」，他們大吼「應聲蟲！」回敬。[35]香農寫道，「簡直像是精神病院。」

七個月後，邱吉爾告訴喬克・科爾維，那次辯論「對他而言是大好機會，幸運之神終於來到他這邊。他能竭盡全力為上司辯護，並贏得尊敬和支持。沒有人可以說他不忠誠，或一直密謀打擊張伯倫。」[36]

布瑞肯從艾德禮那裡，得知工黨願意效力哈利法克斯政府，於是那天晚上要邱吉爾保證，隔天和張伯倫討論唐寧街十號的局勢時，不要率先開口。[37]總愛故弄玄虛的畢佛布魯克告訴歷史學家約翰・格里格（John Grigg），布瑞肯和邱吉爾兩人的會議在他位於綠園（Green Park）的斯托諾威院（Stornoway House）裡進行，而且邱吉爾「打算把責任置於個人利益之上」，擔任哈利法克斯底下的國防部長，但是「布瑞肯對邱吉爾的影響是關鍵。」[38]工黨黨員正要離開前往在伯恩茅斯的年度大會，而拉布・巴特勒已經和休・道耳吞、赫伯特・摩里森談過。兩人私下告訴他，工黨會進入哈利法克斯領導的政府，道耳吞還補充，「邱吉爾必須堅持戰爭。」[39]巴特勒火速將這個消息傳給哈利法克斯。

一九四〇年五月九日星期四，天氣晴朗，陽光普照十二個鐘頭，溫度在攝氏十八度。政府事務的衆主管，由唐寧街十號的鄧格拉斯勛爵與黨鞭辦公室的大衛・馬傑森為首，想要評估對首相而言，昨天投票確切來說有多危險，並希望能夠止血，保住他的職位。「我可以告訴你，你這個可鄙至極的王八蛋，」馬傑森告訴二十五歲的軍人約翰・普羅富莫，他當選議員才兩個月，「你這輩子每天早上醒來，都會爲你昨晚做過的事丟臉。」[40] 相反地，亞歷克・鄧格拉斯和霍拉斯・威爾森圓滑地邀請保守黨主要的後座議員進入唐寧街，聆聽他們的悲傷，告訴他們不受歡迎的約翰・賽門和塞繆爾・霍爾會被踢出政府（兩人尚未聽說此事）。上午九點，張伯倫向埃莫里提議，他可以擔任何官職，除了首相以外。埃莫里拒絕，告訴首相他必須辭職。自古以來，犧牲忠臣解救自己的作法從未成功；上午十點十五分，張伯倫把哈利法克斯找來，卻沒有告訴他，本來要把他的工作給埃莫里。

同時，邱吉爾獲得過去有點冷淡但現在與他結盟的盟友。上午九點三十分，安東尼・伊登去了海軍部，發現邱吉爾在刮鬍子。邱吉爾告訴他，「他認爲內維爾無法拉進工黨，而且必須成立多黨政府。」[41] 那天午餐，邱吉爾和曾是忠誠的張伯倫派、矮胖的掌璽大臣金斯利・伍德爵士告訴伊登：「內維爾決定走人。金斯利認爲W應該繼位，而且敦促他如果被徵詢，他應該表明意願。」伊登眼中「精明、友善、能力有限」的伍德，不是在氣四月三日被從空軍大臣降職，就是單純出於投機而行動，或者兩者都是，但是隔天他的介入後來證實非常關鍵。戰爭之前，伍德是張伯倫內閣最親德的大臣，現在他準備讓邱吉爾當上首相。[42]

張伯倫和哈利法克斯在上午十點十五分見面時，同意必須找工黨和自由黨加入政府。自慕尼黑返國，在赫斯頓航空站搭上車後，哈利法克斯就不斷提倡此事。由於工黨非常可能拒絕在張伯倫底下做事，於是這位首相問這位外交大臣願不願意籌組政府，他願意效力。「我拿出所有能想到反對自己的論證，」哈利法克斯在日記寫道，主要是「一個無法觸及下議院權力平衡點的首相會很難為」。②張伯倫提出明顯的答覆，因為將會是多黨政府，在任何情況下，下議院都不會反對。[43]

這段談話帶給哈利法克斯的壓力之大，讓他的胃痛了起來。當他回到外交部時，告訴拉布・巴特勒，「他覺得可以做那份工作，也覺得需要牽制邱吉爾。但說到牽制，是他自己當首相較好，還是在邱吉爾的政府當大臣較好？即使他選擇前者，以邱吉爾的能力與經驗，絕對表示『無論如何都會打仗』，而哈利法克斯很快就會淪為某種榮譽首相，活在某種核心事務邊緣的曙光中。」[44]他知道自己缺乏軍事專業，並不適任戰爭時期的首相。現在從道耳吞到哈利法克斯，每個人似乎視為理所當然的是，儘管挪威戰役落敗，但邱吉爾很快會以全能的國防協調大臣之姿，完全控制英國的戰事。

國王、即將離去的首相、工黨領袖紛紛支持，加上足夠的保守黨議員在下議院組成決定的多數，理論上，如果哈利法克斯堅持，或是如果他將個人野心置於國家利益之前，首相的位置已經準備給他。四月最後一次重組時，張伯倫並未徵詢邱吉爾，而且如果五月九日上午，他同樣直接前往白金漢宮，推薦國王任命哈利法克斯，邱吉爾除了宣示效忠外，別無他法。晚至一九四〇年三月，張伯倫還是寫道：「我寧願讓哈利法克斯接續我，而非邱吉爾。」[45]邱吉爾當然不會拒絕在戰時任職，單純因為知道自己會是更好的戰爭領袖。七月二十六日，他和W・P・克羅茲爾談話時也如此承認。他挖出威士忌加蘇打水裡的冰塊，丟進煤籃，同時告訴克羅茲爾：「你知道的，我欠張伯倫。他辭職時，大可建議國王召見哈利法克斯，但是他沒有。」[46]在許多方面而言，五月九日上午張伯倫與哈利法克斯單獨會面，談到如果工黨不願意加入張伯倫政府，此時哈利法克斯沒有堅持接下首相，這件事情比起當天下午邱吉爾也在場的會面更加重要。

邱吉爾跟伍德、伊登共進午餐，之後前往唐寧街十號，隨著張伯倫與哈利法克斯一起請求艾德禮和格林伍德，說服工黨在伯恩茅斯的全國執委會同意加入多黨政府。艾德禮和格林伍德剛結束在改革俱樂部的午餐，在那裡，極力反對張伯倫的克萊門特·戴維斯警告他們，首相想要抓著權力不放。兩人走進內閣辦公室，坐在張伯倫面前，張伯倫的兩邊分別是邱吉爾與哈利法克斯。[47]「張伯倫強烈催促我們加入他的政府，邱吉爾也極力幫腔。」艾德禮事後寫道。[48]當邱吉爾試著告訴他們，張伯倫是多有魅力的同僚時，格林伍德打斷他：「溫斯頓，我們來這裡不是爲了聽你演講。」[49]

艾德禮和格林伍德同意把兩個問題帶去伯恩茅斯，奇怪的是艾德禮需要寫下：一、他們會加入現在這個首相的政府嗎？二、其他人當首相，他們會加入嗎？隔天，艾德禮會打電話通知唐寧街十號答案。[50]他們警告張伯倫，認爲工黨不太可能爲他效力。這麼說也不意外，畢竟艾德禮在挪威一事的辯論呼籲「換人掌舵」。

國王同情他的首相。「張伯倫做了這麼多優秀的工作，這麼對他並不公平。」他在日記寫道，「保守黨的反叛人士，例如達夫·庫柏等人，應爲在這時候拋棄他感到羞恥。」[51]（也許不是巧合，達夫·庫柏曾是遜位危機時，內閣當中唯一支持愛德華八世的人。）

國會席次相對少數的工黨，並無權力選擇哪一個保守黨人接任首相，艾德禮、摩里森、道耳吞在前一天晚上表示支持哈利法克斯，但支持邱吉爾的人也一樣多。（儘管哈利法克斯是在城堡出生的世襲子爵，但他曾支持印度自治領，而且跟工黨領袖私交甚篤。）艾德禮與格林伍德離開後，張伯倫立刻找來馬傑森，和邱吉爾與哈利法克斯討論，如果工黨拒絕加入他領導的政府，應該讓誰擔任首相。

五月九日下午四點三十分，這四個男人在這個無紀錄的會議說了什麼，必須從數個來源不同與可信程度不同的資料拼湊。最可信的敘述可能是亞歷山大・賈德幹的日記。會議結束後，哈利法克斯立刻去找他。「首相、溫斯頓和我討論了可能性。」哈利法克斯告訴他，

首相說我是最可接受的人選。我說那會是個無能的職位，如果我不主責戰爭（作戰），而且如果我不領導議院，應該就沒有價值。我認為溫斯頓是較佳的選擇。溫斯頓並不反對。他非常和善且客氣，但卻表現出他認為這是正確解答。大黨鞭和其他人認為議院的氣氛已經轉向他。如果張伯倫繼續留在內閣——他準備這麼做——他的建議和判斷可以鞏固溫斯頓。[52]

哈利法克斯曾任印度總督，並且是兩任首相的心腹。和平時期，他大可留著邱吉爾，目的就和勞合喬治、鮑德溫當時一樣，但是如同他前一天向巴特勒坦承，知道戰爭時期，他很快就會被丟進影子裡。因此，哈利法克斯自行放棄，實爲正確判斷。

邱吉爾對那次會議的敘述寫在八年後，會議的日期和時間都寫錯了，而且連馬傑森在場的事也省略。「我的政治生涯經歷許多重要會議，」他寫道，「而這次必定是最重要的。通常開會我的話都很多，但這次我保持沉默。」[53] 邱吉爾表示，「漫長的中斷」後，似乎比停戰紀念日 (Armistice Day) 兩分鐘的默哀還久，哈利法克斯才幾乎尷尬地脫口而出，由於他的貴族爵位，沒有資格擔任首相，此時邱吉爾才說：「顯然責任將會落在我身上——事實上已經落在我身上。」在這個版本裡，爲了當上首相，邱吉爾除了保持沉默，什麼也沒做。戰爭結束很久後，馬傑森幫朋友校對一本關於一九四〇年的書，並未修改裡面的一句話：「根

據馬傑森所言，那段沉默其實短暫，幾乎立刻就被哈利法克斯極力主張邱吉爾更適合戰時領導給打破。」[54]

畢佛布魯克在一篇手寫且未記載日期的敘述中，提到會議當天馬傑森的角色。畢佛布魯克並不在場，但他似乎從某人那裡得到內部消息，可能是邱吉爾。上面寫著，「馬傑森被叫進去。張伯倫問了那個問題，他的問法是貶低邱吉爾在工黨的聲望。接著就是那段漫長的中斷。」[55]後來畢佛布魯克寫道，「馬傑森調查多數保守黨議員，表示希望哈利法克斯擔任首相。」[56]這和哈利法克斯告訴賈德幹的相反。即使那是真的，也不會過度困擾邱吉爾，因爲他很清楚，比起哈利法克斯，他在兩個主要政黨的議員之間都相當不受歡迎。邱吉爾在工黨傳說中是恐怖的湯尼潘帝事件元凶，與工黨的宿怨可追溯到大罷工前，而且這個話題在前一天晚上和欣韋爾爭論時才又出現。

伊登的日記也寫到這件事，猜測也是從邱吉爾那裡推敲而來。那次會議，邱吉爾「清楚表示」希望張伯倫能成爲下議院領袖，並繼續領導保守黨，而邱吉爾成爲首相與國防部長。[57]這個想法非常精明：邱吉爾不希望保守黨議員怨恨領袖下臺，因而肆意攻擊他的政府。無論張伯倫因爲綏靖政策在這個國家開始變得多不受歡迎，他對保守黨在國會的後座議員依然影響深遠。

所以，首相之位是邱吉爾不費力氣就得到，或是哈利法克斯交給他，或是他伺機抓住？二〇〇一年，約瑟夫・P・甘迺迪的私人文件出版爲這場會議提供新的認識。一九四〇年十月十九日，當時已經知道自己罹癌，但之前辯論當下尚未診斷的張伯倫，邀請甘迺迪到他的鄉間宅邸與他道別。他們談到五月那次重要的會議，張伯倫告訴甘迺迪，工黨領袖離開後，「他接著希望讓哈利法克斯當上首相，而且說會爲他效力。愛德華就像平常的樣子，開口道：『我在上議院，可能無法接手。』**最後**溫斯頓說：『我不認爲你可以。』所以他不能，而那件事情就這麼決定了。」[58]根據這個說法——張伯倫唯一的敘述，相隔大概五個月——沒有邱吉爾在八年後所謂哈利法克斯漫長的中斷，畢竟「最後」(Finally，F還是大寫) 出現在哈利法克斯承認之後，而非之前。

多年來出現的其他說法也值得考慮。這個故事在傳遞之間，明顯的附帶條件也愈來愈多。一九四二年三月在華盛頓，和畢佛布魯克討論完那次會議後，哈利法克斯在日記寫道：「溫斯頓毫不懷疑應該就是他，而且非常擔心我們在談這件事時，什麼是他的最佳戰術。顯然他最後決定最好就是完全沉默。我記得當時他牢牢遵循這個戰術。」[59]同樣在一九四二年，賈德幹在開羅對麥爾斯・藍浦生爵士說了一個稍微不同的版本，其中哈利法克斯紳士的膽怯被邱吉爾占了便宜。在這個說法中，藍浦生寫道，張伯倫曾說哈利法克斯「最應得到。真的很想要這個職位的哈利法克斯……像平常那樣謙虛地回答，雖然他受寵若驚，但是他猶豫溫斯頓也許更有資格。針對這點，內維爾轉而詢問溫斯頓，溫斯頓立刻直指哈利法克斯的困惑，回答他當然認爲自己更有資格，而且應該得到這份工作！」[60]

這件事情的這個敘述，邱吉爾前後維持一致。一九四七年，他告訴醫生摩蘭勛爵，「從首相說的話，我看得出來他希望哈利法克斯接任。他看著桌子對面的我，但我什麼也沒說，而且中斷很久。接著哈利法克斯說，如果首相是貴族，恐怕會相當困難。我看得出來他已經放手。」[61]他在次年出版的戰爭回憶錄中，記載的版本也大致如此。一九五〇年代，邱吉爾告訴大黨鞭：「就這一次，我甚至不用幫自己的立場辯論。」[62]一九六三年，湯米・湯普森的戰爭往事出版，表示會議之後邱吉爾立刻告訴他：「那是我人生唯一一次閉上嘴巴。」[63]六個對於那次會議相對同時的敘述——哈利法克斯同時的日記、哈利法克斯告訴賈德幹、張伯倫告訴甘迺迪、賈德幹向藍浦生轉述哈利法克斯、邱吉爾告訴摩蘭、邱吉爾的回憶錄——除了最後兩個（出自一九四〇年代末），邱吉爾都是主動拿下首相之位，而非等待著被授予。(3)

看起來不尋常的是，首相和外交大臣在戰爭的緊急時刻，把當上首相的貴族不能坐在下議院裡看成無法克服的憲政問題，讓神祕的憲政環節決定在這樣的存亡之秋該由誰來當英國的戰爭領袖。如果國會可以在一六四一年通過褫奪公權法，處決斯特拉福德勛爵（Lord Strafford），大可通過單一條款的國會法，在三百年後讓哈利法克斯在下議院發言。身爲憲法守護者的國王詢問張伯倫，哈利法克斯的爵位能不能乾脆「暫停」。[64] 如果邱吉爾有意拿下，這又是另一個讓張伯倫阻礙邱吉爾的絕佳機會，何況是來自英國不成文憲法的守護者。

可能是大家都拿貴族頭銜作爲方便的藉口，帶過哈利法克斯眞的不想擔任首相的事實——至少在那時候不想，因爲他知道自己很快且很可能會被邱吉爾的光芒丟臉地蓋過。顯然對所有主要參與者來說，那個時候，需要讓從一開始就正確預言希特勒和納粹的人來領導，而非讓某個儘管人品神聖正直，卻幾乎直到最後都看錯的人來講道。雖然哈利法克斯當時的演說相當認眞高尚，卻沒有邱吉爾的火力與詩意。

從他直言不諱地認爲哈利法克斯無法從上議院處理首相的職務，無論他是立刻就說，還是中斷後說（或者漫長的中斷），清楚的是，邱吉爾確實抓住首相的位置，而非他偏愛在回憶錄裡所謂的落在他的身上。這點和他終身的行爲模式符合，他總是衝進競技場，要求認爲他應得的，毫不內疚或慚愧。一八九八年他未經團的許可就去蘇丹；一八九九年他從普里托利亞逃獄；一九一一年他前往悉尼街；一九一四年七月他未經內閣授權就調度大艦隊；一九一四年八月他強徵土耳其的戰艦；一九一四年十月他防禦安特衛普；一九一九年他未經政府允許就命令攻擊科特拉斯；一九二一年他不管保守黨後座議員就與麥克・柯林斯談和；一九二二年他沒問克萊門汀就買下查特維爾；一九四〇年二月，他命令哥薩克號登上阿爾特馬克號——這些都是他抓住的機會；行動優先，讓後果自行解決。他的英雄拿破崙相信，成功就是最好的證明。用當時的慣用語，邱吉爾在三十年前就有爭取職位的「先例」，為何最高的職位應該有所不同，何況他渴望了不止三十年？

有人認為邱吉爾突猛的方式幾乎「不英國」，而且不符合傑出人士的風氣，也就是許多他的同輩經常被灌輸的觀念——生命的獎賞注定會不經意地從天而降。邱吉爾完全捨棄後者這種態度，所以為了在下議院代表殖民地部，拒絕坎貝爾－班納曼給他財政部金融祕書的職位，也拒絕阿斯奎斯給他愛爾蘭大臣的職務，反而堅持要當內政大臣。一九一一年，他向阿斯奎斯毛遂自薦擔任第一海軍大臣；一九一九年他向勞合喬治提出建立並出任國防部長，還在一九二一年，對同一人強烈表達未能被派任財政大臣的不悅。他對鮑德溫和張伯倫表達擔任軍需大臣的渴望，而且在一九三九年四月邀請馬傑森共進晚餐，為了直接告訴他「強烈希望加入政府」。[65] 一九四〇年，他要求如果不是法律上，也要當實際上的國防部長。現在首相之位，是第一次，可能也是最後一次，就在他唾手可得的地方，他並不打算推給一個猶豫的人，而且在他心中也是軍事上不合格的綏靖主義者。此外，邱吉爾眞心相信他的領導能力，比起哈利法克斯，更能保護英國和大英帝國。

所以雖然克萊門汀在一九三七年六月已經放棄丈夫有朝一日當上首相的希望，但他自己從未放棄，那個希望一直激勵他、驅動他，甚至在看起來沒有任何可能的路徑通往唐寧街時。「我應當上高位，將由我來拯救首都與帝國。」他在十六歲時告訴莫蘭・埃文斯。[66]伊登辭職時，邱吉爾描述自己是非正式的在野黨領袖，而且直到最後八個月，也許不甚明智，他也懶得隱藏驅動自己的野心。他很幸運，英國政壇如此缺乏能人，以致一旦張伯倫必須離開，除了哈利法克斯外，實際上沒有別人競爭那個位置。伊登、克蘭伯恩、達夫・庫柏是唯一因爲綏靖政策辭職的大臣，但是當時的分量全都不夠被考慮擔任首相，利奧波德・埃莫里、約翰・安德森（John Anderson）或查特菲爾德勛爵也不夠。四十四歲的奧利佛・史丹利還太年輕。勞合喬治已經七十七歲，提倡和平，而且在建制派眼中比邱吉爾更不受歡迎，也曾高呼希特勒是德國「未知的戰士甦醒過來」。此外，無人有如邱吉爾，展現對戰爭的熱情與雄略，並渴望著這個職位。邱吉爾也是曾當過財政大臣與內政大臣的圈內人，同時又是一九三〇年代除了最後四個月外沒有職位的圈外人。因爲滿溢的活力，六十五歲的年紀並未妨礙他，而且他將取代的是七十多歲的張伯倫。

因此下午四點半的會議，結論是如果工黨明天來電表示拒絕爲張伯倫效力，張伯倫將建議國王召見邱吉爾。邱吉爾和哈利法克斯之後在唐寧街十號的花園坐了一會兒。整天都在下議院的羅伯特・布思比，那天晚上寫信給邱吉爾，列出反對哈利法克斯的人。「那是個相當有力的團體。」他寫道，但並不知道哈利法克斯已經不再角逐。[67]事實上，他指出的十四位議員是個又小又邊緣的團體，多半是名不見經傳的後座議員，完全不是什麼有力團體。

沒有足夠的時間凝聚千呼萬喚，號召邱吉爾繼承張伯倫。一切都靠邱吉爾強大的人格威力，以及正確判斷希特勒帶來的氣勢。那天晚上八點半，在伊登看來「安靜沉著」的邱吉爾和他、辛克萊共進晚餐，邱吉爾告訴他們，假設工黨拒絕加入張伯倫政府，首相「將會建議國王召見他。愛德華（哈利法克斯）不想接任。國會的職位太過困難。」[68]他詢問伊登擔任陸軍大臣的意願，伊登充滿感謝接受。

在我們較爲平等主義的年代，可能有點難以認同，其實邱吉爾成爲首相的過程其實很不民主。他不是由內閣投票選出，也不是全國投票，甚至不是由選出的委員會或議員的黨團會議決定，而是由極少數自選的選民——張伯倫、邱吉爾、哈利法克斯、馬傑森。這四個人都上私立學校：兩個哈羅公學（邱吉爾和馬傑森）、一個拉格比公學（Rugby，張伯倫）、一個伊頓公學（哈利法克斯）。這四個即將邁入老年的英格蘭人，三個來自上層階級（馬傑森是伯爵的外甥），而張伯倫的父親是維多利亞時代英國數一數二的政治家，如果捱過中風，無疑會受封子爵或伯爵。這個小集團決定的人完全無法代表英國人民，不僅未經徵詢工黨和自由黨的意見，另一個唯一需要首肯的人，也是不經選舉的世襲君主——國王喬治六世。如果真的請教任何更大的政治團體——內閣、樞密院、保守黨、上議院——哈利法克斯也許就會當選，尤其是如果納入倫敦金融圈、ＢＢＣ、《泰晤士報》、英格蘭教會的意見。邱吉爾之所以讓自己合格，是因爲他的演說和廣播，因爲他早就察覺納粹的威脅，因爲他努力不懈地敦促同胞準備，但是一九四〇年五月，他的判斷還是受到大部分英國建制派懷疑。

翌日清晨，一九四〇年五月十日星期五，希特勒侵略盧森堡、荷蘭、比利時。邱吉爾正確預測春天來臨的攻擊，現在已經展開，雖然無人可以預測會在英國政治危機如火如荼的時候發生。內閣上午八點開會，並且聽說德國有意包抄法國的馬奇諾防線。邱吉爾提議交出現在流亡荷蘭、受到英國庇護的前德皇，以種下德國內部分歧。[69]（事實上威廉二世相當高興希特勒的征服行動。）會議上，張伯倫沒有提到辭職的意願，而且到了上午十一點三十分，他決定由於軍事情況非常嚴重，因此必須一併延遲辭職。張伯倫要求艾德禮宣布支持政府，但是艾得禮發出的聲明只提到戰爭部分，並未提到支持政府整體，尤其是張伯倫。

財政部常務次長暨內務文官隊伍（Home Civil Service）首領霍拉斯・威爾森爵士，也就是慕尼黑危機時張伯倫派去見希特勒的人，他對工黨的姿態「尤其憤慨」。但是金斯利・伍德清楚明白告訴內閣，希特勒發動侵略，意謂現在張伯倫立刻下臺的壓力不是愈來愈小，而是愈來愈大。霍爾支持首相，但是後來提到，「內閣裡除了我以外，沒有人開口。愛德華（哈利法克斯）相當冷酷。」[70] 伊登可能已經把伍德當成「有用的家庭律師」那樣無視，但實際終止張伯倫首相職務的，卻是這個矮胖的政治小角色。[71] 他很快就會得到財政大臣作爲獎賞，就像前一天馬傑森下午四點三十分快步前去開會，保證他也會得到高位作爲獎賞。

下午三點四十分，艾德禮在伯恩茅斯與工黨全國執委會開會，全體一致同意工黨應該加入政府，但不是張伯倫的政府。[72] 艾德禮和格林伍德找到一處飯店的電話亭，下午四點四十五分通知唐寧街這個消息，並且搭上下午五點十五分的火車前往倫敦滑鐵盧車站。

那天下午，效忠首相的人還想再次說服哈利法克斯改變心意。張伯倫的國會機要祕書鄧格拉斯勛爵去電人在外交部的薯條・香農，請他叫拉布・巴特勒再勸勸哈利法克斯。「我說服拉布去哈利法克斯的辦公室嘗試最後一次。」香農在日記寫道，「拉布發現哈利法克斯溜去看牙醫，但是拉布沒注意到，而且（哈利法克斯的機要祕書）瓦倫泰恩・勞福德（Valentine Lawford）……忘了告訴哈利法克斯，拉布正在等他，或許在歷史上扮演關鍵的負面角色。」[73] 香農「麻木坐著，一臉哀戚」。[74] 倘若哈利法克斯在這個節骨眼上眞的有意當首相，不太可能會去看牙醫。

現在張伯倫動身前往白金漢宮。「用過茶後，我見了首相。」國王在日記寫道：

> 他……告訴我，他希望辭職，以便讓新的首相成立政府。我接受他的辭職，並告訴他，我認為他受到非常不公的待遇，而且對於所有發生的爭議，我感到相當遺憾。接著，我們輕鬆地談到他的後繼者。[(4)]我當然建議哈利法克斯，但他告訴我，H不太熱衷，因為身為貴族，他在下議院只能當個影子或鬼魂，做不了真正的事。我聽了非常失望，因為我以為H是顯然的人選，而他的貴族頭銜大可先暫停。於是我知道我能召見，成立國民信賴的政府，只有一人，就是溫斯頓。我詢問張伯倫的建議，而他告訴我，召見溫斯頓。[75]

從這段敘述來看，張伯倫甚至不用向國王推薦邱吉爾，儘管國王有所保留，但他已經猜到唯一的其他人選。

因此，國王在晚上六點召見的人是邱吉爾。「國王陛下親切地接待我，請我坐下。」邱吉爾後來寫道，「他打量著我，面帶疑惑，接著說：『我想你不知道我爲何召見你？』順著他的話，我回答：『陛下，我實在不知道爲何。』他笑了，並說：『我想請你籌組政府。』我說我當然願意。」[76]在這段有趣的軼事中，國王在德國發動攻擊時，對於任命戰時首相這樣至關要緊的事開了一點玩笑，而且人們也都這麼以爲。但是從國王自己在日記中的陳述，清楚可見他眞的以爲邱吉爾不知道召見的目的，而且邱吉爾認爲自己的回答像開玩笑，但是國王卻非常嚴肅。「我召見邱吉爾，請他籌組政府。」國王在日記寫道，「他接受，並告訴我，他沒想過這是我召見他的理由。他當然想過，而且給我一些他心中的政府名單。他渾身充滿幹勁與決心，要來執行首相的工作。」[77]

回到海軍部（張伯倫需要花些時間搬出唐寧街），警探湯普森恭喜邱吉爾，表示他的任務非常重大。「只有上帝知道有多重大。」新的首相回答，眼眶泛淚，「我只希望不會太遲。我真的很怕。我們只能盡力而爲。」[78] 艾德禮和格林伍德從滑鐵盧車站抵達海軍部，他們沒有向邱吉爾要求多黨政府中的工黨職位。無論如何，邱吉爾對他們很慷慨，任命艾德禮和格林伍德進入五人的戰時內閣，其中也有張伯倫與哈利法克斯。

「他急著知道戰時內閣（的消息），想要盡快決定部會首長名單。」艾德禮回憶，「我們也討論其他任命，開了一、兩次會，在星期六確定大致的事。」[79] 邱吉爾欣賞艾德禮的威信、幫助、調度，並且毫不投機；他謹記多年，而且從此對他相當尊敬。幾天後，工黨大會投票，以兩百四十一萬三千票對十七萬票，支持全國執委會的決定，加入政府。

邱吉爾很幸運，張伯倫願意加入他的政府，雖然對於前首相擔任下議院領袖，工黨議員和反綏靖的保守黨員反對聲浪之大，最後他改任樞密院議長。那天晚上邱吉爾寫信給他：「很大程度，我仍受到你的影響。」並請他繼續擔任保守黨黨魁。許多保守黨黨員非常生氣，儘管挪威辯論贏了八十一票，卻還是失去他們的首相。張伯倫大可成爲危險搗亂的同僚，但是他和邱吉爾共事愉快，因爲邱吉爾總是對他表達尊敬，甚至情感，但那不表示頑固的張伯倫派就會對邱吉爾表達尊敬，更別說情感。下午七點十五分，亞歷克・鄧格拉斯和喬克・科爾維從唐寧街十號出發到外交部，去見拉布・巴特勒和薯條・香農。「我們暢飲香檳，祝福『海水彼岸的國王』（不是國王利奧波德⑸，而是張伯倫先生）。」[80] 這個詹姆斯黨人式的致敬，典故出自一七一五年，宣示對國王詹姆斯二世之子老僭王（Old Pretender）的忠誠，同時祕密反對新的漢諾威王朝。邱吉爾必須非常努力，才能說服這三位張伯倫派的保守黨議員，以及他的新機要祕書科爾維。

在那個哀傷的飲酒派對，拉布・巴特勒說：

英格蘭政治優良乾淨的傳統，皮特（小威廉）相對法克斯（查爾斯・詹姆斯・法克斯）的傳統，已經出賣給現代政治歷史最大的投機者。他認真說服哈利法克斯良久，要他接受首相一職，但他失敗了。他相信溫斯頓及其暴民這場突然的政變是嚴重的災難，而且毫不必要：張伯倫、哈利法克斯、奧利佛・史丹利「已經向敵人投降」。他們已經虛弱地臣服於具有一半美國血統的人，他主要的支持者是不稱職但話很多的同類，像阿斯特夫人和羅納德・特里那種美國的異議分子。[81][(6)]

這種反美主義並不限於邱吉爾的政敵；當希萊爾・貝洛克聽說他從前的朋友卽將成爲首相，他問：「我們要被一心追求名利的美國佬統治了嗎？」[82]

對本身也是美國人的香農而言，一九四〇年五月十日也許是「英國歷史上最黑暗的一天」，不是因爲希特勒摧毀中立國並準備攻擊法國，而是因爲他的英雄內維爾・張伯倫下臺。[83]「我們全都非常難過、生氣，而且感覺遭到背叛與欺騙。」他寫道。[84] 那天哈利法克斯告訴巴特勒，「那些流氓很快就會完全掌握控制。」[85]

人們心中邱吉爾的弱點，因爲希特勒發動攻擊而一夕之間變成無價財富。他對戰爭明顯的興趣再非好戰，反而顯得寶貴。他的演說風格會被很多人取笑爲浮誇，但在眼前這般局勢下，他的修辭反而令人讚嘆。他對帝國的執著，面對無法想像的壓力，將有助團結帝國的民族，並且他的沙文主義讓他確信，如果他們能夠撐過現在的危機，英國將會戰勝德國。就連他無法好好融入任何政黨這回事，對於領導一個多黨團結的政府亦是彌足珍貴。

晚上九點，張伯倫在廣播中向全國宣布辭職，並敦促眾人支持他的後繼者。當時十四歲的伊莉莎白公主告訴母親，她感動得落淚。那天晚上，瑪歌・阿斯奎斯前去唐寧街十號慰問張伯倫。「他說沒有人會比溫斯頓更好，」她寫下，「現在要緊的完全不是**他**，也不是**任何個人**，一切要緊的是他們必須**團結**。」阿斯奎斯夫人當然忍不住酸言酸語，寫道：「我看著他削瘦的身形和渴望的眼睛，忍不住跟溫斯頓自我放縱的肥胖相比。」[86]

邱吉爾徹夜工作，組織他的第一個政府。「我深深覺得鬆了一口氣。」他後來寫道，「終於，我擁有對大局發布命令的權力。我感覺彷彿自己與命運同行，甚至過去所有的人生都只爲這一刻，爲這場試煉準備……我自認通曉一切，而且確信不會失敗。因此，雖然迫不及待迎接清晨，但我睡得安穩，而且不需要歡樂的夢境。現實勝過夢境。」[87] 一九四七年，他和摩蘭勛爵說到那個重要的日子，說到他的決心與激動，不如他的回憶錄那般敘述，反而非常口語：「我終於可以管教這個天殺的事業。我完全不覺得自己做不來，或是有任何那類的想法。我三點上床，到了早上，我對克萊米說：『只有一個人能開除我，那個人就是希特勒。』」[88]

作者注

(1) 從一九三九年四月起，哈洛德．尼科爾森已經注意到：「邱吉爾說起勞合喬治時會稱他『親愛的』，真是奇怪。」(ed. Nicolson, *Diary and Letters* I p. 394)

(2) 出自挪威的叛徒維德孔．吉斯林（Vidkun Quisling，或譯作奎斯林），他的法西斯主義追隨者曾經幫助德國人。

(3) 這場會議有另一個版本，記錄在喬克．科爾維於一九八五年出版的日記《權力的邊緣》(*The Fringes of Power*)：「溫斯頓數次告訴我，當張伯倫傳喚哈利法克斯勛爵和他本人到內閣辦公室，毫不客氣地看著他，然後說：『溫斯頓，你能想到任何理由，為什麼這時候一個貴族不能當首相？』溫斯頓發現這個問題的陷阱，他若是答覆不能當，就無法不坦白說他自己應該是那個選擇；如果他答覆能當或拐彎抹角，他確定張伯倫先生會轉向哈利法克斯勛爵說：『那麼，既然溫斯頓同意，我確定如果國王詢問，我將建議他召見你。』因此溫斯頓轉身看著騎兵衛隊閱兵場，沒有給予任何答覆。接著是尷尬的中斷，之後哈利法克斯自己建議，如果國王詢問張伯倫先生他的繼任人選，應該提議邱吉爾先生。」(Colville, *Fringes* p. 123) 在這個（晚了許多）的版本，張伯倫的形象彷彿是在設計邱吉爾，而邱吉爾得到首相職務多半因為哈利法克斯掛不住面子。這可能是邱吉爾告訴科爾維「數次」的故事，但是軼事多說幾次也不會變成事實，也許相反才是真的。

(4) 國王和他即將離開的首相討論誰將在世界大戰中繼任這個位置，如果這是輕鬆的討論，很難想像什麼會是嚴肅的討論。

(5) 比利時國王利奧波德三世，當時正在對抗德國入侵。

(6) 儘管南希．阿斯特在挪威辯論投下否定票，但她也不支持邱吉爾，而特里是伊登派。

譯者注

① 將反對審判查理一世的議員驅逐之後的英國國會。

② 哈利法克斯因上議院貴族議員的身分，在下議院沒有席位，缺乏領導下議院的權力。